做有温度的教育
——瓯越教育人在行动
（上册）

主　编　伍　挺
副主编　潘建中　黄　静　钱　勇

北京理工大学出版社
BEIJING INSTITUTE OF TECHNOLOGY PRESS

内容提要

本书是温州市"瓯越教育人才"培养计划("教育名家"培养对象、"未来名师"培养对象)的研修成果。全书分"办学思想""教学风格""专业成长""学科教学""立德树人""课程建设""教育故事"七大板块。本书的内容都来自校长、教师们的丰富实践,包含着他们在办学、教学过程中的真知灼见。本书可供中小学校长、教师们阅读。

版权专有　侵权必究

图书在版编目(CIP)数据

做有温度的教育:瓯越教育人在行动.上册 / 伍挺主编.—北京:北京理工大学出版社,2021.5

ISBN 978-7-5682-9822-3

Ⅰ.①做… Ⅱ.①伍… Ⅲ.①中小学教育-教育研究 Ⅳ.①G632.0

中国版本图书馆CIP数据核字(2021)第091689号

出版发行 / 北京理工大学出版社有限责任公司	
社　　址 / 北京市海淀区中关村南大街5号	
邮　　编 / 100081	
电　　话 / (010) 68914775(总编室)	
(010) 82562903(教材售后服务热线)	
(010) 68948351(其他图书服务热线)	
网　　址 / http://www.bitpress.com.cn	
经　　销 / 全国各地新华书店	
印　　刷 / 北京紫瑞利印刷有限公司	
开　　本 / 787毫米×1092毫米　1/16	
印　　张 / 29	责任编辑 / 江　立
字　　数 / 705千字	文案编辑 / 江　立
版　　次 / 2021年5月第1版　2021年5月第1次印刷	责任校对 / 周瑞红
定　　价 / 498.00元(共3册)	责任印制 / 边心超

图书出现印装质量问题,请拨打售后服务热线,本社负责调换

序

利民莫先于兴学，兴学莫过于强师。

西晋太康年间，横阳学宫创立。瓯越大地，崇学重教之风即成传统，1700余年，弦歌不辍。

南宋永嘉学派，主张"经世致用，义利并举"，事功思想蔚然成风；清末大儒孙诒让，办实业，兴学校，求民智之开通，救民族于危亡，苦志力行，为浙南近代教育奠定基础。

温州教育，承传统古风，迎时代先潮。

依据中共中央、国务院《关于全面深化新时代教师队伍建设改革的意见》，结合温州市"十三五"教育事业发展规划，以办人民满意的教育为目标，温州市教育局于2018年至2020年间积极推进"瓯越教育人才"培养计划，分别实施"百千万工程"，即选拔100名"教育名家"培养对象、1 000名"未来名师"培养对象、10 000名"未来骨干教师"培养对象进行为期3年的培训。

其中，"教育名家"和"未来名师"培养对象采取了集中、分组、跟踪的过程性培训机制。三年坚持、三年探索，初步走出了一条富有温州特色的高质量教育人才培养之路。主要可以概括为：走进知名高校，开阔理论视野，熏养教育情怀；走近知名学校与名师，汲取管理经验，体悟教学艺术；聘请国内知名学科专家，深化个人实践，总结提炼经验；开展本地知名教师高端对话，促进相互学习，打造发展共同体；接轨温州骨干教师考核机制，着重实际行动，实现过程提升。

三年培训，走访省内外的高校与名校，对接省内外的名师，力求以"名"促"名"，体现了培训的高标性、学员的自主性、同伴的互动性、渠道的灵活性、过程的深入性和结果的评价性。

三年培训，其间虽受疫情严重冲击，但温州教育的未来名家名师们，抗疫之时率先承担公益网课,开展线上研训,深入探索线上教学的有效性,复学之后积极研究线上线下教学的融合,成就了学的多种可能,又丰厚了教的多样创造,教育教学成长之路从未阻断。

据不完全统计,三年之中,这批学员队伍中新晋了15位省特级教师、18位正高级教师、24位温州市名校长名教师名班主任、15位省教坛新秀,以及一批温州市教坛新秀、教坛中坚,新结了许多颇具价值的教科研成果,新出了许多温暖而有创意的生动案例。

而今,三年研修周期行将结束,以"教育名家"培养对象和"未来名师"培养对象为主的《做有温度的教育——瓯越教育人在行动》亦将付梓。翻阅样稿,一个个熟悉的名字,一次次熟悉的场景,共同演绎发生在身边的温州教育史。

"办学思想"板块。在未来已来的背景下,温州的校长、园长们,无不在思考:如何传承办学的传统,如何融入技术的力量,如何寻找学校的特质,如何更好地激发人的潜力,正是有了他们进取而又切近的想法和做法,方有温州近年来各层次、各类别优质学校的涌现。学校特色的背后,是办学者的深深思索。

"教学风格"板块。这些文章中,我们又读到了精益求精的匠人精神和独到的艺术视角,更有一种对教育教学的无比炽爱与对教学境界的孜孜以求。只有将教学看作生命的一部分,教学方成为艺术,教育工作才具备无比的魅力。温州教师培养有"五格四型三类"的体系,这些案例让我们看到如何从个人"升格"到形成个人风格,看到书写者们从优秀教师成长为领航型教师的可能。

"专业成长"板块。这是一种踏踏实实的进步与改变,既有个人的,又有团队的。他们都是从普通教师成长起来的"温州名师",或者都只是扎根于一线的"平凡的温州教师",阅读他们的成长之路,总是与阅读、科研、自我坚持密不可分,这是一个逐渐发现自我并开始努力成就自我的过程。对教育工作的热爱是在深入的教育工作中慢慢被点燃的,直至成为一种终生坚守的理想信念。

"学科教学"板块。这一板块数量最多,均来自老师们最为真切的日常记录,代表着温州基础教育各层面、各学科教学的最新动态。我们可以看到温州的教师如何用自己的智慧将核心素养落地,又如何用创意让深度学习成为可能。温州教育从来不缺乏对改革的敏感与勇气,也不缺乏来自最为一线的创造与践行，这种革新意识和勇气，正是温州精神的特质。

"立德树人"板块。陶行知先生言："生活即教育。"如何利用生活中的一切契机去进行教育上的唤醒？这些文章提供了丰富的范例，或是校园运动会，或是校园微拍，或是德育银行，点点滴滴，春风化雨，启示我们每位教育者如何改变一个孩子，如何去创造教育的奇迹。只有爱才可以点燃爱，只有温暖才可以增添温暖，只有心灵方能唤醒心灵。

"课程建设"板块。这些文章让我们看到，一位教师如何像大树扎根大地般的深入，在教学中做一次系统化的整体思考与梳理。更让人心动的是，这些课程多与具体的校情或瓯越乡土风情结合，启发我们思考温州的教育需要什么样的课程，而温州的课程又能为培养优秀的未来温州人才提供怎样的支撑。

"教育故事"板块。这些故事是属于温州教育人自己的，非常朴素，极其温暖，满是感动，它们就是瓯越大地上的每一位教师的日常。一样的辛苦付出，一样的富有激情；一样的遇到困难，一样的充满智慧；温州教育人用敢爱敢拼的奋斗精神，在瓯越的热土上演绎着属于自己的精彩。让我们不得不感叹，教育的力量就在身边，每一位教师都是了不起的。

《做有温度的教育——瓯越教育人在行动》是瓯越教育人才们的奋斗记忆，有着温州教育人特有的精神印记，还启示着瓯越教育人才队伍的未来建设。

极为不平凡的2020即将过去，2021在人们的期待中款款而来。

时代需要瓯越教育人才追求卓越。

2021年，"十四五"开局，全面建设社会主义现代化国家开启新征程。党的十九届五中全会指出，"十四五"时期要建设高质量教育体系，到2035年要建成教育强国。温州市委"十四五"规划建议提出，温州要打响"学在温州"品牌，打造"未来教育"标杆，建设教育教学水平在"长三角"领先、在全国有较大影响力的教育高地。

在第一轮培养行动的经验基础之上，进一步培育瓯越教育人才，提升并扩大温州高层次教育人才的质与量，是历史赋予的使命。我们急需一批具有教育情怀，富有创新思想，在教育教学路上能进行坚韧不拔探索的未来名家和名师，立大志、学大师、成大家，争做"未来教育"的温州领航者，带动更多的温州教师，以瓯越教师群体的力量托举温州成为教育的高地，为教育强国宏伟目标的实现添上一笔属于温州的精彩。

时代需要瓯越教育人才守正创新。

世界正进入一个百年未遇的大变局中，未来世界充满着复杂性与不确定性，需要教育者守住教育的本真，开启学习的未来。

面对"未来教育"，瓯越教育人才们要守得一身正气，以孙诒让这样的瓯越先贤为榜样，将为国育才作为人生的使命，立德树人，争做让党放心、家长满意、学生爱戴的温州良师典范；面对"未来教育"，瓯越教育人才们要勇于、善于改变自我角色，创新教书育人的方式，不断适应高质量教育发展的要求，要率先具备全方位应对、深度介入未来学习、教学与教育变革的综合素养和能力，要率先成为未来教学模式变革的创造者、引领者和优先示范者，争做"未来教育"浪潮的弄潮儿。

温州市瓯越教育人才培养的第一轮研训行动结束了，更好、更长的研训在于自我学习的坚持，真正的教育者必是终身的自我学习者。期待在不久的将来，这支队伍里能走出更多有全国影响力的瓯越名家和名师，引领温州全体教师，以奋斗奋进的温州人精神，奋力续写新时代温州教育创新史！

温州市教育局党委委员、副局长　伍挺
2020 年 12 月

目 录

模块一 办学思想

001

01	以数字文明的思维探索大规模个性化学习	徐海龙	2
02	以学生为中心，重构瓯外教育新生态	潘春波	6
03	拓展教育时空　构建"线上学校"	周啸勇	12
04	坚持要素联动　促进全人发展	庄振海	18
05	基于"选择性教育"的未来学校的空间打造及教育蕴意		
	——以温州市龙湾中学为例	蔡朝晖	21
06	建设智慧校园的实践行动	张克龙	27
07	七年前行路：初心不忘，和合绣中	林晓斌	32
08	深植悠久文脉沃土　培育"匡国为民"人才	吴军	40
09	树品聚德海壮阔　立信扬长天地宽	徐竖	45
10	鞋文化引领下的中职"四成"育人模式构建与创新	王松	48
11	学校是汇聚智慧的地方	卓东健	53
12	学习素养视野下的温州市实验小学STEAM教育实践新样态	谢作长	56
13	每天向上一点点	姚锦勇	65
14	建一所充满乐趣的学校		
	——从场域理论出发的学校改进行动与思考	吴闪燕	69
15	打造"儿童哲学+"课程群　推进学校特色发展	吴孔裕	73
16	认知·体验·监控：小学生自主管理三元结构模型的实践		
		王红梅	81
17	让每一朵花蕾悠然绽放	程艳艳	90
18	"扬长教育"在特殊教育学校的应用	李科	96
19	悠教育之行　品生活之味		
	——关于"慢教育"实践的思考	吴淑芹	102

模块二
教学风格

107

01	文化渲染处　润物细无声	程永超	108
02	课堂教学的朴素追求：有趣、有料、有效	郑可菜	114
03	简约的语言　诗意的数学	陈芝飞	121
04	艺术教育的教育艺术		
	——厚、简、透	邹黎明	125
05	"五心"·生本·融岗		
	——打造有温度、有深度的中职专业课堂	吕媚媚	130
06	追寻：光的方向	朱扬华	135
07	让童年有童年的样子		
	——我的生态教育观	谢树标	138
08	相信爱与美的力量	应　真	141
09	借"境"生"思"	吴锡理	146
10	心之所向，语文之所往	郭妍妍	153
11	寻找语文的味道	陈伯安	157
12	系统·深刻·活泼	邵　达	162
13	严谨简约　变构学程　深度学习	黄慧军	168
14	历经百煅千炼　力求简朴归真	陈春绣	175
15	用"对话"来改变历史教学的思维	郑小勇	180
16	简约高效　求真变通	顾声和	185
17	解释　方法　尊重	林广强	191
18	关注"三重"，力求高效	林　娜	198
19	自然平实中激发学生的学习兴趣	许旭蕾	203
20	做求真务实的践行者	缪阿调	206
21	遵本·寻法　觅本真之路	汤乐娟	211
22	愿做溪流且清浅	朱琳琳	218
23	三"适"铺路，追求教学更实效	金　苗	223
24	追本溯源　自然生成	郑丹凤	229
25	激情互动　智趣与共	杜　莺	236
26	生趣·本真	卓振宇	240
27	构建简洁的深度学习型课堂	谢　雷	246
28	指向大概念的科学复习	施建岳	251
29	以任务导学促学生思维发展	林　茂	257
30	向真·向善·向美		
	——让每个学生成为更好的自己	李云鹤	261
31	有温度的"三四五"体育课堂	张　伟	266
32	睿智厚实　沉稳大气	沈益雪	272
33	以"境"导学　以"赛"促教	张洪江	277
34	简约·自然·求真	俞卫胜	282

35	内外兼修　专业发展	周士浙　287
36	情智相润　理趣共生	邵秋收　290
37	"双线并进"的中职德育课教学	陈夏双　296
38	我的语文教学"整理观"	李　娜　301
39	追寻"情智兼容"的语文课堂	鲍丹丹　307
40	守正语文之道，精进研究之术	李求宝　313
41	坚持以生为本　创建高效课堂	张　勤　322
42	数学养育 ——让孩子在数学学习中得到终身成长	夏明燕　329
43	自然·简约·深刻	翁健君　336
44	简约课堂 ——小学科学"长时探究"教学模式	周　耀　341
45	问题·跨界·重构：走向项目化学习的小学科学课堂教学	林彩仑　345
46	从"玩"入手，无声"润物"	吴淑娟　351
47	真活动　真指导	黄灵颖　354
48	真而不拙　循而不古	黄斌斌　359
49	带上简单、童真；追寻健康、快乐	缪蕾蕾　365
50	以评促学　让生出彩	王素娜　370
51	教育即影响 ——我的认知与行为	厉纪成　376
52	在孩子的世界撒点野	张　洁　383
53	先做后导，边做边导	赵晓阳　387

模块三　专业成长

393

01	心存美好　脚踏实地	肖飞燕　394
02	如乐之和　无所不谐 ——名师工作室促进教师专业成长的研究	叶海鹤　398
03	始终追寻一个"真"字	帅学华　404
04	校本研修中"前行·后续"式观课模式初探	许小燕　407
05	以文化人：名师工作室理念文化构建及实践策略	钱　勇　411
06	发展自己　成就学生	蔡　永　417
07	定向·研教·从师	林甲景　420
08	提升科研水平，形成个性的教学主张	徐青锋　425
09	不忘教育初心　牢记心育使命 ——我的"心育"专业成长之路	陈嫦嫦　429
10	在坚持中成长，在团队中绽放	黄海欧　434
11	金风逢雨露，硕果累心田	蔡　展　437

12	凡心所向，素履所往	樊晶晶	442
13	教学专业成长路上之"三省"	应建文	447
14	阅读·培训·写作——我的教师专业成长三部曲	陈晓霞	450

模块一 办学思想

目前,我们正处在一个全球经济即将发生变革的时代,知识经济时代已经到来,社会的各个领域都将发生变化,并对历史悠久的工业社会教育模式、教育理论产生巨大的影响。经济与教育的互动关系使得知识经济对教育提出了一个全新的要求。面对新形势、新要求,加强教育研究,尤其是加强对学校办学思想研究显得更为重要。

办学思想是一个教育理念、信仰、价值观在学校工作中的体现,是智慧和创造才能的展示,是学校发展的方向。学校是育人的地方,是培养人的场所。确立正确的办学思想是适应社会的要求,是教育培养多规格人才的需要,是顺利实施素质教育的需要,是创办特色学校的需要。办学思想的实现需要校长的坚定信心、积极心态和智慧。

以数字文明的思维探索大规模个性化学习

温州市第二十一中学 徐海龙

在人工智能和大数据不断融入教育的今天，现代教育的发展之路在哪里？未来教育又将会是什么样？

本人在华东师大上海新空气教育论坛上，旗帜鲜明地提出：基于工业文明的教育体制，想实现农耕文明提出的"因材施教"教育理想，唯有用数字文明的思维，（唯有这样）才能实现大规模个性化学习。本人自担任温州市第二十一中学校长以来，以"聚焦个性化学习，生成教育再出发"为主题，在基于"大数据+人工智能"的个性化学习方面进行了探索和实践，为未来个性化学习的发展提供了值得借鉴的模式。

一、思想发展与办学历程

（一）不忘初心，胸怀教育理想帮助学生个性成长

我心中理想的教育是能够帮助和支持学生深刻地认识自己、自由地发展自己、从容地成就自己的教育，是在全面发展的基础上，真正实现个性化成长的教育。让喜欢飞翔的小鹰可以选择搏击长空，让喜欢游泳的小鱼可以选择遨游大海，让更多的孩子可以认识到自己的独特，每一个孩子都能更多地扬长避短而不是截长补短。

我的人才培养观是育有情怀、富个性、敢担当的现代公民。学校应当培养这样的现代公民：有情怀，就是对国家有信仰、对社区有感情、对自然有爱心；富个性，就是在认识自己的基础上，充分发挥自己的个性特长、相对优势；敢担当，就是心中有规则，拥有包容不同国际文化的眼量，在成就自己的同时，能对社会、对家人负责任、有作为。

（二）孜孜以求，促进学生成长因材施教遭遇难题

温州市第二十一中学的办学理念是"教育为了人的自我生成"。作为一校之长，本人对此有着自己的理解。"教育最终关注的是学生的成长，学校和老师的帮助是外部的力量，关键是学生要学会自我成长，此谓'自我生成'。对于教育者而言，又该如何帮助学生完成'自我生成'呢？首先需要让学生自我发现，发现自身的优势和劣势，从而帮助他们扬长避短。"

为了实现这一理念，本人一方面继续保持学校的选修课特色，让学生发掘兴趣爱好，了解自身优势；另一方面计划从个性化学习入手，以促进学生的个性发展。"每个学生都是一个独立的个体，他的思维特质怎么样？学科短板是什么？具体到某个学科，他的薄弱知识点又有哪些？这些都是我们需要解决的问题。"

"其实早在两千五百多年前，孔子就已经提出'因材施教'这个概念。但是当前我们的教育仍然是工业文明下大规模、统一化的教学，与个性化学习本质上依然是矛盾的。"如何解决

这一冲突，是我面临的第一个问题。

（三）创新改革，用数字思维寻找课堂改革现实切口

2017年，我作为访问学者前往美国肯恩大学访问，在美期间，我接触到了硅谷精英们创办的运用人工智能实现个性化教育的"未来学校"——Alt School，其最大的特点就是将学科知识颗粒化，并利用大数据和智能算法为每一个学生量身定制学习内容，形成跨学科的项目Playlist（学习列表）。这次访学经历给了我非常大的启发，我意识到，实现大规模教育基础上个性化学习的唯一途径，就是应用数字文明的思维，借助人工智能和大数据技术的力量。"没有技术的支撑，一切理想都只是空想。"

作为一个有着近二十年物理教学经验的特级教师，我清楚地知道，在现有的体制下，Alt School的教学模式几乎是不可能实现的，如何打造符合中国基础教育基因的温州市第二十一中学个性化学习体系，成了摆在我面前的又一道难题。

2018年1月，浙江省教育厅与科大讯飞签署战略合作框架协议，计划全面开展"人工智能＋教育"合作，将大数据精准教学"浙江模式"落地，这个消息让我的目光开始投向科大讯飞。

"科大讯飞的人工智能技术是全球领先的，而教育数据的采集离不开语音和图像技术。目前很多企业都在研究人工智能技术，但是在教育领域，科大讯飞的关注程度是最高的。"拥有着另一个身份——国家高级程序员的我一直保持着对信息技术发展的高度敏感。

在与科大讯飞多次接触后，我了解到，在科大讯飞提供的大数据精准教与学服务中，"个性化学习手册"尤为符合温州市第二十一中学的需求。"个性化学习手册"帮助学生整理错题，巩固薄弱知识点，规划有针对性、适合个体特征需要的个性化自主学习路径。最重要的是，通过人工智能算法、科大讯飞教育资源众包平台师资和学校教师进行三层"漏斗式"筛选，形成个性化精准推题，为学生实现个性化学习目标提供强有力的保障。

理念、技术和服务让我最终选择与科大讯飞合作。2018年6月，温州市第二十一中学与科大讯飞达成战略合作协议，共建浙江省首个校园大数据教学支持中心，引入"个性化学习手册"，初步搭建起温州市第二十一中学个性化学习的实践框架。

二、办学实践与项目探索

长江学者特聘教授樊和平曾说："一定要设定一个方向使自己的学术研究聚焦，并沿着这个'方向'严格地走下去，形成自己的长远优势，而不是不断切换自己的研究主题。要有一种'学术割据'的理念，在中国学术这个大版图中努力占有一块'根据地'，建立只属于自己的特色和优势。"基于"学术割据"理念，温州市第二十一中学先从优势学科——高中数学开始着手实践，聚焦两个问题：基于"大数据和人工智能"的"个性化学习手册"研发和基于"个性化学习手册"的习题讲评课范式探索。

（一）基于"大数据和人工智能"的"个性化学习手册"研发

"个性化学习手册"（学生版）是温州市第二十一中学大数据教学支持中心根据学生各类测评内容和数据，进行后台数据建模、解题分析、分层推题而产生的学习巩固手册。该手册将学生的错题按照知识点、难度进行分层分类，通过讯飞人工智能、讯飞众包师资力量和学校教师的三层"漏斗式"筛选，最终举一反三呈现"以题推题"（平行推题、梯度推题）的变式练习题和拓展训练题。

该手册是实现学生个性化学习重要载体，主要经历了名称、结构和内容三个方面的变化。

1. 改变名称

手册名称由原来的"个性化提分方案"改为现在的"个性化学习手册"，这不仅仅是一种名称的改变，更是一种教育理念的转变。旨在说明管理者的关注点是学习，出发点是为了助推学生的个性化学习，实现学生的个性化发展，而不仅仅是为了提高分数。自从该校第一个提出"个性化学习手册"后，科大讯飞智学网进行了升级换代，在全国各合作学校均采用了这一名称。

2. 完善结构

我们将第1板块【考试分析】修订为【成长记录】，主要将关注点从学生的单次考试分析转到多次考试的成长轨迹上来，通过人工智能分析学生的优势和劣势，让学生更好地认识自己，精准自知是个性化学习的必要前提。第2板块【错题巩固】内，变班级重难点拔高训练为学生个人拔高训练，转"共性"为"个性"，使训练内容更有针对性，更符合个性化学习。增加第3板块【拓展训练】，这一板块并非所有学生都有，而是针对优秀生和中等生有区别推荐的，后进生原本错题就多，能够完成错题订正和变式练习即可，否则将落入题海之中。

3. 调整内容

（1）及时调整后台数据库，剔除不符合浙江省高考要求的题目，使变式练习更符合本省化、校本化需求。加强推送校本化干预，善用本校教师，从校情、学情出发，精选或自编适合本校学生的变式练习。

（2）2019年3月之后，实践活动由高中数学学科推广到高中英语等学科。为了更加符合学生个性化发展，从2019年版的全体学生"以题推题"，调整到2020年版的普通学生"以题推题"，优秀学生"以能力推题"。

2019年版个性化学习手册【推荐练习】部分是"以题推题"，即根据学生原有错题来判断学生薄弱词汇、薄弱句式，推荐类似错题供学生训练，以突破薄弱点。在难度值上来说跟原题一样，就是对原题知识点的巩固。这对于基础比较薄弱的学生来说，是一种比较好的策略，既能突破薄弱点，又能巩固知识点，也不会因为太难而挫伤积极性。但是对于优秀生来说，这样的训练过于机械，是知识的重复记忆，对能力的提升作用并不大。为此，2020年版的个性化学习手册就进行了改进和提升。基础较弱的普通学生依旧沿用2019年版"以题推题"，基础扎实的学生改用"以能力推题"。以英语学科为例，首先提供错题相关词汇，其次根据能力等级，提供词汇专项推荐题之【基础题】，再根据能力等级，提供词汇专项推荐题之【拓展题】。这样修改之后，学生不仅只是简单记忆几个错题相关词汇，而是通过不同难度题型的训练提升综合运用词汇的能力，这更加符合学生的个性化特点，也能更好地实现学生的个性化发展。

（二）基于"个性化学习手册"的习题讲评课范式探索

一本好的"个性化学习手册"仅仅只是个性化学习的一个基础载体而已。在同一个课堂里，面对每一位学生手中各不相同的"个性化学习手册"，教师该如何组织课堂教学，使"手册"发挥最大价值，助推精准教学，实现学生的个性化学习？为解决这个问题，温州市第二十一中学开展了积极的探索实践，共摸索出四种课堂模式：单师模式、双师模式（1+1师模式）、多师模式（1+X师模式）、1师+X生模式（图1）。从第一种到第四种，不断完善。

目前以第四种为最佳模式。其具体教学流程如下：

这种教学模式解决了学生个性化学习诉求与教师资源的供求矛盾，让学生助教体验了从"会做"到"教会他人"的深层次学习，也展示了普通学生的个性化学习成果，为老师进一步总结提升提供了必要的学情研判素材。

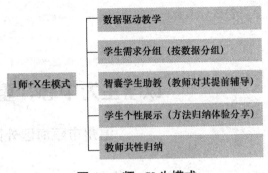

图1　1师+X生模式

经过单科多次实践，该模式得到大家的认可。由于其具有可复制性、操作性强等特点，很快就向初中数学、初中科学、高中地理、高中英语等多个学科深入推进。

通过持续跟踪关注，发现这种教学模式对学生助教的个性化发展有极大的促进作用，不仅帮助他们学会了解答提问、分析作业等教学技巧，而且帮助他们学会了学习，如巧用教育资源、复习迎考、拓展阅读等多种能力，还帮助他们学会了深度挖掘教学内容，在链接课堂教学相关内容的同时，延伸拓展与之密切相关的知识视界。而助教学生的存在也更加全面地照顾到每一位学生，协助老师更有针对性地帮助后进学生实现个性化学习。

（三）办学成效与社会评价

学校现在共有在校生1 840人，其中使用"个性化学习手册"的有1 430人，使用率达到77.7%，在使用频率最高的初三，满意度更是达到了85%以上。

很多老师欣喜地表示："大数据教学支持中心帮助我们完成了大部分的考务工作，我们可以把更多的时间和精力投入教学中去，切切实实提高了教学效率；而且个性化学习手册整理学生日常、作业中的错题，进行综合评价和错题解析，并向不同层次的学生推送对应纠错变式练习，学习更有针对性，这对我们实现精准备课和精准指导起到很大的支持作用。"

很多学生也纷纷表示："个性化学习手册对我们的帮助很大，通过手册的分析，我们可以很清楚地了解自己多次考试的成长轨迹，发现自己的优势和短板，也非常明确地知道自己的薄弱知识点，这对后续的精准补漏起到事半功倍的效果。"

经过两年的探索，温州市第二十一中学的教育教学质量有了飞速的发展。2019届高考，二段率上涨近20个百分点，2020届高考，二段率再次上涨近10个百分点，学校因此连续两年荣获"温州市普通高中教育教学质量优秀学校"称号。学校获批"浙江省精准教学实验项目学校""浙江省区域和学校整体推进智慧教育综合试点单位"。《"互联网+"智慧校园实践案例》被温州市教育局评为"温州教育改革创新典型案例"，入选《教育改革在温州》一书。

《中国教师报》《浙江日报》《浙江教育报》《温州都市报》均对学校的"个性化学习"实践探索报道。《教育家》2019年7月刊以封面人物形式报道了我带领的团队开展的教育实践。2020年12月，《中国教师报》评出"2020年全国课堂改革十大样本"，温州市第二十一中学的基于大数据+人工智能的个性化学习项目赫然在列。

以学生为中心,重构瓯外教育新生态

温州市瓯海区外国语学校 潘春波

为全面贯彻落实立德树人的根本任务,瓯海区教育局提出了重构"以学生为中心"的教育新生态。两年来,我们研究分析了温州市瓯海区外国语学校教育新生态实施现状,在办学特色打造中从横向加长、纵向拓宽、垂向增高三个角度为教育新生态的发展提供新思路。

一、教育新生态概述

2014年3月,教育部印发了《关于全面深化课程改革落实立德树人根本任务的意见》,指出立德树人是发展中国特色社会主义教育事业的核心所在,是培养德智体美全面发展的社会主义建设者和接班人的本质要求。

新时代立德树人的发展趋势是构建以社会主义核心价值观为引领的大中小幼一体化德育体系,从有利于学生成长的角度,将立德树人融入课堂教学、校园文化、课外活动全过程,融入思想道德教育、文化知识教育、社会综合实践教育各环节。

由此可见,全社会要担负起立德树人的责任,其中家庭教育是基础、学校教育是关键、社会教育是重要影响源,教育部等部门要发挥统筹协调作用,形成全员育人、全程育人、全方位育人的格局。在全社会达成齐心协力办好人民满意教育的共识,追求美好教育新生态。

坚持"以学生为中心"的教育理念是深化基础教育综合改革,全面贯彻落实立德树人根本任务,全面提升育人质量,培养多样化人才的根本途径。我们根据实际和教育改革要求,聚焦关键问题,对"以学生为中心"的教育形式再思考,重构教育新生态。

在生态观的影响下,国内外许多教育学者都提出以生态学的视角来重新审视教育问题。教育生态学是依据生态学原理,研究教育与整体的生态环境(社会的、精神的、自然的)间相互关系的科学。从宏观上探究教育在整个生态系统中的地位,以及各种生态因素对教育目标的确定、教育制度的建立作用和影响;从微观上阐述"德智体美劳"五育发展的环境因素、学校的生态性质,以及生态教育在教育中的作用等,并从生态环境对教育的制约上确定教育应有的对策。

"以学生为中心"的教育新生态是让教育理念、教育环境、教育内容、教育手段和教育者等要素为学生发展服务,真正让每一个孩子都享有公平而有质量的美好教育的教育理念。正如美国实用主义教育学家杜威所期待的,"儿童变成了太阳,而教育的一切措施则围绕着他们转动,儿童是中心,教育的措施便围绕他们组织起来"。

二、教育新生态目标

我们坚守"向宽而行"的校训,坚持"让视野更宽,与世界更近"的办学理念,将重构办公空间布局、重构课堂组织形式、重构师生角色定位、重构学校治理方式、重构行政管理职能作为实施目标。在此基础上，也为其他学校提供了新的工作思路，即空间文化打造、队伍专业提升、课程品质锻造、课堂变革深化、治理体系优化五种主要举措。图1所示为"以学生为中心"的教育新生态设计框架。

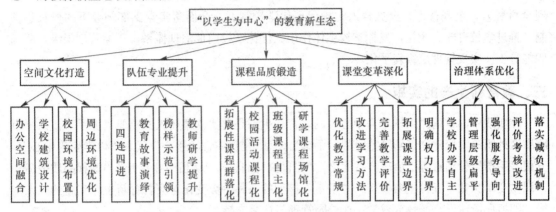

图1 "以学生为中心"的教育新生态设计框架

（一）空间文化打造

在空间文化打造上，进行办公空间融合，实行管理者团队集体办公，提高学校决策民主化，便于学生、教师、家长之间的沟通联系。赋予学校建筑以文化熏染和教育意蕴，让学生随处可游戏、随时可运动、随心可学习。以儿童视角设计校园环境，让空间、颜色、触感等与学生交互，赋环境布置以教育功能。建设校园周边环境生态圈，为美好教育新生态保驾护航。

（二）队伍专业提升

在队伍专业提升上，通过重构师生角色定位，实现教师专业队伍整体素质的提高。以"四联四进"行动为例，学校管理团队联系学科进教研组，联系教师进课堂，联系学生进家庭，联系项目进研究组，构建合作融合、互动共进的教育合作关系，形成良好的教育氛围。学校把讲好教育故事作为师德培训的主要内容，教师以每个阶段"做成一件事"或"小课题、小项目研究"为载体，演绎好自己的教育故事，促进教师在研究的状态中工作。做好榜样示范引领，分层分级全力推动班主任专项培训，提供给教师更多的机会进行研学提升。

（三）课程品质锻造

在课程品质锻造上，优化现有的拓展性课程整体结构，课程开发由散点式发展向集群式优化，实现拓展课程群落化。丰富课程资源，拓展课程门类，满足不同学生的学习需求。一切从有利于学生成长的角度出发，结合课程要素，搭建活动平台，让学生提高社会责任感，掌握特长，实现校园活动课程化。积极建立"温馨教室"的自我管理模式，提升学生自我教育、自我服务、自我发展的能力，实现班级课程自主化。积极打造各类场馆和区域特色研究基地，做到社会资源高效服务于教育，实现研学课程场馆化。

（四）课堂变革深化

在课堂变革深化上，重构课堂组织形式，丰富课堂组织形式，打造课堂教学新样式。强化备课制度，尊重学生学习选择权，实现分层走班教学，优化课堂常规。以"问题化"学习为主线，实现个性化发展，做到深度学习，改进学习方式。推动课堂中学生学习行为诊断与反馈机制的研究，加强给予课程标准的校本命题研究，深入开展分层作业的实践探索，完善教学评价。紧扣学生核心素养发展，拓宽课堂边界，将课堂学习与课外学习、校内学习与校外学习有机结合。

（五）治理体系优化

在治理体系优化上，社会、部门不断注入优质资源，形成全社会共建共育的育人格局，实现全科育人、全程育人、全员育人。构建现代学校制度，全面落实党支部领导下的校长负责制，推进学校办学自主化，发挥学校主体作用。优化学校内部治理体系，压缩管理层级，明确职能分工，实现管理层级扁平化。

三、教育新生态的实施

在实践中，重构"以学生为中心"的教育新生态是落实立德树人的重要"抓手"。温州市瓯海区外国语学校建立了别具特色的"手掌"模型（图2）。"手心"代表"以学生为中心"，五根"手指"分别对应"治理体系优化""空间文化打造""队伍专业提升""课程品质锻造""课堂变革深化"五种主要举措。"手掌"模型的三种手势变化对应教育新生态实施的三条主线，即抓环境建设、抓教育教学、抓校园管理与社会支持。

（一）"强调"手势——抓环境建设

环境建设是育人的重要组成部分，发挥着特殊的作用。由此我们构建"强调"手势（图3），着眼于"空间文化打造"，强调环境建设。

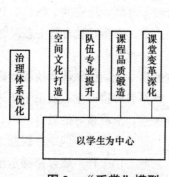

图2 "手掌"模型

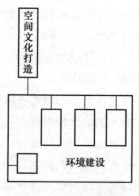

图3 "强调"手势

1. 行政办公与教育教学融为一体

我们撤掉所有管理团队独立办公室，将管理团队人员办公室搬至二楼，变学校管理者个体独立办公为团队融合办公。楼层降低更利于学生与管理层直接对话，倾听学生意见，将"以学生为中心"的教育理念落到实处。去掉专门用于行政管理的办公室，行政办公人员均在教学区有办公桌，行政工作人员与教师共同办公，实现办公资源的整合，体现了资源的"向宽而行"，做到了绿色办公。管理层和教师之间的交流更加直接密切。

2. 校务服务岗

在图书馆一楼大厅设立校务服务岗。校务服务岗设立了支部建设与集团校服务岗、综合服务岗、教学科研课程服务岗、课后托管服务岗、德育服务岗、安全服务岗、家委会服务岗、学生社团服务岗、工会及信息技术服务岗、后勤财务服务岗10个窗口，实行专窗制度，方便交流。除教学时间外，行政人员在校务服务岗办公，以"蹲下来"的姿态深入学生、深入家长，倾听学生和家长的正当呼声，及时回应他们的诉求，在人文上实践办学理念。《浙江日报》跟进报道，并做出"真正实现育人育心"的高度评价。

3. "一带一路"

在校园设立"一带一路"九个公交站点，每个站点寄予学生与教师在不同年级阶段的美好期望：互帮互助中共同成长共同学习。体现了九年一贯制学校的特色治理体系。九个公交站台在色调上，整体采用中国红的主色调，象征着热忱、奋进、团结的民族品格。在结构上，俯视角度顶部一前一后的设计，寓意着有规有矩、井然有序的处事方式，交错部分则是指在这样的处事方式中还要注重与他人沟通。平视角度采用透光不封死的处理方式，寓意向宽而行。九个公交站牌集文化宣传与合影留念为一体，增加学生与环境的互动性。"一带一路"只是校园十景之一，却让育人文化灵动而鲜活。

（二）"OK"手势——抓教育教学

课程、课堂、活动的进阶是"队伍专业提升""课程品质锻造""课堂变革深化"的落脚点。由此我们构建了"OK"手势（图4），大力推进教育教学改革。

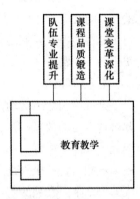

图4 "OK"手势

1. 宽课堂

实行"宽课堂"教学实践，构建了宽课堂要义：要求每位教师做到教学目标清晰，教学内容饱满，教学过程立体，教学方法灵动，教学评价多元，教学文化宽容。形成了以学为中心的宽课堂的"要素"推进机制。备课关注"教学目标达成"要素的推进，上课关注"学习活动"要素的推进，作业关注"作业反馈"要素的推进，评价关注教师的命题能力提升。形成了促进学为中心的宽课堂管理策略。2019年9月30日组织"宽课堂"实施调研活动。9个学科20位教师参与其中，获优秀等次教师7名、良好等次教师11名、合格等次2名。具体来看，教师重视课堂常规、关注学生心理特点，选择直观的教学方法，教学目标设置明确，对学生评价及时。

2. 发现课

开设"发现课"实践课程，让师生主动打开思想和观念大门，让学生在真实社会生活中进行社会化学习，在价值观碰撞中凝聚价值共识。"发现课"采用"3+1"结构的操作模式。3是主体，即教师、家长、学生三个人群；1是辅助，即学长，这是九年一贯制学校所特有的课程资源。发现课经历以下三个阶段的变迁。

第一阶段的发现课，主要指向活动。通过年段的统一活动安排和学校层面的主题活动，让学生发现校园、发现自我、发现自然、发现社会、发现更多有趣的事物。

第二阶段的发现课，主要指向课堂。随着发现课的实施，发现课的愿景逐渐发展与深化，充分利用校内的课程基地、家长与社区资源，实现课程内容的有效整合。发现课135模式改变了瓯海外国语低年段学生的学习方式，真正做到了让学生在游戏中收获，在欢笑中进步，在发现中成长。在学生的身上明显发现他们更自信了，在课堂上更大胆了，责任心更强了，更爱揪着小问题探究思考了。

第三阶段的发现课，主要指向课程。在这个阶段，发现课已经成为大家学习与教学的一种方式，也是我们接下来重点研究与探索的方向。第三阶段的发现课在各学科内正在进行深入的探索。经过统计，至今为止一共开展了4期，共35堂课，其中小学18堂课，初中17堂课。小学涵盖的学科有语文、数学、科学；初中涵盖的学科有语文、数学、科学、英语、社会。基本做到全科覆盖，全校共行，为发现课走向跨学科的整合性课程做准备。

如今，发现课成为学校重构课程文化的一个新抓手。发现课获得温州市教育创新案例奖，我在长三角2019教科研大会与北京师范大学首届未来教育大会上作典型发言，同时研究成果在《上海教育》刊发。

3. 红领巾微舞台

红领巾是少先队员的标志，"红领巾微舞台"活动是少先队员展示自我的平台，至今已举办了6场。红领巾微舞台迄今为止举办的活动类型有朗诵、舞蹈、相声、歌唱、器乐五大类。"红领巾微舞台"活动全程由学生自评自演，特邀观众小评委为节目评分，评选优秀的节目为"最美红领巾"。"红领巾微舞台"的活动形式多种多样，不仅丰富了学生的课间生活，更增进了同学之间的互动与交流，让学生拥有展现自我的平台。通过"红领巾微舞台"活动，凸显新的人才观，践行多元智能理论，实现了不同学生的个性化发展，培养学生的特长，让每个学生都体验到成功与快乐。

4. 榉园之声

开展榉园之声活动，邀请优秀学生从"好书推荐""知识百宝箱""校园红人馆"三个主题讲述自己的故事，现已举办了7期。榉园之声活动不仅能锻炼学生的言语表达能力，而且能形成人人向"榜样"学习的良好氛围，让学生在交流和反思中得到成长；坚守"向宽而行"的校训，相信每一个人都有自己发展的优势，每一个人都能从别人身上学习到自己不足的地方，成为一个全面发展的人。

（三）"点赞"手势——抓校园管理与社会支持

"治理体系优化"是校园管理与社会支持形成共建共育合力的关键，由此我们构建"点赞"手势（图5），为校园管理改进、社会资源注入点赞。

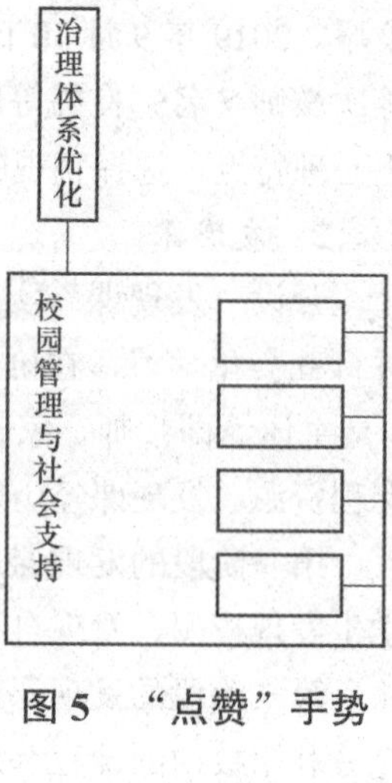

1. 榉园宽评

学生不仅是学习者，而且是班级的管理者。结合宽教育理念，在初中部开展榉园宽评活动，在每个班级评选出富有责任感的学生作为榉园宽评的记录员和审核员，对每位学生根据其本人的表现加减分数，随时计分，做到公正、严肃。"榉园宽评"进一步规范了学生的行为，提升了学生的素养，塑造了学生的新形象，促进了学生的健康成长，增强了班级的建设力度，提升了班级的管理水平，形成了良好的班级风气。现在"温馨教室"常态评估让宽评多元、落地、真实。

图5 "点赞"手势

2. 家委管理体系

学校实行校级、段级、班级三级家委管理体系，家长参与学校管理规范化。每一个学期每一个层级的家长按照设定的课程进行选课学习，实施学分管理。学习板块可分为半塘视野讲坛、三方会谈、户外拓展、职业体验、家庭学习单、亲情故事六项内容。形成"细化、实践、改进、反思、互助"的瓯海外国语学校家长研修五环节体系，让家长也能成为"思想者""研究者"。通过检查与指导推进家长活动品质提升，提高家校沟通的有效度，拓宽家长视野。

四、启示

学校积极探索"以学生为中心"的教育新生态既是机遇又是挑战。温州市瓯海外国语学校不仅为其他单位落实教育新生态提供了大量的实践经验,还为教育新生态的发展提供了新的思路。教育新生态的重构是对"以学生为中心"进行再思考后的实践,既要避免在借鉴已有经验时出现"拿来主义",又要主动出击,探索实践,防止过度的观望不前。基于以上分析,提出以下关于促进"以学生为中心"的教育新生态实施的后续思考。

1. 横向加长——贯通义务教育体系

相较于独立小学、独立初中,九年一贯制学校集中办学优势,可以弥补分散办学的不足。学生可以连贯地完成义务教育阶段的学习,有利于教育教学的改革。因此,九年一贯制学校是作为"以学生为中心"的教育新生态"试点"的主力军,衔接小学、初中,帮助教育新生态横向加长。其既是对意见稿实施意见的接受与执行,又是主动承担贯通义务教育体系的责任。为了更好地贯通义务教育体系,真正实现教育"6+3"(或"5+4")到"9×1"的转变,独立小学、独立初中可以尝试跨学校结对,对教育新生态展开研究与实践,加强中小学教育的衔接。

2. 纵向拓宽——统筹家庭、学校、社会教育

随着时代的变迁与进步,新时代的教育离不开家庭、学校、社会的共同协作。学校教育是主战场,家庭教育是基础供给,社会教育是大后方,要想在教育这场战争中取得胜利,必须拓宽教育改革的局面,不能只局限于学校一侧。做好家庭、学校、社会"三结合"教育,是落实立德树人根本任务的必然要求。家庭教育是青少年发展过程的初始阶段,做到端正家庭教育观念,强化家长培养人的意识;学校是青少年发展的主要场所,利用好学校教育资源,强化学校教育职能;削弱社会环境的负面影响,社会各部门为教育优先提供服务资源,做到三个纬度纵向拓宽,形成全员育人的教育格局。

3. 垂向增高——培养学生核心素养

重构"以学生为中心"的教育新生态是为了更好地体现"人"的本位,培养学生的核心素养。需要结合学校育人理念,垂向增高,树立特色育人品牌,让每位学生找到"最适合自己的路线"。提升学生核心素养,要落实到学生的发展成长上,系统开设课程,形成课程特色是必要条件。特色、开放、动态的课程能够促进学生的个性化发展。打造学校特色的德育课程、拓展课程、实践课程,培养学生的品德,提升学生的素养和技能,培养学生适应终身发展和社会发展需要的必备品格与关键能力。

拓展教育时空　构建"线上学校"

温州市第二十二中学　周啸勇

2020年年初，为了实现"停课不停学"，教育行政部门、各级各类学校和培训机构纷纷调动一切网络资源，通过慕课、微课、网课、云课堂等多种形式开展线上教学活动。但是这些线上学习大部分局限在文化课的课堂学习上，我们认为，单纯的文化课学习不是教育的全部意义和本质，尤其在这个特殊时期教育应该还有更重要、更丰富的内容。作为全国百所数字化建设试点学校之一、教育部第一批信息化试点优秀单位、温州市普高唯一一所"未来学校"试点学校，我们有责任和义务利用疫情这一契机，倒逼自己对未来学校建设来一次"试水"。所以，我们提出了创办温州市第二十二中学线上学校的构想，并在疫情停课期间开始了探索和实践。

一、架构管理组织、重组线上课程

我们所说的线上学校是相对于已有的线下学校而言的，是应用信息科技和互联网技术有组织、有计划地开展系统教育活动的一个实体组织。它是对学校教育理念、课程体系、组织管理、师生文化的进一步贯彻和渗透，突破教育的时空限制，为线下学校起到一定的补充作用。线上学校归温州市第二十二中学管理，由线上学校校务委员会具体负责实施。校务委员会成员由学校领导、教师代表、学生代表、家长代表和技术专家构成，主要负责线上学校的顶层设计、重大决策和具体实施过程的协调工作，下设德育部、教学部、技术部和综合部四个部门。德育部由高一德育、高二德育、高三德育、加高德育（加拿大高中）、学生会、团委组成，主要负责线上学校的育人工作；教学部由高一教学、高二教学、高三教学、加高教学（国际教学）、教师发展等部门组成，主要负责线上学校课堂教学工作和教师个人信息化素养与技能的提升工作；技术部工作由线上学校数据采集、应用管理、线上课堂管理组成，主要负责线上学校数据采集、网络安全、信息技术的开发应用、教学人员的授课技术的培训、线上课堂运行的实时管理等工作；综合部由行政管理、党建工作、后勤保障组成，主要负责线上学校的组织管理工作，确保它能够有序正常运行。四个部门分工协作，各司其职，组成线上学校的具体执行层面，保证各项教育教学工作有条不紊地开展。

线上学校的课程设置以学校"做有温度的教育、办人民满意学校"办学理念为指导，围绕"学会做人、学会做事、学会求知"育人目标，根据线上学校的特点和要求，重组学校的启航课程体系。从"德、智、体、美、劳和家庭教育"六个维度，以特定的方式在线上全面开展（图1）。与线上学校四个管理部门相对应，德育部主要负责线上班级集体建设系列内容（包括班级文化、家国情怀、生涯规划、心理健康、启航讲堂、生命教育、社团文化等）、体育教育（室内健身、眼保健操及体育活动等）、美育教育（音乐鉴赏、美术教育、才艺展示等）、劳动教育（劳动意识、劳动技能、创新实践、家务劳动等）；教学部主要负责文化课教学（语文、数学、外语、物理、化学、生物、政治、地理、历史、信息、通用技术等）；综合部主要负责家校合作的相关内容、家长学校的相关课程的设计及具体实施（图1）。通过这样的线上学校课程体系的实施，使我们的学生教育没有因疫情的影响而被按下"暂停键"。

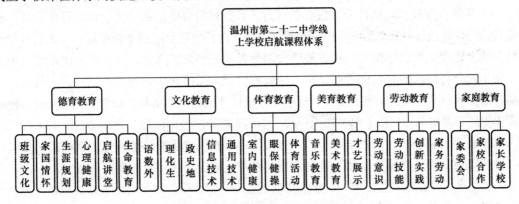

图1　线上学校启航课程体系

线上学校的组织形式主要依托阿里巴巴的"钉钉"平台，主要以"群"的方式建设相应的学校部门和班级。管理方面有校务委员会、德育部、教学部、技术部、综合部，下辖高一、高二、高三、加高4个年级部群和54个班级群；教师方面有全体教师群、各年级部教师群、教研组群、备课组群；家长方面有学校家委会和4个年级部家委会及54个班级家长群。这些群就是学校的"虚拟单位"，而每个"单位"就是平常线下的一个组织，它们是线上学校实施的重要保障。通过这样的组织架构使教育教学的范围更加宽广，内容更加丰富，载体更加多样。同时，我们制定相应的规章制度，发布《线上学校电子手册》，规范所有线上学校的教育教学行为，让全体师生和家长做好充分的准备并参与到线上学校的实施。召开各类视频会议，通过开通仪式、教工大会、年级部会议、班主任会议、备课组会议排解教师初次面对线上教育教学的顾虑和不安，加深教师对线上学校的理解与思考。发布《线上学校技术操作指南》并开展培训，技术部通过统一培训、分批试讲、个别答疑等方式对行政干部及全体师生进行全方位的技术培训。

线上学校是一个系统工程，不是一个简单的线上授课，它的运行是以师生、家长在观念上的认同为前提，以教育者和被教育者对教与学的技术的熟练应用为基础，以在线的顺畅、技术设备为保障，以有效的、虚拟的组织架构和管理为依托，以整体的"线上校园"的氛围为支撑，只有这样才能保证线上学校得到有效的组织实施。

二、改变教学方式、适应线上教学

线上学校是一个新事物，对学校的组织管理、教师的教育教学观念、学生的学习方式、家庭教育的配合等都是前所未有的挑战。做好线上教学工作无疑是办好线上学校的重中之重。除做好线上课堂教学外，备课、作业、辅导、评价等环节也不可或缺。

上课无疑是整个线上教学工作最重要的一个环节。为了加强学生的现场感，线上学校在课堂教学上采用直播方式。根据"钉钉"平台基于不同硬件提供的现有直播功能，根据不同的学科特点的授课要求及教师们自己授课比较习惯的方式，经过技术组教师的反复探究和改进，教师们"八仙过海、各显神通"，最后总结出五种线上课堂授课模式，分别是课件分享模式、板书直播模式、视频直播模式、课件与板书切换模式、多窗口同屏模式。下面具体介绍这五种模式及其演变过程。

（1）课件分享模式。课件分享模式是以台式计算机或者笔记本计算机作为直播设备，教师将自己的计算机屏幕分享给学生的一种授课方式。这种模式是经过平台优选，考虑到教师刚刚接触线上课堂这种教学模式，从方便绝大部分教师上手角度考虑。该模式的优点是直观方便，便于充分备好课的 PPT 课件的呈现，适合习惯于上课用 PPT 讲解的教学方式的教师，适合那些需要课前准备大量文字、图片、视频等多媒体辅助教学的学科；缺点是无法互动，检测不到学生的听课情况，局限于单一知识传授，不利于培养学生的演绎、推理能力。

（2）板书直播模式。板书直播模式是直接借助平板或者手机摄像头作为直播设备来直播的一种授课模式。若教师选取的是这一种授课模式，则需要在课前准备好黑板（或白板、白纸）、粉笔（或马克笔、签字笔）。该模式的优点是灵活方便，便于解题思路的呈现，适合习惯于"黑板＋粉笔"教学方式的教师；缺点是无法借助 PPT 等多媒体教学辅助课件。这种模式对于数学、物理等理科学科需要大量板演进行授课的比较合适，同时，解决 PPT 讲解单调、不能很好地对学生进行逻辑思维能力和演算能力培养的问题。

（3）视频直播模式。视频直播模式是利用钉钉自带的视频会议功能进行直播授课的一种模式。它支持所有人露脸，支持查看所有人，支持过程录制，因此利用这一功能开展教学将会增加课堂互动的多元性。并且，视频直播过程中，教师与学生均可以实现计算机端与手机端的设备切换，当基于手机端进行授课时，教师又可以在白纸上进行书写，模拟板书的过程。视频直播模式更适合开展小范围学生的授课，个别学生的在线答疑、辅导等教学活动。在硬件方面，台式计算机、笔记本计算机、平板、手机等都可以发起视频直播，但是基于不同硬件，可实现的功能均有一定局限，教师可根据需要自行选择或配合使用。

以上三种模式是线上学校初期教师们习惯使用的模式，我们称之为线上授课的 1.0 版。其特点是操作方便，设备和技术要求比较低，便于教师们掌握。经过教师们和技术人员的实践探索，又创造性地将教师们使用最多的课件分享模式、板书直播模式整合起来，吸取两种模式的优点，克服了各种不利因素，诞生了 2.0 版的课件与板书切换模式。

（4）课件与板书切换模式。课件与板书切换模式是以台式计算机或笔记本计算机为主播设备，以平板或手机作为板书投屏设备，在直播开始前或直播过程中同时开启手机（或平板）与计算机上的传屏软件的一种授课模式。该模式需要提前在计算机端和手机（或平板）端同时安装同一个传屏软件（如鸿合多屏互动），并使主播设备与投屏设备处于同一网络下。使用 Alt+Tab 键实现计算机屏幕界面与手机（或平板）端拍摄的板书画面的切换。这种模式的优点是教师可以根据学科的不同特点和备课的内容有选择地切换自己所需要的模式，这样既可以在备课时充分做好准备，将自己授课所需要的多媒体辅助材料用课件做好；又可以随时切换到板书讲演模式，通过综合利用两种模式达到课堂效率的最大化。

但是，这种模式应用的效果如何，我们仍然心中没底。我们组织了对线上学校影响学习因素的调查，数据显示：学生认为学习气氛不如线下课堂的占 24.6%；学生认为在课堂上师生交流不够，针对性不强的占 19.6%；学生对线上学习形式不适应的占 19.2%。这些数据都说明一个问题，就是学生对线上学习的形式缺乏认同，未能适应新的学习方式，这样的学习效果肯定大打折扣。教师的调查数据也显示：师生互动不实时，担心学生没有听讲或没有听懂的占 37.9%，对教学效果有顾虑的占 23.2%。这个数据说明教师对自己教学的效果到底如何心中无数。针对如何提高线上教学的有效性问题，加强线上课堂的互动性成为一个迫在眉睫的课题。需要是创造发明的最大动力。经过技术组教师们的探索和实践，诞生了线上授课模式的 3.0 版，即多窗口同屏模式。

（5）多窗口同屏模式。多窗口同屏模式是在同一屏幕同时播放课件和书写、板演过程，还可以叠加露脸讲解、插入其他软件界面等需求的一种综合性授课模式。这种模式是在综合前面四种模式的优点的基础上，经过技术部门和教师们的反复研究，实现了在一个屏幕可以叠加 PPT、摄像头、互动窗口，同时，教师们还可以使用连麦功能实时互动。这种模式使用比较复杂，对教师们的技术要求比较高，为了让更多的教师能够学会，我们通过示范引领，让学生做这种模式的教学展示。采用手机＋计算机实现 PPT（或几何画板）播放与教师板书同屏多窗口显示方式，通过图片上传、语音传输、连麦发言、视频切入及选择题表单应用，很好地实现了师生线上多样化互动，充分展示了以学生为主体、教师为主导的教学模式。

对于线上授课这个新生事物，教师们需要一个认同、培训、学习、熟练的过程。学校组织全体技术部的十几名专业工作人员，分头对接教师团体群，通过集体辅导讲座和线上答疑等形式，了解不同学科线上教学的需求，及时解决疑难问题，发现、推广教学"妙招"，使技术应用的改进和推广变得更加有序与顺畅。通过大家的共同努力，教师们很快解决了线上授课的技术问题，有些教师能够熟练、创新地运用新技术，增加了课堂的趣味性，提升了课堂的有效性，成了深受学生喜爱的"主播""网红"。

值得一提的是，我们学校加拿大高中的所有外教也积极地参与线上学校国际部授课，他们有的在加拿大，有的在日本，有的在泰国，都很快适应线上授课教学模式。这样，我们的线上学校真正打破了学校的围墙，教师可以在世界各地通过网络进行线上授课，为未来学校建设积累了很好的经验。

对于其他线上教学的四个环节，则结合技术特点制定相应规章制度加以管理，利用平台的不同入口做好规范和管理，减少随意性。

对于集体备课环节，学校规定定期开展线上集体备课教研活动，学校领导分配到各个备课组参与集体备课活动，这样就能够实时了解教师们集体备课情况，而且每次的集体备课活动都是通过视频会议的形式，可以及时保存视频资料，便于学校检查和教师们反复学习。

对于作业布置与批改这个环节，则从技术规范的角度入手，统一通过钉钉群的"家校本"功能进入，教师可在手机端或计算机端，选择需发布作业的班级群。作业检查与反馈在"我布置的"家校本界面，单击作业，进入查看界面，然后选择要检查作业的班级，再选择某个学生进入反馈界面。为了便于家长参与对学生作业的督促，在班级的家校本界面，选择"提醒家长"，就能提醒家长敦促学生上交作业。

学生的测试利用钉钉的"填表"功能进入，这样便于学校管理部门及时监督和检查，了解教师和学生有没有按照要求去做，到底做得怎么样。还要求教师及时下载线上直播课堂资源，留存至学校指定的云储存统一管理，既为学校大数据建设积累资源，又便于教师课后自己观看和总结反思,也便于学生查看回播,及时解决学习中遇到的困难和问题。

三、延伸教育时空、推进线上育人

除线上教学外,线上学校还涵盖思想品德、行为习惯、身体锻炼、美育教育、劳动教育、家庭教育等其他方面的育人功能。

线上学校以虚拟的形式存在,但它的本质是真实的,是学生实际所在的线下学校的一个补充,因此,在线上学校的建设中我们要思考通过各种方式提升原有的校园文化对学生的熏陶问题。我们将这场灾难当作一部很好的教科书进行爱国、生命、健康、科学、信念、道德等教育,耕植家国情怀,培养正确的世界观、人生观、价值观,在这场非常的战"疫"中"学会做人、学会做事、学会求知"(我们的育人目标)。我们适时开展生命教育,从疫情防控中感受珍爱生命的意义;开展家国情怀教育,从抗击疫情的伟大胜利中感受我们伟大祖国综合国力的强大和制度的优越;开展社会责任教育,从一批批"逆行者"的脚步声中,感受一方有难、八方支援的责任心和爱心;开展劳动教育,从家务劳动中体会父母的艰辛和养育之恩;开展心理健康教育,及时关注学生一些负面的情绪(沉迷网络游戏,精神空虚、焦虑、恐惧等),加以积极引导和个别辅导,使同学们安全度过这个非常时期;开展传统文化教育,组织一些丰富多彩的线上社团活动,如学生会、团委组织了别开生面的线上元宵晚会,有1.132万人同时观看,取得了很好的效果。学校将日常的体育教育、美育教育、家庭教育等有机地融入线上,使学生在家也可以受到和平时校园一样的各种教育。

线上学校使管理学生的时间与空间不断延长与拓展,管理难度加大。对学生线上学习期间自己的表现进行调查,发现很不满意的占2.89%、不满意的占3.29%、一般的占30.76%、满意的占36.06%、很满意的占27%。这说明学生表现不一,受到各种主观、客观因素的影响(诸如家庭条件、学习环境、自理能力、学习习惯等)。学生学习情况的不可控可能会加剧学生的两极分化,懂得自律、能自主学习的学生充分利用网络的优势,不断充实和提高自己。另一部分自制力较差的学生难以克服学习中的惰性、随意性和盲目性,难以持之以恒地学习。针对这种情况,本着"不让一个学生掉队"的思想,我们将加强学生的自主学习、自我管理教育放在首位。

首先,班主任作为班级管理工作的主要实施者,要主动占领新阵地,根据线上学校的特点制定灵活的班级管理规则。

(1)坚持每日小结,坚持每周汇报,激发学习动力。在钉钉群设置每日早晨出勤打卡,对每节课的出勤情况进行统计。每天在班级微信群公布当日出勤情况并进行小结。同时,利用每周班会课将每周班级存在的问题做一个总结。利用励志班会激发学习动力,给每个孩子与家长信任和归属感。

(2)依托团队协作,激发学生兴趣,提高课上效率。班主任与班级任课教师携手共同进行线上课程的学习。在线上学习过程中激发学生参与是关键,即时监控是保障。课前播放2～3分钟的轻音乐、一段让学生充满力量的话语、精美的PPT、课上表扬评价、优秀作业的点评、鼓励话语的开场白等手段都是激发学生参与课堂教学的关键,只有学生愿意走进课堂才会有课堂的实效性。

(3)利用微信、钉钉和手机等搭建交流平台,细化管理规范。居家学习主要监管人是家长,想办法转变家长观念,发挥他们的主观能动性,家长的监管作用是落实网上学习、提高学习效率的最好手段。加强课中授课的监管,签到、点名、课上提问、连麦回答、即时拍照提交等方式也是监管到学生是否用参与学习的重要手段。

(4)以班会课为德育教育主阵地,推进思想教育工作。通过榜样的学习,同学们端正了学习态度,树立了正确的人生观和价值观,并且对自己拥有这么好的线上学习条件表示倍感珍惜。

其次,实行导师制,发挥全体教师教书育人的辅助作用。为更好地贯彻全员育人、全过程育人、全方位育人的现代教育理念,在特殊的"宅"家时期,也不放松对学生的立德树人工作,我们规定全校每一个行政干部、教师都要担任几个学生的导师。导师制在师生之间建立了一种"导学"关系,针对学生的个性差异,因材施教,指导学生的思想、学习与生活。导师制从制度上规定教师具有育人的责任,使教师在从事教学科研以外,对学生进行思想、学习、心理等方面的教育和指导作为其工作的另一部分。借助家长的力量,形成家校管理的网络系统,共同管理,联合负责。同时,教师要在一些关键点,如上网课前、交作业前后、课程学习中和网上测试前等关键节点主动与学生联系,给予他们有针对性的指导和监督。对于特殊家庭学生,如家长参加援鄂医疗队的学生,学校特别开展了个性化帮助和指导。这些个性化教育教学,更加符合线上学校的规律,更能适应各种学习情况和各类学生的差异。

线上学校打破了时空的界限,给学校工作的开展提供了便捷性和灵活性,也是对"未来学校"建设的一次积极有益的探索。因此,办好线上学校肯定是对线下学校的有益补充,完全可以成为提高学校教育教学质量的重要手段。我们将继续积极探索未来学校的办学模式,做有温度的教育,办人民满意的学校。

坚持要素联动　促进全人发展

瑞安市安阳高级中学　庄振海

党的十九大报告中，把"努力让每个孩子都能享有公平而有质量的教育"确定为发展方向。全国教育大会提出，要全面加强和改进学校美育，坚持以美育人、以文化人，提高学生审美和人文素养。《国家中长期教育改革和发展规划纲要（2010—2020年）》强调，坚持全面发展，全面加强和改进德育、智育、体育、美育和劳动技术教育，坚持文化知识学习与思想品德修养的统一、理论学习与社会实践的统一、全面发展与个性发展的统一。这些都为推动学生全方位发展提出了更高的要求。

安阳高级中学初中部自建校以来，不忘初心，以"立德立能，健体健脑"为办学理念，将"博学笃行、兼容并蓄"北外校训融为一体，构建特色鲜明、结构多元、尊重选择和差异发展的校园教育生态，加强制度管理、课堂教学、心理健康、学习习惯、感恩教育和文化创建等要素联动，形成强大的育人合力，探索出一条推动学生"全人发展"的办学之路。

一、让制度成为一种自觉

没有规矩，不成方圆。一个学校的正常运转，一个部门工作的正常开展，没有制度的约束，没有制度的监督，是难以取得成效的，因此，建立健全规章制度是一所学校正常运行的保障。建校以来，我们在原制度的基础上，进一步完善和修订了各种规章制度，如《学校章程》《教职工工作考勤制度》《校级先进评选办法》《班主任考核办法》《绩效工资发放办法》《全员德育制度》等。同时，依据学校实际情况，在学校管理中，主要依靠规章制度来管理学校，采取了"宽严相济，四理并行"的管理模式。做到规章制度面前人人平等，以制度服人，以理服人。它既是一种约束，又成为一种激励机制，让师生们觉得在这样一种制度下工作学习，心情愉悦，舒畅平和。这些规章制度使我们的各项工作都能做到有制度可依，违反制度必究，执行制度必严。同时，安阳高级中学严格行政成员管理，明确班子成员职责，要求领导干部率先垂范，起好模范带头作用。

二、让思维成为一种追求

现代教学技术教育部重点实验室胡卫平主任指出，教育的终极功能是发展人脑，而人脑作为高级大脑最重要的是思维。可以说，教学的本质是思维。例如，当前国内外广泛关注的核心素养，任何一项的形成都无法脱离大脑的思考。为了培养学生的思维能力，我们以课堂教学为主阵地，通过开展"基于深度学习的课堂观察与研究"课题研究，培养教师的思维型教学水平，从而有效提升课堂中思维教学的质量。另外，为了提炼和巩固深度学习的教学模型，学校还组织了"名师名家进校园"活动，通过邀请多位国内各学科教育专家、温州地区学科名师等进入课堂对教师们的教学进行手把手的指导。思维教学发生在课堂，而思维教学的成效需要靠课后的反馈，为了精准把握学生的思维品质，学校还精心组织了由本地多位中考命题专家引领的教师命题能力研修，一做就是8年。通过对试题的反复打磨，教师们修炼了一身过硬的命题技能，近五年来，安阳高级中学教师在温州市、瑞安市组织的教师命题竞赛中获奖70多人次，居瑞安市之首。而教师命题水平的提升也对课堂教学起到了积极的反馈作用，进入了思维品质提升的良性循环。

三、让幸福成为一种常态

学校是广大师生的幸福乐园，让广大师生都能获得一种幸福感，让幸福成为一种常态，真正渗透进教师和孩子的灵魂里，是学校成功的标志。学生喜欢自己的教师，热爱自己的班集体，并能够得到同学和教师的爱护，学校对他来说就有吸引力；教师们工作投入，经常在一起研究、交流，同事之间充满关爱，干群之间关系融洽，学校对于他们来说就有渴望；校长周围有一个和睦向上的领导群体，有明确并得到师生拥护的办学思路和具体措施，学校对他来说就有希望。只有这样，学校才能成为幸福的地方，生命力才会永不衰竭。当幸福之光照耀之时，我们的教师输出的是快乐的教育，我们的学生接受的也是愉悦的教育。为此，学校加大软硬件的投入，给师生提供一个愉悦的工作和学习环境；开创以"三生教育"为点，以"学段德育"为线，以"家校共育"为面的点、线、面相结合的德育模式，打造家长、学校、学生三者合力育人的局面；在师生心理健康建设方面，学校给予充分关注，开展心理咨询、团建等团队活动，让师生永远用阳光的心态面对精彩的校园生活；在经费管理上也予以倾斜，鼓励教师外出培训和学习提高，提升自身的专业素养。让人人洋溢着自信的脸庞，曾经以为是梦想，而如今我们真正做到了领导层与教师的和睦相处、教师与教师之间的其乐融融、教师与学生的和谐平等、教师与家长的信任与真诚。

四、让学习成为一种爱好

"21世纪的文盲不是目不识丁的人，而是不会学习的人。"《面向未来：21世纪核心素养教育的全球经验》将学会学习和终身学习作为面对未来必备的七大素养之一。未来的世界充满着各种未知的新事物，一个不会学习的人，终将被世界淘汰。只有学会如何学习、乐于学习的人，才能永远跟得上时代的步伐。在课堂教学中，我们始终倡导教师合理开发教学情境、关注源于生活的知识、基于任务驱动的团队合作等理念，让学生在面对学习时，能够激发兴趣，感受学习对于生活的意义，体会同伴合作带来的乐趣，从而才能对学习永远保持一种激情。另外，我们也提倡教师"每节课都要让学生笑一笑"，让学生每一堂课都能有快乐的体验。

五、让感恩成为一种习惯

对于学生而言，感恩他人的能力还非常有限，但培养他们的感恩意识，让他们懂得感谢和帮助，应该是我们现代教育的一个重大课题。安阳高级中学多年来积极秉承"求学先做人，成才德为先"的教育理念，坚持将感恩教育活动融入学生的生活，如爱国教育军训活动、入学礼、青春礼、毕业礼、时光胶囊、志愿者、山区送爱心、社区服务、劳动教育等活动，强化了感恩意识的培养、感恩行动的落实，取得了不错的效果。如以心理课为主要阵地，以班级为单位，对学生开展团体心理辅导是安阳高级中学多年的做法。我们在心理课中专门开设了感恩专题，主要包括我爱我的祖国、学习雷锋、发现母亲、我爱我家、感恩回报等不同主题的辅导，通过伟人的先进事迹、母亲最令你感动和难以忘怀的一件事分享、爸爸妈妈我想对您说等活动的设置，引导学生回忆、感悟稳定的国家、辛勤的父母带给他们的安定与幸福，思考究竟该如何为国家、为家庭作出自己的贡献，并将心中的真实感受勇敢地表达出来。

六、让文化成为一种信仰

有著名学者曾这样描述文化："人本是散落的珠子，随地乱滚，文化就是那根柔弱又强韧的细丝，将珠子穿起来成为社会。"如此精辟的描述同样也可以引用到对校园文化的描述中：校园文化就是能够把散落的师生个体串成一个整体的那一根"柔弱又强韧的细丝"，是一个学校发展进程中逐步积攒下来的一种聚合力，是一所学校特有的精神标记。而安阳高级中学对于这根"细丝"的塑造，则充分体现在外部环境和校园活动的精心设计上。

从学校外部环境看，安阳高级中学始终遵循一切布置都以学生为主体，从"会说话"的石头到"会说话"的墙、"会说话"的路，我们通过创意让学生校园生活中的许多细节都成为学生展示的平台。例如，学生前往音乐教室的路上会途经一个转角，我们将其打造成为一个小型的美术展厅，让有美术特长的师生在此举办"私人定制"的作品展；散落在校园中的几块大石头，我们在其上刻上学生青春礼时征集的"段志"，此后的每一天，石头都会向路过的每个人述说着关于那段时光里的坚守和理想；走进每一间教室，校园文化的学生味则更加浓郁：孩子们自己制定适切的班级奋斗目标、自己设计班名班旗、自己动手美化班级、自己策划活动，班级德育实践岗更是让每一位学生根据自己的特长承担起班级管理的大小事务。在这样一种校园文化的浸润中，孩子们可以随处找到自己闪光的舞台，自信和勇气在这里孕育。

在学校文化活动设计中，安阳高级中学始终坚持"教书育人在细微处，学生成长在活动中"的育人思想，科学安排艺术节、体育节、科技节、英语节、读书节五大节日，认真策划班团活动、年级学生活动、主题教育活动，安全有效地安排学生外出参观、考察、郊游、劳动实习活动，让学生在活动中构建良好的人际关系，养成优良的品行。

基于"选择性教育"的未来学校的空间打造及教育蕴意
——以温州市龙湾中学为例

温州市龙湾中学　蔡朝晖

龙湾中学创建于 2004 年,现办学规模为 42 个教学班,共有 1 730 名学生。

随着时代的发展,特别是新课改、新考改不断深化实施,我们深刻体悟到本轮新课改、新考改的灵魂是"选择性教育"。《国家中长期教育改革和发展规划纲要(2010—2020 年)》指出:"高中阶段教育是学生个性形成、自主发展的关键时期,对提高国民素质和培养创新人才具有特殊意义。要深入推进课程改革。为学生提供更多选择,促进学生全面而有个性发展。"2019 年 6 月,国务院办公厅印发的《关于新时代推进普通高中育人方式改革的指导意见》更是明确指出:优化课程实施,完善学校课程管理,加强特色课程建设;创新教学组织管理,有序推进选课走班,满足学生不同发展需要;深化课堂教学改革,推进信息技术与教育教学深度融合。龙湾中学从 2015 年开始,就按照新课改的要求,全面开展全员分层分类分项走班教学,深入开展课程改革,大量开设校本选修课程,这时候,我们发现学校原有空间布局结构性缺陷问题凸显了。具体表现为:校园各区功能布局齐全,但相互贯穿性不足;建筑空间面积足够,但辅助的功能教室缺少;教学场景设计封闭,灵巧性、开放性不够;信息技术泛在化环境支撑不够;学生学习活动空间走行路线单一,通勤率不高,提供给学生走班时穿行的校园公共活动空间拥挤。至此,对学校内部空间再造开始提上议事日程。

与此同时,随着大数据、云计算、人工智能等新生事物的井喷式涌现,全球科技创新进入前所未有的密集活跃期,在此大背景下,学校的组织形态、学习空间、学习方式、课程体系都已发生了深刻的变化,学校空间设施既要充分发挥育人的功能,又要满足教师教学多样化的需要与学生个性化发展的需求;要探索空间、课程与技术的深度融合,将单调乏味的学校建筑打造成温馨宜人的育人环境;要探索教学区布局创新、非正式学习区、学校文化气息等方面再营造的实践,从而扩展学校的公共空间,打造灵活、开放、生态富有活力的未来学习新空间,提升学生情感融入度,满足课程实施需求,促进学生全面而有个性的发展。因此,学校的空间建设也亟须实现升级换代。

从 2018 年开始,龙湾中学在市、区教育局支持下,启动了"选择性教育"未来校园提升工程项目,共投资 3 000 万元,分两年完成。基于"选择性教育"未来校园提升,秉持"开放、共享、灵动"三大理念,遵循统一目标路径、多方资源支撑、互动牵引驱动、个性特色发展、整体协同推进五大策略,兼顾经济性、文化性、系统性、生态性四点要求,目的是通过古韵新品、向古而生的改造手段架起现代和传统的沟通桥梁,让古今相融而生、交汇而成,增加校园的历史底蕴；通过变零为整、顺理成章的方法将散落的传统元素组成有机的整体系统；通过对学校部分空间再造，让校园更生态与灵活，营造有温度、能生长、会呼吸的校园环境；通过风格为骨、文化为魂的设计思路，采用优化校园主轴、丰富空间序列、串联景观节点的营造手法，建设一个具有活的灵魂的校园景观系统。

一、重构适宜"选课走班"的空间结构

走班教学需要频繁的学生移动，在学生课间快速的转移过程中需要提供高通勤率的学生公共活动空间，因此需重新规划学生在教学区的活动路径。原先学校教学区共有A、B、C三幢教学楼，呈"E"形排列，教学楼的楼与楼之间形成两个园，取名为"真园"与"思园"，三幢教学楼西侧楼层有连廊相通，构成教学区的整体空间结构，三幢教学楼每层有15个教室，供一个年级段使用，年级段实施走班时学生基本上在一个楼层移动（实验课、艺体课等课除外），由于教学区东侧没有连廊，走班时从A幢教学楼最东边教室走班至C幢最东边教室，距离约为200米，按正常行走速度，大约需要1分钟40秒，关键是东边无连廊导致走班时西边走廊课间人流量大，造成一定拥挤。因此，校园提升工程需要首先对教学区空间重新进行改造，以满足走班教学活动需求。我们的总体思路是：在A、B、C教学楼东侧搭建通勤载体，同时兼顾艺术性、文化性、生态性。在A、B幢教学区东侧，采用"山墙折檐"的设计理念，用连廊连通两幢教学楼一、二、三层，连廊采用层叠折线的形式，形似"书山"，意为云程有路志为梯，同时，也有传统建筑韵味。路径设计采用移步换景的设计手法，中间搭建两处观景平台，学生可顺道欣赏园湖风景，放松心情，走班时顺着坡道步步高升，虽然过程消耗了体力，但视野也越来越开阔，与学生求知相融合，有"路漫漫其修远兮，吾将上下而求索"之意。B幢与C幢之间采用"学海行舟"的设计理念，起步于"真园"西边，然后拾级而上、层层递进，直连B幢、C幢二、三层两层，也使B幢、C幢二、三层两层自然连通，整体造型似一"方舟"。学海无涯勤作舟，与龙湾中学"恪勤·日新"的校训相呼应，蕴意为学生乘坐勤奋小舟在知识的海洋里遨游。台阶下层设计若干开放式书房，是学生自由学习的小空间，台阶中间几处镂空处植几颗高大香樟树与香柚树，便于学生在其间休憩与交流。通过以上不同手法营造，补缺了教学区东侧连廊，既有效解决走班时学生通勤的公共空间不足，又赋予了各空间的新形象与新功能。同时，我们对教学区入口正门予以了品质提升，与教学区连廊融为一体。教学楼正门大厅运用山型叠置空间的营造手法，采用反转的设计方法，在方形的体量中挖出传统的坡屋顶轮廓，这种"反转"设计方法暗含学校反转课堂理念，强调先学后教、以生为主的教学理念。同时采用时间切片的手法，将空间切成一片片的坡屋剪影，用时光机的方式记录学校发展的历史，留住校史记忆，两堵侧墙用书简形式展示学校的办学理念，使布局更趋合理、内涵更加丰富。

在重构教学区公共活动空间的同时，提升了信息化服务教育教学的功能，在硬件上，各班教室门口安装了电子班牌系统、年级段电子大屏，电子班牌集成了走班课程安排、行政班信息公布与展示、云阅卷系统的成绩分析与查阅、日常行规公示、考勤等功能。德育线所有考核打分通过手机端"智校云联"系统完成后，通过班牌与段屏实时公布，并便于记录统计，每个层楼建有学生随时可操作运用的"信息天地"，配备若干台计算机与打印机，学生可以在此处训练英语听力，打印下载信息。教学区二楼建有学校的"大数据服务中心"与"精准教学实验

室",随时为师生提供服务。

在小物品制造上,龙湾中学原创了多功能"走班柜",放置在教室外的走廊上,"走班柜"是集阅报栏、作业收发台、师生答疑台、学生书本收纳柜、雨伞架于一身的综合柜,占地不多、功能齐全,深受师生欢迎。

二、引进博物馆(园)的理念,打造生态化、灵动性、嵌入式的教学场景

2014年前,龙湾中学初步建造了几个场馆,但比较独立与零散。2017年11月浙江省出台了《关于进一步深化高考综合改革试点的若干意见》后,学校在逐步完善充实已有场馆建设的基础上,进一步盘活与整合资源,增设部分场馆,从而形成了现有博物馆(园)的规模。

1. 十大博物馆(园)建造的理念设计

新课程改革把课程设置权交给学校,把课程开发权交给教师,把课程选择权交给学生。那么课程在哪里?如何开发让学生喜欢的课程?如何让课程成就学生个性特长?课程如何支撑学校的办学特色,从而实现"多样化、特色化"办学?这些问题都需要学校管理者必须做出回答。我们经过多次研讨与思考,吸收了先进发达地区的一些成功案例,引入了博物馆(园)的理念,明确了博物馆式校园建设的目标追求,按照把课程与学校的校园文化融合起来、把学生生涯规划需求凸显出来、把学校的育人目标根植于课程之中、把地方特色资源整合到校园文化中的思路,先后建成了"嵌入式心形博物馆(园)群"(表1、表2)。它既是学校文化映像、文化的物化、精神的物化,又是学校办学特色的形象演绎,更是活的课程,灵动的教学场景。

表1 十大博物馆(园)名称及含义

序号	馆名	设计理念	对照育人目标
1	中共党史教育馆	信仰居中	健全的人格 勤勉的精神
2	明理厅	理念引领	
3	校史馆(校友之家)	文脉传承	
4	百工厅(木工坊)	工匠精神	创新精神
5	科学实验探究馆(创客艺坊) 科技展览馆	探索创新	
6	瓯滨园(地方文献馆)	植根乡情	家国情怀
7	敬贤堂	致敬乡贤	
8	农耕文化博物馆(园)	知行合一	劳动教育
9	生命安全体验馆 红十字教育体验馆 青春健康教育馆	珍爱生命	生命教育
10	金石园、美术展示馆	品质升华	体艺精神

表 2 十大博物馆（园）课程群

课程群	主题	部分课程
博物馆式校园主题课程	龙湾历史文化名人博物馆（敬贤堂）	龙湾历史文化名人、温州历史
	温州工艺美术博物馆（百工厅）	陶艺制作、漆画
	生命安全教育体验馆	生命安全教育、红十字应急救护
	温州地方文献博物馆	温州旅游地理、山海龙湾
	农耕文化博物园	蔬菜种植、食用菌栽培技术、花卉养护、龙湾老物件、走进食品发酵技术
	美术（金石书法）博物馆（园）	汉字漫谈、汉印名章刻制
	校史馆	博物格致——龙湾中学环境文化 精神与规范——龙湾中学精神文化 制度文化、我们如何行动——龙湾中学课程方案解读
	中共党史教育展览馆	业余党校学习教程、中共党史教育
	科技展览馆	科学与技术发展简史、虚拟机器人、神奇的物理世界
	科学实验探究馆（创客艺坊）	Arduino 创意机器人、地理模拟实验、传感技术与化学数字实验、化学检测、科技创新之路、生活实验室、传感技术与数字物理实验、手机充电器的设计与制作、地理研究性学习、龙湾地理专题研究、生物标本的制作

2．通过有效的空间把博物馆（园）串联成珠

各个博物馆（园）散落于校园各处，如何把博物馆串起来成珠呢？为便于学生学习与参观，我们采用了木质坡顶游廊把各个区域串联起来。游廊共计 180 米，错落有致、高低相望，平时可作为学生遮阴避雨、栖息停留之处，同时，也是艺术、历史、地理的学科知识长廊。

我们把游廊主题定义为"一廊一道忆思情、一带一路秉振兴"，以时间为线，用历史事件串联起长廊文化的旅程，展示丝绸之路的前世今生。游廊共设置"凿空之旅""海陆共生""盛衰沉浮""丝路相传"四个主题板块，设置"丝绸之路""海上之路""一带一路"路线图，配有丝绸之路标志性建筑及沿途风景图片；在游廊横梁上交叉间隔处以主题为轴，分别以"路途""和谐""展望"为核心关键词，悬挂唐宋、明清诗人与毛泽东诗词，使学生能够在潜移默化中感受丝绸之路的重大意义与中华文化的博大精深。把珠串好了，线也成就美丽了。

3．部分博物馆（园）介绍

敬贤堂是由学校和龙湾文博馆联合创建的人文展厅，分别展出温州地区 96 位先贤的人物介绍与图文资料，其中龙湾籍 32 位，以及龙湾籍书法家书写的先贤文章节选的书法作品，展出了龙湾文化名人书籍和介绍龙湾先贤的画册。敬贤堂中间处设置了"理想信仰讲坛"，每一位龙湾中学的学生必须面对先贤，登台作一次理想信仰演讲。

百工厅布置了各类温州民间工艺精品实物，展出了瓯绣、瓯塑、瓯窑、黄杨木雕、温州石雕、乐清细纹刻纸等 34 种共计 74 件民间工艺美术精品实物，其中有很多作品为省工艺美术大师的原作。在展馆中间设置了两个学生工作互动台，分别布置了瑞安活字印刷术、温州剪纸刻纸的所有工具材料，展厅紧临金工、木工建造室，有兴趣的学生可以申请进行探索性物件制作

与研究性学习。

农耕文化博物馆的农业实践基地，占地10亩，划分为班级种植区、班级管理区、学科实验区、生物培植区，在学科教师与班主任的指导下，成立种植兴趣小组，申请承包责任田，根据制订的种植计划，积极开展种植实践活动。

4. 以"金石园"为例，介绍博物馆建设的经历

金石园坐落在校园东大门入口右侧，占地2 000平方米，紧邻学校400米田径场，是学校挖"静心湖"堆积而成的一山包。建校之初，此处只简单种植一些樟树与水杉，中间铺设一条小径，2011年学校请了五十余位书法家，篆刻了五十方印章，选购了五十余个一米见方、大小不均的滩石，把这些作品雕刻在滩石上，滩石散落在园中多处，取名为"金石园"。2018年学校对"金石园"进行重新设计营造。

（1）营造的缘起与目的：龙湾中学自创校之初，就把篆刻教育作为艺术课的必修课程，每位龙中毕业生毕业时皆要刻一方自己姓名印章永留校史馆，我们认为篆刻既能培养学生的艺术修养，又能增强学生精心做事、精心为文、精心做人的精神。故把金石园打造成学校能走进去的校本课程，同时兼具学校文化印象，来熏陶学生。

（2）营造的思路：采用现代中式风格，架起现代与传统的桥梁，体现龙湾中学开拓进取的精神；设计采用园林式的景观组织方法，采用"起承转合"的空间节奏，通过选景、框景、借景的方式，把门台、古亭等景观要素组成有机的整体；根据园林造景手法，让石刻成为有趣的景点，通过多种方式观赏和解读石刻。

（3）营造的过程：整体迁移了一座清代古宅门台作为主入口形象，此门台为清水砖砌勒脚、踩头门墙、砖仿木斗拱和悬山顶屋面的牌科式，门台两侧墙垣外八字造型，磨砖对缝，顶部砖加灰塑组成灯笼花草纹透空花墙子，甬道由花岗石条石铺就，进门迎面立一块2米高乌石，上刻西泠印社理事、省书法家协会副主席张索先生题写的"金石园"三字，甬道右侧立8块1.8米高、0.6米宽的花岗石质地石板，形似竹简，整体呈扇面造型，石板正反两面雕刻《论语》全文，从而形成《论语》作品雕刻群，学生随时可以阅读，既起到传播与展示功能，又蕴含着对儒家思想的尊崇，同时，象征着"金石园"文化根源深植于博大精深的中国优秀传统文化土壤之中。甬道尽处右侧小山包上建有六角翘檐雕花石亭一座，占地约30平方米，取亭名为"可镂亭"，用大篆字体写就。亭名来源于荀子《劝学篇》"锲而不舍、金石可镂"一词，既暗含园名，又激励后学之人要登高远望、不断进取。甬道尽处需右转，过一古式拱门，方能前行，避免观景一览无余，同时，也起到园内游路起承作用，过门后便是篆刻文化知识集中展示区，以一堵文化展示墙为中心，墙上展示篆刻知识内容，地上散落着篆刻作品石。沿小径再前行十余步，便是园中的中心点，也是园中最高处，建一木质六角单层攒尖亭，亭身为美人靠，亭色为褐红色，亭取名为"一齐亭"，用行草书书就，是时任教育局局长题写，对联由一位家长与一名学生书写，蕴含着学校发展只有集大家之智慧、汇多方资源，团结拼搏方能成就风景。园中出口（其实也可以说是入口）是园中最具风采的古式民居庭院组合，占地50平方米，由照壁、假山、盆景、扇面围墙、一座清代士大夫家庭古门台（此门台规制比入口门台更高）组成，环境清新、优雅、古典，颇具江南民居意蕴，出园门便是一小型广场，居中是一座假山，右侧立有龙湾最具影响力的"王氏家训"石刻，既与入园处《论语》石刻前后呼应，又蕴含着儒家思想与金石精神的落地生根，广场出口在"静心湖"上跨一花岗石廊桥，上桥便能

览园、湖全景。过桥回望，湖光山色，情趣盎然，金石之声，荡响耳旁。

博物馆（园）群的打造，让非正式的学习空间充当了学习的重要角色，校园的每一个角度都是学习、交流和分享的"教室"，校园文化载体成为一门门"隐性课程"，让学生的学习在校园里无时无刻真实地发生。

三、打造富有特色的学科教室，创新学习空间

新高考情境下的普通高中教育教学活动，更加注重学生兴趣、特长及专业意向等方面的发掘和培养，将学生生涯规划、专业选择和学习动机有机融合起来。学科教室的浓郁学科氛围和丰富学科资源可以更好地帮助学生培养学科素养。采用选课走班制教学是普通高中适应高考综合改革的必然要求，建设学科教室是学校适应新高考的重要举措。学科教室对于完善学科体系建设、增强学生学习动力、促进教师教学研究具有积极的作用。

学科教室功能定位应该是为促进学生主动学习而进行的学科环境和学科资源的有效配置。以培养学生学科核心素养为逻辑起点，构建学科情境，配置学科资源，开展学科教学、实验（体验）和研究，从而提升学生的学习内驱力。学科教室应具有信息技术深度融合、动态建设、常态化教学应用等特点，包括教师办公、教学实验和成果展示区等。

其实，学科教室就是一个升级版的多功能室，在改造过程中，我们遵循了以下原则：学科性、适用性、灵活性、经济性，并重视数字化、信息化的深度融入。

龙湾中学生物学科教室的建造以蜂巢为设计理念，生物学是研究生物活动的学科，蜜蜂是充满智慧的动物，蜂巢展现出惊人的数字才华，有严密的结构，寓意学生做事要细、要勤、要实。通过蜂巢网格设计，把照明灯具、实验器材、动植物标本和实验成果都在方格图中进行展示，形成有机的整体，吊顶采用格栅式平暗平棋吊顶，来表现传统建筑的韵味。学科教室紧连着三个常规实验室与仪器室，走廊重新布局，充满生物学科元素。

政治学科教室的建造采用中式设计风格，空间采用传统建筑骨架，吊顶采用坡屋顶形式，用三角红旗的形式拼凑而成，寓意为红旗在每个心中高高飘荡，在讲台部分采用方形红旗层叠出透视角的意向，教学一体机位于透视中间，寓意为"红旗飘飘"的政治意向，中间的支架采用灵动拼式桌子，便于灵活安排教学，教师无讲台，要与学生融为一体，显示平等。政治学科教室紧邻党史馆，从而形成一个有机整体。

学科教室的建设是一项循序渐进、动态发展的工作，既要突出结构空间的灵活善变、人员的交流互动，又要体现学生主体，让学生能非常便捷地获取学习或实验所需的材料与书籍，以期最大限度地激发和培养学生科学探索的兴趣，增强学生的学习内驱力。因此，学校学科教室（群）建设永远在路上。

建设智慧校园的实践行动

浙江省瑞安市第四中学　张克龙

从社会发展角度来讲,未来二三十年人类社会将演变成为一个智能社会,其深度、广度,今天我们还难以想到。作为为未来二三十年培养人才的学校,应当要积极探索面向未来的智能社会。

基于此,当前的学校正在如火如荼开展以教育大数据中心、智慧教育云平台、智慧学科教室、智慧课堂、创客空间等建设应用为重点任务的智慧校园建设,充分发挥现代网络技术、现代教育技术对教育教学的支撑引领作用,实现教育资源的大同,学习的空间多样,学习的主体多元,慕课、微课、虚拟空间课等多形式的智慧课堂的智慧校园形态。

瑞安市第四中学几年来积极地实践智慧型校园建设,若有所悟,成此文,意在抛砖引玉。

一、顶层设计"智慧校园"行动方案

何为智慧校园？江苏师范大学王运武等主编的《智慧校园：实现智慧教育的必由之路》中指出智慧校园的核心特征反映在以下三个方面：

一是为广大师生提供一个全面的智能感知环境和综合信息服务平台,提供基于角色的个性化定制服务。

二是将基于计算机网络的信息服务引入学校的各个应用与服务领域,实现互联、共享和写作。

三是通过智能感知环境和综合信息服务平台,为学校与外部世界提供一个相互交流和相互感知的接口。

根据上述智慧型校园的特征,学校建设智慧型、信息化、现代化的智慧校园的具体行动目标可以是：以智慧教育窗口学校为总目标,围绕智慧教育所需要的教育大数据、云平台、创客空间等硬件设施提升,实现学科智慧型课堂教育方式;实现智慧型教育资源建设与共享;落实智慧创客教育等建设应用为重点任务;实现教育资源的开放、共享,学习的空间混合,学习的主体个性化的智慧校园形态,校外学生通过在线直播和校内学生借助网络空间教室的同济互助与分享,在线学习和开放教育构成的智慧型学校教育形态。

例如,瑞安市第四中学为创建智慧型校园所做的行动规划如下：

(1) 建成演播室、录播教室与智慧广场教室等在线直播教育系统,继续丰富教育资源,采用慕课、微课、虚拟空间课等形态,实现校外学生通过在线直播和校内学生借助网络空间教室的同济互助与分享,在线学习和开放教育构成的智慧型学校教育形态。

(2) 每个学科均建成若干智慧型学科教室。目标是语数英、政史地、理化生技十大高考学科均有智慧型教室，让每个学科都有学科活动的专门场所。学校按照"5个1"要求建设智慧型学科教室：一是智慧型学科教室悬挂负责人及工作职责、主要工作成绩介绍；二是每个智慧型学科教室承担一个社团并对社团进行介绍；三是智慧型学科教室要有承担的课程介绍与特种设备介绍；四是智慧型学科教室要有社团成果介绍；五是智慧型学科教室要有使用及安全须知。

（3）建成智慧教育云平台。根据国家教育信息化发展规划和智慧校园建设指导，推出智慧校园云桌面解决方案，为计算机教室提供全新的学校云IT建设方案，从而实现教学集中化、管理智能化、维护简单化、校园绿色化，将师生桌面计算机带入云时代。目前，瑞安市第四中学已建有网络计算机教室6个、网络控制中心1个、学校云工作室1个。同时配备"云办公桌面"平台，打造节能型教师移动办公格局。改变传统教师PC办公的格局，教师在虚拟办公云桌面平台下，实现教师一人一账号，不受时间、地点限制，真正实现智慧型校园的移动办公。

（4）通过三年的行动，让语数英、政史地、理化生技十大学科完成每个高考要求模块每课时的智慧型课堂教学设计。

（5）建成智慧物联网系统，让每个班级拥有电子班牌，构建校园微门户，深化教学管理，实现智慧管理。

（6）建成基于信息技术与通用技术学科内容拓展的智慧型创客专用教室若干个，并形成一个相互关联的创客空间，能开展STEAM综合实践教育活动，全面完成创客教育"5个1"工程。目标是智慧型创客专用教室有一个创客教师，承担一个创客社团活动，有一门课程在学习，每一位参与的学生完成课程后有一项学习成果，学校的每位学生高中三年至少智慧型创客空间修满18个课时，在此基础上形成智慧型学校的学校DIY教育特色。目前，瑞安市第四中学已建成基于深化通用技术学生实验而开设的智慧型木工坊、设计室、技术馆等，拥有3D打印机、激光雕刻机、VR（虚拟现实）技术、AR（增强现实技术）等。

二、围绕四项重点项目建设智慧学校

建设智慧型校园主要涵盖智慧环境、智慧管理、智慧学习等内容，促进学校积极应用大数据、物联网、移动网络、云计算、智能终端等新一代信息技术，实现翻转课堂、慕课、STEAM等新型教育教学模式。具体的行动建议如下。

（一）建成泛在网络环境支撑体系、大数据分析中心、智慧学科教室、在线直播等智慧型校园所需的硬件设施

（1）网络环境支撑体系建设：建成千兆以上主干网络，实现全校无线网络全覆盖，满足教师在校园的任何一个角落同时在线，支持学校2 000多名学生并发的学校云，支持泛在网络环境体系、无边界学习支撑体系，全面落实网络信息安全风险评估与等级保护制度、校园网准入制度、数据安全管理制度，实现网络集约化管理，使学校网络成为"链接一切"的安全可靠的基础网络保障。

（2）大数据分析中心建设：建成包括基于手机终端的智慧德育学生日常规范考核系统、教育管理、教育评价、教师发展、学生发展、教育资源等在内的各类教育大数据管理应用体系，完善数据采集方法，加强教育大数据管理与分析，做好数据的融合贯通和质量管控，确保数据的完整性、一致性、准确性和及时性，实现数据统一管理、动态呈现和可视化感知。

（3）智慧型学科教室建设：建成包括理科智慧专用学科教室、文科智慧学科专用教室、智慧

保健室等。每个智慧教室都是基于某种（如米猪）平台＋同屏共享＋教师平板控制课件＋可视化作业统计呈现不同学生思考与练习过程＋蓝牙书写板呈现不同学生的同时答题效果，并及时呈现学生资源，将学生资源转化为教学资源。趣味化、生动化、有效化、可视化，实现班级多媒体全部具有交互功能，积极探索让技术和学科教学达到深度融合，常态化应用智慧型学科教室。

除此之外，还可以建设智慧生活体验中心、智慧生命体验中心、智慧生态体验中心、智慧生涯体验中心等具有学校办学特色的"智慧四生体验中心"。

（4）实现"课堂共享"：建设具有录播、点播等功能的"未来课堂"，逐步实现"校外学生通过在线直播和校内学生借助网络空间教室的同济互助与分享"的无边界的、师生都可自主参与的学习环境课堂。

（二）积极推进学习主体个性化的智慧型课堂变革

（1）机制保障：成立智慧校园建设领导小组，由校长任组长。举办定期召开的由教务处、教研处、总务处、信息技术处、政教处等科室参与的联席会议，汇报工作进展，解决有关问题。各处室分工合作，信息技术处负责智慧型教育硬件，教研处引领教师深入研究在智慧学习环境下课堂结构的再构建，教务处制定并落实智慧教学课堂常规等。

（2）课堂变革：以每一位教师在学科智慧教室至少开出一节公开课为目标，由教研处牵头，组建由教研组长为主体的智慧教学研究体系，组织开展围绕基于学科核心素养培育的课堂变革，进行智慧课堂教学研讨活动和智慧课堂评比活动，积极推动各学科智慧教育发展，及时总结反思、提炼成果，形成论文集、案例集等。

（三）实现教育资源智慧型共赏

（1）建成语数英、政史地、理化生技十个高考学科及德育主题班会课教育资源，构建智慧教育支撑服务体系。依托浙江省教育资源平台、浙江省智慧教育服务平台，建设学校的智慧教育资源云平台。

（2）建成教师自己拥有的"网络空间"，学生自己拥有的"我的学习空间"。

（3）建设微课资源，大力推进"资源空间"建设，建成具有录播、点播等功能的"智慧课堂"，实现"校外学生通过在线直播和校内学生借助网络空间教室的同济互助与分享"的无边界的、师生都可自主参与的学习环境课堂，实现"共享课堂"。

（四）实现智慧型创客教育

1. 依托 DIY 创客教育，实现智慧型创客教育

DIY 是英文 Do It Yourself 的缩写，译为自己动手做；DIY 又是 Design It Yourself 的缩写，译为自己设计与创作。因此，DIY 教育就是指"动手做或设计"教育。

DIY 教育有两个方面的内涵，一方面是全方位进行体验性学习的动手做的教育；另一方面是动脑思考与动手创造的设计教育。DIY 特色课程强调敢于自主、勤于思考、勇于实践，注重学生在学习过程中的行为体验、情感体验和思维体验，侧重学生创新精神和实践能力的培养。

例如，瑞安市第四中学在培育学生生活技能而开展的 DIY 教育方面主要建成"家电维修、插花、农艺、生态园、生活创意"专用智慧型活动教室，开发出了《开心农艺》《家电维修》《生活与化学检测》《见证生活处处皆化学》《见证生活处处皆生物》等六门浙江省精品课程，并在浙江教育资源网上作为省教育厅推荐的省网络推荐课程供全省学生网上选修。

再如，瑞安市第四中学基于信息技术与通用技术学科知识拓展的融入创新技能、培育学生创新素养的 DIY 教育功能室（生活创意、科技创新、实训创业等六个功能室约 2 000 平方米）、生活＋生命＋生态的"三生体验"馆，在办出学校特色的同时，也提升了学校创新教育水平。

当然，学校实施智慧创客教育，最重要的是构建起智慧创客教育课程群。例如，瑞安市第四中学形成呈金字塔型智慧创客教育课程群：底层为创客教育基础的校本课程，让每一位学生拥有终生受用的艺术技能，受过一种能探究其原理的科技训练，养成一生爱思考的习惯；中间层为个性化的延伸性课程，学生根据自己的兴趣与特长分别进入学校开展 DIY 人文学园、DIY 艺体学园、DIY 生活技能与科技学园；上层为专业化的精品课程，面向有发展潜质和学科特长的学生，帮助他们实现专业创意梦想。

2. 积极开展常态化 DIY 创客教育活动

加大力度培养创客指导师培训，成立学校 DIY 创客教育教研组，采取"传帮带""师徒结对"等形式，多途径、多形式促进 DIY 创客教师快速成长。积极营造有学校特色和教师特质的创客文化氛围，常态化开展创客教育和校际联盟活动。

三、以学生为本持续推进智慧学校建设

智慧校园推进过程中遇到的主要问题：一是头痛医头、脚痛医脚的教育技术不断花样翻新，往往是"非显著性差异"导致教师跟进过程中有些失望，或不愿跟进；二是没有把人的信息素养放在优先发展战略地位，课堂的教育技术创新还没能进入优秀教师的评价行列。据此，我们建议如下：

1. 提高教师自身的主观能动性是实现智慧校园的前提

智慧校园、智慧教室的硬件设施只是对教师与学生教与学方式的变革提供了一个平台和契机，真正的转变还要依赖教师与管理者的主动实践。例如，现在虽然多数教师已经掌握了电子白板、一体机的基本应用，但在教学实践中其许多功能还没有得到充分地发掘和利用，使其成为一块"电子黑板"。再如，电子书包在部分学校中基本只限于微课点拨和提交作业，课下的师生交互、远程互动功能还远远没有发挥出来。因此，让教师主动探索追求用智慧校园、智慧教室的硬件设施提高教学效率的有效方法。

2. 加强对教师智慧教育所需的技术培训是建设智慧校园的保证

物联网中包含 RFID 射频卡、GRP 定位系统、激光枪、摄录像机、条形码、指纹、虹膜、影像等特征识别体，以及射频卡读写器、红外线瞄准器等设备，涉及多门类的技术，即使是信息技术教师，也难以对所有技术熟练应用。因此，学校在建设智慧校园所需的基础设施的同时，要对教师和管理者按照岗位需求进行有针对性的专业技术培训。当然，这种培训不是一劳永逸的，尤其对教师来说，要建立长期的培训机制，纳入日常的校本研修范畴，使教师的应用技能随着智慧校园物联网技术的发展做到日日新、月月新，才能使教育技术更好地与教育教学相整合，从而促进教育教学效率和质量的提高。

3. 加强对学生利用信息化设备的引导是智慧校园建设的关键

现在，普通高中学校对学生使用智能型手机、平板计算机、IPAD 等移动设备持管制态度，一个重要原因是学生的自制力差，他们往往把这些设备作为娱乐工具，上网聊天，进而影响了学习。随着智慧校园、智慧教室的硬件设施、媒体技术在教学中的推广和普及，学生手中必将持有越来越多的移动终端设备。

虽然这些设备的娱乐功能是一把"双刃剑",但学生在校园里使用除手机外的移动终端设备是不可逆转的。因此,我们需要转变观念,对学生在指定的地点、合适的时间持有移动终端电子设备持允许态度,抓好学风、校风,变堵为疏;同时要开动脑筋,利用青少年学生好奇心强、易于接受新鲜事物的特点,引导学生把合适的移动终端设备的功能与在合适的地点、合适的时间在课上与课下的学习有机整合,有效避免或减少"双刃剑",尽最大可能减少对学生学业和身心发展带来的负面影响。

利用现代教育技术建设智慧校园是学校信息化建设向更高层次发展的具体体现,是当今学校发展的方向与特征,是教育事业科学发展的大势所趋。路漫漫其修远兮,吾将上下而求索。

参考文献

王运武,于长虹. 智慧校园:实现智慧教育的必由之路[M]. 北京:电子工业出版社,2016.

七年前行路：初心不忘，和合绣中

温州市绣山中学　林晓斌

一、关于绣中

温州市绣山中学创办于2002年，曾是温州市实验中学的一个校区，2007年登记为国有民办的绣山中学。2012年借温州民办综合改革的东风，登记为独立办学的民办事业单位。现有本部、滨海两个校区，含50个教学班、2 300余名学生、240余名教职工，是一所初中阶段集团化学校。

学校以"育人求真、幸福为本"为办学理念，以"具有国际视野与民族情怀、体魄强健、学养深厚、心灵丰盈的现代公民"为个人修为目标，在推进教育教学全面发展、创办优质特色学校上稳步前进。近年来，学校获得"全国学校体育工作示范单位""全国青少年足球特色学校""浙江省义务教育标准化学校""温州市深化义务教育课程改革样板校""温州市教学新常规样板校""温州市五星级民办学校"等荣誉称号，成为温州百姓心目中师资力量雄厚、办学特色鲜明、教育教学质量上乘的优质学校。2015年4月，在学校办学思想研讨会上，我们提出"让孩子遇见一生的伙伴"的办学追求，努力打造一所"遇见好习惯、遇见好伙伴、遇见精神家园"的美丽校园，期待每个孩子在绣山中学的三年，能遇见更好的自己。

二、我与绣中

守正，绣中的教育初心

碰到破和立之间幽晦不明的时候，只要我们清楚知道自己在做扎根的、长远的、有意义的事情，或许心中就可以有一种笃定和从容。

——龙应台：《我眼中的民国时代》

绣中好习惯：四年坚持路，终成初心梦

2013年10月，来到绣山中学后第一个九年级教学调研月落下帷幕。回想随机走进的一个个课堂，不难看出，九年级的学业水平与学习能力已经明显地呈现在孩子的课桌与脸上——不一样的课前准备、对学习内容的反应、动笔的频率、笔记的整理等。月末教学反馈会上，每位教师的发言也都不约而同地指向了对学生学习习惯的焦虑——九年义务教育即将结束，为师者的困扰仍然是学生习惯的差异，那么，"让每位孩子得到发展"的期待何以实现？

记得2011年上海一所百分百外来务工随迁子女为生源的柳营路小学，因为开发并实践了一门5年"81个习惯"的校本课程，让这所学校跻身"上海新优质学校"行列。"习惯"这个词语，就像"爱"一样与教育如影随形。突破教育教学的困境，或许可以由此深入。

于是我就有了编写《绣中好习惯》的念头。为了让习惯的植入变得生动、具象，我们沿用了绣山中学原来的绘本教学特色，构思了女生秀秀和男生山山两个卡通形象作为主角，通过情境再现的绘本方式，对编写的为人篇、求知篇、交往篇、处事篇等四个方面的20项习惯予以演绎。

2014级的新生拿到了我们第一稿的《绣中好习惯》，作为学校德育衔接课程《你好，绣中》的一个部分使用。为了资源共享，我们建议每位班主任认领好习惯的阐释，编写出教案。于是有运用美国课堂管理大师弗雷德·约翰斯倡导的"派特时间"来管理课前准备的，有用TED演讲《先别急着吃棉花糖》来启发规则意识的……精彩的教案设计让学生更清晰地理解了习惯的深意。同时，我们专门为学习篇中课堂认真记笔记、及时订正作业等习惯而编印了一套7本的"一科一本"（语文有抄写本、积累本、随笔本等三本），引导学生将笔记、草稿、错题积累区域予以清晰区分，促使他们做到课堂的思考与记录并行。

2015年8月，德育部门几易其稿，出台了《"绣中好习惯"养成教育实施方案》，对好习惯的评价与监督做出了细致的规定。但是，困扰我们的问题依然存在，各班一个月选择一个习惯落实，学生的差异如何把握？习惯的层级如何体现？监督评价只能靠教师执行吗？

从2016学年开始，基于学生习惯的差异，我们以心理学中的"21天效应"为理论基础，设计了个性化的"好习惯21天养成记"活动。以"青春合伙人"小组合作模式，通过"成长卡——遇见更好的自己"（图1），让孩子每个月确定"我的努力方向（习惯或目标）"，卡片上还罗列了见证与监督者（班主任、任课教师、家长、好伙伴1、好伙伴2），还明确了处罚任务："如果在计划时间内未能达到目标，我愿意接受_____的任务。"我们希望学生根据自身的需求，通过一段时间的坚持和投入，在教师、家长、伙伴的督促下，扎扎实实地养成一个好习惯。

图1　成长卡——遇见更好的自己

在成长卡"我的努力方向"一栏上，有的学生写"书写端正大方，保持书面洁净，不使用涂改液、胶带纸"，有的写"养成每天阅读半小时的习惯"，还有的写"每天向爸妈讲述学校发生的一件事"……这一个个目标有大有小，但立足"不为超越他人，只为改变旧我"，提升了习惯养成的效度。

2017年8月，根据学生在"21天养成记"中对习惯的自主分解，"绣中好习惯"的分层分级方案正式推出，由"绣中好习惯等级要求自查表""星级学生评定流程""好习惯养成统计表"等构成的《绣中好习惯修炼手册》出炉，预示了我们经历了四年摸索的习惯课程基本达成了我们的初衷。

习惯是一个人最强大的力量。联合国教科文组织《学会生存——教育世界的今天和明天》指出：教育的宗旨就是从他育走向自育。如今回望曾被质疑"德育起点过低"的"绣中好习惯"，我依然坚信自己在做扎根的事，在为每个生命的可持续发展而努力。

教学调研月：七年如一日，扎根教与研

从2012年起，学校开启了全员摇号招生方式，相比之前三年的筛选至3∶1再进行摇号，生源差异加大，教育教学的压力陡增。但是迎接挑战、改良课堂是面对困局的唯一选择。

回顾以往，一次次课堂改革都明确了指向学生、指向学习的目标，但是因为教师心中固化的"教学秩序"，课改常常无功而返。如《可见的学习》中列举的"教师的提问实在太多了。Brualdi发现教师每天要提出200～300个问题，其中大多数都是低水平认知性问题：60%是回忆事实，20%是程序性的问题"。课堂往往被教师以问题任务充当黏合剂，而太多的问题将学生的智力需求、挑战需求和学习需求的心智框架打成碎片，其自身没有了思维发展区，没有了"学习秩序"，慢慢陷入教师的"教学设计"中。

"教学调研月"应运而生。到任绣山中学的第一个月，我就带着行政、教研组长驻扎九年级，以学情研究为切入点，推门听课、学生座谈、问卷调查，并结合八年级期末的数据进行比对分析。月末召开了全段教师反馈会，教学副校长分析课堂与数据，德育副校长反馈学生问卷与座谈，我以"如果学生没有发生学习，那么意味着他们并不需要'更多'的教学策略，而是需要'与之不同'的教学策略"（《可见的学习》）为引子，和教师聊九年级段的教育教学落点与策略。

起步时遇到的最大阻力是推门听课，但是随着"行政和教研员每一节课都必须和教师做及时交流反馈"要求的实施，以及每一次反馈会上，副校长都会将行政和教研员的听课记录、评价做一展示与回顾，教师们逐渐领悟到进课堂者的诚意。

2016年，教学部门又推出"一人一课，课研结合"制度，以期在研究课堂的同时，规范校本教研，将每周的教研活动与每位教师每学期必须开出的一节公开课结合起来，让教师将"研"落实在课堂和作业设计中，形成及时研究学生"学习秩序"的常规态度，关注学生学习方式、思维过程、学习能力的最佳发展。

七年来，"教学调研月"从未停步，包括2020年疫情居家网课期间。每学期第一个月是九年级，第二个月至期中是七年级起始段，期中后是八年级，一学期一循环，校级班子和行政、教研员进课堂听课，进备课组参加教研活动，分段分类地研判每一个课堂上呈现的"学习秩序"。

教学与德育互通共享，也成为"教学调研月"的主题之一。基于"21天好习惯养成"的"青春合伙人"德育模式，运用在教学活动中，就摒弃了教师组建合作小组时带有等级色彩的教学用意，通过合伙人公约，强调人格独立、地位平等，重在对他人学习方法的模仿与吸纳，并让学生在不断改进学习与思维方式的过程中，完成自我学习秩序的重构。

2019年12月，学校以近乎完美的教学常规管理获评温州市教学新常规样板校。我的团队坚信：每一次的压力与磨砺，都是基于"让孩子每天进步一点点"的绣山中学教育初心。

出新：绣山中学的遇见与预见

工作者最好的状态是做一个追蝴蝶的男孩，被蝴蝶吸引着上了高山。

——约翰·斯坦贝克

梦·享课程：规划，从职涯到学涯

2014年浙江新高考方案出台，"高中选课—大学专业—未来职业"的关系链对中学阶段的生涯规划教育提出了时间上的挑战。我们能否在初中阶段，将孩子的自我认知、兴趣甄别、职业向往等进行指导与体验，以此为孩子进入高中后的"选课走班"做好铺垫？

2015年浙江省《深化义务教育课程改革的指导意见》与《温州市深化义务教育课程改革的实施意见》先后出台，从指导意见到实施意见，不难发现，选择、差异、个性、初高衔接等信息频现。2016年学校以"遇见绣山·预见学习"为课程理念,以培养学生的学习力、应用力、决策力为目标,构建了"遇见·预见"课程体系(图2)。

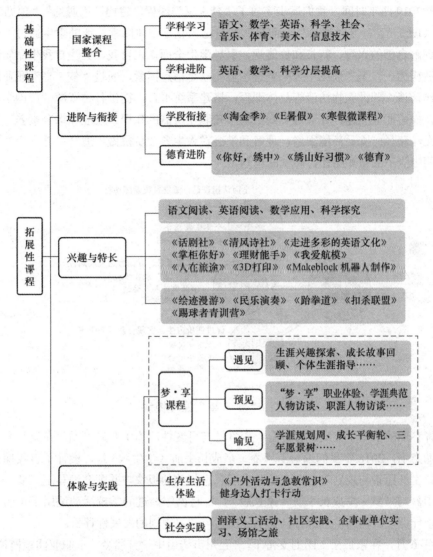

图2 "遇见·预见"课程体系

有了指向梦想、兴趣和高中选课的"预见学习"课程理念的支撑,"梦·享"课程的破局从改良2009年开始推行的学生寒暑假社会实践入手。2017年德育部门设计了"梦未来·享青春"暑期社会实践活动,以"见证您的职业"(七年级)和"走近我的职业"(八年级)为载体,在前期学生职业向往问卷调查的基础上,整合家长资源,将学生社会实践的岗位与其兴趣、职业向往链接起来,以"走访—体验—访谈—记录—分享"的流程,为学生注入关注内心、关注社会、关注未来的成长力。

假期结束后,学生"梦享达人"分享会给了我们很大启发,开始关注生涯规划教育的方方面面,例如,最基础的"金三角"生涯规划模式(美国斯温Swain),对个人(能力、兴趣、价值观等)、信息(职业类别、产业发展趋势等)、环境(家人期望、同侪团体、家庭经济等)

三个因素的考量。比如美国职业指导专家霍兰德（John Holland）的兴趣岛测试，在初中生涯规划中的应用效度等。

2018—2019两年时间，我们逐步完善了"梦·享"课程，建构了"遇见""预见""喻见"三个模块（图3）。一是"遇见"全面真实的自己。立足个体因素，帮助学生通过一个系统的发展过程理解自己的兴趣、特长和价值观，引导学生全面认识自我，关注自我生命质量，不断提高自我适应力。二是"预见"未来梦想职业。立足信息因素，通过"梦·享"职业体验、学涯典范人物访谈、职涯人物访谈等具体课程，搭建系统平台，提供各种资源，帮助学生去了解职业信息、探索职业兴趣，并通过实践活动感知职业所需的知识、技能和综合素养。三是"喻见"当下奋斗路径。立足环境因素，理解和学会在人生各个阶段做出适合自己的生涯决策，并帮助学生明晰当下的奋斗路径，即学涯规划。

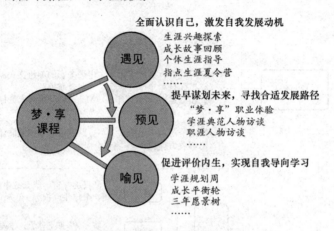

图3　"梦·享"课程模块

处于青春期的初中生充满了好奇心、探索性与可变性。为了有迹可循，在温州大学生涯规划专家的助力下，2018年我们编写了《梦·享成长手册（学生版）》，设计了自我探索、生活世界探索、生涯愿景与规划等与个人生涯发展息息相关的板块，并配套编写了《梦·享成长手册使用指南》与《梦·享成长手册（家长版）》，将循序渐进的学校活动运用于每周的心理辅导及生涯指导课，以辅助学生进行自我生涯探索与学习规划的发展性评价。

2019年6月，在家长义工团的支持下，"温州市绣山中学首届梦·享职业体验模拟招聘会"开启，经过家校共同筛选，幼儿园、医院、法院、餐饮、汽车等行业的22家本地企事业人力资源部到校设摊，接受七年级学生的应聘。学生根据前期对岗位的了解，纷纷带着简历表向自己心仪的岗位投档并接受考核，两个多小时后400多个暑期职业体验岗位一抢而空。7月月初，学生在学校指导师和家长义工的带领下，分赴岗位开展实践。模拟招聘会的推出，让学生第一次直面"被选择"，不仅使学生的暑期社会实践从以往的单向性走向多能力提升的双向性，切身体验真实职场；而且使职涯、学涯规划课程更有深度与高度。

教育就是让孩子成为一个追梦的人。追梦路上的每一次决策都是因为曾经有过了解或体验，具有了宽广的视野与明晰的主见。

家校联盟：协同，从走近到走进（图4）

2014年4月，根据学校"四位一体"管理机制的主要分支"家长协督制"，"润泽家长义工团"成立了。从班级义工队到校级义工团，家长们通过参与学校的日常管理、担任学校大型活动的引导员、摄影师等，身体力行地为孩子成长助力，树立了家长在孩子心目中正直善良的形象，也起到对校风、教风、学风随时督促的作用。2018年在家长义工一年一度的答谢会上，《家长义工岗位设置与工作职责》《家长义工工时管理条例》正式出台，两个条例明确了家长参与学校教育的权责，规范了义工岗位设置及要求，并规定了每位家长三年应完成的义工时数。

指向"立身"的家长义工服务、指向"立意"的家长学校学习，在家校共育的支持系统中，都存在着主动与被动、强势与弱势的不平衡。逐渐地，我们将着眼点

图4 "三立"协同育人网络

放在传统的家访上，期待以此走出平等与信任的情感基础。2018年1月，"校长会客厅搬入家庭客厅"的"片区式家访"计划开启。针对非辖区类学校生源居住地散落的特点，我们以片区入手，筛选有两位及以上学生居住的住宅小区或相邻小区，由校长带队开展家访，了解家长对学校教育的共性与个性需求。每次确定小区和家访对象后，校长、德育主任与班主任均开展集体备课，针对每个孩子的在校和家庭情况、日常班主任与家长沟通情况，讨论家访切口，然后根据每天晚上不同小区的集合点、家访顺序等制作成每日"家访工作单"，并保证家访前一一熟悉并记忆。同时，我们为每个孩子精心准备了伴手礼盒，里面有学校的卡通玩偶秀秀、山山，有班主任和校长手写的梦想卡，有笔记本、即时贴等学校文化产品。假期之初，笔者和德育副校长兵分两路，每天晚上一人一个小区，陪着班主任家访。

一声问候、一杯清茶，"走进"才知觉家长对学校、对家访计划的态度与建议。那寒风中收获的一路温暖，促使我们着手完善"片区式家访"制度，根据不同年级、不同时段，由校级领导、中层干部、班主任和任课教师组成不同的片区家访小组，覆盖初中三年各个阶段。2019年寒假，我带队走访侨盛小区六户家庭后，在第六户家庭的客厅，召集了所有家庭举行小型座谈会。我明白，校长家访不能改变一个孩子或一个家庭，但在迈进家门的那一刻，家校从疏离走向融合，逐渐沉淀成一份坚不可摧的信任。

"山不过来，我过去"一直是我坚守的行事风格。但是，面对越来越多元的家庭个性化期待，家长的主动加入成为必需。2018年在年轻班主任们的摸索下，指向精准帮扶的"家长有约"应运而生。

"家长有约"由班主任发起，每月推出1~2个半天或晚上，各分割成若干个15分钟，采取家长根据阶段性需求进微信群约号，然后按时到校与教师交流，共同探讨当下孩子教育的问题。试行三个月后，改良的"家长有约"2.0版在全校推广。2.0版通过"麦客表单"预约—家长先行提出自己约谈的主要议题及任课教师—班主任和任课教师共同备课—家长到访后有的放矢地分析课堂、课余的表现，并共同定制孩子的学习、习惯与心理的指导方案。对于主动寻求学校助力的家长，面对面诊断不仅获得具体方法，还可以在孩子日常学习、时间安排、压力疏导等方面看到自己的问题。"看着别人家孩子的家校联系本，我一下子就明白了自己的方向"，家长如是说。

"只要你愿意，我必倾囊相助"成了我为"家长有约"确立的定位，因为权责分担、平等共进才是家校联盟的正确打开方式，让一部分乐于改变、乐于与孩子共同成长的家长先行享受到主动参与的"福利"，进而带动更多家长的主观能动性，那时，家校距离的"走近"才成为心灵的"走进"。

和合：绣中的诗与远方

年轻人，你的职责是平整土地，而非焦虑时光。你做三四月的事，在八九月自有答案。

——余世存

学科工作坊：教师成长，步履不停

绣山中学原属于温州市实验中学的一个校区，2012年开始相对独立办学，登记为民办事业单位后，处于学校集团化发展、公办编制教师逐步退出的关口，教师队伍建设面临严峻的挑战——2013年8月至2020年7月七年间，实验中学编制教师从123人减为40人，绣山编制教师从62人增为202人，全校教师平均年龄从40岁降为32岁——几乎是一代教师的更替。

从2016年开始，每年每科新入职教师4~6人，均在七年级开启见习期。很多还在三年培训期内的教师，都被学校安排为带徒师傅，师徒结对工作捉襟见肘。面对困局，我们改变了传统做法，将年轻教师培养从常规教研活动中单列出来，组建"学科（德育）工作坊"，在学科教研组长外另设一位学科工作坊负责人，启动青年教师三年"规培"计划，并对3~10年的教师开展分级分类培训与管理。

改良后的《温州市绣山中学青年教师培养方案》确定了一系列规定动作，如每个月上交教案备查、作业批改抽查、听课笔记检查、寻招交流，每学期1~2次封闭研磨活动等。2017年借温州市教学新常规推进之机，除在每学期开展全校教师的一次教案、二次教案评比外，针对一级职称以下的教师，每学年举办一次学科素养、命题、上课、实验操作、班主任基本功等单项技能比赛；针对高级职称以下教师，每两年举办一次校级教学（德育）新苗、教学（德育）骨干评比等，并在每次赛前聘请市级专家进行指导，以赛促练。2019年5月，首届校级教学骨干、教学新苗评选，在淘汰率75%的情况下，自愿报名参加的教师达73名。

试行两年后，学校出台了青年教师培养方案2.0版，细化了每位年轻教师当下的专业站位，将六年内教师分为一阶学员、二阶学员、三阶学员，为他们提出不同的成长目标与任务；组建了导师团，聘请了一级导师、二级导师。2.0版对于教师培养的思路更加清晰，如针对导师不足的问题，将"教龄5~10年间成长较快的，已获得成绩的优秀青年教师"聘为二级导师。如学科工作坊会安排三年内的培养梯队，对于三阶学员（即任教过完整一轮的教师），工作坊为之组建"梦享团队"，配备一阶学员、二阶学员作为助力小伙伴，打磨参加区级以上的比赛。青年教师培养方案2.0版不仅让每位年轻教师"追着比自己优一点的伙伴长大"，还为他们规划扬长发展——120多个"90后"，每个学科为避免同质发展，除把住课堂教学、保证教学质量外，教学部门还为每位教师量身定制自己专业的特长名片——命题、上课、实验操作、课例研究等。

2019年学校微信公众号开设了"师者速写"栏目，每周推出一位优秀教师的教育思想与教育故事，一批批年轻教师走进栏目，学榜样、成榜样。同时，"每年一小培、三年一大培"的暑期封闭式年轻教师校本培训也逐渐形成特色，如2019年8月的校本培训《与绣中一起走向远方》，150余名教龄十年内年轻教师，在两天里参与了STEAM课程体验、头脑风暴、未来绣中设计、星空音乐会等活动，高新课程的浸润、大气包容的职业引领、可咸可甜的音乐分享，都让年轻教师自然而然地将自己与教育事业、与绣山中学的未来紧密相连。

近几年，德育工作坊推送的参加区级以上班主任基本功、班会优质课等，均斩获一等奖。学科工作坊打磨的年轻教师参加市级命题比赛，六个学科均获一等奖，荣誉纷至，成长可见。

校园文化：温暖家园，和而不同

2003年绣山中学搬至现址办学，因为产权归属问题，十年后校园基本保持原样，曾被人戏称为"主城区的乡村学校"。到任绣山中学第一个月，我就带领班子基于标准化学校建设的目标，修订了《温州市绣山中学2013—2015年教育改革与发展规划》，为"新绣中"设计了第一个三年改造之旅，以期提升学校文化实力，使之内外兼修，打造一个孩子喜欢并为之骄傲的校园。尽管2015年创办锦江校区，2016年创办滨海分校，让我们在每个暑假的工程中增添了很多压力，但如今回望校园的一步一景，随处可见交流憩息的木椅凉亭，随时可见漫步嬉戏的青石步道，每个楼层一个的教工茶休室、架通教学楼与食堂的风雨连廊……每一个置身其间的人，都会明白被称为"校园改造范本"背后的用心用情。

从2009年起，本部开启先筛选再摇号的招生模式，2012年改为无筛选直接摇号，生源的不可选择一直是绣山中学这所民办学校要面对的问题。但是教育不分公办民办。初中阶段的孩子，学业从来不是他们的全部，每个独立的个体都是为了一份完整的生活而存在，都是为了一份可期的梦想而奔跑。七年来，我很庆幸我的团队一直陪我坚守这份信念，和我一起坦然地阻挡外界的一切焦虑，踏实耕耘、真诚爱生——入学时的青春行囊、毕业季的主题曲、家访时的伴手礼卡、返学时的一封信；跆拳道联赛、足球联赛，学养节、体育节，民乐团、创客社；课堂上的殷殷叮嘱、课余的亦师亦友、考前的温暖鼓励……我们用一个个活动、一个个瞬间告诉孩子：生活的魅力在于历尽千帆时那一帧帧有爱的定格，成长的意义在于竞争拼搏时那无法阻挡的友情滋长。

绣山中学的温暖与爱如同这个时代的一股清流，在孩子心中洒下的是自信担当、坚韧豁达、向上向善的种子，在教师和家长心中留下大气包容、平等共进的印迹——这种文化，让绣山中学成为一所迷人的学校，让万千绣山中学学子念念不忘。

从最初的忐忑、之后的勇敢到七年后的坚定，我越来越觉得：人的一生，有绣山中学这样一所学校能与自己的生命紧紧相连，是多么幸福与美好的事情。正如我记在备忘录里时时激励自己的那句话：愿你摆脱束缚，以天真而自尊的态度踏踏实实地尝试一切幸运和一切艰辛。

深植悠久文脉沃土　培育"匡国为民"人才

浙江省温州市第二高级中学　吴　军

"培养什么人是教育的首要问题。"党的十九大提出，新时代的教育工作要落实立德树人根本任务，发展素质教育，推进教育公平，培养能担当民族复兴大任的时代新人。全国教育大会强调，要在坚定理想信念、厚植爱国主义情怀、加强品德修养、增长知识见识、培养奋斗精神、增强综合素质上下功夫，培养德智体美劳全面发展的社会主义建设者和接班人。《国家中长期教育改革和发展规划纲要（2010—2020年）》进一步提出，要推动普通高中多样化发展，推进培养模式多样化，满足不同潜质学生的发展需要，探索发现和培养创新人才的途径。

作为"浙江省百年名校"之一、浙江省一级重点中学、浙江省一级特色示范普通高中，温州市第二高级中学（以下简称"温州二高"）的教育理念为：高举"教育现代化"和"素质教育"旗帜，传承学校历史，围绕学校办学航标和育人方向，坚持人格教育，凸显"文理兼顾、艺文见长"的办学特色，秉承"捧着葡萄办学"初心，推进教育教学改革，走出一条独具特色的教育实践之路，为造就"理智远虑、匡国为民"的高素质人才奠定基础。

加快提"素"　巩固"艺文"品牌

温州市第二高级中学的前身是由晚清朴学大师孙诒让在1897年创办的"永嘉蚕学馆"。百余年来，学校以健全人格培育为教育之本，注重学生人格和文化修养培育，逐步形成了"文理兼顾、艺文见长"的"艺文"办学特色和以"理智远虑、匡国为民"为核心的艺文精神内涵，为学生全面而个性发展提供了广阔的平台。数学大师谷超豪、著名作家郑振铎、著名作家琦君、作家叶永烈等一代代校友文理兼顾、全面发展，无论在哪个领域，身上都镌刻着温州市第二高级中学深深的"艺文"烙印。

近年来，我们梳理办学历史，明晰并确立了学校精神和办学思想，以"弘文立本"为核心，传承并辉煌学校艺文传统，强化学生艺文气质和社会责任感，注重学生全面发展和学以致用。学校以"品德须修、学术是竞"为校训，致力于人格培育上的"品德须修，人格独立"，倡导治学上的"学术是竞，学以致用"，弘扬为师的"师道纯粹，关怀后生"以及办学环境上的"依山讲诵，仁绿交融"。坚持走错位发展道路，把"办学航标"确定为建设"人文、生态、现代化"的省一流名校。"人文"是育人氛围和软环境，着眼于学校历史传承和人格教育，着眼于人文素养的熏陶和培养，是办学航标的内核；"生态"是育人空间和硬环境，着眼于学校地域特征和校园环境的育人功能，着眼于教育的可持续发展；"现代化"是育人手段和思维，着眼于育人手段的与时俱进，着眼于教育教学的信息化、智能化理念。

在此基础上，学校围绕素质教育这一主线，在校园生态、人格教育、课程改革、体艺项目、个性发展等方面深入挖掘，形成了"一品牌"（艺文）、"三亮点"（多元走班、生态文化、小班化教育)、"六特色"(田径、乒乓球、排球、合唱、民乐、信息学)的办学特色。

为传承艺文历史，巩固"艺文"品牌，学校逐步打造"绍瑀池""木节亭""筱泉"等以"艺文"为主题的校园文化景观，规划、开发了体现"艺文"特色的选修课程，举办了读书会、艺文讲坛、艺文节、微电影节等系列活动，以及学生个人剪纸展、个人摄影展、个人演唱会等系列"艺文"活动。

高品位的环境建设与文化活动带来高品位的教育。学校一直高度重视校园生态文化建设，已建成桂花园、茶花园、亚热带植物园等十几个特色植物园区，整个校园形成了绿色生态循环系统，该技术还被奥运会组委会采纳运用到奥运场馆建设中。学校积极倡导绿色理念，传播绿色文化，建有风力发电机、太阳能路灯等节能项目。同时，学校以绿色校园为依托，开设具有生态特色的校本课程11门，扶持"绿荫地带"等学生社团开展环保活动，促进学校生态建设，并先后获得"浙江省绿色学校""全国绿化模范单位""浙江省生态文化基地"等荣誉称号，也是温州地区唯一获得"浙江省生态文化基地"的学校。

在彰显艺文"六特色"方面，学生成就大放异彩：全省高校新生体质健康测试中温州二高平均分连续三年全省排名前十，学校田径队三度获得全省团体第一名，天籁音阁合唱团连续获省中小学艺术节高中组第一名，凡音乐社民乐队获省艺术节一等奖，乒乓球队获全省团体冠军，女排连续三年获浙江省青少年阳光体育排球比赛女子（高中组）第一名，学生个人项目省级冠军以上项目更是数量众多……目前，学校已被确定为浙江省"阳光体育后备人才基地"、浙江师范大学运动训练人才培养基地，赢得社会各界广泛赞誉。

推动课改　满足个性发展

"有些学校办学是'拎着葡萄'，底下总有几颗掉下来；我们办学是'捧着葡萄'，一个也不落下。"温州市第二高级中学以"捧着葡萄"办学为出发点，加快推动课程改革和素质教育进程，力争让每位学生自我管理，快乐学习。

自高中课程改革启动以来，学校大胆改革，按照"基础均衡、立体发展、多元选择、凸显特色"的思路，分置"前四"（学术类）、"后四"（活动类）领域课程，推进"分项走班""分层走班"，首创了以"社团班"为载体的综合实践活动模式，走出了一条具有温州市第二高级中学特色的"后四"课程改革和素质教育之路，被省教育厅誉为"课程改革的一面旗帜"。"社团班"综合实践活动模式是以学生社团为载体，开展研究性学习活动、社会实践和社区服务，使"活动课程化、课程社团化、综合实践活动课程常态化"。每个社团班都有固定的选修课程，有社团导师，有固定的社团活动时间，有健全的社团管理和评价机制。目前共有天籁音阁、绿荫地带、追光者同盟、图灵工作室、翰林书社、守望者同盟等40多个学生社团。学校专门设立了"文化活动中心"教室群和中层管理机构，对"后四"（活动类）课程进行独立开设与管理。

随着课程改革的深化，学校通过对德育课程、核心课程、发展课程及学校特色课程衔接与统整，形成了逗号形"植根式发展"课程体系。学校德育以"三我"德育为纲，通过序列化主题活动和丰富多彩的德育活动，全面提高学生综合素养。"三我"指自我、小我、大我。"自我德育"突出自我修养，人格培养，具体涵括规范教育、安全教育、运动健康教育、挫折教育等；"小我德育"突出以"我"为原点向所在小团体传递正能量，具体涵括集体主义教育、责任教育、团队合作教育等，培养学生的理性与情商；"大我德育"具体涵括爱心教育、励志教育、科学发展观教育、传统文化教育、民主法治教育、国际视野教育等，培养学生理智远虑的历史责任感和忧国忧民的博大情怀。学校沿袭"一次课改""前四""后四"的成功经验,将课程分为"两大类型三个板块"和"五大校本特色课程群"。以"整理提高出精品,学习开发出纲要,普职融通填空白,艺文课程为主体"为策略,开发了"触摸校史,对话校友""学府剧谈——校园戏剧表演与创作""微电影鉴赏与制作""省学课""绿荫地带环境教育读本""高中化学进阶实验"等系列校本课程,目前已开发出知识拓展类、职业技能类、兴趣特长类、社会实践类四大类校本课程,其中25门被评为省精品课程或省推荐选修课程。选修课程采取网上选课形式,实施"分层走班""分项走班""社团走班""跨校选课""网络选修"等施教模式,满足了学生个性化学习的需要。

"三课"为核　聚焦深度学习

从2006年浙江省启动课程改革,到2012年的深化课程,再到2020年全面启用新课标新教材,教学的改革力度之大、频率之快是空前的。为顺应这场教育教学巨变,提升学校的办学水平,温州二高紧抓发展和超越契机,围绕"艺文"特色和学生自主发展两大关键词,对"三课"(课程、课堂和课业)进行了全方位、深层次的摸索实践。近些年,在课程实施的过程中,如何扭转灌输式课堂教学,引导学生主动参与,引入"先学后教、以学定教"的教学理念,以化学组"二阶六步"新型课堂(图1)为引领,根据教研组自身传统和学科特点,开展"一组一特色"课堂有效教学变革,提倡学生的学与教师的导相结合。如语文组的"三阶批注式"阅读教学、数学组的"问题串和变式教学"、英语组的"三段七步"读写整合、物理组的"五环节问题导学式"、生物组的"二阶四步"、三"思"而后"行"、政治组的"课堂五分钟时政漫谈"、历史组的"学案导学"、地理组的"活动导学"、技术组的"以项目为载体的3+1三段式"、体育组的"分项走班"等。

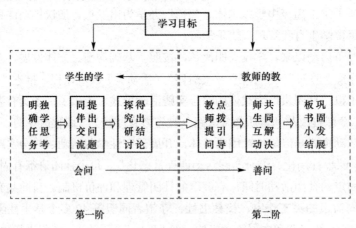

图1　高中化学新型课堂结构与流程

在2020年即将实行新教材的前夕,学校率先启动新课标新教材下指向深度学习的"一科一策",经过一段时间的研究和酝酿,梳理出各个学科组的特色做法:语文"以读促写"教学、数学"单元设计"教学、英语"活动化"读写教学、化学"情境—问题"双轮驱动教学、生物"三思一行"教学、政治"议题式"教学(图2)、历史"故事情境式"教学、地理"问题式学历案"教学、信息"交互式项目"教学、艺术"金字塔型递进式"教学等。从各个学科层面落实学科核心素养,实现从关注"学习过程"到关注"学习结果"的深度学习。

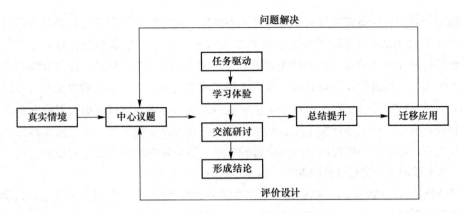

图2 政治"议题式"教学

十多年坚持课堂变革的探索与实践,不仅加深了对课堂教学的内涵的理解,带动学生学会高效学习,提高教师的专业发展,学校的科研水平也跨上了新台阶。省规划课题《"二阶六步":高中化学新型课堂的结构与流程》获浙江省教科规划课题优秀成果评比一等奖和浙江省基础教育教学成果评比二等奖,《"二阶六步"新型课堂的构建与实施》培训项目被评为浙江省中小学校本研修百项精品课程,论文《高中化学"二阶六步"新型课堂的探索与实践》发表在《基础教育参考》2020年第1期,课题"高中化学'情境—模型'双轮驱动的课堂实践研究"获浙江省第八届教研成果评比三等奖。学校连续两次获浙江省教科研先进集体称号。

增量评价　激励教学相长

如果深化课程改革是在全面发展的基础上逐步发现和拓展学生个性发展的可能性,那么新高考改革则是通过学生选择后的评价使潜力和发展成为现实。因此,深化课程改革为高考改革带来了学生个性化自主性发展的观念和实施的土壤,也为高考改革中赋予学生的自主选择性奠定了基础。为了实现促进学生全面和个性化的发展,变革教学组织形式,学校充分发挥校本资源,采用"组合+限选+蹭课"混搭式的行政班和教学班并存的教育教学管理模式,最大限度尊重学生选择,满足学生的需求。

教与学是互相作用的有机体,师生共同的目标是进步的源泉与动力。为全面提升教学质量,根据学情我们研制了不同层次的三重目标:一重目标拟为国家选拔高层次人才输送后备力量,同时引领全部学生整体提升学习力;二重目标为保障学校全面教学质量,提高学校办学的满意度;三重目标是提升后20%的学生的文化基础,并让他们拥有艺术体育特长等多种发展途径。分层目标制定源自温州二高"捧着葡萄办学"的理念,目的是兑现不让一个学生掉队的承诺。这得到了师生的认同,也促使班主任和任课教师在每个阶段关注各个目标群学生的学习过程与学习效果,对各个层次目标达成情况进行分析反馈和跟进,促进学校质量的全面提升。

新高考实施后,选考科目不同的教学班之间学情起点的差异非常大,原来的教学质量评价办法已经不能适应,因此,根据温州市第二高级中学实际及三重教育教学质量目标,迭代为温州市第二高级中学教学质量评价2.0,内容包括师德常规、教学绩效、教学研究、教学反馈等。其核心部分是教学绩效评价即"两绑一增":一是延续温州市第二高级中学独创的班级捆绑制,班级的教学质量增量等级同属于所有的任课教师,使任课教师形成合力,协同教学,科学分配时间、精力均衡发展,避免学生课业负担过重。二是增加了备课组捆绑评价制,备课组的教学增量绩效同属于备课组所有教师，鼓励备课组加强学情与教学研究，促进资源与成果共享，有助于发挥团队意识和合作精神，使教学效果最大化。三是基于增量的教学质量评价办法，考虑设计一个学生在原有的基础上提高幅度的大小来评价学习质量，因此我们借鉴天台中学的"能级法"，再进行校本化处理，基于学情的前后增量，关注学生的"动态与发展"，师生共同关注学习的过程性变化，使每个学生和教师看到自己学与教过程成长及收获的轨迹，激励教学相长。在此基础上还开发了家长基于大数据的评价及反馈渠道，引导家长理性、科学地参与学校教育，而不是一味提出一些不合理的要求，基于客观数据，让家长更能直观地了解学校教育、学生学习成为家校教育的助力，而不是阻力。

增量评价的具体做法是：根据温州市第二高级中学教学质量三重目标，对年级段教学质量按高分到低分划定五个等级，A级15%、B级40%、C级20%、D级20%、E级5%，计算出各班级均量值 x：

$$x=\frac{A级人数 \times 2.4 + B级人数 \times 2.0 + C级人数 \times 1.6 + D级人数 \times 1 + E级人数 \times (-1)}{班级人数}$$

注：等级划分与系数因校而异，均差值增量 $\Delta x = x - x_0$，对于前次排名优秀的班级则采用均量值增量的修正值 $Z=\frac{x-0.9x^2}{2x}$，修正条件：均量值超出该学科平均分较多时使用，修正人数在全段10%以内。

这样的评价办法既让不同基础的学生感到自己进步的惊喜，激励学生持续努力；又让教师根据学生的不同情况进行有针对性的精准帮扶，促进教育教学质量的全面提升。虽然评价还不完备，仍需要进一步的实践和探索，但增量评价动态数据的诊断意义和绩效评价作用是积极和有效的。这样的评价机制初步体现了未来教育减负、合作、发展、家校融合的设想。

教学评价系统的迭代与创新不仅给教学带来新气象，也在省内外产生一定的影响。该创新评价体系的实践被省教育厅推荐为"普通高中课程改革浙江经验"，论文《新高考背景下教学质量监控与评估体系的初步构建》发表在《人民教育》2018年15-16期。同时，实行新高考以来，温州市第二高级中学教学质量提升显著，三重教学质量目标得以实现，两次获得温州市教育教学质量奖，不仅为国家输送了大批各类人才的后备力量，也为学生的幸福人生奠定了基础。

"长风破浪会有时，直挂云帆济沧海。"温州市第二高级中学坚持"夯实基础、厚积薄发"的发展战略，在品德立校、艺文特色、课程优化、直距管理、走班教学、质量评价等多个领域进行的改革探索取得了丰硕的成果，校风校貌、生源结构、教师素养得到显著提升。在当前激烈的教育竞争中，我坚信只有坚持抓好德育，学生才能形成正确的价值观、必备品格和关键能力，综合素质才会得到发展，学业成绩才会得到提升，成绩仅是德育的附属产品。温州市第二高级中学高考成绩不断突破，稳居温州市同层次学校领头雁行列，先后荣获全国教育系统先进集体、全国精神文明建设工作先进单位、全国"和谐校园"先进学校、省一级特色示范普通高中、浙江省教科研先进集体、温州市首批素质教育示范学校等荣誉，实现了从"温州区域名校"向"全省知名中学"的不断迈进。

树品聚德海壮阔　立信扬长天地宽

浙江省平阳中学　徐　竖

"凤山之麓，弦溪之东。抗战时期诞生我平中……"一曲传唱80多载的校歌成为浙江省平阳中学筚路蓝缕的办学写照，也是学校多年来砥砺奋进的育人目标。作为曾培养出海军少将刘际潘、中科院院士伍荣生、书法家谢云等一大批行业翘楚的学校，关于"要培养什么样的人"，平阳中学有自己的价值建构。"德品方正、行品敏健、学品卓越、志品高远"，平阳中学给"优秀学生"下了这般定义，希望学生们能以平阳中学为起点，不断向上攀登，成长为家庭的支柱、单位的骨干、国家的栋梁，也成为能引领社会发展的中坚力量。

随着浙江省吹响深化普通高中课改的号角，平阳中学从校园文化中析出课程建设的蓝本，以树品文化为原点开展课改顶层设计，构建立体式"树品"课程体系，让学生在六大特色课程群的学习中获得综合素质发展、兴趣特长培养和学科知识拓展，最终反过来丰富课程文化的内涵。

一、人文蔚起，于传统中汲取文化之力量

"一笔浓墨，留下满纸工整的诗句；一卷古籍，翻开流传千年的议叙。"在全天候开放的会文国学馆内，学生们总能找到最舒适的状态，将自己沉浸到国学世界里。国学氛围浓厚，这里不仅常吸引校内的国学爱好者们前来掇菁撷华，还不时迎来借地上课的教学班。"能在这样典雅、静谧的环境里学习，觉得自己身上都多了份书卷气。"学生们对国学文化很是推崇，不少班级还在教室辟出一个阅读角，校园里的很多书画作品出自师生之手。

掩上书本、扛起锄头，一节课的工夫，学生们就已经在校内种植区里干得热火朝天。柚子、李子、水蜜桃、樱花、兰花、绿色蔬菜……一班一垄地，由各班自行决定种什么。学生们曾用自己亲手种植的瓜果蔬菜办起各类采摘节和赏花会，也曾与其他班级的同学分享劳动成果。学生还以班级的名义认捐了校园里的树木，坚持在母校留一抹绿。晴耕雨读的传统持续了上千年，然而现在的学生却很少有机会掬一捧土、施一把肥，对于农耕文化的印象只停留在书本上。平阳中学倡导耕读文化、宣扬乡土文明，就是希望努力创造条件让学生体验种植的乐趣，培养他们的劳动意识和乡土情怀。现在，不少学生将种植劳动当作紧张学习之余的最好调剂，乐在其中。

既是综合素养培育的抓手，又出于劳逸结合学习的需要，平阳中学历来重视学生动手实践能力的培养，这是影响该校课程设置的重要因素。"职业技能类课程的设置不是简单的职业体验，它与职业生涯规划教育休戚相关，尤其是新高考改革之后，它在很大程度上影响着学生未来的职业判断。"在学校看来，普职融通是对教育资源的优化配置，打破围墙办学给普高教育打开了新的视野。学校与平阳职业中专毗邻办学，有天然的地缘优势，合作推出职业技能类课程能让学生提前感受不同职业类别的特点和魅力。普职融通文化与农耕文化已然成为平阳中学

校园文化中的活跃组成部分，引导学生跳出教室学习的限制，到自然和社会中获取知识。

从传统文化中找到有利于教育教学的内容，将之援引到日常教学中，平阳中学是"古为今用"的先行者；素来秉持"中西汇通"的育人理念，开始有规模、有计划地探索中外合作办学和外教引进机制，平阳中学也越来越成为"洋为中用"的受益者。与德国艾森纳赫马丁·路德一级文理学校结成友好交流学校，两校之间的互访、学习成为常态，平阳中学也被评为浙江省第二批"千校结好"特色学校。正如该校创建者、教育家刘绍宽所题写的"后水续前水，溪流不断声"，平阳中学正是在不断继承与创新中，获得了持续发展的不竭动力。

苏步青是从平阳走出的数学大家，英语权威吴景荣是平阳中学的创校先贤，他们不仅是学生的学习榜样，还给学校留下了宝贵的精神财富。平阳中学将苏步青的苏老精神和吴景荣的英语情怀植入学生的日常学习中，常以这两位大师为例来激励学生，引导他们树立探究、钻研的学习态度，追求学科学习上的更大成就。如此不断提高自我要求，学生们在自我教育、自主管理、自觉服务、主动发展的"三自一主"德育文化中逐渐形成了完整的人格。

国学文化、农耕文化、普职融通文化、苏老精神、中西汇通文化、"三自一主"德育文化等作为校园文化的重要内容已经渗透在学生日常学习生活的细枝末节中。而这也成为平阳中学课改顶层设计的重要依据。深化课改的最终要求是培育学校特色、促进学生个性发展，我们以文化为线索来设计课程菜单、组织课堂教学、形成课程文化，就是为了将"树品教育"的四个维度贯穿课程建设的始终，使课程的开设能够真正符合学生的个性发展需要。

二、三育并重，于差异中构建多元之课程

选修课不仅是对常规课程的补充与拓展，还能培养学生对某一学科门类的兴趣，甚至影响学生将来的职业选择。写剧本拍微电影、壁挂编织、木刻版画创作、游戏篮球、物理趣味实验、生物的超能力、中西方文化拾趣……从2013年至今，平阳中学已经开发了160余门选修课程，包括3门省级精品课程和17门市级精品课程，让学有余力的学生有机会接触拓展提升类课程、大学先修课程和竞赛类课程，让怀揣兴趣的学生自由地选择喜欢的素质拓展类课程、社团文化活动，让学习基础相对薄弱的学生选择适合自己学习节奏与内容的分层教学班，学校从学校课程文化的内涵与维度出发，结合学生的学情与兴趣、教师的特长与能力，以及教研组的特色和建设要求，构建起立体、丰富的"树品"课程体系。

从三教九溪的南雁荡风情讲到碧海仙山的南麂岛风光，山水平阳的魅力在"东南小邹鲁"课堂上变得鲜活起来。教师们精心准备的图片和视频让学生们身临其境，对家乡的风土人情有了新的认识，课程参与度非常高。边教学边改进，"东南小邹鲁"的课程内容不断完善，后又陆续推出了平阳非物质文化博物馆之旅、舌尖上的平阳、从平阳走出去的学子等系列课程，"东南小邹鲁"课程还入选了省级精品课程。平阳中学要求各学科教研组从教研组建设的要求出发，共同开发出1～2门全组教师都可以用的精品选修课程。

除对教师们全体总动员外，平阳中学还积极寻找校外教育力量，为跨校选课、跨界选课创造条件。由于有普职融通课程的合作基础，平阳职业中专的教师们已经对到平阳中学上课形成习惯，他们共开设了商务礼仪、汽车美容、现代电子技术应用、服装缝制工艺等8门职业技能类选修课程。或许是因为教学内容和授课形式都有别于传统普高课堂，这些职业技能类课程格外受学生欢迎。学校也会邀请学生家长、优秀毕业生和社会精英不定期地到学校给学生上课、

作讲座,希望给学生带去不一样的知识。

三、械朴芃芃,于课堂中走出华夏之栋梁

下发导学案,让学生对照导学案先进行一轮自学,然后再由教师依据导学案展开针对性教学。深化课改之后的课堂不仅教师和班级成员的构成发生了变化,而且教师上课的形式也相应改变。教师将这节课要上哪些内容、会进行哪些课堂互动、课后的作业是什么,都罗列在导学案上,给学生指明了自主学习的方向。不仅选修课课堂如此,必修课课堂也发生了这样的变化,使得他们更容易掌握课堂节奏,以前一知半解的内容现在都能听得懂了。

学案导学、以学定教,平阳中学真正将学生放到课堂教学的主体位置,要求围绕学生的需要来设计教学情境。课程改革和选课走班都是一种形式,由此引发的课堂教学变革和育人理念转型才是课改的最终目的。课堂是课程实施的主阵地,课堂质量决定着课程的厚度,只有适合师生共同发展的课堂改革才会有长远的生命力,才能真正受到学生的欢迎。

受苏老精神影响,数学一直是平阳中学的优势学科,但因学生的学习基础和能力不同,很容易拉开数学学习的差距,导致一部分学生"听不懂"、一部分学生"吃不饱"。课改实施以来,分层分类培养让每位学生都找到了适合自己学情的教学班。因为学生能够跟得上教师的上课思路和节奏,课堂氛围越来越好,师生之间的关系也更加和谐、融洽了。学校针对高一新生推出初高中衔接课程,帮助他们顺利过渡到高中阶段的数学学习中,打下扎实的数学学习基础。而随着数学学习的进一步深入,一部分基础比较薄弱的学生在经典的计数问题、数列的魅力等课程中培养起数学思维和对数学的兴趣,另一部分学有余力的学生选择了大学先修课程"微积分初步"和特长生辅导类课程"高中数学竞赛选讲",开阔了数学视野,也激发了学生在面对难题时的"闯关"劲儿。

原本深奥难懂的数学课变得好玩起来,学生的学习积极性也有了明显提高,不仅学习成绩有明显提升,而且学生们在学习上的想象力和创造力被最大限度地激发出来。

面向高一学生推出国学经典集体朗诵比赛,面向高二学生推出辩论赛,每年都定期举行"文峰杯"征文竞赛和每月主题教育活动,平阳中学给学生创设了大量的活动课程,让学生有展示自身才华的舞台。在完善每月主题教育活动的同时,学校还积极探索主题德育活动课程化建设,汇编了《让德育走向课程》专辑。虽然学校的各类活动很丰富,但教师们肩上的担子并不重,大量的活动从策划、组织到实施,都是由学生亲力亲为。一大批学生干部从中成长起来,在每年的班干部论坛上,高年级的学生干部还会将自己的工作经验分享给低年级的学弟学妹们,使学生干部队伍的素质与能力逐年提升。

丰富的选修课程拓宽了学生的知识面,以学定教的授课模式让学生得到了更多锻炼的机会,他们不惧舞台的压力,敢于在课堂上展现自己,极大地提升了学科自信。学生变得更加阳光、自信、大气,不仅找到了自己喜欢的学习方向,而且有了初步的职业生涯规划,并能朝着这个方向努力,属于他们的未来会更加宽广。

英国哲学家斯宾塞说,教育是以造就人的品质为目标。"才者,德之资也;德者,才之帅也。"浙江省平阳中学把深化教育改革、办好人民满意的教育的重任扛在肩上,以"树品"教育为抓手,构建起促进学生全面而有个性发展的新型育人模式,致力于把学生培养成为社会主义建设事业的国家桢干和社会先锋。

鞋文化引领下的中职"四成"育人模式构建与创新

鹿城区职业技术学校 王 松

2012 年始,学校提出以"文化育人"为重要抓手,以"四成"(成人、成匠、成才、成器)为育人目标,探索基于区域文化、行业文化、企业文化、技能文化、中职文化的"鞋文化育人"建设,构建以鞋文化为引领的全程育人体系,突出培养具有温商精神、职业热情、技能精湛、踏实致远、创新创业等品质的鞋业"新工匠"。以育人模式构建与创新推动学校教育改革发展,在探索和实践学生核心素养培育、课程改革与实施、课程与环境资源开发、创新人才培养模式等方面取得成效。

一、成果主要创新点

成果以鞋文化为引领,以"四成"为育人目标,以中职学生核心素养培育模式、平台和体系构建为设计重点,坚持"三大文化"融合发展,初步形成"鞋文化育人"的有效模式,提炼学校文化育人的操作路径。

1. 构建基于"鞋文化"引领的"四成"育人目标体系

"四成"育人目标,简单地说,"成人"就是学会做人,"成匠"就是成为具有工匠精神的能工巧匠,"成才"就是成为综合素质全面发展的人,"成器"就是成为创新创业之星、大器之才,如图 1 所示。

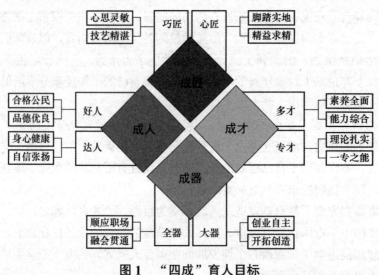

图 1 "四成"育人目标

学校以社会主义核心价值观为引领，坚持立德树人。始终以"鞋文化育人"为主线，树立"踏实行千里"办学精神，确立"三有"办学培育方向，构建"四成"育人目标体系。发挥行业、区位和专业优势，培育特色，构建教书育人、管理育人、服务育人的文化育人体系，实现中职学生全面发展。

践行"四成"育人目标。秉承"崇德、尚技、博学、精工"校训，通过系统设计活动课程与载体，强化技能培养，突出以职业意识、职业理想、职业道德教育为根本，引导学生崇尚自信、崇尚踏实、崇尚创新，以"工匠精神"为引导，培育精工品质、创新技术、传承传统技艺理念，全面提升学生综合素养。

2017年，学校在全省中职学生核心素养培育工作推进会、第三届现代职业教育西湖论坛上作"魔方组合：构建中职学生核心素养培育平台"专题交流。

2. 树立基于"三大文化"融合的"行文化"德育品牌

在德育体系构建和活动载体设计上，力求融汇区域（行业）、企业和中职文化，营造职场真实场景和氛围，潜移默化地培育学生适应企业用人岗位需要的良好职业素养。"行文化"德育充分利用环境资源、教学资源、活动资源、区域资源和企业资源，培育中职生理想、自信、踏实、创新创业等核心素养。

"行文化"德育的内涵表现在以下四个方面：

（1）我能行。通过"成功教育"树立自信，走适合自己的路，在挫折中保持乐观。围绕学生自信、阳光素养培育，设置活动载体，让每位学生挖掘自身潜力，树立自信心，追求成功。

（2）知行合一。让每位学生在实践中求知成长。通过学分制、主题活动和企业实习，让"知行合一"落到实处。"一足间创客空间"为每位学生提供兴趣爱好的实践选择，锻炼能力，展示才华，增强学生创新创业意识，提升团结合作能力，磨炼吃苦耐劳精神。

（3）接轨行业。通过融入行业，了解行业企业文化，懂得职场规则，树立质量、诚信意识。将区域（行业）文化、企业文化植入校园、教室、实训场所；邀请企业优秀员工、毕业生主题演讲；到企业参观、实习，了解企业文化和产业发展；参与企业研发和技改，培养岗位创新能力。

（4）踏实行千里。以创新创业教育为突破口，以"温州人精神"丰富创新创业教育内涵。以各种创新创业活动载体培育学生的双创意识，激励学生创业自主，开拓创造。

2018年"行文化"德育获评浙江省中职德育品牌，2019年获评温州市德育示范学校。

3. 搭建基于"十给培育"的"一足间创客空间"平台

学校设立以创新、创意、创业、创造为一体的专业社团——"一足间创客空间"，打造集皮艺、手工鞋、创意鞋、鞋靴手绘、3D鞋样，以及视觉传达、电商、营销、推广等专业社团于一体的鞋文化微创业链（生态体系）。学生依据自己的兴趣特长，选择社团走班学习。社团建设实施"十给培育"（给理念、给课程、给导师、给资源、给企业、给任务、给经费、给场地、给时间、给评价）。引入企业资源、企业任务、企业导师等要件，学生通过真实工作任务的锻炼，磨砺技艺，培育工匠精神和创新创业等素养。

古鲁丁纯手工皮艺工作室、背包客皮具制作社通过网络接单为顾客订制皮具品；绘之履鞋靴手绘工作室为企业创作鞋样手稿；鹿子电商协会喊出"一天一万人粉丝"的口号，开设的

"鹿子商城"网络平台，曾在"双十一"当天成交700多单；学校每年一届的商贸节，在校外鞋都文化广场举行，让学生直接对接社会，进行创业体验。创客空间建成5个省级大师工作室、4个市级名师名家工作室、4个市级创新创业社团、1个市级高端创新实验室，成功申请2项市级非遗技艺，8人获评温州市创新创业之星。

2017年"一足间创客空间"获评温州市众创空间，2018年背包客皮具制作社获评浙江省中职创新创业教育实验室。

4. 打造基于"大数据"的"一站式"鞋类教学资源库

以大数据、云计算、物联网等新技术新应用为引领，以服务为导向，丰富教学资源，打造区域内鞋类文化资源的聚集地，形成一个高效集成化的资源共享平台，利用网络平台和数据手段，辐射其他学校鞋类专业整体建设发展。

建设鞋类专业师资资源库。借助互联网平台，整合校内外鞋专业师资资源，包括汇集校内外知名专家的专家资源库、汇聚国内外鞋革企业技术精湛的高技能人才的大师资源库、集聚校内外鞋专业带头人及中青年骨干教师资源的鞋类专业名师资源库。

建设鞋类专业教学资源库。利用承担国家职业教育鞋类教学资源库子课题项目建设的契机，汇集学校专业师资、校外企业技术骨干、高校研究院所专家的力量，推动鞋专业主干课程、教案、课件、习题作业、试题、教学录像、操作录像等教学资源的开发，建成实用共享型教学资源库。

建设鞋类专业图书馆资源库。全面收集鞋专业相关文献资源，与同类学校、合作企业定期进行信息交流；开放线上资源特色化馆藏，由专职馆员负责对文本格式、图片格式及多媒体资源加工、发布，丰富鞋专业图书资源库；与其他中职院校图书资源共享，通过跨库检索"一站式"服务，使学校图书馆成为鞋行业专业图书资料中心。

建设鞋类专业活动资源库。拓展鞋专业实践活动资源来源，借助信息技术手段上传所有活动素材，丰富活动资源库，同时优化信息检索引擎，精确查找素材信息；加强鞋专业实践活动资源管理，不断更新实践活动资源。

2016年承担国家职业教育鞋类专业教学资源库子课题的建设项目"鞋类职业资格规范"并通过验收。

5. 建设凸显"鞋业元素"的"主题公园式"育人环境

提炼鞋文化内涵，突出中职生核心素养培育，打造"鞋文化主题公园式"的育人环境，将鞋业元素巧妙融入整个校园，整合正式和非正式的学习环境，形成混合式鞋文化情境空间，以满足素养混合式培育的需要。

始终围绕鞋文化主题，将形式和内涵有机结合，建设校园景观和共享校外文化基地。将"立德树人、踏实致远"作为环境建设的主基调。做到各景观文化内涵统一，设计协调雅致，对学生进行浸润式教育，润物无声。共享校外文化基地，提升学生对鞋类产业、企业和职业的认知。

鞋文化育人环境实现"十景一馆一基地"建设。"十景"是校内十大文化景观。学校广场"人"字雕塑，寓示着顶天立地、踏实行千里的学校精神；"匠心亭"对联"怀壮志怡园蕴巧匠，铸精工鹿履印天涯"，既彰显学校办学志向，又表达对工匠精神的追求；琢器楼墙面浮雕"武林门火烧劣质温州鞋"，讲述温州鞋历史，培植诚信、质量为本的理念；教学楼通道设计成"职场通道",让通行其间的学生感悟职场素养和职业规划;"天工廊"寄寓学生实现能工巧匠的职业理想……校园内"鞋文化"主题景观星罗棋布,各含寓意,开拓认知,启迪思考,时刻陶冶着学生。"一馆"是学校鞋文化博物馆。藏馆介绍古今中外鞋知识,收藏各个时期鞋品和师生优秀鞋作品,还介绍学校办学历史,展列师生发明专利等。"一基地"指学校与企业共享的系列校外鞋文化基地,如"红蜻蜓"企业鞋文化博物馆、"康奈"企业文化展示厅等。校外鞋文化基地具有鲜明的区域、产业和企业特色,很好地补充了学校文化建设的不足。另外,学校融合中国鞋都园区的"一都一镇"(中国鞋都、鞋艺小镇),与行业龙头企业康奈集团、鞋艺特色小镇建立产教融合体,营建职业学校与产业企业的"鱼水式"互动环境。

二、实践效果

1. 鞋文化传播力

增强学生对鞋专业的吸引。通过文化育人大大提高学生对职业的认知度和认同度,激发学生学习热情;学生正确认识产业发展状况和个人主观能动性,做好职业发展规划;招生逐年火爆,人数规模日趋扩大,生源巩固率达100%。

增强社会对鞋文化的认知。多次在全国鞋服饰品及箱包专业指导委员会会议、省市职业教育会议交流经验;向温岭、宿州等同类职校进行育人特色和专业提升指导;吸引国内外136家机构近3 500人来校参观访问;参加重要展会如国际展览会、文博会等,展现育人特色,传播鞋文化;开展中小学生学工活动和普职兼修活动(2 300余人/年),推广鞋文化和非遗技艺传承;《中国教育报》《浙江日报》《浙江教育报》等媒体对学校育人成效报道20余次;《校园鞋文化建设创新案例》参评全国职校文化建设50强。

2. 鞋人才精专力

提升鞋类专业办学水平。近十年,成功申报和创建各级各类中职教育质量提升工程建设项目(鞋类):国家级1项、省级13项、市级24项。

提升鞋类人才培养质量。近十年,学生在各级各类鞋类技能和职业素养赛事中分别获国家级84人次、省级238人次、市级916人次,获奖级别和人数均呈上升趋势;8人评为市创新创业之星;师生共同申请专利发明254项;鞋类中级技能考核数据三年呈上升趋势;毕业生广受用人企业欢迎,13级专卖品经营班何俊杰在高三实习期间月收入超万元,且连续五个月排名乐清市奥康专卖行业销售第一名;10级鞋类设计与工艺班潘立伟毕业后成为丹顿狼鞋业设计师,开发的一款鞋产量高达5万双。

提升毕业生对口就业率。近年来,毕业生就业率达100%,对口就业率达92%以上;中级技能通过率达90%以上;企业岗位起薪达3 500元以上,平均工资达4 500元以上;约有45%在研发设计类岗位工作,30%在生产管理及品质管理岗位工作;企业对毕业生满意度达93%以上;不少毕业生拥有一项或多项鞋类发明专利;有较强的现代技术运用能力和研发探索能力。

3. 鞋资源储备力

实现鞋类专业教学资源共享。承担国家职业教育鞋类专业教学资源库子课题的建设项目"鞋类职业资格规范"并通过验收;资源平台拥有鞋类视频10 023个、音频2 774个、动画 477 个、文本 3 171 个、PPT 1 393 个、图像 8 143 个。资源面向社会、企业和学校开放共享。

实现鞋类技能大师资源集聚。建成鞋类专家指导团队，引进和打造鞋类省级大师（名师）工作室 5 个，现有高级技师 5 名、技师 7 名。

4. 鞋产业服务力

为企业提供订单培养服务。建成康奈省级校外实习示范基地；面向园区开展鞋类技术技能培训；建立"康奈"鞋类制造、"奥康"鞋样设计、"红蜻蜓"鞋类营销等专项技能订单班；近十年，培养鞋类专业毕业生近 3 000 人；为鞋企员工专项培训年均达 760 人次。

为行业提供产教研学服务。建立鞋类产学研联合体、开放实训中心、校企合作共同体，成为"区域人才聚集交流平台"和"行业人才培养中心"，为温州鞋革行业协会、温州鞋类设计师联盟、中国鞋都商学院等开展鞋类总裁沙龙、设计师交流会、文化创意研讨会等活动；承办多届市职工鞋类制作、设计大赛；每年为市特殊教育学校开设皮艺"卫星班"；社会培训年均达 1 300 人次；学生参与校内企业鞋类新品研发，3 年研发新款 1 850 款，投入市场比例达 45%；学校获评省皮革行业最具社会责任感单位、改革开放 40 周年突出贡献单位。

学校是汇聚智慧的地方

温州市蒲鞋市小学　卓东健

我先在国家级贫困县的农村小学由教师做到校长、文成县教育局教研室主任，再到温州中心城区小学由教师做到集团校校长、鹿城区教育研究院院长。这些经历蕴含了某种智慧，引导我行走在守成与创新、目标与过程、现实与理想之间。

"教育是启迪智慧的过程，学校是汇聚智慧的地方。"记得一位专家曾说过这样一句话：平庸的学校传授技能，优秀的学校启迪智慧。从平庸到优秀便是我的教育追求。我始终认为，每个人都拥有不同的智能，学校需要尊重师生的智能特点，引导他们智慧成长，才能让他们的人生走向成功、快乐和幸福。智慧教育的理想是让教育充满智慧，让人生充满智慧，使每个教育者和受教育者都有一个成功与幸福的人生。智慧教育的核心理念是让智慧引领教育，让教育生成智慧。

我自从2008年到温州市蒲鞋市小学担任集团校校长以来，将追求"智慧教育"作为价值取向，确立以"朴实、求真"为校训，牢固树立"让每位孩子享受优质教育，让每位孩子拥有幸福童年"的办学理念，为学生的幸福人生奠基，在实施"智慧教育"过程中，把这些思考融入学校管理，在智慧校园、智慧学生、智慧家长、智慧教师、智慧课堂、智慧评价等方面进行了探索并将"追求智慧"作为学校的精神，着力做到"外树智慧教育形象，内修智慧教育真功"，让校园、课堂、教师和学生像沐浴阳光一样沐浴智慧。

让每位孩子"酷"起来

在学校校园里，孩子们是最天真无邪的天使，如何让这些天使们活力四射、快乐无邪又能收获知识，这是我思考最多的地方。"我成长，我快乐"已经是学校孩子的口头禅。在蒲鞋市小学，学校相信每位孩子都有"酷"的一面，教育就是要让学生展示和追求"酷"。为了让每位孩子"酷"起来，学校从评价机制改革着力，建立了特色鲜明的"亮丽十二星"多元评价体系。学校坚持开展多元化评价改革，改变以往的"三好学生"评价制度，根据学校实际情况，将评语内容从原来单一的教师评改变为教师、学生、家长评，将评语形式从原来简单的一张成绩报告单改变为配以白描插图的"四心相连"评语卡。通过"成长记录袋"评价，构建了动态即时评价模式。在评价过程中，收集学生发展中的信息，为学生提供可以选择的发展目标，提出具体的、有针对性的改进建议及措施，促进学生综合素质的提高及教师观念的转变。为了改变只通过书面考试量化考核的评价方式，学校推出了"亮丽十二星"评价体系，通过学生自评、同学互评、家长参评、任课教师参评、班主任总评、学校复核等方式，评定出班级和校级的"亮丽十二星"。"亮丽十二星"评价法精心呵护孩子们的自信心和自尊心，使学生不再有三好学生"高、大、全"的困惑，不仅让每个学生都能展示自己的

"酷"，而且激发了人人都有"酷"的愿望。

学校还在知识质量全面提升上下功夫，着重做好三件事，即重点做好低年级学生的学习习惯养成、重点把握毕业班学生学业成绩、重点关照学困生的帮扶提升工作。其中，学业成绩后20%学生的辅导帮扶工作，成为学校质量监控和学生学业提升工作中的重头戏。在教学过程中，教师要记录后20%学生辅导过程中的成绩变化，并针对这些学生的个性特点，运用"最近发展区"等现代教育理论，激发学习兴趣、挖掘潜能，提高学生的学业成绩，努力做到让每位孩子都能体验成功的喜悦，因此，蒲鞋市小学的学生综合素质优良，学业成绩连年保持前茅，在当地享有很好的口碑和很高的知名度。

让每个教师"秀"起来

打造智慧教师发展体，是实施智慧教育的核心环节。"十年树木，百年树人"，教师是校园里默默无闻的灵魂工程师，他们关爱呵护着孩子，而自身的发展却常常在忙碌中被忽视。因此，学校始终将教师的专业发展摆在首位，让每位教师于学习中吸取教育智慧，于教育实践中磨砺教育智慧，于课堂教学中发挥教育智慧。

创建学习型校园，培育智慧育人团队。我时常会帮助教师制定"个人发展规划"，实施分层培训。自主学习，实行了校园读书富脑工程，每年免费为教师征订若干教育教学杂志；定期培训，每周组织教师学习，举办好书推荐会，开展"智慧校长、智慧教师、智慧班主任"等系列论坛、蒲公英有效教学大讲坛等，并为教师提供班子示范课、名师引导课、骨干教师精品展示课，帮助教师提高教育教学能力；借脑启智，外请专家来校作辅导报告或讲学，借高校师资建培训基地，借高校和市图书馆对接资源共享，同时，实行外派教师学习培训轮训制，做到每位教师两年至少外出培训一次，学校启动五年教师全员培训行动计划。

成立"名师工作室"，培育卓越智慧教师。2005年，蒲鞋市小学率先在温州市成立"名师工作室"。名师办公室采用"博众家之长，学海纳百川"的教师专业发展思路，开辟名师专栏、拜师学艺，我自己担任导师，帮助教师们踏上专业成长的"快车道"。积极引导教师根据学校中远期规划的发展目标，制定个人专业发展规划；名师办公室和学科组对教师个人发展规划的执行过程进行动态评价，通过师徒结对、学科共同体等有效载体，以及教师基本功比赛、金钥匙杯青年教师赛课活动等帮助教师实现专业成长。如今，名师帮传带团队建设和教学教研双轨并行的运行机制已成为学校的示范品牌，语文、数学、信息技术、英语、科学、书法等学科逐渐形成自己的学科教学特色和优势，其中50余人次在全国、省小学语文、数学、体育、音乐等教学研讨会上示范教学，信息技术教师范玮玮获浙江省信息技术优质课评比一等奖，还有田精华老师等近百人次到省内外送教帮扶，叶琳老师等12人分别被评为市、区名师、名班主任。名师，作为学校的宝贵资源，在如今的蒲鞋市小学出现了奇葩竞艳满庭芳的可喜局面。

开展教学研究，形成智慧教研品牌。学校引导全校教师积极投身教育科学研究，完成从"教书匠"型教师到"专家型"教师、从"经验型"教师到"科研型"教师的转型。教科研制度完善，教师业务考核设置合理，校园科研气氛浓厚。人人有课题、个个搞科研已成为学校教师的一种智慧生存方式。其中，校级领导、中层班子人人参与课题研究，并有20人次的论文或课题在国家、省级刊物发表或在省市级以上论文课题评比中获奖，起到积极的示范作用。

2006年4月18日，在全面开展草根式研究的基础上，蒲鞋市小学举办了以"成长·智慧·课堂"为主题的首届教科节，至今已举办了14届。每届教科节，历时一个月，由专家引领、聚焦课堂、点击课题、网络链接四大板块构成。教科节的举办为教师的专业发展创设了"秀"的平台。

我始终提倡："在智慧校园中，倡教科研的平民化，让教科研走下神坛，回归课堂，走向'田野'，成为一种草根式的研究，一种行动中的研究，它是自由的、开放的，甚至是野趣的。"几年来，学校教科研硕果累累，学校两度被评为浙江省教科研先进集体、浙江省教师发展示范学校，承担多个省市研究课题，专著《学校是汇聚智慧的地方》《让蒲公英充满智慧的气息》由浙江、辽宁教育出版社出版，智慧教育典型经验分别在香港、北京、浙江等地举办的学术研讨会上进行分享。这些为学校进一步实施素质教育积蓄了智慧能量。

让每个课堂"动"起来

欢快的《找朋友》，为开场荡起一片童趣之音。教师用充满童趣、诙谐的语言，带着孩子们一起驰骋在想象的草原上，自始至终沉浸在作文情趣的氛围内。朗读—欣赏—探究—临摹—创作，步步为营，水到渠成：孩子们从文本评价中追寻诗歌写法的秘密，在词句斟酌中感悟语言形式的魅力，这是在一次小学语文习作教学观摩会上，林小操老师执教的一节低段作文课——《我是小诗人》。听课者王虹老师说："让孩子在互动和谐的课堂氛围中展开充分的想象与灵动的学习，正是学校所要追求的'智慧课堂'。"

课堂是承载知识的摇篮。在这里，有师生心灵最有力的碰撞，有思想最频繁的交流。而课堂精彩与否，直接关系着孩子们的知识接受程度。蒲鞋市小学人紧紧抓住"智慧"二字，精心打造智慧课堂。

学校严格执行课程计划，引导教师认真落实课堂教学链，切实推进有效教学，打造优质课堂。另外，学校通过构建"智慧课堂"，强调素质教育课堂中教师的使命不仅在于让学生学到多少知识，更重要的是在掌握知识过程中，引领学生快乐幸福地成长，要求教师从知识课堂走向"智慧课堂"，为学生的智慧成长而教书育人。为了有效深入地推进此项工作，学校提出智慧课堂八字方针："自主、灵动、创新、扎实"，出台《蒲鞋市小学智慧课堂指导意见》，并以名师课堂、竞赛课堂、精品课堂、调研课堂、班子课堂五大课堂引领每个"智慧课堂"的构建。

同时，学校还在校本课程开发上下功夫，开展智慧教育。学校推广"课程全纳入，无人不课程，无事不课程，无时不课程"的课程理念，开设了书法、围棋、快乐思维、乒乓球、跆拳道、弟子规等18门校本课程，结合每周三的快乐课堂、社团活动等形式，做到人人参与，打破班级授课制的传统模式，采用学生走班制、选课制。将课程设置与师资培育、教材开发与长效保障机制结合，编写出版了《瓯剧童承》《走进数学思维王国》《乐思数学》等校本教材，并获省精品课程和市精品课程评比一等奖。

在蒲鞋市小学，无论学校领导、资深教师还是年轻教师，都能在课堂上一展身手。年轻教师谷尚品动情地说："我这五年从市教坛新秀到省教坛新秀再到市名师，过程是艰辛的，成长是迅速的，收获是丰硕的。"近五年，学校骨干教师参加省、市、区课堂评优获一等奖达48人次。

"让每个孩子都有智慧，发掘每个孩子身上不同的智慧，以智慧教育助力学生成为不同领域的精英，用智慧教育让孩子拥有智者的快乐、幸福"，蒲鞋市小学人永远不会忘记这熟悉到心底的使命。如今，蒲鞋市小学已经形成了"囊括大典，成就大家"的文化，引领着蒲鞋市小学人用智慧和勤奋叩开理想的大门。学校办学成效显著，中央电视台、《中国教育报》等进行跟踪报道，在北京先后4次接受新华网、腾讯网等的专访，全国基础教育特色学校、全国红领巾示范学校、全国红旗大队、浙江省文明单位、浙江省文明学校、浙江省教师发展示范学校、浙江省教科研先进学校等20多个省级以上的荣誉记载着蒲鞋市小学人挥汗如雨、苦尽甘来的点滴历程。蒲鞋市小学人将始终秉持着使命，在探索中改进，在改进中提升。

学习素养视野下的温州市实验小学 STEAM 教育实践新样态

温州市实验小学 谢作长

一、"STEAM 活动周"——基于温州市实验小学的校本定位

作为"中国 STEAM 教育 2029 行动计划"首批种子学校，当 STEAM 教育落地温州市实验小学之际，就与学校"脚踏实地、异想天开"的教育理念紧密结合，根据学校课程改革发展需要，在实践过程中，逐渐形成了一种有别于他校 STEAM 教育的实践新样态。

（一）脚踏实地，指向本质

1. 促进每位学生真实学习的发生

目前学生课堂学习面临虚假学习、机械学习和竞争性学习三大困境，当外部控制和压力移除后，学生往往不愿意学习，失去了学习动力和创造性地思考与解决问题的能力，而这正是学习素养的核心。因此，希望通过在 STEAM 教育进行问题探究，促进真实学习的发生，弥补学科课堂中的缺失。

2. 促进学校课程改革迭代推进

作为实验学校，温州市实验小学担负着课程改革的重任。温州市实验小学在课改前行中，小学课程历经让学生有选择权的 1.0 版本的配方制课程，以及改变学生学习方式的 2.0 版本的小脚丫课程。但课程依然以分科学习为主，较少主动为学生知识联结考虑，这不利于学生跨学科思维、创新思维和学习素养的培养，影响学校育人目标的实现。因此，希望通过 STEAM 教育，促使课程改革进入跨学科、综合化的第三阶段。

（二）异想天开，指向创新

1. 链接本土，指向学生 4C 能力

STEAM 教育理念最早是美国政府提出的教育倡议，鼓励学生在科学、技术、工程、艺术和数学领域的发展与提高。当它落地温州市实验小学时，STEAM 教育融入温州市实验小学理念，所有学科卷入其中，以深度践行项目化学习的形式在全体学生中开展 STEAM 教育，培养学生的 4C 能力，即批判性思维与解决问题的能力、沟通能力、创造与创新能力、团队合作能力。

2. 超越现有，培养教师全科意识和能力

学校 STEAM 教育通过 STEAM 项目打破了基础性课程和拓展性课程之间的界限，让所有课程交融到一起；也打破了教师的学科身份，让教师从全科的角度重新看待教育、看待学生，在实践过程中培养学生的全科意识，提高教师的全科能力。

因此，融合学校理念，基于课堂、课程、学生及教师发展的需求，学校通过整合综合实践活动课、各学科综合实践活动的授课时间及学校各大学科活动内容的时间，每个学期腾出一周

时间开展学校 STEAM 教育实践，称之为"STEAM 活动周"。

二、"STEAM 活动周"的核心要素和特征

温州市实验小学以"STEAM 活动周"为载体，开展 STEAM 教育，是全体教师参与到融合多学科的 STEAM 项目的开发和实施中，全体学生在教师引导下在这周内投入项目的探索中，调动所有知识、能力、品质等，用高阶思维带动低阶思维，引发持续性探究和思考，创造性地来解释现象、解决问题，形成公开成果的教育过程。此过程旨在培养每位学生的学习素养，提高其 4C 能力。

（一）核心要素：践行项目化学习的 STEAM 项目

在温州市实验小学"STEAM 活动周"实践中，核心要素是温州市实验小学自主开发的指向学生学习素养的融入多学科的 STEAM 项目。每个学生从一到六年级，共要经历 18 个 STEAM 项目探究（表1）。这些 STEAM 项目不是一成不变的，会随着 STEAM 教育的逐步深入，逐步提高，也会随着学校、学生身边的问题发生变化，以及当学科教材内容课标变化，新的项目出现时，会被拿来替代不合时宜的项目。

表1 学校 STEAM 项目一览表

年级	项目名称	项目介绍
一年级	趣味游戏棋	"趣味游戏棋"项目在设计、制作的过程中融合了数学、美术等学科，此过程发展了学生的想象力和动手能力，培养了学生的学习兴趣、独立思考的学习品质以及团队合作的团队精神
	创意宝塔	STEAM 项目的学习以一年级教学图形与几何部分课标要求为依据，利用身边已有材料设计并制作塔的模型，融入了科学、工程、技术、美术等学科，提高了学生解决问题的能力，培养其创新思维
	防护保护套	通过设计独具特色的"防护保护套"更加深入地了解新型冠状病毒，并在此过程中提升发现问题、解决问题的能力，培养加深学生在大灾大难下不陌生、不冷漠，勇于承担的责任意识
二年级	月亮故事绘本	在该项目中学生通过观察、收集、分析信息、想象创编等探究活动，加深对"月相图、故事创编、绘本制作"等超学科概念的理解，提高学生的创新思维和想象力
	沙漏计时器	"沙漏计时器"依据二年级科学课程标准，通过利用身边材料制作沙漏计时器并进行改进与美化，在活动中促进学生对抽象的时间变化产生更直观的感受与理解，初步体会工程设计与制作的流程
	战疫棋的开发	通过设计"战疫棋"引导学生了解新型冠状病毒及其传播方式，普及防疫知识，能在活动中正确认识到自己作为社会的一分子，应承担起自己的责任，并应尽自己所能为社会做出贡献
三年级	古诗棋	"古诗棋"项目化学习通过激发学生开发的兴趣，设计"古诗棋"棋盘、棋牌及说明书，让学生在游戏中集思古诗词，在开发游戏中能融会贯通，结合多学科知识，提升各学科综合素养
	创意毛笔	围绕"如何设计和制作毛笔"这一驱动型问题，逐步激发学生兴趣，引领学生进行探究式学习，促进学生对"形式、功能、结构"等超学科概念的理解，提高学生的创新精神和合作能力
	护目镜研发	通过"护目镜研发"的 STEAM 项目化学习，引导学生积极关注疫情。在研发过程中体验防护的重要性、科学性和严谨性，做到保护自我、科学防疫、理解社会

续表

年级	项目名称	项目介绍
四年级	印象温州旅游指南	通过"印象温州旅游指南"活动,培养学生在复杂情境中解决问题的能力,如写作能力、观察能力、收集处理信息能力等,在调研中了解温州本土文化,激发学生热爱家乡的美好情感
	火速救援装置	"火速救援装置"项目借助学生熟悉的"救援"生活情境,将有关力与速度的知识融合,引导学生探究解决问题,培养学生动手操作能力、综合运用能力、小组合作意识及人文关怀精神
	制作防护口罩	通过"制作防护口罩"活动,让学生正确了解疫情,科学认识疫情,不信谣,不慌张,从容应对。理解现实社会,形成正确的价值观,在动手动脑的过程中提高其综合解决问题的能力
五年级	未来教室	在"未来教室"STEAM项目的学习中,引导学生多形式设计教室方案,多方法绘制设计图及多途径完成教室模型,最终能在论证会上介绍自己的创意、分享学习过程和收获
	最美温州人	通过"最美温州人"项目,引导学生用自己的视角寻找身边的最美温州人,鼓励学生走进生活实际进行探究式学习,在合作中创造成果,对最美温州人进行宣传,弘扬优良品德和民族精神
	口罩处理方法	通过"口罩处理方法"项目的学习,从了解、设计方案到制作产品并交流、改进,激发学生爱国护国的使命感和责任感,在活动中思考如何做到守土有责、守土担责、守土尽责
六年级	舌尖上的温州	在"舌尖上的温州"项目中,引导学生结合学科知识和能力对食物进行多层次、多方位的探索,在自主合作探究中关注我们每天赖以生存的美食世界,能尽自己的一份力重拾传统美食文化
	智能无土栽培	通过团队设计并制作"智能无土栽培",培养学生创造性地解决问题能力,提升会分享、会反思、会自我评价与完善的批判性思维,增强表达与交往能力、团队合作能力
	防疫宣传手册制作	"防疫宣传手册制作"的STEAM项目化课程将多学科融为一体,通过多渠道对疫情进行调查研究,在处理信息的过程中提升学生对信息甄别和数据处理的能力,在真实的问题情境中,激励学生用事实说话

在这些项目中,从设计到实施都深度践行着项目化学习,具有明显的项目化学习特点。

1. 学习素养为本

温州市实验小学的STEAM教育不是为项目而项目,不只是告诉学生要做什么、怎么做,也不只是通过项目制作简单的多学科的内容拼盘,而是通过项目中的驱动性问题黏合学生一系列的探索过程,通过师生、生生对问题情境的共同探索,不断在已知和未知的问题情境之间启动自我系统,创生意义,调动所有心理资源,经过充分的心智自由的涌动和激荡,得出解决问题的办法。在此过程中实现学生心智转化,创造出新成果,实现知识和素养同时习得。因此,我们每个STEAM项目都有指向综合统整的目标,在完成项目的过程中,学生调用所有的心理资源,达成深度理解知识、发展能力、培育态度和价值观。

2. 具有真实性

学校开发的每个STEAM项目都通过解决驱动性问题,使学生在一个虚构的或真实的情境中体验到真实，这个真实包括所学知识、能力真实，所运用的思维方式真实。在这样真实项目中，学生习得的知识和能力在人类世界中可以真实使用。如防疫宣传手册制作、印象温州旅游指南，都是在真实情境中进行的探索；火速救援装置、创意宝塔是虚拟情境，但学生在其中的思考方式和解决问题的方式都是与真实情境相类似。

3. 都要经历持续性探究

温州市实验小学 STEAM 项目探究是在学校"STEAM 活动周"开展，是在一段时间（一周或半周）内，学生有大量的自主选择、非监控的"工作"时间、责任，围绕着驱动性问题，学生逐步深入持续研究，调动所有知识、能力、品质等创造性地解决新问题、形成公开成果，形成对核心知识和学习历程的深刻理解，并在新情境中进行迁移。

4. 在探索中，高阶思维带动低阶思维

温州市实验小学在自主开发的 STEAM 项目中，一开始就用具有挑战性的问题创造高阶思维的情境，激发学生学习的内动力，引导学生通过问题解决、创造、系统推理分析等高阶认知策略来解决问题，完成任务。在此过程中，在与各种材料和文本互动中，学生再运用低阶思维，主动查找、识记信息，将信息组织，并巩固和理解信息，形成完成这一作品所需要的知识网络和技能准备。

例如，在四年级《"印象温州旅游指南"的设计与制作》中，教师设计了"如何为来温州市实验小学参会的教师设计一份旅游指南，让外地教师了解温州"的驱动性问题，激发学生完成任务。在这个过程中，学生要对温州旅游资源进行分析、综合、设计，制作出一份旅游指南。同时，在制作旅游指南中，学生要查找、识记旅游信息，将这些信息组织化。

5. 全程关注对学生 4C 能力的评价

学校每个 STEAM 项目都设计了评价环节，评价形式是多样的，有的是过程性评价，有的是终结性评价；有自评，还有他评；有评价个人成果，还有评价团队成果。这些评价关注到了学生思维、与他人的合作力、学生创造力、创新能力、解决问题的能力等，还关注到了学生 4C 能力的发展。

如在"护目镜研发"项目中，在研发任务完成后，教师设计的评价有自我评价，也有他人评价；评价内容关注到对学生思维、合作、沟通能力的评价，也有对成果创新和成效的评价。

如在"沙漏计时器"项目中，有专门设计对团队的评价环节，对团队的课堂参与程度、学习习惯、解决问题能力甚至卫生习惯都有评价，不仅有团队自评，还有教师评价。

（二）特征：全学科、全员、全时段

1. 全学科融合

温州市实验小学 STEAM 教育通过 STEAM 项目中所要解决的任务，将所有学科都融入其中，融入的途径有两条：第一条途径是项目要解决的任务本身就需要多学科同步实施，最后呈现的产品体现多学科的融合，如设计火速救援装置、防疫宣传手册制作、未来教室、"战疫棋"的开发等；第二条途径是项目本身由一个学科发起，但在解决过程中需要调用多学科知识，也需要多学科教师共同指导完成，如月亮故事绘本、"古诗棋"、最美温州人，这些项目都由语文学科发起，在解决任务的过程中有的需要美术、设计甚至信息、德育等学科融入。

2. 全员参与

温州市实验小学的STEAM教育是全员参与，所谓全员参与，是指所有学生参与STEAM项目研究中，所有学科教师参与STEAM项目的开发和实施中。

（1）所有学生参与STEAM项目的探究。温州市实验小学的STEAM教育不是部分学生参与的，而是每个学期每位学生在学校"STEAM活动周"时，都要参与到自己年段的STEAM项目探究过程中。每个学生每学年第一学期要经历两个项目，第二学期经历1个项目，小学阶段六年时间，学生要经历18个STEAM项目的探究，STEAM教育已经成为学生学习的一部分。

（2）所有教师参与STEAM项目的开发和实施。目前，校外STEAM项目并不能拿来为温州市实验小学所用，一是因为它们大都是理工科项目，一些文科、社会学科的科目都没被融入；二是因为大多是只动手不动脑的项目。温州市实验小学STEAM教育是全学科融合的，因此，所有学科教师都需投入STEAM项目的开发过程中，所有教师还需摆脱学科教师的身份，从学习素养的视角去理解和实施每个项目。

3. 全时段投入

学校每个STEAM项目都是一个重视不断迭代改进的实践探究过程，为了不打断学生持续探究的思维过程，学校整合综合实践活动课、各学科综合实践活动的授课时间，以及学校各大学科节活动内容的时间，每个学期腾出一周的时间，称之为"STEAM活动周"，让学生持续探究，甚至有些项目打破时空界限，利用课外时间在校外开始探索。

（三）典型项目案例：防疫宣传手册制作

六年级段教师发现在疫情期间，不戴口罩、会集聚餐等危险行为屡见不鲜，许多虚假消息"漫天飞舞"。因此，如何真实有效且受众广地宣传疫情知识成为亟待解决的问题，确定开发防疫宣传手册的设计和制作这个项目。

根据解决这个问题所涉及的学科，六年级相关教师组队开发此项目，在STEAM学习活动周期间，各个班级任课教师组队实施。

项目主题：一本就够：防疫宣传手册的制作。

实施年级：六年级。

实施时长：在STEAM学习周，四个半天完成。

涉及的学科：科学、技术、工程、艺术、数学、语文、德育。

本质问题：如何真实有效且受众广地宣传疫情知识。

驱动性问题：如何制作一个真实有效的防疫宣传手册。

项目目标：向不同人群（如儿童、成人、老年人、听力障碍人士等）宣传新型冠状病毒。在此过程中，提升学生鉴别信息真伪、解决问题、工程设计和表达交流的能力，其社会责任感得到提升，从而使其进一步思考人与人、人与自然、人与世界的关系。

三、开展"STEAM活动周"的具体策略

温州市实验小学的STEAM教育实践样态与他校最大的不同就是以"STEAM活动周"为载体，开展STEAM教育，实现STEAM教育的全学科、全员参与和全时段投入，在此过程中，培养学生的学习素养。这是如何做到的呢？在探索中不同层面主要采取了以下策略。

（一）学校：项目组顶层谋划，整体推进

学校要利用一周时间在全校开展STEAM教育，全体教师、学生参与其中，改革波及面广、力度大，并且没有可以借鉴的经验，因此，学校成立校STEAM项目组，做好顶层设计，为学校STEAM教育实践确定基本方向和框架。

1. 统一思想，提高认识

在开展STEAM教育之前，学校先召开教师代表座谈会及各年段家长代表会，先点燃部分教师和部分家长的热情；同时开展全校教师培训会，以及利用教师和家长学习会时间开展相关的培训，让教师和家长明白学校开展的STEAM教育是什么、为什么要开展、开展的意义何在等，这样既统一了大家的认识和思想，教师和家长达成统一的认知，又能有效推动改革的深入。

2. 确立STEAM教育方向

在开展STEAM教育实践之前，校STEAM项目组从办学理念出发，确立了温州市实验小学以践行项目化学习的形式开展STEAM教育，这有别于其他的STEAM教育，是要融入所有学科，所有教师都要参与，全体学生都要经历的，致力于培养学生的学习素养，这为温州市实验小学的STEAM教育实践指明了方向。

3. 制定STEAM教育开展的整体框架

为确保温州市实验小学STEAM教育的方向，校STEAM项目组以项目化学习所必备的要素制定其整体框架：一是STEAM项目开发的框架，每项目必须有素养目标、本质和驱动性问题、高阶认知、实践过程和多元评价；二是全校STEAM教育开发方案和项目实施方案等。这有助于STEAM教育的整体推进。

4. 围绕主题开展多形式的校本研训

为进一步提高教师对STEAM教育的认知能力，围绕"STEAM教育""项目化学习"主题，开展多形式的培训：有专家讲座、有体验式培训、有项目设计比赛等；各教研组围绕此主题也展开多形式的研讨、组内教师经验交流等；教师个人也认真阅读学校购买的相关书籍，进行自我学习。

（二）年段组：年段落实，组队行动

校项目组为学校STEAM教育指明了方向，开发和实施是通过年段落实，教师组队行动。

1. 年段教师组队自主开发项目

年段教师在学校顶层设计的指导下，从学校、学生身边的真实问题，各学科课程标准和各学科综合实践的教材内容出发，以及从多学科融合的角度出发，确定适合本年段学生STEAM教育项目的主题。根据每个项目主题涉及的相关学科，将年段教师组织到一起，形成课程开发团队。根据学校制定的项目开发框架，团队成员经过多次研讨，充分发挥集体的智慧，共同开发年段相关主题的STEAM课程内容。如五年级《口罩处理方法》根据涉及的学科，由语文、科学、德育、美术及数学教师组成团队共同开发。四年级的火速救援装置这个项目，涉及数学的速度、体育的运动、科学的力、设计和制作等，因此，四年段的科学、数学和体育教师形成课程开发团队来共同开发此项目。

每个项目都由开发团队自主开发，但自主不等于学校撒手不管。为保证开发课程的质量，学校将校项目组的成员安排到每个开发团队中，与大家一起研讨和解决开发过程中遇到的各种问题，带领大家一起开发课程。对过程中遇到难以解决的问题，学校将会聘请相关的专家进行指导。

2. 教师组队实施STEAM项目

每个项目都是多学科融合，而学校都是学科教师，那么该由谁来实施STEAM？学校教师首先要摆脱学科身份，以综合学科、学习素养的视角来看待STEAM教育。同时STEAM教育是以小组合作形式持续探究。因此，学校合理分配年段教师，为每个项目在每个班级组成一个施教团队，在这个团队中，一位作为主讲教师，其他教师对学生团队的实践进行全程组织和指导。

（三）教师：多样手段，推动探究

1. 善用驱动性问题激发学生学习兴趣和动力

为激发学生的学习兴趣，激发学生的思考，教师将每个项目涉及的本质问题转化为驱动性问题。如二年级绘本创编项目，涉及的本质问题是如何创编绘本。但这样的问题不会激发二年级学生的兴趣，所以，教师设计了一个"月亮故事绘本"这样的驱动性问题。驱动性问题很有意思，让学生有足够的代入感，同时又是开放的、不确定的，也不会降低学生思考的质量，能引发学生的高阶思维。在每个项目施教过程中，教师运用驱动性问题，极大程度激发学生的探究兴趣和动力。

2. 善用学习支架助推学生长时探究

温州市实验小学STEAM教育采用的是项目化学习方式，经历的是持续性探究解决驱动性问题的历程。因此，为助推学生持续探究，不仅整合出一段固定时间，同时教师设计出一些支架，如具体问题、学习单、视频等引导学生长时探究。如在"护目镜研发"这个项目中，设计了一系列的具体问题：当前的疫情形势如何？除口罩外，还需要什么防疫用品？为什么要戴护目镜？新型冠状病毒有什么特征？传播方式是怎样的？护目镜有哪些种类，适用于哪些场景？护目镜由哪些材料和结构组成？如何正确佩戴护目镜？护目镜在使用上还有哪些不足之处？又如在"口罩处理方法"项目中，教师用学习单来引导学生探究解决问题。

3. 围绕精益迭代来实施教学

迭代即不断重复、螺旋上升的过程。从灵感一现的开始，到成熟完善的作品诞生，中间经历了设计、制作、调试、改进、完善等多个环节，还涉及多门学科的知识和能力协作。因此，在施教过程中，教师非常注重对学生实践迭代过程的指导，在每个迭代的过程中，都设置了评价环节，促使学生在迭代过程中提高成果质量，提高自己的能力。

四、"STEAM活动周"常态化开展的运行机制

温州市实验小学的STEAM教育涉及全体学生、全体教师，融合了所有的学科，在"STEAM活动周"全时段展开，这样的教育实践如何真正落地？如何实现常态化？如何逐步地提高质量？这些问题的解决都得益于学校形成了一个开放的、循环的STEAM教育运行机制。

此运行机制包括以下四个环节。

1. 环节一：全员师训，提高教师能力

我们邀请了国内STEAM教育和项目化学习方面的专家，如省小学科学教研员喻伯军、华东师范大学夏雪梅博士及市级专家来温州市实验小学对全体教师进行培训；通过典型课例展示或根据出现的问题，举行有针对性的研训；这一系列研训活动，都致力于教师开发和实施STEAM教育能力的提高。

2. 环节二：形成校项目组，调控STEAM教育方向

学校挑选有能力、有水平的骨干教师组成校STEAM项目组，通过三种途径对学校STEAM教

育进行过程引导：一是解决 STEAM 教育过程中的难题，如制定 STEAM 项目开发框架；年段教师确定 STEAM 项目主题，确定校 STEAM 项目组开发和实施方案等，而这些难题的解决对 STEAM 项目的开发和实施具有极大的指导作用；二是校 STEAM 项目成员在年段 STEAM 教育开发和实施过程中进行具体指导；三是不断收集开发和实施过程中的经验与教训，调整研训和指导的方向。

3. 环节三：年段教师研讨和组队，全体教师参与项目开发

校 STEAM 项目组组织年段教师召开研讨会，研讨如何根据学生特点，选定能卷入多门学科的主题。校 STEAM 项目组根据年段确定的 STEAM 主题，确定学校整体 STEAM 教育的开发和实施方案；同时，对校项目制定的项目设计框架及本年段项目开发和实施方案进行学习与研讨，统一思想，反馈建议给校 STEAM 项目组，让校 STEAM 项目组调整原有方案。

围绕选定的主题，年段教师根据项目所涉及的学科，组成项目开发团队，根据校 STEAM 项目组制定的开发框架和方案，在校 STEAM 项目组成员的指导下，开发出 STEAM 项目。

4. 环节四：班级教师组队，落实 STEAM 到每位学生

每个年段的 STEAM 课程已经开发，如何落实到每位学生身上，促使学生学习素养的提升？在实施过程中，根据校 STEAM 实施方案，班级教师形成一个实施团队，施教团队每位成员对整个项目都了如指掌。在这个团队中，一位教师主讲，其他教师作为助教，助力学生全程的实践探究。

这个机制是开放的、双向的循环，是螺旋上升的运行机制。这个机制促使我校 STEAM 教育从无到有；这个机制及时收集项目开发和实施的经验与教训，让每个项目从粗糙到精致，促使 STEAM 教育不断优化；这个机制可以反映 STEAM 教育中存在的问题，学校及时组织针对具体问题的教师培训，逐步提高教师开发和实施 STEAM 的能力，逐步提高 STEAM 教育质量。

五、"STEAM 活动周"的实践成效

经历了"全学科""全时段"和"全员"的"STEAM 活动周"教育，学生、教师和学校都收获、成长很多。

1. 学生层面：学习素养、综合素质在逐步提高

通过 STEAM 教育，激发了学生学习的兴趣，端正了学生的态度，使学生学会了如何合作、如何探究等；同时他们的想象力、创造力等也得到了锻炼。这些能力也逐步反哺学科学习。

参观温州市实验小学 STEAM 课堂的一位教师这样评价："很多班级的孩子在争论得面红耳赤时，教师故意冷处理，孩子们也在合作中慢慢学会交往，求同存异，去完成一件事。这是我感触最深的地方。客观地说，有些教师对某些项目还持有保留意见，但是对于学生学会合作、探究，运用跨学科知识、技能解决问题是非常认可的，这些品质是常规课无法做到的。"

家长如是说："学生成了项目学习的主人，教师和家长往后退，只提供资源、线索和支持，如何完成任务学生说了算，这样的高阶思维、深度学习、工程设计思维自然而然在学生的项目学习小组中真实发生。孩子的兴趣、潜能都在被激发，孩子的想象力、创造力、探究能力、合作能力及综合解决问题的能力都得到一定的锻炼。希望学校能够将这样的创意实践周活动常态化。"

2. 教师层面：教师全科意识逐步觉醒，全科能力不断提高

小学生对世界的认知是混沌的整体，应施以综合教育，以激发学生学习兴趣为导向。然

而目前小学阶段书本是分科的，以分科教学为主，教师学科身份明显。而温州市实验小学的STEAM教育为教师搭建了一个"全科"教学的平台，在这个平台上，教师没有了学科身份，从学生学习素养的视角去开发和实施STEAM教学。这个平台唤醒了教师的全科意识，全科施教的能力也在不断提高。

正如一个教师说："上STEAM课的时候，我突然感觉自己不再是学科教师，我会调动自己所有的知识背景，去开发项目，去指导学生；同时，也会去关注学生在探究的过程中是否会合作、是否在不断改进自己的作品等。"在STEAM教育开展初期，有一半教师都有畏难情绪，不愿意参与其中；第一次上交的项目设计中，有一多半的项目需要多次修改。等到第二次开展STEAM教育时，几乎一半的教师都有进入校STEAM项目组的意愿，90%的项目设计一次性通过。学校教师有多篇STEAM案例在省市获奖，在全国的STEAM研讨会上，温州市实验小学教师的执教能力也受到专家的肯定。

3. 学校层面：获得认可，扩大影响力

最初家长对温州市实验小学拿出一周时间来做STEAM教育颇有微词，害怕影响学生学习，但看到孩子在STEAM教育中的成长时，90%的家长对这项改革都赞成和认可，并给学校提供大力的支持。由于温州市实验小学"三全"STEAM教育成果显著，全国STEAM教育研讨会在温州市实验小学召开，研讨会上温州市实验小学的几节STEAM交流示范课受到了与会专家和同行的高度肯定与赞赏。《温州晚报》《温州都市报》等多家媒体对学校的STEAM教育进行了多次的专题报道，极大地提高了学校的影响力，温州市实验小学多篇STEAM案例获市级一等奖。

每天向上一点点

温州市瓯海区仙岩实验小学　姚锦勇

本人姚锦勇，汉族，男，1978年1月出生，中学高级教师，本科学历，现任瓯海区仙岩实验小学校长。我于1996年参加工作，2003年始任校长，先后在仙岩四所农村小学担任过校长，分别是仙岩穗丰小学、仙岩霞霖小学、仙岩第一小学和仙岩实验小学。

一、我的办学思想：自然教育，每棵树苗都成长

我的心中一直有一个理想：做一名学习型教师、校长，与教师一起追寻教育的幸福，让学校成为教师们幸福耕耘、孩子们健康发展的精神家园。经过多年的实践与思考，我渐渐有了自己的教育主张，慢慢形成了自己的教育思想。

1. 教育观：自然教育

什么是自然教育？据考证，仙岩教育史上出现的最早的书院为陈傅良先生创办的仙岩书院，先生推崇"经世致用"的教育思想。"经世"为"道"，理想远大，胸怀天下；"致用"为"术"，脚踏实地，求真务实。我们秉承"经世致用"的教育思想，结合当地文化，形成了"自然教育"。"自然教育"就是尊重儿童天性，遵循教育规律，追求儿童成长的自我教育，强调可持续发展。

2. 学生观：每棵树苗都成长

"一年之计，莫如树谷；十年之计，莫如树木；终身之计，莫如树人"，"教育即生长"，教育就是一棵树摇动另一棵树……每棵树苗都成长。世界上没有两棵相同的树，每棵树都有其成长的自然规律，每棵树都能茁壮成长。每一个儿童都是独一无二的，每一个儿童都有其成长规律，每一个儿童都有无限可能。

3. 育人观：品行自律、学习自主、健身自强、才艺自信、劳动自立

党的十八大提出，把立德树人作为教育的根本任务，培养德智体美全面发展的社会主义建设者和接班人。我们传承"经世致用"的教育思想，倡导"自然教育"，以学生的终身发展为指向，确定培养目标为"五自"好少年，即品行自律、学习自主、健身自强、才艺自信、劳动自立。

二、办学思想的发展历程

1. "健康教育"的实践者

2007年，我回到了最初工作的仙岩霞霖小学。在这个只有450名学生、24位教师的农村小学，我们坚持"健康第一"的办学理念，每天锻炼一小时，让每一个农村孩子好好读书、天天锻炼。

2010年，我们学校在讨论和制定发展规划时，教师们提得最多的一个词就是"健康"。在实践的过程中，"健康教育"渐渐有了新的内涵。人的健康可分为生理健康、心理健康、道德健康、社会适应健康四个层次。健康教育的内容包括健身活动、健智学习、健行德育和健"美"课程。我们将隐含校名霞霖的"霞光满林，桃李飘香"作为校训。

2. "绿色教育"的传承者

2015年,组织上安排我到仙岩第一小学工作。仙岩第一小学在几任校长的努力下,秉承仙岩得天独厚的梅雨潭"绿文化",倡导"绿色教育"的办学哲学。绿色是环保与节约,是生命与希望,是健康与未来。"绿色教育"的理论渊源是马克思主义关于人的全面发展的科学理论,其核心指导思想是科学发展观。"绿色教育"就是顺应自然天性,注重全面发展,尊重个体差异,倡导自主探究式学习,让每一个生命个体自由呼吸,健康发展。

3. "自然教育"的倡导者

2018年,我来到新建的仙岩实验小学。仙岩实验小学坐落于大罗山脚下,塘河之畔。塘河八景中的"穗丰怀古"便是学校所在地穗丰村,刘姓为穗丰大姓,刘基后裔在此生活。刘基主张"回归本真,尊重自然",我们旗帜鲜明地提出"自然教育",让每棵树苗都成长,办一所"霞光满林,穗实丰华"的乡村小学,确立"自然教育"理念的一训三风。校训:知行合一,自强不息;校风:自然而然,各美其美;教风:教天地人事,育生命自觉;学风:以自然为师,向未来生长。

一方面,"自然教育"的形成以"健康教育"和"绿色教育"为基础;另一方面,"自然教育"是"健康教育"和"绿色教育"的提升与创新。如果说"健康教育"是1.0版的教育思想,那么"绿色教育"就是2.0版的教育思想,而"自然教育"则是3.0版的教育思想。

无论是"健康教育""绿色教育",还是"自然教育",我们始终坚持"以学生为中心",以学生发展为本,面向全体,有教无类,关注人人发展,也关注每一个孩子的发展;面向学生的全体,因材施教,既关注德智体美劳全面发展,又关注个性发展;面向学生的未来,既关注眼前发展,又关注终身发展。

三、办学实践与成效

农村孩子需要什么样的教育?立学以读书为本,运动是生命的源泉,原北大校长王恩哥送给毕业生十句话,第一句就是结交"两个朋友":图书馆和运动场。多年来,无论是在条件简陋的村院校,还是在硬件一流的新学校,我们都坚持好好读书,天天锻炼,每天向上一点点,并以此促进师生成长,推动学校发展。

1. "文明其精神,野蛮其体魄"

原仙岩第二中学陈锡桂副校长在微信中写下了《低头找幸福》,为我在仙岩霞霖小学的工作点赞。

仙岩有一个地方叫霞霖,霞霖有一所朴实的乡村小学,名为霞霖小学,历史悠久,源远流长。这里有一位"孩子王",姓姚名锦勇,众孩子戏称其"牛勇校长"。他长着一副"娃娃脸",内心具有火辣辣的不服输的"牛气"。带着"牛"劲痴迷于校园"自留地",喜欢变着法儿"折腾"学生,学生们说他具有非凡的"魔力"。他喜欢创意,他说"创意无限,魅力无限"。这些年来他想出了一个又一个"绝招"激发农村娃的天性,也许他憧憬自己的娃娃军们"静如处子,动如脱兔"。前不久,学校举行了"足球节"活动,娃子调侃说"六国争霸,鹿死谁手?七国交锋,乐死牛勇"。

2007年,我到仙岩霞霖小学任校长,恰逢国家倡导"亿万学生阳光体育运动"。我们面向全体,设计体育大课间,打造文体活动示范校。尊重儿童自主体验,每天早晨打篮球、踢足球、跳绳、滚铁环、踩高跷,孩子们自由选择喜欢的健身方式。篮球、足球运动先后被认定为瓯海区体育特色项目。

2011年，仙岩霞霖小学操场改建完成，那是仙岩街道第一个五人制人工草皮足球场。

2012年3月，仙岩霞霖小学举行首届校园五人制足球比赛，全校四五六年级共6支代表队60多名选手参加比赛，15场比赛为期一周，孩子们称之为足球周。

2014年，瓯海区小学生足球比赛中，男生足球队一路过关斩将，从死亡之组挺进四强。决赛迎战上届冠军，最终点球获胜，书写草根神话。体育局领导赞誉我们是欧洲杯上的希腊神话，我们自豪地说自己是世界杯上的西班牙斗牛士。

2015年，足球周开幕，参赛队伍发展到10支，其中男生6支、女生4支，四五六年级的6个班级，组成6个世界冠军队——巴西、阿根廷、西班牙、德国、法国、英格兰，总参赛人数达上百人，《温州日报》进行了专题报道。

同年，教育部、国家体育总局联合实施"校园足球"计划，将发展足球运动上升到国家层面。全国首批校园足球特色学校中，仙岩霞霖小学榜上有名。

同时，我们积极推进阅读，每天开展"三个一"活动：晨诵一刻钟，午读一小时，每节课前分享一个小故事。

当时，学校只有一间藏书室，20多平方米。孩子们希望有一个大的图书馆，下课了，可以去图书馆，消除疲劳；放学了，可以去图书馆，增长见识；上完体育课，还可以一边看书一边乘凉。为了满足孩子们的愿望，我们就将楼梯廊道开辟出来，让孩子们自主借阅，可以随时想读就读。

语文课课前"2分钟"进行读书交流，每个年级有不同的要求，低年级讲古诗、童话，中年级讲神话、成语故事，高年级好书推荐、观点演讲。每周开设一节阅读课，制定评价卡，儿童积累古诗词不少于110首。读书节，举办"八个一"活动：课外导读专题研讨、古诗积累考核、阅读达人评比、爱阅读征文比赛、儿童情景剧表演、毕业班名人名言推荐、爱阅读品书观影、好书推荐主题队会。学校图书室由学生自主管理，开辟楼梯廊道，建设"诚信书屋"。

几年来，阅读蔚然成风，《温州教育》进行了专题报道。

"文明其精神，野蛮其体魄"，阅读、锻炼是根，是成长的基础。在仙岩霞霖小学的八年，我仰望星空，脚踏实地，行走于理想与现实之间，和教师一起追寻教育的幸福，坚持两条腿走路：好好读书，天天锻炼，每个日子都坚持，每个日子都进步。正如陈副校长说的那样：我痴迷于"自留地"，变着法儿"折腾"学生，憧憬孩子们"静如处子，动如脱兔"。

2. "自由之思想，独立之人格"

2015年，我到仙岩第一小学工作，这是一所老百姓向往的优质小学。在几任校长的努力下，学校倡导"绿色教育"的办学理念。

那一年，恰逢浙江省深化义务教育课程改革，通过教师座谈、学生问卷、家长征询、社区调查，我们传承了"绿色教育"，构建了"梅雨潭"课程。

基础性课程称为"水源课程"，我们将"文体2+1"校本化。体育课，2分钟慢跑热身，每周1节足球课；音乐课，2分钟课前演奏，不少于10分钟的口风琴教学，通过点滴积累，逐渐实现"人人会健身，个个有才艺"的目标。

拓展性课程称"水花课程"，我们开设足球、篮球、小古文、诗歌朗诵等选修课程，供学生自主选择。"我的课程我做主"，孩子们在课程中学会选择，在选择中结识志趣相投的伙伴。

我们以课程推进阅读与锻炼。诗歌朗诵和校园足球是学校两大特色课程群。我们有一批热爱诗歌朗诵的教师，"绿之韵"诗歌社团成立已十多年，已成为一种文化传承。每周一节诵读课,每年一次读书节,人人登台,人人朗诵。6月毕业礼,孩子们走进仙岩景区,齐诵女儿绿,唱响校歌《绿色的希望》,牵着父母长辈的手奔向大罗山。

作为全国校园足球特色学校,我们"周周有足球课,班班有足球队,年年有足球赛"。足球嘉年华全课程推进,语文课写赛事报道,数学课算积分名次,英语课识世界强队,科学课了解足球特点,音乐课唱足球歌曲,品德课学习规则,体育课举办活动,美术课手绘足球涂鸦墙。

通过实践,我们形成了"以球健体,以球启智,以球向善,以球致美"的校园文化,每个孩子想踢球成为可能。《中小学管理》《中国足球报》先后刊登了我们的足球故事。在文中,我这样写道:快乐、友谊、勇往直前,不服输——这就是我们的校园足球。也许有一些踢球的孩子一辈子都不会从事与足球相关的职业,但是他们会将足球当作一种爱好,使健身成为一种生活方式,这才是校园足球最大的作用。

"自由之思想,独立之人格",经过近三年的实践,课程改革得到了教师们的认可和支持,给了孩子们自主选择、自我提升的机会,这就是自由生长的力量。

3. "教天地人事,育生命自觉"

2018年,我来到仙岩实验小学。不忘初心,牢记使命。初心是什么?2018年3月,原仙岩霞霖小学、仙岩穗丰小学两所村小整体搬迁,合并办学。霞霖是我最初工作的地方,担任校长始于穗丰,成于霞霖,发展在一小,归去来兮,如今又回到穗丰、霞霖合并的实验小学。

一所新学校如何做好顶层设计呢?我们开展了家长问卷调查,组织了师生座谈。在发展恳谈会上,教师们说,好学校要三看:看校长的理念,看教师的爱心,看校园的文化;好学校要四爱:爱学习,爱健身,爱自己,爱校园。

我们旗帜鲜明地提出"自然教育",构建了"大罗山"课程体系,确定培养目标为"五自"好少年,即品行自律、学习自主、健身自强、才艺自信、劳动自立。希望每一个孩子:品行自律,像树一样谦善,顶天立地,志存高远;学习自主,像树一样智慧,胸怀万物,融会贯通;健身自强,像树一样健壮,坚韧挺拔,自由生长;才艺自信,像树一样美丽,千姿百态,多才多艺;劳动自立,像树一样扎根,埋头实干,图强奋进。

从育人目标的五个维度入手,我们建立了"互联网+评价"模式,为每个孩子建立电子成长档案,用大数据记录校园生活的点滴精彩。我们的读书活动项目式推进,跨学科整合:每周一节阅读课,每天"三个"微课程,每年一次读书节。"阅读达人秀",以绘画、手抄报、演讲等形式展示,孩子们将读书征文改编成课本剧,演绎读书的酸甜苦辣。学校创办仅两年,先后被评为瓯海区首届"爱阅读"榜样学校、温州市书香校园。

校园足球赛以世界杯为主题,24个班级代表24个国家,我们着力做好三个足球:教育足球、健康足球、普惠足球。运动场上,每个孩子至少选择两项赛事。

"教天地人事,育生命自觉",在学校,所有的活动都是面向每一个孩子的,"以学生为中心",构建美好教育新生态。

什么是教育?我说教育是一个热爱阅读和锻炼的校长与一群热爱阅读和锻炼的教师带着孩子们一起阅读和锻炼。

从事教育,一路走来,风雨兼程。一个真正的行者不在于走过了多少地方,而在于成就了多少同路人。将教育当成一种事业来做,好好读书,天天锻炼,每天向上一点点,成就师生,在成就学校的同时也成就了自己,其实是一件很幸福的事情。

建一所充满乐趣的学校
——从场域理论出发的学校改进行动与思考

温州市龙湾区第一小学　吴闪燕

浙江省温州市龙湾区第一小学创建于 2014 年 9 月，作为首任校长，我从 2013 年学校还是一片工地的时候就参与了建设。在见证学校拔地而起的每一天，我都在思考：我要创建一所什么样的学校？我要给学生和教师怎样的学校生活？在这个过程中，"建一所充满乐趣的学校"这个想法越来越强烈。让乐趣弥漫在学校的各个时空，让乐趣培植我们的教育理想，然后让它在师生心中生根发芽、开花结果，成为这所新建校的精神养料。

一、乐趣校园：让校园充满生命乐趣

场域概念由皮埃尔·布迪厄、库尔特·考夫卡等人提出，是指人的每一个行动均被行动所发生的场域影响，而场域并非单指物理环境，也包括他人的行为及与此相连的许多因素。学校倡导"行健教育"。行健，意为强健的行动。行健教育就是朝气蓬勃、健进向上的人格教育，就是学之以恒、行之有果的笃实笃行的教育。基于场域理论中的关系视角，学校以"善学敢为，行健致远"为办学理念，以培养"言行蕴爱、美善天成的行健少年"为育人目标，营造学校"人人是主角，处处是舞台"的核心关系网络。如何让校园中充满生命的乐趣？这是我们在落实"行健教育"理念的行动中特别追求的价值取向。

1. 合作共生：形成互相支持的人际关系

学校的教育场域就是一个以师生关系、师师关系、生生关系、家校关系等各种客观关系联结成的网络。在传统教育中，教师处于主导地位，学生是被管束的对象，服从教师的教。而在我们的学校里，学生是主体，他们有选择的权利，有参与教育的权利。学生与教师是平等的，是相互尊重、相互喜爱的，教师引导、陪伴、支持学生成长；学生的成长让教师感到教育乐在其中，又激励教师不断前行。家长是学校教育的支持者、参与者，与教师形成"共同体"。学校"场域"中力的较量不是权利竞争，而是各方协作、共生，形成一个完整的教育系统，培育并形成一种包容的、支持性的共生关系场域，使学生从中受到启迪、浸染、熏陶和潜移默化的教育。

学校特别重视教师团队建设，以"成长合伙人"模式引领教师专业成长。教师可以自由组建"成长合伙人"团队，但是成员中必须有骨干教师和新教师，团队成员分别担任项目主持人、课堂教学展示、说课、评课等角色，既发挥教师的个人优势，又形成团队合力，其关键是骨干教师对新教师的专业支持。集体的智慧也在促使"成长合伙人"模式不断升级，讲教育故事、现场答辩、才艺比拼等形式使人人成为主角，舞台精彩迭出，让教师们觉得"成长是一件有趣的事"。

2. 激活创新：师生都不断生长新的想法

布迪厄认为，行动者个人的习性正是在其所处的场域中被形塑出来的。一所充满乐趣的校园所形塑的，就是身处其中的师生每一天都充满着好奇和期待，并且不断生长新的想法。

小学生天性爱玩，他们带着好奇与探索的眼光来观察这个世界，对于很多事物都会表现出特别的兴趣，而教师所做的就是既要刺激孩子的求知欲，又要引导他们自己去寻找答案。为了给予孩子一个个"惊喜"，让孩子们感受到学校的乐趣，教师需要不断地创新。而教师的创新能力来自学校一系列的创新机制：授人以渔，教给方法；授人以"遇"，搭建成长平台；授人以"欲"，激活创新能量；授人以"娱"，提升乐趣指数；授人以"逾"，引领创新实践。这样的机制为教师塑造了一颗不甘于庸常的心，激活了一个善于创新的脑。

3. 空间育人：细节让"场域"充满乐趣

一所好学校的模样不仅体现在建筑的高大上，更应落实在学校边边角角的细节上。在创建学校的过程中，我们用心使每一处细节都有重要的"境教"功能。在学校"行健教育"办学理念的引领下，校园里的208幅卷帘分主题诠释着民风民俗文化；150个消火栓随处解读着"行健明星"的榜样力量；41个地面窨井盖绘画呈现了探索未知的创客之路；真人版卡通"行健娃"无处不在，入学通知书、喜报、奖状甚至拖把池上都带有"行健娃"们可爱的身影；校园里所有的树木都配置了二维码，用手机一扫就能了解有关此树种的相关知识。校园走廊里的阅读等待区，纸版图书随处可见，一体机与计算机平板随处可进行线上线下阅读；各班阅读主题墙、班级图书角、校园阅读灯柱静静地散发着书香味。这样的校园不空洞、不刻板、没有规训，有的是随时遇见惊喜的乐趣、随处沉浸在阅读中的乐趣、随心探索未知的乐趣。

二、乐趣课程：让每个学生都有自己喜欢的"跑道"

课程是学校教育教学活动的基本依据，是师生联系和交往的纽带。学校从"行健教育"理念出发，结合校园场域中的"乐趣"元素，融合国家课程、地方课程和校本课程推出"1+X行健课程"，让每个学生都有自己的"跑道"，获得适性、适量、适合的教育。

1. 优化课程结构：让学习变得有乐趣

学校课程涵盖了学生在校学习的所有经历，因此，学习的根本是要激发孩子内心深处的学习动力，使其由喜欢变为热爱，并作为一种生活方式持续下去。为此，学校组建课程开发团队，规划完善学校的课程结构，根据学科属性、学习规律及学习方式构建了"1+X行健课程"（图1）。"行"课程、"健"课程、"知"课程、"艺"课程呼应学生"核心素养"，以培养具有"言行蕴爱、美善天成的行健少年"为价值取向。同时基于学生兴趣与成长需求，整合校内外资源，开设了米塑、剪纸、西洋管弦乐、网球、围棋、乐高机器人、足球、话剧等几十门拓展课程。这些课程让校园生活变得更加丰富多彩，孩子们奔跑在校园中求知、劳作、练艺、健体，各得其所，乐在其中。

2. 拓展课程领域：让活动成为课程

学校除开设各类拓展课程外，特别注重将活动做成课程。各类活动课程打破常规、推陈出新，总是让孩子们在乐中学、在学中创。开学时，校长、教师会装扮成"行健明星"在校门口迎接孩子们，同时为每位同学递上一个大礼包："成长存折"、"悦读阅美"校本教材、棒棒糖……这个丰富的大礼包让孩子们对新学期既感到新奇又充满期待。

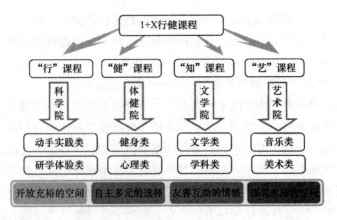

图1 浙江省温州市龙湾区第一小学"1+X行健课程"

为了让新生尽快熟悉适应新校园,学校开展了"初遇,在最美的时候"开学课程,从亲子熟悉校园方位、了解学校文化到欣赏学生作品、认识新伙伴等,孩子在直接交流与沟通中喜欢上了这所学校。开学典礼上,学校推出"做最好的自己"课程,开始为期一个月的"文明小使者""卫生小能手""运动小达人""阅读小明星"的挑战活动。寒假后,推出"新春集六福"系列课程,学生们亲手做灯笼、猜灯谜、赢福卡。另外,学校还开设了"家校共同体"系列课程,在不同阶段以不同的切入点来搭建家校共育的桥梁。

学校拓展课程所具有的趣味性、综合性、实践性,对教学提出了多样化的要求,在这种形势下,教师们迈出了探索性的一步。一方面,尝试跨学科整合,教师开始实质性的同伴协作、优势互补、形成合力。例如,在米塑课程上,课程教师、班主任及外聘米塑"非遗"传人协作,对美术知识、米塑工艺进行教学与操作层面的整合,结合节日庆祝活动,让孩子制作米塑作品作为母亲节礼物。另一方面,课程实施中不断打破空间界限,进行各种资源的整合。例如,开辟"行健小舞台",为学习西洋管弦乐课程的学生提供充分锻炼的平台;开辟"围棋对弈天地",让学习围棋课程的学生多一些切磋的机会。当然,这里也是寻找成长伙伴与融洽师生关系的一个好场域。

三、乐趣评价:让师生在评价中收获成长与快乐

行健教育评价着重发挥导向功能和激励功能,为学生和教师发展指定方向、搭建阶梯,激发他们的内生动力,提高其积极性和创造性。而乐趣评价的要义,是让乐趣与成长共生。

1. 趣味性评价:让每个学生都有机会快乐成长

学校对学生的评价建立在人格平等、互相尊重的师生关系的基础上,目的是让评价成为促进孩子内在成长的引擎,让孩子将来跑得更远、更久。学校制定《"6+1"美丽行健娃评价体系》,以"美丽行健娃"为代言人,分为一个全面优秀"行健娃"(分男、女行健娃)和六个单项先进"行健娃"(分别代表文明、洁美、乐学、安全、运动、特色六个方面)。通过每日行为常规评价、周班级管理考核、月先进考评、期末综合总评等环节,给予学生思想引导、行为规范、正面激励。同时,融趣味性、序列性、操作性为一体的评价在不断生成,学校每月评选阅读"书迷""书虫"及阅读明星,每季度评选行健明星、特色明星。评价奖励也是具有"诱惑力"的:结合喜报、学生成长存折、电子班牌、学生电子成长档案等载体,开展"乐学娃"

学业项目过关评价，学生可以凭借成长积分兑换"特色课程体验"，若有兴趣，则可在下一阶段选课学习。在这里，每个学生的想法都会得到重视，每个学生都有机会获得成长，每个学生都有发展的平台。

2. 柔性评价：让每个教师都能享受到职业的乐趣

学校对教师的评价一直坚持"四不唯四看"：不唯资历看能力，不唯文凭看水平，不唯职称看称职，不唯既往看发展。学校通过基础性考核和发展性考核，为教师搭建成长的阶梯，使教师获得职业成就感。基础性考核中，除对教师基本技能和职业态度等方面的常规考核外，也观照到教师的自主发展空间。例如，考核项目中设有"自创指标"，教师要制定"专业发展三年规划"，每年根据自己的工作岗位和学科特点"做成一件事情"，申报自主创新项目，并有过程记录和结果汇报。发展性考核则是为教师专业发展引路，根据"星级"教师评价标准对应"规范教师—特色教师—风格教师—名优教师—杰出教师"称号，教师会清晰地看到自己的专业位置，可以按照评价标准的逐级提升形成个人职业发展规划，让教师明晰下一步目标，看到自己的未来。

专业发展对教师很重要，但教师的精神需求和职业幸福感更重要。学校通过微信给有进步的教师点赞，通过微信公众号"发现"栏目分期推送优秀教师，让教师获得荣誉感；结合"三八妇女节""教师节"等重要节日，开设厨艺比拼、插花活动等，让教师收获生活的乐趣；引入特色教师，开设瑜伽、茶艺、太极等特色课程，不断拓展教育的宽度，提升教育的温度。

打造"儿童哲学+"课程群　推进学校特色发展

温州市瓦市小学　吴孔裕

瓦市小学创办于 1912 年，在百余年办学历程中，学校在素质教育、课程建设等方面做出了积极的探索，取得了一定成绩。历任校长都非常重视课程开发，民国时期，校长就鼓励教师自编讲义（教材），开设特色课程；20 世纪四五十年代，范克荣老师开创了唱游课；邹伯宗老师创编了五线谱认调板；林月丹老师自创的珠算社团，享誉瓯越大地。21 世纪初，学校开发的"儿童哲学"便成为一门比较有特色的校本课程。近几年在总结前期的经验基础上，从单门"儿童哲学"课到"儿童哲学+"课程体系的构建，打造了立体型的儿童哲学教育，进一步推进了特色的发展。

一、课程开发历程追溯

瓦市小学"儿童哲学"课程的开发与研究，经历了"移植引进—自主开发—全面实施—拓展整合—辐射推广"五个阶段。

1. 移植引进

1999 年，瓦市小学参加教育部"十五"重点课题·基础教育课程改革比较与推进研究，成为该课题子课题试点学校，承担小学校本课程开发与实施研究。在此期间，在云南昆明南站小学举办的一次教育创新研讨会上，接触到李普曼教授的"儿童哲学"课程，对此产生了浓厚的兴趣。回来之后组织教师学习美国李普曼教授的"儿童哲学"课程理论，着手编制学校"儿童哲学"课程的实施方案；在五年级段确定一个实验班开始尝试教授"儿童哲学"。2001 年 6 月，国家颁布《基础教育课程改革纲要（试行）》，第一次正式提出了"校本课程"的概念，瓦市小学的"儿童哲学"校本课程，开始孕育萌芽。

2. 自主开发

至 2004 年，经过三四年的实验研究，瓦市小学积累了一些选材和教学经验。学校发现这套来自美国的教材、案例都是西方的，完全按照西方的价值观来培养学生，这肯定不行。于是，学校决定因地制宜开发自己的《儿童哲学》校本教材，将中国传统哲学思想融入其中，同时，还要体现现代社会的主流价值观。

于是，学校成立了儿童哲学课程开发小组，邀请温州市教育教学研究院陈素平老师和温州大学詹振权教授莅临指导，编写了《儿童哲学校本课程开发纲要》。至 2004 年，《儿童哲学》教材初具雏形，2007 年，《儿童哲学》上下两册教材由光明日报出版社正式出版。

3. 全面实施

2007 年，随着教材的正式出版，学校计划将"儿童哲学"校本课程在五六年级全面铺开，列入五六年级课程表，选派有经验的教师担任这两个年段的"儿童哲学"课教师，根据每一课教材内容编写教案，纳入教学常规管理与考核。至此，"儿童哲学"课程得到全面实施。课堂上，教师使用校本教材时，可以根据班级、学生实际情况做适当的增删、调整，也可以自主引入新闻事件、生活话题等拓宽教学内容。

4. 拓展整合

2015年，浙江省新一轮课程改革的春风吹暖瓯越大地，学校在"榕抱樟"整体的课程体系下，拓展课程开发和课程整合研究不断深入。如何使原来的特色校本课程"儿童哲学"发挥更大的作用？如何整合各方资源进行整合教学，成为新课程改革的生长点？为此，学校再组织骨干力量开发"儿童哲学+"课程，一至六年级全面开设"儿童哲学"课，三至六年级开设以校本教材为主的"儿童哲学思辨"课，一至二年级开设"绘本哲学启蒙"课；组织骨干教师开发三本《儿童哲学》教材供四至六年级学生使用。"儿童哲学"与国家课程、少先队活动、家庭教育/社区服务等方面的整合，形成了儿童哲学整合微课程。

5. 辐射推广

十几年来，温州市教育教学研究院副院长陈素平对瓦市小学的"儿童哲学"一直跟踪指导。2017年，在温州市首届科研博览会上将"儿童哲学"列入温州市第三批优秀科研成果推广与深化研究项目，博览会上采用双向选择择优录取的方式，十所学校加盟成为"儿童哲学"联盟学校。至此，"儿童哲学"向全市十所联盟学校推广。其间，杭州江干区、余杭区、福建、江苏、上海等地领导纷纷来校学习，课程经验也在各种省市会议和各类培训中得到不同程度的推广。

二、课程内涵挖掘提升

1. 课程目标定位

"儿童哲学"最早由美国马修·李普曼教授于20世纪70年代创立，侧重于让儿童学会独立思考。其后，以马修斯为代表的欧洲儿童哲学流派，认为儿童是天生的哲学家，主张"儿童哲学"应发展儿童哲学思想。我校经过18年的实践，将"儿童哲学"定位为一门德育课程，将李普曼和马修斯的思想进行整合，目标设定为：在学习哲学思想、进行价值澄清和价值引领的过程中，提高学生思考力和表达能力。

我们对"儿童哲学"下了个定义："儿童哲学"是一门为儿童而创立的哲学启蒙课程。从儿童熟悉的事例出发，围绕一个富有哲理的话题组织儿童开展多形式的思辨，让儿童充分发表独特的观点与看法，提高儿童观察自然、了解社会、认识自我的水平，发展批判思维、独创思维和关爱思维，促进儿童人生观、世界观、价值观的正向发展。

"儿童哲学"注重培养儿童批判思维、独创思维和关爱思维，注重价值澄清和价值引领过程中儿童人生观、世界观、价值观启蒙阶段的正向引导，注重儿童通过自悟和内心共鸣产生道德认知从而改变行为。

2. 课程内容架构

我们前后共编写了两套教材。

第一套教材分为上、下两册，供五六年级使用。每一课都由两组意义相对或相关的哲学词语组成，如上册的"大与小""得与失""争与让""取与舍""成功与失败"，下册的"偶像与榜样""方法与目的""理解与宽容""礼品与友谊""性格与命运"。每一个章节由故事引入，故事之后是引导学生深入思考和探讨的"想一想""查一查""辩一辩"。"故事阅读"部分一般从古典文学中精选蕴含深刻哲理的寓言和童话故事。

第二套教材在编排上吸取原有课程的长处，以小博大，又做了系统化编排。每册教材都按观察自然、了解社会、认识自我三大板块编写：第一板块"自然存在"，从认识自然、亲近自然、改造自然三个层次不断推进；第二板块"社会文化"，让学生观察社会、融入社会、包容社会，三个层面层层递进；第三板块"自我人生"，按认识自我、发展自我、超越自我三个维度螺旋上升，形成体系。教材采用哲学故事引入，课后预设了几个主问题供教师、学生选用，新版教材供小学三至六年级学生选用。

教材编写总是滞后于现实生活，我们的课堂鼓励教师引进社会热点问题让学生讨论，我们编写了《"儿童哲学"社会热点问题案例集》供教师使用。如"二孩来了""一场球赛""学区房买不买？""一次交通事故""火锅水浇头事件引发的思考""共享单车利与弊"等都成为我们儿童哲学课堂讨论的话题。

3．课程实施与评价

（1）提炼课堂五要素。经过18年的摸索实践，总结出瓦市小学儿童哲学的课堂具有以下五个要素：

①故事。从儿童感兴趣的故事或现象出发。

②哲理。围绕一个哲学话题展开讨论。

③联系。课堂讨论过程必须联系自己或联系生活实际。

④对话。课堂主要以对话形式展开。

⑤平等。课堂中教师要创设安全平等的沟通氛围让学生畅所欲言，敢讲话、讲真话。

（2）形成五步教学法。经过十几年的实践过程，瓦市小学形成了五步教学式：事例引入、导出话题—交流信息、亮明观点—正反两方、互动对话—拓展信息、二度对话—联系生活、点拨提升。

（3）总结五种常用学习法。提炼了五种学生主要的学习方法，即辩论、追问、角色扮演、思想实验、猜想推测。

（4）制定五项评价标准。根据"儿童哲学"课堂教学特点，我们特制定了课堂评价的五项指标，分别为乐于倾听、勤于思考、善于提问、敢于质疑、勇于表达。

三、从"儿童哲学"走向"儿童哲学+"

（一）"儿童哲学+"课程体系构建

我校的"儿童哲学"在社会主流价值观引领下，从学校的育人目标出发，对中国传统哲学、马克思主义哲学和世界主流哲学思想中符合社会主义核心价值的内容选择出适合学生实际的主题，开展哲学教育，通过价值澄清和价值引领，提高道德认知、形成价值判断，达到立德树人的目的。我们将"儿童哲学"的理念和方法推广到学校德育、家庭教育和社会服务中，开发出"儿童哲学+"课程群。课程群结构示意图如图1所示。

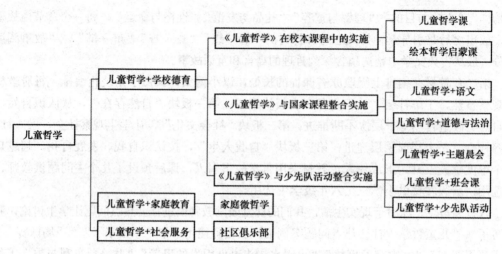

图1 儿童哲学课程群结构示意

"儿童哲学+"课程群通过学校德育、家庭教育、社会服务"三位一体"做立体型德育。"儿童哲学+学校德育"板块，我们实行"儿童哲学"与校本课程、国家课程、少先队活动整合实施；"儿童哲学+家庭教育"板块，我们采用"家庭微哲学"的方式推进；"儿童哲学+社会服务"板块，我们主要采用社区俱乐部的方式进行。"儿童哲学"在校本课程中实施，我们开设了三至六年级的儿童哲学课，一至二年级的绘本哲学启蒙课；儿童哲学与国家课程整合实施，主要开展儿童哲学+语文、儿童哲学+道德与法治整合研究；儿童哲学与少先队活动整合实施，我们主要开设儿童哲学+主题晨会、儿童哲学+班会课、儿童哲学+少先队活动。构成了以"儿童哲学"为核心的"三位一体"德育融合新范式。

（二）"儿童哲学+学校德育"新样态

1. 儿童哲学在校本课程中的实施

（1）儿童哲学课。三至六年级我们每周开设一节儿童哲学课，一个年级选聘一位教师作为儿童哲学课教师。教学内容主要来自学校创编的两套"儿童哲学"教材，共五本。教师除选用教材中内容外，还大量引进了社会热点话题供学生讨论，将"儿童哲学"与时事评论整合。让学生阅读哲学故事后，提出问题，选择主问题进行讨论，有时辩论，有时追问，让学生群体对哲学主题深入思考讨论，提高他们的道德认知，转变思维模式，改变行为准则。如"一场球赛"一课让学生讨论"英超联赛18轮埃弗顿队与西汉姆联队的比赛只剩下最后1分钟时，场上比分仍然是1：1。这时，埃弗顿队的守门员扑球时膝盖扭伤，剧痛使得他抱成一团在地上打滚，西汉姆联队前锋迪卡尼奥面对这种情形是射还是不射"的问题。学生各执己见。有些学生认为集体利益至高无上，这又是千载难逢的好机会，建议射；有些学生认为胜之不武，不能射。此时教师用角色转换的办法让学生讨论，今天你代表学校参加中小学生足球比赛，也碰到上面一模一样的情况，你是选择射还是不射？学生位置发生了一些变化，又展开激烈的辩论。事后，教师采访建议射的一方：你这一脚射门得到了什么？失去了什么？又问建议不射的同学，你不射门，失去了什么？得到的又是什么？通过得与失的对比，让学生明白了友谊、关爱比胜利更重要。教师从心底建立"得失"认知，达到育人目的。

（2）绘本哲学启蒙课。绘本深受孩子喜欢，哲学类的绘本很适合小学生阅读，我们根据哲学主题的需要选择了 60 本绘本供一二年级学生阅读讨论,在一二年级开设了绘本哲学启蒙课。主要目标定位为通过绘本的阅读,在幼小的心灵播种哲学的种子,让孩子对最基本的哲学问题有所感受,培养认真听、爱思考、敢表达的习惯。如阅读《犟龟》的故事时,让学生猜猜"犟龟在半路得知 19 世国王去世了,是继续往前走还是返回",大部分学生说要返回,当公布最后答案犟龟继续往前走赶上 20 世国王的婚礼时,学生突然明白,坚持就会有好结果。让学生再进一步讨论:是否所有事都要坚持?坚持就一定好吗?在幼小的心灵种下哲学的种子。

2. 儿童哲学与国家课程整合实施

(1) 儿童哲学+语文。"儿童哲学+语文"主要有两种形态:一是在语文阅读课中的某个环节用儿童哲学的方法追问或辩论,深化语文学习;二是在课外阅读后进行主题讨论,开设思辨式导读课。

第一种形态是语文阅读课。在语文阅读课的某个环节用儿童哲学的方法和理念进行教学,基于语文深化语文,实现深度阅读的目的。如《饮湖上初晴后雨》诗歌学完之后,让学生讨论:"西湖本来就是美的还是人们觉得她美她才美?"让学生理解主观和客观的关系,明白客观存在的事物本无所谓美不美,美不美是人们的主观判断。然后引到苏轼此时为什么觉得西湖如此美呢?阅读苏轼写作背景材料,了解苏轼被贬杭州任通判的事实,提升对诗句背后诗人情感的体悟,加深对诗歌的理解,达到儿童哲学深化语文学习的效用。

第二种形态是思辨式导读课。思辨式导读课是在学生读书汇报课或过程指导课中进行,让学生读完整本书或经典文章之后,围绕书中的人物或事件进行评鉴,通过讨论、追问、辩论,促进学生深度思考,从中明白哲理产生价值引领。如读完《夏洛的网》一书后,让学生讨论:威尔伯值不值得夏洛的赞美?让学生通过大量的举例证明,发表观点,从中明白"世上无难事,只怕有心人"。如读完《害怕》之后,让学生讨论人什么时候会害怕?害怕时会怎样反应?害怕究竟好不好?没有害怕行不行?什么时候该害怕,什么时候又不用怕呢?通过正向引导疏导学生心理,悟得人生正理。

(2) 儿童哲学+道德与法治。哲学比"道德与法治"外延更广、内涵更深,儿童哲学与道德与法治整合教学,我们采用儿童哲学方法和理念来上"道德与法治"课,使道德与法治学习更深入、更有效。我们开发的二年级"可爱的动物"讨论事物的两面性问题,六年级的"男孩女孩不一样"正确认识事物的个性问题,六年级的"我和父母"通过事例的追根溯源,明白"任何果都有因",建立因果概念。这种自悟的效果比直接的品行教育更入脑、入心。

3. 儿童哲学与少先队活动整合实施

儿童哲学与少先队活动整合的主要目的是通过讨论学校、班级近期热议的话题解决学生的道德困惑,同时通过少先队活动创设浓厚的"爱思考"氛围。我们主要通过主题晨会、班会课、少先队活动等形式实施。

(1) 儿童哲学+主题晨会。学校各类主题教育、近期学校存在的共性问题往往都通过主题晨会进行教育落实。如果主题晨会变说教为围绕一个主题通过儿童哲学式的讨论、辩论开展,效果会更好,因此我们一个月将大家共同关心的话题在主题晨会上开展一次辩论式晨会,让全体同学参与主题大讨论,对一个话题深入思考、讨论、辩论,进行价值引领,收到了意想不到的效果。如早上到学校朗读好还是默读好,当代需不需要雷锋,十周岁生日该不该开

Party 等话题都被我们搬到晨会上大辩论，改变认知，达成共识，形成行为准则。

（2）儿童哲学+班会课。我们要求各班级每月开展一次"思辨式"班会课，对这个月中班级热议的话题、班级中出现的问题或是孩子校园生活、社会生活中的道德困惑进行讨论。班会课上，让儿童通过辩论探究问题的本质，形成正确的认识，达到德育的目的。例如"小学生该不该带智能手机"的讨论，引导孩子"问题要看本质"，这个不是手机能不能带的问题，而内在本质是"是否具备抵御诱惑的能力"，只要抵御诱惑的能力达到一定的水平，智能手机也是可以带的，但是，假如抵御不住诱惑，那就没办法了，让学生在自我调整的同时，明白问题要看本质的思维方式。还有"兴趣班的烦恼""文明斑马线礼让引发的思考""电子书VS纸质书""座位的是与非"等类似的例子还有很多，我们将思辨式班会课案例汇集成册，供教师们借鉴。

（3）儿童哲学+少先队活动。儿童哲学跟少先队活动的整合的形式是多元的。如大队干部竞选就一个话题进行辩论，通过辩论判断学生对问题思考的深度和各方面素养；童言童语征集，将孩子的感悟编成童言童语贴在校园墙壁上；问题卡展示，观点卡亮相，哲理手抄报比赛等，还进行哲学环境布置：哲学长廊设计、哲学馆布置、哲学俱乐部组建等。在这些活动中，孩子受到哲学的熏陶、思维的培养、言语表达的锻炼。

（三）"儿童哲学+家庭教育"新样态

1. "家庭微哲学"意义内涵

美国心理学家研究表明：一个人能够取得成就，20%取决于后天努力，80%取决于天赋和家庭教育。由于基因遗传因素，父母的思维模式、说话方式、行为习惯更能与孩子产生共情，家庭教育在孩子成长过程中所产生的作用是不可替代的。"儿童哲学"作为一门德育课程，需要全程、全员、全面实施，更不能缺失家长的参与，因此，儿童哲学进家庭是非常有必要的。

我们于2016年开始以"家庭微哲学"的方式全面推进儿童哲学进家庭活动。将儿童哲学的对话形式引入亲子沟通中，打破传统的"家长说，孩子做"家庭教育模式。让孩子与父母就一个话题进行平等对话，深入思考社会生活、家庭伦理、道德观念等问题，创设平等的亲子关系，让孩子在与父母平等的对话过程中解决道德困惑，明晰家庭伦理，了解社会生活，提升道德认知，树立正确的价值观。

2. "家庭微哲学"推进路径

（1）开办家长夜学堂，加强家长培训。我们联合报社举办"百万家长进校园"活动，推进"家庭微哲学"工作。通过每月一次的家长夜学堂加强对家长的培训，教给家长如何选择话题、如何组织对话、如何进行价值澄清和价值引领，对家长进行中国传统哲学、世界主流价值观和马克思主义哲学基本原理的通识培训，还将优秀的"家庭微哲学"案例汇编成册发给家长借鉴使用，我们还专门编写了《"家庭微哲学"社会热点问题案例集》供家长参考，解决家长实施"家庭微哲学"的实际困难。

（2）总结两条路径，明确对话模式。"家庭微哲学"主要有两种对话模式：当父母和孩子观点一致时，家长采用"倾听—鼓励—追问—引导"模式；当父母与孩子观点不一致时，家长采用"倾听—举例反问（或追问）—引导"模式。家长可以在熟悉两种对话模式的基础上自由发挥，最终能达到从现象到本质。

（3）实行定期对话，促使哲学论道常态化。"家庭微哲学"突出个"微"字，无论何时何地，只要合适的话题就可以深入讨论。要求家长在接送孩子途中、饭前饭后、闲暇时刻,在车上、饭桌上、客厅里都可以进行"家庭微哲学"。要求每个家庭每周至少举行一次"家庭微哲学",一个学期至少上交一次"家庭微哲学"的案例,用"家庭微哲学"解决孩子的道德困惑,用"家庭微哲学"明理笃行,改善亲子关系,形成平等的家庭氛围,收到了非常好的效果。

3. "家庭微哲学"实施策略

(1) 紧抓社会热点问题。"家庭微哲学"的话题可以从当前社会热点问题中选择,展开亲子讨论,如"疫情期间小区封闭不让人自由进出,是否限制了人身自由?"讨论什么是真正的自由,讨论矛盾的一般性和特殊性。"新型冠状病毒,我们该不该害怕?害怕有用吗?人假如没有害怕行吗?"讨论如何正确看待害怕。"学区房房价暴涨,要不要买学区房上重点中学?"讨论内因与外因哪个更重要的问题。

(2) 关注身边重大事件。"一次交通事故,拖拉机撞上法拉利,赔还是不赔?"讨论情与法的辩证关系。"共享单车泛滥成灾,讨论共享单车的利与弊"明白任何事物都有两面性。"火锅水浇头事件引发的思考"讨论如何恰当处理主要矛盾和次要矛盾等。"一场足球赛,守门员受伤了,面对空门,射还是不射?"讨论得与失都是相对的。一个个鲜活的事例激发学生的讨论热情。

(3) 善抓家庭生活问题。在家庭生活中有很多困惑或选择难题,家长可以抓住机会,跟孩子平等对话,深入探讨,达到哲学理性思考,看到问题的本质,形成正确的人生观。如"支持不支持妈妈生二胎"讨论如何多角度看问题才能看得更准确。"爸妈为什么不给我买智能手机?"讨论如何找到事物的本质。"多吃蔬菜or多吃肉"讨论平衡与中庸之道等。

(4) 关切孩子心中的疑惑。孩子天生就有好奇心,心中有十万个为什么,可在亲子沟通过程中给予一一解开。家长一般不要直接告诉孩子答案,可以跟孩子平等探讨,做合理的引导,让孩子自己思考达到明理。如"我为什么要上学?"引导孩子思考假如不上学会怎样?假如好好上学会怎样?"老师的话要不要听?"引导孩子思考老师的话不听会怎样,听了会怎样,全听又会怎样?其他还有"你们在乎我的成绩吗?""人为什么要长大?"等。

(5) 善用课外阅读话题。亲子阅读或孩子课外阅读故事中有很多话题值得讨论。通过正向引导疏导孩子心理,悟得人生正理。

(四)"儿童哲学+社会服务"新样态

一个儿童的成长需要学校、家庭、社会共同构成的立体型教育。社会对儿童价值观的正向引导非常重要,因此,我们组织骨干教师一个月一次到少儿图书馆组织大小孩子混编的群体针对某些话题进行辩论,引导哲学思考,产生价值观引导。同时,也通过文明办开通的"鹿云讲习所"网络点课,让骨干教师到讲习所给社会大小孩子上课。还到共建单位、社区等场所传播哲学思想。如以"二孩来了"为主题,让孩子说说"要不要支持妈妈生二孩",引导人们要多角度看问题,才能看得更准确。类似的社会热点话题很适合组织孩子讨论,向社会推广。

只有学校、家庭、社会"三位一体"共同做德育,用儿童哲学的思想做德育,德育才能更有实效。

四、"儿童哲学+"联盟推广与辐射

2017年,温州市教育教学研究院将瓦市小学的"儿童哲学"向全市推广,在温州市首届科研博览会上展出，有十几所学校愿意加盟，我们从中选择了十所学校成为我们"儿童哲学"的联盟校。为了更好地做好推广工作，我们对"儿童哲学"进行深化研究，申报了一个省级课题"'榕抱樟'课程视野下，'儿童哲学+'德育融合新范式的研究"，各联盟校在总课题背景下申报子课题，全部立项为市级课题，研究时间为期两年。各联盟校根据自己研究的重点在"儿童哲学+"几个板块中选择一个板块实施行动研究。我们将课题组成员分配到各所学校，每所学校配一位骨干教师作为指导师，对联盟校实施"儿童哲学"进行指导，指导过程也是他们对《儿童哲学》深化研究的过程。据统计，选择研究"儿童哲学"课（三至六年级）有2所学校，选择绘本哲学启蒙课（一至二年级）有3所学校，选择"儿童哲学+语文"和"儿童哲学+道德与法治"有3所学校，选择"儿童哲学与少先队活动整合实施"的有2所学校，"家庭微哲学"和"儿童哲学社会服务"没有学校选，由我们学校自己研究。同一个板块形成一个研究共同体，这样就形成5个研究共同体，每个研究共同体包括我们瓦市小学3、4所学校。每个指导师对共同体学校的教材选择、课堂实践、教案编写等进行指导。两年四个学期大体做个安排，第一学期主要学习我们的做法，模仿尝试实施；第二学期全面实施；第三学期深化研究；第四学期总结提炼。实施一年多来，我们开展了9次活动，从理论学习、专家现身示范、各板块教学共性研究、各板块个性发现，到哲学主题确定、对话策略研究、多样教学方法、整合教学研究等，都扎实有效地开展。联盟学校教师经过一年多的实践研究，已经比较熟悉儿童哲学教学理念，熟悉课堂教学模式和课堂要素，熟练运用五步教学法，会用常用的学习方法组织学生讨论，收到了很好的效果。

近几年，全国各地学校来访参观学习，各家媒体传播报道，对"儿童哲学+"的推广起到积极作用。

百年古树历经百年风雨而更加坚强，"儿童哲学"历经岁月洗礼而更显魅力。新时代需要新思想，"儿童哲学+"正迈着铿锵有力的步伐走向新时代。

认知·体验·监控：小学生自主管理三元结构模型的实践

温州道尔顿小学　王红梅

本研究选取温州市同类型三所小学（含我校）学生作为研究对象进行《小学生自主管理能力》问卷调查。共发放问卷 350 份，回收 342 份，有效问卷 312 份，有效率 91.2%。对收集数据用 SPSS17.0 进行统计分析。

三所小学学生自主管理四个维度均值均小于中值：生活自主管理众数 10 分（最高 17 分），学习自主管理众数 16 分（最高 24 分），时间自主管理众数 6 分（最高 10 分），人际自主管理众数 11 分（最高 19 分）。由此可见这三所小学学生自主管理现状都不好。

基于国内外自主管理研究现状的基础，建立了"小学生自主管理三元结构模型"。该模式引导学生正确进行自我认知，习得"道德知识"和"行为规范"，通过实践活动，吸收合理内容，发展和改善原有认知，使学生处于"认知—开放式体验—评价与反思"的动态更新、不断完善的状态中，最终使小学生自主管理能力走向高效。

一、研究设计

（一）概念界定

1. 自主管理

本研究将自主管理分为四个维度，即生活自主管理、学习自主管理、时间自主管理、人际自主管理，与道尔顿小学育人目标"自由、合作、自律、担当"相符合。通过自主管理模型的建立，引导小学生发挥主观能动性，在生活中养成健康生活的好习惯；在学习中乐学善学，独立思考；在时间上能有效利用时间，合理分配时间；在人际上善于沟通、合作，能正确解决问题。

2. 小学生自主管理三元结构模型

小学生自主管理三元结构模型如图 1 所示。
模型三要素内涵如下：

（1）自主管理认知是指学生能正确认知自己，了解自己现在所处的位置，清楚知道自己努力的方向，即目标。通过不同课程，学生习得实现目标的具体策略。自主管理认知能驱动学生开启自主管理，并对之后的体验活动有一定的指导。

（2）自主管理体验是指学生带着认知进行自主管理的实践。随着实践活动产生不同情况

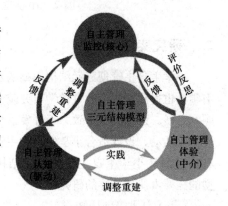

图 1　小学生自主管理三元结构模型

或发生变化，学生也能相应地改变策略或方法，积累经验，深入分析思考，从而调整或重建自己的认知。自主管理体验是提升小学生自主管理能力的中介。

（3）自主管理监控是指学生在实践过程中能自主监控自己的状态，对实践结果进行检查与评价，对体验现状进行反思和总结。自主管理监控是提升小学生自主管理能力的核心，促使小学生自主管理走向高效。

3. 建立小学生自主管理三元结构模型的作用

该模型的建立主要帮助小学生建立自主管理系统，提升其自主管理能力，促使其成为一个自主发展的人。该模型三要素紧密结合、循环往复、相互作用、不断调整、缺一不可，成为一个共同体。

（二）研究内容

小学生自主管理三元结构模型分为自主管理认知、自主管理体验、自主管理监控三要素。每个要素下又实施不同的策略、开展不同的活动，让学生始终处于"认知—开放式体验—评价与反思"的循环过程，紧紧围绕促使小学生自主管理能力走向高效的目标展开实践研究，如图2所示。

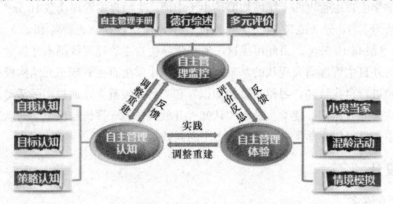

图2 小学生自主管理三元结构模型研究内容

二、研究实施

小学生自主管理三元结构模型的实践研究得到了华东师范大学课程与教学研究所周博士的引领，也得到温州市教育教学研究院专家们的悉心指导及县市区中同行教师的助力，从而得以顺利开展。课题组成员致力于开发适合本校学生的自主管理课程、开展从班级到学校的自主管理体验活动、设计适合小学生的自主管理手册等。学生的自主管理能力在实践中形成并逐渐提升。下面从小学生自主管理三元结构模型的三要素谈谈具体的研究。

（一）自主管理认知

学生正确认知自己，了解自己当前位置，清楚自己努力的方向。通过课程引导学生习得目标实现的具体策略。

图3所示为自主管理认知的具体实施策略。

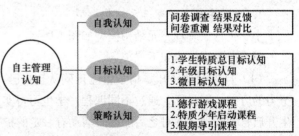

图3 自主管理认知的具体实施策略

策略1：自我认知

小学生缺乏自主管理的重要原因是他们没有正确认识自我，不知道自己究竟哪里做得不够，哪里还需努力，当教师和家长跟他们提出要"自主管理"的时候，他们显得非常迷茫。

因此，道尔顿小学在学生刚入学第一个学期初让每个孩子进行《小学生自主管理能力》问卷调查，并将结果反馈给孩子。以后每个学期期末，进行问卷重测，让孩子将每学期的结果进行对比，对自己的情况做到"心中有数"。

每个学期学生都会有一份他的自主管理能力反馈结果及其学期间自主管理能力对比图。学生能横向了解自己与他人自主管理情况，自己所处的位置，做得好的和需要努力的地方；纵向了解自己每学期的成长和需要继续努力的方向。

策略2：目标认知

目标对做成一件事有巨大的导向性。自主管理，不是由学生盲目发展，而是根据目标有计划积极主动进行。小学生年龄尚小，认知水平和能力尚未达到较高水平。在引导其进行自主管理时，必须明确告知自主管理目标，教会他们设置合理目标。

本研究目标认知分为三个步骤，如图4所示。

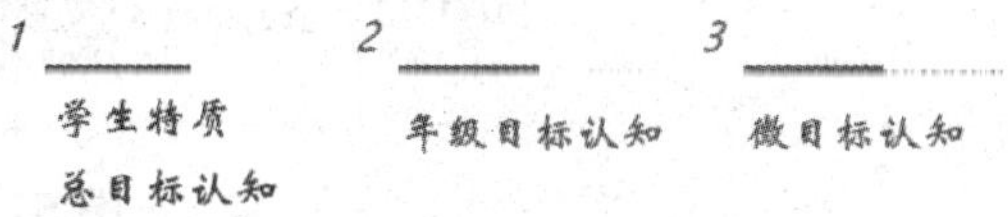

图4 目标认知步骤

（1）学生特质总目标认知。根据道尔顿小学培养学生"自由、合作、自律、担当"的特质，我们为学生制定了"学生特质总目标"，见表1，在学生入学第一天就组织学生共同学习。

表1 学生特质总目标

特质	自主管理维度	目标
自由	生活自主管理、学习自主管理、人际自主管理、时间自主管理	能发现自己的想法，善于表达并坚持，具备"会选择"的能力
合作	生活自主管理、学习自主管理、人际自主管理、时间自主管理	有良好的群体适应能力，善于与他人协作、互助、交流，有较强的集体荣誉感和团队意识
自律	生活自主管理、学习自主管理、人际自主管理、时间自主管理	有很强的自我管理能力、意志力，敢于直面自我、直面困难，勤奋且坚持不懈，会独立做事，具有一定能为自己负责的能力
担当	生活自主管理、学习自主管理、人际自主管理、时间自主管理	有着较强的责任心、校园主人翁意识、公民意识、国际视野、社会担当意识，并付诸行动

"学生特质总目标"起引领作用，实则给孩子描绘了小学最终的"毕业生形象"，引导孩子们朝着这个美好的愿景努力。

（2）年级目标认知。本研究遵循学生自然成长规律和其发展具有连续性、阶段性的特点，针对不同年级提出不同教育阶段的自主管理目标。学生是自主管理的执行者，本研究提倡全科教师共同育人。因此，年级目标均是由学生和全科教师共同讨论，再修改完善，最后经过学生表决通过后生效实施的。

之后，本研究坚持"纵向衔接、横向贯通、分层递进、螺旋上升"的原则，按照不同年级的特点和要求，全校制定了《温州道尔顿小学特质少年成长手册》，更系统、更整体地引导小学生自主管理能力的提升。

（3）微目标认知。目标太宽泛会使大脑产生抗拒任务执行的阻力。对于小学生来说，需要将目标分解得细小再细小，直到孩子很清楚地知道自己该做什么、怎么做，没有消极情绪地行动起来。于是，本研究在年级目标的基础上再进行分解，设置年级微目标。

我们让全科教师根据班级学生的实际情况，尤其是低年段教师，与学生一起设置"超微目标"，即将微目标再逐条分解，便于学生理解和执行。

目标分解得具体，低年段学生一看就非常清晰，执行毫无阻力，并且每条目标的主语都是"我"，体现学生的主体性，让学生充分感受自己的主体地位，促使自主管理能力的形成和发展。

策略3：策略认知

小学生年龄小，尤其是低段学生，缺乏生活经验，不知道有效进行自主管理的方法。因此对小学生进行具体策略认知、问题解决方法指导就显得尤为重要。于是道尔顿小学设置三种课程指导学生有效自主管理，如图5所示。

图5　课程设置

（1）特质少年启动课程。

总体安排：特质少年启动课程是一个阶段性课程，班级全科教师都参与。每月围绕一个特质，不同级段有不同目标开展。每次启动课通过故事、体验活动等让学生明白该主题的重要。然后通过训练活动让学生习得达成该目标的具体策略。启动课最后都会让学生进行宣誓，形成契约，用一种庄重而又无形的力量告诉学生它很重要。该月全科教师都要特别关注每位学生该特质的养成情况。

具体内容：

示例：低年段第一次启动课是养成好习惯。教师通过《三个小金人》的故事让学生领悟倾听的重要性。然后通过"警察抓小偷"和情境练习的活动引导学生找出倾听的具体策略，见表2。

表2　倾听行动指南

级别	行动指南
☆倾听小雁	1. 倾听时，停止自己正在做的事情，目光看着讲话的人 2. 不打断别人的话，耐心听他人把话说完
☆☆倾听小雁	3. 身体前倾，表示对谈话感兴趣 4. 以点头的动作和面部表情回应说话者
☆☆☆倾听小雁	5. 告别"走神、假装在听、时听时不听、听话只听声、以我为中心地听"五种坏习惯，用你的眼睛、耳朵、心去听 6. 先理解别人的意思，再让别人理解自己

最后全体学生起立，右手握拳放在太阳穴旁，按照《特质少年成长手册》中的个人宣言书，进行庄重的养成好习惯的宣誓。

在这个月中,全科教师都特别注意学生的倾听习惯,提醒学生正确的倾听方式,帮助其自主管理能力的提升。

(2)德行游戏课程。每个月启动课后,必须对该主题进行延续和深化,巩固学生的记忆和行为,于是我校设置了德行游戏课程。

总体安排：德行游戏课程是系统性、具体化课程。根据每月特质少年主题,进行深化。一月一主题,每周一节课。在研究的一年多时间中,我们已经完成了德行游戏一二年级四册教材。

(3)假期引导课程。特质少年启动课程和德行游戏课程是对学生日常自主管理能力的养成和提升。当小学生在经历忙碌的一学期学习后,突然面临漫长的寒暑假,顿时无所适从,不知道怎么规划自己的时间,自主管理能力不知所踪。因此在假期前对学生进行具体的自主管理策略指导非常重要。

总体安排：本研究为小学生量身打造了《寒假导引课程》和《暑假导引课程》。每个课程有三个课时,第一个课时由课题组教师为全校学生解读假期导引,后面两个课时由班级任课教师给学生进行假期生活的具体指导。

具体内容：假期导引课程分为习惯、体能、服务、安全、学习、旅行六个板块。每个板块指向不同的自主管理维度。每个板块下有具体的策略、方法指导,鼓励学生探索适合自己的自主管理方法,给自己"私人定制"假期规划。

(二)自主管理体验

自主管理体验是对自主管理认知进行实践,转化为实际经验,进而调整不合理认知或重构认知的最佳方式。本研究大力丰富小学生自主管理体验,让体验紧密联系生活,真实发生在每一个学生身上。图6所示为自主管理体验的具体实施策略。

策略1："小鬼当家"

(1)班级管理零门槛。国外小学里,每一位学生都有公平的机会,轮流承担班级中各项事务,注重学生个体自主发展。道尔顿小学各班级取消班干部制度,教师将班级事务划分出与学生人数相等的岗位数(图7)。学生自主申报,自主参与。

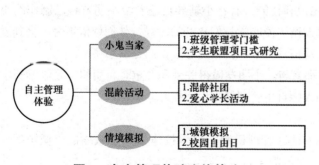

图6 自主管理体验实施策略

图7 豆豆班管理人员安排

学生上岗后,为了提醒自己积极主动为集体服务,会想出很多招数。如水杯管理员上网学习"4S定位法",在每个柜子相同位置贴上标签,水杯统一摆放,让柜子变得整齐。领读员给同学们画了晨读规则,温馨提示大家。地面管理员制作贴在桌面的提醒自己打扫的"时间轴"。另外，学生还具有评议权利、监督权利，促使其在自己的岗位各司其职，认真完成。这种开放的形式无形中提高了每个小学生的自主管理能力。

（2）学生联盟项目式研究。道尔顿小学学生联盟是一个学生"当家做主"的组织。学生联盟由二至六年级学生组成。其中，"项目式研究"由不同年龄学生组成不同的项目组进行调查研究。小组合作去发现校园中存在的问题，共同商量解决问题的方法。如一个项目组开展了"学生联盟走进课程中心"的活动轰动全校师生。他们自行设置问卷，进行关于"学校课程设置"的问卷调查，分年级进行学生采访，形成一份强有力的研究报告。最后邀请课程中心教师、学科教师代表、学生代表举行听证会，与教师面对面沟通，反映不同年级同学的心声，协商解决办法。同时，也在晨会当中做了宣讲，引导全校同学自觉遵守学校课程规则。

在一年多时间中，不同项目组成员开展了5次大型活动、10多次小型项目。学生联盟项目式研究引导学生主动探索世界，是学生自主管理的一种新方式。

策略2：混龄活动

（1）混龄社团。本研究引导学生自主创设各种混龄社团。学生向学校提出创办社团申请，经学校同意，就可以自制海报，招收学员，开展活动。一年多时间中，道尔顿小学学生共自主创办12个社团。每周五中午是各社团活动时间。其中风靡全校的就是道尔顿小学二年级学生创办的"数学魔法学院"和三年级学生创办的"Mapping World"社团。每次上课总是座无虚席，连下课的时候，同学们都围着"小老师"探讨问题。

学生在担任"小老师"角色时，为了让自己在同学或小朋友前树立好形象，开展活动前他们会自主将相关知识进行系统学习，深入研究，将自己的知识库整理一遍，能够接受"学生们"的提问。而"学生们"选择自己感兴趣的社团，又是"同伴教学"，学得也格外认真。混龄社团使小学生学习自主管理能力大大提升。

（2）爱心学长。一年级新生入学时，每一个新生都有1~2个爱心学长带着他们认识校园。后两周，同样由这个爱心学长带新生到校园各个空间做游戏，在游戏中爱心学长告知他们规则，对他们的行为进行具体指导，充分发挥"服务、管理、指导"的作用。

一年级新生入队前，这些爱心学长们担任两周的小辅导员。他们主动了解小朋友的需求，用心构思受小朋友欢迎的队课方案，再收集资料策划组织整个活动。他们还与小朋友自主协商时间去教授佩戴红领巾、系鞋带等知识和技能。有些小辅导员还发给小朋友自己制作的小奖品。小朋友同爱心学长们建立了深厚友谊。爱心学长们离开的时候，他们依依不舍，会到爱心学长的班级找他们，会给爱心学长们写信写贺卡，会跟爱心学长们分享小秘密。

"爱心学长"活动几乎全校同学都参与。小朋友懂得关爱和尊重哥哥姐姐；爱心学长学会爱护弱小，与人相处的方法，学生的人际自主管理能力大大提升。

策略3：社会情境模拟

（1）城镇模拟。本研究引进城市社区管理机制，把学校作为一个微缩的"城镇"——"×××小镇"，在学校的指导下，交给学生自主运行。每位学生都以"居民"的身份在小镇中学习生活。

学生有自主设计、创新小镇的权利和义务。2019年，我们开展了"学生联盟走进校园文化艺术中心"。在学生联盟成员们的带领下，全校同学共同参与了"×××小镇"的设计和完善。我们共收到了"×××小镇"设计稿68份。有的学生想在校园中造一个从四楼到一楼的滑梯，有的学生想在校园中打造一个航空观察站，有的学生想在空间中添置一个手工制作区，有的学生想在校园中搭建一个树屋……学生可以动手完成的，让学生自主完成；学生不能自己完成的，我们帮助学生实现。

学生有自主管理、自主服务的权利和义务。 学生联盟是"×××小镇"最高服务和管理机构。学生联盟中设置了调研协调部、管理部、宣传部、服务部、知心学长部，负责小镇日常工作。"居民们"民主选举自己的会长、部长。

"×××小镇"开展志愿服务活动，为"居民们"提供了20多个服务岗位，如空间志愿者、家校互动区志愿者、空中花园"小花农"、图书馆管理员、餐厅管理员、知心学长等。每位学生可从大队部领取一张服务卡，自主申报参与岗位服务。每次完成服务后在卡上写好服务的地点和时长，让教师签名认证。在学期结束时，服务时长累积满300分钟的学生有资格申报学校的奖学金。

"城镇模拟"让小学生在校园中进行"准社会化"自主管理，他们在学习、生活的同时"扮演"着不同的社会角色，在情境模拟中大力培养其自主意识，增强其自主管理的能力。

（2）校园自由日。为了让学生们更好地实践自主管理，道尔顿小学每个学期都设置"自由日"。

"自由日"期间全校没有教师（教师在办公室观察，尽量不出现），开放全校场馆。中高段由班级同学竞聘"班主任"岗位和"任课教师"岗位，低年段班级由中高年段哥哥姐姐们自主申报当班主任或当任课教师。另外，每位学生人手一张"自由日活动空间菜单"和"服务空间菜单"。学生可以自由选择到空间活动或是申报担任空间服务者。

"自由日"前一天，教师们引导学生根据两张菜单做好"自由日"一天的规划。

"自由日"当天，"小保安们"早早地来到校门口，为同学们开车门，跟同学问好；"小班主任们"纷纷上任，带班级同学晨读、进行整理；课堂上，"小老师们"讲得非常投入，同学们听得津津有味；空间中，同学们自主有秩序地进行自己的活动，空间志愿者们做好了服务和整理工作。在一个"无师"的校园中，学生们真正成为校园的主人，自主规划自己的时间、自主进行学习、自主开展活动，大大提升了小学生的生活、学习、时间、人际的自主管理能力。

（三）自主管理监控

自主管理监控是小学生自主管理三元结构模型的核心。它可以帮助小学生了解自己的状态，对体验进行评价、反思和总结，调整和重构其认知，促使小学生自主管理走向高效。图8所示为自主管理监控实施策略。

策略1：多彩少年自主管理手册

本研究认为传统德育管理中的记分、扣分、监督等手段压制学生天性，让学生"被动"地接受管理，严重阻碍

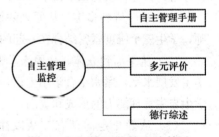

图8　自主管理监控实施策略

学生自主管理能力发展。课题组成员基于《中国学生发展核心素养》与生活、学习、时间、人际四个自主管理维度，设计出适合小学生使用的《多彩少年自主管理手册》1.0版本。

在第一个学期使用后，研究者发现，每个班级、每个学生的具体情况不同，应该给班主任和学生更多的自由，才能因材施教，有效帮助小学生自主管理能力的提升。于是第二个学期设计了《多彩少年自主管理手册》2.0版本。

具体实施：全校学生在固定时间使用该手册。每天晨间时光，学生拿出手册念一念这个阶

段的主要目标，想一想、写一写自己的"今日目标"。平时学生会不自觉地将自己的行为与目标进行比对，看看是否符合目标，自主管理、调整自己的行为。

能够高效自主管理的人一定要拥有自我反思与评价的能力。每天整理时光，教师会带着学生做一日梳理，对"今日目标"的达成度做评价。或将一天得失用文字或绘画的方式记录下来，成为每日的"行为日记"，并对自己一天的行为进行反思与小结，进行自我表扬或自我批评，及时反思自己的行为并随时进行修正，达到反思、修正、提升自我的目的。

自主管理促进学生每日进行自我教育，良好的"自主管理"生活方式逐步进入学生的潜意识，让学生的自主管理意识生根发芽。

策略2：德行综述

要高效地进行自主管理，就要阶段性对自我进行监控。因此，道尔顿小学推出每个学期末每个学生进行德行综述活动。

学期德行综述就是学生根据自己每个学期制定的目标，将自己为达成这个目标所做的努力进行归纳、整理，最后陈述给导师和全年级的同学听。

策略3：多元评价

每个学生都是有差异的，注重学生个性化发展，评价方式要多样化。

道尔顿小学推行"生活＋学习＋人际＋时间＋班级特色"多维评价内容。由于小学生不能正确认识和评价自己，因此，评价主体也要多元化。道尔顿小学采取"自评＋同伴评＋师评＋家长留言"结合的方式，让学生多方位认识自己，学会正确评价自己，能辨别自己的言行。同时，班级开展日评、周评、月评和学期评，评价周期多元化，使学生学会时时自我整理、自我反思，逐渐使行为达到自觉、自主管理的程度。

三、成果创新

该自主管理模型创新了德育教育模式，体现了小学生自主管理能力提升方法多要素融合的新样态，具体体现为以下四个方面：

（1）从一维到多维。从原来的德育教育只是班主任一个人的教育到现在的学校、全科教师、学生三个维度紧密结合在一起的自主管理德育新模式。

（2）从平面到立体。从原来学校的德育教育只是传统的单向灌输的形式，到现在基于小学生发展水平，紧密结合学生生活，通过小学生对自主管理三要素认知、体验、监控，促使小学生自主管理能力的形成和提高。

（3）从静止走向动态。从以往灌输式教育到现在通过问卷数据横向纵向对比、自主管理监控进行每日反思、阶段性综述总结、多元评价，动态跟踪了解学生的自主管理情况。

（4）从非专业到专业。教师从原来的简单说教到现在的开发课程驱动学生自主管理，开展各种体验活动践行自主管理，开发自主管理手册监控自主管理等，从实践到理论，继而用理论完善实践研究，教育教学能力大大提升，尤其是全科教师共同育人，促使所有教师不断成长为一名专业型德育教师。

参考文献

[1] 陈玉英. 浅说低年级小学生自我教育的"三步曲"[J]. 教学与管理，2000（7）：35.

[2] 高洪源. 对中、外中小学"自主管理"的几点比较与思考[J]. 比较教育研究，2008（8）：54-57.

[3] 陶行知. 陶行知全集：第一卷：学生自治问题之研究[M]. 成都：四川教育出版社，1991.

[4] 庞维国. 自主学习学与教的原理和策略[M]. 上海：华东师范大学出版社，2003.

[5] 刘昭正. 自主管理：实践与探索[M]. 北京：中国经济出版社，2011.

[6] 王珍珍. 小学生自主管理模式的实践研究[D]. 宁波：宁波大学，2014.

[7] 刘筱婉. 元认知策略在思想政治课程中的运用研究[D]. 南京：南京师范大学，2013.

让每一朵花蕾悠然绽放

温州市瓯海区第一幼儿园教育集团　程艳艳

瓯海区第一幼儿园教育集团已形成了以瓯海第一幼儿园为总园，以鸥海区第四幼儿园和娄桥第一幼儿园为分园的集团化办园格局。集团遵循"名园＋新园"的指导思想，主张以"悠"为核心的校园文化，实行"悠文化，悠和管理，悠然生活课程"的集团化办园模式。

幼儿园承办了全国 STEM 游戏特色课程与品牌打造观摩活动、温州市优质幼儿园开放活动、温州市幼儿园课改领航暨"游戏故事"研讨活动、温州市学生营养与健康教育第二批试点学校视导活动、瓯海区幼儿教师专业技能声乐比赛、瓯海区第 28 届幼儿讲故事比赛，接待全国及温州市各县市区观摩交流活动 100 余次，并成功举办了浙江省学前教育三年行动计划推进现场会，是浙江师范大学院地合作基地、温州大学学前教育实践基地。

办园三年来幼儿园通过了浙江省二级幼儿园评估，获得了浙江省绿色学校、温州市 5A 平安校园、温州市教育装备优秀园、瓯海区语言示范校、瓯海区先进单位、瓯海区 B 级食堂、瓯海区先进后勤保障服务、瓯海区国防教育先进单位、瓯海区安全与综治先进集体等诸多殊荣。

第一部分　办园思想的形成

一、国际与国内视野

1. 联合国教科文组织发布的《教育 2030 行动框架》

《教育 2030 行动框架》明确指出：在教育愿景的鼓舞下，新教育的目标应清晰地勾勒出全国教育的蓝图，确保所有儿童接受优质的早期发展、保育及学前教育，确保他们日后长期发展、学习及健康。

2. 中共中央国务院印发的《中国教育现代化 2035》

《中国教育现代化 2035》提出了推进教育现代化的八大基本理念：注重以德为先，注重全面发展，注重面向人人，注重终身学习，注重因材施教，注重知行合一，注重融合发展，注重共建共享。同时明确了推进教育现代化的基本原则：培养德智体美劳全面发展的社会主义建设者和接班人，加快推进教育现代化，建设教育强国，办好人民满意的教育。

二、温州的本土文化

温州悠久灿烂的历史、薪火相传的文脉，从宋元时期酝酿成型的事功学派、永嘉学派陈亮的"事功哲学"思想，形成了"新时代温州人精神"。在"瓯文化"的育人目标的指引下，在培养"走向世界的温州人"的精神指引下，温州人"敢为人先，视野宽广，坚韧不拔，向上积极",无不彰显出悠教育的本土哲学文化。

三、幼儿的本质

1. 瑞吉欧教育

在瑞吉欧课程中,教师和学生都是整个教学过程的中心。孩子成为学习的主体,教师没有给孩子灌输现成的知识,而是提供足够的时间、空间和材料,使他们自主地创作和探索。孩子完全放松、心情舒畅、悠然自得,才能释放自己最大的潜能与创造能力。所以我们的幼儿园就给孩子提供了一个这样的舞台,我们则站在了这个培养未来世界的创造者的舞台上。

2. Bank Street 美国银行街教育课程

银行街课程具有"整体儿童"的发展目标、"儿童中心"的教学原则、互动发展的教学模式。它为幼儿提供创造性的和让儿童感到满意的工作机会;它给予儿童有意义的刺激,而不是死记硬背的片段式教育;它注重培养儿童的个性、增强儿童的社会民主意识。优秀的教育应该具有儿童整体发展观,注重对儿童动手、创造能力,以及社会适应力的培植。悠教育正是让老师根植于研究儿童、更好地懂得儿童发展这样一种理念的教育。

3. 多元智能理论

美国心理学家加德纳的多元智能理论认为每一个儿童有其独特的智能结构,每个幼儿的天赋是不一样的,他们的爱好、特长是不同的。幼儿发展有一定的规律和特点,但每个幼儿的发展速度和表现又不完全一致,有着明显的个性差异。教师要善于发现幼儿的优势智能——帮助他们在探索活动中找到自信,从而带动弱势智能发展。

四、园长的思考

悠教育是基于园长个人近十多年来一直筹建集团幼儿园的感悟和一直追求的学前教育愿景——让幼儿回归童年,让教育回归纯粹,让幼儿园的管理回归常态,让课程回归游戏而提出的。

第二部分　办园思想的诠释

一、办园哲学：悠教育

生活应该"采菊东篱下,悠然见南山",教育应该"山川悠远路漫漫",而作为教育者更应该"一路风景,行知合一"。幼儿园的教育哲学是悠教育。悠教育是以悠然和品质的终身发展为实践样态的。

1. 古代哲学

先秦和秦时代,悠的小篆显示的是一个人无比忧愁的状态,但后人对悠的解释就变成了悠然自得的状态。

悠的左边单人旁意思是人。悠教育就是由儿童、教师、家长三方面共同形成的围绕儿童的教育;中间的一竖,可理解为一滴水,也就是顺势而为,顺应孩子的自然天性、善待孩子的个性差异、遵循孩子的成长规律;右边是"教"的右偏旁,是辅助教育的意思;下面是心,心就是人的天性、本性和经验。所以悠教育就是连接每个孩子的特性发展、每个教师的成长过程、每个家庭的不同经验的桥梁。

2. 中国哲学

《中国教育现代化 2035》提出了推进教育现代化要注重面向人人，注重因材施教，注重知行合一，注重融合发展。这也明确了教育的一切活动都要体现以人为本。每一个孩子、每一位教师、每一个家长，他们的成长环境不同，所以教育就应该给人以不同的关注重点，促进人的发展。

3. 国外哲学

杜威的教育哲学中也提到教育即"生活""生长"和"经验改造"。教育能传递人类积累的经验，丰富人类经验的内容，增强人们以经验指导生活和适应社会的能力。因此教师要把教授知识的课堂变成儿童活动的乐园，引导儿童积极自愿地投入活动，从活动中自主、自然地养成品德和获得知识，实现生活、生长和经验的改造。

二、办学理念：让每一朵花蕾悠然绽放

花蕾：是未成熟的、待发展的状态。每一个孩子，都是还未开放的花朵，他本身就是未成熟的、待发展的。在花蕾绽放的过程中，孩子本身在成长，家长的育儿能力在发展，教师的专业能力在提高，孩子、家长、教师共生共长。

悠然：是要遵循规律、尊重个性。每个孩子、教师、家长悠然的状态都是不同的，但最终重点都指向孩子。悠然自得，自主自觉，必然要尊重发展规律，按照"我"的意愿、节奏去发展。悠然是指张扬每一个孩子的个性，挖掘每一个孩子的内在潜能，从而达到悠然自得，与孩子共同成长。

绽放：是花蕾最后达到完满的发展状态；是马斯洛的需要层次中最高层次的自我实现。每一个处在悠教育环境氛围当中的儿童、家长、教师都能实现不同程度的绽放。有的是微小的绽放，有的则像牡丹花般灿烂绽放。

"让每一朵花蕾悠然绽放"基于《幼儿园教育指导纲要（试行）》精神，遵循孩子的天性，张扬孩子的个性，挖掘孩子的内在潜能，让每一个孩子在悠园里拥有无忧的童年。每个孩子都是花朵，只是花期不同而已，有的花可能一开始就灿烂绽放，有的可能需要漫长等待。我们期待每一个孩子无忧、健康、快乐、幸福地展现自己独特的无限潜能。这是一种对有品质的教育的向往，一种源自心灵深处的渴望，一种发自教育良知的最纯、最真的自觉和奔向教育终极目标的方向性行动。

三、办园宗旨：童心悠扬 智慧生长

"童心悠扬 智慧生长"是指追随童心，追随儿童脚步，走进儿童世界，启迪幼儿智慧的生长。不仅注重启迪幼儿的智慧、求知欲望萌发，更注重对幼儿进行人文精神的培养，健全人格的塑造，使每一位幼儿在阳光、自信、从容的大舞台上，张扬个性，有爱有趣，智慧生长。

四、办园目标：办一所悠韵雅致的现代化幼儿园

创建现代化幼儿园是时代的要求，是幼儿园不断发展的动力，也是落实瓯海区政府解决中心城区"入学难""择园难""大班额"问题的决心。为提升幼儿园办园水平，集团园以"领头

羊"名园实力，为中心区孩子提供最优质的服务，保证孩子成为未来社会的完整人、社会人，办一所追随童心、发展个性的家门口的优质幼儿园。

五、育人目标：培养悠然生活的品质儿童

会悠然生活的品质儿童是瓯海区第一幼儿园教育集团儿童的自画像。育人目标即培养爱玩耍、乐交往、善表达、会创意、喜探索的社会小公民。培养目标指向幼儿五大领域发展的核心素养。

五大领域	育人目标	核心素养	关键评价项目
健康	爱玩耍（悠跃之态）	健康生活	品质生活，养成良好习惯；积极锻炼，拥有健康身心
语言	善表达（悠礼之言）	乐于沟通	举止大方，善于倾听表达；谈吐文雅，散发书香气质
社会	乐交往（悠怡之情）	团队合作	善于合作，学会与人分享；真诚待人，学会关爱他人
科学	喜探索（悠阔之探）	实践创新	勇于探究，敢于大胆尝试；发散思维，科学解决问题
艺术	巧创意（悠艺之境）	心灵手巧	学会欣赏，形成高雅情趣；发展才艺，形成审美品质

悠跃之态：指向爱玩耍，是指身心健康、和谐发展，包括生长发育，能积极参加身体锻炼，对环境变化具有初步的适应性；具有良好的生活习惯；有初步的自我服务能力和自我保护意识；有愉快的情绪。

悠礼之言：指向善表达，是指在交流的过程中发展语言能力，包括认真听、愿意表达；具有文明的语言习惯；喜欢听故事、看图书；具有初步的阅读理解能力；具有书面表达的愿望和初步技能。

悠怡之情：指向乐交往，是指社会交往能力，包括愿意与人交往；能与同伴友好相处；具有自尊、自信、自主的表现；关心、尊重他人；喜欢并适应群体生活；遵守基本的行为规范；具有初步的归属感。

悠阔之探：指向喜探索，是指发展逻辑思维能力，包括亲近自然，喜欢探究；具有初步的探究能力；在探究中认识周围事物和现象；初步感知生活中数学的有用和有趣；感知和理解数量与数量关系；感知形状与空间关系。

悠艺之境：指向巧创意，是指感受美、表现美、创造美的能力，包括喜欢自然界与生活中美的事物；喜欢欣赏多种多样的艺术形式和作品；喜欢进行艺术活动并大胆表现；具有初步的艺术表现与创造能力。

六、园训：行知合一

行知合一是中国传统的、基本的、具有核心意义的哲学命题。"行"指行动，"知"指知识；行知合一则是集团园园长针对当下年轻人浮华之气日盛，力戒他们存有虚浮侥幸心理，促使他们对学业实事求是，少说话、多做事，而提出来的。

行知合一体现了瓯海区第一幼儿园教育集团人的一种情怀、一种执着、一份坚守、一份责任，更反映了集团人的宁静致远、从容独立、大气包容和俨然有成的风范。

七、园风：一脉相承

我们的园风是"一脉相承"。其内涵在于以认真做人、踏实做事的工作态度去工作，做人做事推崇一步一个脚印，不驰于空想，不骛于虚声。教育事业是群体的事业，要靠千千万万教师一代一代地接力，不断地把事业向前推进。而新陈代谢是颠扑不破的客观规律，人类的每一代就像一个阶梯，要让青年教师站在前辈的肩膀上，向更高的目标攀登。长江后浪推前浪，要力图让青年教师脱颖而出、超越前人，让悠教育的理念在集团园里一脉传承，持续发展。

八、学风：一丝不紊

一丝不紊是指一点儿也不乱，形容极有条理。悠园的儿童应该学风严谨、一丝不苟，在做事仔细认真的同时，又不失天真无邪，有童趣、童思和童言。稚童性跳脱，求学当守矩。悠园致力于为幼儿营造天真烂漫、活泼欢快、井然有序、共同成长的学习氛围。

九、教风：别具一格

别具一格是指悠园教师要发扬细致耐心的教学精神，对待孩子必须如春风细雨；要善于以和风细雨般的方式教育幼儿、协调同事关系，成为雅致温和的教师。

十、园本文化：悠文化

（1）社区悠文化：半塘公园。

"半亩方塘一鉴开，天光云影共徘徊。"一条半塘河盘活了中心城区的生态文化：香樟夹道、沉木乡水、抽象雕塑、滨水步道、创意盆景等多个人文景观节点，承载起悠园户外课堂教育。半塘公园将是未来悠园的科普园、植物园、体验园、拓展园等，是悠园园本课程内容的户外实践园。

（2）校内悠文化。

悠教育是心的教育、慢的教育、暖的教育、宽的教育、爱的教育。

悠教育是老师在陪伴孩子成长的悠长道路上，轻悠悠、笑悠悠、慢悠悠，实现儿童专业成长与教师自我成长的教育。

悠教育是顺应孩子的自然天性，把儿童当作儿童；善待孩子的个性差异，把儿童看作不同个体，遵循孩子成长规律的教育。

第三部分　综述：悠教育的五大要义

悠教育是心的教育，智慧生活，悠然于心。以生活为逻辑起点与归宿，用生活来教育，为生活而教育。通过对幼儿生活系统的构建，让幼儿充分感受到亲情和关爱，形成积极稳定的情绪和情感，让每个孩童内心都保有一份轻松惬意，无论成长路上遇到什么，都能无惊无惧，以悠然之心面对。

悠教育是慢的教育，悠漫之路，悠然前行，以细节环境、过渡环节、行为约定、收纳整理探索悠然生活。悠教育是一个漫长的旅程，每个孩子，从鸥海区第一幼儿园出发，开启悠漫旅途美好的第一步。

悠教育是暖的教育，悠润美好，悠远同行。以小家的温暖感，营造悠韵校园。通过悠远的户外环境、悠扬的视觉系统、悠然的转角场景，让悠园的每一个元素、每一处角落，处处充满舒适感！

悠教育是宽的教育，悠阔视野，格局宽广。以儿童需求为出发点，建构悠课程体系。以"场馆游戏、区域游戏、悠适课堂"的组织和运行，让老师基于儿童视角，回归儿童生活，促进幼儿拥有宽视野，形成走向世界的温州人格局。

悠教育更是爱的教育，儿童至上，集体至上，未来至上。以十维活动、悠悠社团、半塘家园打造悠和团队，让爱滋润孩子成长。

"扬长教育"在特殊教育学校的应用

温州特殊教育学校　李　科

"特殊教育是根据特殊儿童的身心特点和教育需要，采用一般或特殊的教学方法和手段，最大限度地发挥受教育者的潜能，使他们增长知识、获得技能、拥有良好品德、提高适应能力的一种教育。"自改革开放后，我国特殊教育取得了空前的发展，但是前国务院副总理刘延东在全国特殊教育工作电视电话会议中指出："总体上看，我国特殊教育整体水平不高，发展不平衡。""当前特殊教育存在的许多问题之一就是特殊教育质量不高。"因此，提速特殊教育发展、提高特殊教育教学质量就是当前我国特殊教育的重点和方向。虽然制约特殊教育的因素包括社会、经济、文明、文化各个方面，分析后就会发现"最重要的因素是国家的政策和制度导致的经济因素以及学校的教育理念"。随着我国经济的快速发展，以上几个问题会逐步解决，特殊教育发展的外在因素会越来越好，特殊教育要更加关注内在因素，必须转变观念，必须提高教育教学质量。

目前在我国特殊教育理论与实践中依然是"缺陷补偿"占有主导地位，大家都看到了单纯"缺陷补偿"带来的弊端，却没有好的办法去改变这种现状，"扬长教育"理论以极大的鲜明性和针对性直指当前特殊教育的弊端——过度强调缺陷补偿，时刻提醒着我们，在对特殊儿童提供"缺陷补偿"时一定不要忘记对特殊儿童优势潜能的开发。"根据残障学生潜能的个体差异生成个性化的课程和教学模式，最大限度地开发学生潜能"，走"扬长教育"的道路。

一、"扬长教育"的含义

"扬长教育"是辽宁省沈阳市实验学校、湖北省仙桃实验小学于20世纪90年代初提出的一种教育教学理念，最早用于素质教育教学改革实验，原为一种特长教育。之后，扬长教育的理论内涵经提炼与升华，引起了国内学者的注意。在不同的文献中，对"扬长教育"的定义基本大同小异：

"'扬长教育'就是张扬学生的长处，使学生充分利用和开发自己的资源，扬长发展的教育。""'扬长教育'是以个体的长处为核心，通过'以长促长，以长促全'的教育方法，培养在某一方面具有突出优势、人格较为健全的民众的教育观念、教育方法、教育模式、教育体制等的总称。""个体的扬长包括两个方面：一是某一方面与其他人相比具有一定的比较优势；二是与个体自己的其他方面相比具有一定的比较优势。"

综上所述，笔者认为扬长教育就是根据多元智能理论，基于学生个体智力因素和结构的多维性，以促进个体的发展为目标，以个体的优势智能为切入点，运用个别化教育计划，培养在某一方面具有突出优势、人格较为健全的公民的教育观念、教育模式、教育方法、教育组织等的总称。

二、特殊教育应用"扬长教育"的实践

"扬长教育"在实践中产生、应用、发展并初步上升为理论,在一定程度上说,扬长教育是成功的;但是,这种成功仅仅局限于相当小的范围和领域,纵观全国的中小学教育乃至高等教育,均未大力推广、落实"扬长教育"。究其原因,"扬长教育"的知晓度不高,更重要的是"在我国现行教育机制中,这种教育方式显然有点行不通",其原因主要是受到"补短式教育"的阻力,"我们传统的'补短式教育'是一种'制造'失败者的教育"。"特殊教育"与"扬长教育"本质上都是个性化的教育,因此在特殊教育学校应用"扬长教育"是必要也是可行的。

实践是检验真理的唯一标准。以温州市某特殊教育学校为例,介绍该校围绕"扬长教育"的理念进行探索,包括学校管理文化和领导文化、学生培养目标、师资队伍建设、课程体系建设、后勤服务设施、学生多元评价等全方位、成系统地开展"扬长教育"的实践。

1. 转变教育观念,彰显"扬长教育"的思想

自从提出"扬长教育"的思想后,温州市某特殊教育学校就通过各种途径和活动来宣传扬长教育,目标就是要转变教育观念,从以前强调"补偿缺陷"转变到不仅要补更要扬的思想上来。首先组织全体教职工认真学习、讨论"扬长教育"思想,统一思想,为实施"扬长教育"打好理论基础。其次是对特殊教育的再认识,目的是让所有的教师重新认识特殊儿童、特殊教育、特殊教育教师、特殊教育学校,转变教育观、学生观。

2. 坚持以生为本,建设"扬长教育"的课程

该校的培养目标是:使学生成为热爱生活、健全人格、自食其力、融入社会的公民。为了完成目标,学校首先从哲学上思考教育,紧抓教育本质。以"扬长教育"为主轴,把握教育的本质。其次在核心理念上体现"扬长教育",凸显优势潜能:学校——突出特色、教师——突出特点、学生——突出特长。最后在课程设置和活动中体验"扬长教育",让每个孩子成功。学校每年都会举办"四节"——体育节(特殊奥林匹克运动会)、艺术节、科技节、感恩节等活动,让学生在活动中展示特长,在活动中增长自信。

3. 依靠教师办学,培养"扬长教育"的师资

学校的师资队伍建设紧紧围绕着"扬长教育"的思想进行,也就是要求教师在敬业的基础上,必须有专业和特长。这主要是通过校外聘请、校内培养两条路来实现的。首先是校外聘请专业教师。外聘专家是实施"扬长教育"的重要保障,几年来,学校聘请了音乐、烹饪、书法、舞蹈、摄影、篆刻、古筝、发艺等方面的专家来校授课,取得了良好的培养效果。其次是校内培养教师特长。除设立常规教师培训制度外,学校还专门出台了鼓励教师特长发展的制度办法。支持教师根据自己的特长去发展,并不要求与自己所教学科对口,学校从经费、时间上给予保障,教师学成后可以负责学校的社团,打破原有学科的约束,此举为"扬长教育"的实施提供了充足的人才保障。

4. 丰富教育资源,保障"扬长教育"的实施

实施"扬长教育"也需要环境的支持。学校超前规划,环境优美,符合人本思想。一切软硬件设施皆考虑特殊孩子的需求,包括无障碍设施、个性化教学设施等,校园既安全又温馨。校园根据启明部、启音部、启智部不同特质孩子相对独立设区,便于学习、生活和娱乐活动。全校教职员工发挥爱心、耐心、责任心与专业的服务技能,使孩子的校园生活更加美好。整个

环境营造出一种积极向上的氛围，处处充满阳光，为"扬长教育"的实施打下了良好的物质基础。

为了使"扬长教育"得到物质保障，使个性化的社团有场地开展教学，学校大量建设各种功能教室并充足利用。学校目前建设了80多个功能教室，以保证学生有场地开展活动。

5．建设评价体系，引导"扬长教育"的方向

评价体系对"扬长教育"具有导向和检验作用，因此，研究"扬长教育"的多元评价是十分重要的。由于人的智力结构是多元的，与此相对应的评价也是多元的。为此，学校尝试了多元评价理论，采用了主体多元化、内容多维化、方法多样化、指标多极化，以求客观、科学、全面评估学生。

为了确保多元评价取得实效，学校成立了以校长为组长及各部门主任、专业教师为组员的多元评价工作领导小组，整合各方力量开展学生多元评价。首先是加强对多元评价的学习，加强对教师、学生和家长的培训；其次是指导教师正确使用多元评价体系。

6．加强科学研究，建设"扬长教育"的机制

学校于2012年引入了ISO 9001质量管理国际标准之后，陆续引用该标准来构建特教学校管理体系，在日常教育服务中"以学生为关注焦点"，并围绕"扬长教育"思想开展各个方面的工作，在学校长远发展过程中着重强调"教师专业发展""教师强校"，共同使学校成为师生"自助、互动、发展"的乐园，在"课程开发、课堂教学、课外活动、个别化康复教育及多元发展评价"等方面注重"过程管理和控制"，学校管理更务实、高效，为落实"扬长教育"形成长效机制。

7．开办家长学校，营造"扬长教育"的氛围

"扬长教育"需要家长的支持，对特殊儿童的培养需要转变家长的观念，办好家长学校是非常有必要的。

三、特殊教育应用"扬长教育"的成效

1．特殊教育得到应有的尊重

人们对特殊教育的认识存在着不同程度的误解和轻视，自从温州特殊教育学校提出了"扬长教育"思想后，转变了单纯的补短为扬长，教育教学效果非常明显，有时还让人震惊，从到温州特殊教育学校参访的国际友人和全国、全省、温州等地不同领域的人士态度可以看出，通过短短的交流、参观、活动，他们改变了对特殊教育的看法和态度，从可怜这些残疾孩子到尊敬这些残疾孩子。他们认识到特殊教育不仅是一个爱心事业，更是一个非常专业的行业，总结到温州特殊教育学校参观后的感想，大多用到了两个关键词——震撼、尊重。改变世人的观念、取得理解和尊重对推动特殊教育的发展具有十分重要的意义。

2．学校成为特色品牌学校，面貌焕然一新

"每个学校都可以根据自己的校情办出特色，由此，一般的学校变得不一般，普通的学校变得不普通。"自从提出了"扬长教育"思想后，充分发挥师生特长，带动学校特色发展，取得了明显的效果，学校各个方面取得了很大的转变，"医教结合、综合康复"领路全国、德育工作实效突出、文体特长显著、非物质文化遗产教学成果显著。

3．师资队伍充满自信

自从温州特殊教育学校提出"扬长教育"的思想后，"明确让学生'扬长'，教师必须有

所长；让学生成功，教师必须先成功"，以狠抓全体教职员工师德为核心，用科学评价激励教师，用教育科研引领教师，让教师走上专业发展道路。自实施"扬长教育"几年来，先后涌现了全国特教园丁、浙江省教坛新秀、温州市名校长、温州市骨干教师等一大批名师，教师在全国、省市课堂教学、技能比赛中频获特等奖、一等奖等。教师队伍的专业成长形势喜人，有力地促进了"扬长教育"的顺利实施。

2014年10月31日，浙江师范大学教授朱宗顺使用自己编制的量表《基于现代特殊教育理念的特殊教育学校文化评估》，得知"温州市特殊教育学校的学校文化现状基本处于较高建设水平"。

从图1可以看出，温州市特殊教育学校四个维度的得分均属于较高水平，平均分分别是3.87、4.16、3.97、4.10，均处于"同意"状态之上。其中得分最高的是精神文化维度（4.16）。

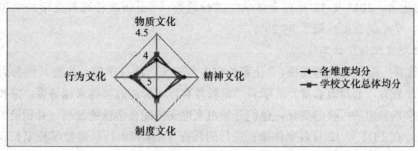

图1　温州市特殊教育学校学校文化四个维度与总体均分分布

从表1可以看出，温州市特殊教育学校文化在"特征提取、特校校训、积极认可、办学宗旨"这一题项上得分最高，由此可以看出，教师们对"扬长教育"的认同度是很高的。

表1　特殊教育学校文化现状评估各题项得分情况

项目	均值	标准差	项目	均值	标准差
J 特征提取	4.362 3	0.746 97	Z 父母评估	4.014 5	0.915 44
J 特校校训	4.347 8	0.744 12	Z 个训成果	3.971 0	0.821 96
X 积极认可	4.333 3	0.902 07	J 随班就读	3.971 0	0.954 42
W 专用教室	4.304 3	0.879 58	Z 评估而教	3.956 5	0.991 65
J 宗旨理念	4.304 3	0.753 51	Z 个训机会	3.913 0	0.853 01
J 办学宗旨	4.304 3	0.733 73	W 户外空间	3.884 1	1.091 90
W 个训教室	4.289 9	0.841 94	W 校服制品	3.869 6	1.096 96
W 学校符号	4.275 4	1.012 92	Z 个训目标	3.840 6	0.917 53
Z 仪式庆典	4.260 9	0.760 27	Z 个训总结	3.840 6	0.979 54
J 障碍融合	4.231 9	0.769 74	W 环境布局	3.797 1	1.037 24
J 社会影响	4.188 4	0.911 94	W 教室环境	3.710 1	1.072 40
X 教师合作	4.173 9	0.922 86	X 家长决策	3.695 7	1.128 56
X 去标签化	4.173 9	0.938 66	J 接触社会	3.608 7	1.101 03

续表

项目	均值	标准差	项目	均值	标准差
X 价值尊重	4.159 4	0.994 44	W 建筑人文	3.565 2	1.117 75
X 家长参与	4.043 5	1.006 37	W 设施便利	3.173 9	1.137 03

4. 学生越发阳光

在"扬长教育"思想的引领下，温州市特殊教育学校确立了学生培养目标，特别强调一定要有一技之长，以展现学生特长，让学生充分体验成功；为学生提供多元学科课程，推进特色班级，形成多元文化，让学生展示长处，助推扬长教育；加强学生队伍建设，提高学生自我管理的能力。2015年12月对全体学生进行调查（《温州市特殊教育学校学生满意度问卷调查》），学生满意度达到了97.29%。

5. 家长越发配合学校工作

"扬长教育"需要家长的支持，"让家长也参与进来，通过学校、家庭共同努力，实施学生、家长同步教育，非常有必要"。随着"扬长教育"实施的效果越来越显著，家长看到了自己的孩子在学校发生的可喜的变化，他们开始由衷地支持配合学校的发展，并积极为学校的发展出谋划策。在2015年12月对全体家长进行的调查（《温州市特殊教育学校家长满意度问卷调查》）中，满意度达到了99.093%。

几年来，学校"扬学校管理之长、扬教师专业之长、扬学生个性之长、扬家长协作之长"，学校先后荣获多项国家级、省级、温州市级荣誉，全国各地来校交流、参观人员络绎不绝，学校影响力越来越大，仅2014年学校就接待了来自全球35个国家、全国32个省市约5 000多人次。学生、教师、学校都因"扬长教育"而受益，充分证明了"扬长教育"的正确性和有效性。

四、特殊教育运用"扬长教育"的反思和展望

"学校是否能够实施可持续和谐发展，主要取决于学校的办学理念和管理制度。办学理念决定着学校的办学目标和方向，管理制度决定着办学理念是否能够成为现实。"虽然实施"扬长教育"后仅用六年时间，学校就实现了从一所低起点的特殊教育学校发展为全国知名的特殊教育学校，成为温州市教育对外交流的一个明亮的窗口，但同时也存在一些问题。

现实中实施"扬长教育"最大的困难就是"教育资源的有限性和学生扬长发展的多样化矛盾"，还需要智慧和时间去克服；"在我国特殊教育界'缺陷补偿'在很长一段时期占据主导地位"等。在实施操作中也遇到很多的问题：

（1）要改变传统教育观念的影响还需要时间。

（2）"扬长教育"课程体系建设任重道远，"扬长教育"理念下的个性化课程体系还需要进一步完善。

（3）高素质一专多能的师资队伍建设之路还很长，特长教师的数量和质量明显不足。

（4）多元评价体系还需要进一步完善。

（5）从教育效果来看，因为特殊需要学生的差异性太大，听障儿童和视障儿童效果比较明显，智障儿童相对来说比较难很快见效，影响了教师继续改革的积极性。

（6）适应"扬长教育"的学校管理体系还需要进一步研究和完善等。

除继续开展"扬长教育"外，要克服以上存在的困难，重要的工作就是借助信息化推动"扬长教育"的发展。"现代信息技术的发展为扬长教育提供了物质基础"，因为信息技术可以缓解最大的矛盾——教育资源的有限性和学生扬长发展的多样化矛盾。因此，应大力发展现代信息技术，助力"扬长教育"；围绕'扬长教育'，构建四个平台——管理平台、育人平台、教育科研平台和综合服务平台等。

"我们隐隐约约感到，扬长教育的思想在挑战传统人才培养的基础，否认传统教育的合法性，是对传统教育的革命"，因为"扬长教育"是对现有"补短教育"的一种改革，也是近20年来发展起来的一种教育思想。这一革命，会遇到很多的困难和问题，需要改革者有充足的勇气和智慧，去探索许多未知的领域，承担失败的风险。

参考文献

[1] 方俊明. 特殊教育学 [M]. 北京：人民教育出版社，2005.

[2] 高丽，程宝良. 我国特殊教育公平现状及应对策略的研究 [J]. 中国特殊教育，2006（6）：55-59.

[3] 丁勇. 为了每个残障学生的发展——关于三类特殊教育学校义务教育课程设置实验方案的述评 [J]. 中国特殊教育，2009（10）：16-21.

[4] 陈坤华，刘德顺，朱川曲. 扬长教育初论 [J]. 现代大学教育，2002（4）：52-55.

[5] 丁金山. 扬长教育内涵及其发展的内在原因探析 [J]. 当代教育理论与实践，2009，1（5）：13-16.

[6] 邱岚仙. 浅析扬长教育 [J]. 好家长，2015（8）：118.

[7] 马锐雄. 扬长•自主•成长 [J]. 人民教育，2011（8）：16-17.

[8] 陈海军. 如何开展扬长教育 [J]. 教学与管理，2010（2）：12-13.

[9] 邵宝兴. 大力实施"扬长教育"培养残而有为人才 [J]. 现代特殊教育，2013（1）：16-18.

[10] 卢秋红. 数字校园助力"扬长教育"三级课程让学生多元发展——访北京石景山实验小学叶艳校长 [J]. 中小学信息技术教育，2014（9）：93-94.

[11]《国务院办公厅关于转发教育部等部门特殊教育提升计划（2014—2016年）的通知》.

[12] 朱宗顺. 浙江省温州市特殊教育学校学校文化现状评估调查报告 [J]. 浙江师范大学，2014（10）.

[13]《温州市特殊教育学校学生满意度问卷调查》结果分析，温州特殊教育学校，2014年12月.

[14] 北京市石景山区实验小学. 构建扬长教育绿色生态管理系统 [J]. 中小学信息技术教育，2015（3）：52-56.

[15] 刘如东，赵钰琳. "扬长避短"才是成功的教育 [N]. 经济参考报，2004.

悠教育之行　品生活之味
——关于"慢教育"实践的思考

文成县实验幼儿园　吴淑芹

一所幼儿园的成长，方向是核心！方向的抉择就是一场教育革命，是教育思想的凝练，教育实践的反复颠覆和重组，教育思考的多次重构和提升！

方向决定教育的每一个选择！

我从一名普通教师到园长到教研员再到园长，每一个岗位的经历与体验告诉我，内心的教育价值观的建立是指挥棒，不管你在什么岗位，都在教育认知的指引下形成自己的教育主张，进而有了自己的教育理念，以意识形态的教育哲学观引领自己的教育行为。思考引领实践，又生于实践！

儿时的我，并不以聪慧见长，很安静，很喜欢做手工活，而母亲总是满足我一切对于手工材料的需求，带着我做一些稀奇古怪的东西。我的手上有31个疤，都是那时候折腾出来的，但是母亲从不阻止，总是告诉我：小心点，别着急。地下室里，还有我做的小椅子，歪在那里，成为终身滋养我生命的最美的存在，或许，我对慢教育的爱是那时候埋下的，应该是的……

教育的思考并非一蹴而就，我总是希望可以有一份"博人眼球"的教育成就，然而，教育的历程告诉我，一切绚烂背后一定是基于儿童立场的慎重思考和扎实实践。我用龙应台的那句话告诉自己："慢慢来！"下面我从慢教育的"缘起""摇摆""锁定""行进"四个方面来展开我的教育思考叙述。

一、慢教育之缘起

我倡导"慢教育"。

走在教育的路上，作为母亲和教师的双重身份，教育都是置于肩上的责任，也是甘之如饴的享受，我的大宝我从不催逼，学业中等偏上，我也焦虑，但依然忍住没有强制，只做正面引导，现在他很阳光，学业依然不"渣"也不"霸"，但是，我相信，他有了度过至暗时刻的能量。阳光之下，万物生长皆有自己内在的节律，儿童成长亦是！循着规律，在儿童成长的路上摇旗呐喊、助威、递水……

以此为源头，追求一种教育的思考！

教育思考源于一问：行走人生，经历纷繁，是什么样的力量在驱动成长与前行；孩提时代，满目繁花，雀跃辗转，是什么样的影响根植于生命深处？悠品课程核心追求在于"慢悠悠品味童年的每一份美好"，其旨在"品"，是品味生活、品味儿童；其意在"悠"，是牵着蜗牛去散步的等待，是给孩子每日生活的细碎点滴梳理出满目繁花之后的余香。课程是一种选择，是一种期待，是一份愿景……

二、慢教育之摇摆

然而，在园所发展方向的选择上并非是坚定的。我们都知道教育是一种价值引导并实现自主建构的过程，是我们协同孩子共同走过的一段相互寻找、发现，彼此增进理解的生命历程。教育的变化是极其缓慢和细微的。十年树木，百年树人，教育的规律就在于周期长、见效缓、后劲大等。教育往往在缓慢的过程中沉淀价值。但是，现实并非如此，教育所附带的功利与现实价值，以及社会资源分配的不公平，让教育的催逼和焦虑成为常态，成为全民焦虑。教育之快，一直是教育之痛！幼儿园好一点，但也并非一片净土，三年的防小学化检查和全市巡讲，更让我看到了很多。家长是真的害怕自己的孩子落于人后，因为那意味着可以预见的未来，"不要输在起跑线上"这句话不是不对，而是起跑线到底在哪里，我认为在高中那个入学的下午，但是大部分的人认为在小学入学的下午，甚至在幼儿园，甚至在初生时期，或者胎儿时期。因此，让教育慢下来，好难，我真的有畏难的情绪，知道它好却不敢做，幸好，学前的课改，防小学化力度，温州游戏中的慢精神，给了我信心，我想，认定了价值，不应该犹疑！

三、慢教育之锁定

慢教育一开始的焦点并不是"慢教育"，而是"品行蒙养"，打造慢教育的支架，我们初选了品行蒙养，我们的课程确定为"悠品课程"，其立意为"悠然生活，慢养品行"。从品行蒙养到慢教育的全面深养，有一个过程，还要特别感谢点醒我的姜艺老师和催我交稿的素凡老师，是这两场活动促使我加快了思考的脚步，去寻求管理和教育的核心观念。是因为几个十分惨烈的事故，优秀生的"生无可恋"更让我坚定了实践"慢教育"的决心，教育太快，灵魂会追不上！经过几场团队研讨，撞击出了一些火花。

迈入幼儿园中厅，最中间的墙上有一句话："听花开的声音。"它表达了在教育路上我们放慢了的脚步和柔和下来的内心。慢教育被锁定。2020年6月，慢教育引领下的悠品课程园本实施方案正式定型，开始实践并整理尝试期的经验和思考。

四、慢教育之行进

想到了挺难的，做到则更难，实践路上，我们在逐步建构。

（一）慢教育引领下的悠品课程建构

幼儿园的课程是实践教育理想的根本依托，因此，意在、心动，开始前行，逐步建构我们的课程，从一点一滴开始！

1. 悠品—优品：品行蒙养项目

不舍弃原来的思考，我们将品行蒙养做成了"慢教育"的一个分支，目前铺开了"劳动小主人""勇敢是什么"两个实践项目。"品"是"品行润养"的目标驱动，在完整成长的培养体系中，聚焦儿童品格培育和行为养成，"品"也是品质儿童的高追求。我们发现了慢教育的重要时刻和特别体验点并纳入悠品课程：

"劳动最光荣"——每月大扫除日，评选班级劳动小能手。

"离园时刻"——毕业的那一瞬间，我们想做什么，孩子们想做什么。什么样的毕业典礼最有意义,毕业典礼谁说了算?每年的离园时刻,扑朔迷离,最后揭开面纱,大跌眼镜,也是极为美好的体验。

2. 悠品—悠然:慢教育一日生活专项活动

确定了慢教育技术探究工作小组的实践目标——实践慢教育的共识体、教育体,全面推进慢教育的技术提升和观念整合,将慢教育、慢生活、慢之美,以实施方法的方式去推进。"悠"是悠闲,3～6岁,儿童处在内驱成长的重要阶段,又无须关注硬性的任务,最有理由慢下来,追随自主、自由、自在的成长脚步;"悠"谐音"优",是对优质生活的向往,是对儿童一日生活的高要求。

活动范例:

"入园时刻之三阶"——第一阶段:假期里的"小别离",让孩子接受父母离开,设计临时托管亲戚家等小别离活动;第二阶段:亲子畅玩幼儿园,每个角落游玩,每个场景体验,顺便偶遇小伙伴;第三阶段:阶梯式入园,从短时,到半天,到邀请吃饭睡觉,到全日。孩子入园了,家长和孩子都是焦虑的,由此产生的研究生成的课程"孩子哭吧哭吧""阶梯入园三部曲""最温暖的抱抱""墙外的偷窥者"等重要时刻的重要故事,也是非常体验,是最珍贵的课程资源。

"幼小衔接之三慢"——前期好品质慢渗透,后期好行为慢建立,小学小等待慢评定。建立幼儿在幼儿园的生活与小学生活之间的链接,为孩子顺利过渡到小学生活做好准备。建立跟踪档案,从幼儿进入小学的反馈中汲取经验,总结做法。

"阶段性衔接活动包"——拉长衔接战线,将行为品质养成前置,丰富情感衔接的方式。跟进小学的衔接方案,将顺利衔接工作作为一个研究项目不断优化。

3. 悠品—品味:形成敏感的教育状态

品味是一种状态,是一种敏感于生活、敏感于教育的行为。品味生活,品味儿童。那么,嫁接到管理理念就是,让"悠然品味儿童"的高品质教师带领"悠悠寸草心"的家长陪伴"悠然成长"的儿童过有品质的三年生活,让这三年的力量延展到更加遥远的未来。

"悠品日子"——"实验幼儿园的奇奇怪怪的日子"约定日活动体系,是孩子生成的、家长倡议的、幼儿园联动发起的,因为约定,这个日子变得很特别。"骑行日""帽子日""甜蜜素日""共庆节日"等因为一个约定,变得鲜活了起来。

"悠品四季"——"基于小池塘、小树林等园所资源的实验幼儿园的探究课程",欢腾的小池塘放水仪式、放生仪式、寻找第一朵迎春花、种子行动等细碎的、看似毫无章法的活动,正是对儿童成长的有机润养。教师和孩子、家长亲身参与挖掘、寻找、创造一个和谐的有机课程整体中最鲜活的部分。

课程的资源无处不在,"慢教育"的课程观之下,处处皆课程。

课程在慢教育的引领下,起了个步,还很粗浅。对于慢教育之下累积而成的悠品课程,我们希望可以通过它,让家长、教师认可慢教育,学习如何践行慢教育,最终能够像龙应台的那段叙述一样懂得等待、理解孩子,给予孩子宽容。

(二)慢教育的技术探究

1. 耐心等待每一次"成长蜕变"

从种子到芽儿,到枝繁叶茂,再到花儿开放,不是一朝一夕的事,要学会等待;小班的孩子就是不喜欢分享，到了中班，却发现孩子们开始互换玩具，到了大班就开始勾肩搭背，组成"团伙"，是的，成长在不经意间！知道孩子应该是怎样的，才能去期待，才知道每一个入园焦虑的孩子，都应该有个递纸巾的教师。

2．细心觉察每一点"变化细节"

叶子耷拉了、发黄了，土块硬了、有虫眼儿了，花儿长花苞了，都很关键，要善于发现；有个蚂蚁洞，孩子上树了，他们躲在一个树洞里，嗯，兔子长大了，小乌龟出逃了，反正，孩子们又不一样了。

3．宽容善待每一个"行为事故"

长歪了，营养不良了，被狗狗踩了，要及时帮扶，要悦纳；小猪佩奇踩了泥坑，妈妈说"只是些泥而已"，给金鱼缸里加开水当然是怕鱼冻着，不会有其他，这些事故背后，有着最珍贵的成长力量。

4．信任支持每一次"选择时刻"

花儿的枝蔓往哪里歪、喜阴还是喜阳、要不要修枝、要不要施肥，要学会尊重。小时候什么都替孩子做了，是很方便，减少犯错，更省事，但是，长大不会选择职业、不会择偶就是教育的不信任给孩子留下的创伤。

慢教育之中，教育技术只为孩子而研。

（三）慢教育的管理实践

（1）理念支撑下教师显现慢教育特质的行为累积。慢教育理念下的教育行为有自己的表象与内涵，有着明显的尊重共融的特质。陈鹤琴先生主张教育即生活，就是将教育纳入生活的细微点滴之中，与"一天天的日子"共生共融。"一切为了孩子"，只有创造机会让孩子去发表观点和表现自我、自主学习和发现探究，教师才可能理解孩子，孩子之间才能相互支持，在这样的基础上，才有可能产生真正实动态的教育生成。在对话与倾听中，在游戏和生活里，教育变成了生活，隐藏在了每一个细微处，孩子成长的速度看似慢了下来，教师略带探究意味的话语速度是慢的，等待孩子发现的过程是慢的，孩子们自主探究的时间也是慢的。但是，教育往往在缓慢的过程中沉淀了一些有价值的东西。《慢教育标准对话本》《我和孩子的生活》《小样儿——可爱的》善于发现儿童和等待儿童，在游戏和生活中发现孩子生长的力量！

（2）完善慢教育中教师的自我管理。慢教育的园所管理必须培养教师的自我决定能力，让教师通过反思明白教育的规律、儿童成长的规律，并在教学过程中根据这些规律慢慢唤醒儿童生长的力量。慢教育是一个从"管"走向"理"的过程。在这个过程中，要让教师先学会自我管理，这种管理一旦发生作用，就会迁移到孩子身上。教师是孩子的重要他人。

（3）提升慢教育管理下的家长"教育力"。家长是孩子教育的启蒙者和陪伴者，一个家长的教育力提升就是孩子最大的幸福。完善家园沟通体系、家长学习体系，搭建家长学习的大平台，转变家长才是对孩子发展最大的助力。

（4）建立慢教育理念下的发展性课程评价体系，完善质量内控体系。从某种程度上说，课程评价的指导思想是"创造适合儿童的教育"，课程评价有着特定的发展促进功能，强调对幼儿的发展价值、对教师的发展价值，以及对课程本身的改善价值，建立发展性课程评价体系。

（5）教师为每个孩子建立"过程性成长记录袋"，从"游戏故事""生活故事"多维度评价儿童的发展。"过程性成长记录袋"是用以显示有关儿童成就或持续进步信息的一连串表现、作品、评价结果及其他相关记录和资料汇集，而"过程性成长记录袋评价"则是指"通过对成长记录袋的制作过程和最终结果的分析而进行的对幼儿发展状况的评价"。评价本质上即研究。在评价幼儿的过程中，教师通过研究儿童的"作品"和记录幼儿的成长片段从而改进不同孩子的行为，体现了孩子成长的轨迹。

慢教育融入一日活动，让师幼在对话中加深理解；慢教育融入课程，让幼儿在体验中全面成长；慢教育融入园所管理，让教育伙伴在沟通中自我管理。想来，教育当是一种"春风化雨，润物无声"的过程。我们唯有静心地等待，给幼儿足够的空间与时间，才能让他们长成独特的人，成为自己。慢教育只是实验幼儿园用一年半时间通过一场场思考定下来的方向和教育认知，希望可以借此统领属于实验幼儿园的"活教育"，慢教育是我们的教育哲学，而悠品课程是慢教育的载体，彼此相生相长，成就孩子在童年里的每一份温柔以待！

JIAOXUE FENGGE

模块二　教学风格

教学风格是教师的教育思想、个性特点、教育技巧在教育过程中的结合，是衡量教师教学水平的一个重要方面，是一个教师在教学艺术上趋于成熟的标志，是体现教师的教学能力、教学水平和教学艺术的重要参数。

教学风格并不神秘，有理智型、自然型、情感型、幽默型、技巧型等，彼此之间也不是完全割裂，毫无联系。实际上，不同教师的课堂教学风格是互补的，只不过是某些教师更多或更鲜明地体现着某一特殊类型。教师课堂教学风格的形成，是一个长期的、艰苦的实践过程，是教师持之以恒不断探索、锤炼和追求的结果。

优秀教师的成长历程告诉我们：没有踏踏实实的付出，没有实践反思和再研究再实践的循环往复，就不会形成独特的教学风格，更不会创造出骄人的成绩。

文化渲染处　润物细无声

温州市第二高级中学　程永超

坦率地讲，我从未敢奢想过自己有什么教学风格。

我一直认为，教学风格是教育家才有的境界。然而，随着岁月流逝，回顾自己求学生涯中的众多教师，当年课堂情境也许早已忘却，教师传授的知识或许慢慢褪色，但他们的容貌时时浮现于脑海，如诗如画，经久不衰。于是我常想：为师传道，授人以知，但知识是血肉，风格乃精魂。从某种意义而言，那种深入灵魂的东西，或许就是教师们的风格，而风格要比知识给学生的影响深刻得多。

一、文化渲染——我的教学风格

刘熙载曾言："气有清浊厚薄，格有高低雅俗。"任何教学风格的形成，都有它独特的背景和思考。从童蒙时候起，我就觉得文字、文学和艺术是一种神圣而神秘的存在。它们如现代儿童喜欢的哈利·波特的神奇扫帚，会载着我飞向一个个神秘、美丽、梦幻的世界，让我的童年生活充盈着文字带来的魔力般的诱惑和文学给予的浪漫气息。这是一种难以忘怀的直觉经验，也是我后来"文化语文"探究的懵懂启航。那样的一段童年记忆，那样的一个青年梦想，我总觉得记忆和梦想里都有文化的氤氲，直到后来的我毅然决然选择了中文系，当了一名语文教师……

许多年后，当我开始思考"语文"时，"语文"却成了语文界一个颇具纷争的哲学问题。"语文是什么？"当下有太多的理解，但不管何种理解，我以为都应包含"语言"和"文化"，二者是以母语为基石和载体编制的人类文化的组成部分。语文本身承载着文化，又是在文化的土壤中生长的。文化是语文的特质和灵魂。语文教师凭借语文解释、发展着文化，推动着文化的进步。语文本来就隶属人文科目，理应反映丰富的人文内涵，以陶冶健康的情趣、情调、情怀和情操，使学生领略文化的丰厚博大。

看看现在，我们语文教育中最缺的还是文化。

认识汉字，却是文盲。说得严肃一些：一是我们漠视语文本身语言文字的文化性，忽略中国母语重情境、重虚实、重神韵、重意象等文化特征，因而，对于语言文字的工具性训练还很难说真正有效；二是我们远离或者弱化了语文的人文性，将语文当作单纯的语言工具来教学，教师更多地关注知识的传承，过分地讲究经验的逻辑组织，热衷文化表层的符号、技艺、形式的精致和完善，也很难说语文对于学生的精神发育带来影响。

我们是在教语文，而忽略的却是有意义的文化追求。语文教育的神圣使命便是通过母语学习，帮助孩子建立起知识、能力、情感、道德、审美、哲学的人格坐标，获得民族的价值观、信仰认同。

基于以上思考，我在实践中开始了"文化语文"的探索……

关于"文化语文"，我以为可从以下两个维度来阐释。

首先，"文化"为名词。语文本身就承载着三千多年中国人宏博的文化结晶，文化是语文的特质和灵魂。语文既有定型的字词句章的训练，又有无定型的氛围、格调、气韵、神采等性灵与精神。语文素养最终培育的是有文化根基和民族脊梁的人。

其次，"文化"为动词。文化融注在日常的语文教学中。如果我们将"文化"当作简单机械的语言训练，那教出来的孩子可能有知识，却没灵魂；有技艺，却没精神；有智力，却没情怀。蜷缩在这样的知识体系中，触摸不到母语温润的爱，就谈不上"文化"的过程，我们的语文注定是畸形的。因此，我们教语文，是在教文化，我们的教学应该有文化的过程。

其实，无论名词的"文化"还是动词的"文化"，都需要"化"入人的心里。我在日常教学实践中，逐渐发现了自己文"化"语文的手段，如果这是一种手段，我愿意将其称为渲染。

渲染本是中国画技法，指的是用水墨或淡的色彩涂抹画面，烘染物象，分出阴阳向背，以强化和丰富艺术形象，从而形成不同寻常的艺术效果。后被借用为文学中的一种表现手法，指通过环境、景物或人物的行为、心理，作多方面的描写、形容或烘托，以突出艺术形象、加强艺术效果。

当然，不能将绘画或文学中的渲染生搬硬套至教学中。教学与绘画和写作有根本的区别，那就是绘画与写作属于创造行为，而教学属于一种鉴赏行为。前者是以其胸中之竹外化为纸上之竹，后者则是以纸上之竹观其胸中之竹。相较之下，创造时，创作者对艺术品的主观能动性更强；鉴赏时，鉴赏者便定要考虑创作者的意图，而不能胡乱猜测。

然而，毋庸置疑的是，绘画或文学中的渲染与语文教学中的渲染同为一种"艺术行为"，是有其共通之处。如渲染都是为了突出艺术主体的美，不能喧宾夺主；渲染的方式都必须具有艺术性和多样性，所谓"横看成岭侧成峰，远近高低各不同"，众多山峰都为渲染"只在此山中"；渲染的手段具有随意性和发散性，往往"不着一字，尽得风流"。由此可见，在教学中借鉴渲染之手法，不失为一条通向文化语文教育的捷径。

故此，"文化渲染教语文"的风格似乎可以粗浅总结为：以文本中蕴含的文化为鉴赏主体，从多角度（语言、结构、情感、思想等）出发，综合运用各种艺术手段（音乐、雕塑、朗读等）渗透文化，以玩味的方式引导学生通过一种感官的愉悦，心临其境，反复鉴赏，品味文本中蕴藉的文化内涵。

二、破茧成蝶——我的成长历程

蝴蝶是文学界一个具有独特诗意的符号，彩蝶恋花寄托着人们对爱情的吟咏，庄生梦蝶蕴藉着人们对人生的参悟。然而，以教书（语文）为乐的我，对蝴蝶有一种别样的情怀。春蚕到死丝方尽；爱惜飞蛾纱罩灯。我无法做春蚕，更不会变成飞蛾。然而，我以自己对语文的执着，写了一段属于自己的成长历程。

2018年，我有幸成为温州市"教育名家"培养对象。两年来，研修活动形式多样，内容丰富多彩。我在课堂教学探索、课程资源开发、教师专业成长等方面有了长足的发展，并取得了丰硕的成果。

1. 丰厚积淀——在前辈肩膀上前行

培训是我专业成长的催化剂。研修班充分利用自身的优秀资源，通过"传、帮、带"提高成员的整体素质。我深深地意识到：我不再是单纯的"教书匠"，我将在培训中实现做"科研型"教师的梦想。工作室每一次培训学习都是专业化水平提升的机遇，活动围绕课程改革，采用专家讲座、合作研讨、案例教学、行动研究、教学反思等专题培训模式，培养教师的问题意识、研究意识，逐步形成个人教学风格和研究成果。

另外，研修班还把经验的习得渗透在日常教育教学和研究活动中，利用多种平台（主题教导会、示范课、研讨课等），通过言语交流、文本再现、视频回放等方式呈现教师、学生经验，引导教师从听其他教师的经验中体认自身的经验，从讲自己的经验中丰富自身的经验，从行动实践中生成自身的经验，从思考与自评中感悟自身的经验。通过经验的捕捉、追问和访谈，促进教师、学生对经验的体认、归纳、提炼和表达，使经验有骨有肉、轮廓分明。可以说，研修班兄弟姐妹们的经验和情感都是在这种习得中产生的。

2. 实践探索——从不断思考中成长

在专业生活中，课堂便是其展示知识能力、发挥专业影响力的基本场所。课堂是检验教师知识、能力水平的最好平台，也是见证教师专业发展历程的最佳视点。研修班许多优秀教师正是立足课堂实践，在实践的基础上不断反思总结，进而获得厚实的教学功底，打下可持续发展的基础，使独具特点的教育个性、教学风格在课堂上得以充分张扬。

在两位导师的指导下，课堂教学研究成为我最为倾力的领域。我结合教育心理学、教育哲学深入探讨优质高效生态课堂的营造，研究范围涉及动机激发、情境设置、师生关系改善、教学策略运用、内容选择与处理、学法指导、学生思维培养、教学生活化、情感态度价值观培养、教学艺术、知识迁移等诸多方面。另外，研修班其他优秀教师还提供精准的课堂诊断，引导我从多角度、多侧面去观察和思考问题，克服不良思维定式或思维从众的现象，从平凡中看出奇崛，从看似没有问题中发现和找出问题，使我的教学逐步形成融理智型（结构严谨）、技巧型（运用自如）、自然型（朴实无华）为一体的教学风格。

3. 勤于反思——在自己肩膀上攀升

成长就是要不断反思自己的教学过程。我常常因为要达到一个小小的目标、寻求一个小小的策略而冥思苦想、费尽周折。正是在这样的"逆境"中，我深刻认识到了反思的重要。当我成功设计了一节课时，我会及时将这个成功的过程进行记录，并反思自己缘何成功，便于今后能在这方面驾轻就熟，于继承中创新。当我在探索教学模式的过程中遭遇到了失败、当我的课堂教学中达不到应有的效果时，导师和其他兄弟姐妹总是鼓励我，让我会冷静地思考失败的原因是什么，用什么样的策略、怎样的方法能加以改变。我始终觉得，当失败的原因找到了，问题又得以解决时，所谓的失败自然就会升级为更宝贵的财富。而文字正是保留它的最好工具。就这样，我不停地书写着我的所思所感，在此基础上又不断地探索着、记录着。从一个方面可以说，是不断的探索与反思成就了我、提升了我。

感谢两年来研修班为我专业成长提供的多元培养方式，我先后被评为"浙派名师"培养对象、温州市名师、温州市第二批青年拔尖人才、温州市"551"人才第一层次培养对象，成为浙江师范大学《语文教研》封面人物，先后执教省市级观摩课、公开课，作各级讲座18次；主持教育教学研究课题两项，编著浙江省精品课程和推荐选修课程《微作文》，在全国中文核心期刊发表论文四篇，论文被人大书报资料复印中心全文转载。

经过两年研修，丰富多彩而又扎实有效的活动让我得到了最大方位的学习和锻炼。与名师大家的沟通交流启迪了我的思想，与同学的切磋研讨开阔了我的视野，与同人协作互助提升了我的能力。它是我个人成长之路上非常重要的一站，希望能借着它给予我的思想力量走出更扎实的学习成长之路。

三、摩崖静思——我的教学剪影

文化至高无上，用斯宾格勒的话说："文化像田野里的野花一样鲜活自然，无处不在。"语文教学中的任何一个细节都有可能凝聚成文化的结晶，只要你有一双发现的眼睛。

那还是上一轮课程改革的事儿。人教版高中语文第五册选录了冯友兰先生的文章《人生的境界》，这是一篇哲学随笔，内涵丰蕴，却在深入浅出中让人感受着中国哲学的深邃与洞明，特别是文中冯先生提出的"人生四境界"之说，学生兴趣盎然。其实，我对中国哲学也颇感兴趣。为了能使学生体悟个中精髓，我还特意查阅了很多相关的名家解读文章，在自认为充分备课的心理准备下，我援引了陶潜《饮酒》诗中"采菊东篱下，悠然见南山"一句来阐释"天地境界"，我问大家，"从这句诗中你能看出诗人处于何种境界吗？"

学生开始众说纷纭，莫衷一是，于是我点拨道："关键在于你对'见'字作何理解。"其实，在我的（预设）理解中，陶潜这句诗应该是冯友兰先生"天地境界"最好的印证，关键看你如何理解"见"字：若将"见"读成"见（jiàn）"，人与自然之间就是欣赏与被欣赏的关系，人在自然外，自然成了人观照的对象。若是理解成"现（xiàn）"，人与自然则不是欣赏与被欣赏的关系，而是人在自然中，自然映入眼，所谓"我见南山悠然，料南山见我亦如此"，从而体现了人与自然，乃至宇宙之间"天人合一"之和谐，这或许就是冯先生所说的"天地境界"……

然而，正当我准备顺理成章地引导学生"入瓮"时，班上一位叫韩莉的同学却站起来说："老师，我不敢苟同！"更让我"吃惊"的是，事后她在"周记本"中还写下一篇《一句诗中读境界》的文章给我：

上课时语文老师提了一个问题：从"采菊东篱下，悠然见南山"这句诗中你能读出陶潜的什么境界？众说不一。我在回答这个问题的时候说"菊也是生命，采之有违自然"，大家都笑了。但我是很认真的。我说，这诗句中最令我重视的不是"见"而是"采菊"二字。因为在我的意识中，"生命高于一切"。尽管咱们中国人似乎更崇敬舍"生"取"义"的道德伦理。

后来老师给了一个参考答案：若是"悠然见（jiàn）南山"，是物为我所见，则物在身之外，这是自然境界。而若是"悠然见（xiàn，现）南山"，南山自然浮现，不着痕迹，真的南山与心里南山一同浮现，则是物我合一，这是天地境界。不得不承认这个答案很玄妙。但老师说这也只是一家之言。

的确，这也只能是一家之言。我有不同的思考。其实，我的立场简而言之四个字——"众生平等"。"弱肉强食，适者生存"是自然界的规则。动物食人或人食动物都是生存之道，无善恶之分。但我坚决反对在完全不必要的情况下伤害生命，为了自己的快乐而玩弄生命让我深恶痛绝！而陶潜先生之所以不能达到"天地境界"则正是欠缺了这种生命意识。

菊和人类在自然中是平等的。他为了"悠然的情调"就能采之，可见他还是脱不了人类俯视他物主宰他物的优越感。所以，陶潜不过也是达到"胸怀百姓"的道德境界罢了。退一步而言，即使那是一株无生命的假花，存在于东篱之下便也是自然的一部分。而一个天地境界的人、理应顺应自然的人如何能去加以破坏？一念及此，又不免觉得迷茫。什么是自然？是一切自然界有生命的事物，是在人类影响之前就已经存在的事物，还是能与自然融为一体的事物？如果我坚持着我的观点而推断，那么人类就只能小心翼翼地生存，力求不把自己的影响加诸任何自然的事物之上。所谓的天地境界就是"无为"了。

于是，我再度翻看冯先生笔下的"天地境界"："最后，一个人可能了解到超乎社会整体之上还有一个更大的整体，即宇宙。……有这种觉解，他就为宇宙的利益而做各种事。他了解自己所做的事的意义，自觉地在做他所做的事。……就是我所说的天地境界。"如果"顺应自然"是我对冯先生的话的错误的引申，那么我回到原点。先生的意义很明确："天地境界"是要自觉地为宇宙利益做各种事。可谁能告诉我，什么才是"宇宙的利益"？

课堂上说了那么多，现在想想有点哭笑不得，但这都是心里真实的思考，自然而然也就用笔画下了轨迹。其实，要了解一个人谈何容易？诗中窥人，真的就代表了他自身的真实的境界吗？……

课堂上韩莉同学提出她的见解时，我亦不以为然。记得当时我还结合陶潜的生平思想做了进一步"劝解"：我说诗人陶潜曾在另一诗中说到"久在樊笼里，复得返自然"，这一"返"字，其实就是诗人高度"觉解"的体现，也正是那些无觉解或少觉解的乡民所无法达到的。这里的"樊笼"可能是指"功利境界"与"道德境界"，而陶潜已越过了这一境界。而韩莉所说的"顺应自然"的困惑，我以为正是大家区分"自然境界"与"天地境界"的困惑，而解惑的关键就在于"觉解"。其实冯先生所谓的"天地境界"与道家主张也有相似之处。道家讲究"法天法地法自然"，以自然为法，已经不是"自然境界"，而是一种很高的境界。"自然境界"中的人浑浑噩噩地混日子，以近乎本能的状态行动着，他们"少知寡欲，不著不察""行乎其所不得不行，止乎其所不得不止""凿井而饮，耕田而食""日出而作，日入而息"等。他们都"顺应自然"，但这种"顺应"是"被动顺应"，而"天地境界"之人则是在"觉解"宇宙规律中去主动地顺应。……

我说如果大家还有异议，可在周记中进一步探讨！

然而，直到韩莉将这篇文章交到我手上时，我才突然意识到自己"霸权话语"扼杀了这个美丽的思想。现在仔细想想，她所提的"采菊"一说不无道理，而且就是"天地境界"最生动的诠释，我当时却自恃有"名家解读"不以为然，真是后悔不已。同时，我才明白了一个道理：学生对教师"预设"问题的兴趣远不如来自他们自己阅读体验得来的"问题"。

其实从某种角度上说，这也关乎语文教育价值取向的理解问题。仔细想想，语文阅读教学的价值取向并不是"静态"的，在这一点上新课程理念早已明确指出，语文课程是为了能够"全面提高学生的语文素养，充分发挥语文课程的育人功能"。换言之，对于任何文本的解读，学生都有提"问题"的权利，无论"定篇"教学还是其他类选文教学，我们教学的最终指向不仅是让学生接受"结论"（当然，学生应该传承目前这一相关的权威主流的结论），更重要的是能让学生在接受过程中培养起"问题意识"。现代教学从本质上说"知识"（权威结论）不是产生学习的根本原因，产生学习动力是学习主体的"问题意识"。"问题"就是开启知识大门的钥匙；学习就是一个不断"质疑"和"解惑"的过程。可以说，如果没有"疑惑"（问题），就不会激发起学生的好奇心和求知欲。这样的语文课堂，即便教师教的内容再"精彩绝伦"，也是失败之作。

著名语文教育家于漪老师曾说:"语言是维系一个民族整体的基本纽带,民族语言是民族文化的根,它不仅负载民族文化,而且它本身就是文化的重要组成部分。一个民族的语言在潜移默化中将自己独特的感知方式、思维方式、情感、智慧渗透到人们的心灵里,形成深层的心理结构。"

于漪老师的话发人深省。现在仔细想来,我们教师的"精力"应该放在课堂之上如何去培养、呵护学生的"问题意识",如何去处理学生"生成"的问题,就如同医生研究"病人"而不是研究"药"一样,让我们的学生探究未知世界的兴趣和思维惯性能得以无限地扩展。

英国维多利亚时代诗人、文学家和社会评论家马修·阿诺德说:"文化即对完美的寻求。"的确,文化的风景异常迷人,而达到"文化"的境地是需要我们语文教师走向文化自觉,需要我们修炼对教育的大情怀、独立自主的大品格、宽阔综合的大视野、扎根"田野"的大智慧。

四、学生眼中的我——我的课堂"语论"

写在前面的话:

今天,考上重点大学的几位女生来看我,突然,谢思杨同学说有记我上课"语录"一事,我很奇怪!请她打开空间,一看,整整90条,5000余言。读罢汗颜,原来自己上课说了这么多"废话"!我还是要感谢思杨同学将其整理成录,因为这其中有她两年的语文人生,也有我的生命印痕。

以下为部分转载语录:

(1)一哄而上、一哄而散,这是中国人的特性。

(2)教育的本质在哪里?就是让人思想独立,拥有独立的人格,可以称之为"人"!

(3)我恋爱时得出了一个经验:学习和恋爱一样,不在于你付出了多少,而在于你接受了多少。你学得再多,没有真正接受,也是白搭。

(4)当你做题时,一定要给自己一个理由,即使这个理由是错的。这样就算做错了,死得也值。有的人稀里糊涂的,连自己是怎么"死的"都不知道。遇到不会的就闭上眼睛,随便选一个。所以希望你们"死得"有价值一点。不仅仅是做题,以后到社会上也一样。

(5)什么"红颜祸水",什么"一个女人毁了一个王朝",这些都是不负责任的男人把罪过推脱给女人的说法!你们怎么能把亡国这么大一个责任全推到一个弱女子身上!褒姒、妲己、西施、貂蝉、赵飞燕、杨玉环……她们是无辜的!西方男人可以为了一个女人打一场长达数年的战争,而中国男人只会把战争和亡国的缘由推给女人!(貌似才子反驳了鲁迅先生的说法)

(6)"木桶原理"还可以进行改装。一般人都说水量取决于最短木板的长度,但我认为,木桶的桶底是"先天(命)",木板是"后天(运)"。如果命不好,底就一点儿大,不就试管吗?但如果后天很努力,变成很长很长的试管,也未尝不可。有的人命好,桶底很大,后天却不努力,也装不了多少水的。

结语:

路易斯·奈泽(Louis Nizer)说:"一个用他双手工作的人是劳力,一个用他的手和脑工作的人是工匠,一个用他的手和脑和心灵工作的人是艺术家——由此,你展示的就是自己独特的魅力。"

教育是面对灵魂的事业,需要教师以自己的风格来感染学生;语言文字是审美蕴藉的意识形态,品味文学必须以"文化"的方式来进行。过去如此,现在如此,以后亦如此。

课堂教学的朴素追求：有趣、有料、有效

浙江省温州中学　郑可菜

一、有趣：课堂教学理念的回归——"这节课过得真快"

1．"为什么一节课这么漫长？"

"天，终于知道学生一天下来有多累了！"坐后排的一个教师说。

前排教师幽幽地接了句："这还是各个选手精研细磨出来的课呢！要是常态课可能更糟糕呢！"

这是一次市级优质课比赛观摩席上的对话。每一个教师或许都有这样的体会，当自己在讲课时，一节课的40分钟时间倏忽而过。若换了角色，作为一个听课者的角色，同样的40分钟却往往是漫长的，甚至有时变成一种煎熬，尤其是我们不是"窝"在某会场的软椅里，而是坐在硬板凳上时；尤其我们可能一整天六七节课、长时间地听课时；尤其执教者手捧教材"讲解""分析"的时候……每个人或许都有过疑惑，"何以'听一节课'这么漫长，而自己'上一节课'则要快得多呢？"为何有的课让人如坐针毡？为何40分钟如此漫长？

是听课教师的内驱力不够、主动学习的意识不强吗？可许多时候教师是自愿"追星"一般舟车劳顿千里迢迢去参加一个教研培训活动，去听一个讲座、一节课。为何听课中间不由自主就摸出手机翻朋友圈、刷微博、看头条了呢？

以教师听课这种状态来比对学生听课，我们可以大致设想学生听课一般是什么样的状态呢？每天殷殷期待教师讲课、内驱力强的学生当然很多，但也有一大部分学生是因为"考试""升学压力"而不得已要听课的。何况，作为教师的我们一年半载地"追"一场讲座、几节公开课，学生是十几年如一日"钉"在教室"听"课的。语文课堂里，学生处于怎样的状态？

我们必须明确认识到，教师参加各类大小教研活动，顶多听课一整天或一个星期，而对于学生而言，他们是从早自修到晚自修，一节复一节，一日复一日，一学期又一学期。当语文教师铆足了劲意志昂扬地走进教室打开课件讲课时，学生已经完成了英语语法的复习、做了一节课的数学测试卷、上了力的作用与反作用课……可以说，学生打的是车轮战、持续战、消耗战。我曾提议做教师培训的管理者让受训教师跟着学生在教室后排听一周的所有课，从早到晚，不用早晚自修，教师们就能感同身受学生的"处境"了。

教师虽也有做题之倦、备课之累、改作业之疲，但在40分钟的课堂教学时间里，可以说是"对垒战"。我们私下里曾戏谑"每一个学困生都是'了不起'的"——对于"学困生"来说，能够一整天在似懂非懂或是如坠云雾的课堂"坚持"下来，能"坐得住"，真是一件颇"了不起"的事。他们在课堂的心理时间相对于那些能全身心投入学习、成绩优异的学生来说要"长"很多，单从这一点来说，学困生也值得肯定。如此看来，当我们看到困倦得头如倒蒜却强自挣扎端坐的学生时，是不是应该多一些宽容？是不是应该多一些自省？

这时候我们才知道，为什么有的教师声嘶力竭却在学生眼里让人厌烦，为什么教师鞠躬尽瘁却在学生眼里是"煎熬"，为什么"逢课必拖堂"的教师在学校"评教"活动中会是得"差评"的那一个。我们也许就能理解学生笔下常常揶揄那些"激情四溢、唾沫四飞、语调铿锵"而对下课铃声充耳不闻的教师形象了。

"体会"着学生的"体会"，我们首先要做的就是——"我能否让这40分钟别太难熬了？"这理应作为每一个人课堂教学朴素追求的起点。敬畏一个班级四五十个学生交到我们手里的40分钟，慎待每节课中的每一分钟。往大里说，为人师者，要从生命哲学的高度敬重每一个生命个体。张晓风在著名散文名篇《我交给你们一个孩子》中曾忧心地问："世界啊，今天早晨，我，一个母亲，向你交出她可爱的小男孩，而你们将还我一个怎样的呢？！"在这个语境中，我们每个教师应躬身自问："老师啊，每一个学生某一节交给我们40分钟，我们将给他们怎样的一个课堂？打开怎样的语文世界？"

2. "这节课过得真快！"

我们不妨再拿教师参加研训来作比，受训教师能在参加各类研训活动中听课或听讲座时，全程不拿出手机来划屏幕，至讲课结束仍意犹未尽，能在会后对有疑惑处再做深入研究，这样的研训无疑是有效的。以这个视角来观照我们的日常教学，要是在我们的每节课后，所有的学生能由衷地感受到"这节课过得真快"，我们的教学无疑已经成功了一半。

在这个意义上，我们可以重新审视"一言堂""满堂问"。我们每一个人都有这样的体验，当我们带着强烈的内驱力自发地去听名师、专家、学者的讲座时，在专家讲课环节中，我们可能会从始至终精神高度集中，特别期望"一言堂"式"干货满满"的讲课；而在零散的问答互动环节中，会场留下聆听的人却往往越来越少。究其原因，无非是他人所问非自己所疑之处、一问一答时间成本太高而效用不大。由这个现象我们来窥见为什么有些重点学校的学生反而不爱互动，喜欢"讲座式"的课堂教学，因为在极强内驱力的作用下，"灌"可谓又多又满，冲着答题、考试可能是"高效"的。

我们再来思考学生为何会要听、爱听语文课呢？其原因大概是：一是教师个人有人格魅力、独特的讲课风格等；二是目标的感召（诸如考上理想大学等），使其有强大的内驱力；三是教师的教学内容有吸引力，所讲的内容丰富、翔实；四是教师在课堂教学中设计的各种语言活动有吸引力等。

优秀的教师或许能够兼顾以上所有，因为一节成功的课，个中原因有很多，关乎教学目标、教学内容、教学设计等，讲课者的个体魅力、激情和思想也是不可或缺的，因而窦桂梅成为窦桂梅、黄玉峰成为黄玉峰。但对于大多数普通的"教书人""教书匠"来说，很难成为"窦桂梅""黄玉峰"们。每个教师当然要提升个体人格魅力、夯实语文功底、丰富人文素养等，但更要着力改变教学行为，真正彻底地更新教育教学观念，在"教"与"学"上下功夫，也就是在上述原因三、四上精耕细作，深磨细研。当然，"有趣"不是指感官上的好玩，"这节课过得好快"不是指求取感官上的声光电图，不能因为与语文无关的活动而消解课堂本身应追求的意义。

二、有料：课堂学习方式的改变——"给学生找活儿干"

1. "为什么有的科目课堂时间相对快？"

师："同样的40分钟，你觉得数学课与语文课相比，哪个科目的时长相对感觉较长？"

生:"要说实话的话,往往是理科的课堂时间比较'好过'呢!"

或许有人说,这是偏爱理科的学生的回答。其实不然,一般来说,调查的结果往往是物理化等理科类比语政史地等文科类的时间相对"快速"。何以如此呢?其根本原因是理科更多的是"课桌上的学习",文科是"讲台上的学习"。换种说法是,理科需要学生更多地参与学习(当然也有可能是不停地做题),而文科(尤其是我们熟悉的语文)更多的是"听"教师讲,"看"教师的投影PPT,偶尔回应教师的问题,学生参与学习的过程相对少,程度相对浅。甚至,作为听课者的我们会发现,甫一上课,学生们兴趣盎然,可是教师一出口,PPT一放,学生意兴阑珊以致"蔫"了,某些教师好像是来催眠的,教师出口的每句话在学生听来都是"你可以睡着了"。躬身自省,学生眼里的我们是不是也是这样的呢?我们或许就不难理解学生给一个上课只读PPT内容的语文教师起了个"朗读者"的绰号的酸楚心境了。

纵观当下的课堂教学,教师授课时主要运用的还是讲授法、启发法、讨论法、小组合作法等,整堂课的主要活动就是教师与学生的问答。在这种"接力问答式"的课堂中,教师借问答的形式将学习内容一点点引发、展开、呈现出来。学生实现学习的主要方式是"听中思考"与"听中接受",在师生"接力式""你说他说"的对答中,学习并没有大面积发生。教师的"教"相对丰富、多样,有结构、完整。学生的"学"比较零散、单一,从根本上说,学生还是较少参与到"学习"过程中。究其原因,教师教学重在"教"的完整性,关注教学设计的环环相扣,而不是学生的"学"逐次渐进,学生的学习过程相对是零散的。

典型的如一些评先评优课或职称晋升的课,因为教师往往是临课前一两个小时随机抽签某一课备课,无法事先让学生预习,故而课堂上,我们或能听到以下两种不同的应对情况:

师1:今天我们要上的××,你们之前读过这篇文章吗?我们现在就来学习这篇课文,我们先来看题目/第一段/作者……

师2:今天我们要上的××,你们之前读过这篇文章吗?请同学打开书本把全文读一遍,不懂的地方做些标注。

一对比,我们会发现,教师1关注教案推进的"流畅",可能是担心若给学生熟悉课文教学时间不够,完成不了教学任务,所以无论学生预习情况如何,教师就是按照自己课前事先设计的教学程序来一步步推进;而教师2关注的是学生的"学",关注学生学习推进的"流畅"。给学生时间阅读熟悉课文的课堂是安静沉默的,尤其是在后排坐着诸多评委时,这种静默让有的任教教师感觉甚是惴然。殊不知,这恰恰体现了教师从学生的学出发来推进教学,可谓"无声胜有声"。而许多时候,教师1课后自我感觉"上得很流畅""顺下来了",因为他的心中只有教案没有学生。

胡东芳在《谁来改造我们的课堂》一文中描述了当下课堂的经典情形:"在中国的课堂……这样的画面犹如到了军营一般。在让人感到神圣与威严的同时,也让人感到巨大的压抑和束缚。"教师的居高临下和学生的谨小慎微形成了巨大反差,教师游刃有余的霸权式教学操作与学生的规范式话语形成强烈对比。学生往往处于"配合""回应"教师的层面,有人有意将其调侃成"毁人不倦",不由悚然。

"这个字我都讲过一百遍了!"这句话对于每个教师来说,都不陌生。尤其是在一次次的大小检测之后,这样的"恨铁不成钢"式话语铿然在耳,似可见其痛心疾首之状,可测其殷殷之意。然而,细究之,这句话语折射出来的教学理念堪忧。一心以为"讲到"即"学到",学习效果由简单机械的"刺激—反应"而来的理念仍根植于这些教师的心中。

我们要追问的是：是不是教师讲过了很多次学生就会？为什么教师讲了十多次，学生还没有记住？学生是如何实现学习的？学生怎么学才有效呢？怎样才能让学生觉得"这节课过得好快"呢？

2."给学生找活儿干"

高中语文课程标准提出了以任务为导向，以学习项目为载体，整合学习情境、学习内容、学习方法和学习资源的"学习任务群"的教学。我们换用一种浅显的话来说，就是"给学生找活儿干"，它不是教师的讲授，而是引导学生在大量自主探究式阅读的基础上，进行多样化的言语实践活动。"给学生找活干"为让学习真正发生，以实现"学生能把活儿干好"的有效学习，其终极目的是"学生能干更多活儿"，提升学生语文能力。

为了"给学生找活儿干"，教师需转变角色做课程设计者、学习任务群设计者，首要拿捏、整合好"活儿"的轻重、难易、深浅，要利用教材的专题，开展群文阅读、主题教学、综合性活动、大单元教学，进行项目写作等。可以说，"师欲为教，功夫在教外"，恰如陶行知先生所说："先生的责任不在教，而在教学生学。教的法子必须根据学的法子。教学生学远难于简单的灌输教法，需大力气学习、思考，要花费数倍的精力备课。"教师要依据课程标准、教材、学情、资源等编制形成适合学生学习的课程。

有了"给学生找活儿干"的教学理念，教师还需要尝试教学转型，在行动层面积极回应课标，让"学生的学"成为教学起点与终点，让学生真正成为学习的中心，以学生为主体，创设学生学习的真实情境，这也是实施学习任务群的基本标准——学习任务群的本质是学生自主学习。从记忆背诵、文本理解为主转向语文实践和解决问题为主的教学，改"'教'的活动"为"'学'的活动"，使学生"学"的活动、"学"的行为——展开、逐次发生，变"讲堂"为"学堂"：

讲台上的学习→课桌上的学习；

对话中心的课堂→任务中心的课堂；

学习内容→学习任务；

教师"教"的活动→学生"学"的活动；

"我讲—你听"告知式、再现式"教"→"我设计—你活动"探究式"学"。

"学习活动"是否充分开展，可以从以下两个方面做简单探测：

其一，通过一节课分派给教师和学生的时间比，来参看学生是否在这节课里参与到学习全过程中。据说有的学校借助技术手段将教师的声音识别出来，以明确这节课教师的"讲"一共占了多少分钟，以此审定教师的"教"是否太多而给学生"学"的时间太少。

其二，教学设计分列"教""学"。将教学设计分列为"教师的教"和"学生的学"时，会惊讶地发现，很多教学的实际是：学生的学就是——听（听教师讲、听个别同学回答）、看（看PPT）、读（读教师指定的某文段），即前文所述的学生学的活动相对少。

如何让学生的"学习活动"尽可能多？我们参照理科教学更多地让学生参与学习，即将"讲台上的教"变为"课桌上的学"。当然，这不是把课堂演变为做题再做题的训练，而是将个别学生"接力式回答"改变为所有学生都参与学习中。这是指向核心素养的课堂教学必须完成的转型。

什么叫"所有学生都参与进来"？我们不妨看一个小例子：

教法1：《雨霖铃》主要内容是什么？（教师请个别学生起身回答）

教法2：《雨霖铃·_____》（教师要求每个学生在书本的词牌处给这首词"写"一个词题）

教法1：师问：烛之武是怎样退秦师的？（教师请要求个别学生起身回答）

教法2：《烛之武_____退秦师》（教师要求每个学生在书本的题目上"插写"一个词）

显然，两种教学方法的教学指向是一样的，都是检测学生整体感知课文的能力，但是一对比，我们就会发现：教法1教师关注个别学生，而忽略部分学生，属于典型"师问生答"式，碰到难以回答的问题，我们甚至能够发现没有起身回答的同学暗自欣喜，庆幸与自己无关而冷眼看被点名同学的"着急""糗样儿"。教法2让每个同学都参与到学习中。每个学生给《雨霖铃》取词题，或写"离别"或写"别"或写"多情"，认为"烛之武"是"智""勇""语"等"退秦师"都值得肯定，因为都是每个学生基于自我独有的思考的结果。许多教师采用教法1，是因为课堂是热闹的，教师的问题是有回应的。而教法2是安静的甚至是无声息的。这种对照之下，我们可以说"安静才是真课堂"，因为每个学生有了自己的思考。它未必要师生问答，未必要同桌讨论，未必要小组交流，只要每个学生有思考、有"写"，就可以说学习已经发生了。

我们不妨再举一个例子，大部分教师在《滕王阁序》新授课时一般会"提及"或"讲述"即静态式地"传授"《唐摭言》中王勃挥笔而就而未顾都督阎公之婿已宿构的著名逸事。按"给学生找活儿干"教学思维可将这则逸事作为教学资源，设置如下小任务：

逸事：王勃著《滕王阁序》时年十四。都督阎公不之信。勃虽在座，而阎公意属子婿孟学士者为之，已宿构矣。及以纸笔巡让宾客，勃不辞让。公大怒，拂衣而起，专令人伺其下笔。一报云"_____"，曰："是亦老生常谈"，又报云"_____"，公闻之，沉吟不言。又云"_____"，公矍然而起，曰："此真天才，当垂不朽矣！"遂亟请宴所，极欢而罢。

任务：置身逸事的情境，做"报云"的小厮，摘取全文中的三句诗来补充这则逸事。这样的教学设计巧妙地将"我讲你听"的"灌输式"教学转化为以学为本的课堂，让每个学生都能参与学习。

要求：参照注释梳理全文大意，根据自己的理解选择典型的诗句。

被调动兴趣的学生各寻文句，回答五花八门。这恰是课堂要追求的，每个学生基于自己的理解"报云"，很多学生没有发言，但没有发言不等于没有思考。通过这种"有趣""自主"的言语实践活动把握《滕王阁序》中王勃失意失落失路的慨叹，找到复杂的情感起伏变化，显然有别于"大家来一起看看王勃的情感变化""给《滕王阁序》分分层次""你来说说这篇序的大意"等。其背后折射的理念是以"学习活动"来引导学生读懂文本，形成阅读能力。

这样的活动设计不是让学生关注文本本身，而是通过一个个"活动"先行引导，使学生关心、关注文本，当学生要解决或完成比较、补白等学习活动时，其必要的自主性、主动性学习行为是读懂、读好文本，这样，就将教师的"教"转变为学生的"学"，并最大可能让每个学生都主动而有质量地参与到学习中，使之真切体验，激发深度思维，促进有意义的学习。

语文课堂教学讲求"听、说、读、写"，这个"写"不是指"写作"，我们改用朱熹曾提出心到、眼到、口到的"读书三到法"为"学习四到法"，即增加"手到"——课堂教学的"写"的活动，即将"满堂问"的问答式教法改为"填一填、画一画、补一补……"或小至圈画分段、提纲节要、笔记标注等活动，它需要全员学生参与、卷入学习，使学习真正发生"学"的活动。唯其如此，才能指向"深度学习"。

"学生有活儿干"的"学堂"要符合如下要求：

活动主体：学生；

教学依据：学情分析，文体、文本分析；

实践活动：项目化学习、专题学习、任务驱动的合作学习；

活动目的：培养思维能力，提高解决问题能力，培育核心素养；

有效标志：主动而有质量地参与，促进深层理解。

　　理想的课堂教学形态是每一位学生处于积极的学习状态，建构、探究、实践、思考、运用、解决，都能根据自己对当前问题的理解，运用共有的知识和自己特有的经验提出方案、解决问题。教师在课堂上最重要的任务不是"上课"，而是"组织学习"，教师从文本出发，设计语文实践活动，极大可能发挥学生的主动性。唯有将"给学生找活儿干"这样朴素的教学理念扎根于心底，新课标提倡的"任务群"才能"群"起来，实现用"一篇一篇教"到"一组一组教"的蜕变。学生把"活儿干好"，课堂结构形式趋于动态、交互，将读文本变成一系列曲折的探究获得结论、解决问题、完成任务的思维过程，涉及分析、判断、评价、比较、对比和检验等能力。

三、有效：课堂教学内容的追求——"教'一望而知其实一无所知的'"

　　孙绍振先生在《名作细读》扉页上用手写体题下："在语文课堂上重复学生一望而知的东西，我从中学时代对之就十分厌恶。从那时候我就立志，有朝一日，我当语文教师一定要讲出学生感到又说不出来，或者认为是一望而知，其实是一无所知的东西来。"先生道破"应然"的教学形态："教学生不懂的。"凡是学生学得会的，教师不用教，教师应该教学生有困难的，这是教育教学的真谛和常识。

　　"实然"的教学形态不尽如人意，很多教师大多在"教已懂的"甚至是"只教已懂的"。譬如教《老王》《最后一片叶子》教的是"老王""贝尔曼"善良的性格特点。而这恰恰是学生一看即明、一望而知的地方。而为什么一再照顾老王的杨绛深感"愧怍"？"贝尔曼"形象如何逆转？小说情节安排、叙述者的选择有何特点？……这些未作为教学重点，只分析人物形象的课堂教学显然只是在学生原有的认知上"滑行"，没有往深处推进。

　　"教学生不懂的"在单篇教学中尚且如此难落实，在以转向语文实践和解决问题为主的"任务群教学"中挑战显然更大。"大单元""大情境""主题式""项目化"无一不是要求教师根据学生的情况，设计合适难度的学习任务，既要让学生在学习中提升语文素养，又要便于教师不断地了解学生的目标达成情况。

　　注重典型知识的建构生成，并以发展取向取代原来的内容本位，更要强调学生的主体地位与个体经验。"学生需要学什么？学生最好怎么学？""哪些是一无所知的？哪些是一望而知的？"解决这个问题关乎课程建设、学习心理、学情研究，需要基于精准的"学习起点研判"的教学设计，我们回归到最基本的常识上来审定：

　　（1）学习时间的预估。任务群教学是另一种意义上的"先学后教"，课堂教学往往是在学生预习的基础上进行的探讨、反馈、评价。从当下许多任务群教学设计来看，阅读群文、阅读一整本书、观赏视频需要学生花费大量时间做前期的"预学"。我们看到很多罔顾学生实际学习语文时间的"大"设计，例如《红楼梦》整本书阅读，设计的学习任务包括曹雪芹其人其事，《红楼梦》的主题，《红楼梦》的人物群像，《红楼梦》的艺术价值，《红楼梦》的传播与研究，《红楼梦》中的饮食、服饰、园林、诗词……且不说这种专业教授式的学习合宜与否，单论学习时间投入，这样的设计是否考虑了现实的学习环境？因其许多设计不顾学情忽视高中生实际的学业问题，无怪乎有人调侃这样的设计定位是"高中三年只为学语文一科"。显然，我们说"有效、高效"，是以某一单位时间内（如一节课）来评定的，而不是无限以挤占学生的课外时间为代价。

（2）教学目标的分解。我们知道，一节40分钟的课教学目标是层层教学目标设定下的实践层面的一个"点"。它是在指向核心素养的课程目标、学习任务群的目标、单元的学习目标等的基础上转化、分解而来的。在很长一段时间里，我们看到许多教师用"三维目标"来撰写某一课的教学目标，其呈现的认知——"三维的课程目标等于教学目标""三维的课程目标用一节能达成"令人哑然失笑，但这也令人警醒，要将课程目标分解、转化、落实到具体的教学目标中，使之成为学生具体的学习行为，让学习结果可测量可实现。从"品味、理解、掌握、想一想"转变为"画出、列举、区别、撰写"，我们还有很长的路要走。

（3）学习文本的选择。选择哪些适宜学生阅读的文本？拓展怎样的学习资源能支持、配合学生的学习活动？哪些文本是学生一望而知的？哪些文本是学生一望而知却一无所知的？教师的教学着力点在哪里？

学习文本的选择，学习资源的拓展，我以为大致要循着以下四种阅读路径：

读"对"：运用正确的阅读方法；

读"薄"：整体把握文本；

读"细"：探赜关键处、幽微处；

读"深"：探究主旨。

基于学生主体任务群的"学"的活动展开教学组织，教师在教学设计时是否首先关注学生，是否已尊重学生内在需要，是否已考虑到教学内容对学生来说"适宜""合理""正确"与否，是否能得到他们经验的体认，是衡量课堂教学是否有成效的唯一标准。

（4）教学设计关注点的转移。以"学的活动"构成教学设计的主体。从教师视角到学情视角改变：从教师视角"我要教什么？我要怎么教？"转为学生视角"学生要学什么？学生最好怎么学？"转变尊重学生阅读"前理解"，关注学生理解中"相异构想"来设计适切性的活动，选择适合学生最近发展区的学习内容，设计适切性的语文学习活动，从而促进学生深层理解。

例如，《林黛玉进贾府》《祝福》《边城（节选）》三篇课文不是直接抛出类似"这三个女性分别是怎样的形象""为何都是悲剧形象"这样问答式串讲化的教学，而是设计"文史馆需要展开中国小说经典女性人物展览"这一情境，要求学生完成以下任务：选择肖像画配文，画关系图谱来梳理人物关系，仿照示例探析悲剧原因完成展板等，在一定的情境中进行言语实践活动，解决问题，完成任务。

（5）任务情境的设计。为了达成教学目标，需要创设什么样的任务情境去引发学生的言语实践行为？学习活动中如何去落实任务情境、达成成果？情境该如何把控规定性与开放性？学习任务如何达到语言、技能、知识和思想情感、文化修养等多方面、多层次目标发展的综合效应？我们看到有些任务设计的情境是学校电视要拍短视频、微电影，要求学生"写台词""写剧本"尚且可行，但是"导演手记""分镜头说明""蒙太奇运用"是强学生所难。没有一定的专业知识背景，这种设计只能是走过场，摆花架子而已。这样设计很"情境"，却未必是"语文"的、"学生"的。

当然，从学生视角出发设计任务，不是说学生不懂的都要教、都值得教，"教什么"是教师基于课标、教材、文本、学情综合考量的结果。

简约的语言　诗意的数学

温州市第十四高级中学　陈芝飞

"落花与芝盖同飞，杨柳共春旗一色。"这首诗大家可能比较陌生，但我的名字取自这首诗。它没有王勃的"落霞与孤鹜齐飞，秋水共长天一色"那么惊艳，但我喜欢它的朴实、平凡。我喜欢古诗的简洁与意境，并尝试将它融入我的课堂教学：追求用简约的语言讲数学的故事，让数学教学充满诗意。我努力追求将抽象的问题讲通俗，将简单的问题讲深刻。

一、用简约的语言讲数学的故事

1. 将抽象的问题讲通俗

我努力追求用简洁、准确的语言讲清楚概念的内涵和外延，用深入浅出的语言将"难以言说"的"你是怎么想到的"讲清楚，用自然流畅的语言将思维过程中曲折、迂回甚至焦虑的心理感受与学生分享。将抽象的数学符号或表达严谨但难以理解的数学语言用通俗易懂的语言加以表述，既便于学生理解与记忆，又能提高学生学习数学的兴趣。

例如在学习《集合的概念》时，我以平时计算机桌面的整理为例，将抽象的集合概念用通俗简约的语言加以表述，学生深刻理解了集合的三大特性，即确定性、互异性、无序性。

又如在学习《函数最值》时，当学生认为函数 $f(x)=x^2$ 在区间 $[-1, 2]$ 上的最小值为 1 时，我通过三个问题，用简洁的语言帮助学生理解函数最值概念："为什么你认为函数的最小值是 1 呢？你的意思是没有比 1 小的函数值了，对吗？"，在学生意识到最小值是 0 时，继续追问"如何用数学符号表达'没有比 0 小的函数值了'？"由此总结：最小值的概念：对任意 $x \in D$，都有 $f(x) \geq M$ 且存在 $x_0 \in D$，使得 $f(x_0)=M$。

习题教学亦如此。以一道 2008 年浙江省填空压轴题为起点，通过换元化繁为简，退到绝对值的几何意义，进一步则是 2017 年浙江高考压轴题，脑中有形，心中有数，进退之间，张弛有度，凸显本质。

2. 将简单的问题讲深刻

例如在《必修 4 任意角》的概念教学中对生活中两个问题的思考：

问题 1：将瓶盖转动 30°，是旋紧了还是松了？

问题 2：分针旋转 1 小时 15 分钟，所形成的图形是否构成角？如果是，这个角是多少度？你能举出生活中其他大于 360°的角吗？

一方面引导学生用数学的眼光观察生活，体现数学源于生活；另一方面制造两个冲突：角度超过 0°至 360°怎么办？如何理解有方向的角度？提出课题：角既有大小，又有方向，那该如何表示任意角？几何图形数量化该如何表示？

随后师生共同参与，从具体到抽象，从现象到本质主动建构概念：正角、负角、零角、象限角、轴线角；接着从理论到实践进一步概念同化：锐角与第一象限角一样吗？钝角与第二象限角一样吗？第一象限角是否一定大于第二象限角等？

章建跃博士指出："从概念出发研究性质是研究数学对象的基本之道"；哲学告诉我们具有相同特征的事物一定有内在联系，有了概念之后如何研究性质呢？研究哪些性质呢？提出新的问题：象限角的始边相同，以射线 OB 为终边的角有无数个，即这些角有"始边、终边都相同"的共同特征。这一定性特征如何量化？

引导学生发现联系的方式、方法：借助图像，观察几个与 $-32°$ 终边相同的角之间的数量关系，在"旋转整数周"的帮助下，通过运算发现共同特征，得出表达式；再将 $-32°$ 推广到一般角 α。将数与形完美统一，从特殊到一般、从具体到抽象，通过运算发现规律等数学地探索事物性质的普遍方法与从定性到定量地研究数学的基本策略和哲学辩证的思想自然地融合，实现"数学地育人"。

二、让数学教学充满诗意

1. 诗画数学、诗意课堂、诗润心灵

数学教学应该是灵动的。灵动的教学应该不拘泥于固有的模式，善于变通；应是让数学课堂充满生命的活力，给学生以美的愉悦、美的享受。19世纪著名的德国数学家——魏尔斯特拉斯认为"没有诗人的心灵是不可能成为一位数学家的"。事实上，数学的对称、和谐与诗句的对仗、工整遥相呼应，数学语言的简练与诗意语言的简洁不谋而合，因此，我一直希望我的课堂能让学生感受"诗画数学、诗意课堂"的美画卷，正如"诗润心灵般"用数学知识、数学文化"润物细无声"地浸润学生的心灵。

学习线面垂直时体会"大漠孤烟直"大气磅礴的空间结构，学习直线与圆时会联想"长河落日圆"，学习正切函数图像时能吟诵"遥看瀑布挂前川"；在立体几何开篇引入时，以陈子昂的《登幽州台歌》引入"前不见古人，后不见来者。念天地之悠悠，独怆然而涕下"，在品读的过程中，一幅在时光的流轴上，在无限辽阔的空间中，一个极其渺小而又慷慨悲壮的作者形象跃然纸上，我们不禁为作者的空间想象能力所折服。

让学生置身于诗的情境中，积极探索未知的迷人世界，在想象、猜想与论证的过程中，不断挑战自我，在失败中寻找成功的路径，磨砺自己的思维与心灵，在思维能力提升的同时，感受数学的魅力。

也许对于很多学生而言，数学课的内容已经忘得荡然无存了，但数学课上以数学的视角一起品读的诗及这首诗对于心灵的浸润记忆终身。事实上，那些值得学生终身追忆，给学生留下深刻印象，真正开启学生心智的事件，往往发生在偏离主题的云游中（裴光亚）。

2. 数学教学、数学文化、数学教育

数学的意义在数学之外，数学作为一门重要学科的存在价值是什么？数学的存在难道只是为了考试，当一个学生忘记数学知识以后我们希望给学生留下些什么呢？作为数学教师的我们对待数学的态度又是怎样的呢？我们又是如何把我们对待数学的态度及对数学的理解渗透到我们的课堂教学中的呢？

在《对数（必修1）》一课，我以猜灯谜的形式（会计查账，答一数学名词）引入课题；又介绍了纳皮尔建立对数概念的历史，渗透数学文化。在学生计算完 $\log_2(4^7 \times 2^5)=19$ 后，引导学生再用计算器去计算 $4^7 \times 2^5=524\ 288$，学生自然就能体会到拉普拉斯的名言"对数用缩短计算的时间来使天文学家的寿命加倍"；也就能体会伽利略的名言"给我时间、空间和对数，我可以创造出一个宇宙"。

在学习《基本不等式》的时候，以北京召开的第24届国际数学家大会会标（赵爽弦图）引入，赵爽弦图是迄今为止最早的勾股定理的无字证明，既传播我国古代数学文化，激发民族自豪感，又能通过学习发现数学的和谐美、对称美、简洁美，还能培养从直观猜想到严格论证的数学理性精神，实现数学育人。

学习正、余弦函数图像时体会坦然面对人生的起起落落。在学习《空间中直线位置关系（必修2）》的时候，以对联的形式"指数函数、对数函数、三角函数，数数含辛茹苦；相交直线、平行直线、异面直线，线线意切情深"帮助学生加深对空间直线位置关系的理解，还能恰如其分地渗透感恩教育。

在学习《两角和差的正、余弦公式（必修4）》时，赋予拟人化和个人情感的色彩：正弦比较正派，每一项都是既有正弦又有余弦，而且当加就加、当减则减；余弦就比较自私，每项都是安排自己人在前，而且当减偏加、当加却减。既达到德育教育的效果又能激发学生的学习兴趣，并且学生能很好地掌握两角和差的正弦、余弦公式。如此等等，即便对于今后不再从事数学有关的学习、工作的学生，或者忘掉数学知识以后也能留下一些深刻的记忆，能起到潜移默化的作用。

三、结语

手执粉笔，解世事代数；胸怀壮志，问人生几何。教学是一场修行，我一直在思考如何做一个有情怀的数学教师，从"数学教学"到"数学教育"，用数学的方式，在数学内部挖掘育人资源，并使它们在数学教育的各个环节中发挥作用，实现"数学育人"的价值。路漫漫其修远兮，吾将上下而求索。在理想的丰满和现实的骨感中，我选择了平凡中的坚守与追求，追求我理想中的教学风格：简约的语言、诗意的数学！

同行眼中的我

陈芝飞是一名非常优秀的教师，忠于党的教育事业，热爱本职工作，先后担任班主任、备课组长、年级段长、教研组长、教务处主任等工作，是属于那种从来都非常喜欢教书、做教师的人。其富有诗意、充满哲理的独特教学风格深受学生喜爱，学生都亲切地称呼他为"小飞哥"，为此，温州都市报整版刊登题为《如果你不喜欢数学，那是因为你没遇到"小飞哥"》的校园达人陈芝飞的介绍。

陈老师20年来孜孜不倦地钻研教学，并将教学与教科研工作结合，坚持理论实践再到理论的过程，硕果累累，在全市乃至全省起到了积极的辐射和影响作用。曾获得市直高中数学青年教师优质课一等奖、市高中数学优质课评比二等奖，连续三次获得市数学青年教师基本功竞赛一等奖，多次获得温州市高中数学命题竞赛一等奖、省微课程比赛一等奖等。多次应邀在省、市经验交流会上作专题讲座或典型发言，多次担任中学高级评审专家；曾参与编写出版书籍五本，多篇论文发表在《数学通报》《课程·教材·教法》等核心期刊，发表省、市级课题论文 20 余篇。在学科建设方面，在裴蒂娜教授的指导下，基于学习力提升建构温州市第十四高级中学高中数学学科建设——必修课程校本化，选修课程模块化。在课堂教学中，陈老师坚持"学"为中心，以"学"定教；以学生的发展为本，以促进学生的有效学习为目标，积极实践课堂变革，提出"小组协作，导学纲要"的课堂变革模式，其核心理念是将课堂还给学生，标志是让学生动起来，本质是学生学习行为的改变。理论与实践结合，在温州市课堂变革第一批试点学校教学研讨课上，一节《等比数列的性质》受到大家一致好评，温州都市报做了题为《学生上课睡觉谁之过》的长篇报道。以课堂变革为主题的多篇论文在省、市中频频获奖，并带领温州市第十四高级中学高中数学组荣获温州市首批课堂变革优秀试点学科。

  陈老师虚心好学，注重自我提升。参加过温州市第三届骨干研修班、温州市命题项目组、温州市第二届百名领军教师研修班、浙派名师研修班、温州市教育名家培养研修班等。

  陈老师由于执着进取、积极负责、出色的表现赢得了学生的爱戴、同事的肯定、领导的信任，成长为学校乃至温州教育教学骨干。先后被评为浙江省正高级教师、温州市第五届名师、浙江省中小学教坛新秀、温州市 551 人才、温州市瓯越情优秀教师、温州市第四届教坛中坚、温州市首届教坛新秀、温州市优秀党员、温州市优秀教师、浙江省教科研工作先进个人等。

艺术教育的教育艺术
——厚、简、透

温州市艺术学校 邹黎明

一、我的教学风格

不到园林，怎知春色如许！寄情于山水之间，园林的山石之景虽由人工建造垒叠，但更注重的是石材本身的质地、纹路和造型之美，以达到近乎天然的艺术境界。"虽由人作，宛自天开"，优良石材的特征往往概括为"皱、瘦、透"几个字。

课堂教学也是这个道理，教学中虽然有教师的精心设计，有教师的思维引领，但更要注重学生的天性和本色，遵循学生的认知规律，延展学生的创想与智慧。所谓"因材施教"与"循石造型"正是同理。因此，我追求的教学风格对应的是"厚、简、透"。三个字三重境界，教学艺术的高下正在于境界，正如潘天寿先生所说："艺术之高下，终在境界。境界层上，一步一重天，虽咫尺之隔，往往辛苦一世，未必梦见"。教学中我一如既往、不懈努力，但愿得以梦见！

1. 厚——追求厚重文化之韵

厚，即丰富、厚重、深入、曲折。理想的美术课应如一部好电影，镜头推拉摇移，情节跌宕起伏，结构一波三折，寓意回味深沉。艺术追求曲径通幽，唯有如此，才值得回味。厚也意味着深厚的文化味，我主张"把书读厚、把课上厚"，我追求有历史厚重感的课堂，对教材中涉及的知识、相关历史背景，从深度与广度上进行研究，只有对内容有深刻的把握，对学情有深度的分析，才能达到在课堂中的深化融合。所谓"深入浅出"，就是教师课前的储备与探究做得更深厚，才能举重若轻地、通俗浅显地引导学生学习。

2. 简——追求清晰精练之味

简，即简约、清晰、明白、精练。课堂教学风格追求的是课堂求"简"，在"简约"中彰显"深刻"，大道至简、自然朴实、淡化形式、注重实质、深入浅出、浑然天成。"触目横斜千万朵，赏心只有两三枝。"删繁就简，削枝强干，去掉可有可无的细枝末节，才能让关键的东西成为核心。我不求教师的完美课堂呈现，尽量压缩教师的讲解，给学生充足的感悟时间与空间。抓住了主干，去掉了繁芜的细节，学生才愿意毫无顾忌地生发与求索，创造的天性才会被挖掘，看似浅显的课堂才能深有意味。

3. 透——追求通透空灵之悟

透，即通透、澄明、透彻、空灵。透是由表及里、由外向内的透明、穿透、通透，我追求的是达到饱满、充分、极致的透彻、通达、融合之透。美术是一种社会现象，窗户纸捅破之后，里面就是哲学，艺术是文史哲的综合表现，与美学、人文历史、哲学有着千丝万缕的关系，任何一件美术作品，将它放到宏观的人类历史中，无不是既回顾或传承过去，又引领或导向未来。而只有追寻到了艺术及艺术家独特的视线，才能推开艺术学习的大门，自由翱翔于艺术鉴赏的天空中。

二、我的成长经历

记忆中，我是听着《亚洲雄风》的歌声走进浙江省乐清师范大门的，而后机缘巧合，经选拔，我从一名普师学生转入美术加强班学习，乐清师范严格的师范教育为我打下了良好的基础。

1．1993—2003 职初十年，从迷茫到厚重，课堂风格初步形成

1993 年我从师范大学毕业参加工作，正式成为一名教师。初为人师的那段时间，谈不上刻苦，有的是年轻人的热情与用之不竭的旺盛精力，后有幸到中国美术学院接受继续教育，艺术的殿堂让年轻人如沐春风、恣意成长，但 1998 年毕业后，带来的却是更多的迷茫与失落，是追求"艺术"还是"艺术教育"。幸运的是，在我最迷茫的时候，我遇见了瓯海区美术教研员黄德靖老师，他给了我鼓励，通过交流，我才突然意识到，原来在美术教学教研中，同样可以有教师发挥智慧与创造的空间，从此下定决心，积极参与美术教学研究。2000 年，义务教育美术课程标准实验稿的颁布给了我们一线美术教师许多的机会。2000 年 6 月，全省中等学校艺术教师讲座评比在丽水缙云中学举行，初出茅庐的我经过县、市两级选拔，代表温州地区参赛，黄老师亲自带我到缙云，我当时的讲座主题为《雕塑的本质》，准备了底座、支架、黏土，采用边讲解边演示的方式进行，比赛当天，黄老师 6 点就起床为我做好讲座前的道具整理与准备，令我非常感动。虽然只获得了省二等奖，但这次经历对我意义深远，我从此开始了对"艺术教育的教育艺术"的不懈追求。在 2001 年举行的全省中学美术教师专业知识评比、中学美术教师绘画特长评比中，我均获得了省一等奖。

为了准备这些比赛，我对中外美术史进行了系统的学习，这些看似并不实用的理论知识，其实在我后来形成比较"厚重"的个人教学风格的过程中起到了很大的作用。2001 年 3 月，《中国彩陶》是我开出的第一堂给大家留下深刻印象的公开课，当大多数教师还在将美术课等同于"图画"课时，我努力营造了一种穿越历史文化时空、真实在现的教学情境，充分发挥农村学校依山傍水的地理优势，美术教室里摆放着我仿制的各种形制的彩陶器，时值初春，我到山上折来几枝刚刚冒出嫩芽的梧桐枝条，插在靠窗的陶瓶内，窗外轻风送来油菜花与泥土的清香。在进行了必要的知识讲解之后，伴随着班得瑞轻音乐《原始人之夜》原始神秘轻灵的音乐，在夜鸟"咕咕"的啼叫声中，大家仿佛穿越时空，围坐在篝火旁，开始了对半成品彩陶的传递及绘制的集体劳作，真实的情境让在场的学生、教师，甚至是听课的教师都达到了忘我的境界，整堂课沉浸在浓厚的历史文化氛围中。

随后的一两年，我开出了公开课《罐子的故事》《古塔遗韵》，我厚重的教学风格也初步形成。我比较早地意识到了挖掘与开发乡土人文校本教材的意义，在教科研方面也取得了丰硕的成果。在这段成长经历中，我应该感谢我的一位老师，当时在文博系统工作的吴明哲老师，他不但鼓励、劝诫我珍惜时间多读书、多学习，还由于职业习惯，他告诉我在文博系统考古研究的方法，这些无疑对我如何"把书读厚，把课上厚"起到了非常重要的作用。2003 年，我被省教育厅授予"浙江省中小学教坛新秀"称号。

2．2003—2013 变化十年，从深入到浅出，简练课堂风格形成

2004 年我荣幸地调入瓯海职业中专学校，开始了我的美术专业教学阶段。由于专业的美

术教学与普通的中小学美术教学有很大的不同，为了适应新的教学，我有意无意地实现了从深入到浅出的转变。专业教学要教师不断"雕塑自己的课堂"，美术教师既要把自己的书读厚，又要善于把美术书教薄，真正做到深入浅出。米开朗琪罗说："雕像本来就在石头里面，我只是去掉多余的部分"，多余的部分就是浮躁，时间与态度就是凿子，雕琢就是推敲与反省。最后就成了你的教学风格。公开课《联想与创造》以直接方式对工艺美术专业的学生进行了设计思维的训练。在《简单的静物组合》课中，我引导学生理解正是因为静物结构、形体、色调、质地的多样性与丰富性，所以学习静物写生之前首要学习静物的选择与搭配。从分析讲解内容的合理、合情，到形式的形体、色调、质地的选择与搭配，请学生动手实践，引导学生自主分析这几件静物如何组合在一起，讲练结合，及时反馈，课堂教学简捷有效。

2007年我成为温州市艺术学校高中美术教师，温州市艺术学校是一所为全国艺术高校输送优秀高中毕业生的学校，我热情地投入工作，为了能够更好地给学生以直观的教学效果，我几乎每节课都做范画。但是简练不等于简单，基于地域文化的文化传承的厚重教学风格还是会有特定的融合，结合学校美术学生的特长，我采用了学生喜闻乐见的墙绘壁画方式，指导学生利用画笔勾描，留住温州城市的记忆《千年五马街》：学生与美术教师精心挑选了长约50米的描绘墙面，全班学生参与，在文化墙上，既有呈现五马街中西风格并存的建筑，又透露出五马街浓郁的商业气息。壁画完成后，图文并茂的画卷增添了校园文化氛围，成为学校一道亮丽的风景线。但凡是来过温州市艺术学校参观的学生、家长、教师，站在学校的文化长廊都会由衷地赞道："这不是原来的五马街吗？走在这里，仿佛时空穿越！"

2013年我十分荣幸地被授予温州市名师荣誉称号。

3．2013—2020年，从反思到积淀，追求通透澄明的教学风格

此后几年，我的教师职业倦怠期悄然而至。特别感谢市教育局组织的温州市百名领军教师培训，以及未来教育名家培养对象培训，通过培训，我逐渐意识到，当前高中美术高考教育的确存在许多的弊端，高中阶段也的确不能像义务教育阶段中小学美术教师那样开展教学研究，但是，任何困难与弊端本身就是教育研究的问题和契机，假如以这样的角度思考，高中美术许多的问题是十分有研究价值的，例如，如何在美术专业基础训练中渗透美术鉴赏知识？近年来，针对以上问题，我发动了身边的同事组成学习研究共同体，在习以为常的教学实践中开展真实有效的研究，在大家的齐心合力、共同研究下，取得了许多的省市级优秀研究成果。我从反思到积淀，开始追求并逐渐形成了通透澄明的教学风格，越发全面地认识到美术课不仅仅是一门传授美术知识与技能的专业课，也不仅仅是一门只接受文化熏陶的欣赏课。它应该是一门感受视觉规律、学会艺术思考、感悟艺术哲学、净化内心性灵的人文学科。2018年，在各位师长与朋友的鼓励与支持下，我参加了浙江省第十二批特级教师评比比赛，市教育局组织教师院的导师辅导点评，我的导师更是亲自示范，可以说参评的过程就是一次很好的学习与提升。经过努力，我终于获得了浙江省特级教师荣誉称号。

时光流转，但我初心不忘，与美同行，无限感恩。感谢一路上引领我成长的各位导师。从希望"厚重"，到复归"简练"，再到追求"通透"，教学风格的追求的经历也告诉我一个道理：决定我们成为一个怎样的人的，并不全是我们的禀赋与能力，而是我们的人生态度。

三、教学片段

2002年农历马年，我设计了公开研讨课《马》，该课由音乐《赛马》和"马"的成语导入，以"马"这个文字的演变过程为线索，从古至今，分析了马在人类各个历史发展时期举足轻重的作用，以及这种积极的作用又是怎样折射在同时期以马为题材的美术作品中的。秦篆里的"马"字与铜辂马、汉隶里的"马"字与《马踏匈奴》、唐楷里的"马"字与《昭陵六骏》……，在具体的文化情境对应欣赏中，体验着丰富内涵的"马文化"。教学中还让学生在马的艺术中体验马的精神，最后，用美术的形式将这种马的精神表现出来。该堂课旨在引领学生形成一种宽泛、广博的文化欣赏观念。

2008年12月，全省高中优质课评比，我执教《西方现代艺术的发端与发展》：我从送给同学们的一束紫色薰衣草提问有谁知道薰衣草的故乡在哪里，用地图显示薰衣草的故乡普罗旺斯埃克斯的位置。在背景音乐中讲述故事创设情境：这是一个充满诗情的地方，100多年前，这里曾经住着一位孤独而古怪的老头，他每天行色匆匆，直到有一天，他停下脚步，因为看见一群小孩正朝他扔石头，老人就问："你们知道我是谁吗？我会是100年以后世界上伟大的画家。"2006年，也就是这个老人去世100周年，人们在他走过的每条小路上都铺上了他的名字，他就是保罗·塞尚（Paul Cezanne），伟大的后印象主义画家（出示画家自画像）。是他推开了现代绘画的大门，所以，人们也称他为"现代绘画之父"。我们今天就以塞尚作为历史坐标上的原点，一起学习西方现代艺术的发端与发展。

2016年当我初次执教《齐白石》这一课时，出示齐白石的肖像漫画问学生知道画的是谁时，本以为这是平常的美术常识，但是学生不一定知道。可见，教师往往会站在自己的位置去设问，而站在学生的角度提出问题、理解问题，其实并不容易。

2017年第2次公开教学，我做了改进，课堂教学中请学生摸一摸你手中的葫芦，说一说、画一画葫芦，从我们画的葫芦——对比引出大师的画葫芦——它的作者齐白石。在师生对话的持续理解的问题推进中，阅读导学案例，用图示分别标注出齐白石生平的几个关键点，从人生情感的角度对齐白石人生经历进行认知。通过关注学生课堂问题不断生成，重点进行齐白石的《葫芦天牛图》的重点解读。看到什么？看画的顺序怎样？评价：见笔、见墨、见心。

四、他人眼中的我

做聆听艺术的有心人

邹黎明老师喜欢研究，每每听到他对事情的解读，总让人受益匪浅。因为平时爱读书、爱钻研，他很擅长挖掘事物的本质，并以此循循善诱，启发我们用全新的视野审视自己的教学。邹老师常常结合自身的美学经验，站在各个角度，旁征博引地给我们做讲座。他静心研学的精神也极好地平复着我们因为工作繁忙而产生的焦躁情绪。每每听他言语，就会燃起我们潜心研学的初心，让我们坚定意志，继续前行。

邹老师很博学，他时常告诫我们应该做好对生活的记录，以时刻拓展我们的教学内容。有一次，他就将温州女将门神的话题带到讲座中，他说为什么温州瑞安会有女门神呢？如若不是邹老师点醒，我们恐怕从来不曾留意过家乡还有这一道奇妙的风景线。女门神这些物态形式直接反映百姓生活，体现着温州文化与闽地文化的交融。于艺术的表象中探究生命内在的能量，这种对文化探寻的方式常常令人动容。

邹老师教会我们要做好聆听艺术的有心人，教师需深挖平常事物背后的美学精神，以此引导学生对生活产生圆润、饱满的感悟。

（温州教育教学研究院附属学校教育集团学院路分校　张聪鹏）

如父如兄的邹师

早在读大学的时候，我就听说过邹黎明其人。第一次近距离接触，是多年以前在实验小学听一节一年级的美术课，内容关于画叶子。评课阶段，邹师最后一位发言。我至今仍深深记得，他谦和有力的语气和发言中一个个明确的观点，从眼前大家看到的课堂教学出发，逐步迁移到美术教学中的观察能力培养，再迁移到跨学科整合的大趋势和理念，结合国外游学考察经历让大家从一节小小的课堂中看到了科学与艺术融合的、基于生命整体发展的教学蓝图。看似是评课，而又不只是评课。后来我进入邹师的工作室，无数次听他发言，每一次都是如此，每句话、每段事，总能旁征博引，落到现实经历的同时又饱含对生命的理解与尊重。这是"厚积"的人才能做到的"薄发"。

所有跟邹师接触过的人都知道他睿智儒雅、温和宽容、如父如兄。2019 年参评区级新秀前，我在准备练习的过程中暴露了太多的基础问题因而对自己感到深深的失望，陷入自暴自弃的情绪中，碍于面子不愿意拿自己差劲的表现去请教邹师。谁想到邹师竟然主动打电话来，殷切询问我的准备情况，针对具体问题快速提出指导建议。交流过程中邹师敏锐地发现我低落的情绪，为打断我一连串的自我否定，他立即提出了一个"赌约"：如果我成功评上，请他吃饭；如果落选，他请客吃饭。电话挂断后，想到邹师如此委婉、睿智的鼓励和包容，我羞愧难当，坐在空教室里尽情大哭一场。回想交流的过程，经验成熟的邹师非常无私地分享他的备战经历来稳定电话这头一个六神无主的青年教师，面对稚嫩的教学设计也表现出了充分理解，不强加猛灌，步步启发给出指导建议，耐心十足。一个看似是安慰的"赌约"，在心理上所发挥的巨大作用，我的成功上榜就是最好的证明。

无论私下闲聊还是公开场合，邹师多次说："我们做美育的人，总要用自己的能力为这个社会做点什么。"这是一位悲天悯人的美育者能做到的最高理想，这是一位愿意将责任和理想扛在肩上的美育者。邹师评上特级教师后，许多人都喊他"邹特"，但在我心里，邹师是不能被"特级教师"这个名词框住的。邹师就是邹师，永为吾师。

（温州市第十九中学　林晶晶）

"五心"·生本·融岗
——打造有温度、有深度的中职专业课堂

温州市职业中等专业学校　吕媚媚

一、我的教学风格

从中国古代伟大教育家孔子的"爱之，能勿劳乎"到现代杰出教育家叶圣陶的"爱的教育"；从英国新教育运动理论的代表人物罗素倡导的"爱的教育"到苏联教育家苏姆霍林斯基的"没有爱就没有教育"，古今中外的教育家们具体教育思想虽然各有不同，但"爱"是教育的共性。在我的教育教学中，爱是主旋律，是教育的灵魂，是所有教育教学活动的基础。

（一）五心教育、向善求真

我用爱心、耐心、童心、细心、责任心营造温暖的教育教学氛围，五心教育，用爱滋养，引导学生向善、有爱、求真。

我的同事们常说吕老师的班级里没有坏学生，调皮捣蛋的学生总在有温度的教育中悄然改变。记得2004级幼师班有个学生，经常旷课、迟到，不爱学习，整天嚷嚷着要换专业。我了解到她父母在外做生意，她经常一个人在家，晚上睡迟后，第二天迟到、旷课就成了家常便饭，找她谈话，她总是虚心接受，但是屡教不改。于是我主动当她的闹钟，每晚10点、早上6点10分给她打电话，督促她早睡早起，就这样坚持了一个月，她改掉了迟到、旷课的毛病，跟我也越来越亲近了。后来，我发现这个孩子在钢琴方面有特长，于是我鼓励她去了解艺术类的大学，并邀请考入艺术院校的学姐回母校分享经验，让她明白钢琴技艺精湛有机会参加艺术高考，同时为她创造了许多展示才能的机会。有了明确的学习目标，体会到成功的喜悦后，孩子的学习动力足了，最终如愿以偿考进了上海艺术学院。

五心教育、向善求真，是一场温暖的修行，做有爱的教师，享受工作带来的愉悦感、幸福感。

（二）以生为本、彰显个性

联合国教科文组织在《学会生存——教育界的今天和明天》中指出："教师的职责现在已经越来越少地传递知识，而越来越多地激励思考。"本人积极营造生本教育生态环境，从学生视角出发，以需引思、以疑促思、以趣诱思、以难激思，发挥学生学习的自主性、能动性和创造性。

中职学前教育声乐教学，教师普遍沿用高校声乐教学，学生演唱幼儿歌曲时出现美声腔。幼儿歌曲与成人歌曲的区别在哪儿？歌唱要求有什么不同？如何表现？我整合成人歌曲与幼儿歌曲，通过设疑激趣、对比启发，引导学生主动参与，学习音乐技能，增强思辨能力。如成人歌曲《渴望春天》6/8节拍，欢快的旋律体现了人们在寒冬时对春天的思念，明朗动听的音乐语言表达了作曲家对生活的热爱和对美好未来的向往。幼儿歌曲《柳树姑娘》3/4节拍，用拟人的手法描写春天的柳树，长长的柳条好像长长的辫子，随风一吹，甩进池塘，洗洗长发，爱美小

姑娘的形象跃然在心。同样是描写春天，幼儿歌曲用童言表现童心，更富童趣，6/8和3/4强弱的律动有相似又有差异。通过对比，启发思考，学生发现成人歌曲与幼儿歌曲在音乐表现手法上有诸多差异，对音乐认知更加透彻，对歌唱技巧把握更加清晰。课后作业则是引导学生选择表演成人歌曲或幼儿歌曲，分层作业，让课堂成为学生淋漓尽致展现个体、亮出光彩的舞台。

（三）融合岗位、学前特色

"职教国二十条"明确指出推动中职学校推进校企全面加强深度合作。作为学前教育的声乐教师，我的音乐课堂与幼儿园音乐活动紧密融合，引导学生从幼儿教师的视角去思考、去实践，有效提升学生的综合音乐实践能力，增强职业认同，提升职业素养，更好地适应未来的幼教工作岗位。例如，幼儿歌曲表演唱"国旗国旗真美丽"，本人以说—画—拍—演—唱为链，融幼儿园多种活动于一体，如歌词对"画"、讲故事、奥尔夫互动手势、表演唱等，通过与幼教岗位相对接的形式进行学科横向渗透，提高学生的学习热情，实现全科教育。

以爱为基石，以学生为本位，本人结合五心教育、融合岗位，致力于打造有温度、有深度的中职学前教育专业课堂。

二、我的成长历程

（一）勤学苦练、成长之道

1995年，我从浙江师范大学学前教育系毕业后分配到温州市职业中等专业学校，出于对音乐的热爱，拿到工资后我找到温州市群艺馆馆长余老师学习声乐，这一学就是10年；2004—2017年，温州市合唱团成立后我参加合唱团学习，这一学又坚持了13年。在我看来，为师成长之道就是坚持"学习"，孜孜不倦，完成蜕变。

（二）抬头寻路、教学之艺

教师埋头学习让专业知识有厚度、专业技能有高度，教师抬头寻路则让教育视野有广度、教育思想有深度、教育教学更有效度。2015年我成为钱瑞华名师工作室成员，走近导师，我豁然开朗，方向正确，坚持才能到达美丽的彼岸。在工作室学习过程中，我扎根课堂，抬头寻路，1节省级公开课，3节市级公开课，2节县级公开课，2节校级公开课，高强度的教学磨砺，生本教育理念的洗礼，让我学会把课堂真正让位给学生，从关注教师精湛的专业、热情的演绎到关注学生思维的成长、个性的绽放，教学之艺日益增长。

（三）真实教研、风格之途

作为音乐教师，写文章做科研一直是我的短板。因为素质出众、执着好学、导师引路，让我有幸成为教学名师，面对这份沉甸甸的荣誉，心中多了一份敬畏，只有补足短板才能不负名师光环。针对教育教学的困惑，我以课题、论文为载体，逼自己写文章，调整教育教学，做真实的研究。写作是条理化思考问题的过程，它让混沌的思绪变成清晰的思想，而教师恰恰是需要用思想来支撑的人，渐渐地我对教育教学的认识更加清晰、对中职教育教学更有见地，我的五心教育、温婉之风中多了一份理性，以生为本、融合岗位，我的课堂变得有深度。

三、我的教学片段

（一）园校融合，学科合力——学习能力综合化

学前教育的声乐是一门综合性的学科，我在声乐教学活动中融合声乐、钢琴、舞蹈、语言

等不同学科,分工合作,合力培养学前教育师资。如综合学习幼儿歌曲《柳树姑娘》。

(1)在声乐技巧表达上,引导学生用柔和与跳跃声音表现不同节奏的音乐,用自然有支持的声音去表达随风摇曳的柳树姑娘的音乐形象。

(2)结合钢琴学科,针对《柳树姑娘》小调和三拍子的音乐特点,学习小调的伴奏编配,用半分解和全分解的伴奏音型表现第三乐句密集节奏与其他乐句舒缓节奏的对比,强调"唱"与"弹"的有效配合。

(3)在结合舞蹈学科,引导学生创编幼儿动作表演柳树摇曳的身姿,用不同幅度和速度的律动,表现不同节奏的三拍子律动,强调"唱"和"跳"有效配合。

(4)结合语言学科,引导学生用形象生动的语言朗诵、表演柳树姑娘,强调"唱"和"演"的有效配合。

中职学前声乐教学,园校融合,学科合力,有效提高学生综合实践能力,提升学生专业综合素养。

(二)融合方法,以境生情——学习过程情境化

中职学前声乐教学以生为本,从专业出发,结合游戏、结合律动帮助学生增强专业技能,掌握实用方法。如幼儿歌曲《王老先生有块地》是一个二声部的作品,教师创设故事情境,融入游戏教学,有趣有效。

(1)学生表演王老先生,感受音乐、表达音乐。

师:王老先生是个怎样的老爷爷?请同学们合着节拍模仿王老先生走路,要求合着恒拍,表现你心目中老爷爷的形象。

学生通过动作,表演老爷爷的角色。

师:请同学们用歌声+动作表现王老先生。

学生通过歌声和动作,表演老爷爷的角色。

$$\underline{1\ 1}\quad \underline{1\ 5}\ |\ \underline{6\ 6}\ \underline{5}\ |\ \underline{3\ 3}\ \underline{2\ 2}\ |\ 1\ 0\ \|$$
王老　先生　有 块　地,　咿呀 咿呀　哟

(2)学生表演小鸡,用歌声和节奏感受音乐、表达音乐。

师:小鸡怎么叫?你能用声音和动作来表现吗?

学生模仿小鸡叫声,教师引导学生用节奏和音高来表现小鸡叫声。

$$\underline{X\ X}\ X\ |\ \underline{X\ X}\ X\ |\ \underline{X\ X}\ \underline{X\ X}\ |\ X\ 0\ |$$

$$\underline{1\ 1}\ 1\ |\ \underline{1\ 1}\ 1\ |\ \underline{1\ 1}\ \underline{1\ 1}\ |\ 1\ 0\ \|$$
叽叽　叽　叽叽　叽　叽叽 叽叽　叽

(3)学生分组表演,合作双声部。

师:请同学们分组表演王老先生和小鸡,以游戏的形式完成二声部的合作。

$$\underline{1\ 1}\quad \underline{1\ 5}\ |\ \underline{6\ 6}\ \underline{5}\ |\ \underline{3\ 3}\ \underline{2\ 2}\ |\ 1\ 0\ \|$$
王老　先生　有 块　地,　咿呀 咿呀　哟

$$\underline{1\ 1}\ 1\ |\ \underline{1\ 1}\ 1\ |\ \underline{1\ 1}\ \underline{1\ 1}\ |\ 1\ 0\ \|$$
叽叽　叽　叽叽　叽　叽叽 叽叽　叽

王老先生合着节拍恒拍走路 XX | XX | XX | XX | 稳定节奏,小鸡结合节拍一边走路一边表演,学生在游戏中歌唱,在歌唱中发现游戏与音乐的联系。

（三）融合数字、智慧教学——学习工具数媒化

本人将学习工具数媒化，结合声乐教材制作配套的电子教材、PPT、微课、任务单、范唱视频、幼儿歌曲表演唱等数字资源，形成丰富的声乐资源包。

课前——教师在钉钉平台创建云班课，将声乐微课视频、预习任务单等文件资源上传云平台，系统及时推送消息提醒学生上线学习，实现课堂翻转。

课中——教师根据学生提交作业，了解学生的学习情况，及时调整教学内容，实施线下精准教学。

课后——引导学生利用抖音、剪映、微视等App软件的录音、录像、录屏功能，轻松制作各类音频、视频，上传钉钉家校本，并通过哔哩哔哩、抖音、微信公众号等网络平台推广，做到有效拓学。

结合钉钉教学平台开展课前诊学、课中助学、课后拓学，线上线下融合数字实现智慧教学，不仅助力声乐课堂开展有效教学，还有利于提升学生信息素养，为其学前教育事业的创新发展提供支持。

（四）融合路径、多维评价——学习成果表现化

中职学前教育声乐学习强调合作、强调创编，融合路径，以综合音乐活动表现化的形式呈现成果。在"面向幼儿防疫音乐作品创编与演绎"活动中，学生根据自己的能力合作改编或创编"抗疫讲卫生主题"的幼儿歌曲。

（1）教师提供微课、知识单、任务单，以提供知识帮助。

（2）学生明晰任务要求，制定任务步骤，上网搜寻资料，分组讨论创作作品，完成创作后，学生分工合作，融合"唱""弹""演""说"多种路径表演作品，拍摄制作、上传平台。

（3）教师和同伴针对视频从作品与岗位的匹配度、作品表演的艺术性、同伴合作的默契度、视频制作的精美度对学生的学习成果进行综合的评价，表达意见和建议。

（4）学生与同伴、与教师互动，吸取建议，小组合作重新调整作品，上传平台。

以生活教育为契机，四个教学步骤融合路径引导学生相互协作、利用媒体、主动学习、多维评价、乐于接纳，提升岗位综合音乐实践能力。

基于"园校融合"的中职学前教育声乐教学，以生为本，有效解决声乐教学与岗位需求脱节的现状，有效提升学生的综合音乐实践能力。

四、他人眼中的我

"媚媚老师，您让我的高中三年拥有太多美好的记忆。在初中，我是一个很自卑的孩子，不说话，来到温职专才慢慢改变，是您发现我的长处，是您一次一次的鼓励，为我们创设一次一次的机会，我才敢在大家面前唱歌，我才敢自信地绽放。这三年我真的很幸运来到温州市职业中等专业学校，来到您身边，可以大声唱歌，还考上浙江师范大学本科。谢谢您。在您身上我学到矜持，待人面带微笑，低调做人，努力做事，向善求真，谢谢老师无私的付出——为我们合唱团的付出，为我们高复班的付出，爱你爱你爱你爱你爱你爱你！"

（学生　程家惠）

吕媚媚老师温婉的个性中蕴含着坚定，用音乐和微笑感染学生，用敬业和精业感染同伴。她是一个让人舒心的同伴、让人心服的领导。她的声音带着生机勃勃的律动，灵动富有激情的

课堂总能让人在跳动的音符和节奏中感受愉悦。音乐是她探究大千世界的方式，她总是用最温婉的微笑将这种触摸世界的办法传递给课堂里的每一个人……她用音乐和微笑引领着年轻的生命日益蓬勃，也让那些年轻的生命活成了一首首激情的歌！

（同事　杨莉丹）

　　她从美的光影中走来，立足三尺讲台，她温柔而坚定，热情且从容，灵动盈耳的歌声，温暖真诚的话语，让人如沐春风。熟识多年，这是吕媚媚老师给我的深刻印象。

　　臻于完美。吕老师教态优美，教学严谨，专业自信，善于鼓励，举手投足间散发着音乐老师的魅力；在她课堂上的学生，主动探究，情绪饱满，欢娱沸腾，思维活跃，浑如置身于音乐的天然创作空间，得享艺术之熏染。甚至是听课者也总不由自主地被"卷入"课堂，不自觉地"手之舞之足之蹈之"，沉浸于审美体验之中。

　　止于至善。吕老师谦虚和气、与人为善，对艺术不断追求，吕老师有着天然的谦和与超然。她一心沉浸于专业追求之中，不计得失，乐于助人，不仅注重自我提升，还关注团队建设，是我们心目中一个有教育情怀的学前教育引领者。

　　吕老师的美，美在课堂，美在学生，美在引领，美在教育。

（同事　叶颖颖）

追寻：光的方向

浙江省温州市洞头区城关小学　朱扬华

每个人的眼里都有一束光，这束光在自修、自悟中定格，在自立、自觉中绽放，在自省、自得中沉淀。我的眼里有一束光，追逐它，我行走的每一段路都充盈着温暖和力量。

曾记得在2006年的县师德报告会上，我告诉自己和这个世界：我以我心付童心，历尽艰辛终不悔，因为许身孺子，我愿用生命的绿色去调和教育教学这片蔚蓝色的海洋。铿锵的誓言和庄严的承诺历历在目，那时的年少，那时的憧憬，那时的梦想和时光一起拔节生长。

今天，在这个节点，盘点所谓的成长历程，于我而言，实属不易。当校长十年，我从来没有放弃过语文教学。因这份不舍和情结，我就以一个语文教师的角色，回首走过的路，放大一些镜头，梳理时间留下的我和我的语文轨迹。

追寻一：自然和诗意

1996年，刚毕业的我踏上了鹿西这片土地。那是我梦想开始的地方。在那里，我知道了如何使青春闪光。

毕业第一年，我分配在村小，那是古老破旧的口筐小学，墙壁是泥石糊的，瓦片是青色的，教室四面透风，操场坑坑洼洼。虽然雨声滴答是我熟悉的乐曲，风声呼号是我习惯的节奏，噼里啪啦是我耳畔经久不衰的摇滚，但藏在内心的那股憧憬和梦想从未消退过。过了一年，温州华华集团和村民们共同集资，在附近建了一所希望小学——华华小学，那是个青春纯净的地方，有很多简单的故事和彩色的片段，最有趣的是我的好多作文课都在大自然中进行：学校边上，一棵梧桐树、一处小溪流可以创造我们笔下的温馨家园，一片叶、一朵梅花可以引发我们对生命的思索，一片海、一座堤坝是我们最美好的向往，一丝春雨、一片冬雪都是记忆深处最天真烂漫的故事，还有飘忽的云、飞溅的浪花、向上的石级、丰收的秋天、闪亮的溪流等。这就是当下所谓的课程资源开发，这就是大语文观。这种源于自然的美丽和美好给予了我教师生涯诸多的获得感和幸福感。

2003年，温州市语文教研员潘月娟老师通知我上一节市级公开课。在百花齐放的春天，我选择了《春》这一课题，准备组织引导六年级的学生进行诗歌散文创作。上作文公开课是大家害怕的，而我还要选择上诗歌散文创作课。大家都很不理解，而我也不知道为什么，只是觉着因为喜欢所以选择了。现在回想起来，可能就是当时市语文教研员潘月娟老师说的一句话启发了我：站在台上你就是语文！有了这份勇气，自信就会满满。"站在台上我就是语文！"心里的暗示就像魔咒一样会给予我们阳光般的信心。在欢快的乐曲声中，在收获着喜悦的课堂上，我和学生一起探寻诗歌语言的凝练之美。凝练的诗歌语言表现很丰富，在格律诗中闻到的是春的气息,在叙事诗中看到的是春的景象,在散文诗中触摸到的是春的温暖,在自由诗中感受到的是春的千姿和百态,而这一切诗情画意都是大自然的馈赠!

自然即教育,语文即生活。语文于我不只是工作,而是一种诗意的栖居。语文教学的过程,是为学生的精神生命铺垫底子的过程。儿童是诗,诗是儿童;儿童写诗,诗写儿童。用诗意之语文育诗意学生,实乃语文教师的理想追寻。

追寻二:语言和精神

《说茶》是一本老教材,是一篇很大气的"文章"。我与它的结缘是在一次区级公开课上。怎样让学生们既可以了解有关茶的知识,体会中国传统文化的源远流长;又可以突破教材,构建新型课堂呢?也就是说怎样让语言和精神同构共生,怎样找到这条通道?在思索中,我与教材进行一次又一次的磨合。大刀阔斧才能处理好教材,精雕细琢才能把握好教材。我有了教学预设:我要把课堂当作"茶馆",我要通过"茶老板"与"茶客"的互动、"茶客"与"茶客"的交流,使学生在茶香四溢中陶醉,在传统文化里浸润,使浓浓的茶文化根植于学生的心灵。"唱戏是需要唱本的。"我清楚地知道,教师的自身修养和知识储存非常重要,因此,我几乎跑遍了温州市的书店,好不容易才找到陆羽的《茶经》,又从大连买到了《中国的茶文化》这本书,然后去江苏买到地道的宜兴紫砂茶具。整整一个多月,我一次又一次地与茶文化展开亲密对话,一次又一次地练习沏工夫茶。拥有了淡淡的茶香和储存后,我还担心:仅仅24岁的我能走如此大气的路子吗?我把想法和思路告诉了黄小波老师。他说:如此创新大胆的情境教学很难驾驭,但是我相信你——可以尝试!"没有尝试怎知成败?初生牛犊应该不怕虎!"我总是一遍又一遍地疏导自己。突破教材,创新教法。在开放的情境中,在灵活多样的策略中,在平等的对话中,教材、课堂、学生活灵活现。"茶老板"的语言输出,"茶客"的语言内化和精神的再输出。就这样,在不断地输出和内化中,富有活力的课堂,引领着我和学生,带领着听课教师走进了浓郁的茶香文化。语文素养、文化底蕴在课堂中沉淀、积淀。现在我知道,这就是当下所谓的以生为本、以学为主的课堂,这样的课堂以学生的活动板块为载体,促进了语言和精神的和谐共生。

2007年,我要在省"百人千场"送教下乡的研讨会上讲课一节,所以我幸运地有了一次深刻的教学研磨历程。我选择的是梁晓声的《慈母情深》。高年级的略读课文该怎么教?如何提升长课短教的有效性?怎样寻求情感类文章的语文探究点?在三次解读、诊断、重构中,让我最终感受到了课堂也是一个永远在自我创造、永远在自我摧毁的酒仙世界。作为解读文本的第一人,一定要细读,再细读,争取让文本成为自己美丽的倒影。只有这样,教学才能深入浅出,课堂方能举重若轻。特级教师方斐卿这样评价我的课:"整堂课给人感觉两个字:感动!'入乎其内'又'出乎其外',课堂注重的是多层面的生成,工具性和人文性和谐共生,语文能力和精神境界水乳交融,文情合一,是一堂有情有味的语文课,而且略读课文的把握相当到位,重点突出、难点突破。总之,简单的教学流程给人清晰明朗之感,珍珠似的串联给人丰富厚实之感,教师生动的语言,及时的引导,给课堂和谐与厚实之感!"

语文学科要让学生学会依凭语言领悟言语者的思想情感,依凭语言准确地表达自己的思想情感,这一学习过程本质上就是语言和精神同构共生的过程。我想这就是语文学科的独特性,也就是所谓的语文育人真谛之所在。

追寻三：灵动和厚实

曾记得在杭州嘉绿苑小学执教的绘本课《猜猜我有多爱你》。"慢慢走，欣赏啊！"我采用美学大师朱光潜的这个理念完成这堂课的设计、引领和共读。特级教师魏丽君给我的教学风格做如下诊断："这是一位活泼创新、烂漫灵动的老师，课堂上的她能给学生带来学习的快乐感！"

忘不了在湖州执教的《孔子拜师》。那是一个无限大的施展舞台，它打开了中华传统文化的大门。我构建多个学习支架，引领学生在"品文"中"入境"，在"入境"中"读人"，在"读人"中感受中华文化的博大精深。

成长的路很漫长，也很艰辛，守着心中的信念，怀揣心中的梦想，我勇敢地走着每一步……我享受每一次选课和钻研的乐趣，我努力酿造语文路上的一处处"醇香"。投身课改，沉潜努力，我和学生一起书写语文路上的七彩篇章，一起创造语文课堂的自然个性，一起品尝生本课堂的曼妙灵动，一起畅想教学改革的甜美乐章。

我以"作文教学之目的"为导引开展教改实验，提炼建构聊天式作文教学新体系，主持研究浙江省青年教师课题"聊天式作文的构建和实施"，开设省级网上工作室。十年磨一剑。从2010年至今，我不断实践、不断厎升、不断完善……2019年，此课题成果在《浙江教育报》上登载发表并推广应用。研究的路永无止境。我推进实践项目"渔村袖珍学校探索有效教学之路的策略"，提出在课堂中进行"摸爬滚打"的专业发展历练策略，践行校本培训精品项目"六力：教师专业成长的毓美之行"，引领读写课题"'1+X+Y'：小学语文基于主题的读写教学研究"从生命的层次，用动态生成的观念，整体构建开放性课堂教学，实现了从"教课文"到"教语文"的华丽转身……我将课堂研究相融合，开展语文教学和师生发展及学校整体发展的研究，学生成长了，教师成长了，学校发展了，我也在参与实践和探索研究中遇见了更美好的自己。

"听她上课，是一种享受，更是一份感动。在课堂上，她是连接时间的桥，学生能回首往昔，展望未来；她是横贯空间的桥，学生能与日月为伴，与星辰为伍，纵横四海，驰骋五湖；她更是连接心灵的桥，处处是心与心的交流，时时有智慧与智慧的碰撞。听她上课，犹如在欣赏一曲交响乐。时而是古筝的优雅，那是因为《茶》的清香；时而是笛声的欢快，那是因为《春》的明媚；时而是大提琴的低沉，那是因为《十里长街送总理》的动情……真愿这乐声一直、一直地奏着，带给我们的孩子心灵的震撼……"

这是一位教研组组长在一份鉴定报告上写给我的教学评价。字里行间再一次激活了我对语文的那份深情和追寻。语文，那是在自然中生发的诗和远方，那是在实践中构筑的语言和精神，那更是在探索中创造的灵动、厚实和辽远。语文，是我心里一束永不消逝的光……

让童年有童年的样子
——我的生态教育观

温州市沁园小学　谢树标

童年应该是什么样子？是无拘无束、无忧无虑的，是充满着好奇与幻想的，是允许淘气与调皮的，更是肆意与张扬的……

童年应该有童年的样子。如何做到让教育返璞归真，真正释放孩子的天性，使其在自然自由的环境氛围中全面而有个性地成长？多年来，我一直秉承着"顺从天性、崇尚自然"的办学理念，构建起"生态教育"，致力于让每个孩子自由成长，乐享童年。

一、自然守望，让童年轻盈丰实

柳宗元笔下的郭橐驼种树的经验是"顺木之天，以致其性"，顺从树木的天性，使树木按其本性生长，栽好树后就"勿动勿虑，去不复顾"。不要像"他植者"，旦视而暮抚，已去而复顾。甚者爪其肤以验其生枯，摇其本以观其疏密。实非爱之而是害之。让童年有童年的样子，自然守望，依"时"而行，不培养"反季节儿童"，让童年轻盈丰实。

（一）依"时"而行，不错过

相信大家听过印度两狼孩的故事。七八年的狼群生活，教养的缺失，使得孩子根本丧失了为人的习惯和需求。孤儿院的牧师对其中一狼孩经过7年的教育，才使其掌握45个词，勉强地学会说几句话，开始朝人的生活习性迈进。狼孩的故事告诉我们，孩子的发展不能错过关键期。人误地一季，地误人一年。很多事情，错过了就永远错过了。一旦错过，则事倍功半，甚至不可逆转。生态教育希望根据孩子成长的关键期和转折点给予无痕的对接与引导。

苏联著名教育家苏霍姆林斯基做过一个研究告诉我们：一二年级是孩子阅读的关键期。于是我们每周为孩子开设一节儿童文学导读课，每天引领孩子开展20分钟的晨间早读和20分钟的午间静读。

幼小衔接是一个关键的转折期，这一时期关键在注意力、自制力、独立性和良好习惯等方面的培养。我们秉承"自然、自由"的理念，结合新生在行规、习惯、认知、评价等多元因素，设置了集校园规则、生活常规、学习习惯、儿歌识字、童谣诵读、绘本阅读、电影游戏、艺术熏陶为一体的为期十天的"生态启蒙课程"，为孩子创设一个"心理过渡期"。培养孩子爱学、乐学、积极、自信的良好心态，帮助他们顺利迈出开学第一步。

英国哲学家怀特海说："什么是教育，如果你忘掉了课堂上的内容，也忘掉了考试的内容，剩下的东西才是教育真正的结果。"我们只希望除了常规的学校教育外，能遵循孩子成长的关键期，自然地伸出手，拉孩子一把。

（二）按律生长，不提前

美国现代心理学家盖塞儿提出"自然成熟理论"，他认为儿童有一个适合做某事的内部时间表，早训练的得益是相当短暂的。而我们家长甚至教师都会经常由于功利心作祟而不经意地做些揠苗助长的事。例如，对成绩比较在意，无形中给生理未成熟并不具备内在学习持续动力的低年级孩子一份恐惧的压力。

于是生态化的低年级"考试节"顺势而生。由初期的"模块达标"到2.0的"智力游园"，再发展成3.0的四维的体验课程。我们以"自然、自由"为理念，以"认识自己，认识世界"为主题，以"德育、学业、生活"为三维目标，以"春节旅游"为模拟场景，以"家校联动"为活动模式，开启一次行走世界之旅，收获一份成长的幸福！

对教育孩子的问题，很多家长不是根据孩子成长的规律，不是根据孩子的实际情况，而是为了自己的面子，为了自己当年没有实现的梦，盲目地让孩子参加多种培训班，机械地让孩子完成大量的练习题……于是我们开设了系统化的家长课程，由每年一次的"家长节"、每月一次的"相约六点半"，以及不定期的线上精读会构成网格化的生态系统，帮助家长了解孩子、走近孩子、成长自己、成就孩子。

我们既强调孩子成长环境的自然性，也强调孩子个体成长的自主性，即顺从天性、崇尚自然。而守望自然，需要教师和家长有一份深入了解孩子的成长规律的智慧；需要有一份经受得住世俗眼光的淡定勇气；更需要学校与家庭的携手，学校理念和实际践行的融合。

二、自由浸润，还童年无限可能

龚自珍在《病梅馆记》中说："予购三百盆，皆病者，无一完者。乃誓疗之：纵之顺之，毁其盆，悉埋于地，解其棕缚；以五年为期，必复之全之。"当下，我们对孩子真的应该"纵之顺之"，以求"复之全之"。让童年有童年的样子，自由浸润，蓄一方清池，育海阔天空，让孩子在一定的时空里，自主选择，自我实践，自我成长。

（一）开拓空间，不约束

在西方有一个流传很广的寓言。在一个古老的森林里，生活着狐狸一家。狐狸妈妈幼年时对四只小狐狸精心照顾，呵护有加。稍大后，每天带它们一起捕猎，训练它们奔跑、躲避猛兽及识别陷阱的技能。接近成年时，坚决地把四只小狐狸赶出了洞穴，完全不顾小狐狸的退缩和依赖，让它们自生自灭。狐狸妈妈让孩子去独立面对生存的考验，看似无情，实际上正是对小狐狸大爱的表现。教师跟父母的角色何尝不是这样呢？我们的爱为分离之名而来！

孩子要有自己实践的空间，在这里，没有成人的干扰，孩子能听从自己内心的声音。在学校的门口、架空层、操场一角设置的"小舞台"，是孩子自主表现的地盘。孩子们自主预约，招募粉丝，清晨、午间，小舞台热闹非凡。他们在这里尽情书写着童年的故事。每学期期中过后，校长助理们会自主启动"电影节"活动，问卷调查，网络搜寻，征求意见，制作宣传海报，最后由全校学生投票选出六部最受欢迎的电影，请全校师生一同欣赏。

学校充分调动师资资源和发动社会、家长力量，开发和设计了学科外的五大拓展课程，为孩子的成长提供了无限的可能："心舞飞扬"艺术课程，旨在培养学生的艺术修养，丰富课余生活、美化情操；"快乐健身"体育课程旨在增强学生体质，丰富课余生活；"探索发现"科技课程意在培养孩子的探究精神，发展求异思维和团队合作精神；"魅力语言"诗文课程，让孩子们愿意与经典为伍,同美文做伴,跟语言结缘,让孩子在感悟和欣赏、参与和实践中成长;"心手相牵"实践课程主要开展生活类活动项目,让孩子在动手操作及生活实践中学习必备的生活及生存技能,完善人格。

师生之爱,为分离之名而来。生态教育为孩子提供广阔的成长空间,乐于做孩子人生的"背景",把学习和生活的舞台让给孩子,自有精彩。

(二)开放时间,不放任

在学校,孩子有自己学习和体验的时间,有自己作主和表达的时间。我们构建的以"自然、自由、自主、自悟"为基本特征的生态课堂为孩子的成长提供了无限的可能。

教师们根据《学校各学科"生态课堂"操作规范》的要求,通过大问题设计开展学习活动,有了问题,学生的学习才有了方向,有了要求;有了问题,学生的学习就不会流于形式;有了问题,伙伴之间的合作学习及讨论才有了载体,教学和引导就有了抓手。

比如一年级的巧用数数这一内容,我们教师以"学生排队"为真实情境,提出问题:"叶轩凯和曾浩之间有几人?你能解决这个问题吗?"培养孩子通过尝试、探究寻求解决问题的思路与方法。"你想怎么解决,在纸上用自己的方式表示出来。"不仅可以给学生一个展示的机会,同时,还是一种学习能力的调研。在生态课堂上,教师不是"园丁",修剪参差不齐的枝丫,而更像"导游",带着孩子去看见树、看见鸟、看见草地。心中的那幅美丽画面由学生独立完成。

很多语文教师和科学教师设计"导读单、回声壁、尝试题和学习路线图",像导游为游客提供的"自助游攻略",让学生经历困难,激发探究欲望。在互动分享中,孩子解决问题和自发想象的本领不是我们能预测的。因此,我们需要在教学实践中尽可能地放手,把属于孩子的权利还给孩子,不以任何借口和理由遏制和剥夺。

当然,为了规范生态课堂基本特征的践行,我们对小组合作的分工、自主表达的语言规范、自由分享的方式都提出了明确而细致的标准。这份约束为形成孩子一种能力而设,为形成孩子一种思维品质而设,更为培养孩子一种学科素养而设。

我们营造一个让孩子有"童年样子"的教育生态,让孩子在自然、自由状态下成长,给孩子一个快乐的童年、给人生一段美好的回忆、给终身发展一个坚实的基础。

相信爱与美的力量

温州市少年艺术学校　应　真

我与我工作的温州市少年艺术学校有深缘,她是我的母校。我自1992年毕业回母校任教至今,成长于此,扎根于此。"奉献爱,追求美"的少年艺术学校精神深深影响着我,从学生时代到职业生涯,曾经的专业选择、职业选择等人生十字路口,是爱与美的力量坚定了心之所向。因此我视母校为家园,将自己深深耕植于母校的艺术教育土壤里,将自我的人生追寻与教育追求联结在一起,将个人价值实现与学校发展、师生成长联系在一起,致力于把艺术带给我的快乐童年记忆和丰盛生命养分融于课堂、舞台、校园……

一、在美的创造中获得

美育是心灵的教育、情感的教育。艺术的神秘丰饶,使其具有通往心灵的力量。我希望以艺术为钥匙打开孩子们的心灵之门,让孩子们通过艺术发现对美的感知与表达,探索属于自己的特质密码,体验与艺术为伴的多彩和美好。我在艺术教学、社团建设、创作实践和公益美育项目中探索"美育与艺术教育协同发展的培育模式",不断于实践中锤炼、于反思中提升,逐步形成了"专业、有趣、真挚"的个性化教学特色。

专业——指向学科独特的质感美。艺术本体的专业性是艺术课堂的个性所在、价值所在,特有的专业术语、服饰道具,独有的学习体验、观察视角,专有的指导方式、评价反馈,都是引导孩子们开启探究的窗户、收获思维拓展与学习策略的路径。

有趣——指向教学活动的氛围美。德国哲学家、美学家格尔诺特·伯梅说:"所有的氛围感都是美学的达成。"我深以为然,艺术课堂的氛围对于吸引孩子的关注、唤醒孩子的本能具有极其重要的作用。趣味意味着丰富、生动,能活跃气氛,有助于孩子放松融入,积极参与互动,而过程本身即创造审美价值的活动。

真挚——指向课堂交互的情感美。真实是教育的起点,是信任的底色;真挚是建立在尊重个体、公平对待基础上的爱,是聆听的诚意、赋能的用意、共情的温度、回应的速度。真挚的情感联结会营造彼此信任、相互融洽、安全适宜的教学环境,推动高质量的交流对话、协同创造。

为让每个孩子得到应有的专业指导与教育关照,我在内容设置上注重发掘培养孩子潜能,于常设内容基础上增置欣赏、创编、实践等内容,让具有不同潜质(表演、创编、组织、鉴赏)的孩子都学有所乐、学有所得,同时,让孩子们的创新精神、实践能力等综合素质得到提高;在教学方法上,我将孩子们喜欢的戏剧元素融入专业教学与美育活动,课堂就是场景,就是舞台。我有时是导演,有时是参演者,有时是观众……根据教学需要切换角色,适时引导,多元的角色、有趣的场景引发孩子们的学习兴趣,调整适切的状态,激励参与的意愿;在学习模式上,设计"1+1"学习伙伴组,通过引导孩子们相互欣赏、分析、点评、协作,使他们在学习与评价过程中,加深理解,反思提高,同时增强互助协作能力;在创作排练时,我注重贴近孩子们的生活,邀请孩子们共同参与创作,与孩子们一起观察生活,在真实情境中感受、体验、提炼、编排,使孩子们从作品的小演员成为小主创,增进与作品的关系,增强参与度和归属感。

"专业、有趣、真挚"的艺术课堂让我收获了有效的教学与孩子们的喜爱,让孩子们由艺术联结生活到发现自我体认,感知生活审美,收获专业与心灵的成长。

二、在爱的修习中追寻

任教28年来,我常自问:"曾经,哪些人、哪些声音是支持我想要成为的样子?"那些人、那些声音帮助我不断接近想要成为的样子,也会指引我给到孩子们真正所需。

(一)儿时的记忆

儿时的舞蹈启蒙老师是最初的艺术老师印象,也是我入职后参照学习的榜样!在少年艺术学校的童年学艺记忆中,艺术老师们穿着都很漂亮,脸上总带着笑容,晚上结束排练后会骑自行车送我们回家……很有爱,非常美!艺术启蒙老师将爱与美的种子播种在我的心田,这份温暖的记忆与对教师的认知,让初为人师的我第一次走进舞蹈教室就自动转换为教师角色,迅速进入教学状态,丝毫没有见习期的忐忑紧张,很快就广受孩子们的欢迎,

图1 从学生变为老师——1992年毕业回母校温州市少年艺术学校任教

被池渌校长夸为"天生是块当老师的料"(图1)。

其实是当时的年龄让孩子们觉得像姐姐,自然可亲。而儿时记忆随教学工作焕发能量,成为工作时如影随形的记忆卡牌,时常助我思考遇到的教育问题:"如果是池渌老师、周爱武老师、项小玲老师遇到这个问题,她们会怎么处理?"因此年龄如姐姐的我,在问题前面总能沉住气,不退缩,有行动,有自信。这无疑又让孩子们给我加分。我希望把舞蹈带给我的快乐传递给孩子们。因此,备课时总想着让课堂洋溢快乐的方法——"亲和、美丽、好玩"是当时我给孩子们的印象。

(二)青春的色彩

工作三年后,我机缘巧合地参加了一些影视剧的拍摄。曾经的剧组时光里最青春的剧组要数《城市的B面》,从导演、编剧、摄影到各工种人员大多来自北京青年电影制片厂。一群年轻人,即使拍夜戏也能因蓬勃的朝气让片场热腾腾、亮堂堂。常常前一秒瞪眼、后一秒相拥抱,大声吵、朗声笑,任何想法随时可提出并能得到热切的回应。崇尚独立、自由精神的剧组里每一个人的色彩都鲜明独特!那个北京的秋天,那段剧组时光,在记忆里是明亮的故宫红、杏叶黄。带给我的感悟是——要追寻属于自己的生命色彩。

深度的跨界体验不仅增进自我认知,而且所有经历得来的感悟通过选定的教师职业身份得以转化,成为教学上的输出——构建"快乐舞蹈"课堂。这份快乐是让每个孩子通过舞蹈发现

自己、相信自己的力量，让潜质得以开发、让个性得到舒展，对自己敞开心扉，坦然接受成功与失败，从中获得向上的力量。

我和孩子们享受着舞蹈带来的丰富的、具体的、生动的快乐。在班级里，每个孩子都有一个与之特点相应的雅号，轻盈的她是"燕子飞"、聪明的他是"聪明多"；每周一任的"班长制"，让每个孩子都在责任中锻炼组织管理能力；每月一评的"舞星榜"，让每个积极进取进步的孩子都有机会成为月度"小舞星"。在课堂外，每个孩子都有一本舞蹈笔记，记录着来自舞蹈的感知及我们由此展开的对话，这种特有的对话方式让我们能够进行亲密的情感交流，也给了成年后的他们一份可观可感的"童年记忆"。随着艺术教育理念的更新，我所带的第一届舞蹈班孩子们的毕业汇报，表演的是我为他们选择的优秀剧目；第二届毕业汇报演出的节目是我针对每个孩子的特点创编的舞蹈；第三届则是我组织他们自己策划、编排的节目。而我个人的创作视野也逐渐开阔，从最初取材于课本的《半夜鸡叫》到现实题材《别吵了》、环保题材《白鹭——我的朋友》、校园题材《加油，笨笨》……创作的舞蹈多次在国内、外少儿舞蹈大赛中获奖，其中指导孩子们创作的校园舞蹈《大师傅、小徒弟》在全国首届校园舞蹈大赛中，成为唯一一个由孩子自创自演的作品，引起极大反响和一致好评。

当我在孩子们的舞蹈笔记里看到舞蹈成为孩子探索自我、对话生活的方式时，我为孩子们的开悟解码感到惊喜，也为孩子对我的喜爱信任感到无比幸福。此后十年，我虽从舞蹈教师到教导主任、校长助理、副校长经历不同岗位，但始终不愿离开的是教学一线——"做学生喜爱的老师，建教学有效的课堂"。当对所做的事有真爱时，你就会乐在其中。

（三）持恒的追寻

2004年，我协助池渌校长成功筹办学校三十周年办学成果汇报会。在校庆系列活动的"办学特色和学校发展"研讨会上，文化部艺术司于平司长、中国舞蹈家协会冯双白主席、浙江大学刘力教授等专家对艺术、教育、美育的真知灼见给予我许多启示，引领我主持学校工作后对"美育与艺术教育协同发展"探索实践：进行招生改革、学制调整，建设互为交叉"专而不单"的艺术启蒙课程；在学校原有舞蹈、声乐、器乐三大专业的基础上增设戏剧表演专业；倡议创设"池渌艺术奖学金"于年度评选、颁奖仪式中弘扬学校价值观；进行学校标志系统设计、学生校服定制、校园扩建工程等系列校园文化建设工作。同时，我借助担任的浙江省人大代表、民盟鹿城基层委主委、温州市青联常委、温州市舞蹈家协会副主席等社会职务，尽已所能为学校的发展与辐射，争取校内外优质资源与关注支持。

后来我虽出于个人志向与定位，请辞校长职务，回归艺术总监岗位，仍会自发地认领学校发展过程中非职责范围但力所能及的事，如学校扩建项目，我把它视为培育学生美学素养的公益项目，从不可能变为现实，历时18年，仍在进行中。2005年联合学校德育办、艺术办、民盟鹿城基层委发起"送给小伙伴的礼物"关爱留守、流动儿童公益活动，坚持16年持恒优化，汇聚社会优质团队组建"公益美育导师团"开展"周六公益美育课堂"，将活动转变为聚焦儿童"心灵成长"的互动互益公益，常态化、系列化、精准化运转的公益美育项目。我在教学创作、艺术管理、公益项目、社会职务中向外联结、向内生长、磨砺心智。一旦确定心之所向，明白为什么而做，要做什么，面对问题时就会有充分的耐心与坚持的力量。

2018年9月，我到七都岛的七都小学全职支教一年，这也成为我职业生涯中起承转合的关键一年。面对与以往执教经历不同的学生、教学内容、课时安排，庆幸自己是以 26 圈教育年轮的感悟与心智来面对这些好似散养在田野的孩子们。每天早晨跨过瓯江，路过稻田去往学校，仿佛就是一种仪式，内心澄净，时间变慢……听到大自然说"万物有自己生长的样子，慢慢来"。慢下来，顺应孩子认知、探索美育真义、研习教育机制，发现更多与孩子对话的方式，看见自己历经岁月成长的生命姿态。

生命的意义是一个无解的问题，爱的好处就是使人对此不求甚解。我相信爱与美的力量，对钟爱的、珍惜的、信奉的，唯有务实的行动和深沉的交付。继续向孩子学习——对世界保持好奇，向先贤学习——为未来播种希望。

三、来自伙伴们的评价

1992 年的夏天，我作为一名少年艺术学校舞蹈组的学生第一次在学校的舞蹈厅见到了应真老师。她的亲切温柔、积极阳光很快拉近了我们之间的距离。在接下来的三年里，应老师那丰富多变的教学方法、幽默风趣的引导指点使舞蹈课成为最受欢迎的课堂。

2003 年的夏天，大学毕业的我再次回到少年艺术学校与应真老师见面，这一次变成了同事。作为新教师，我时不时会到应老师的课堂去观摩讨教。时隔多年，站在不同的角度去学习观察，渐渐感受体会到当年那些妙趣横生的课堂"背后的故事"。

入耳入心的鼓励言语是出自应老师对每个学生清晰到位的了解，在此基础上提出客观可行的要求令学生能鼓起勇气接受挑战；丰富多样的训练手法是应老师多年来"善思考、求创新、勤反思"的教学态度，为学生营造出充满新鲜感的课堂体验。

令学生愿意敞开心扉紧随应老师的引导，进而自信地展示自我的指导手法，远远不止停留在外部方式方法的层面，而是应老师发自内心对教学的热爱、对学生的爱护所营造的温暖积极的课堂氛围激发起学生探索自我、表达自我的渴望。

（第一届舞蹈班学生，现温州市少年艺术学校艺术教务主任　冯茜）

第一次听应真老师的课是她支教带领七都小学的孩子们排练原创校园剧《最重要的事》。孩子们表演完，应真老师让孩子们对刚才的表演就自己和他人的表现进行评价。在应真老师的引导下，有些孩子反思自己哪里表演得还不到位、应该怎么整改，有些孩子指出别人表演的优缺点表明自己前进的方向，还有一些孩子觉得剧本的哪些编排不合理试图改编……应真老师认真听，微笑鼓励，结合真实的具体生活情境让孩子们一点点说出自己心中所想。我惊讶于孩子们的变化，要知道这可是一群从未接触过表演的孩子，也能成为训练有素的样子，更惊讶于应真老师对孩子的尊重与信任，让孩子完全参与进来，丰富课堂，让课堂广阔，让学习如此真实自然。孩子们围着她，在对话里、在反思中进行一次次改进。那一刻，孩子们发现了胸膛里的自己；那一刻，孩子们一定觉得离戏剧很近、离应老师很近、离美好的自己很近。

难怪有人说应真老师在课堂上能"点石成金"。记得我们一起排练原创情景朗诵剧《我戴上了红领巾》时，孩子们随着应真老师的提问、提示、示范、演练，或静或动，或沉思或顿悟，在一次次的反复排练中，孩子们学会模仿、观察、倾听、想象和团结互助，他们既自信又意气风发。他们分不清是因为喜欢应老师才喜欢上了表演，还是因为喜欢表演才喜欢上了应老师。变得熠熠生辉的他们成为自己表演王国的主角，被应真老师教过的孩子，就真的不一样了。

因为她是一名老师，孩子们远远看到她都会扑过去，孩子们能感受到她的真心和用心。

因为她是一名好老师，即使不再继续在七都小学支教，她留在戏剧社团里的种子们仍在发芽，随时准备采撷梦想！

（温州市七都小学教师　潘骁华）

教品即人品。应老师的课使孩子们得到专业的传授、艺术的熏陶、心灵的净化，让人如沐春风。应老师因材施教，对学生严爱得法，教学张弛有度，力求完美。我们参加过家长公开课、汇报课，专业、严谨、高效、精彩，不啻一次艺术享受。

（周一的妈妈　王洁）

在我们心里，应老师就是一位从艺术世界里走来的仙女。她对于艺术的热爱，深深地影响着我们。形体课上，她是一个教学严谨、精益求精的人。我们的每一个姿势、每一个站位，甚至每一个眼神和每一个指尖上的动作，她都会细细调整，耐心地纠正我们的错误。她说话十分温柔，眼里有光，心里有爱，连班级里最调皮的男生都对应老师服服帖帖，大家都非常喜欢上应老师的课。

（温州市少年艺术学校表演班学生　周一）

借"境"生"思"

温州市鹿城区教育研究院 吴锡理

一、我的教学主张

"境"是指环境、自然界;"思"是指思想、规律。借"境"生"思"可以理解为借助自然界的各种现象来寻找规律,理解世界万物运转的机制,形成自然和谐统一的思想,这正是我们科学学习的本质。科学知识是人类经过科学探究对自然界和人类自身的系统认识,它的形成是一个不断修正、不断深入,以逐步逼近客观存在的过程。作为一名初中科学教师,我的教学主张是:要引领学生观察身边的世界,让学生置身真实的问题情境中,经历像科学家一样思考和探究的过程,让学习真实地发生。让学生在活动过程中深刻地理解科学知识,掌握科学方法,体会科学精神,在潜移默化中提升科学素养。因此借"境"生"思",真实学习是我的教育理念。

(一)借"境"生"思"——教学方法

借"境"生"思"也是我的教学方法。"境"是指课堂上要设置真实学习情境,"思"是指科学思维,科学思维主要包括科学建模、科学推理、科学论证等。科学思维既是发展学生科学素养的重要内容,也是我们科学课堂教学的核心,《义务教育初中科学课程标准(2011年版)》中写道:"教师要重视学生科学思维的培养,关注他们的思维过程和行为方式,引导他们动手和动脑相结合,主动思考问题,自己设计研究方案,思考事实证据和科学结论之间的关系,帮助他们学习建立科学模型,逐步养成质疑、反思的科学思维习惯。"如何在课堂教学中让学生学会科学知识并发展科学思维?情境学习理论认为:知识具有情境性,学习情境要还原知识产生的背景,恢复其原来的生动性和丰富性,将学习置于真实的情境中,不仅会促进知识的自主建构,还会促进知识的迁移。由此可见,科学课堂教学设计要结合教学目标和学情,创设真实学习情境,以问题和任务驱动学习,活动中为学生提供任务的自主决策权,并以非线性方式组织所学知识的内容,鼓励学生对所学知识进行针对性的反思和批判性思考并表达自己的观点,最大限度调动学生的思维。借"境"生"思"的教学设计路径如下。

1. 以生活为情境,提升思维的敏锐性

建构主义学习观认为教学并不是教师将知识灌入学生大脑的过程,而是学生通过自主活动进行知识建构和意义生成的过程。学生在日常生活中已经积累了许多经验,这些生活经验无意之中已经为学生建构科学知识做了某种准备,学生在学习科学过程中,需要将新知识与自己原有的生活经验进行反复的相互作用,通过同化和顺应的方式使自己的认知结构得到充实和完善。所以教师在课堂教学中要善于利用学生身边的生活事例创造学习情境,充分利用学生前概念，引发学生思考，将复杂的生活中的实际问题抽象为简单的科学问题，再通过学习活动修正或重构原有的认知，建立起科学概念。在这一过程中培养学生以科学的视角观察生活实例，从而提升学生思维的敏锐性。

2. 以项目为情境，提升思维的严密性

科学教学会涉及许多技术产品，如温度计、托盘天平、液体压强计、滑动变阻器等，它们都是人类严密性思维的发明成果。在科学教学中，我们可以根据教学的需要和学生的认知水平，选择一些合适的技术产品创设学习情境，引导学生退回到设计这些产品最初的思维状态上，像发明家一样思考体验这些技术产品的发明过程，使他们思维的灵活性和严密性得到充分地训练。

3. 以实验为情境，提升思维的创造性

科学知识包括概念、规律、原理等，它们的特点是抽象，甚至与学生头脑中已有的认知是矛盾的，前概念根深蒂固。如摩擦力大小的影响因素、浮力大小的影响因素等，对于这些抽象的知识可以创设实验情境让学生自己经历探究的过程。初中阶段科学探究的要素包括提出问题、提出猜想和假设、制定探究方案、获取事实与证据、解释、检验与评价、表达和交流，其中还包含了学会控制变量、下操作性定义、建构模型、利用模型认知等研究方法，无论哪一个环节都需要学生进行科学思维。在科学实验教学设计中，通过创设有趣情境激发学生的好奇心，通过设问激疑培养学生的发散思维，通过鼓励质疑培养学生的批判思维，通过打破思维定式培养学生思维的独特性，通过归纳总结培养学生思维的广阔性和深刻性等，从而达到培养和训练学生创造性思维的目的。

4. 以科学史为情境，提升思维的批判性

科学史记录着科学学科从产生、形成到发展的过程。学习科学史有助于学生理解知识的本质，体会科学家科学研究的思路及解决问题的方法，有利于培养学生的批判性思维。批判性思维既是科学思维的重要组成部分，也是学生在未来的社会生活中分析和解决复杂的生活问题的重要方法与手段。因此，教师借助科学史营造真实学习情境，如生物进化论、从地心说到日心说、地球表面的板块假说、能量的转换和守恒定律等，让学生对科学史上的事件进行分析与评价，鼓励质疑问难，倡导辩论；让学生基于科学史发展过程理解科学家实验的思路和方法，发展批判性思维。

（二）借"境"生"思"——学习方法

借"境"生"思"也是课堂上学生学习的方法。这里的"境"是指"情境问题"，"思"是指"学习思路、方法"。我国教育学家陶行知说过："创造始于问题，有了问题才会思考，有了思考才有解决问题的方法，才有找到独立的思路的可能。"可见问题是思维的起点，学习任务设计需要以问题的形式来重新组织课程内容，给学生创造一种真实复杂、具有挑战性和吸引力的问题情境。布鲁姆的教育目标分类学把知识分为陈述性知识、程序性知识、策略性知识和元认知知识。将认知领域分为六个层级，从低至高分别是记忆、理解、应用、分析、评价、创造，这六个层次也几乎概括了我们学习科学知识的全过程，而每个层次都需要思维的参与。学生在学习不同科学知识时也伴随着不同的认知行为，需要不同的学习方法与之搭配，所以我们将问题分为三类，并以不同的学习方式来组织学习。

1. 借助陈述性情境问题，开展自主学习

陈述性知识也称为"描述性知识"，是一种能直接加以回忆和陈述的知识，主要用来说明事物的性质、状态和特征，用于区别一种事物与另一种事物。自主学习是与被动学习相对应的一种学习方式，也是一种学生对其所从事的学习活动进行自我调控的能力，同时还是一个动态的学习过程，自主学习兼具同化、分析性思维，求异思维和发散思维。经研究发现陈述性知识较适合开展自主性学习，教师针对不同陈述性知识可以选择合适情境创设问题，开展多元化自主学习形式。自主学习具有以下四大优点：

（1）学生能够在元认知、动机、行为等方面主动运用自我调节策略。

（2）有利于学生根据学习效果及时主动调整自己的学习方法和应对策略。

（3）学生能够主动知悉何时、何种情况下使用某些特定学习策略，并对策略使用情况作出合适的反应。

（4）可以解放和发展学生自主学习的个性和选择性。

2．借助程序性情境问题，开展探究学习

程序性知识主要解决"做什么"和"怎么做"的问题，侧重于问题的解决。探究性学习是指学生通过自主地参与而获得知识和获得探究自然的能力的过程，同时也是形成科学概念和培养探索未知世界的一种积极的态度。其实质是培养学生仿效科学家的探索和创新精神，着力激发学生的发散思维和求异思维。程序性知识适合开展探究学习，探究学习具有以下四大优点：

（1）能有效培养学生独立思考、创新探索和自主解决问题的能力。

（2）有利于增强学生的实践技能，即探究、表达和交流的能力。

（3）有助于学生掌握发现的方法和探究的方式，培养个性发展和积极主动地认识自然、社会和自我，以及终身学习的能力。

（4）有助于进一步巩固、强化学生对知识的理解和记忆。

3．借助策略性情境问题，开展合作学习

策略性知识是关于如何学习和如何思维的知识，是关于如何使用陈述性知识和程序性知识学习知识、解决问题的一种知识。其中包括了三种科学学科的关键能力，即"科学的解释现象""评价设计科学探究"和"解释数据和收集证据"。不同的学生知识和能力参差不齐，如何利用学生资源发展各个层次学生的学科关键能力，合作学习是一种很好的选择。合作学习是一种结构化的、系统的学习策略，由4～6名能力各异的学生组成一个小组，以合作和互助的方式从事学习活动，共同完成小组学习目标，在促进每个人的学习水平的前提下，提高整体成绩，获得小组成功。合作学习具有以下四大优点：

（1）有利于体现学生的主体地位，把学生由旁观者变为参与者，主张那些已经掌握某种知识和技能的学生，将知识和技能教给其他成员，有利于提高学习效率。

（2）能增进学生的情感，培养学生的人际交往能力。

（3）有利于培养学生的组织能力和合作能力。

（4）合作学习拓宽了学生学习的空间，促使师生之间、生生之间的多向交流，而且将学生课内学习延伸到课外。

当然，课堂上这三种学习方法没有严格的界限，它们相互交联、有机融合。自主学习为开展探究学习与合作学习提供前提和基础，探究学习既不能脱离自主学习而独立存在，又不能离开合作学习，合作学习既离不开自主学习为前提基础，也可以积极采取局部探究学习。因此三种方法相互补充，有效促进以学生为主体的可持续发展。

二、教学片段

片段1：创设实验情境，建构新知。

引入：呈现沙雕的照片。

沙雕作品都是细沙制作的，生活中的各种物质是否也是由大量的粒子构成的呢？

（设计意图：对于七年级学生来说，接受物质由大量微粒构成这一观念较为困难，以沙雕引入新课，主要是学生平时在生活中玩过沙子，对此比较熟悉，以此作为背景引入，借沙雕作品作为类比，可以巧妙帮助学生理解物质是由大量粒子构成的，但它不能作为建构该知识的证据，所以安排下面的任务1）

任务1：学会观察。

用放大镜观察一块方形蔗糖，我们可以看到_____。

将方形蔗糖碾碎后，再用放大镜观察，我们可以看到_____。

将碾碎后的蔗糖放入水中，用放大镜观察糖水，我们发现蔗糖粉末_____。

追问：哪些方法可以证明水中有蔗糖？为什么看不见？

结论：蔗糖是由大量小得看不见的微粒——分子构成。

（设计意图：通过沙雕的观察，在学生的前概念中，会认为物质也可能是由看得见的粒子构成的。为了引发学生的认知冲突，因此安排了这个活动，让粒子看不见了，从实验现象引发学生对原概念的不满，然后推测到构成物质的微粒是非常微小的，是看不见的，从而建构起分子的概念）

任务2：学会猜想。

若将烧杯（图1）中的水分子放大，用圆圈表示水分子，请画出杯中水分子的排列情况。

学生画出的作品一般有图2中的三种情况。

 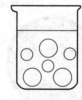 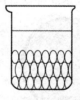

图1　烧杯中的水分子　　　　　　　　图2　学生作品

学生在相互点评中达成共识：同种物质的分子，它们的形状和大小应该相同。然后提出问题：构成物质的分子之间是有空隙还是无空隙地紧密排列？如何寻找证据？

（设计意图：通过这个活动可以了解学生头脑中的原认知，并以此为起点建构微观粒子分子的特征，同时学会使用模型表示物质微观世界结构情况的科学方法）

任务3：学会实验。

实验1：酒精和水的混合。

（1）向一端封闭的细径玻璃管内注入近一半的清水，再沿内管壁缓缓注入酒精，使酒精上液面距管口约5厘米，标出酒精上液面的位置。

（2）用手指封住管口，将玻璃管反复颠倒几次，使酒精和水充分混合，此时混合的液面将_____原先所标的液面位置。

（设计意图：通过这个活动学生不但收集了证据，学会实验中应该注意的事项，同时在实验操作中渗透了减少实验误差和操作技能的训练，使学科方法和学科思想在活动中得以落地。该实验从宏观现象中反映了微观的本质，初步建构分子之间有空隙的模型。实验从现象到结论，有部分学生在认识上还是浮于表面，因此还需要设计问题引导学生进行深度学习，激发其思维）

追问：实验中为什么要水和酒精混合？只有水和水混合会有刚才的现象吗？

实验2：芝麻和黄豆混合。

（1）在量筒中先倒入一定量的芝麻，再倒入一定量的芝麻。记下芝麻的总体积为_____毫升。

（2）将量筒反复摇晃几次，使芝麻充分混合，可以看到，混合后的总体积将_____混合前的总体积。

（3）再向盛有芝麻的量筒中倒入一定量的黄豆。记下黄豆和芝麻的总体积_____毫升。

（4）将量筒反复摇晃几次，使黄豆和芝麻混合，可以看到，混合后的总体积将_____混合前的总体积。

（设计意图：该模拟实验的设计恰好落在学生思维的最近发展区，通过该实验学生顿悟了酒精和水混合的实验不仅证明分子之间有空隙，而且只有在分子大小不同时，宏观上才有这种可见的现象，否则是得不到的。这个实验的现象和结论突破了本节课的难点，帮助学生建构了分子之间有空隙的微观模型，同时也渗透了模拟实验等学科方法的应用，有效提升了学生的科学素养）

片段2：创设探究情境，发展思维。

任务4：学会分析。

图3中三幅图分别表示同种物质在不同状态下的分子模型，哪幅图表示气态？

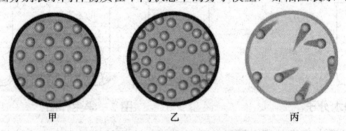

图3 同种物质在不同状态下的分子模型

小组合作：

（1）寻找证明自己小组猜想的证据，证据越多越好。

（2）根据提供的器材设计实验证明自己小组的猜想。

教师提供器材：①针筒；②蒸馏水。

学生小组讨论并设计实验方案，互评并完善实验方案。

学生上台展示实验（图4）：

（1）将针筒充满水，将一端封闭，用力压缩活

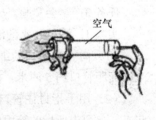

图4 展示实验

塞，观察活塞移动情况。

（2）将针筒充满空气，将一端封闭，用力压缩活塞，观察活塞移动情况。

根据实验结果，得出结论：气体最容易被压缩，气体分子之间的空隙最大，所以图丙是气体分子模型。

（设计意图：让学生独立设计探究性实验方案，有助于提升学生对变量的认识、变量的控制与因变量的测定等探究实验整体逻辑的理解，较好地培养了学生设计方案、开展实验等探究能力和创新思维）

呈现：扫描隧道显微镜下 C_{60} 分子照片。

得出：图甲是固体分子模型，呈规则排列。图乙是液体分子模型，呈不规则排列。

片段3：创设问题情境，学会应用。

任务5：学会解释。

一个厚壁钢瓶内盛有油，对油加压后，虽然瓶壁没有裂痕，但瓶内的油会从瓶壁渗出，为什么？

（设计意图：前面两个环节的学习，学生已形成分子是构成物质的一种微粒，而且分子很小，分子之间有空隙的观念和微观粒子模型。该环节让学生利用所学的知识解释生活中实际的问题，从而实现学以致用）

三、他人眼中的我

犀利，百度百科解读为语言、文辞、感觉、眼光等的深刻锋利。对，有这么一位老师，在他的课堂上活灵活现地演绎了这两个字的内涵与外延。

犀利之撒手锏——连环问："那你来说说你的想法""你为什么这么想""你的依据是什么""还有不同的看法吗""还有同学要补充吗"……最终引出经典式总结：也就是说……，追问是吴式课堂的灵魂，有效的追问将学生内心的想法思维充分暴露后引发课堂激烈冲突讨论，最后画龙点睛式的总结，道出了一节课的硬核。这样的连环轰炸式追问，是每节课的必杀技。

犀利之撒手锏——任务链：任务1、任务2、任务3……，一堂课被一个真实情境引发的任务链，像链式反应，一发不可收拾，学生陶醉其中，自主学习、合作学习、探究学习不请自来，任务驱动是吴式课堂的驱动力。

犀利之撒手锏——语言杀：红磷、蛋黄、铠甲，平淡无奇的语言，配上点科学佐料，那就妙不可言了，在教学氮磷钾肥与植物生长的关系时，学生死记硬背，苦不堪言。吴式课堂有了幽默巧妙的语言记忆法，红磷——缺少磷元素，叶片就红了；蛋黄——缺少氮元素，叶片就黄了；铠甲——缺少钾元素，植物就弯了。诙谐的知识记忆语言是吴式课堂的调节剂。

犀利之撒手锏——绘画技：别人以为画画是美术老师的事，到了吴式课堂那是思维搭建、建模的绝招。在生物教学中，心脏与血液循环系统的学习时，面对复杂的实物，学生一脸懵，课本的示意图也难以很好对应，生搬硬套地讲解清楚后，学生久而久之对心脏中体循环、肺循环又已经混为一锅粥。吴式课堂带你一起画出一颗鲜活的心脏（先来画一个桃子，桃尖朝桃左，然后桃子一切为二……一边说一边大家一起画），长出上面的血管，最后一颗生动形象的心脏跃然于课本。学生体验了一把科学中的美术盛宴，又建构了血液循环系统模型。

犀利之撒手锏——板书控：板书是一节课的梳理，不仅是知识的提炼，而且是思维科学方法的聚集，这就很考验人了。吴式板书——总是在最后把课堂推向高潮，板书形式多样：分点式、概念图式、流程图式，同学们将深入浅出的板书摘录后，醍醐灌顶。板书是吴式课堂的升华。

　　这就是名副其实的犀利哥——吴锡理老师，吴式课堂精髓你得慢慢品，不同季节、不同时段、不同年龄，滋味不同，招数变幻莫测。如今想起，有些招数已经偷师成功，实属幸事。

（温州市绣山中学　朱婷婷）

　　吴锡理是一位睿智而幽默的老师，正如他的名字"锡""理"，别人一猜他就是教理科的。吴老师的课堂条厘清晰、深入浅出，任何难的知识点，学生在他的一步步引导下，很快就能理解，如果还不能够理解，那就再来个吴式"合作学习"，立马迎刃而解，因此，学生都很爱戴他、喜欢他。吴老师在生活中是一位没架子、乐于奉献的人，对年轻老师的教学指导，他都是倾囊相助、毫不保留，每次我们年轻老师在准备公开课的时候，他都会全程陪着磨课，细到每个教学环节该怎么设计，每个问题该怎么问，每句话该怎么说，他都手把手教你，让你在不知不觉中成长，润物细无声。

（温州市绣山中学　黄邦雷）

　　吴锡理老师的课堂处处可见"学为中心"的理念。他注重学生的学情，在他的课上，教学设计、教学行为等都围绕着学生的学习展开。同时，吴老师的课非常注重学生学科核心素养的培养，他总能巧妙地设计任务链，培养学生的阅读、思考、表达等关键能力。此外，他还非常关注学生的思维发展，总能通过问题的精心设置来激发学生的认知冲突，外显学生的前概念、迷失概念，使学生在自评和互评中建构知识、发展高阶思维。

　　在同事们眼中，我们总是很佩服吴老师，因为他对教材的解读总有他的独到之处。在他的课堂上总能看到精彩的环节，他总能基于学生的实际学习需求，从学生的角度出发，创造性地应用教材，恰到好处地进行教学设计。

　　他是学生们崇拜的"理哥"，是家长们信任的吴老师，是同行们佩服的吴大哥。

（温州市绣山中学　李聪聪）

心之所向，语文之所往

温州市洞头区第一中学　郭妍妍

一、我的教学主张：用"心"，提升教学之美

语文是有生命的，感性而理性，细致而博大，喜乐而忧伤，唯有用"心"的人，才能感知她的美。

用"心"，感受语文之心。无论从远古走来还是向未来奔去，无论从异域走来还是向他乡奔去……所有的篇章无不是用"心"写就的。他们所挥洒的，所叶露的；那些隐蔽的、深藏的；那些显而易见的，平白无故的……所有的一切，如果不用心捡拾，哪来的心照不宣，心有悸动；哪来的心领神会，颔首不语。语文教师，唯有用"心"，才能真正地理解生活、热爱生活、享受生活，才可能真正地理解语文、热爱语文、欣赏语文。每一课都因为执教者的激情与思想而闪烁着艺术创造的光彩。学生在教师用"心"的引领之下，释放情感，敞开思路，获得语文最富有生命力的滋养。也唯有此，学生才有可能以那颗最本真的感悟之心，让语文走进他们的生命，而不只是将语文当作一门增加总分的学科。

用"心"，吟咏平平仄仄仄仄平。语文，可读、可叹、可咏。平仄、顿挫、抑扬、轻吟、叠唱之间，是一种宣告，是倾心吐意。纵然百转千回，纵然悠远深邃，纵然登上高山，纵然跌落谷底……用"心"吟咏，是一种永远的追随、不变的探秘，是最极致的告白、最深情的呐喊。当一个学校书声琅琅，便是面朝大海，春暖花开，它能扫却一切题海战术的阴霾、缓解高考指挥棒下的重压。语文教师，即使嗓子嘶哑、音质不佳，也同样可以倾情歌唱。也唯有此，在学生毕业以后的漫漫岁月里，无论风雨如晦、雷电交加的深夜还是花红柳绿、草长莺飞的白日，他们都能吟唱起一首心中的歌，这才是语文生生不息的生命力、语文的价值所在。

用"心"，沉潜到语言文字的深处。语言文字构筑了语文的大厦。沉潜不仅是一种严谨细致的咬文嚼字，更是一种情感的浸润、生命的解读。生命的解读需要我们感知语言的温度、字词的冷暖，沉潜到语言文字的深处。沉潜是一种细致追寻，课文的标题、插图中的文字、小注中的文字，以及散落在文中看似不经意的细枝末节，都是我们在解读时不可忽视的。沉潜是本着注重文章精神实质的态度去反复推敲、仔细琢磨，潜入文字的缝隙，咀嚼、涵泳语言。沉潜需要教师在无疑之疑中品读出文本的深意，解读出他人所忽略的意味。沉潜是一种生命碰撞，需要知人论事，需要结合教师、学生、作者的生活体验进行深入解读。作者的匠心，需要教师和学生用"心"。

用"心"，师生互动中彰显语文情怀。语文的课堂绝对不能是一潭死水，它应该是生动

的、灵动的，至少是暗波涌动的；在碰撞与交流中，迸发出火花和风暴的。它可以安静，但不是岑寂；它可以雀跃，但不是喧闹。教师的心、学生的心，共同追求语文的心，由此而生成的师生互动，便是心的共奏。而这师生互动过程恰恰是放飞思想，从生命的深度和生活的广度去熔铸语文的过程，也正是提升阅读和写作教学效能的"大语文"策略。

二、教学风格发展历程

1. 用"心"，美读美谈美感

美读：下载优质的朗读素材，如《为你读诗》这类的音频，利用教室的设备，在课间、学习之余，播放给学生欣赏。从环境氛围中，濡染、影响学生。给学生分发美文，让他们在早读、晚读的时候，自由朗读。注重课堂朗读指导，朗读形式多样化，清读、配乐读、分角色读、表演读……让学生在音韵和谐中感受语文之美。

美谈：提倡学生化随意的口头阐述为精致而有语文味的美的表达。用课前5分钟阐述、辩论赛、演讲赛、面试招聘会等语文活动，让学生在表达中提升自身的素养，让语文味可以真正地成为学生语文素质的彰显。

美感：注重学生最真实、最本真的感悟，注重关注学生的文本前阅读，即特别关注学生对文本的最初理解，以此进入基于学情的课堂文本解读。关注学生的个性解读，提倡学生用课文批注、读后感、随笔等形式，表达自我，阐述独到的见解。

2. 用"心"，给语文引入生活的活水

与生活相连，让语文变得更真实、更生动。引领学生参与当代文化，在研究性学习中，以方言研究，让学生感受美妙的乡音，感受故土人情。在综合实践活动中，以村歌为主题，让学生走村串寨，追根溯源，体悟乡野乡韵。在写作教学中，编制的《海洋文化与生活化写作相融合》作文学案，以海为元素，以地域文化为特色，让学生关注生活，审视自我，摒弃只会引用他人素材的流弊，打造有"人"、有"心"、有"我"的写作风格。

3. 用"心"，给语文插上丰盈的翅膀

语文应该是博采众长而旁征博引的，唯其丰富，故能容；唯其大度，故可纳。开设校本课程《奥斯卡经典短片欣赏》，以经典影片的鉴赏，提升语文的鉴赏能力；《创意广告欣赏》的研究性学习，以广告的独特创意，激发语文的思维能力；名画欣赏、名曲欣赏，以艺术沟通语文，提升学生对美的感悟能力；名作链接比较阅读，名家经典解读的囊入，给学生思辨的思维、全新的视野。语文有生命的色彩、生活的容颜，因丰盈，方能轻逸；因丰盈，方可翱翔。

4. 用"心"，是教师对自我不断反思

用"心"是教师的一种文化自觉。既是对生命的关注，又是对学科终极价值的不断追问。积极参与新课程改革，以课堂实践和教学反思主动参与其中。开设《跨媒介阅读与交流》的微讲座，《杜甫传》（整本书阅读）的交流，以部编第七单元为例编制思维导图并开设《品味散文的语言》公开课。我们参与编制了省级、市级相关参考资料的学案。在疫情期间，我们积极响应号召，开设了市级微课《打造思辨层次》。教学因为教师的用心，由文化自觉而高屋建瓴、内涵厚重，语文教学由此也凸显着生命所固有的激情、辽阔、本真和美的特征。

三、教学片段

作为一名一线的语文教师和一名海岛学校的语文教研组的组长,面对新课程、新形势的挑战,我把"用'心',提升教学之美"的教学风格努力在教学中实践着,也在引领组内教研实践着。

当新课程的教学理念对固有的、常态的教学习惯提出挑战时,可能会导致教学失衡,这时我们需要进行课堂转型,以保证教学的稳定性。我通过组内的主题教研集全组教师之力,运用焦点讨论法打磨语文课堂。

阶段一:O 客观感受层面——学习其他组的学习任务单

我和备课组长参加了学校以"悱愤课堂学习任务单"为主题组织的教研会议,并将会议精神传达到组内。在教研组会议中,对其他组已经成型的或已在使用的任务单模板进行学习。从对历史组、生物组、物理组的模板学习中,大家的客观感受主要有这样几点:每个组的模板有各自的特点;这些模板有点像我们以前做过的导学案;我们也要设计出适合自己学科的模板;不同的课型,应该有不同的模板。

阶段二:R 反应体验层面——讨论任务单模板

基于阶段一的讨论,语文组以备课组为单位,设计不同课型的任务单模板。以自己的设计,表达对任务单模板的理解。高一设计新授课的模板,高二设计作文模板。在教研会议中,设计者分享自己的设计理念、设计思路和设计框架,同时也分享自己尝试使用任务单模板教学时的困惑。其他组员认真研读并提出了中肯的建议,让每一个模板都更加完善。

阶段三:I 理解诠释层面——任务单课堂实践

每个模板需要应用于教学实践中,才能体现它的价值所在。语文组的教师,以自己的课堂实践把对"悱愤课堂学习任务单"的理解诠释出来。高二备课组分别开设了《论述文之社会热点评析》(郭妍妍)、《论述文之层层深入》(陈燕丽)、《论述文之二元对立》(李惠慧),教学主题从学生的考场作文出现的问题中提炼出来,利用模板进行了有模有法又有效的指导。高一备课组分别开设了《小二黑结婚》(叶素惠)、《雨霖铃》(郭丽芬)、《咬文嚼字》(叶小妮)、《氓》(吕丽芸),既囊括新课标所涉的红色文本,又涵盖词、古体诗和现代学术散文,体现了高一语文组教师对学习任务单模板的积极尝试。

阶段四:D 阐述决定层面——听评课完善任务单模板

七堂公开课之后,组内教师进行集体点评或单独点评,既有利于对课堂本身的打造,又有利于对任务单的打磨,更重要的是在反思与自省的过程中留给组内教师更多的思考。

集全组教师之力,我们最后形成了两个课型的学习任务单模板。

我们相信,该任务单模板完成后,还可用于自我评估、同行评审,以及和其他人共享。

四、他人眼中的我

每每回忆起高中的语文课,我总是感觉很幸福。无论配乐朗诵比赛还是去录大自然的声音;无论一周一次的随笔点评还是日记接龙;无论课堂上的应和、颔首还是课外的闲谈、争论,我们都能从中感受语文的美、充实的美、青春的美。

(学生　陈青青)

妍妍在论述文的教学课堂实践中摆出问题，很多问题都是来自学生，比较有现实意义。指导策略中，做得比较好的是，能够在学生的基础上进行有效的提升，比教师自己讲要好很多。课堂方法的总结就显得比较到位。课堂中运用的案例都比较典型，指导意义更强，更有价值。

（组内教师　叶素惠）

在她的引领下，整个教研组的课堂转型活动是很有意义的一种尝试。精细的设置，精心的编排，加上面对面的研讨，是教研活动的范本。讲课者、听课者都很有收获。妍妍的课大气、精致、丰富。她追求"理解的教学设计"，课堂学习任务单有模式、任务驱动、问题引领、指导有法，训练有力，达成结果有效。她的课思维非常紧凑，设计是有办法的，训练是有效果的，通过问题、策略、演练、提升，内省于心，外化于行，有迹可循，一课一得。对学生的思维有促进、学习有提升。

（组内教师、副校长　曾嵘）

寻找语文的味道

永嘉二中　陈伯安

一、我的教学风格

不知不觉间，我站在语文教学的讲台上已经 13 年了，回想这 13 年的教学生涯，我是否坚定地追寻过什么？对于这个问题，我可以很自豪地给予肯定的答复，是的，我追寻过，我追寻过一个浪漫的教育理想——寻找语文的味道。在这 13 年里，可以说我始终坚定不移地为这个理想而努力着，同时，这个理想信念也成了我的教学风格。为了寻找语文的味道，我提出了"味道语文"的概念，希望自己的语文能有"趣味""情味"和"意味"这"三'味'真火"。

（一）有趣味

有趣味是我对语文课堂的基本要求。我非常认同蔡元培先生对于语文教学的一段话，他说："教育事业，从积极方面说，全在于唤起趣味。"同时，可能因为大学时受王柏勋先生著作《语文教学情趣论》的影响，我将有趣味的语文教学作为自己的基本追求，一直认为有趣味的语文才是鲜活的语文，这样的课堂才是有生命力的课堂。所以，我在备课时总喜欢抛开教学参考书，一遍遍反复读课本，寻找课本中最有趣味的地方，引导学生品味这种趣味。如在《始得西山宴游记》一文中，为了让学生体会柳宗元所看见的西山不同于他山的王者之气，我带领学生用温州方言抑扬顿挫地读"萦青缭白，外与天际，四望如一"这一句话，学生读得趣味盎然，回味无穷。为了更好地体会文本，我还经常组织排练课本剧，并且在里面反串出演，让学生感受到语文课堂的趣味。为了引导学生感知家乡的人情风俗之美，我专门开发了《寻魅楠溪江古村落》选修课程，带领学生在抄写古墓墓志铭中体会文言文的断句，在搜集祠堂对联中感受文辞之美，在为古村写广告词中体会广告写作的特点，在为古村做导游中学写导游词，在调研古村环境保护中学写调查报告，在写给旅游局局长的一封信中学习语言表达中的语词特点。我力求使课堂鲜活有趣，让学生在有趣味的课堂中感知语文的魅力。

（二）有情味

有情味是我对语文人文关怀的追求。孔门弟子"沂水春风"让后人歆羡不已，赞叹连连，这就是课堂有情味、有温度的结果。语文是学生、教师和文本三者之间的对话，如果失去了学生的参与，课堂也就失去了意义，因此，教师必须营造一个有情味的课堂。而这个情味，在课堂上的体现就是教师能尽量多地关心、照顾每个学生。

在课堂提问上，我在课堂活动设计之初就研究好问题，让提出来的问题能照顾到全班同学的认知水平，无论认知深刻的学生还是认识水平相对落后的学生，他们都可以就这个提问做出符合自己水平的回答。为此，我和我的师父陈智峰一起在教学中研究出了"主问题·关键词"教学法，以一个主问题引出学生的思考，以关键词作为载体，引导学生的表达，照顾到不同认知水平和性格特点的学生，使之都能参与到课堂活动中。例如，在教学《荷塘月色》一文的时候，我设计了"在文章的四、五、六三段中你读到了一个怎样的荷塘"这样的主问题，让学生在细读文本之后提炼出属于自己的关键词进行表述。对于这个主问题，认识水平低下的学生以"美丽""朦胧""和谐"等关键词概括，而认知水平高的学生以"阴暗""压抑""沉重"等关键词概括。这样的课堂提问是开放式的提问，尊重了每个学生的个性发展，让不同认识水平的学生都有话可说，让后进生感觉不被抛弃，让优秀生得到深层次的展示，体现了语文课堂对每个学生的关爱，这是一种温度。

有情味的课堂还表现在课堂评价上。课堂活动中学生永远是主体，我们教学中往往只关注学生的认知，而忽略学生的心理表现，因此，我们很多时候只关注学生学到了什么，却冷落了学生在课堂活动之后的心理。高中语文教师是最应该关心学生心理的教师，居然渐渐忘却了学生在完成一个课堂任务后需要给予及时和恰当的评价。我要求自己的课堂应当对学生的表现给予真诚的评价，这些评价有激励性评价，有纠错性评价；有言语评价，有表情评价；有师对生评价，有生对师评价；有学生自评，有生生互评；不一而足，形式多样。通过评价，学生能体会到被关注、被肯定，体会到语文课的温暖。曾经有一位学生在毕业多年后对我说："老师，有一次你让我读《赤壁怀古》，我胆怯，读得声音很轻，断断续续，我以为您会敷衍我，让我随便坐下了事，或者批评我，让我难堪，结果您当时评价我朗读的时候说我是尚未长大的周郎，既点出了我胆怯的毛病，又给了我期许，我感到了前所未有的感动！"

（三）有意味

有意味是我对语文教学智慧的追求。语文课堂的魅力在于引导学生探究和发现，在探究中发现辞约义丰的文本隐藏着的魅力，使学生的思维得到训练，在学习上获得"高峰体验"，在"高峰体验"中获取自我肯定。经典文本由于受历史、文化、语境、审美和传播等影响，往往将文本意味深藏于字里行间，需要教师引导学生去挖掘。我在教学中时时告诫自己，千万不要因为课堂准备不足而导致文本的浅表化处理，使学生失去发现的快乐。文章是由文字构成的，文字好比气血，一定程度上决定了文章的风姿，准确生动的文字使文章气血丰盈、精力充足、韵味无穷，而枯燥干巴的文字则使文章乏味无聊，望之令人生厌。研读文字就是为文章把脉，有利于更准确地掌握作者的真实想法，对文章的语言进行咂摸细嚼可以体会作者很多言表之下的东西。

《指南录后序》一文里，当元军统帅伯颜剥夺了文天祥使者团成员身份并且押解往大都时，作者对这一段往事的描述为"北驱予并往"，学生往往容易忽略这个"驱"，我喜欢引领学生琢磨它。通过引导学生对该字进行剖解，学生可以得知，首先，驱的对象是低贱的牲畜；其次，驱的目的是违背对方意愿，使之屈从。文天祥在这里用看似不起眼的"驱"字将自己被迫使、被像牲畜一样凌辱的屈辱感描写得淋漓尽致，而文天祥作为国家使节，他个人的被凌辱其实就是国家的被凌辱，这对于传统士大夫是难以言说的屈辱，是双重打击。当我引导学生对"驱"字进行细嚼的时候，很多文字背后的意味就浮现出来，学生对文天祥的"悲"就有了更深刻的理解。

在《廉颇蔺相如列传》里，秦王令赵王"鼓瑟"，蔺相如说"赵王窃闻秦王善为秦声"，逼秦王"击缶"，秦王"大怒"，学生如果停留在字面意思，对该语段都能理解，但是如果教师引导学生读出文本的丰度，学生就会更加喜欢语文。对于这篇文章，我引导学生比较"瑟"和"缶"的区别，学生讨论得知"缶"是瓦器，"瑟"是丝线乐器，前者是粗鄙的乐器，后者是高雅的乐器，我又引导学生得知"秦声"所指的秦国音乐由于地处西北，粗鄙简陋，原生态，被儒家文化影响下的中原所鄙视，蔺相如以此暗示秦国"没文化，很可怕"的事实，因此秦王"大怒"。学生在教师的引领下，通过文化语境将文本读深读丰，体会到文本深层的意味。

　　在《始得西山宴游记》里，通过"到则披草而坐，倾壶而醉。醉则更相枕以卧，卧而梦。意有所极，梦亦同趣。觉而起，起而归"这个句子里的"披、坐、倾、醉、卧、梦、觉、起、归"等动词，体会动作的绵密，进而感知柳宗元的游不是游，而是打发时光、逃避自我。学生通过句式体会到丰富的内涵意味，体会到了语文的魅力。

二、我的成长历程

　　2007年8月，告别大学后我入职了永嘉二中。永嘉二中是一所山区学校，硬件设施非常落后，然而在此工作的时光却是我最快乐、最感激的岁月。在这所学校里，我有幸遇见了一些难忘的人，在这些同事的影响之下，我形成了自己的教学理念和风格，并取得了一定的成绩。回想自己的永嘉二中生活，我将自己的成长历程分为四个阶段。

　　第一阶段：2007—2008年。这是我站稳讲台的一年。大学时由于醉心文学，全都身心都在先秦散文里，对于教育教学基本没有学习、研究过，因此，当我站在讲台上的时候就战战兢兢了。开学上课了，我还不知道教案该怎么写、语文该怎么教。学校领导看出了我的这个困境，安排了语文组前辈戴秋飞老师做我的师父。戴秋飞老师是一位非常有个性的教师，她对语文有着自己独到的理解，在听了我的几堂课后，对我上课时琐碎问、琐碎答的教学方式做了指正，指明了主问题教学的方向，并亲自示范了几堂课给我听。听了戴秋飞老师的示范课，我对主问题教学有了初步的了解。随后，县教研员来永嘉二中调研新教师教学。戴秋飞老师比我自己还要紧张，怕我课上不好，给教研员留下不好的印象，于是她天天催着我磨课，最后我终于开出了一堂还算合格的亮相课。在这一年里，跟着戴秋飞老师，我学到教学的基本知识，最终站稳了讲台，顺利度过了一年的教学时光。回想起来，这一年里，由于教学思想的幼稚，其实搞砸了好多的课堂，然而师父和语文组以及学校给了我极大的包容，维护了我的教学热情，使我对自己不致产生怀疑，这可以说是我教学生涯中非常重要的一年。

　　第二阶段：2009—2011年。这是我教学风格奠基的一段时期。这三年，我和语文组的大神陈智峰老师同段，在并肩作战的过程中结下了深厚的情谊，并在其指导下初步形成了自己的教育理念——"主问题·关键词"教学法。陈智峰老师是学校教科研的标杆，浸没教学多年，形成了自己独到的教学理念和风格，我一直对其崇拜不已，在此之前，由于不在一个段，加上他身兼数职，工作繁忙，交往也少，然而2009年，我们开始同段教学，接触得也自然多起来。他是一个纯粹的文人，在接触的这三年里，我被他身上浓浓的人文气息所折服，心生向往，于是主动拜师门下，陈智峰老师言传身教，将自己的研究心得毫无保留地传授给我。那几年，正是陈智峰老师萌发"主问题·关键词"教学法思想的几年，由于我们俩理念相投，经常一起研究探讨，渐渐地，"主问题·关键词"教学法在我脑子里生根发芽，成了我教学风格的一大支柱。在随后的教学中，我运用"主问题·关键词"教学法开出了大量的公开课，写了一系列论文，并参加了各种教学比赛，获得了不错的成绩。

第三阶段：2012—2017年。这是我教学风格发展的一段时期。当时我对"主问题·关键词"教学法的思考与运用进入了瓶颈期，我虽然已经将这种教学方式运用得得心应手，课堂上也是充满了轻松愉悦的气息，学生畅所欲言，但是随着研究的深入，越来越感觉到"主问题·关键词"教学法在课堂设计上是成功的，但是在文本解读上是不够的，文本解读不深入，"主问题·关键词"教学法将流于肤浅。为了解决这个问题，我苦苦思索，但不得要领。幸运的是，特级教师金晓涛在永嘉设工作站，我趁机拜在了其门下，跟随金晓涛老师研习"以意义解释为中心的文言文学习法"。在跟金晓涛老师学习的过程中，我深深地为金晓涛老师的人格和学识所倾倒，金晓涛老师的学问做得非常扎实，对弟子督责甚严。在金晓涛老师门下的两年，我努力钻研，阅读了王尚文先生、童志斌教授等人关于语文教学的著作，深受教益。在融合金晓涛老师的"以意义解释为中心的文言文学习法"和王尚文的"语感论"的基础上，形成了"从语词到文本的隐义呈现"文本解读理念，并将这种文本解读方法和"主问题·关键词"教学法相融合，提炼出了"味道语文"理念。为了验证这种理论，我做了一系列的课题，写了不少论文，并在能力范围内开出了一系列的展示课，其中《山水散文群文阅读》在县内取得了极大的反响，在浙江省教育厅举办的"百人千场"送教活动中开出的《始得西山宴游记》赢得了听课教师雷鸣般的掌声，《荷塘月色》在浙江省青年教师教学竞赛中获得高中组二等奖第一名。2017年的市教坛新秀评比中，我以"味道语文"理念所设计并展示的《获得教养的途径》让我以高分获评；在当年的高级教师评比中，我继续以"味道语文"理念指导教学，对《师说》做了说课，获得了高分。这是我教学风格继续发展的五年，也是我崭露头角的五年，如果没有金晓涛这位名师的指点，我可能还在黑暗中摸索，因此，对于金晓涛老师，我感谢至极！

第四阶段：2018—2020年。这是我继续沉淀的一段时期。2018年，我很荣幸地入选"温州市未来名师"培养对象，在市局领导的关怀下，开始了更高层次的成长。我们班主任带领我们前往浙江大学、陕西师范大学等著名高校学习最新的教育教学理念。这两年多的学习打开了我的眼界。以前的我一直站在语文教学的角度思考教育，站位比较低，对教育的理解以"技"为主，而这两年多跟着未来名师班的四处游学，聆听了高校学者教授的讲座，对教育有了更深的理解，由"技"入"道"。以前的自己虽然在工作上很努力，但是由于秉承"教育是我的一份工作"这样的理解，在教育工作中体会到的快乐并不是非常丰富，更多的可能是对烦琐的教育工作的厌倦，所以职业倦怠感比较强。而在"未来名师班"的培训之下，我产生了"教育即生活、教育即修行"的理念，如今我的生活和我的教育互相叠合，不再分离，我感到了极大的快乐。

三、他人眼中的自己

伯安兄教学风格丰富多样、不拘一格，极受学生欢迎，旁人看着羡慕，却无法模仿，即使照搬伯安兄授课套路也是难以操作，我想伯安兄的课堂魅力，与他贯穿始终的"味道语文"的理念是分不开的。伯安兄的"味道语文"有"三'味'真火"：一"味"谓之"有趣味"，不管多枯燥的课堂，伯安兄总能用他的亲和形象和语言魔力调动学生的学习积极性，伯安兄坚信有趣味的语文才是鲜活的语文。二"味"谓之"有情味"，"情"是语文价值的核心，伯安兄的课堂总能带领学生体会文本中、社会中、生活中的人情、温情和真情。三"味"谓之"有意味"，让学生走进文字，深入文字，甚至越过文字看语文，这是伯安兄的绝招，让一堂语文课有意味、可琢磨、深回味，这是伯安兄给自己定的教学底线。伯安兄的"三'味'"语文，探寻语文教学的本质，拓宽语文学习的外延，在很大程度上也引领我们青年教师前行的方向。

（教研组长　李海广）

高中生活已过十年，如今让我回忆高中课堂，印象最深的就是陈老师的语文课。他的语文课既充满激情又充满味道，我此刻忆起依旧是意犹未尽。

那年高二，语文课程刚好是孔子的《论语》。陈老师按照自己对孔子教学的理解，在他的课堂上无处不是"沂水春风"。课堂上自由的氛围，轻松自在的师生问答，激情的授课内容等，可以说，在那个时候，我仿佛就是在孔子的课堂上如沐春风。

毕业后，我有幸去聆听陈老师对《五人墓碑记》课堂设计的讲解，从另一种角度来学习陈老师的教育思想，才发现他的课不仅体现在教学内容的激情上，而且体现在对教学设计的深度上。他在充分讲述五位义士为正义而牺牲的大义的基础上，板书设计形成了以"士"为形象的图形，以之为总结，让人记忆深刻，震撼人心。由此，我越发佩服陈老师既有温度又有深度的教学，感叹之余，我才发现，他的每堂课都有他独有的理解和特别的设计。

（学生　陈珍荣）

我的孩子在高三的时候很荣幸地由陈老师教语文，原本不怎么跟我交流学校情况的女儿突然喜欢给我打电话了，她经常将语文课堂上的有趣的事情和我分享。在我女儿的描述里，陈老师是一位深受学生喜欢的老师，他非常幽默风趣，并且做人做事格局很大，对学生产生了深远的影响。我女儿经常以陈老师的口头禅"大气包容、执着乐观"来自勉，精神面貌和学习成绩有了极大的改观，我很感谢陈老师！

（高三学生陈锦月家长）

系统·深刻·活泼

温州中学 邵 达

教学16年来，我一直没有停止过思考一个问题：我们该教学生什么样的"数学"，深刻晦涩的或是简单趣味的？虽然这16年教书生涯，我都在一所省内知名重点高中度过，但是教过的学生层次层层递进。从一开始的班级学生大多是以出国学习为目标，数学水平比较低，到后来的平行班、实验班、数学竞赛班，乃至要给一批在国内竞赛中的佼佼者教数学。我的教学经历告诉我"教无定法"，不同层次的学生需要的数学本就不同，数学教学还是要扎根于学情上。就像我跟儿子说"解决小学高年级应用题的关键在于建立数量之间的联系"，这句话，我自认为抓住了根本，但是在一个小学三年级的小朋友听来，不知所云。于是教国际班的学生，你不需要过多的严谨、深刻，建立起他们对数学的兴趣似乎更重要；而如果在实验班中，你就必须给出对数学问题的深刻解读。就如同"教无定法"一样，教师的风格也没有什么最好，只有最适合某一层次学生的教学风格。而现在我的风格可能更适用于那些喜欢数学，愿意在艰涩的思辨、推理过程中寻找乐趣的孩子们，而这样的孩子听我的课往往会上瘾。而以下我的观点也是基于这群喜欢数学的孩子这一基本学情的。

我认为数学课堂必须具有大的思维容量，具有强烈的科学性。我认为学数学不是为了高考，不是为了应试，所以我更强调数学思维、数学研究方法，而轻技巧。虽然我也会在高三复习时，整理很多应试技巧，但是我认为如果你的数学思维方法层面已高出别人一档，就像有了独孤九剑，达到了无招胜有招的境界，又哪里会在乎招式、套路呢？所以，我的数学课堂是系统的、深刻的。在另一方面，数学是艰涩的、严谨的，但是数学的课堂组织不能如此。知识只是教学的一方面，而学习的主体却必须是学生，只有发挥他们的主体性，课堂才是有效的。所以，我的课堂未必是有趣的，却必须是活泼的。

一、我的数学课堂是系统的

数学本就是一个极具系统性的科学，我们的课堂教学，不能将其割裂开。

（1）大单元设计。数学本就是一个具有系统性的科学，因此在教学中，我们对整个单元的教学要有系统性的设计，要厘清知识模块的脉络，才能明白某一概念在整体中的地位、作用，联系学情，合理安排课时。例如，必修2立体几何模块《点、直线、平面之间的位置关系》。这一章节是立体几何模块的主体，提出了立体几何模块最基本的公理和定理体系，建立了立体几何的基本理论框架。学习整章，首先要厘清知识脉络，课本的大体框架首先是建立平面概念，规定空间的表示法和叙述规范，建立公理体系；然后是从公共点个数的角度来定义点、线、面之间的位置关系，给出空间平行关系的判定和性质定理；最后是给出空间垂直关系的定义、判定和性质定理,以及线面角和二面角的概念。其次应当针对学生的学情,帮助学生整理所有平行关系、垂直关系、空间角。例如,针对学生一直非常困惑的垂直问题,我帮助学生作关于空间垂直关系的所有定理的思维导图,还设计了通过一系列"寻找垂直关系"的问题,来帮助学生构建空间垂直关系。

大单元设计有助于我对章节、知识模块的整体把握,也能在授课中让学生体会到整个章节的系统性。学生在章节学习中可能会碰到多个课时中比较相近的难点系列,而大单元设计可以整合多个课时的内容,对这些系列难点进行梳理,从系统上进行突破。

(2)前后概念的联系。这种系统性还体现在数学概念的教学中,体现在数学概念产生的必要性上。任何数学概念的产生、发展都不是孤立的,它或因为前序概念的延伸、拓展,又或是后序概念的需要而形成。因而,在我们的概念教学中也应体现这一点。由前序概念的延伸、拓展、类比中产生新的数学概念,是很多教师普遍采取的教学策略,本人的拙作《增删问题步骤揭示数学本质》中也提及了"组合"与"排列"之间的联系。但是数学中仍然存在着大量这样的概念,它的提出非常突兀,看似不自然、不合理,但在后序的研究中却是如此的必要和自然。例如函数中奇偶性、单调性的提出,完全是教师的引导。但是这两个性质在函数的研究中是如此重要,所以,通常我会在后序的问题中设计这样的环节:

问题1:请作出函数 $f(x) = \dfrac{x}{1+x^2}$ 的简图。

其实很多时候,教师选题不要特意去选难题、复杂问题,往往揭示数学深刻思想的是一些看起来很简单的问题。关于这个问题深刻性的论述,我会在后文中详述,此间只谈对奇偶性、单调性两个概念合理性的阐述。

学生:函数 $f(x)$ 是奇函数,关于原点对称,并且在(0,1)上递增,(1,+∞)上递减。(作图)

我会追问在我们解决这个问题的过程中,研究函数的奇偶性与单调性,会给我们带来了什么好处?此问题给我们对陌生函数进行研究提供了哪些帮助?

学生:奇偶性给出了函数整体上的性质,减少了我们需要研究的区间长度,(-∞,0)上的图像可由对称性给出。单调性解决了函数变化的趋势,指出了函数的最值。这两个性质对于函数性态的研究起了关键的作用。对于陌生函数,我们可以先确定它的定义域,再研究它的奇偶性(对称性)和单调性,解决它在每一个单调区间内的最值,就可以作出函数的草图了。

我:所以奇偶性和单调性的概念对函数研究是至关重要的。这两个概念在一开始提出或许是突兀的,但是现在看来确实极其必要。

在我看来,很多的数学概念并不能由教师引导得出,事实上也没这个必要。如果所有数学概念都能由教师引导得出,那么数学也不需要经历这上千年的发展,也没必要出现欧拉等天才的数学家。但是,我们应该了解他们提出的概念、方法,理解他们的思想,感慨他们伟大的前瞻性。正如必修1人教A版的主编寄语中提到"数学是自然的","如果有人感到某个概念不自然,是强加于人的,那么只要想一下它的背景,它的形成过程,它的应用,以及它与其他概念的联系,你就会发现它实际上是水到渠成、浑然天成的产物"。

(3)性质、定理的递进承接顺序。数学的系统性还体现在对于性质、定理的递进关系的解析上。梳理性质之间的关系，能让学生对数学的理解更有条理性。例如，在不等式的基本性质中，教材给出了 6 个性质：

①若 $a>b$，则 $b<a$；若 $b<a$，则 $a>b$；

②若 $a>b$，且 $b>c$，那么 $a>c$；

③若 $a>b$，那么 $a+c>b+c$；

④若 $a>b$，且 $c>0$，那么 $ac>bc$；

若 $a>b$，且 $c<0$，那么 $ac<bc$；

⑤若 $a>b>0$，那么 $a^n>b^n$（$n\in N$, $n>1$）；

⑥若 $a>b>0$，那么 $\sqrt[n]{a}>\sqrt[n]{b}$（$n\in N$, $n>1$）。

看起来是极其简单的事实，有的教师在此处可能选择将 6 个性质读一遍就过了。但是在我看来，这里却蕴藏着对数量关系研究的基本问题。大于、等于、同余（数论）、相似、合同（线性代数）等都是数量（可能是多维的）之间的基本关系，它们的性质研究基本类同。对比其他，我们会发现不等式性质，其实缺了第一条，反身性，即一个变量与其自身是否具有这层关系，显然我们不可能有 $a>a$，这也是为什么在不等式基本性质中反身性不提的缘由。这一点，我会在课堂上指出。另外，我们还可了解为什么不等式的性质会有这么多条，事实上，除反身性是数量与自身关系外，①②两条数量的维度是逐渐增多的，①表达了两个数量之间是否可交换位置，我们称为对称性；②表达了三个数量之间的关系能否传递，我们称为传递性；③④加入了四则运算研究，③称为加法单调性；④为乘法单调性；⑤为④的拓展，乘方运算单调性；⑥中的开方是⑤中乘方的逆运算。7 个性质（加上不成立的反身性）的递进、承接是一个系统且完整的研究数量关系的过程，我会在课堂上为学生指出，并要求以后遇到新学的数量关系，要类比不等式性质系统地研究。类似的问题，还有向量的内积的运算律。

二、我的数学课堂上对数学的认识是深刻的

我认为学习数学应当深刻理解数学问题的本质，重视数学思维的渗透、培养，重视掌握数学问题的基本研究方法。这就像是掌握了数学这把剑的"意"，就不必在意那些套路，因为总能看出题目的破绽。

（1）多问一个为什么。数学思维的提升，从有效的数学问题开始。不放过任何一个有效的数学问题，寻求每一个数学解法，甚至每一个步骤的合理性，对于入门级的学生来说，是提升数学思维的一个有效途径。我再以前面提到过的问题 1 为例，来谈谈我的教学方法：

问题 2：请作出函数 $f(x)=\dfrac{x}{1+x^2}$ 的简图。

师：能否用初中学过的二次函数作图方法来作出 $f(x)$ 的图像？

生：5 点法在这里不能用。

师：为什么不能用？（这个问题学生很难回答）如果非要用 5 点法，你会选哪 5 个点？为什么？

生：$x=0$，± 1，± 2。

师：为什么选这 5 个点？

生：随便选的（奇函数通过原点，其他随便选）。

师：二次函数作图选了哪 5 个点？为什么选这 5 个点？

生：二次函数的顶点，还有对称的两组点，顶点决定了二次函数的最值，另外两组点确定了二次函数的形状（开口大小，"形状"叙述不正确，此时尚无法纠正）。

师：也就是说二次函数的 5 点的确定，是基于二次函数的单调性、对称性分析后作出的。那么你认为对于一个完全陌生的函数，我随便选 5 点画它的图像准确吗？那我多画几个点，10 个点？

生：不准确，点多不一定就有用。应该要先分析新函数的性质。

师：说得很好，我们借鉴二次函数的作图方法，不是照搬照抄，要学会其作图的合理性，学会 5 点法背后所蕴含的真正的数学研究方法。那么你们能告诉我这个函数具有哪些典型的函数性质吗？

生：它是一个奇函数，因为对于定义域中的任意 x，都有 $f(x)=f(-x)$。

师：为什么要研究奇偶性？研究奇偶性给我们带来了什么好处？

生：函数关于原点对称，所以只需要研究 $[0, +\infty)$ 上函数的单调性就能知道函数整体的单调性。

师：怎么研究 $[0, +\infty)$ 上函数的单调性？

生：取 $0 \leqslant x_1 \leqslant x_2$，则有

$$f(x_1)-f(x_2)=\frac{x_1}{1+x_1^2}-\frac{x_2}{1+x_2^2}=\frac{x_1-x_2+x_1x_2^2-x_1^2x_2}{(1+x_1^2)(1+x_2^2)}=\frac{(x_1-x_2)(1-x_1x_2)}{(1+x_1^2)(1+x_2^2)}$$

师：此处为什么要作差？为什么要进行因式分解？

生：作差是为了比较 $f(x_1)$ 和 $f(x_2)$ 的大小关系，根据定义来判断函数的单调性。因为最后要判断式子的正负号，所以因式分解后，我们可以根据各个因式的符号，了解整个式子的正负号。

师：现在能判断式子的正负号了吗？

生：不能，说明 $[0, +\infty)$ 上函数不单调。

师：如何确定函数的单调区间？如何寻找一个区间，使得在这个区间上式恒为正或恒为负？

已经可以判断 $\frac{x_1-x_2}{(1+x_1^2)(1+x_2^2)}<0$，只需判断 $1-x_1x_2$ 恒为正或恒为负。也就是要寻找一个区间，使得在这个区间 $x_1x_2>1$ 恒成立或 $x_1x_2<1$ 恒成立，也就是 x_1x_2 的最小值恒大于 1 或最大值恒小于 1。

生：有的，在 $(0, 1)$ 上，x_1x_2 的最大值恒小于 1；在 $(1, +\infty)$ 上 x_1x_2 的最小值恒大于 1。所以我们可以认定函数 $f(x)$ 在区间 $(0, 1)$ 上递增；在 $(1, +\infty)$ 上递减。

师：为什么不考虑 $x_1<1<x_2$ 的情况？

生：这样的 x_1、x_2 不是在一个区间上任取的两个值。

……

限于篇幅，后面的讨论不再详述。在每一个关键问题上教师特意设问、引导，更严谨、细致的分析会使学生对于数学问题的认识更加深刻。常常有学生会问这样的问题，我上课都听得懂，但是题目不会做是什么原因？其实这就是学生能够明白解题的过程，而无法抓住解题的思路。强调解题思路，对每一个解题步骤多问一个为什么，剖析其背后的思考，是提高学生数学思维的有效途径。

（2）抓住问题的核心。抓住数学问题的核心本质不言而喻是一件十分重要的事，但是做起来很难。这要求教师对数学问题的认识深刻，数学功底深厚。那怎么算是抓住了问题的核心本质呢？以函数单调性的定义为例，我认为其中最难理解的是定义中采用二元变量及任意性，而大多数教师根据教学参考书只是强调了任意性，却忽视了变量为什么要用二元这一个问题。变量的个数（元）是代数的最基本问题之一。所以，我对函数单调性的课，必须从单变量能否刻画函数的单调性开始。我会设计以下问题：

①若对于定义域中的任意 x 满足 $f(x+1)>f(x)$，$f(x)$ 是否为增函数？

②若对于任意 $x>0$ 满足 $f(2x)>f(x)$，$f(x)$ 在 $(0,+\infty)$ 上是否为增函数？

③若对于定义域中的任意 x 满足 $f(x+t)>f(x)$，t 为某个正常数，$f(x)$ 是否为增函数？

再如基本不等式的教学中，我会故意设计这样一个环节：

问题 3：求证：$a^3+b^3+c^3 \geqslant ab+bc+ca$。

这是一个错误命题。为什么是错误的？因为两边不齐次，基本不等式无法改变齐次式的次数。能否举出反例，注意到左边次数比右边高，故只需让 a、b、c 取尽可能小的正数即可，如 $a=b=c=0.1$。次数是代数中除变量个数（元）外的第二个最基本的问题。

数学问题的本质，即便是一本书也是写不完的，在此，我也不能一一列举。但上面的例子希望能说明我更关注最本质、最核心的问题，如元、次数、立体几何中形的构架等。

（3）高观点下的数学。站在高处去看数学问题，是一种风景独好的感受。对于学有余力的学生，让他们接触更多的数学，学更高处的数学，而不是反复低效地刷题更能培养人。所以，在教材之外，我会教授我的学生更多的数学。如极限（严格定义的极限）、微分中值点等数学分析的部分内容、复数的三角形式及其应用、解析几何中直线所成的角、立体几何空间的距离等。而这种高观点的渗透也使得学生对数学问题看得更深刻，甚至可以站在命题人的角度去审视问题。例如，2017 年浙江数学高考的最后一题：

已知数列 $\{x_n\}$ 满足：$x_1=1$，$x_n=x_{n+1}+\ln(1+x_{n+1})$，$(n\in N^*)$。证明：当 $n\in N^*$ 时，① $0<x_{n+1}<x_n$；② $2x_{n+1}-x_n \leqslant \dfrac{x_n x_{n+1}}{2}$；③ $\dfrac{1}{2^{n+1}} \leqslant x_n \leqslant \dfrac{1}{2^{n+2}}$。

如果学生能够掌握好函数拟合思想及数列的不动点求通项的方法，那么上述问题就可以理解得更深刻。命题人对问题的设计就是带着我们一步一步地研究这个数列。首先是研究数列的单调性，同时，也给出了数列的下界；而由单调有界数列必有极限可知道该数列极限为 0。其次是研究数列的增长速率问题，题目中给的递推公式是无法求通项的，所以我们要通过对函数 $f(x)=x+\ln(x+1)$ 进行放缩来估计函数的增长速率，放缩的方式是上限用切线进行拟合，而下限用一次分式拟合，于是就有 $\dfrac{4x_{n+1}}{x_{n+1}+2} \leqslant x_n = f(x_{n+1}) \leqslant 2x_{n+1}$，上限说明了数列 $\{x_n\}$ 大于一个等比数列，下限则给出了数列 $\left\{\dfrac{x_n-2}{x_n}\right\}$ 大于一个等比数列，这里要用到不动点求数列通项的方法。最后，化简得出 $\{x_n\}$ 增长速率的估值：$\dfrac{1}{2^{n+1}} \leqslant x_n \leqslant \dfrac{1}{2^{n+2}}$。

三、我的数学课堂是活泼的

数学因为其严谨性而略显枯燥，但是我和我的学生们却都沉浸于此，因为我的数学课堂是活泼的。这种活泼是因为我的课堂的组织形式是开放、自由且多样的。

我的课堂上通常以讨论、探究课的形式展开，我负责组织问题、引导，学生负责思考、回答；而他们可以对我的理解、解法提出质疑，学生们也常常会有令我意想不到的思考，提出更优秀的解法。当然总有某些问题，我们都没能思考成熟，那么我们就会在课上一起思考、讨论。教师适度的自我弱化，有时是假装的不懂，有时是真的没理解透数学本质，对于学生来说是一种鼓励，引发他们更多地思考、进取。我的课堂对数学问题的思考是异常活泼的，虽然有时也会留下问题未能解决的遗憾，但是我认为每一次努力的思考都是有价值的，每一次积极的探究都是有收获的。

我的课堂形式还包括翻转课堂。我会给他们一些任务，通常是指定的某本书的某一章，然后要求学生在课前学习、准备，用自己的讲义来讲解自己对整章的理解。我的要求是他们必须把每一个问题的解析步骤剖析得清清楚楚，而我和其他学生作为听课者，会提出对某些解法的困惑，或是对解题思路的质疑。在很多时候这种提问是尖锐的、深刻的，这也使得每一个"上课"的学生战战兢兢。于是他们在准备过程中就要特别用心，以防答不上来，尴尬地站在台上。这种方式事实上也促成了他们对数学书籍阅读的良好习惯，阅读—质疑—思考—讨论—解惑。

汇报课也是我的课堂形式之一。我会指定一个内容，学生需要自己去寻找材料、例题，自己组织内容，阐述一个概念或一类方法。相比于前面的翻转课堂，汇报课需要比较长时间的准备，学生通常展现给我的是自己在学习过程中，解决一些具有共性问题的方法总结。当然，也有某些学生给了我很多学习的机会，记得有参加竞赛的学生就射影几何中线共点、点共线问题的阐述让我也颇为受益。

我的教学风格就是将思维活动的活泼与思维内容的深刻，系统地结合在一起。我的教学风格是在我自己的积极思考和学生的反作用中形成的。特别是近些年实验班、竞赛班的教学，学生的优秀逼迫着我不断学习、不断进步，从一定程度上来看，是我的学生促成了我现在的教学风格。但是，个人的教学风格其实也不会是一成不变的，现在我仍然常常会问自己我该教学生什么样的"数学"。时代不停地在变化，疫情使这个世界发生了巨变，我所教的数学也应该去适应时代的变化，去适应国家的需要。

严谨简约 变构学程 深度学习

浙江省瑞安中学 黄慧军

教学风格是指教学活动的特色,是教师的教育思想、个性特点、教育技巧在教育过程中独特且和谐的结合和经常性的表现。教学风格的形成是一个教师在教学艺术上趋于成熟的标志,也是成长为名师的必由之路。

一、我的教学风格

我从事数学教学20余年,经历了从普通教师到高级教师、从学校骨干教师到市教坛中坚的成长过程,不同的阶段有不同的教学主张,还是新教师时,我努力钻研教材,把题讲清、讲透;高级教师时,我努力做到活用教材,注重教学方法,并且能从方法中提炼出教学策略,提高课堂效率。我一直坚持的教育理想就是培养学生养成学习数学的习惯,发展学生的数学核心素养,会用数学的眼光看问题,会用数学的思维分析问题。我所追求的数学课堂是严谨简约、变构学程并能深度学习。

(1)严谨简约。数学是一门塑造思维的学科,是一门严谨的学科,更需要一个教学态度严谨的教师。严谨要求你的课堂必须讲求效率,严谨要求你对教材的把握必须精准到位。同样,"简约课堂"是高效的课堂,其本质就是追求真正能让学生发展与提升的朴实的课堂教学活动,崇尚形式简单而内蕴丰盈,摒弃一切不必要的作秀与烦琐,实现数学课堂自然本色。例如,我曾经执教的高一《函数性质小结》荣获"一师一优课"全国优秀奖,这节课中,我对课堂教学的情境创设、素材选择、活动组织、结构安排,以及媒体使用等都做了精确把握,努力使课堂变得更为简洁、清晰、流畅、丰富、深刻,进而达到优质和高效。(课堂引入部分片段)

问题1:如图1所示是定义在[-3,3]上的奇函数$y=y(x)$在$(-3,0]$上的图像,请补充完整。若$y=y(x)$是偶函数,你能画出$[-3,0)$上的图像吗?

问题2:结合图像,你能观察出这个函数具有哪些性质?

问题3:你能说出函数的奇偶性与单调性的关系吗?能证明吗?

通过创设问题串,从数与形的角度复习函数的奇偶性、单调性与最值相关知识,问题串激活了学生的思维,激发了学生浓厚的学习兴趣。

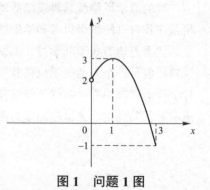

图1 问题1图

(2)变构学程。"变构"即"改变或重新组合结构","学程"主要是指教学(学习)的过程或教学材料，就是适当改变常规课堂结构，不唯教材。一堂课，"多演绎，多归纳，善发现，优迁移"，要打破传统的数学课学习流程，再让发现力生成后续强大的学习力。课堂上或让学生做"小老师"，或"发动群众斗群众"，相教、互比、共学、同进，使师生、生生之间原有关系变得"复杂"和"好玩"起来，进而使学生活动更有情趣和意趣。同时，在新课改进行得如火如荼的今天，"教教材"的思想早已落伍，取而代之的是"用教材教"的思想，应该注重抓教材中的典型例题，对它进行适度、合理的"再创造"，充分发挥其辐射功能，挖掘其内在的教学价值，加深学生对问题的理解，增强思维的灵活性，让学生的思维水平在"创造"中得以升华。我曾经上过一节市级公开课，通过学生自主编题、解题、析题一系列过程来引发学生建构性地获取知识，引起思维的共鸣与碰撞，促进提出问题能力的培养。再通过题组以有针对性、有层次的"问题"为核心，激发学生求知的心理，使复习在生动、活动中进行。这是一个师生共同参与、互动对话的"自主、合作、探究"的成功课例，学生在合作交流中体会成功，在创新探索中享受快乐。

（3）深度学习。我们现在课堂大多存在教师的"教"多于学生的"学"，课堂上忽视学生的思维过程，排斥求异思维，留给学生独立思考的时间和空间极为有限，学生的主体地位没有得到真正意义上的尊重，造成学生的能力得不到提高。我所追求的深度学习，就是指在教师引领下，学生围绕着具有挑战性的学习主题，全身心积极参与、体验成功、获得发展，有意义的学习过程。我认为深度学习是发展素养的学习，其核心就是以教师为主导，以学生为主体的有意义地主动学习活动。例如，浙江省在2018年与2019年高考中都考查了空间角的比较大小，主要是考查"三余弦定理（线面角的最小性）"与"三正弦定理（面面角的最大性）"的应用。特别是"三余弦定理"，很多复杂的空间角问题最终可转化到线面角最小性的应用上来。但从学生平时的作业与模拟试卷测试中发现，这类题目的得分仍然没有达到我们所预期的目标。因此，我就以立体几何中的"空间角问题"开设微专题复习来促进学生的深度学习，取得了很好的复习效果。因为深度学习需要关注学生分析问题、解决问题等高阶思维的培养，而微专题主要体现在"微"与"专"两个方面。"微"是指选题切入口小，体现"小处着手，以小见大"；"专"即针对性强，见微知著，其指导思想就是引导学生针对遇到的问题进行深入思考与研究，在知识的运用中深化认知，提升数学能力。

二、我的成长历程

第一阶段：埋头苦干，以校为家（2001—2005年）。

2001年我从温州师范学院毕业后，回到高中母校——瑞安市塘下中学执教，这里有很多曾经教过我的老师，他们亲切友善，对我关怀备至、信任有加。在刚开始工作的4年时间里，我任教两个班级并一直担任其中一个班级的班主任，全力投身教育事业，吃在学校，也住在学校，白天上课、听课、批改作业、阅读专业杂志、找学生谈话，由于班主任工作经验缺乏，我只能做盯师，多花时间在学生身上，每天晚自修在教室陪伴学生，晚自修结束后到学生寝室检查，直到学生关灯就寝。为了减少班主任工作对教学工作的冲击，我有时深夜开始钻研教材、研究解题，摘录杂志中优秀的教学片段，同时，也坚持写教学反思，每天过得特别充实，又很有收获，累并快乐着。在师傅朱学贵老师与组长董增平老师的大力帮助下，我取得了一些成绩：所带两个班级的成绩名列年级前茅，获得优秀班主任称号，两篇论文分别获得市一等奖与二等奖，2005年有幸代表瑞安参加温州市优质课评比获得一等奖。

第二阶段：专家引领，砥砺前行（2006—2014年）。

2005年，我有幸调入了浙江省瑞安中学，认识了浙江省特级教师戴海林老师，戴老师对教材的处理、试题的研究及对课堂的把控深深地吸引了我，他特别注重课堂教学的有效性，重视学生的思维过程，他一直坚持让学生的思维在课堂中动起来，要与老师的思维发生"碰撞"，对我影响很大。我加入了温州市戴海林名师工作室，在工作室的四年学习中，戴老师引领我们明白，数学教育应该关注这样一个问题：一种较为理想的数学教育，最重要的应该教给学生什么？答案是：数学素养。在戴老师的悉心指导下，工作室成员积极参与工作室开展的活动，相互学习，认真听课、磨课、评课、听讲座、研读戴老师的教学论文与课题，从中学到戴老师的教学思想及处理教材的艺术，使自己在感悟中提高。戴老师还特别重视数学概念课的教学，一直强调概念教学的重要性，要让学生理解概念的内涵，研究对象的要素。为此，我们工作室还申报了市级课题《高中数学概念教学的反思模式研究》并荣获一等奖，通过对课题的研究，我对数学概念课的教学也有了比较深的理解与感悟，我个人在教学方面也取得了一些成绩：2011年荣获温州市第三届教坛新秀称号并晋升为中学高级教师、2014年荣获温州市第四届教坛中坚称号。另有4篇文章在国家级刊物《中小学数学》、省级刊物《数学教学通讯》发表，3篇论文获温州市论文评比一等奖，2篇获温州市二等奖，还获得名师工作室优秀学员称号。2013年，我作为助理参加第二届"温州市戴海林名师工作室"学习。戴老师引领着我在科研道路上不断成长。

第三阶段：教学风格渐成，但科研动力渐失（2015年至今）。

评上高级职称之后，自己对数学教学课堂的思考热情一直很高，多次开出市级研讨课，得到专家大师们的指导与好评，自己的教学能力更上一层楼，自己的教学风格也渐渐形成。教学能力变强了，但科研上却退步了，由于身体、家庭、学校教学工作的繁忙与连续的班主任工作，自己在科研道路上有些力不从心，心累，没有了以往的那种斗志与激情，失去了继续前行的动力。还好，未来名师培训平台又使我重新燃起了激情，我将不忘初心，继续勇往直前！

三、教学片段

精彩缘于"再创造"

在课上围绕着抛物线切点弦的性质展开探讨，通过对教材中的一道习题进行"再创造"，挖掘其中丰富的内涵与精髓，充分发挥其辐射功能，引导学生对习题进行探究、拓展、嫁接，激活课堂教学，培养学生的数学探究能力，促使学生充分发挥潜能，让学生感受知识的生成和发展的过程，在感悟中掌握数学知识。在探究过程中，教师既充当了一名组织者，提供探究材料（习题），提出学习要求；又充当了一名引导者，化解学生在探究活动中的障碍，帮助学生获得探究方法（逆问题，由特殊到一般），提示研究方向，促进了探究的顺利实施；同时，也充当了一名合作者，成为学生中的一员，与学生平等交流，相互分享彼此的思考、见解和知识。正是教师善于营造良好的教学情境，为学生主体参与搭建了平台，才激发了学生浓厚的学习兴趣，真正体现了"自主、合作、探究"的新型学习方式。

（一）解题，夯实基础

如图2所示，过抛物线$C: x^2=2py$的准线l上任一点E作抛物线C的两条切线，切点分别

记为 $A(x_1, y_1)$，$B(x_2, y_2)$。证明：

(1) 两切线相互垂直；

(2) 直线 AB 恒过一定点。

通过批改课后作业，了解学生对基础知识、基本方法掌握的情况。投影典型的错误或优美的解法，并请相应同学总结自己的解题经验与体会，教师点评解法，提炼知识点。

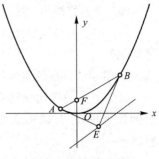

图 2　抛物线 C

（二）变题，提升能力

师："与其终日而做矣，不如须臾之所思也。"解决好任何一个问题大家都要养成一种反思的习惯。现在大家能否借助上题直线恒过一定点进行"再创造"呢？

（学生陷入思考……）

师：爱因斯坦曾说："提出一个问题往往比解决一个问题更为重要。"希望同学们能畅所欲言，提出自己的问题与想法。

（教室一片寂静，一段时间后……）

生 1（科代表）：我可以证明上题的逆命题也成立！即过抛物线 C 的焦点 $F\left(0, \dfrac{p}{2}\right)$ 任作一条直线交抛物线于 A、B 两点，过 A、B 两点分别作抛物线的切线交于点 E，点 E 一定在准线上。

生 1（板书）：以 A 为切点的切线方程为 $y = \dfrac{1}{p}x_1 x - \dfrac{1}{2p}x_1^2$，以 B 为切点的切线方程为 $y = \dfrac{1}{p}x_2 x - \dfrac{1}{2p}x_2^2$，解方程得到两切线的交点为 $E\left(\dfrac{x_1+x_2}{2}, \dfrac{x_1 x_2}{2p}\right)$，由 $x_1 \cdot x_2 = -p^2$ 得 $y_E = \dfrac{x_1 x_2}{2p} = -\dfrac{p}{2}$，即点 E 在准线 l 上。

师：很好，考虑了它的逆问题，并证明了它的真假性。

师：还有其他同学要"创造"吗？

生 2（很兴奋）：我把题目中的条件减弱一下，可以证明定点一般化也成立！

（生 2 是文科班中难得的数学爱好者，平时善于思考。）

师（显出疑惑）：任意直线上都成立？

师（板书）：已知抛物线 C：$x^2 = 2py$ 与直线 l：$y = kx + b$ 没有公共点，设点 E 为直线 l 上任一点，过 E 作抛物线 C 的两条切线，其中 $A(x_1, y_1)$，$B(x_2, y_2)$ 为切点（图 3）。直线恒过一定点吗？

生 2（板书）：设 $E(x_0, y_0)$，由上可得直线 AB 的轨迹方程为：$x_0 x = p(y + y_0)$，用 $y_0 = kx_0 + b$ 代入整理得 $(x - pk)x_0 = p(b + y)$，所以直线 AB 恒过定点 $(pk, -b)$。

"当 $b = -2$，$k = 0$ 时，直线 AB 恒过定点 $(0, 2)$，就是原题（2）的情况。"生 2 可能怕同学质疑，回到位置补充道。

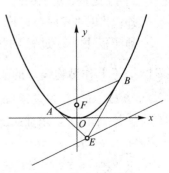

图 3　生 2 板书图

171

师：真是好样的，赞一个！

师：刚才两位同学的"创造"使我们对问题有了深一步的理解……

（"那生2问题的逆命题成立吗？"生3打断了我的话。）

虽然生3的提问显得有点"鲁莽"，但我还是很高兴，更何况是平时上课不太配合的学生，今天能提出自己的想法。

师（板书）：过定点 $M(x_0, y_0)$ 的直线与抛物线 $x^2=2py$ 交于点 $A(x_1, y_1)$ 和点 $B(x_2, y_2)$，过A、B两点分别作抛物线的切线交于点 E（图4），则点在定直线上吗？

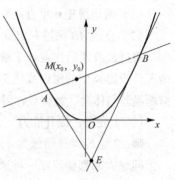

图4 生3板书图

（同学们又陷入了思考……）

生（众）：只需研究点的轨迹。

师：对，那如何求轨迹方程呢？

片刻，科代表生1举手示意。

生1（板书）：设 $E(x, y)$，由上面已得 $E\left(\dfrac{x_1+x_2}{2}, \dfrac{x_1x_2}{2p}\right)$，设 $l_{AB}: y=k(x-x_0)+y_0$，代入 $x^2=2py$ 消去 y 整理得：$x^2-2pkx+2p(kx_0-y_0)=0$，所以 $x_1x_2=2pk$，$x_1+x_2=2p(kx_0-y_0)$，得 $x=pk$，$y=kx_0-y_0$，再消去 k 得到点 E 的轨迹为 $x_0x=p(y+y_0)$，即在定直线 $x_0x=p(y+y_0)$ 上。

师：我们为生1扎实的功底鼓掌喝彩！（掌声响起）

生（低声议论）：这个直线方程好面熟啊。

师：哈哈哈，对，熟悉的"面孔"。

（三）概括，形成结论

师：结合上面的事实认真归纳，我们不难发现方程 $x_0x=p(y+y_0)$ 随动点 (x_0, y_0) 的位置不同而表示不同意义的直线。

师（板书）：点 E 在抛物线外时，直线 $x_0x=p(y+y_0)$ 表示的是过点 E 向抛物线所作两切线所得的切点弦方程；若点 E 在抛物线内时，直线 $x_0x=p(y+y_0)$ 表示以过点 E 的弦的端点为切点的两切线所成交点的轨迹；显然，若点 E 在抛物线上时，直线 $x_0x=p(y+y_0)$ 则表示过点 E 的抛物线的切线方程。

（四）延伸，更上层楼

师：我也"发挥"一下。

师（板书）：过抛物线 $C: x^2=2py$ 的准线 l 上任一点 $E\left(x_0, -\dfrac{p}{2}\right)$ 作抛物线 C 的两条切线，切点分别记为 $A(x_1, y_1)$，$B(x_2, y_2)$，过点A、B分别作准线的垂线交于点D、H，F 为焦点（图5），求证：$\angle EFA=\angle EFB$，$\angle EAD=\angle EAB$，$\angle EBA=\angle EBH$。

生（众）：欲证 $\angle EFA=\angle EFB$，只需证 $EF\perp AB$ 即可。

师生配合协作完成。

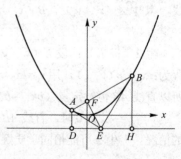

图5 延伸图

分析：$\vec{FA}=\left(x_1, y_1-\dfrac{p}{2}\right)$，$\vec{FE}=(x_0, -p)$，$\vec{FA}\cdot\vec{FE}=x_0x_1-py_1+\dfrac{p^2}{2}$，又由过点$A$且经过点$E$的切线方程为$x_0x_1=p\left(y_1-\dfrac{p}{2}\right)$，代入得$\vec{FA}\cdot\vec{FE}=x_0x_1-py_1+\dfrac{p^2}{2}=p\left(y_1-\dfrac{p}{2}\right)-py_1+\dfrac{p^2}{2}=0$，得证$EF\perp AB$。所以$\angle EFA=\angle EFB=90°$。又由$AD=AF$，易得$\triangle ADE\cong\triangle AFE$，所以$\angle EAD=\angle EAB$，同理$\triangle BFE\cong\triangle BEH$，得$\angle EBA=\angle EBH$。

师：过抛物线上任意一点的切线平分该点到准线的垂线段与焦半径的夹角。这是一个多么优美的性质。

生4：如果两角相等的话，延长直线BH与BE，相当于从平行于y轴的光线BH射入，经直线BE反射后，就是经过焦点F的直线AB。由物理知识，我又发现了直线BE是抛物线的切线！

学生4是物理科代表，典型的理科男，属于那种一言不发、一发惊人的人物。学生4的发言使大家为之一惊，包括我在内。

师：这个发现真是太棒了，抛物线的光学性质，完美结合！

（五）迁移，别有洞天

生5：老师，圆锥曲线的另两种曲线——椭圆与双曲线是否也具备恒过定点这一性质呢？

生5的提问是我事先没预料到的，有种眼前一亮的感觉。

师：问得妙极了！生5利用了类比的思想联系到了圆锥曲线的其他两种曲线。

由于时间关系，我们以椭圆为例来验证下好吗？

师（板书）：已知椭圆$\dfrac{x^2}{a^2}+\dfrac{y^2}{b^2}=1$与直线$l$：$y=mx+n$没有公共点，设点$E(x_0, y_0)$为直线$l$上任一点，过$E$作椭圆的两条切线，其中$A(x_1, y_1)$，$B(x_2, y_2)$为切点（图6），则直线$AB$恒过一定点吗？

师：谁来挑战这一问题？

生5：老师，能否类比刚才抛物线的那种方法，先求出直线AB的轨迹方程，再去验证是否过定点。但以A、B为切点的切线方程不知道怎么求？

（生5有种"自己的问题自己来承担"的味道。）

师：好，类比方法。那如何求以A为切点的切线方程？谁能帮忙。

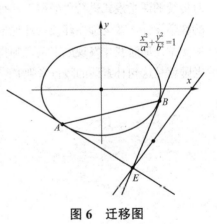

图6 迁移图

生1：老师，切线方程应该是$\dfrac{x_2x}{a^2}+\dfrac{y_2y}{b^2}=1$吧。

师（惊讶的表情）：如何求得？

生1（红着脸）：我猜出来的。

生1：记得曾经学过过圆$x^2+y^2=r^2$上一点(x_0, y_0)的切线方程为$x_0x+y_0y=r^2$，就是把$x^2=x\cdot x$其中的一个x用x_0代替，y^2同样处理。圆可以视为特殊的椭圆，所以我想切线方程应该为$\dfrac{x_1x}{a^2}+\dfrac{y_1y}{b^2}=1$。

（大家纷纷表示赞同，都有一种"山重水复疑无路，柳暗花明又一村"的感觉。）

师：生1类比得非常合理，切线方程也完全正确。课后大家也可以先设直线方程再联立椭圆的方程通过 Δ=0 来求得。不过，过程可能有点麻烦。

师：同理以B为切点的切线方程为 $\dfrac{x_2 x}{a^2} + \dfrac{y_2 y}{b^2} = 1$，两切线均过 $E(x_0, y_0)$，得 $\dfrac{x_1 x_0}{a^2} + \dfrac{y_1 y_0}{b^2} = 1$……①，$\dfrac{x_2 x_0}{a^2} + \dfrac{y_2 y_0}{b^2} = 1$……②，①②两式说明 $A(x_1, y_1)$，$B(x_2, y_2)$ 两点都在直线 $\dfrac{x_0 x}{a^2} + \dfrac{y_0 y}{b^2} = 1$ 上，即为直线 AB 的方程，把 $y_0 = mx_0 + n$ 代入整理得：$(b^2 x + a^2 my) x_0 + (a^2 ny - a^2 b^2) = 0$，令 $b^2 x + a^2 my = 0$，$a^2 ny - a^2 b^2 = 0$，解得 $y = \dfrac{b^2}{n}$，$x = -\dfrac{a^2 m}{n}$，即恒过定点 $\left(-\dfrac{a^2 m}{n}, \dfrac{b^2}{n}\right)$。

（大家露出开心的笑容。）

"横看成岭侧成峰，远近高低各不同"，对于一个问题，只有从不同的角度进行全方位的剖析，才能触及问题的本质。所以在数学教学中教师要进行深度教学，引导学生对习题进行全方位的引申、探究，纵横联系，多角度地考虑问题，从而进行深度学习。

四、他人眼中的我

我眼中的黄老师，最鲜明的特质是认真，对学生、工作高度负责，为了学生，牺牲了很多自己休息学习的时间。我和黄老师同备课组一起工作时，对他的最初印象就是"办公室一号常驻人士"，他不是在写题目就是对着计算机敲敲打打，仿佛一台格子间永动机，即使生病了，他也是轻伤不下火线，无论肩挑多少重担，他工作时绝不会显露疲态。黄老师的课堂永远是活泼且高效的，善于活用教材，注重学生数学素养的培养及数学文化的渗透，有时候还会想法子对传统的课堂模式进行"颠覆"，很受学生喜欢。黄老师指导我开过多节市级公开课，根据我的教学设计，黄老师一环接一环地推敲优化，甚至推倒重来，在问题的设计上，黄老师陪我字斟句酌。那时我才发现原来黄老师指导别人也是这样用心的。"做任何事都要认真"，我想黄老师就是这句朴素话的践行者吧！

历经百煅千炼　力求简朴归真

浙江省苍南中学　陈春绣

高中教师难当，教师需要具备良好的专业品质、扎实的专业知识、较强的专业能力。高中英语教师更难当，在《普通高中英语课程标准》指导下的高中英语课堂中，教师需要综合培养学生的语言能力、文化意识、思维品质和学习能力，注重学生核心素养的形成。当一名具有自己教学主张和风格的高中英语教师更是难上加难，需要在成熟高效的课堂教学成果之外，将英语作为国际性通用语言的工具性和文化传播载体的人文性融合统一。

因此，如何牢牢把握英语的特点，帮助学生在高中众多学科的繁重学习过程中，进一步学习和运用英语基础知识与基本技能，发展跨文化交流能力，为他们学习其他学科知识、汲取世界文化精华、传播中华文化创造良好的条件，也为他们未来继续学习英语或就业选择提供更多的机会，就成了我的长期思考。

一、我的教学主张

经过20多年的教学实践，我的英语课堂教学风格经历了四个阶段："因陋就简""删繁为简""以简驭繁""言简意深"。

（一）第一阶段，我适应"因陋就简"

在学生英语基础较薄弱的农村学校，注重学生英语基本学习技能的培养。课前准备以激发学生的学习兴趣和学情研究为切入点；课堂教学以难度适中的导入和基本语言点讲解为主，夯实学生的英语基础知识，课堂力求"因陋就简，扎稳脚步"。

（二）第二阶段，我选择"删繁为简"

由于工作环境改变，我接触到了学习水平和学习习惯较为良好的学生，随着学生的英语基础和能力的提高，我的课堂风格也作了相应的调整。这一阶段，我注重对教材进行深度解读和分析，力求利用多媒体教学的多种形式将教材和学生的学习、生活紧密结合，提高学生的课堂英语学习能力和在实际生活中的英语运用能力，课堂教学既立足教材又不拘泥于教材，力求"删繁为简，突出重点"。

（三）第三阶段，我适用"以简驭繁"

随着全社会对英语学习的重视，高中学生的英语水平越来越高，他们从小就开始在各种媒介下接触和学习英语，英语词汇之大和知识面之广都超过了以往的学生。如何在有限的课堂教学时间里，既完成教材内容的教学目标，又进一步顺应学生对英语知识的渴求促进其作为交流工具的使用，是我本阶段教学的持续探索。我注重以简单、简便的课堂多媒体教学，呈现纷繁复杂的英语世界；以简明扼要的教学过程，反映丰富多彩的多元文化，课堂力求"以简驭繁"，让英语课堂成为一扇通往多元文化的窗口，成为培养学生正确价值观的土壤。

（四）第四阶段，我追求"言简意深"

随着新课标的实施、"核心素养"理念的提出和新教材的发行，高中英语课堂教学的概念外延并逐步扩大。教师要在以主题意义为引领的单元教学中，通过创设与主题意义密切相关的语境，充分挖掘特定主题承载的文化信息和发展学生思维品质的关键点，整合语言知识和语言技能，提高学生的鉴别和评判能力，引导学生构建多元文化视角。在这一阶段，尽管课堂教学风格更加趋于稳定成熟，但是我对课堂教学设计的前期思考和资料准备时间大大多于以前。因此，如何才能在有限的英语课堂时间内，实现综合性与关联性兼具的英语能力培养，推动学生对英语的深度学习，力求"言简意深"，让教师的每一个教学设计成为学生语言学习的载体、能力培养的温床和核心素养培养的催化剂，这将是我教学生涯的长期思考和探索。

二、我的教学风格发展历程

教学风格的提炼源于对教学生涯的体验，也在于对每个阶段教学的及时总结和回顾。我将从以下四个方面详细阐述自己的教学成长历程和教学风格的形成。

（一）扎根百态横生的教学土壤

2000年夏天，出身于教师之家的我怀着对三尺讲台的无限敬畏与憧憬来到浙江省苍南县钱库第二高级中学。这所高中兼招普高生和职高生，中考录取分数线较低，学生成绩尤其是英语成绩非常薄弱。面对学生不配合教学和不重视作业的窘境，我决定主动出击，从学情了解、教材解读、课后巩固和作业反馈等各个方面全面关注，灵活调整，引进多媒体教学和精心挑选课外教学素材，增加英语课堂的趣味性和导向性，化被动接受负面反馈信息为主动改变学生对任课教师和本学科教学的印象，帮助学生体验英语作为面对世界窗口的使用工具的魅力。逐渐地，年轻的学生们被年轻的教师们和有趣、有用的课堂吸引，他们也愿意花时间去背单词、记语法、阅读、写作文，成绩进步显著。在任教期间，我教过各种类型的班级和学生，艺术职高班、体育职高班、普通班和重点班等，也体验过超时、超量完成3个行政班和英语薄弱学生的课外辅导的教学任务。每一位学生都能主动愉快地、收获满满地进行英语学习，赋予了我自我成长的无限动力。

2007年夏天，因师资调配和教师选拔，我进入了浙江省苍南中学任教。这所省一级重点中学的学生英语基础扎实，学习习惯良好，对英语的熟练程度和对英语知识的渴求都远超我之前教过的学生。面对巨大的学情差异，我及时调整心态，对自己的知识构成和教学风格进行了深度的反思和改变。在苍南中学，教学切入点从如何有效引导学生进入英语学习状态，变成如何有效提高学生的学习效率。优秀的学生和高效的课堂促使我更加关注高中英语教法和学法的研究，关注和同行优秀教师之间的交流与学习，关注课堂教学的输入和输出效率，这些关注更加促进了我的自我成长。在苍南中学各种班级的教学中，我都交出了一份令人满意的答卷。无论是学生水平层层递进的仁英班、普通班、实验班和创新班还是学生学习特点各异的文科班和理科班，我所任教的学生成绩都名列前茅，参加各级各类学校的比赛取得累累硕果；我开设的"笑死人的英语单词""天籁之英——经典英文歌曲赏析""从经典英国电视剧《神探夏洛特》中学英语"等英语学科相关的选修课程，受到了学生和家长的极大好评。

一名优秀的高中英语教师的成长，依托外界环境的支撑，更取决于自我修炼，只有真正

"以生为本"，才能实现真正的自我提升，在不同的教学土壤中绽放光彩。

（二）凝练百尺竿头的教学特色

20多年的教学生涯中，不同的学校和学生给了我不同的教学体验，也促使我积极思考、主动调整，凝练出独具特色的教学风格，力求"百尺竿头，更进一步"。

教学实践第一阶段严格遵守夯实基础的教学理念，关注学生英语学习的兴趣培养、基础词汇和语法知识的积累、浅显易懂的阅读文本解读和难度较低的写作输出，以帮助学生树立英语学习的信心和决心作为教学的突破口，牢牢抓住学生课堂上的表现和落实课后的巩固，"因陋就简"和"因材施教"是我在教学成长第一阶段的追求目标。

在教学成长的第二阶段，我对自己的课堂教学风格有了更高的要求。近几年，由于学生的英语水平和对英语教学的要求逐渐增高，面对形式多样、内容丰富的教学素材，除落实教材各课型的教学和各种能力的培养外，"化繁为简"和"精挑细选"是我为自己量身定制的教学风格要求。从教材的文本解读到不同教法的选取、从各题型解题能力的培养到核心素养能力的培养，我在不同的课堂中实践相同的教学理念，引领着一批批学生实现英语成绩提高和英语能力提升的"双飞跃"。

目前阶段，我的课堂教学思考从"以学生为主"拓展到"师生共同成长"。我个人认为，教师这一职业最难、最苦的不在于"付出与收获不成比例"，或者"教师的教学成果要靠学生来体现"，而是一线教师尤其是高中英语教师要实现持续不断的终身学习。教师只有勤于积累和收集，勤于思考和反省，勤于总结和深化，才能让自己的每一节课都成为进步的内在动力，实现专业知识的增加并促进专业技能的提升，真正实现教学、学生及时代的共同成长。

因此，从站稳各类各级讲台以来，我从未停止过对自己课堂风格的探索和总结，积极记录自己的教学实践与反思，将这些经验和教训转化为各级各类课题论文，将课堂风格的转变内化为自己的教学主张，努力让课堂的灵光乍现升华为独具特色的教学感想，真正实现自身的成长。

（三）汲取百家争鸣的教学营养

教师的个人成长离不开强有力的外界支撑和专家引领。在探索个人教学风格的过程中，本人得到了各级领导的支持，也得到了很多资深教育同人和教育专家的支持与指导。近五年内，我在出色地完成本职教学科研工作之余，积极参加各级各类培训活动，包括浙江师范大学主办的"浙师尖峰教育论坛之高中英语名师教学风采展示""2017年能力提升工程——高中外语"，温州市教师教育院主办的温州市高中英语"绿色耕耘"送培项目，浙江教育报刊总社主办的"高中英语学科不同课型教学设计及专业素养提升研修班"，杭州师范大学主办的"基于语篇及语境意识的高中英语教学设计提升培训"和温州市教育局主办的"未来名师"培养计划。

这些高效性和导向性兼具的学习培训项目，以及各位专家教师既高屋建瓴又极接地气的教学造诣和耐心细致的指导，都使我受益匪浅。无论立足课堂教学的文本解读、教学设计的目标指引、教学过程的环节设置还是高于教学的教学反思的撰写、论文改进方法的指导和教科研课题的操作和实践，都引领着我追求更高层次、更富有个人特色的教学风格。

（四）培养百舸争流的教学力量

在不同的学校任教期间，我得到了许多优秀前辈教师的倾心指导，也在不同层次的教学同人身上感受到了他们作为知识传播者的温暖。在自己逐步成长的过程中，我也非常关注对年轻教师的培养，增强自己作为后备骨干教师的辐射力量。

在钱库第二高级中学任教期间，本人担任备课组长兼教研组长，积极传达省市县各级各类教科研信息，并将全组教师紧紧团结在以提高学生学习兴趣和学习成绩的大目标之下，整个教研组取得了丰硕成果，教师个人实现了快速成长。在苍南中学任教期间，本人从一名普通的一线教师成长为省市县各级各类荣誉的获得者。在此期间，本人曾先后担任苍南中学仁英校区教研组组长，苍南中学高一、高二、高三备课组组长，苍南中学教研组副组长，苍南县英语学科基地负责人，苍南县新教师试用期学科教学指导师，苍南县第五批名师工作室导师。同时，本人积极参加市县级团队研课和校级公开课磨课等教研活动，将不同教学理念和教学思路融会贯通，帮助本县本校教师开出颇受好评的各级公开课、研讨课和示范课，帮助年轻教师培养自己的教学风格，形成各有千秋、百舸争流的教学风格，延续自己的教学生命和力量。

三、我的教学片段

任何教学风格的形成都不能一蹴而就。在长期的教学生涯中、众多烦琐细碎的教学片段里，我个人印象最深刻的是参加浙江省"一师一优课"的评选过程。

第一次面对视频微课，为了更好地展示自己的课堂，每个磨课的过程都成为我"删繁就简、突出重点"的历练过程。从内容的选材、文本的解读、课堂的设置到目标的达成等各个方面，我都进行了精心的准备和打磨。我的优课参选素材是"M3U2 Healthy Eating"，在健康饮食单元主题下的阅读部分。在对文本多次深层解读之后，我发现文本的两条发展脉络：一是显性的故事发展情节——从男主人公的视角出发，发现一家饮食风格完全不同的餐馆，如何吸引了众多顾客，并在故事的第二部分进行餐馆菜谱的互相补充，实现均衡饮食；二是隐性的情感发展方向——男女主人公从最初的互相竞争，对对方菜谱的猜疑，到后期的研究，了解自身菜谱的不足之处，最终实现互相和解和帮助，实现均衡饮食和人生的双融合。最初，我对自己在文本中发现的丰富内容感到非常满意，觉得在一节课堂能将这两条主线都教给学生，肯定会是一节非常成功的阅读课。

但是在备课过程中，我发现自己没有办法将显性和隐性两部分阅读内容很好地推送给学生，或者无法帮助学生更好地自主阅读这两部分内容。每节磨课过程都非常辛苦，听课教师会给出很多不同的意见和建议，会出现很多新的问题有待解决：课堂时间不够，课堂环节设置不清，阅读内容过多、过于烦琐，两条内容主线不能很好地融合。多次磨课却没有实质性的进展，这促使我静下心来，开始思考自己如何更好地驾驭阅读课堂的方法。如何"以简驭繁"，以适当的形式和精心的教学设计，将教师自己解读的文本内容变为学生自主阅读的成果。如何"言简意深"，在有限的课堂时间内利用简洁明了的课堂指示和层次清晰的课堂环节，将教师解读的文本内容深化为单元主题的承载。在这一主题指引下和名师工作室导师的帮助下，我终于找到一条可行的方法：让学生通过阅读寻找显性的情节线索，再通过分析将隐性的情感发展展现在学生面前，最后通过故事接龙的方式回归文本并预测内容，将显性和隐性两个层面的阅读内容很好地结合起来。

这次独特的磨课经历让我更加意识到教师要站稳各层次的讲台，一定要有通过课堂凝练出的独特教学风格，并以此指导自己的教学实践，让每节课都成为学生学习的载体。

四、他人眼中的我

年长的教师前辈说："以前没有和你同过段，没想到现在你对课堂有这么多的想法，和学生相处这么愉快。"

年轻的教师后辈说："绣姐，我希望明年还能和你同段。"

外校的教师同辈说："我们最喜欢和你一起磨课，每个环节都能得到细致的改进。"

一届一届的学生说："老师，你的课堂根本没有让我们发呆或睡觉的机会。"

一批一批的家长说："老师，我们知道你很忙，没有时间额外给孩子补习。但是我的孩子说：'我只跟自己的老师学，我相信自己的老师是最了解自己的，跟着她一定可以提高成绩'。"

世界上没有两片一样的树叶，也没有两节一样的课堂。每位教师的成长只有经历了"百煅千炼"，才能更接近"简朴归真"的境界，凝练独具特色的教学风格，实现师生的共同成长。

用"对话"来改变历史教学的思维

温州市第二十二中学 郑小勇

尼采44岁时写了《看哪这人》，卢梭58岁时完成《忏悔录》，年过40的我，无法与尼采和卢梭相比，总觉得现在回忆自己的个人教学经历太早。感谢温州市"未来名师"培养对象项目组活动，在通过专家讲座引领提升我的专业理论水平的同时，也给我一个机会，去回忆自己的专业成长，去凝结自己的课堂教学风格。

一、回顾专业成长，探寻教学风格

我2003年毕业于四川师范大学历史教育专业，当年8月入职温州市第二十二中学，担任高中历史教师。初上讲台的我，初生牛犊，觉得可以用年轻人的热情去润泽青春，用我的年轻去感染年轻的学生，让师生双方在高中历史课堂上保持一种融洽的关系。当时在教学上，听了几十节师父的课后，从最初的纯粹模仿，到开始走向对所教授内容的解读与重组。那时的我，其实还只停留在注重历史史实层面，以传授历史知识为中心，自己心里清楚"教什么"，能够"知其然"，课堂上自己讲得很爽，以至于老教师听我课时会觉得我很老到。现在回想，其实当时忽略了"学生"这一课堂的主体，课堂上学生参与了吗？知识听懂了吗？掌握了吗？真正理解历史史实的前因后果了吗？虽然自己评上了一级职称，但当时的教学还只是停留在教学的初级境界。

这种情形转变是从2011年开始的。这一年我带高三毕业班，一次市里模拟考的挫折让我开始反思原来的那种教学形式，我开始关注技术层面，高三历史复习课堂应该是怎样的？我积极参加各种专业理论培训，开始明白历史课堂教师"独乐"不如与学生"同乐"，学生才是课堂的中心和主体。我开始在课堂上使用学习任务单，用学习任务的形式激发学生的自主性，我将对历史教材的解读与学生的学习任务解决相结合。经历了高三一年的尝试，那年高考成绩不错，自己也获得了学生和学校领导的认可。

2011年至2017年连续七年任教高三的经历，让我不断地对学习任务单这一课堂教学形式进行研究和调整。我主持并撰写的课题项目《基于学情的高中历史课堂学习任务单的设计与运用》获温州市第二批课堂变革优秀试点项目。在这个过程中，我自己也在2013年获得温州市骨干教师荣誉称号，2014年完成了高级教师职称的晋升，2017年在温州市教学"三坛"评比中获得"教坛中坚"荣誉称号。虽然获得了一系列荣誉，成为学生心目中优秀的历史教师，但尚未凝练出自己的教学风格。

2019年我有幸进入温州市教育局和教师教育院主持的"未来名师"培养对象项目组，通过专家讲座、访学国内知名高等学府等一系列活动，自己深知课堂教学的高级境界："知其所以然而然，关注价值层面，聚焦核心素养，以思想之引领，精神之熏陶，凸显教育之本源。"

教师要在自己认定的教育教学之路上，不断反思，不断修正，这样，自己的教学风格才会日趋成熟，教育思想才会日臻完善。

何为教学风格？歌德曾说过："风格，这是艺术所能企及的最高境界。"所谓教学风格，是指教师在一定的教学理念指导下，在长期的教学实践中，逐步形成的富有个性特点的、一贯表现出来的教学方式、方法、技巧等方面有机结合的教学格调。教学风格类型很多，如理智型、自然型、情感型、幽默型、技巧型等。感觉这些类型自己都能搭上点边，但又无法完全对号入座，所以，我也给自己定义了自己的类型：课堂重视人，人人需对话，思维很活跃。下面我结合自己的课堂教学实录，谈谈自己的课堂是如何重视"人"，如何展开"人"与"人"的对话，如何改变历史课堂的教学思维。

二、建构课堂"对话"，改变教学"思维"

"时空观念"是2017年版历史课程标准提出的五大学科核心素养之一，即在特定的时间联系和空间联系中，对事物进行观察、分析的意识和思维方式。时空观念关注"时序"和"空间"，历史时空因"人"变化发展，又因"人"而有意义。

关注"人"、聚焦"人"、凸显"人"是历史学科的特质。就此而言，历史教学就是"课堂教学中的人"，即课堂教学中的我们，和"历史事实中的人（即历史当事人）""史学研究中的人（即史学工作者）"展开对话的过程。据此，我认为历史教学中的"时空"有三重：第一重是"历史事实的时空"，即历史中的人和事所处的特定时空；第二重是"史学研究的时空"，即研究者解释历史所处的特定时空；第三重是"课堂教学的时空"，即学习者认识历史所处的特定时空。我又主张构建三重时空中"人"的对话，践行"时空观念"素养的落地。

如何构建"三重时空"中"人"的对话？我以人民版高中历史必修一《伟大的抗日战争》中"抗日战争起点时间"的教学为例说明一二。

【课堂实录】

师：关于中国抗日战争的起点时间，史学界一般有两种说法：一是"1937年"说；二是"1931年"说。你倾向于哪一种说法？说说你的理由。

【教学思考】

引导学生和学术观点对话。不给出学术观点的依据，是为了让学生在对话之前或对话期间，能先有自己的思考。

【课堂实录】

生1：我倾向于"1937年"说。我们初中老师常常对我们讲"八年抗战三年解放"。

生2：我倾向于"1931年"说。我看了一些关于抗日战争的书籍，抗战都叫"十四年抗战"。

师：两位同学的判断理由分别来自初中老师的教导和历史著作中的结论。以史导论是历史理解的重要原则之一。据此，我们把问题指向进一步明确：

（1）九·一八事变有怎样的"意义"或影响，使之成为抗战爆发起点的标志性事件是什么？

（2）七七事变有怎样的"意义"或影响，使之成为抗战爆发起点的标志性事件是什么？

【教学思考】

大体而言，一种来自长者或权威的观念或结论容易影响学生的判断，这种现象较为普遍。

因为这是学生获得结论所需思考成本最低的途径，也是老师囿于教学时间不充裕而快速传授大容量知识的一种途径。

影响我们判断的因素很多，从"知识"角度看，有两个重要因素：一是历史事实变迁的知识；二是历史观念演变的知识。时空观念核心素养的落地需要我们重新思考学生知识获得的过程。

【课堂实录】

生1：九·一八事变是日本局部侵华开始的标志，它导致了中国东北三省的沦陷，民族危机开始严重，全国掀起了抗日救亡运动的高潮。

生2：七七事变，日军开始全面侵华战争，中华民族全面抗战开始。

【教学思考】

学生的回答由两部分组成，一是特定的时空里发生了什么；二是特定的时空所发生的史事为什么是"标志"。前者是历史事实的叙述；后者是介入历史观念或认识的历史解释。这是学生和第一重时空的对话。

【课堂实录】

师：两位同学比较准确地说出了九·一八事变和七七事变分别作为局部抗战和全面抗战的"意义"或影响，正是从日军对中国东北的局部侵略开始，有学者认为中国抗战由此开始，而另一部分学者认为七七事变是日军开始全面侵华，中国的抗日战争才由此真正开始。史学界对中国抗日战争起点时间的观点本身就是一部历史（展示国内史学界抗日战争起点时间的观点演变大事年表）。

【教学思考】

学生与第一重时空的对话是进入第二重时空对话的前提。如果没有与第二重时空的对话，只有与第一重时空的对话：一是容易出现缺少史学研究支撑的理解偏差；二是容易导致历史认识空泛浮躁。如果没有与第一重时空的对话，直接进入与第二重时空的对话，那就容易造成没有先行独立思考的被动接受，"对话"将名存实亡，教学则有沦为"灌输"的危险。如果将我们的阐释和大陆史学界对此问题的认识做个比较，既可拓展学生的认识视野，又可加深学生的历史理解，自抗战以来的大半个世纪中，关于抗战时间起讫的观点众多，我从中选择了中华人民共和国建立以来大陆学者的观点，一是因为课堂教学的容量有限；二是教学头绪太多，反而不利于时空观念核心素养的落地。为了拓宽学生视野，我在备注中将上述观点以文章注释的方式略加介绍。

【课堂实录】

师：阅读上述大陆史学界研究的大事年表，思考下列问题：

（1）请分别梳理"1937年"说和"1931年"说的理论依据。

（2）结合时代背景或所学知识，简析影响观点演变的主要因素。

生1：持"1937年"说，大致是从中国共产党党史的阶段划分和对国民党政权的性质分析找寻依据，认为抗战是八年。持"1931年"说的则是站在中华民族的角度，认为抗战是从局部走向全面的过程，凸显东北地区在抗战中的地位，强调中国共产党的中流砥柱作用，充分肯定中国抗战在世界反法西斯战争中的贡献。

生2：1985年以前的学者可能深受革命史的影响，坚持八年抗战之说；1985年以后的

"十四年说"兴起于东北地区，可能与东北地区和东北人民在抗战中的贡献有关。进入21世纪，中国进一步融入世界，开放的学术氛围促使中国的抗战与世界反法西斯研究接轨。"十四年说"被越来越多的学者认可和赞同。

生3：影响学者观点演变的因素有时代背景、历史观念、引用材料、研究者的生活环境等。

【教学思考】

历史分期是历史学家依据历史理论和分析视角，加工历史事实，将历史划分为长短不一的时期。针对某一史事搜集和选用不同说法加以评判的方法在我们的教学中较为常见，然而我们很少去梳理这些说法的先后顺序和来龙去脉，即缺乏对学术研究史的了解和认识。

"时空观念"强调"特定的时间和空间"。"特定"有主观和客观两层含义，"客观"是指客观史事发生的具体时间和空间，"主观"更多是指后人依据历史事实赋予时间和空间相应的历史意义，即后人所处的时空会对研究的客观史实产生重大的影响。

如果学生不与第二重时空对话，就容易忽视研究者解释历史所处的特定时空，容易混淆研究者和学习者所处的特定时空。通过与第二重时空的对话，学生可以了解影响学者观点演变的因素，尤其是时代因素。

【课堂实录】

师：经过上述学习，你选择哪一种说法？

生：还是"1931年"说依据更充分，我选择"十四年抗战"，因为从1931年至1937年是局部抗战阶段，1937年至1945年则是全面抗战阶段。

师：其实抗战时限和阶段的划分不仅可以用"时间"去度量，也可以用"空间"去度量。历史的"空间"包括地理空间和社会空间。其中，社会空间的内容丰富，包括社会的阶级、阶层结构。（引导学生阅读教材子目标题，再次开展讨论）

生：我知道了，抗战应该是十四年，分成两个阶段：抗战在九·一八事变后是"关内关外的抗日救亡运动"，集中在东北、华北和上海等地区，属于局部抗战，包括东北人民、共产党、国民党爱国将领等社会各阶层的抗日救亡；七七事变之后的抗战是建立广泛的抗日民族统一战线的全民族抗战，包括国民党政府指挥的正面战场和共产党领导的敌后战场。

师：看来同学们收获不小！除上述学者研究的角度外，大家能否从个人命运和国家发展的现实视角讲讲，请大家相互讨论，并谈谈你选择的理由。（学生讨论激烈，课堂气氛活跃、融洽）

生1：相对于八年抗战，"十四年抗战"更能说明日军对中国人民所犯下的罪行时间更长、结果更严重，因此，作为青年学生，我们要牢记历史、勿忘国耻。

生2：日军从东北局部侵华开始到七七事变全面侵华，说明日军侵华蓄谋已久，"十四年抗战说"更能提醒国人要有危机和忧患意识，要居安思危。

生3：九·一八事变作为中国抗战的开端，说明中国人民很早就开始抗击法西斯的侵略。中国抗战是世界反法西斯战争的重要组成部分，中国人民为世界反法西斯战争的胜利作出了突出贡献。这段历史启示着我们面对共同敌人时更应团结合作。

师：同学们的认识十分深刻，从个人、国家和整个人类的命运前途进行了阐述，肯定了"十四年抗战说"。2017年1月，国家教育部发布公文，要求全国中小学地方课程教材全部改为"十四年抗战"，突出十四年抗战概念，我们手中的2017年7月人民版教材持"十四年抗战说"。

【教学思考】

这是学生与第三重时空的对话。通过一个开放型的"选择"问题，引发学生之间的对话、学生与师生之间的对话。

通过对话，学生进一步了解中国人民的抗日战争是在特定的、具体的时间和空间条件下发生的，深刻理解特定"时间和空间"中的抗日战争，并进而认识时空框架下历史的变化与延续、统一与多样、局部与整体。

教师和学生都是历史的学习者，我们所处的特定时空是"课堂教学的时空"。在第三重时空中，我们聚焦的问题是我们为什么要选择这样的"此时、此地、此人、此事"作为历史的节点呢？这个问题的深刻之处在于引导我们既回望历史又面向未来，用"当下"和"未来"引领历史理解之路。

设计让学生从个人命运和国家发展的现实角度，选择并阐释观点。主要是让学生对历史有更深层次的认识，既包含了对当下的判断，又有着对未来的期许。这恰恰是历史学科的核心素养中所需要的聚焦"人"，指向"当下"和"未来"，将个人与国家，甚至与整个人类命运联系起来，整体思考。

概而言之，三重时空重点探讨的问题各有不同。第一重时空重点探讨"为什么此人在此地做了此事"，这是事实性判断，基于史料构筑"时空"史实。第二重时空重点探讨"为什么'此时此地'被作为历史节点（节点包括起点、转折或关键点、终点等）"，这是价值性判断，基于"时空"史实，理解处于特定时空里的研究者对"时空"的多元解释。第三重时空重点探讨"我们为什么要选择这样的'此时、此地、此人、此事'作为历史节点？"，这是选择性判断，基于"时空"的多元解释，依据我们的生活愿景、时代要求和未来期许，选择提升我们追求幸福能力的"时空"解释。三重时空通过上述问题的思考与讨论实现不同时空之间的对话，其本质是不同时空里"人与人之间"的对话。这种对话进一步改变了历史课堂上"教"与"学"的思维，进而将课堂的表现与思维有机结合，达到教学形式和内容的和谐统一。

简约高效　求真变通

温州市第二高级中学　顾声和

一、我的教学风格

从 2012 年参评市学科骨干开始，我常常叩问自己：我将带给学生怎样的教育？我将带给学生怎样的课堂？我将以怎样的方式影响他们？我自己有着怎样的教学理念？我在物理教学中做着怎样的实践？……在一次一次的教学反思中，我觉得自己一路走来，渐渐形成了"简约高效，求真变通"的物理课堂教学观，力求做到从学情出发，用简约的语言、简约的素材、简约的问题、简约的实验，让学生的课堂学习更加扎实高效；力求做到从物理学科特点出发，引导学生用探索求真的精神、发散变通的思维面对问题、解决问题。

向内，不停地反思自己的教学理念，不断地改善自己教育教学方式；向外，则虚心向周边的名师、同行学习求教。近十年内，我参加过市教研员邵晓明老师组织的"有效教学"项目组，参加过彭志杰名师工作室，曾两度参加夏向荣老师的省名师工作并作为学科带头人。自己在学习的同时，也借助这些平台传达"简约高效，求真变通"的教学理念。例如，2018 年11 月，在浙江师范大学尖峰论坛上开出公开课《牛顿第一定律》，另外，近五年开过 6 节市级公开课、做过 6 次市级讲座。我在教学中渗透的"简约高效，求真变通"理念得到同行与学生的好评。

（一）简约高效

高效的课堂就是在有限时间的课堂内获取最大效益的教学活动。课堂如何做到高效？我认为，物理课堂要想达到高效，应该追求简约朴实。

正所谓"大道至简"。物理学要探索自然界的本质，而种种迹象表明，越是自然界普遍的规律，越是接近自然本质的真理，就越以简洁的形式呈现。例如，"能量守恒定律"用数学式 $E_1=E_2$、质能方程表达式 $E=mc^2$ 表达等，都相当简洁。再看牛顿对力学的研究：

$$F=0 \quad \text{（牛顿第一定律）}$$
$$F_{合}=ma \quad \text{（牛顿第二定律）}$$
$$F=-F' \quad \text{（牛顿第三定律）}$$
$$F=G\frac{Mm}{r^2} \quad \text{（万有引力定律）}$$

牛顿通过自己开创性的研究，总结了上面所呈现的牛顿三大运动定律和万有引力定律，架构起了经典物理学的基础，解释了纷乱世界中物体运动的普遍规律。小到一片树叶的飘落，大到汽车轮船的行驶，再到月亮、太阳及所有星体的运行，都可以囊括其中。同时，人们无不被其公式的极度简洁所折服。

反过来讲,一个物理规律是否以一个简洁的方式呈现,成了物理学家对它正确与否的一种检验。正因为物理学家对简洁美的追求和信念,哥白尼才更加坚定用简洁的"日心说"取代复杂的"地心说";爱因斯坦才敏锐地借鉴普朗克创立的能量子观念,提出光子说,取代传统的电磁理论成功地解释了光电效应等。

正如牛顿所说:"自然界喜欢简单,不爱用多余的原因夸耀自己。"纵观整个物理学,无论物理思想的提炼、物理概念的建立,还是最终物理规律的呈现,都是简洁而又意义深远的,也让人深刻感受到表面看似纷繁复杂的世界,其实是充满秩序和美感的。

物理规律本身尚且如此简约,何况教授物理规律的课堂。所以让物理课堂简约,包括语言的简约、素材的简约、问题的简约、实验的简约,是我实现课堂高效的法宝。

另外,课堂的简约能带给学生更多的思考。学生的思维是活跃的,学生的想象空间是不可思议的。课堂烦琐、面面俱到反而会束缚学生的思维广度,简约、一语道破天机,才会留给他们更多的空间。

(二)求真变通

求真变通,要求学生在掌握知识本质、理解知识内涵的同时,又不能被知识本身束缚住,而是能发散思维、变通方法。于是,我在物理课堂里一直努力创造条件,让学生有更多的机会去接收这些方面的训练。

1. 实施变式教学,在追求本质的同时寻求变通

我在平常的教学中,会引导学生学会透过现象看本质的能力,知其然且究其所以然,养成善于质疑、勤于思考、深入钻研问题的习惯。例如,在讲授原子的核式结构时,引导学生学习卢瑟福是如何从α粒子散射实验中提出原子的核式结构的思维方法;在学生知道各种超重、失重的现象后,引导学生利用所学知识思考出现这些现象的本质。

与此同时,我充分挖掘教学对象和内容的特点,精心设置符合学生认知规律、由浅入深可以激发学生多层次思考的物理情境,启发探索、诱导思维,训练学生思维的广阔性。例如,在讲解棱镜对光的偏折后,适当改变棱镜底面朝下的情境,将棱镜的底面朝上,或是在水中设置一个空气棱镜,让学生分析光路的传播问题,促进学生从多样的联系与关系中解决问题。另外,在平常的习题讲解中,经常采用"一题多变、一题多解、多题归一"的教学方式,突破学生思维的局限性,进而使学生养成多角度分析物理问题的思维习惯。

2. 创设思维冲突,促进学生思维的灵活变通

在教学中我注重引导学生大胆质疑究难,不尽信书、人云亦云,要勇于提出自己的见解和设想。例如,我经常针对学生易出现的错误编成题目,以引导学生克服思维障碍。同时创设思维冲突点,来促进学生形成思维的批判性。例如,在讲做功的公式 $W=FL\cos\alpha$ 时,为了让学生理解 L 的含义、F 的作用点对地的位移,我会问学生:人在地面起跳,地面对人有没有做功?刚开始,大部分学生会说有,因为他们看到人的机械能显然增加了。此时我便会反问:如果地面对人有做功,则地球就要消耗能量,久而久之,地球"很累"。并进一步解释人在起跳过程中,地面对人支持力的作用点在脚底并没有发生位移,所以不做功。然后,我再让学生思考那人的机械能怎么增加了,让学生讨论。最后明白是因为在起跳过程中人体通过肌肉做功将体内化学能转化为人体的机械能了。诸如此类,经过不断地制造思维冲突,促进学生思维的灵活变通,培养更强的思维分析能力。

二、我的成长历程

我作为一名高中物理教师，自 2001 年从教以来，其中有 9 年的高三教学经历。我担任过 12 年的班主任，其中有 8 年是作为毕业班的班主任。偶尔回首，发现自己身后已留下了一条浅浅的印迹：没有骄人的工作业绩，没有丰硕的教育成果，有的只是作为一名一线教师、一线班主任的每天早出晚归、兢兢业业、平平淡淡、真真切切，有自己的追求，不刻意但始终保持着动力与激情。回顾这 19 年，大致可以分为以下三个阶段。

阶段一：水平不高，勤奋来补

2001 年大学毕业，我非常幸运地进入温州第二高级中学。记得当时怀揣一个梦想："我自己这一生虽不可能上清华北大，但要培养我的学生上清华北大。"可见刚开始是何等意气风发。可没过几天，当我真正站上讲台时，我才感受到上好一节课是多么不易，首先，让我感到不安甚至自卑的是我的普通话，作为苍南籍的我，普通话是我的致命伤，看着被我叫起来回答的同学，一个个口齿伶俐，我深感愧疚，记得那时，为了让一节课讲得流利，我几乎每天"背课"到深夜。其次，如何把握课堂，如何将知识点讲明白、讲透彻，又是一个更大的难点。

面对这些困难，除勤能补拙外，我找不到更好的办法。于是，首先，我拼命地研读教材、参考资料，拼命地做高考题；其次，我大量地认真听课，记得刚工作的前几年，我每个学期能听一百多节课，当时，同样的课题，师父邹泰临老师的课和王宇晖老师的课我都听，然后认真整理备课，渐渐变成自己的东西；最后，就是我用大量的时间深入学生，为他们答疑解惑，了解他们的学习状态，好在课上有针对性地讲，做到有的放矢。

"水平不高，勤奋来补"是我参加工作后前六年时间里的状态，也是我人生路上非常难忘的一个阶段，是拼命充电的阶段，我想我会一直保持着这个阶段的状态。

阶段二：恩师领路，不惧前行

一条路，如果单靠自己走，想要抵达自己希望的目标该有多漫长！我非常庆幸在自己成长的路上遇到的恩师。前面提到的我的师父邹老师，他是我物理教师之路的启蒙人。他的严谨、他的备课、他的板书、他的风格影响我至今。还有王宇晖老师，虽然不是我名义上的师父，但是也是我心中的师父，他的幽默、他的轻描淡写、他的课堂给我很轻松愉悦的感觉，任何难题到王老师的面前都变得春风化雨、水到渠成。接着是陈百炼老师，他的课堂是一种启发，他的教学是有深度思考的。而更重要的是陈老师的为人处世，让人难以望其项背，是我一生都要去学习的。在陈老师担任学校物理教研组组长期间，他给了我很多的帮助，在我参加市优质课评比过程中，几乎手把手教我，让我刚工作不久就荣获市优质课一等奖。然后是夏向荣老师和余雪妹老师，他们是我在教师路上进一步提升自我的领航人。他们给我鼓励，促我发展，让我获得诸多荣誉。例如，2012 年被评为温州市学科骨干教师，2017 年获得温州市"教坛中坚"称号，2019 年获得温州市第六届"名教师"称号。

真的感恩他们，也感恩许多其他的老师，成长路上有你们，我才不惧。

阶段三：成果颇丰，风格初现

"一分付出，一分收获"，经过多年的努力打拼，其中有 14 年担任备课组组长，9 年负责高三教学，7 年担任理综大组长，通过自己的不懈努力和刻苦钻研，我积累了丰富的教学经验，编写过高中物理全套学案及高三一轮复习、二轮专题复习学案，新高考以来，一直思考第一次选考后的复习策略，并于 2020 年编写完成《"以点及面"二轮有效复习》，实践中收效显著。另外，还多次参与《曲一线"名卷精编"》的编写等。多篇论文获市级奖项或在中文核心期刊发表，自己主持的课题"学科核心素养引导下的'自主式'物理实验空间的创建"获市二等奖。

近几年辅导学生竞赛获奖也颇丰，累计在全国物理奥赛或省物理联赛中，3 人获省一等奖，25 人获省二等奖，39 人获省三等奖等。

更重要的是，有那么多恩师的带领，博采众长，同时，也在找寻自己的教学风格。"简约高效、求真变通"逐渐成为我课堂教学的一个理念，尤其在最近一些年，更是明显。

三、体现教学风格的片段

以下为《动量》分任务教学中的三个片段。

任务 1：课题引入，了解碰撞现象的普遍性

视频播放或图片展示，如图 1 所示。

(a)
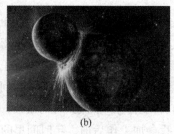
(b)

(c)

图 1　碰撞现象

（a）汽车相撞；(b) 天体星体碰撞；(c) 粒子对撞

通过视频播放或图片展示引入课程，见表 1。

表 1　引入课题

问题	问题指向的素养目标
1. 问：通过图片或视频可以看到，生活中碰撞现象是极其普遍的，大到天体小到微观粒子。同学们还能举出生活中碰撞的例子吗？	通过视频播放或图片展示，为学生创设问题情境，激发学生探究碰撞现象的兴趣，引发学生探究实验规律的积极性，从而引入本节教学（科学态度与责任）
2. 问：碰撞现象很普遍，也很值得我们去研究。通过刚才的视频，我们发现碰撞中物体的运动状态总是要改变的，那么物体运动状态的改变有什么规律呢？	

教学建议：

（1）思维引导建议。让学生认识到在高一力学的学习中，物体间的相互作用是比较简单的，物体受力往往是恒力，物体的运动也为匀变速运动居多。但是在碰撞、爆炸等过程中，物体间的相互作用通常是很复杂的，力往往是变力，涉及的对象也是多个物体组成的系统，系统内的能量变化也非常复杂。所以必须寻找新的规律、新的不变量。

（2）教学活动建议。课堂的引入先由教师带领，通过丰富的视频或图片展示，让学生了解碰撞的普遍性，可以从生活到生产、宏观再到微观等不同领域进行观察。然后由学生根据自己的生活经验，再举出其他例子，这样可以增加课堂的互动性，让学生积极主动地参与课堂。

教师对碰撞进行梳理，并指出：

我们只研究最简单的情况——两个物体碰撞前沿同一直线运动，碰撞后仍沿同一直线运动，这种碰撞叫作一维碰撞。

这不同于以往学习中的规律猜想，如果没有一定的逻辑推导，提出物体的质量和速度的乘积是不变量是很突兀的。教师应由浅入深，设计出符合学生认知水平的逻辑猜想台阶，让学生更好地进行总结反思和实验探究，得到正确的结论。

任务2：应用拓展，理解动量的含义

情境：如图2所示，一个质量是0.1 kg的钢球，以6 m/s的速度水平向右运动，碰到一个坚硬物后被弹回，沿着同一直线以6 m/s的速度水平向左运动。

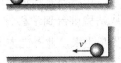

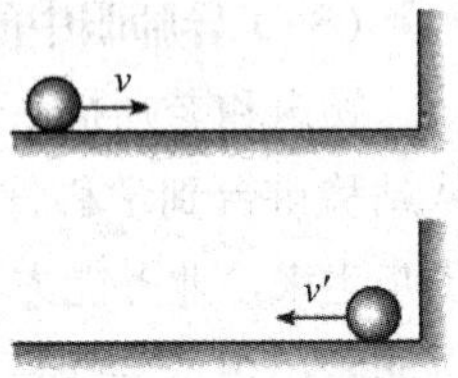

图2 钢球碰撞前后

由情境引入课题，见表2。

表2 引入课程

问题	问题指向的素养目标
1. 问：在上面情境中，碰撞前后钢球的动量各是多少？ 2. 问：碰撞前后钢球的动量变化了多少？	通过具体的题目，深入理解动量概念（物理观念）
3. 问：通过上面问题及阅读《科学漫步》，请同学们回答下面几个问题： （1）动量是状态量还是过程量？ （2）动量是矢量还是标量？ （3）动量的改变 $\Delta P = P' - P$ 是矢量还是标量？ （4）阅读了解人类探究动量方向的历史后有何感想？	了解动量概念的发展历史，知道动量是矢量，有方向，且动量变化量也是矢量（物理观念）

（1）思维引导建议。

解析：取水平向右为正方向，设碰撞前后钢球的动量分别为 P、P'，则

$$P = mv = 0.1 \times 6 = 0.6 \ (\text{kg} \cdot \text{m/s})$$

$$P' = mv' = -0.1 \times 6 = -0.6 \ (\text{kg} \cdot \text{m/s})$$

碰撞前后钢球的动量变化为

$$\Delta P = P' - P = -0.6 - 0.6 = -1.2 \ (\text{kg} \cdot \text{m/s})$$

负号表示 ΔP 的方向与正方向相反，即碰撞前后钢球动量改变的大小为 1.2 kg·m/s，方向水平向左。

（2）教学活动建议。

教师：适时引导学生，以师生问答的方式完成上述"问题3"中的（1）（2）（3），并通过多媒体显示正确答案。

教师：通过设置问题完成"问题3"中（4）——人类对动量是矢量的认识，经历了一个漫长的历史过程，同学们阅读课文后有哪些感想？

学生1：……

学生2：……

教师：进行情感、态度、价值观教育：这几名同学谈得很好，我认为课文对我们有三点重要启示：第一，科学研究是在黑暗中摸索、曲折中行进的过程，必须付出艰辛的劳动。第二，任何科学成就都是在前人努力的基础上取得的，因此，科学家牛顿曾说"我之所以比别人看得远一些，是因为我站在巨人的肩膀上"。第三，要敢于质疑，不迷信权威，在今后的工作、学习、生活中勇于探索、大胆创新。

四、他人眼里的我

（一）导师眼中的我

顾声和老师是一位非常勤恳、上进的老师，他的敬业、善良、乐于助人在学校是公认的。从站稳讲台到学科骨干再到"教坛中坚"，2019年又评上温州市第六届"名教师"称号，一步步走来，业务能力不断精进。他是一位非常全面的教师，无论是教学还是作为班主任，都做得非常出色。会写诗能跑马拉松，有丰富的知识储备，这些都在他教书育人的道路上锦上添花。他的课堂简约高效，求真求变，所带的学生和班级成绩突出，尤其有丰富的毕业班带班经验和高三物理复习经验。

（浙江省特级教师　夏向荣）

（二）同事眼中的我

顾老师的每一节物理课都由浅入深，思维性很强，知识容量大。无论基础好的同学还是基础薄弱的同学，从顾老师的课堂中都会各取所需，有很大收获。新课教学中，顾老师知识点讲解得非常透彻，经常一语道破天机，简约高效。顾老师知识丰富，尤其是物理学史方面，娓娓道来，让听者如沐春风，意犹未尽。尤其是习题课教学中，真正能体现顾老师近十年高三教学的功底，他往往能从一个简单的题目中幻化出各种各样的变式，将知识串联，将内容深入。顾老师的板书也堪称一绝，听他的学生说，有时候都舍不得擦掉。他的语言风趣幽默，深受学生爱戴。

（温州第二高级中学教师　张赫）

（三）学生眼中的我

记得在进入高中以前，我对物理一直不是很感兴趣，认为物理是一门十分单调的学科，因此，物理也成为我自然科学学习中较拖后腿的学科。进入高中以后，我对物理的认识发生了天翻地覆的变化，深刻地感受到物理的诗意美，当然，这要归功于我的物理老师——一位将物理与诗完美融合起来的神奇的老师。在顾老师的带领下，我认识到物理与诗有相同的简洁美、对称美和统一美。

（2019届毕业学生邓晨旻在中国科学技术大学"三位一体"的自我陈述中所写）

解释　方法　尊重

瑞安市第八中学　林广强

一、我的教学风格

自2006年大学毕业至今我已从教15年，15年来我一直没有刻意静下心来认真审视、剖析自己的教学风格，实际上在内心深处认为自己的日常工作就是教书而已，教学风格和教学主张之类的东西非常高大上，我离它还很远。这次参加温州市未来名师培养对象的研修班，其中一项任务是凝练自己的教学风格，这才开始坐下来好好地回忆和梳理，多日苦战，得到"解释""方法""尊重"三个关键词，以此作为我教学风格的概括。

（一）解释

解释指的是在观察的基础上进行思考，合理地说明事物变化的原因、事物之间的联系或事物发展的规律。解释是一种深究的行为，这种行为的目的是寻找真相，给自己的结论找到一个成立的证据。在物理学科核心素养中明确要求学生学会从物理学的视角解释自然现象，学会科学探究得出结论并能对结论作出解释，可见，在学习物理的过程中，解释的行为是经常出现的。在教与学的过程中，我深深体会到解释的巨大魅力。

1. 让学生解释是准确评价学生的有效方法

某些时候学生呈现的答案会带有迷惑性，例如，在牛顿第三定律的练习中有一个选择题，要求选出错误的说法，答案是：鸡蛋碰石头，鸡蛋撞石头的力不等于石头撞鸡蛋的力。学生答题的准确率非常高，那么学生真正懂了吗？一次让学生去解释该选项错误的原因，一位学生认为鸡蛋软、石头硬，所以，鸡蛋撞石头的力小于石头撞鸡蛋的力。可以发现，用结果去判断学生是否已经掌握知识的做法是有缺陷的。让学生解释自己的答案，学生会将自己的判断依据、推理思路全方面地展示出来，因此教师能准确地评价学生掌握知识的情况。

2. 学生自我解释是知识内化的有效途径

著名物理学家费曼有一套广为人知的学习方法，其中第四级（最高级）的方法是传授他人，第三级的方法是解释，能够用自己的话将所学的知识复述出来，如果解释起来非常简洁并且毫无困惑，说明已经完全理解。我对学生的要求与第三级相似。我要求学生每学习一个知识或解答一个问题后，再做一项工作：详细地解释自己获得知识的起点和经过或解答问题的依据和思路。我经常对学生讲，学习过程和考试过程是不同的，考试有时间限定，能得到正确结果就可以，很多问题无法深究；但是学习不一样，学习中是否得出结果是次要的，而自己是否有收获、是否有成长是关键的。我要求学生奉行"慢就是快，少就是多"的原则，不走马观花，不贪多，每个知识点都争取做到确实理解。解释的行为可以让学生反思问题解决的依据、问题推理的过程和问题解决的结果三者之间是否形成自己的思维链。解释是学生对自己思考过程的再分析、再判别。通过解释，学生对自己已经习得的知识体会更深刻，掌握更牢固。

（二）方法

方法是指完成某项任务而采取的途径、步骤和手段等。物理学科中蕴含着丰富的方法。物理学科核心素养可分为"物理观念""科学思维""科学探究"和"科学态度与责任"四个方面，其中，"科学思维"中指出科学思维是指基于经验事实建构物理模型的抽象概括过程，是分析综合、推理论证等方法在科学领域的具体运用。物理教学中要注重科学思维的培养。科学思维的培养中要重视抽象概括、分析综合和推理论证等思维方法的培养。科学思维中除这些思维方法外，还要注意课程内容中的学科方法，如极限方法、比值定义法、控制变量法和理想实验方法等。

在教学中，我非常重视对学生思维方法和学科方法的培养，无论概念教学还是规律教学或实验教学、习题教学，里面都蕴含着丰富的思维方法和学科方法。在教学设计时，要挖掘教学素材中的方法内容，设计合理的教学活动，在教学实施中培养学生的思维方法和学科方法。

在"加速度"概念教学设计时，我思考物理概念教学在培养学生物理核心素养中起到了重要作用，主要体现在物理概念是形成物理观念的重要基础和前提；建立物理概念的过程是在大量生活经验事实的基础上利用抽象和概括的方法构建理想化模型的过程，模型构建是科学思维的要素之一。在物理概念教学中尝试让学生经历陈述、对比、抽象、概括、命名五个步骤，使概念建立的过程更加完备，并且每个步骤都显化相应的科学方法，努力做到有效培养学生的思维方法和学科方法。在"加速度"教学设计中，我将概念形成的五个步骤对应的科学方法找出来，设计相应的教学流程，如图1所示。

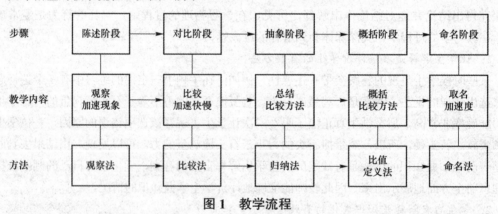

图1　教学流程

陈述阶段对应的是观察法，观察加速现象；对比阶段对应的是比较法，比较加速快慢；抽象阶段对应的是归纳法，总结比较方法；概括阶段对应的是比值定义法，概括比较方法；命名阶段对应的是命名法，取名加速度。

（三）尊重

每位学生都是有独立思考能力的"鲜活"的个体。所谓尊重，是做到让学生充分表达自己的疑问。如果疑问没有消除，那么学生构建起来的知识是不连贯的，很有可能是从众心理影响下被迫完成的知识构建。

知识构建的过程符合一定的规律。所谓尊重，是指设置合理的阶梯，从低到高一步步帮助学生构建完整的知识结构。知识构建的过程也是一个逻辑推理的过程。所谓尊重，是指帮助学生构建知识的过程中要善用逻辑的力量。归纳和演绎是科学研究中广泛运用的逻辑思维方法，也是学生在构建知识过程中经常用到的逻辑思维方法。演绎逻辑是从一般到个别，从大前提、小前提到结论的过程，是一种必然性的推理。在教学中要善用演绎逻辑去帮助学生构建知识，如初速度为零的匀加速直线运动是一种特殊的匀变速直线运动，所以，匀变速直线运动的规律对初速度为零的匀加速直线运动来说肯定是成立的。归纳是从个别到一般，是从多个个别的事物中概括出一般性的概念、原则或结论的过程。在帮助学生建构知识的过程中，一个例子说明一个问题，一个实验验证一个结论的做法是不妥的。这种做法会助长学生形成想当然的思维习惯。正所谓孤证难立，所以，在帮助学生构建知识的过程中要尽可能从不同角度尽多地举例说明，争取做到在多个事例中寻找共性的东西，提炼共性的特征，形成一般性的结论。

尊重还体现在对学生的学习过程和学习结果做到客观评价。例如，在《导体的电阻》这一课中需要学生探究导体的电阻与导体的长度、横截面积、材料之间的关系，在课堂中我布置了以下任务：

图2左边的板子上有三根同材料的金属丝，第1根标记2S、L，第2根标记S、L，第3根标记S、L/2。右边的板子上有四根相同长度和横截面积的金属丝，第1根标记铜，第2根标记铁，第3、4根都标记镍铬。另外，每个小组还提供了电压表、滑动变阻器、电键、导线若干。利用这些器材，设计实验方案探究导体的电阻与导体的长度、横截面积、材料之间的关系。

图2　导体的电阻实验

学生实验后，导体的电阻与导体的长度是正相关关系都可以得出，但是成正比的结果不一定都能获得。有些小组电压的测量结果刚好是2倍，但是有些小组测量结果是接近2倍。谁的实验结果正确？如果直接下结论说在误差允许的范围内可以认为导体的电阻与导体的长度成正比，这样处理会显得太草率。这样评价不客观，也不公正。用什么依据证明学生2倍的结果就是精确的，接近2倍的结果就是有误差的？真实的情况难道不会是接近2倍的结果是精确的，而2倍的结果反而是有误差的吗？草率下结论不能做到客观评价，如何解决？一种做法是重复多次实验，相对来说，一次探究、一组数据处理得到的结论可能存在偶然性。多次探究、多组数据的结论更加具有说服力。能重复出现的实验结论才是可靠的结论。还有一种做法是评价不同小组实验结论的精确度，那么如何去比较精确度呢？学生发现只看实验结果无法判别，必须回过头来看看哪种实验设计方案的误差小、哪个实验仪器的测量精度高、哪个小组的实验操作规范、哪个小组的数据处理方法合理才能判断。这时学生能更深刻地体会到设计误差更小的实验方案、用更规范的动作和流程进行实验操作、选择精度更高的实验仪器、准确读取仪器测量的数据、用更好的方法处理数据等做法的意义所在。后面的任务就变成寻找如何提高精度的方法。各小组对精度的追求越来越高，得到的实验结论也越来越接近真相。客观评价既是尊重学生，又是尊重知识的形成规律。对错皆有理，好坏皆有因。客观评价使学生从内心深处认可知识构建的过程，也能更有效地培养学生用证据说话、实事求是的学科素养。

二、教学风格发展历程

教学风格不是一日形成的。教学风格的形成需要经历体会、递进和升华等过程。这次概括出来的教学风格只是我的一些体会，尚未成熟，日后仍需努力。

学生的作业反馈是了解学情的重要途径之一。我向来重视作业的布置、批改和讲评。刚工作的几年里，我发现有些学生作业质量非常高，但是测试结果不理想，追查发现这些学生存在抄答案的行为。这些学生恰恰也是学习习惯欠佳的人。我与他们交流、提要求，学生当面答应得很好，但是一转身又是原样。多次交流无果，后来我转变做法。每次作业我选择2个题目，要求抄答案行为最严重的几名学生当面解释给我听。事情落实下去，发现效果非常好。就这样，解释开始走进我的心里，成为我对付偷懒学生的一个法宝。

一次阅读时，我看到费曼学习法，发现里面的第三步讲的就是解释。解释是一种非常高效的学习方法。于是，我开始把解释的学习方法介绍给全体学生。学生尝试后发现效果不错。我也时常给自己设计的教学活动寻找一种解释，慢慢地我发现解释和说课有异曲同工之妙。解释也成了我反思和成长的一个手段。

电容的概念非常抽象，即使我放慢教学节奏，充实教学素材，教学效果还是不明显。我观看了许多名师关于这堂课的教学实录，发现他们的课堂处理并不复杂，但是教学效果很好。我思考了很久，突然醒悟，学生之所以能快速掌握电容的概念是因为他们已经很好地掌握了比值定义法。方法对物理概念学习、物理规律学习和物理模型构建都有重大的作用。醒悟之后，我开始在物理课堂中突出方法教学，也尝到了许多甜头，例如，质点概念教学时把建立理想化物理模型的方法落实到位了，后续的点电荷、电流元等概念学生理解起来就非常容易了。物理学科核心素养中关于科学思维的描述凸显出科学方法的重要地位，这也更加坚定了我在物理课堂中落实方法教学的做法。

用一个例子说明一个问题，得出一个结论是我在设计教学活动时经常用到的方法。我也曾沾沾自喜于能给学生创设一个情境。情境的选择真实性固然是一个方面，能顺利地得出结论的纯粹性也是要讲究的。我认为从情境到问题再到结论的过程滴水不漏的教学是完美的。直到有一天我读到杭州第二中学谭国锋老师获得省一等奖的论文《"生命课堂"视角下优化实验探究的思考》。论文里面提到的让课堂充满生命的活力、让教学具有生命的价值的观点让我震撼。我开始反思，真实的情境就这么简单吗？学生的思维就这么纯粹吗？我的教学有没有把学生固化了、僵化了、机械化了？追究根本，我最先想到的是我的教学心态没摆正。我把教师和学生的关系处理成了主和次的关系、命令和服从的关系。我没有做到尊重学生，学生的独立思考能力和质疑能力在我的课堂中无法得到培养，主体地位无法得到体现。于是，我开始摆正心态，做到在教学中尊重学生。在设计教学活动时，我要首先考虑学生的所思、所需、所疑。我慢慢发现，尊重的心态下展示出来的教学是另外一番情境。这番情境到底会有多精彩我至今仍不清晰。我概括的尊重风格也是不清晰的，日后我会再完善。

三、教学片段

加速度教学片段

在加速度的概念教学中，充分挖掘方法的教学内容，收集合适的教学素材，创设情境，设计一系列环环相扣、逐步深入的问题,进行教学实践。

1. 观察法支撑下的陈述环节:观察加速现象

陈述环节中展示与教学内容相关的真实生活素材。素材要选择学生感兴趣的内容,感兴趣的内容能引发思考,使学生思考的聚焦点落在课堂需要解决的问题上。观察是主观的,相同的材料、不同知识结构的人观察,结果不一致。知识结构相似的人从不同角度观察,结果也不一致。学生的知识储备各不同,能力差异客观存在,在展示教学素材过程中,教师要注重培养学生的观察能力,引导学生把观察点落到课堂需要解决的问题上。在观察加速现象环节,展示法拉利F2003和"飓风2000"战斗机600米、900米、1 200米三次比赛的情境并根据创设的情境设计问题。

问题1:请同学们猜测哪一次法拉利取得胜利?并说出猜测依据。

创设的情境是学生感兴趣的,学生结合依据做出解答。教师播放视频重现3次PK场景。在600米的比赛中,舒马赫驾驶的F1赛车加速较快,遥遥领先,取得了胜利。在900米和1 200米的比赛中,法拉利赛车加速较快,前期处于领先,后期法拉利赛车加速到最大速度后就趋于匀速运动,但是战斗机的最大时速较大,能够持续加速,最终反超法拉利赛车,取得胜利。

问题2:同学们,你刚才的猜测结果正确了吗?你刚才的猜测依据正确了吗?为什么?

视频展示使学生产生找出原因的冲动,激发探究的欲望。探究的方向指向加速性能好坏的比较上。学生通过思考得出F1赛车的加速能力好,短时间内就能达到较大速度,所以短距离能胜利。但是F1赛车的最大速度小于战斗机的最大速度,所以长距离的比赛,F1赛车输了。

这个环节教学活动的设计可以让学生意识到速度变化有快慢之分。

2. 比较法支撑下的对比环节:比较加速快慢

对比环节中展示多种交通工具的加速数据见表1。数据中有相同时间、不同速度变化量的对比,如高级跑车和摩托车;有不同时间、相同速度变化量的对比,如波音737客机和高级跑车;有不同时间、不同速度变化量的对比,如磁悬浮列车和战斗机。

表1 不同交通工具的加速数据

交通工具	初速度/($m \cdot s^{-1}$)	经过时间/s	末速度/($m \cdot s^{-1}$)
波音737客机	0	30	84
高级跑车	0	12	84
摩托车	0	12	60
磁悬浮列车	50	12	98
战斗机	300	15	450

学生观察,用比较法找出数据间的相同之处与不同之处。通过比较,学生发现比较不同交通工具加速的快慢,都需要关注初速度、末初速度和变化所用的时间三个物理量。进一步深入分析,学生明白比较加速快慢需聚焦到速度的变化量和变化所用的时间两个因素上。

问题3:波音737客机和高级跑车哪个速度变化快?高级跑车和摩托车哪个速度变化快?为什么?

根据计算结果,学生得出波音737客机比高级跑车加速得慢、高级跑车比摩托车加速得快。结合计算过程,学生总结得出比较速度变化快慢的两种具体方法:①比较相同速度变化量时变化所用的时间；②比较相同变化所用的时间时速度变化量。

这个环节的教学活动设计让学生在数据计算中总结出比较加速快慢的两种具体方法，使学生头脑中比较快慢的表象具体化。

3. 归纳法支撑下的抽象环节：总结比较方法

在抽象环节中，利用表1中的磁悬浮列车和战斗机的加速数据设计问题，引导学生归纳出比较速度变化快慢更加普遍的方法。

问题4：磁悬浮列车和战斗机哪个速度变化快？为什么？

学生发现磁悬浮列车和战斗机的速度变化量不同，变化所用的时间也不同，前面环节总结的两种具体方法不适用了。这促使学生进一步思考，想办法获得一种更加普遍的比较方法。学生经过思考发现选择相同的比较的标准（时间）即可获得比较的方法，并进一步归纳得出用单位时间内的速度变化量来比较加速的快慢，得到计算的表达式为 $\Delta v / \Delta t$。

这个环节的教学活动设计让学生经历了获得更普遍比较方法的过程，有效培养了学生的总结归纳能力。

4. 比值定义法支撑下的概括环节：概括比较方法

得到更加普遍的比较方法后，进一步可以想到，可以把 $\Delta v / \Delta t$ 定义成一个新的物理量，用来比较加速快慢。

问题5：请同学们用精确的语言概括比较加速快慢的方法。

学生尝试概括，在不断的修正中得到了简略精确的表述，得出了加速度概念的描述。在概括的过程中，学生体会到准确描述一个概念的重要性，同时，也锻炼了概括能力。

问题6：观察 $\Delta v / \Delta t$，这里是用两个物理量的比来定义一个新的物理量。同学们回忆一下初中学过的物理量，也是用这种方法定义的有哪些？被定义的新物理量和定义的两个物理量有必然的关系吗？

学生回忆初中学过的一些物理量，如密度 $\rho = m/V$ 等，与 $\Delta v / \Delta t$ 有相似的形式，都是用两个物理量的比来定义一个新的物理量。教师指出这种定义的方法称为比值定义法。在初中时强调，密度是物体的一种属性，与物体的质量和体积无关。通过研究发现，比值定义法中被定义的物理量往往是反映物质的一种属性，和定义的两个物理量无关。这个问题的设计让学生进一步理解了比值定义法的内涵。

5. 命名法支撑下的命名环节：取名加速度

把得到的新物理概念取名为加速度，用字母 a 表示。定义式为 $a = \Delta v / \Delta t$。物理意义为描述速度变化快慢的物理量。

问题7：同学们请思考，在读"加速度"的时候，如果要在里面加一个停顿，应该加在哪里合适？为什么？

学生思考后得出，可以读成"加速-度"，把停顿加在"加速"和"度"的中间，因为这个新物理量是用来"度量加速快慢的"。这个问题的设计可以引导学生进一步理解加速度的内涵。

四、他人眼中的我

林广强老师在教学上一丝不苟、精益求精，特别在课堂的教学设计尤其突出，加上他驾驭教材和课堂的能力也很强，学生在非常轻松的课堂氛围下获得知识、技能、素养，因此，听林广强老师的课可以说是一种享受。林广强老师在教科研和教学技能方面也很突出，在每次的论文、课题、命题等评比的获奖名单中总能看到他的名字。林广强老师不仅参与教学研究，还主动帮助身边的老师共同进步，只要老师在教科研方面有不明白的地方向他请教，他总是非常有耐心地帮助解答。在林广强老师的带动下，学校的教科研氛围焕然一新，教科研水平进步明显。

（同事　张付）

　　林老师在我眼中是一位教学严谨，同时在日常生活中又不失风趣的好老师。课堂上，老师会给我们进行生动的讲解，化抽象为具体，并留下一定的独立思考时间，使我们能更好地理解课堂内容。课堂外，老师也会和我们开一些玩笑，和我们打成一片，在我们看来，林老师不仅仅只是良师，还是一位益友。

（2020届学生　陈立权）

　　林老师是我高中阶段最敬佩的老师之一。他做了我三年的老师，我听老师的课不觉得枯燥，他课堂生动有趣、教学能力优秀、专业素养优秀，在课外也是一个和蔼可亲的朋友，在学习上遇到困难时他会给予帮助与心灵疏导，在我们班十分受同学们的欢迎与敬佩。

（2020届学生　黄竞雌）

　　和林广强老师相处了三年，我对他的印象和评价都很高。他对学生很负责任，对处于迷茫期的学生进行指导，帮助他们走出迷茫找回自信。他上课时讲得很细致，常拿通俗易懂的例子来教学生，一点就懂，使我爱上了他的物理课，对物理产生了浓厚的兴趣。他简明扼要的教学风格，使我在学习中效率大大提高。千里马常有，而伯乐难寻。林广强老师懂得开发和寻找学生的兴趣爱好，从而使学生发挥最大的学习潜能。林广强老师有强烈的育人抱负和家国情怀，在教授学生知识时，不忘告诫学生，将来要为祖国事业奉献自己的一份力量，为社会主义现代化建设添砖加瓦。在我眼里，林广强老师热爱教育事业，坚守岗位，尽职尽责，是人民教师的典范。

（2020届学生　郑增慧）

关注"三重",力求高效

浙江省瑞安中学 林 娜

一、我的教学主张

高效课堂是我在"教师"路上一直追求的目标,因为只有高效,学生才会愿意、乐意上我的课,而这就是我当教师最大的动力源泉。高效课堂是以最小的教学和学习投入获得最大学习效益的课堂,基本特征是"自主建构,互动激发,高效生成,愉悦共享"。衡量课堂高效与否,一看学生知识掌握、能力增长和情感、态度、价值观的变化程度;二看教学效果是通过怎样的投入获得的,是否实现了少教多学;三看师生是否经历了一段双向激发的愉悦交往过程。因此,我的教学主张是关注"三重"。

1. 重术语

生物专业术语是生物学的关键组成部分,术语犹如细胞搭建出了丰富多彩的生物学科的世界。在高中生物学教学中,我们无时无刻不在用生物学科专业术语进行表达与交流。生物学科专业术语中包含了所有的生物学的核心概念。因此,关注专业术语的教学才能有助于学生对生物学科知识的专业解读,让学生学会用简明准确的生物学科术语来表达有关生物学的概念、原理、生命活动现象、过程及规律等一系列生物学问题。学好生物专业术语可谓学好生物学科知识之本。因此,我备新课时精心设计生物学术语的呈现过程,授课时要求自己用生物学术语准确表达,并引导学生用生物学术语准确回答课堂提问及用生物学术语建构知识网络,同时,抓住时机及时点评学生的不规范术语表达力求能让学生在我的课堂上灵活运用专业术语进行交流,在考试答题时能准确运用专业术语表达自己的思维过程和观点,最终提升学生的生物学科素养。

2. 重亲历

对于学生发展而言,真正有效的学习是一种心智活动,而不是单纯的记忆或理解。在我的教学设计中我更关注的是知识的产生背景,我会努力创设各种情境或重返知识诞生的那个年代,让学生去亲历知识的产生和形成过程,从而激起学生学习知识的兴趣,让学生主动建构知识,产生感悟,同时,在亲历中产生情感,形成态度、观念,并提升灵活运用知识解决问题的能力。生物学科是一门实验性的科学,生物知识的诞生都离不开实验和观察。在教材中有不少科学史的内容,而所有的科学史都依托一系列实验。有的教师教学时可能会重实验结论轻实验过程,我认为这种教学理念会错过培养学生学科素养的最佳时机,让学生收获的知识只停留在表面,时间久了会容易遗忘。

3. 重错点

学生在课堂学习中产生的种种"错点"是师生在建构知识、生成经验的过程中,最直观、最实时的思维历程的动态体现。因此，我一直坚信：学生的错点是原生态的课堂生成的宝贵资源。课堂中，我可能会有意设计让学生出错，也可能学生的错点是我教学设计意料之外的，但对课堂上产生的错点，我会很欣喜，因为错点是生成知识的瓶颈，错点是完善学生群体正确认识的重要途径，错点是有效教学建构的重要环节。教师若能准确地把握在课堂中学生暴露出来的错点，及时进行正确的引导或知识重构或思维点拨或智慧启迪或价值引导等，会帮助学生形成完整的知识结构，最终完成新知识的建构。在平时课堂教学中，我会惜错如宝，我会努力让学生课堂上灵动的错点发光发亮，让学生在不断地试错中增长知识，力求打造动态的"以生为本"的高效生物课堂。

二、我的成长历程

我之所以选择教师职业是源于高中班主任的一句话，班主任说我的性格脾气很适合当一名教师，于是懵懂中就选择了师范，选择了当一名园丁。就这样，20年光阴一晃就过去了，我发现自己真挺喜欢当一名教师。

1999年，稚嫩的我刚从学生角色转换为教师角色。那时候，我非常幸运地遇到了郑永光和林树华两位资深教师，他们是我的教学启蒙师和引领者。他们的课我几乎每节都听，他们对知识讲解的深入浅出、规范的板书和敬业的精神为我树立了很好的学习典范，为我顺利适应教师角色和后期的教学成长铺垫了厚实的基石。

进入教师角色后的几年，我会主动开设公开课，并邀请学校生化教研组的全体教师来听课；会积极参与各种级别各种类型的评比；会开设温州市、瑞安市级别的公开课等。现在回想起来，正是这种"初生牛犊不怕虎"的劲儿让我受益匪浅。2004年，在余自强、张庆勉、项达生等专家教师的指导下，我获得了浙江省优质课评比一等奖。经过各类各级的比赛，我慢慢地懂得了评价一堂好课的标准，慢慢地学会如何设计好"以生为本"的课堂，慢慢地在备课过程中斟酌每一个知识点的呈现方式，慢慢地对自己的教学有了自己的想法。

2006年，我报考了华东师范大学的教育硕士，并成功考上。接下来的三年，我利用暑期等假期时间认真求学。求学阶段，我进一步深化学习了心理学、教育学和生物学专业的知识，开阔了我的教学视野，学会了学位论文课题的立项、研究和成果凝练，坚定了教学中要重视学生专业术语表达能力培养的决心，同时，也更新了我对"教研促教学"理念的认识。

2007年，我顺利评上了温州市教坛新秀，2010年通过了高级教师评审，2014年评上了温州市"教坛中坚"。此后，又先后多次参与了温州市适应性考试的命题工作，在与许晖、曾文俊、戴本鑫等大咖教师一起打磨试题的过程中，学到了如何命名出一个好的试题和一份优质的试卷。试题的命制经历又让我反思了平时的教学，也进一步促使我对教学重点和学生错点的思考与重视。

我是幸运的，因为在我的教学成长路上，一直都有前辈教师们的悉心照顾和点拨，我希望我的教学主张也能让我的学生们感到他们是幸运的。

三、教学片段

生物学专业术语的形成势必有着丰富的背景依托，是经过一系列的比较、总和、抽象、概括、演绎等过程才形成最终的表现形式。过于静态和孤立的术语教学会使学生对生物学术语的理解不够深入，不足以搭建起一个基于理解的生物学知识框架，也难以将学习到的内容迁移并应用。因此，教师在教学设计时若能精心设计术语呈现的过程，定能让学生更真切地感受到术语的内涵和外延，同时也有助于让学生准确保持术语的语义记忆。

例如，《分离定律》是浙科版教材中必修第二模块《遗传与进化》中的第一章第一节内容。本节内容揭示的是遗传的分离定律。其主要聚焦了3个问题：孟德尔选择豌豆作为杂交实验材料的原因是什么？单因子杂交实验过程及结果是怎样的？对实验结果是如何解释的？本节涉及了诸多遗传学中的术语，如杂交、自交、等位基因、显性性状、隐性性状等。如何将这些术语一一呈现呢？过去，不少教师先让学生整理出此节中的术语，然后一一解释。但这种处理方式只是将术语的理解停滞在表面化状态，不利于这些术语的长期记忆。因此，重视这些术语的呈现过程才是这堂课设计的重点，教师主要引导学生在问题探索过程中逐步呈现术语的内涵和外延。

探索一：为探索遗传的规律，若给你紫花和白花品种的多株豌豆植株，你准备接着怎么做？

这是一个开放性的问题，学生可以讲出很多不同的方案，但此时教师应找到各方案的共同点，突出自交和杂交术语，并介绍人工杂交技术步骤及指出要点和符号书写——紫花雄蕊未发育成熟前人工去雄（作母本）→套袋处理（排除外来花粉的干扰）→将成熟的白花（作父本）的花粉涂到去雄的雌蕊的柱头上→套袋处理；同时指出像这种具有一对相对性状植株的杂交实验又称为单因子杂交实验。

探索二：若现在你选用一株紫花作母本，一株白花作父本，杂交后子代开紫花，针对此现象，你会提出哪些质疑？

教师放手让学生先提出疑点后给予肯定，然后提炼几个质疑点（图1），并在此过程的探讨中逐步介绍正交反交、显性性状、隐性性状、性状分离等术语。

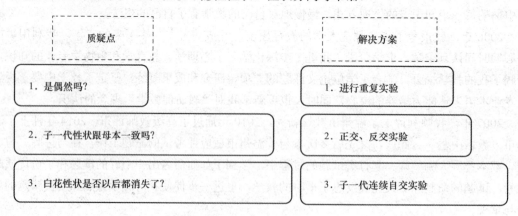

图1　学生质疑点及解决方案

在刚才质疑点3的解决方案中，教师就直接介绍孟德尔单因子杂交实验出现性状分离的现象，并马上提出新问题，进入探索三的思考。

探索三：是否这种性状分离现象只出现在白花豌豆和紫花豌豆的杂交实验中呢？

学生基本都能想到要做其他相对性状的杂交实验。教师借机介绍孟德尔对豌豆的其他6对相对性状的杂交实验结果，即正交、反交的结果总是相同的，F1只表现显性性状、F2出现性状分离现象。并同时出示实验结果数据。教师追问："从这些数据中，你发现有什么规律吗？"学生很容易发现数据中的规律，即显性性状与隐性性状的数目比例大致为3∶1。因此，也自然让学生感悟到术语"性状分离比"的内涵。随后，教师顺势引导进入探索四的学习。

探索四：为什么单因子杂交实验中会出现性状分离现象，并出现性状分离比3∶1呢？

由于学生缺乏减数分裂的知识，所以这部分内容若放手让学生发挥想象去解释，可能会出现无边际的局面，所以关于这部分内容学习，教师有意提示："若要从最根本上解释这个现象，你会从什么角度着手解释？"学生自然而然就想到应从基因的角度去解释，因为性状是由基因控制的。然后，进一步说明："通常遗传学上习惯用大写字母（如C）表示控制显性性状（紫花）的基因即显性基因，用小写字母（如c）表示控制隐性性状（白花）的基因即隐性基因。"最后让学生分步分析以下问题：

（1）若体细胞中控制此性状的基因只有一个，你觉得能解释分离现象吗？为什么？

（2）若体细胞中控制此性状的基因有两个，你觉得能解释分离现象吗？若可以请写出亲本和子一代的基因组成情况。

通过这两个问题的思考主要让学生先形成"通常基因在体细胞内成对存在，生殖细胞中成单存在"的认识，为完整书写遗传分析图解做好知识铺垫。教师在此过程中还可指出等位基因的概念即F1的体细胞中存在两个不同的基因，控制一对相对性状的两种不同形式的基因称为等位基因。而且F1的体细胞中的两个不同的基因，各自独立，互不混杂。

（3）请尝试补充遗传分析图解，并解释为什么会出现性状分离比3∶1。

学生补充遗传分析图解的过程不仅让学生积极投入知识探索过程，而且让学生亲自体会遗传图解的书写规则。而教师从中也可适时介绍以下遗传学术语：基因型——控制性状的基因组合类型，表现型——具有特定基因型的个体所能表现出来的性状，纯合子——由两个基因型相同的配子结合而成的个体，杂合子——由两个基因型不同的配子结合而成的个体。

（4）基于以上分析，我们发现要在哪些假设成立的基础上才能解释实验现象？请尝试归纳。

学生归纳出以下几点：①性状是由基因控制的；②基因在体细胞内是成对的；③每个配子只含有成对基因中的一个；④在F1的体细胞内有两个不同的基因，各自独立，互不混杂；⑤F1可产生两种不同类型的雌雄配子，且数目相等，受精时雌雄配子的结合是随机的。

四、他人眼中的我

林娜老师是一位眼中有光和灵魂有爱的老师，与她相处的日子，看着她担任班主任、备课组长、教研组长、教务处主任等工作，工作岗位一直在改变，但是她对教育的热诚、对学生的爱心，一直有增无减。所以，我常与学生一样亲昵地唤她为"娜姐"，她的善良与真挚会让学生清澈的眼睛里映照出这个世界最初的模样，也会在学生的心灵里播种下未来人生的梦想。而与她身为同事的我也深受她的影响，得到她很多的帮助，学到很多。

我最欣赏娜姐的教学设计理念。娜姐的教学方式灵活多变，但是她的每一堂教学设计都是基于学生进行。娜姐的课堂设计不仅研究教学内容的选考要求，而且关注学生已经掌握了哪些知识，具备哪些生活体验，哪些知识点比较薄弱，符合学生的认知规律的教学设计是怎样的？

课堂实施中创设情境，精心搭建"脚手架"，循循善诱引导学生主动构建新知。课堂中学生积极参与，经常讨论，时时交流，这样的课堂学生动起来了，教师由单干变为合作、由传授变为指导，打造了活力课堂和幸福课堂。

  我最折服的是娜姐对专业术语的严谨。生物专业术语具有丰富的内涵，是生物学科的精髓。娜姐在教学过程中时时体现出对专业术语的重视。如娜姐经常在课堂上通过创设情境激发兴趣，再通过设计一系列层层递进的问题，引导学生体会生物专业术语的内涵与外延，课堂上娜姐对专业术语的表述非常注重严谨，要求学生在构建概念图时表达要精准，这对学生深入学习和理解生物学科具有很大帮助，很大程度上提高了学生课堂学习的效率。

（浙江省瑞安中学　李晓云）

自然平实中激发学生的学习兴趣

乐清柳市中学　许旭蕾

参加工作十几年，我从来没有思考过自己的教学风格是什么，也从来没有想过要追求什么样的教学风格，直至成为温州市未来名师培养对象后，需要提炼自己的教学风格，我才静下心来仔细回忆自己以往的上课过程，觉得自己上课好像没有特别有特色的地方，都是非常常规的课堂，那我的教学风格到底是什么呢？苦思冥想之际，我突然想起两年前有教师跟我说"你已经形成一定的教学风格了"，于是马上打电话给那位教师，希望从他那里得到对我教学风格的看法，他说："你的课案例选择都很贴近学生的生活，课堂活动设计得都不复杂，语言也很浅显易懂，比较能调动学生的学习氛围。你的课看着平平淡淡的，还是比较能抓住学生的。"听了这位教师对我课堂的评价，我又去问了几个学生的看法："你上课举的例子感觉都很简单，是我们身边的，我们比较熟悉。""通用课可以做很多东西，还是比较好玩的！""老师，你上课有时候可以再激情一些，这样就能更刺激我们了！"……

结合其他教师和同学对我课堂的评价，再反思自己平时的教学，我觉得我的教学风格就是"在自然平实中激发学生的学习兴趣"。孔子曾说："知之者不如乐知者，乐知者不如好知者。"爱因斯坦也说过："兴趣是最好的老师。"古今中外无数学者、科学家都将兴趣作为学习成功的第一要素。一节课学生的参与程度与教师激发学生学习兴趣的程度是正相关的，因此，我课上非常注重激发学生的学习兴趣。但是我的性格偏内向，不张扬，上课做不到激情四射，用激情的课堂吸引激发学生的学习兴趣不是我所长，因此我只能从我的课堂素材入手，在自然平实中激发学生的学习兴趣。

自然，第一指的是我的教态很自然，语言朴实无华，没有华美的辞藻，生活中怎么讲话，课上我的语态就是怎样的；第二指的是我课上所找的素材都很自然，不会让学生觉得"高大上"，有难以接近的感觉。学生上我的课会觉得很自然，就跟课下与我交流差不多。这样的好处是学生不会觉得有压迫感，心情比较放松，坏处就是容易让学生睡着。因此，我在上课就要靠教学素材吸引学生的注意力，提高他们的学习兴趣。例如，在上《工艺》第二课的时候，我会让学生在2分钟内看完一台雪佛兰车的制造，并提醒学生注意视频中的流程和细节，然后通过一个又一个对视频中内容的提问，引出工艺中的"表面处理""连接方式"等内容，并通过连接方式中的螺母、螺栓，引出"钻孔""攻丝""套丝"等内容，通过自拍视频让学生了解"钻孔""倒角""攻丝""套丝"的操作及其注意事项，并让学生实践"攻丝"和"套丝"两个过程。整节课我的教态非常自然，提出的问题也都是针对视频中的内容，不会让学生有特别难以回答的感觉。为了更真实，我舍弃了已有的网上教学视频，自己找工厂的师傅帮忙拍摄，并针对课堂上学生可能比较有疑惑的点问师傅，由专业的师傅来给学生进行解惑，增加说服力和针对性。再通过一个实践活动，拉近学生与"金属操作工艺"这个他们生活中几乎不接触的内容的距离，让他们知道金属操作后的产品其实在生活中是非常贴近我们生活的，几乎无处不在。

平实，指的是上课的时候我会创设选取简朴真实的教学情境和教学案例，让学生在静静地思考、默默地首肯中获得知识。例如，在上《设计中的人机关系》这节课的时候，我先通过一个学生熟悉的动画视频，利用其中的主要角色引出买玩具这一线索，并拿出几个玩具给学生把玩，提出问题：这几个玩具适合买来给孩子玩吗？你怎么评价这几个玩具？从而引出第一个知识点"人机关系的概念"，并让学生列举教室中存在的人机关系。然后给学生2分钟时间把玩，并请学生针对是否适合孩子这个角度进行评价，从而引出第二个知识点角度"人机关系的目标"：高效、健康、舒适、安全，让学生就高跟鞋这个案例分析其实现或没实现的人机关系目标，对这四个目标进行区分，然后从玩具入手分析要实现这四个目标，应该从哪些方面去考虑，从而得出第三个知识点"实现人机关系要考虑的方面"：普通人群和特殊人群、静态的人和动态的人、人的心理需求和生理需求、信息的交互，并用身边常见的人行道上的盲道、折叠伞、插座等案例对这个知识点再进行强化说明。本节课的作业则是针对自己现在使用的课桌椅，从人机关系角度指出不足之处，并提出改进意见，最好能用简单的草图进行展现。利用学生熟悉的动画和玩具创设情境，围绕玩具的评价串联知识，中间穿插贴近学生的教室、高跟鞋、伞、插座等案例进行补充说明，最后用学生最有体会、最有发言权的课桌椅的不足来让学生深化理解人机关系的知识，整个过程非常平实，学生先体验，再思考，后分析，终得到，培养了学生的技术意识、创新设计及图样绘制等核心素养。

其实这种教学风格的形成，我也是经历了三个摸索阶段。

刚开始教通用技术的时候，我对这门课没有一个整体的把握，又不是自己本专业的课，因此开始的两年，我注重的是对知识的传授，即使考虑到学生的学习兴趣问题，也显得心有余而力不足，这两年是照本宣科的两年。

从第三年开始，在熟悉教材之后，我开始尝试加进自己的理解，对教材能进行初步的再处理，此时我开始考虑如何提高学生的学习兴趣。在此阶段，我尝试在课堂上加进很多的课堂活动，例如，我在讲《常见结构的认识》的时候，会放两个课堂活动进去，第一个活动是让学生展示常见的剥香肠的方法，并在此过程中让学生分析不同方法下香肠的不同受力形式，让学生明白结构的受力形式是普遍存在的，并能通过外力作用下结构的形变来判断结构的受力形式；第二个活动是利用四个鸡蛋、四个矿泉水瓶盖和一块木板，将鸡蛋放在瓶盖中，将木板放在鸡蛋上，让一个学生踩在木板上，说明壳体结构能将外力分散到表面，壳体结构能承受较大的外力。两个活动都能很迅速地调动学生的学习热情，但是第二个活动尝试过两次，没有一次能够成功，反而每次都弄得教室一股臭鸡蛋味，历经一个星期都不散。因为活动失败，学生对知识点的理解和认可也存在一定的疑惑。而且这个阶段的活动，一直都是为了一节课中的某个知识点而服务的，活动耗时多，但是对整节课的知识点的串联和理解所起的作用是有限的。活动加进去以后，学生的学习兴趣确实提高了，但是课堂的容纳量降低了，学生对知识点的理解也并不深刻。

经过三年的尝试，我试着对课堂活动进行筛选，并将课堂活动的作用进行扩大，不再仅限于对某个知识点的理解，而是扩展为一节课的线索，每个知识点用活动引出，用活动串联课堂的知识点,让课堂更加清爽、思路更加清晰,同时,也更能激发学生对活动的兴趣和思考。例如,在上《技术试验及其方法》这一课时,我将它分成两个课时,第一课时用一个报纸上的活动"纸拉重物"引起学生的兴趣,然后马上提出问题"这是真的吗"引出本节课的课题及第一个知识点:技术试验的概念。然后提出本节课的课堂活动:请用半张旧报纸（38.5 cm×27 cm,对角线为47 cm)制作一条(有效受力)长度不少于49 cm的纸绳,纸绳对折穿过水桶把手,尾端握在手心,能提起10 kg的水停留10秒视为合格。15分钟之内完成。活动内容发布之后,特别提示学生对报纸和纸绳尺寸的关注,并强调材料只能用报纸,其他任何东西都不允许使用,由此引起学生的思考:①怎么裁剪报纸?②怎么连接?③怎么拧紧?学生经过15分钟的思考和制作,当堂进行纸绳测试,选择出合格的纸绳,并让学生分享成功的诀窍是什么,由此引出本课的第二个知识点——技术试验的重要性。课后作业就是让学生参考书上的技术试验报告的写作,写出本次活动的试验报告,既为本节课的课堂活动做好总结思考,又为下节课的内容做好铺垫。第二课时用学生所写的试验报告分析第三个知识点技术试验报告的写作及第四个知识点技术试验方法,并用各种案例和视频对各种试验方法进行详细分析与辨别。由一个活动引起学生的学习兴趣,进行实践,再引出各种知识,学生既能思路清晰地知道自己所要掌握的知识,自主构建知识网络,又锻炼了他们的思维和动手能力,符合新课程提出的五个核心素养。

经过多年的摸索和实践,现在每节课的教学,我都会寻找一个合适的载体作为线索,有时是课堂活动,有时是一个物件,有时是一个案例,有时则是一个视频。无论什么作为线索,无一例外的是,这些载体基本都来自学生的周边,在生活中随时可见,所以,我的课堂显得非常自然平实,看不到激情澎湃,但是在自然平实中也能激发学生的学习兴趣。

做求真务实的践行者

浙江省瑞安中学　缪阿调

一、我的教学风格

从教 14 年高中物理之后,我转岗高中通用技术学科,跨越两个学科,无论物理还是通用技术学科,我始终坚持"求真务实"的教学风格。课堂不需要过多的花边修饰,要切实搞清楚为什么教、教什么和怎么教,搞清楚学生为什么学、学什么和如何学的问题,打造有内容、有方法、有思想的有效课堂,以人为本的求真课堂。

(一)求真的教学常态

求真是指寻找事物发展的客观规律,是在科学的理论与方法的指导下不断地认识事物的本质,把握事物发展的规律。求真就是追求最纯真、最符合实际的道理。物理学是研究物质运动最一般规律和物质基本结构的学科,是其他各自然科学学科的研究基础,是当今最精密的一门自然科学学科。因此,我在物理教学中,更注重培养学生的逻辑思维、概括能力和求真精神,塑造良好的学习品格。通过回归教材、重现历史、实验探究等方式带领学生去追求和探究真实的客观规律,认识事物的本质,激发学生的求真意识,培养学生的求真精神,养成超越自我、勇于创新的品格。转岗到通用技术学科后,我继续追求求真教学,帮助学生追溯本源、从实践探究中总结提炼,去不断完善技术设计。

(二)务实的教学风格

务实出自《国语·晋语六》:"昔吾逮事庄主,华则荣矣,实之不知,请务实乎。"务实是指致力于实在的或具体的事情,讲究实际。就是要在有规律性认识的指导下去实践。通用技术是一门立足实践、注重创造、体现科技与人文相统一的课程。通过对技术所蕴含的经济、道德、法律、伦理、心理、环境、审美等因素的综合分析,深化技术认识,开拓文化视野。在教学中,会结合我国优秀的传统技术文化,来认识技术与人、自然、社会的关系,理解技术的历史发展给人类和社会带来的变化,形成对待技术的积极态度和使用技术的责任意识。在教学中尽量通过实践方式发展学生对知识的整合、应用、物化和解决技术问题的能力,同时提高他们的实践能力。

二、我的成长历程

(一)在逆境中坚持,遇见更好的自己

2003 年,我从温州师范学院毕业,在瑞安市汀田高级中学任教高中物理。刚毕业那段时间,学校只给我安排了一个班级的物理教学任务,兼任物理实验室管理工作。看着身边同期进来的其他教师都是既有繁重的教学任务又担任班主任一职,我曾有一度认为很委屈,学校没有

给我大展拳脚的机会。虽然如此，但我没有自暴自弃，我努力教学，用教学成绩来证明自己的能力。第一次期中考，我任教的班级平均分高出其他班级十几分，于是学校立即将一位老教师所带的一个班级交给我。这是对我的肯定，也让我更加意识到，只要是金子总是会发光的。

在汀田高级中学的7年里，我给自己定了很多阶段目标，如顺利评上一级教师，开出县级公开课、讲座等。我像学生一样每天刷题，做完近十年的高考卷及各地模拟卷。也正因此，我对习题有了更深的理解，不仅课堂上能灵活运用，还让我在一级教师职称评审的考试中拿下全县第一的成绩。后来为了评上县级骨干教师，我开始注重学科专业发展，用了近一年的时间去研究教材，教材的内容结构如何设置，为什么这样设置，教材中体现了哪些思维方法，教材中有哪些素材可以挖等；用了半个学期的时间研究教学目标，每节课有哪些教学目标，三维目标的制定及在课堂中如何去落实等；用了一个学期研究板书的设计，新课、复习课板书如何书写，板书要展现哪些知识给学生，板书有哪些功能等。我曾向自己的高中老师杜军义要来备课本学习，争取各种机会外出听课学习，观摩各级的优质课评比，我详细记录了上课教师的课堂语言、课堂行为、课堂流程等。教研员陈维龙老师对我的听课记录评价是再现课堂现场。

2009年评上瑞安市骨干教师，我无比自豪。在一次高中同学聚会上，我的老师问我有没有评上"三坛"，说"三坛"才更有含金量。我又一次掂量了自己的水平，一山还有一山高，学无止境，我又要开始奋斗。这时，教研员刚好引荐我参加温州市陈宗造名师工作室。在名师工作室的几年内，我跟着导师研究各种复习课的教学模式，后来也将这块研究内容写进了在职研究生毕业论文中。经过几年的努力积累，我终于在2013年12月评上高级教师职称，也在2014年4月获得"温州市教坛新秀"称号。

（二）在重任下担当，仰望另一片天空

我在2010年调入瑞安市塘下中学，跨高三、高一教学，虽然学校给我带的班级都是年级段最差的班级，但是比之前的学生好很多。我依然努力教学，教学成绩非常突出，没过多久，学校就安排我教实验班。而我自认为还不能完全胜任实验班教学，于是我又进入了一轮刷题阶段，刷各种省内省外的真题和模拟试卷，研究各类高三复习用书的知识梳理内容，研究物理建模等，要以简单明了的方式把复杂的物理规律、解题方法等教给学生。几年下来，颇有成效，我所带的实验班学生反映在我的物理课堂上学得非常轻松，并没有众多的物理公式要记忆，也没有难理解的物理规律要背。在教学中注重各物理公式、规律的来龙去脉，帮助学生理解并内化，那么学生应用起来就会得心应手。

不巧的是，正值教学能力突飞猛进时，浙江省迎来新课改，很多物理教师面临转岗问题。我自认勤劳又教学成绩突出，要转岗也不会轮到我。出乎意料的是，2017年6月，教学校长找我谈话，技术选考的学生越来越多，技术教师不仅紧缺，还缺少学科带头人，希望我能转岗通用技术学科。我知道转岗之后，意味着一切又要从零开始，我心有不甘，但作为学校中层干部，为了学校大局，我服从了安排。我从2017年11月学考后接了高二选考班，而且是实验班，虽然已提早几个月就开始自学，但还是很难站稳讲台，教学上的压力油然而生，不能因为我业务不精而耽误了学生的学业。于是我给自己制订了计划，用几个月的时间先站稳讲台，再去成为能带好实验班的高三教师。那几个月中，我像一位学生一样到处听课做笔记，中午躲在办公室里刷题，那时我正担任着教科室副主任和实验班的班主任，上班时间杂事比较多，所以，只能利用午休时间去刷题和做实验。我还与学校里的两位教师结为师徒，以便能更系统地学习通用技术知识。两位导师倾囊相授，我很快地成长起来了，没过多久，我不仅站稳了讲台，而且由于以前在物理教学中打下的基础，我的课堂教学更符合学生的口味。在2018年11月选考中，我所带的班级选考成绩突出。

这时，我不能再拿自己当新教师看待了，我要把自己培养成骨干教师、教研员，学校也是这么认为的，于是他们对我的专业发展提出了更高的要求。第二年带高三的时候，我开始整理知识网络体系，总结解题技巧与方法，拓宽知识面，更深透地理解知识内容等，我要开得了公开课、做得了讲座、写得了论文……我相信，学无止境，时刻保持一种学习的状态才能不断提升自己。

三、教学片段

（一）充分挖掘教材中的素材

"数字信号"课后（教材45页）的第一道练习"用一个发光二极管制作高、低电平的检测器（图1）"是一道很多教师会忽略的课后习题，但我觉得这是可以挖掘的教学素材。于是我利用这个素材设计了如下三个分组实验和三个思考问题。

分组实验1：制作高低电平检测器。

分组实验2：检测图2（教材57页）中电平。

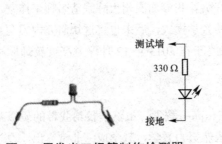 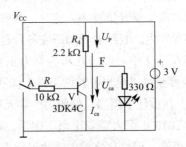

图1 用发光二极管制作检测器　　　图2 检测电平

思考1：发光二极管与电阻串联后为什么可以检测高低电平？

思考2：串联的电阻330 Ω，那发光二极管的正向电阻呢？

分组实验3：采用电表检测发光二极管正反向电阻。

思考3：如果设计一个控制电路，用发光二极管来作指示，需不需要串联电阻？电阻起什么作用？

数字信号里的高低电平是一个虚的概念，学生通过动手制作装置去检测，会有实的感受。这个制作过程看似简单，却包含了许多基础知识，发光二极管正负引脚的识别（长正短负、大负小正），电阻器的大小读数（色环法），学生在识别中才会真正体会到技术规范性的重要性。串联的330 Ω电阻能否更换成更大的电阻，这与发光二极管的正向电阻大小有无关系，那么发光二极管的正反向电阻如何测量，又会是多少呢？在不同挡位测正向电阻，阻值会一样吗？这套装置除用来检测高低电平外，在电子控制电路中还有哪些应用？

这样一道简单的课后练习，可以挖掘出这么多教学素材，有发光二极管、电阻、高低电平的基础知识，有电平检测、多用电表检测的动手实践，还有此模型在电子控制电路中的应用，更有学生的技术意识和物化能力的培养。我注重对教材的运用，通过深度的挖掘和思考，尽量把教材读厚读宽。

（二）巧妙梳理教材中的知识体系

在复习"逻辑门"时，我发现很多学生能熟知各种逻辑门的逻辑功能，却很难加以灵活应用。于是，我设计了这样一个环节：以小组为单位，在教材中找出尽可能多的电子"非门"单元，见表1。

表1　"非门"单元

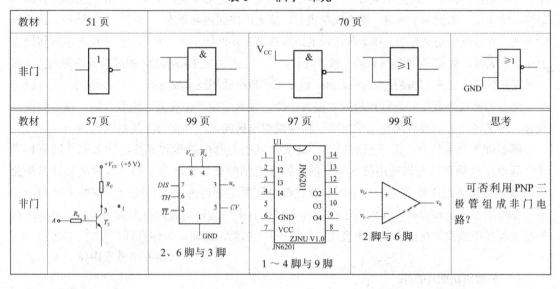

这是一项有难度的任务，如果仅凭学生一己之力，则较难找全教材中电子"非门"，于是以小组为单位去查找，这样小组可以讨论，相互点拨，更能激发学生的潜能。同时，学生在查找中要学会辨析是否为电子"非门"，如果是，则要说出所以然，这样就会加深学生对逻辑门的认识。另外，还需要学生拓宽思路，电子"非门"不止局限于逻辑门范围，还要到三极管、集成电路中寻找发现。这样做的意图是想帮助学生灵活地应用集成电路的引脚，为电子控制电路的设计打下基础。

我经常会跨章节地处理教材，引导学生把教材读薄，帮助学生梳理教材中的知识体系，提高概括能力，构建知识网络。

四、他人眼中的我

（一）学生眼中的我

阿调老师上课喜欢用最质朴的方式（板书）将每堂课的重点知识教给我们，在课前她会认真备课，在许多优质资料中精挑细选并整合，避免我们浪费时间。课下她以朋友的身份与我们一同交流，除传道授业解惑外，她更是比作为学生的我们更加勤劳，等我们晚自习下课才回家，比住在学校的我们更早到教室督促我们学习。简而言之，说她是最优秀的老师毫不为过。

（姚文日）

缪老师的课是我最期待的课，也是让我觉得最轻松和最富有乐趣、思维性的课。无论物理有多抽象和难以理解，她总能找到最关键的点切入剖析，让复杂的过程逻辑化，让各种概念乖乖对号入座。无论技术的电路图有多绕，经过她的分析和简化，总能分分钟秒杀。来到缪老师的课堂，枯燥的知识点仿佛都具有了鲜活的生命力，不再乏味死板，我非常喜欢她的课。

（狄儒熙）

（二）同事眼中的我

缪老师专业知识扎实，业务能力精湛，善于用凝练的语言将复杂、难以理解的过程用公式清晰、明确地表达出来。能把学生看不懂、学不会的复杂问题简单化，对重点知识的讲解十分清晰易懂，使学生对知识易于理解，课堂气氛很好。缪老师讲课内容紧凑、丰富，讲练结合，注重教学方法，课堂既生动又有效。缪老师所带的班级成绩每年傲居年段的前列。三年前缪老师转岗为通用技术老师，常言道："兵马未动，粮草先行。"缪老师总能未雨绸缪，提早准备备课内容，深入研究新学科的知识，即使是新岗位教师，她所带的班级通用技术成绩依旧是名列前茅。

缪老师不仅书教得好，管理班级也很有一套。她对学生严中有爱，细致入微，孩子们很喜欢她。缪老师所带班级班风正，学风浓，精神面貌昂扬向上，日常行为规范表里如一。

缪老师不只关注自己的成长和提高，还关注其他老师的进步和成长，让大家共同成长进步。我也是从物理转岗到通用技术学科的，跟缪老师师徒结对，今年第一次带通用技术毕业班，缪老师是第二年教高三，几乎每节课我都是跟缪老师沟通交流、探讨，在缪老师的指导下，我得到了进步和提高。作为同组的物理老师及后来一起转岗通用技术的老师，一直以来都是缪老师在照顾我，在这里我要由衷地对她说声："调调，谢谢，有你真好！"

（瑞安市塘下中学　郑乐君）

（三）教研员眼中的我

初次认识缪阿调老师，是2008年她在汀田高级中学兼任通用技术，因为是兼任，我只听了她两节课，以及简单交流，那时，她教龄只有5年，我已经明显感觉到这位老师是非常认真、务实、有高度的责任担当、有自己深入思考的老师，相信她一定能快速成长为优秀的教师，非常希望她能转为专职的通用技术教师。

2015年"七选三"高考方案实施后，各校急需优秀的通用技术教师，陆续有优秀的物理教师转岗到通用技术，当得知她从学校大局出发，同意转岗到通用技术专职教师后，许多老师都表示了既钦佩又惋惜，物理教研员则表示这是"瑞安高中物理界的一大损失"。

当我再次与缪老师接触时，我看到了她睿智而坚定的眼神，深刻又细致的思维，也看出了她"不怕从头再来"的种种用心、努力的痕迹。我高兴、欣赏，也急于想让她有所表现，早日给瑞安通用技术教学作出表率，但是她很谦虚，认为自己在通用技术教学界是个新兵，不敢过早亮相，还要多磨炼几年。另一个制约她快速发展的原因是她还身兼数个行政职务，教科室副主任的担子还没卸下，已经担起校办公室主任的工作，其间还要代另一位同事的一个职务工作，还有班主任工作，而通用技术教学是未教新课，先带高二选考复习，这个工作难度可想而知，几次与她短暂的沟通，她给人留下的印象都是有礼貌却又急促地说"李老师，我真没时间跟你聊了，某某时间我可能有个空再谈吧"。

都说机遇只垂青有准备的人，当瑞安中学希望调一位优秀的通用技术老师时，她以3年的通用技术教龄顺理成章地成为最佳人选，以至于我在与外县老师、教研员介绍是谁调入瑞安中学时，说是"一位你们从未见识的，只有3年通用教龄的，非常优秀的，相信将来不亚于林长春（原瑞安中学通用技术教师，已调任余杭区通用技术教研员）的老师"。

（瑞安市教师发展中心　李日舟）

遵本·寻法　觅本真之路

温州市永嘉县城关中学　汤乐娟

一直没有思考自己的教学风格是什么——迷茫。一直不敢思考自己的教学风格是什么——自卑。总觉得"教学风格"一词，应该是大师名家的专有名词。何况自己只是小小的一线教师，除模仿和欣赏外，何尝有过这样深层次的思考。回顾自己的课堂，渐渐发现自己的教学风格大抵可以用这句话来概括——"遵本·寻法　觅本真之路"。

一、我的教学风格

遵本：联合国教科文组织国际教育发展委员会编著的《学会生存》中指出："未来的学校必须把教育的对象变成自己教育自己的主体，受教育的人必须成为教育自己的人，别人的教育必须成为这个人自己的教育。"基于这个理念，我将"遵本"当成自己教学的方向目标。

一是指"以学为本"。就是以学生为本，以学生的学习为本，以学生会学、能学、善学为本，这是"以学为本"教学思想的主要内容。首先必须以人作为教育教学的出发点，顺应人的禀赋，提升人的潜能，完整而全面地观照人的发展，所以尊重学生的生命本体，将学生作为生命中的人、身心发展中的人、个性发展中的人来对待，提供适合学生的教育，帮助学生充分发挥其生命潜能。尊重学生的心理认知和学习的特点，尊重科学学习的客观规律，必须充分调动学生的积极性、主动性和自觉性，必须注意激发学生学习的兴趣，让学生愿意学、乐于学、享受学。其次尊重学生的身心健康，尊重学生科学成长的客观规律，为学生的幸福成长奠基。

学情是我教学的出发点，如何研究学情是我应该进行探究和思考的地方。根据学生的学情来确定教学内容，也就是教学的起点。即学生能看懂哪部分，看不懂哪个部分，自己能体会到的是什么，不能体会到的是什么。教学生自己看不懂的，理解不了的，自己不能感受的、不能欣赏的地方。

二是指"以本为本"。王荣生教授认为评价一堂好课最理想的标准是：教学内容与语文课程目标要一致；教学内容要切合学生的实际需要。不是为了所谓的风格而无限制创新。只有明确了"教什么"，才能帮助学生更有效地达成素养目标。要不然，一味纠结于"怎么教"，可能就会鱼和熊掌不可兼得，又或者变成"南辕"和"北辙"。记得2004年课件大肆流行的时候，每一节课势必会弄一个花花绿绿的课件，多达三四十张PPT，可是我们忽略了教材想让我们"教什么"。后来，小组合作模式开始推广的时候，一节课一定会有一个环节是小组合作，好像没有小组合作就体现不了自主合作探究的理念，可我们并不关注学生学会了什么。

当统编教材向我们走来，不断地摩擦碰撞后。我才明白：老老实实地教课本才是最本真的课堂。从课程目标出发，考虑学生内在的需要，基于学生学情，力求学习内容恰当、精准。记得上《驿路梨花》一课时，我刚开始设计了这样几个主问题：《驿路梨花》讲了一个什么故事？故事是怎样讲的？（悬念）为什么用"驿路梨花"为题？自以为条厘清楚，但课一开出来，效果非常不理想。后来经过教研员的点拨，才明白我并没有紧扣单元教学目标和文本特质，高估了学生学情，当然就不能强求教学效果了。

寻法：夸美纽斯曾说："寻求并找出一种教学的方法，使教员因此可以少教，但学生可以多学；使学校因此可以少些喧嚣、厌恶和无益的受苦，多些闲暇、快乐和坚实的进步。"

注重统编教材中课型的区别、单元整体性、学情的层次性，在现实课堂的学习中，有效地提升学生的阅读素养，只有依照不同文本特质，文本的"标志性属性"，采用不同的阅读方法策略，才能获得阅读价值的尽可能最大化。教读课，重点在"教"。教读课文由教师带着学生，运用一定的阅读策略或阅读方案，完成相应的阅读任务，达成相应的阅读目标，目的是学"法"。从字里行间获得对文本的感受、认识与体验，建构起自己阅读不同文本寻找关键处、解读关键处的方法策略。自读课，重点在"读"。自读课就是学生在教读课中获得的阅读方法策略，在自读课进行内化与实践。

无论哪一种课型，都在探寻一种或一类学法。叶圣陶曾说："要使种种方法成为学生终身以行的习惯。"在教学中搭建学生的语文知识的建构，培养学生的自主阅读能力很有必要。

只有将课堂建立在"以学为本""以本为本"上，探寻这一类文本的学法，使学生掌握的知识技能有一个螺旋式的提升，才能真正提高学生的语文素养，这才是真正的本真教育。

二、我的成长之旅

1. 蓄势

从1999年永嘉县教师进修学校毕业，我就选择了回到山区，整整15年守望，从一个花样年华的青春20岁，守到了为人母的35岁。但并没有在枯燥与寂寞中如此堕落。

一直坚持腹有诗书气自华，明白教书育人，光有一股热情与爱心还是不够的，还必须有过硬的专业知识，才能教好每一个孩子。没有科班经历，常让自己感到非常自卑。山区没有名师引领，为了提高业务水平，毕业后短短5年时间，我用常人所没有的毅力完成了汉语言文学专业大专和本科的自考；充分利用时间自费订阅各类教育杂志，每天学习教学管理知识、业务知识等，认真作读书笔记，并结合平时教学实际写随感，创建个人博客，用新的知识、新的理念不断地充实自己；没有名师手把手指导，就自己研究课例，吸收名师的教学精髓，以此提高自己的业务水平和教育教学管理水平。

2006年11月，市级观摩课《山中访友》获温州市教师教育学院及各地教师的一致好评，2009年县展示课《女娲造人》反响不错，2009年获"县教坛新秀"称号，2010年评上中学高级职称，成为当时最年轻的一位中学高级教师。

身处"孤岛"，自己就是整个世界。报纸杂志上的理念只能一知半解，网络上的教学实录成了我的救命稻草，复制模仿成了我的专有动作，我成了一个没有自己思想的雕塑。

2. 揉团

2013年9月，我调入城关中学。崭新的学校，浓厚的教学氛围、才情洋溢的同伴、丰富多变的组内公开课，各种各样的学习机会接踵而来。统编教材的各种培训，一次次刷新了我的教学观、学生观、教材观。在这个过程中，虽然困惑，但还是有了些许的收获。2017年我被评为温州市教坛中坚。

3. 成坯

2017年9月，我第一次接触统编教材，进行轰轰烈烈的新教材培训，有幸跟着谢建丰教研员一起研读、建构、展示。一次次在讨论中否定自己，一次次在试课中推翻前面的设计。《驿路梨花》这篇文章主要教学要点在于学习"雷锋精神"和"悬念"的作用。磨课过程让我明白了，我们不仅要教教材，还要用教材；不仅要关注语文中的人文要素，更要关注语文要素。我们要立足单元目标，整体观照单元设计，着力于学生的素养提升。

通过培训与研究，领会编者意图，不能是"用新书教旧课"，而要站在提升学生核心素养的高度去充分挖掘教学文本的多维教学价值；课堂教学不能过于注重人文素养的挖掘，忽略了语文素养。为学生的能力学习搭建有效支架，教给学生"学得会、用得上、记得住"的干货；要有单元整体意识，教读与自读各司其职，单元与单元之间并没有形成一个整体，让学生的知识和能力层递增加，螺旋式上升。明白了这些理念后，我再慢慢地让自己朝这个方向发展。

4. 上色

2019年，我有幸参加了王在恩名师工作室和温州市命题研修班及温州市未来名师研修班。

工作室的王老师语言风趣轻松，带领着我徜徉在语文课堂，从文言文教读课教学内容的选择，到自读课形式多样的支架。课前"依文作画"、巧用阅读提示等亮点频出，别具匠心。在教读课的"领"的基础上的实践，扎实阅读策略的指导，学生有的放矢。

命题研修班高端的头脑风暴又一次刷新了我对语文教学的认识。温州市未来名师研修班不仅给了我理论上的引导，同时，还让我明白了未来努力的方向、成长的目标。

这一个个培训班正一次次给我这个粗坯涂改、上色、改色。

虽是"未来"之事，但我也希望在未来的教学之路上能成为一个拿得出手的、色彩丰富的、独特的艺术品。

三、我的教学案例

叶圣陶先生不止一次说，"大凡读一篇文章，摸清作者的思路是最要紧的事，按作者的思路去理解，理解才能透彻"。七年级下册第四单元导语中明确指出：教学本单元默读中要"学会通过划分段落层次、抓关键语句等方法，厘清作者思路"。如何才能厘清课文的思路，给学生一种策略，培养学生的学习能力呢？细读文本，发现《植树的牧羊人》中"我的视角"是一条写作思路：初遇—再见—终见；"牧羊人在三次与我的见面中一直在种树，没有任何动摇或怀疑"是一条写作思路；"高原从荒原到沃土的变化"也是写作思路；"1913年6月到1945年6月的时间轨迹"也是一条写作思路；"我对牧羊人的评价"从最初的"慷慨无私，不图回报，是个难得的好人"到"他做到了上天才能做到的事"，这种不一样的议论抒情也是一种写作思路；"作者对牧羊人的称呼变化也能解读文章的意蕴"，这也是一种思路，见表1。从"痛苦"变为"幸福"，"人们精神状态的改变"也是作者的思路。

表1 《植树的牧羊人》

我的视角	牧羊人	高原的情况	时间	我的议论与抒情	牧羊人的称呼变化
初遇	牧羊、种橡树	荒野，废墟，无水，一万树苗	1913年，6月，三天	慷慨无私，不图回报，是难得的好人	牧羊人
再见	养蜂种树，橡树、山毛榉、白桦树	三片望不到边的树林，山下看到了溪水	过了一年，第一次世界大战，待了五年	人类除了毁灭，还可以像上天一样创造	牧羊人 这个男人 老人
终见	没有任何动摇或怀疑	一片沃土，源源不绝的泉水，一万多人口的幸福生活	从1920年开始，几乎每年都去，1945年6月	人的力量是多么伟大啊！他做到了上天才能做到的事	植树的老人；叫艾力泽布菲的老人；没有受过教育的普通农民
一个真实的故事	一个人半辈子做一件事	创造奇迹，造福人们	这个故事绝对是真的	做到了上天才能做到的事	

作者在行文中为何这样有意为之？当然是为了表达更深刻的主旨。这节《植树的牧羊人》就紧扣新教材体例的特点，引导学生发现多处思维轨迹，厘清文章的思路，把握文章意蕴。

（1）设计意图：《植树的牧羊人》是一本绘本，选择绘本中的四幅图让学生进行正确的排序。激发学生的兴趣，进而引导学生关注荒原的变化，研读荒原环境描写的句子，厘清作者的第一条思路。这一部分对比明显，用词精练，足以示范，所以我选择这一部分，通过有效的示范指导"举一"，以待学生"反三"。

小结：你有一个惊人的发现，这荒原的变化就是作者写作的思路啊！文章中荒原的前后变化是作者的一条写作思路，文章中这样前后有变化、有关联的地方还有吗？

（2）合作找思路。

①四人小组合作，寻找隐含在文本中的思路：

a．找思路。独立勾画前后有联系的关键词句。

b．定思路。组内交流，确定一条思路并记录在任务单上。

c．展思路。指派一名组员汇报小组的成果。

②设计意图：首先让学生圈画前后有变化的地方。其次启发学生继续默读，快速找出相关的词语，顺势厘清本文的行文思路，就达成了本单元的教学目标：默读中要"学会通过划分段落层次、抓关键语句等方法，厘清作者思路"。最后引导学生抓住"变"，了解此地的原来和现在状况，了解时间的推移作用，了解作者对人物称呼的变化，进而探寻变的原因和具体语句中体现的主人公的特点和人格精神及文章的主旨。通过教师的精准帮扶，学生明确了本单元所要学的"法"的具体内涵，并在圈点勾画中轻松掌握了抓关键词理思路的"法"。同时，课堂给了学生大的空间，让学生通过小组合作的方式，交流、整理、展示，体现"学位中心"的教学理念。

（3）找思路明意图。牧羊人的事迹确实让人感动，文章写出后，有人专门去寻找这个牧羊人，但是怎么也找不到，后来发现是一个虚构的故事。为什么一个虚构的故事如此打动人心呢？请结合你们所找到的多条思路，多角度阐述理由。

设计意图：作者通过虚构一个年事已高的老人和他仅靠体力与毅力植树，把荒漠变成绿洲的故事，不仅在于歌颂这位老人的高尚品格，也不仅仅停留在植树造林这件事上，而意在歌颂人类伟大的创造力。牧羊人重建的不仅是环境，还是战争之后人们的精神家园。这一环节能培养学生的思维能力，能让学生明白思路对于主旨的作用。

（4）总结分享思路。通过今天这堂课的学习，关于厘清文章的思路，你有什么经验可以分享的呢？

设计意图：总结对"行文思路的认识"，为学生搭建知识框架，获得处理同类文章的方法与技巧。

（5）作业布置。教学板书：如图1所示。

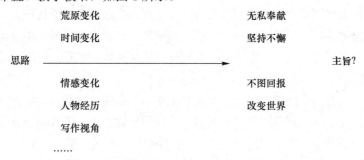

图1 教学板书

（6）案例反思。

①我看思路。什么是思路呢？叶圣陶先生曾有个形象的比喻："思路，是个比喻的说法，把一番话、一篇文章比作思想走的一条路。思想从什么地方出发，怎样一步一步往前走，最后达到这条路的终点。"也就是说，一篇文章的最终目的是表达一定的思想，而思想的表达需要一个过程，走过一段路径，体现着一定的内在逻辑，这就是思路。据此，我们可以把思路理解为：作者在构思活动中，经过反复思考之后形成并表现在文章中的指向表达目的的思维轨迹。厘清思路，就是要透过文章表面的语言形式，弄清文章各个意义单元是怎样相互联系，组合成一个整体，从而有效地表达主旨。叶圣陶在《语文教学二十韵》中指出："作者思有路，遵路识斯真"，强调只有厘清作者的思路，读者才能正确理解作者对事物的真切认识，体验作者所表达的真诚情感，领会作者写文章的真正意图。他认为："善于看文章的人一定要把作者的思路摸清楚"，"能够引导学生把一篇文章的思路摸清楚，就是最好的语文老师"。可见，厘清思路是理解文章的枢纽，是形成阅读能力的根本，是阅读教学的一个突破口，是我们语文教学的精髓。

②循"思"寻"路"。基于对教材的分析，我们必须抓"双线组元"来解读好《植树的牧羊人》这一篇文章。教学时一要明白在阅读中要厘清文脉，懂得作者为了表达某一思想，运用了什么材料，是怎么组织表达的。要懂得文章表达的层次、逻辑，能顺着作者的思路披文入情，体会真意，领悟情感。二要懂得不同文体有不同的思路。

那么，怎么最有效地指导学生厘清思路呢？叶圣陶先生说过："语文教材无非是个例子，凭这个例子要使学生能够举一反三，练成阅读和作文的熟练技能……"一篇课文的教学需要"举一反三"，一种语文能力的训练也是如此。因此，教师在教学中的示范就显得尤为重要。《植树的牧羊人》篇幅较长，教师就必须选择语段，做好示范。

例如，研读荒原环境描写的句子，厘清作者的第一条思路。这一部分对比明显，用词精练，足以示范，接着让学生去寻找作者想要表达的行文思路，以及行文思路的意图。通过为学生制定学习任务单，四人小组合作：找思路—定思路—展思路。

通过找关键词语，厘清本文的行文思路，就达成了本单元的教学目标。通过方法策略的整理为学生的学习指明了方向，同时学生拓宽了思维广度；通过小组上台展示，提高小组合作的要求，深化了学生的思维力度，发展了学生的高阶思维。为学生的学习搭建有效支架，注重学法指导，教给学生"学得会、用得上、记得住"的干货。

③得法用法。《植树的牧羊人》是一篇教读课，教学过程中更加重视教师的引导、示范，通过本课的学习掌握厘清思路的方法，以及对"行文思路"这一方法的认识。学生在教师的引导与示范下，通过主动性的发挥完成知识由感性到理性、由片面到全面、由零散到系统的上升与转换，为学生今后"举一反三"做铺垫，找到处理同类文章的思路与突破口，获得处理同类文章的方法与技巧。

教读课主要是示范，给例子、方法，激发学生学习的兴趣；自读课的学习则以学生自读为主，把教读课中学到的运用到自读课中。最后，从指导层面说，如果教读课文重在引导学生认识、吸收，那么自读课文则重在引导学生在自读中体验、巩固、运用和拓展。《植树的牧羊人》引导学生体验、总结、归纳厘清思路的阅读策略；而自读课《走一步，再走一步》中，教师则半扶半放地让学生运用这些策略，厘清作者讲故事的思路和意图，重在让学生于"自读、自思、自得"中巩固、迁移、运用。

从教读到自读，到课外阅读，从一篇走向一类，从课内走向课外，应该是学生阅读思维和阅读视野的一次次有效蜕变。

基于这一次的教学实践，我们发现平常容易被我们忽略的语文知识方法在学生的学习过程中是极其重要的。只有高屋建瓴认识整篇文章面目，才能厘清头绪而不迷失方向。语文教学已然进入了一个"整"的时代。而上述《植树的牧羊人》的教学，即面向整体的语文，有效联系、组织、整合学习内容，注重各类方法策略的交互和融通，从而提升语文学习的效率与质量。

四、他人眼中的我

似乎大家都认为，语文课总是乏味、无趣的，这也让大多数同学提及语文课便退避三舍，以至于对语文这门科目失去兴趣。但是，汤老师的课能让我们拾起学习兴趣，正如睿智的领航战舰，带领我们迎风冲击，从此慢慢由"知之者"成为"好之者"，最后成长为"乐之者"。

（1）汤老师的课堂具有情境化的特点。在引入一堂新课时，学生会先被引入一个情境。例如，在讲《壶口瀑布》时，汤老师便先带我们通过生动的课件，观光了黄河壶口的壮烈豪迈，感受它磅礴的气势，从而更好地进入上课状态；又如，在讲命题作文《灯》时，通过文字，令我们想象站在灯下的自己，浮想联翩，从而引发作文思路。因此，情境化的特点让我们更容易融入课堂、融入思想。

（2）汤老师的课堂思路清晰，知识点明确，课堂效率高。在一堂课中，汤老师的思维框架能帮助我们快速把握要点。例如，在教学议论文时，老师通过思维框架，让我们快速学会如何选择结构、提出论点、摆明论据、理性论证等，最后通过一节课的时间掌握议论文的阅读方法和写作方法。因此，我们对于知识点也能心领神会并理解运用。

（3）汤老师的课堂证明了语文也需要高阶思维。通过各种文学作品，汤老师或让我们透过文字，感受生活；或反射现实社会；或举一反三，综合运用学习方法，真正让我们达到了语文的高阶思维。通过平时的课堂训练，在考场上应对高分题，我们能迎刃而解；在生活中面对问题，我们也能多一分思辨。思维的升华是汤老师的课堂给予我们的学习结晶，让我们摆脱低阶思维，迈向了高阶思维。

（学生　谷文豪）

汤老师的教学基本功非常扎实，对文本解读独到、深刻、新颖，她的教学设计能紧扣单元目标，做到教学目标简明、教学内容简约、教学环节简化。

她的课充满智慧。教学语言生动，富有鼓动性，具有一种强烈的情感冲击波。教学手段多样，能充分调动学生自主参与教学活动的积极性。真正做到了教师与学生心灵的平等对话。

她的课充满语文味。动情诵读，静心默读中有读味；圈点勾画，摘抄书作有写味；品词品句，咬文嚼字有品位。

她的课充满人情味。有情趣，注重情感熏陶，价值引领，以人为本，充满人文关怀。

（同事　麻杏娥）

她是来自大山的女儿。自带楠溪江的灵动，秉承楠溪江耕读文化，毕业后扎根山区潜心钻研，认真教学十几年。天赋异禀，文本解读独到，目标简明，内容简约，环节简洁，逐渐形成自己独特的教学风格。

作为一名年轻女教师，她的课充满智慧和活力，语言生动，富有鼓动性，具有一种强烈的情感冲击波。学生和她更像朋友，时常有心灵的平等对话和思想碰撞的火花。

（同学　郑海黎）

愿做溪流且清浅

平阳县萧江镇第二中学　朱琳琳

一、我的教学主张

当年初上讲坛的我，曾经很不能理解我的导师给我的毕业寄语：愿你的课堂如一条清浅的溪流。

一位好教师不是应该拥有渊博的学识和深刻的见识吗？一堂好课不是应该有深度和温度的吗？溪流之喻岂不显得轻了、浅了？如何能承载一个踌躇满志的年轻人对于理想教学的追求和对自我的期许？我很不解。所以在最初的几年里，我的课堂追求着深刻的文本解读与精心的教学设计，一如当时我所观摩到的一些公开课。我觉得这样的课堂才能凸显出教师的才华，这样的教学才能为学生打开一片辽阔的天地。

但是，随着"学为中心"课堂变革的到来与深入，我渐渐认识到深刻的文本解读与精心的教学设计固然是一堂好课所应具备的不可或缺的要素，但绝非"唯二"要素。它们只是教学活动中的"教"，而无法代替教学活动中的"学"。忽略了"学"的"教"，其结果只能是教师的自以为是和自我陶醉。在这样的自我审视中，我慢慢懂了导师当初的那句寄语，也慢慢地将它内化为我的教学主张。

教学如溪流之"浅"。溪流没有大江浑厚嘹亮的声音，也唱不出大海雄壮高亢的歌，但叮咚作响也自有其欢快活泼。教学也应作如是观，不故作高深，让课堂基于学生的学习起点，让文本的解读在"学"的过程中自然发声。正如肖培东老师说的那样："把浅的教实了，浅的就成了未来大地的砂砾；把浅的教厚了，浅的就是未来天空的云层。"深度解读而适度教学，才是语文教学最得体的姿态。

教学如溪流之"清"。"问渠那得清如许，为有源头活水来"，语文教学当然需要学理的引领，当然需要先进的技术手段的尝试，当然需要新的活的课堂活动模式的借鉴。但我们的课堂在汇集了这股股"活水"之后，却不能因之而搅乱了原有的澄澈，忘却了本真。让语文教学回归到"听说读写思"，让语文课堂始终流淌着的是语言文字的美好。

清清浅浅，我的语文教学如溪流一路轻轻流淌。让不倦的流动赋予教学以动力与活力！

二、教学片段

（一）缘起

作为一篇传奇小说，冯骥才的《俗世奇人·泥人张》一文以其跌宕传奇的故事情节与幽默传神的故事语言深受学生的喜爱。就是这样一篇课文，以往教学时却总有不少的遗憾，总觉得一堂课下来不过是在隔靴搔痒。学生虽也能说出小说的主题、人物形象的品析等，但我在他们的脸上读到的是意兴索然。

为什么我的课堂教学反而成为伤害学生阅读热情的"罪魁祸首"？是对文本的解读与学生的兴趣点背道而驰，从而让课堂失去了活力？还是对学生困惑点摸底不清而对学生课前已懂的内容重复教学，以致造成课堂的低效？在再一次面对这篇课文时，我反复思考着。

于是，我决定"另类"解读——从"侠"文化这一文本解读定位来推进我的课堂教学，想必课堂应该会重新焕发活力吧？毕竟学生平时那么喜欢看武侠小说与相关的影视作品。

（二）情境再现

4月5日，八年（4）班。

师生问好后，我开始做进入文本的铺垫："大家平时看过武侠小说或玄幻小说吗？今天我们要来认识的这个作家冯骥才，他的成名作《神鞭》就是一部很有民俗民风特色的武侠传奇小说。而今天他给我们讲的这个《泥人张》的故事，与《神鞭》相似，都是发生在天津卫这个'江湖'上的一则奇闻逸事。所以，我总觉得它也带着些侠义之气。当然，这只是我的一种阅读感受，这节课想和你们交流一下，看看你们是否认同。"

接着，我先让学生从自己所认识的侠士形象入手，谈谈对"侠"的理解。如我所预期的一样，"杨过，他武功高强""令狐冲，为人仗义"……学生表现得兴致盎然。于是，我适时地借梁羽生的"侠士是智慧、正义与力量的化身"来总结"侠"的定义，并引导学生结合文本来说说泥人张为什么也算是"侠士"。本以为是水到渠成的一个环节，却出现了让人意想不到的一幕：在最初的两三个同学发言之后，课堂像是遭遇了"冷空气"，一下子从最初的热闹降到了冰点。很多人都在看着我的脸，似乎在揣摩我的心思。勉强叫起几个学生，虽然人物形象的分析都没错，但总觉得像在"贴标签"——不过是在套用"侠士是智慧、正义与力量的化身"来给人物下定义而已。没有激情，没有感觉，甚至连起码的交流感也没有。一切就像机械操纵，一问一答，顺利得有点麻木。

课在尴尬中进行着，到了第三个环节"走近作者，关注民俗文化"时，更是成了我的"一言堂"。我在学生的沉默中谈金庸的"侠之大者，为国为民"，谈真正的"大侠"冯骥才对民间文化的保护与拯救。我的语调依然激昂着，但我的心在课堂的沉默中一点一点变得冰凉。

本以为"侠"的个性解读既有深度又符合学生的阅读"口味"，应该能收到很好的效果。但一节课下来，给人的感觉是：对"侠"文化与课文文本的解读多为"走马观花"，泥人张的"侠客"形象更像教师的"贴标签"，就更不用说能否就此引发学生对"侠"的深入思考与对民俗文化的关注了。这堂课，学生依旧学得被动压抑，一切似乎又回到了原点。为什么会这样？

想起市教研员阚银杏老师所说的语文教师最容易在教学时犯"自以为是、自作多情"的毛病，是不是我自以为能激发学生阅读兴趣的"侠"的解读反而成为一种束缚、一个障碍？

那么学生真正的阅读兴趣点与困惑点到底在哪里呢？为了真正把握住学生学情的脉动，于是在另一个班级的教学前，我针对学生的预习设计了两个问题：①哪处细节最令你感觉惊奇？为什么？②你对这篇课文还有哪些困惑？或者你认为本文最值得探讨的问题是什么？

通过学生的预习反馈，我发现作为一篇传奇小说，本文的特质便在于一个"奇"字。而对于学生而言，其对文本的阅读兴趣点，也正在于故事情节的传奇性与泥人张的奇特风采。但对于人物形象之"奇"的解读,学生习惯性地仅从故事情节上粗略感知,缺少对语言细处的品析与咀嚼,对人物形象的解读较为浅层。基于以上两点学情分析,我重新调整了我的教学思路。

4月8日,八年(6)班。

上课伊始,我先通过回顾小学已积累的"刷子李"的故事与对《俗世奇人》一书中其他三位人物的简介,激发学生的学习兴趣及对《俗世奇人》一书的阅读期待:"看来天津卫这个地方真的是奇人如林啊。今天,让我们来看看泥人张这位俗世奇人。他是嘛人物,他又有些嘛故事呢?"

于是课堂在接下来的师生合作、故事接龙形式的"课文复述"中缓缓展开了:"天津卫本是个做买卖的地界儿,谁有钱谁横,官儿也怵三分。但那一日,城里城外气最冲的海张五反倒在一个捏泥人的手里丢了脸面。为嘛?话说那日……"虽然气氛不像第一节课开始那样来得热闹,但他们宁静的眼神里却带着期待与好奇。我们开始了以下的交流:

师:最初,冯骥才在创作这些故事时,冠名以《市井人物》,后来又把书名改为《俗世奇人》。那么泥人张之"奇",奇在何处呢?

在短暂的思考后,他们纷纷谈了自己的理解和感受。因为课前的预习,他们很快都提到了"手艺奇""行事奇"与"风骨奇"。

师:文中哪句话道出了泥人张这一奇人奇行背后的心声?

生(齐答):"手艺人靠手吃饭,求谁?怵谁?"

师:你从中读出了一个怎样的泥人张?

王涛瑜:他很自信,课文里也说了他"艺高人胆大"。而且面对权势,也能做到不卑不亢,有骨气。

师:你能用朗读来给大家演绎一下这位自信而有骨气的奇人吗?

王涛瑜读"手艺人靠手吃饭,求谁?怵谁"一句。

师:他读得好吗?

钟晶晶:我觉得他读得不错,前半句的不疾不徐读出了泥人张的自信,而后半句的两个反问用上扬的语调,表现出了他的自尊自强。

师:你评得也很好。我们也一起来读一读这句吧。

(生齐读,读出自信、自尊、自强)。

师:"手艺人靠手吃饭,求谁?怵谁?"这是泥人张的做人原则,而天津卫码头上的生存法则又是怎样的呢?

王威:"谁有钱谁横,官儿也怵三分。"

师:这是谁的想法?

王威:海张五。

师:海张五"横"吗?哪些地方可以看出他就是这么个仗着权势横行霸道的人?

(生很快从文本中找出相关语句,师结合学生的理解稍作点拨,并选择一两处作朗读指导)

师:如果你是海张五,身为天津卫最有钱有权的人物,你在讲这个话的时候,会是什么样的语气?

黄大强:嚣张、得意吧。

师:你也来演一回海张五?

黄大强读"谁有钱谁横，官儿也怵三分"（很羞涩，一时未能读出感觉）。

师：大家觉得他够嚣张吗？怎样才能更嚣张些、得意些呢？揣摩一下，可以加上动作啦、表情啦、语气词啦，来更好地传达。

（生兴奋地自由朗读，揣摩动作、神态）

刘泽敏：哼，谁有钱谁横，官儿也怵三分！

郭永镭：谁有钱谁横，官儿也怵三分！（加上动作：竖起拇指指向自己）

郭永锋：谁有钱谁横，官儿也怵三分，哈哈哈……（双手叉腰，头后仰）

师：你们不仅读到了嚣张、得意，也读出了这份嚣张与得意！

（生齐读该句，借鉴学生的设计，加上语气词"哼"和翘拇指的动作）

师：这只是海张五一个人的想法吗？

李康豪：我觉得那个撂高的也是这么想的。他在见到海张五时，就说"贵客、稀客"，很巴结他。还有其他人也是这么想的。

黄晶晶：我觉得其他人不是吧，因为书上写他们等着瞧艺高人胆大的泥人张怎么回报海张五。这说明他们也希望教训一下海张五。

师：看来对了故事中的众人，大家有争议。那现在我们就分小组讨论一下，人们究竟是个什么态度，是觉得应该向权势低头还是像泥人张一样"不求""不怵"？

（生七嘴八舌地交流自己的看法，小组间讨论）

师：刚才通过大家的讨论，我们发现故事中的众人其实是矛盾的，一方面内心期望"不求不怵"；另一方面又觉得现实让人不得不怵、民不与官斗。所以"谁有钱谁横，官儿也怵三分"不仅是海张五信奉的人生哲学，还是天津卫的人们遵循的生存之道。可以说，天津卫就是这么一个现实的、冷酷的俗世。

师：那作为普通百姓，他们在想到"谁有钱谁横，官儿也怵三分"的时候又会是怎样的一种心情呢？

刘泽敏：无奈。

师：你刚才给海张五加了个"哼"，那如果是众人，你用哪个语气词？

刘泽敏：谁有钱谁横，官儿也怵三分，唉……

向世敏：人们心里应该也有一点羡慕吧。谁有钱谁横，官儿也怵三分呢！

师：有点悲哀，这不仅仅是泥人张遭遇的生存困境，也是所有人的共同人生处境。大家都是在现实的夹缝中求生存。所以故事讲到这里，我们发现，泥人张之奇，不仅奇在他身怀绝技，更奇在——在众人都向权势低头的俗世中依然能坚持自己的为人原则；依靠自己的力量与智慧维护尊严。泥人张，真乃奇人也！奇字，怎么写？从大从可，泥人张之奇，大可！

师：让我们再次用朗读来体味这俗世中的众生相，体会泥人张品格之奇！

在声情并茂的朗读声中，他们似乎也将自己化作了文中的人物，与人物同欢笑共悲苦，有滋有味地沉浸到了文本当中。他们不仅读到了世之"俗"与人之"奇"，更读出了世之"俗"与人之"奇"！

于是，当我适时地补充冯骥才的创作缘由"近日忽生一念，何不笔录下来，借后世赏玩之中，得知往昔此地之众生相耶"时，温正顺迅速地接上："今天的社会上，海张五这样的也很多，如那些'拼爹'的……""其实我们有时也像故事中的众人一样，对有'爹'可'拼'

221

的都是羡慕嫉妒恨的吧？！"林宝说。闻言，大家都笑了，笑中带着沉思……

"也许每个人都有自己生存的理由。但是，面对俗世，我们也可以像泥人张一样书写属于自己的生命传奇！"——这就是他们在课堂结合时的总结。

下课的铃声响了。从未有过的短暂。

三、他人眼中的我

　　朱老师讲课亲切自然，犹如春雨般滋润他人的心田，让人不知不觉沉浸其中，受益匪浅。她一向反对模式化灌输知识，注重培养学生各方面的能力，课前精心收集素材，用心准备每一堂原创课，融入自己的思考与创新。秉持着"学无止境"的理念，她极为重视，不断提升自我素养，抓住一切进修学习的机会，且乐于与他人分享。但凡有她上台展示的教研活动，总能获得听课老师的一致好评。

（萧江二中　郑洁）

　　毕业已有一些年月，但论起初中时期的语文老师，脑海中还是能想起那个在课上给我们放过《海阔天空》，将 QQ 空间作为课题导入的年轻教师。每一次的用心，只是为了让我们能更快地融入课堂。而每堂课的结束，我们所收获的却不仅仅是对语言文字的理解、对语言文学的思考，更多的是引发很多我们对语言文化的进一步探索。如沐春风是我对这位年轻教师的课堂最直观的感受。

　　谁的青春不曾经历迷茫、不安？在充斥着不定性因素的初中阶段，是她，写下一篇篇作文的评语，鼓励着少年的不自信、抚慰着少年受挫的自尊心。所以，很感谢，在成长的阶段能有这样的遇见，这无声的交流让一颗年少的心曾有处安放。而这些，时至今日，都对我影响颇深。

　　我想，这大抵就是教育的意义吧。撒下知识的种子，灌溉以正直、积极、拼搏，让我们在不断的学习道路上塑立正确的人生观、价值观，能够在人生路上走得更宽、更远、更好。

　　人生最幸，是青春最美好的遇见，致亲爱的语文老师。

（已毕业学生）

三"适"铺路，追求教学更实效

温州市第三中学　金　苗

一、我的教学风格

对于一个数学教师而言，在群芳斗艳的数学百花之园内，我们又该如何引领学生观花赏叶呢？满园春色让人看得眼花缭乱，善意的我们总是尽可能想让学生做更多的题目来巩固知识，欣赏更多的"花"来开阔视野。正所谓"乱花渐欲迷人眼"，理想总是美好的，现实却是残酷的，欣然前往的我们，回来往往是"满地心伤"。于是掩卷而思，如何构建实效课堂？在多年学习、摸索之后，我的教学风格体现在"三适"上。

（一）教材整合适量，追求本质课堂

大家都很熟悉杂技节目——"抛盘子"：演员甲手执多个盘子，不断变换难度依次抛给演员乙，而乙总是接得四平八稳，一个不落。惊险的动作、高超的表演让我们叹为观止，佩服不已。有趣的是，在我们的数学教学中，有时也有类似的"抛"知识的现象，一是"盘子多得满天飞"，二是"大盘子粉墨登场"，但时常是，教师"抛"得不亦乐乎，学生"接"得手忙脚乱，有的学生接一个、丢一个；更有甚者最后全丢了。结果是"教师选材很辛苦、学生解题很痛苦、知识落实很艰苦"！

作为教学的基本载体，我们必须认可教材的科学性和权威性，它既是安排教学内容的基本线索，又是提供教学内容的重要资源。理解教材、用好教材是起点，又是基点。研读教材，首先，教材内容呈现的往往是一个个静止的"知识端点"，与学生接受、生成新知识的动态过程不可能完全吻合，不可能适合每个学生；其次，教材中涵盖了许多典型意义的素材，如果全盘接受，可能会有内容上的重叠、方法上的雷同、思想上的共通。

因此，我在选材处理上，力求"少而精"。简约教材，深挖本质，对具有针对性、概括性与代表性的教材进行有效梳理、整合、创新，为学生提供现实的、有意义的、富有结构性的生成性特点的学习内容，如"抛盘子"，要让学生愿意"接"，而且有能力"接"。这样，通过精选题材，有更多的时间和空间从纵横各方面作更深层次的思考探究，才能真正有助于教学目标的落实、教学本质的凸显，从而使内容化难为易，以简驭繁，让学生以较少的精力获得更高效的学习。

教学片段：中考函数专题复习

1. 铺路搭桥、知识构建

如图1所示，一直线与两坐标轴的正半轴分别交于 A、B 两点，P 是线段 AB 上任意一点（不包括端点），过 P 分别作两坐标轴的垂线与两坐标轴围成矩形 $EOFP$。

一问：若直线 AB 的函数表达式为 $y=-x+5$，则矩形的周长是多少？

二问：若已知矩形的周长为 10，则求直线 AB 的函数表达式。（回答完毕后，展示中考原题）

三问：由上题可知，如图 2 所示，在平面直角坐标系中放置矩形，当它的周长一定时，动点 P 的运动路径是什么图形？当它的面积一定时，动点 P 的运动路径是什么图形？

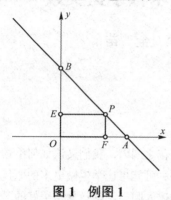

图 1　例图 1　　　　图 2　例图 2

2. 层层递进、能力提升

在已知矩形的周长为 10 的条件下：

四问：（图 1）在此题中，矩形 EOFP 的面积有最大值吗？如果有，请求出矩形的最大面积，并求出此时点 P 的坐标，如果没有，请说明理由。

[答案：由 $S=x(-x+5)$ 得出当 $x=\dfrac{5}{2}$ 时，$S_{最大值}=\dfrac{25}{4}$，此时点 P 坐标为 $\left(\dfrac{5}{2},\dfrac{5}{2}\right)$]

五问：（图 3）在四问的结论下，连接 AE 交 PF 于点 D，求点 D 的坐标。

[答案：$D\left(\dfrac{5}{2},\dfrac{5}{4}\right)$]

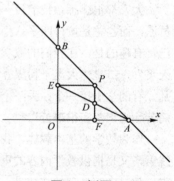

图 3　例图 3

追问：你是用什么方法求得点 D 的坐标？

（学生方法汇总：全等、相似、三角函数、利用直线 AE 的函数表达式……）

六问：对于动态矩形 EOFP 而言，若点 D 的坐标为 (m,n)，你能用含 m 的代数式表示 n 吗？

[答案：$n=\dfrac{1}{5}(m-5)^2$]

追问：点 D 的运动路径是什么图形？（抛物线的一部分）

（教师用几何画板演示点 D 的运动轨迹，详见图 4）

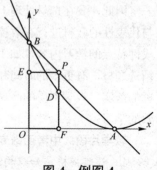

图 4　例图 4

3. 蕴势驱动、思维培养

师：同学们，根据刚才的学习经验和所得结论，请自由设计问题，编完后交流。

（学生兴趣高涨，合作交流，思维活跃）

学生编题部分问题展示：

（1）求线段 DP 长度的最大值；

（2）连接 OD，当 OD 平分 $\angle EOF$ 时，求点 D 的坐标；

（3）在第一象限内，点 D 到直线 AB 的最小距离是多少？

……

学生编写了很多问题，由于时间关系，挑选以上 3 个展示的问题进行解题思路交流，特别是问题 3 还可以转化为问题 1 来解决，渗透了"化斜为直"的转化思想。

精选一题，从多角度分析，发掘其内在本质，注重题目的变式、延伸和拓展，发现解决一类问题之间的联系。在教学中，既拓宽学生的视野、启迪学生的思考和探索，又增强学生解决问题的能力，达到"做一题，会一片"的效果，让学习更有效，让课堂更精彩。

（二）设疑探究适时，追求智慧课堂

课堂上，很多教师自认为数学知识明明分析透彻，演绎清晰，但是学生一动笔，题目一做，却经常是"明其理，会其法，而往往不得其果"，最终错误百出。问题出在哪呢？

在教学中，正确，有可能是一种模仿和复制；而错误，却大凡是一种经历和提升。南宋教育家朱熹说过："读书无疑者当教有疑。"数学内容抽象，难以真正弄懂，学生实际似懂非懂。作为教师，就要及时出手，善于把他们头脑中看似明白但实际模糊、片面甚至错误的认知"挤"出来，再进行矫正，给学生一个"渐悟"到"顿悟"的过程。

"于无疑处质疑"，在课堂里，我经常在学生学得看似四平八稳的时候，抛出一两个追问，言简意赅，或在认知盲点处，或在生成关联处，或在难点混淆处……因势利导，四两拨千斤，打破平淡的学习状态，引发思维冲突，激发积极思考，点燃学生的学习兴奋点，顺理成章让学生把自己"摆"进探一探，从直观感悟逐渐向抽象理性思考靠近。面对适时的设疑问题，学生既快速精准理解探究问题的要点，又能在"遭遇"思维冲突之后，暴露知识缺陷或解题漏洞，诱发灵感，反思、剖析，积极纠错，再寻根刨底，从而真正做到思想上的"正本清源"，培养他们质疑的意识、敏锐的洞察力和思考力。

教学片段：案例 浙教版九年级上册《1.3 二次函数的性质》

本节课需要学生掌握从具体函数的图像中认识二次函数的基本性质，利用性质会求二次函数最值和增减性。

已知函数 $y=2x^2+5x+2$，要求：

（1）求函数图像的顶点坐标、对称轴，以及图像与坐标轴的交点坐标，并画出函数的大致图像。

（2）自变量 x 在什么范围内时，y 随 x 的增大而增大？何时 y 随 x 的增大而减小？求出函数的最大值或最小值。

运用性质和公式，学生本题顺利完成。

（教师）追问：已知函数 $y=ax^2+5x+a$ 有最大值 $-\dfrac{9}{8}$，求 a 的值。

（学生）错解：y 的最大值为 $\dfrac{4a^2-16}{4a}$，由题意得 $\dfrac{4a^2-16}{4a}=-\dfrac{9}{8}$，即 $8a^2+9a-50=0$，所以

$a=-\dfrac{25}{8}$ 或 $a=2$。

错因分析：此解忽视了二次函数有最大值的条件：二次项系数为负数，而当 $a=2$ 时，二次函数存在最小值，所以要舍去。

解数学题要求周密、严谨，在某些数学题中，有一些比较隐蔽的限制条件，需要我们根据有关的定义、公式及常规知识的限制条件等，设法挖掘题目中的隐含条件，然后把不符合要求的解排除掉，从而得到合乎条件的解。追问错解让学生更加深刻理解最值问题与 a 的正负性的重要关联。

（三）教师引导适当，追求深刻课堂

教学的本质是一种沟通与合作，是教师与学生围绕着教材进行对话的过程。

学生由于生活的背景不同、成长的空间不同，所以在生活经验、兴趣、思维方式上呈现多样性，存在较大差异。正如没有水位差就没有水流一样，只有恰当地认识差，才能造成认识流。共享生生差异，有利于在差异中丰富和发展学习体验，会刺激他们对每个知识信息的理解回收，同时，又进行更多数学信息的输出，并在整个课堂中不断保持这一动态平衡。因此，学生是课堂教学中最有潜在价值的主体性因素，具有内生性、生成性和鲜活性。

那么如何利用这些差异让学生获得数学知识产生聚变效应呢？在教学实践中，我注重学生的主体性和个性，利用典型性题目，经常通过"一题多变""一题多解""一法多用""一图多化"等变异对比、变式教学方式，引导学生主动学习，展开不同思维方式的碰撞，鼓励学生从不同视角用多种思维方式研讨问题。其间，我的掌控、调度、收放点落在"提炼探究问题""优化探究思路""丰富探究策略"等方面，于学生反思、联想、对质、归纳和横穿纵拓的学习探究中进行适当点拨引导。风格各异的学生自主探究和深度研讨更有助于使其知识结构自发从当前"窄"向相对"宽"的方向移动，都尽可能拥有完整的生命成长空间。促使他们真正完成"从无到有"的知识补充、"连点成网"的知识整合、"由表及里"的逻辑探究。

教学片段：案例 浙教版九年级上册《圆的基本性质》

作为引题，教师展示题目：

问题1：如图5所示，在圆 O 中，弦 $AB=2\sqrt{3}$，直径 $CD=4$，$CD \perp AB$，从这个图形中，你能得到哪些结论？

学生经过思考与交流，纷纷举手展示自己的收获：

生1的结论：求得线段 OA、OB、OE、ED 的长度，发现 $\triangle AOD$、$\triangle BOD$ 是等边三角形。

生2的结论：求得 $\angle AOB$、$\angle AOC$、$\angle COB$ 的度数，求得 $\triangle AOB$ 和 $\triangle ADB$ 的周长与面积，发现 $\triangle AOD \cong \triangle BOD$，$\triangle AOE \cong \triangle BOE \cong \triangle ADE \cong \triangle BDE$。

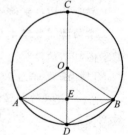

图5　例图5

生3的结论：求出图中所有角的度数，圆弧的度数，并发现四边形 $ADBO$ 是菱形。

生4的结论：求出图中的弧长，多个扇形的面积。

生5的结论：连接 AC、BC，得到新的等边三角形和多个直角三角形。

生6的结论：求得图中弓形面积。

……

学生的思维被点燃了，一个个结论此起彼伏，通过交流，学生主动构建，复习了圆主要的基本性质。

由于学生的认知差异性，如果教师在学生自主探究之后，放手离席，缺少对学生呈现的信息进行必要的整理和调控，缺少指导学生建构自己认识的过程，那么探索交流也仅仅是个人信息的拼凑。教师应有意识地"收一收"，如在学生展示所有结论之后可以提问：

（1）请你将展示的结论进行分类，它们分别解决哪些问题？

（2）在上述结论的获得中，哪些是优先获得？哪些结论是其他结论的延续？

提问目的是引导学生把所得结论进行有序排列，把关注点以线、角、三角形、四边形、扇形等基本图形进行分类，渗透几何图形研究对象的层次性；让学生明确对几何图形的研究总是从线段、角等基本元素出发，再整合它们研究更加复杂的几何图形及相关量的计算，渗透几何图形研究策略的有序性。从点到面的知识点网状分布，体现了知识多元的关联性、思维多维的开放性。

二、教学风格发展历程

本人于1999年毕业于温州师范学院，大学毕业后分配到温州市第二中学任教至今。那一刻，站在三尺讲台，面对进台下面稚嫩的笑脸、期盼的眼神、沉思的目光，我的职业自豪感油然而生。为了更快、更好地提升自己的业务水平，我积极订阅各类教学杂志和书刊，认真研讨、做读书笔记；主动向组里的前辈们申请听课、观摩日常课堂教学，从教态、语态、课堂设计等方面打造自己；细心研读教材及购买的优秀教案集、数学题集，更深入了解数学知识间的纵横联系；积极摸底了解学生的学习情况和个体差异，慢慢地，我开始明晰课堂教学目标和重难点精准定位。

2004年在九中开出了教学生涯里第一次的市直公开课《字母表示数》，简洁精致的备课框架、恰如其分的追问设疑、深度高效的探究研讨，一节课在精彩纷呈中走向成功。课后，时任八中教研组长的吴春老师给予高度评价，也得到了听课同人们的一致肯定和好评。我的教学风格此时"小荷才露尖尖角"。我的教学自信源于此，我的提升动力源于此。从此，我更热衷于教学，备课时进行全面考虑和周密设计，享受着课堂上的有效引导和动态生成。幽默风趣的交流语言让学生爱上课堂；犀利到位的知识点拨让学生迷上数学。

努力和进步让自己有了更多的学习提升机会，后来，我多次积极参加市、区、学校组织的现场教研活动、培训和各类各级比赛，及时反思和归纳总结培训、比赛所学到的知识经验，不断提升自己的专业素养。功夫不负有心人，多年下来，无论在教学科研方面、专业技术方面还是教学成效方面，我都有了不俗的表现，成绩优异。

我在学习中成长、在课堂中成长、在研究中成长。由于工作认真、业务精湛，多次获得校级先进，2009年被评为"温州市学科骨干"，2014年被评为"温州市市直优秀老师""温州市市直优秀党员"，2015年被评为"温州市市直优秀党员"，2017年被评为"温州市教坛中坚""温州市优秀班主任"。几重的书山攀越，几多的题海遨游，多少个夜晚的挑灯备课，多少次课堂的磨炼提升，此时内心倍感充实圆满。

三、他人眼中的我

金苗老师在教学方面，平时严格要求自己，尊重学生，发扬教学民主；备课过程中认真分析教材，根据教材的特点及学生的实际情况设计教案；课堂上力求抓住重点，突破难点，从学生的实际出发，运用多种教学方式调动学生学习的积极性和创造性。在提高学生分析问题和解决问题能力的同时促进了学生的全面发展，深受学生和家长的爱戴。

（领导　黄剑铮）

金苗老师热爱学习，善于学习，教学基本功扎实，是一位颇具自身教学风格的成熟型教师。她总能巧妙地激活学生思维，擅长创设教学情境，营造民主互动的学习氛围。学生们爱上她的课，因为她总是那么活力满满，她的数学课堂总是那么魅力十足。

（领导　童如芳）

金苗老师热爱教育事业，工作尽职尽责。教学中能根据学情对教材进行加工，创造性地用好教材。在"学做教"的课堂中注重培养学生的独立性和自主性，引导学生在探究中学习，激发学生学习的积极性，培养学生掌握和运用知识的能力。课堂教学深受学生喜爱，教学成绩突出。

（数学老师　余琛琛）

金苗老师在教学上是一名高手，善于聆听，关注学生，爱生如子，于细微处见功夫。对于每位学生的易错处、教学难点，她都能用丰富的语言讲解到位，学生有充分的获得感；另外，她又能引导学生生成知识树，形成体系，高屋建瓴，繁杂中主线鉴明！她风趣幽默、育德于学的课堂始终让学生如沐春风，得知尽然！教学真如其名，用金子般的心浇灌根根小苗，焕发出金子般的光！

（数学老师　杨春晖）

追本溯源　自然生成

温州市鹿城实验中学　郑丹凤

为了提升教师的专业素养，温州市教育局制定了瓯越教育人才培养三年行动计划，我有幸成为温州市"未来名师"培养对象研修班中的一员。在这三年系统的培训中，有线上也有线下，有教学也有科研，有讲座也有听课，有交流也有实践，我们聆听着大师的传道解惑，吸收着同伴的奇思妙想，在拾掇他人智慧中体会到前所未有的快乐，这是一段美好而又难忘的时光。

美好的时光犹如项链上的珍珠太多、太多，拾起最美的那颗……记得 2019 年，我们来到美丽的杭城，在浙江大学校园参加高校培训，此番学习收获不是用"受益匪浅"一个词所能概括的，教授们的讲座生动有趣，一场又一场的思想盛宴让大家平静的心犹如湖面泛起了层层涟漪。其中，浙江大学教育学院盛教授在讲座中介绍的"自然学习"理论给我留下了深刻的印象，并在我今后的教学中留下了深深的印迹。

一、我的教学主张

"自然学习"理论是美国麦卡锡团队研究 30 年的成果，指任何学习都要经历"为什么（why）？""是什么（what）？""应怎样（how）？""该是否（if）？"四个基本问题，如图 1 所示。"四个循环圈"依次对应四种教学功能或学习性质，即"了解学习目的—形成抽象概念—实践获得技能—拓展运用新知"。

在自然学习理念下，教师首要解决的问题就是"为什么"，为什么要学这节课，这节课学习的意义何在，我觉得我们数学老师在备好每节数学课前都应该思考这个问题。教学的艺术不在于传授本领，而在于激发、唤醒、挖掘学生学习的潜能，教师首先要学会追本溯源，才能帮助学生认识知识的发生、发展过程，让学生体会数学学习的价值和意义，激发学生数学学习的兴趣。

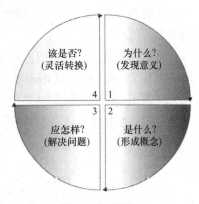

图 1　自然学习

（一）追溯知识起源，深化学生体验过程

数学知识具有整体性，知识之间相互联系、犹如盘旋而上的阶梯。因此，学生的学习是自主建构、逐步加深对知识理解的过程。教师应帮助学生循序渐进，有层次地进入思考和学习的状态，加深学生对概念和知识的体验。例如，在《同位角、内错角和同旁内角》这节课中，如果学生不清楚学习这三类角的意义和来源，会使本节课的学习效果大打折扣，我们可以设计如下：

（1）思考：一个平面内的两条直线有几种位置关系？直线 a 与直线 c 相交形成几个角？角与角之间有什么关系？

（2）道具演示：再给出一条直线 b（图2），则直线 b 与直线 c 位置关系是什么？直线 b 与直线 a 位置关系是什么？

（3）动手操作：转动直线 b，则直线 b 与直线 a 位置关系是什么？（一边转动直线一边向学生提问）

（4）猜想：转动到什么位置时，直线 b 与直线 a 会平行呢？

学生猜想：$\angle 3=\angle 6$

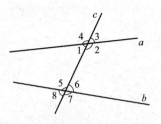

图2　直线的位置关系

请学生归纳 $\angle 3$、$\angle 6$ 与直线的位置关系（对两交点附近的角的关系进行分类讨论），引出同位角、内错角、同旁内角的概念。

设计意图：教师从平面内的两直线关系入手，给学生求知心理制造一种"似曾相识"的感觉，将学生引入一种与课堂问题有关的情境中，再到三条直线，使学生逐步明晰概念学习的对象，并使学生理解同位角、内错角、同旁内角概念的产生是为了方便研究平行线，让学生感受学习新知的必要性，为后续平行线判定的学习做好铺垫。

（二）追溯学生学情，关注学生已有经验

学生已有的学习经验和生活经验是学生进行体验学习的基础。数学的教学活动必须符合学生的认知发展水平，教师设计的数学活动、交流机会都应当建立在学生已有的学习和生活经验之上，使学生在积极主动的状态下不断建构知识，并产生进一步学习的动力。例如，在《平行四边形的性质》这节课中，学生已经学习了很多几何图形，但没有对知识之间的关系形成清晰的认识。因此，本节课可以追溯学生已有的经验设计如下：

问题1：图3中这些图形你们认识吗？你们是从什么时候开始认识它们的？

问题2：进入初中后，我们又对什么图形有了更进一步的认识？

问题3：结合这些图形，说说我们是怎么认识三角形的？在这三个三角形中，我们最先认识哪个三角形？

总结：在研究三角形时，我们先研究一般三角形，再对边、角特殊化，研究了特殊三角形，上节课，我们学习了四边形，今天就来研究特殊的四边形。圆以后九年级会再做研究。

问题4：请观察图3中⑦⑧⑨⑩这4个特殊的四边形，说说它们有什么共同特点，和其他两个四边形相比有什么不同点。

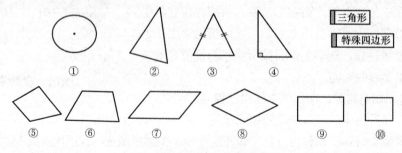

图3　平行四边形的性质

设计意图：通过学生的认一认，让学生回忆起学过的所有常见的几何图形；然后类比三角形的学习方法，引出本节课的学习对象：特殊的四边形——平行四边形。既梳理了所学过的几何图形，又为新课学习做好铺垫，同时，还培养了学生类比的数学思想。

（三）追溯数学课型，设计合理教学活动

在初中阶段，数学新授课的课型主要有四种形式，即概念教学、原理教学、技能教学、解题教学。

以上每一种课型都应当根据不同的"教学目标"思考"教什么""怎么教"，以及"达到什么结果"，即根据科学的教学要求，寻求合理的数学活动。例如，常见的原理教学包括法则教学、定理教学、性质教学，教师可以根据不同课型的教学内容设计教学活动，见表1。

表1 设计数学活动

项目	法则教学	定理教学	性质教学
教学内容	1. 有理数、实数运算法则（加、减、乘、除） 2. 有理数、实数大小比较法则 3. 去添括号法则 4. 幂运算法则 5. 整式运算法则（加减、单与单、单与多、多与多） 6. 分式运算法则（加减、乘除） 7. 根式运算法则（加减、乘除）	1. 判定定理（特殊三角形、四边形、切线的判定等） 2. 性质定理（勾股定理、中位线、特殊三角形、四边形、圆的性质定理等）	1. 等式的基本性质 2. 不等式的基本性质 3. 分式的基本性质 4. 根式的性质
一般过程	1. 引入与猜想： 从具体到抽象，渗透代数思想 2. 验证与推导： 验证：实际生活、图形等 推导：演绎推理 3. 补充与明确： 补充：必要条例或条件 明确：文字、符号、图形语言 4. 理解与应用： 理解：法则的内涵，特别是法则运用条件 运用：从正向到逆向，从掌握到熟练、灵活	1. 发现与提出： 从逆命题入手或解决问题入手 2. 猜想与表达： 从文字到符号、图形 3. 验证与证明： 从特例入手验证，感受证明的必要性 4. 理解与运用： 关注定理运用的条件，从掌握到熟练、灵活	1. 发现与提出： 从具体到抽象 从特殊到一般 2. 猜想与表达： 符号、文字、图形 3. 验证与证明： 图形、实际生活，证明的要求 4. 理解与运用： 从掌握到熟练、灵活

浙教版八年级上册《3.2 不等式的基本性质》是一节典型的性质教学课，我以本节课为例介绍具体的教学过程。

二、典型教学片段——《3.2 不等式的基本性质》

环节一：发现与提出

问题1：$\dfrac{2x+1}{3} = \dfrac{x}{2} + 1$。

这是我们学过的方程，你会求解吗？求解的依据是什么？

问题2：$\dfrac{2x+1}{3} = \dfrac{x}{2} + 1$ 改成 $\dfrac{2x+1}{3} > \dfrac{x}{2} + 1$。

把等号改成大于号，这是什么？你会求解吗？求解的依据是什么？

设计意图：本节课从方程引入，引导学生回忆等式的基本性质是求解方程的依据，那么上节课学生学习了不等式，求解不等式的依据是什么呢？通过上述问题的解决学生逐步明白本节课学习的意义，追溯本节课的知识起源，帮助学生自然生成学习的意义。

环节二：猜想与表达

1．书写等式的基本性质

（1）若 $a=b$，则 $b=a$（交换性）；

（2）若 $a=b$，$b=c$，则 $a=c$（传递性）；

（3）若 $a=b$，则 $a+c=b+c$，$a-c=b-c$（等式的基本性质1）；

（4）若 $a=b$，且 c 不为 0，则 $ac=bc$，$\dfrac{a}{c}=\dfrac{b}{c}$（等式的基本性质2）。

2．猜想不等式的基本性质（在等式的基本性质上修改）

学生类比等式的基本性质容易得到以下猜想：

命题1：若 $a>b$，则 $b<a$；

命题2：若 $a>b$，$b>c$，则 $a>c$；

命题3：若 $a>b$，则 $a+c>b+c$，$a-c>b-c$；

命题4：若 $a>b$，且 c 不为 0，则 $ac>bc$，$\dfrac{a}{c}>\dfrac{b}{c}$。

设计意图：本节课通过类比等式的基本性质引出学生对不等式基本性质的猜想。但很多教师在书写等式的基本性质时会忽略交换性，究其原因是交换性在等式中是成立的，在不等式中是不成立的，所以教师就不讲了，这样会导致有些学生不理解，在后续学习中出现交换不等式两边的现象。因此把所有等式的性质都写出来，再到不等式的性质，可以帮助学生进一步认识不等式与等式之间的区别和联系，这样的设计更符合学生的思维逻辑。本环节通过追溯学生已有的知识经验，帮助学生自然生成探究的欲望。

环节三：验证与证明

1．小组合作：尝试代入数据检验命题的真假

命题1：假命题（强调不等号具有方向性，所以等式中的交换性在不等式中不成立，避免学生在后续的学习中犯类似的错误）。

命题2：真命题（传递性）。

命题3：真命题（不等式的基本性质1）。

命题4：假命题（部分数据实验成立，部分数据实验不成立）。

（观察不成立命题的数据，发现它们都有什么共同特点？$c<0$。那成立命题的数据呢？$c>0$）。

修改原命题使得命题成为真命题：

命题4：若 $a>b$，$c>0$，则 $ac>bc$，$\dfrac{a}{c}>\dfrac{b}{c}$；若 $a>b$，$c<0$，则 $ac<bc$，$\dfrac{a}{c}<\dfrac{b}{c}$（不等式的基本性质2）。

2．说明不等式基本性质的正确性

（1）师生互动，举生活实例说明：

例：假设数学、英语、语文三位老师的年龄分别为 a、b、c，数学老师比英语老师年龄大，

英语老师比语文老师年龄大，则数学老师与语文老师中谁的年龄大？

假设数学、语文两位老师的年龄分别为 a、b，数学老师比语文老师年龄大。10 年后谁的年龄大？20 年之后呢？5 年之前呢？

假设英语、科学两位老师的年龄分别为 a、b，英语老师比科学老师大，数学老师是英语老师的 2 倍，语文老师是科学老师的 2 倍，则英语老师与科学老师谁的年龄小？

……

（2）数形结合，借助数轴举例说明：

例：若 $a>b$，$b>c$，则 $a>c \Longleftrightarrow$

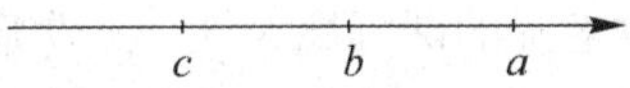

若 $a>b$，则 $a+c>b+c$，$a-c>b-c \Longleftrightarrow$

若 $a>b$，$c>0$，则 $ac>bc$，$\dfrac{a}{c}>\dfrac{b}{c} \Longleftrightarrow$

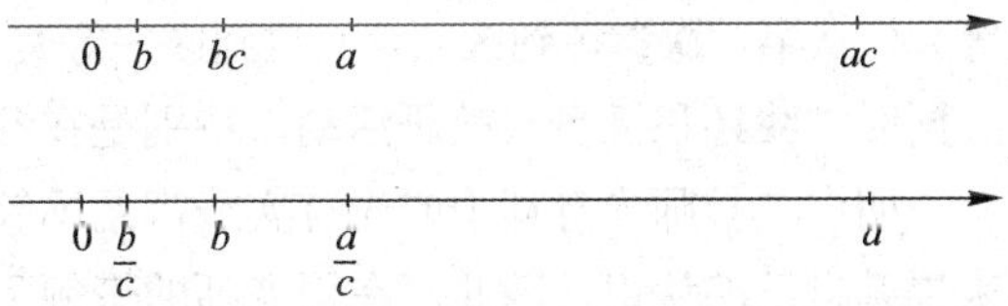

对于 c 为负数的情况，只要利用相反数在数轴上的意义，学生即会发现不等号要改变方向。

设计意图：本环节通过实例归纳和运用数轴两种方法帮助学生理解不等式的基本性质，在不等式的性质猜想中，学生经历了从一般到特殊的过程，而本环节是从特殊到一般的过程，学生会体会到数学学习是辩证的关系，要用联系发展的眼光看待问题。这样的设计帮助学生从已有的认知出发，逐步内化学习新知。

环节四：理解与应用

已知 $a<0$，比较 $2a$ 与 a 的大小。

解法一：作差比较法（∵ $2a-a=a<0$ ∴ $2a<a$）。

解法二：作商比较法 $\left(\because \dfrac{2a}{a}=2>1, a<0 \therefore 2a<a\right)$。

解法三：数轴表示法［在数轴上分别表示 $2a$ 和 a 的点（$a<0$）］，如图 4 所示。

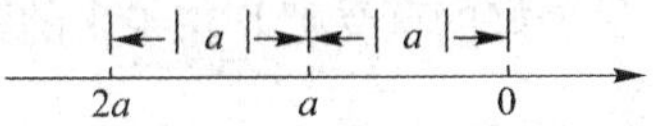

∵ $2a$ 位于 a 的左边 ∴ $2a<a$。

图 4 数轴表示法

解法四：利用不等式基本性质 1（∵ $a<0$ 两边同时加上 a，∴ $2a<a$）。

解法五：利用不等式基本性质 2（∵ $2>1$ 两边同乘以 a，$a<0$，∴ $2a<a$）。

归纳总结：前两种方法是小学学过的两个数大小比较的常用方法，第三种是七年级学的，后两种是本节课学习的方法，这些方法是以后在数的大小比较时我们经常用到的方法，在前两种方法的解决过程中也都运用了不等式的基本性质。

设计意图：本环节通过练习巩固学生对不等式基本性质的掌握，例题也是对不等式基本性质进行综合运用的一个练习。在例题的教学中应鼓励学生从多角度来思考，学会一题多解。在解决之后，教师应当追溯问题解决的方法，进行归纳总结，帮助学生理解数学问题解决的基本思想和途径，感受问题解决的策略，提高学生问题解决的能力。

三、我的成长历程

1. 扎根农村，主动学习

大学毕业后，我被分配到藤桥中学任教，开始了我一直期待和憧憬的教书生涯。虽然家住市区，但为了方便工作，我特意在藤桥镇租了房子，安心地工作着、学习着。藤桥中学有很多优秀的数学老师，何温勤老师的课沉稳大气，吴欢痕老师的课青春活力，李金江老师的课睿智幽默……我经常去听他们的课，感受着这些优秀老师的教学风格，在模仿学习中成长。

我很幸运，一路上遇见很多良师诤友，特别是鹿城区的教研员周晓虹老师给了我莫大的帮助。她是我的恩师，是我成长路上的引路人，她用自己的智慧引领我一步步成长。在她的指引下，我积极参与区内的各项评比（课堂教学评比、教学设计评比、知识竞赛评比、教案论文评比等），从第一次参评到区二等奖再到区一等奖，这些进步都离不开周老师的帮助。

同时，我还积极参与教研活动，特别是在参加鹿城区名师班的培训期间，我的进步最为迅速。我明白了教师光有理论或光有实践都是不够的，理论要有依据和实例，实践也需要理论指导来提升自己的认识，因此，在周老师的带领下，我们开始尝试去做课题研究。辛苦付出终有回报，随着自身理论水平的逐步提高，我陆续获得了鹿城区教坛新秀和温州市骨干教师的称号。

2. 调入城区，继续成长

2011年暑假，我在区教育局安排下调入鹿城实验中学任教，在新学校教研组的带领下，我继续不断探索，逐步形成自己的教学风格。我知道只有不断学习才会提高，为了提升自身的专业水平，我又参加了郑银凤名师工作室和"未来名师"研修班，陆续认识了温州市的一些名师，如章才岔、郑银凤等老师，同时，也认识了一批好学上进的同学。看到他们积极进取的身影，我明白了所有成长的背后都离不开付出。在良师益友的推动下，我的专业水平进一步得到提升：曾获浙江省论文评比三等奖，市级课题三等奖，学科知识竞赛、现场教学设计、命题竞赛、论文评比市一等奖，温州市初中课堂教学评比二等奖等多项市、区级奖项，并评上了温州市教坛新秀。

一分耕耘，一分收获，在辛勤付出的同时我也收获着成长的喜悦，"痛并快乐着"也许是最美好的享受吧！在未来的路上，我将用坚持和奋斗继续成长。

四、他人眼中的我

1. 学生眼中的我

三年如一日，如浮光掠影。打开记忆的小匣子，老师平时不苟言笑，但上课时又如此生动。难忘在我不懂的地方，你会手把手解释给我听，不厌其烦，逐字逐句分析，生怕我没明白。作业潦草马虎时，你会毫不客气地当面批评！你的要求很严格，对你的学生如此，对你自己也是如此，是一个较真的好老师。你让我看到了自己身上的不足之处。桃李不言，下自成蹊，我必定结草衔环，以更优异的成绩报答师恩！

2. 同事眼中的我

郑老师是一位非常优秀的老师，在工作中处处体现着一股拼搏的狠劲。在教学上，她刻苦钻研教材、调研学情、研究教法，总以公开课的要求来对待每一节常态课。面对学生时，她总是放弃自己的休息时间，教室和办公室两点一线，一对一地对学生进行课后辅导，一次不懂就再讲一次，即使身体不舒服也坚持再坚持，诲人不倦，不放弃每一个学生，所以学生成绩非常优秀。郑老师以自己的个人魅力深深地感动着身边的每一位同事和学生，我们都以她为榜样。

3. 家长眼中的我

没有波浪式的卷发，没有时髦的衣着，简简单单，黑黑的镜框下透露着聪慧灵气与仁爱。都说灵魂升华了不需过多的累赘，您小心呵护着五彩斑斓的小花朵儿，哪怕学生老是惹您生气，您依旧日复一日地给这些调皮捣蛋的孩子们灌溉知识营养，循循善诱。

老师爱生气，不是莫名的恼气，气的只是恨铁不成钢，气的是学生不求上进的懒惰心理。为了孩子，责任心重的您，经常晚上 11 点多了还在耐心地为学生解惑、圈重点，从不叫苦，在三年有限的时间里不放弃每一位上进的好学生。轻轻几个字"习惯了"脱掉一身的疲惫。

老师家的 A4 纸好像超多，也许是理科生的严谨勤奋使然。即使通过微信想请教老师问题时，老师也总能信手拈来一张纸，一行一行，从上而下，笔迹娟秀，如同身在现场解答，字里行间流露的是深深的期盼。有时怕重点看不懂，会圈起来详解。有知必答，有难必解。对于学生作业敷衍，知其过必追究，做事认真负责，感同身受的是您踏实严谨的学风，认认真真做事，踏踏实实做人，从不好高骛远。

激情互动　智趣与共

温州市第三十九中学　杜　莺

一、我的教学风格

光阴荏苒，蓦然回首，我已在初中英语教学岗位摸爬滚打了 20 年有余。一路走来，初中英语教学日新月异的变化一直伴随着我，无论课标、教材、教具还是教学理念和教学方法，都在不断地调整和更新中，如何在变革的大潮中乘风破浪，形成自己的教学风格？法宝无疑是热爱学习，积极思考。回望 20 多年的教学路，"快乐课堂，幸福成长"成了我的座右铭，在努力打造快乐课堂的同时实现师生的共同成长是我不变的追求，经过多年的教学积累与沉淀，我也逐渐凝练出"激情互动，智趣与共"的教学风格。

我所说的"激情互动"指的是教师在教学过程中的各个环节，通过不同维度的互动，充满激情地激发学生对于英语的学习热情，引领学生主动参与课堂活动，帮助他们形成积极向上、勇于担当的个性品质。

苏联教育家苏霍姆林斯基曾经说过："如果教师不去设法在学生身上形成情绪高涨、智力振奋的内部状态，那么知识只能引起一种冷漠的态度，而不动感情的脑力劳动只会带来疲劳。"关注学生的情感态度，营造宽松、民主、和谐的教学氛围是互动教学成功的保障。在备课时，教师应当积极地与文本（教学内容）互动，充分考虑所任教学生的学习特征和他们已有的知识储备，有的放矢地确定教学目标，根据学生的认知特点及心理需求预设实现教学目标的步骤，最大限度地激发学生学习的成就感和学习兴趣，尽量让学生体会到学习英语的快乐。

课堂上，英语教师更应以学生为主体，创设科学、真实的教学情境，因材施教，促使学生主动自觉地参与课堂活动，顺利实现师生互动、生生互动，引领学生与文本互动。同时，教师应特别关注课堂中学生的思维亮点等动态生成性资源，不被课前备好的教案牵着鼻子走，而是发挥教育智慧，把握动态生成性资源及时生成课堂，帮助学生发展综合语言运用能力。在提升思维品质的同时，潜移默化地感知正确的情感态度价值观的内涵，内化于心，外化于行。在我看来，课堂互动最大的魅力就在于它的不确定性，它的精彩度取决于教师的敏锐度、应变力与创造性。正如华东师范大学教授叶澜所言："课堂应是向未知方向挺进的旅程，随时都有可能发现意外的通道和美丽的风景，而不是一切都必须遵循固定的路线而没有激情的行程。"

如果说"激情互动"是一种英语教学方式，那么"智趣与共"既是高效实施这一教学方式的保障，又是坚持这一教学方式所产生的必然结果。智，即智慧，指的是思维品质，是思考辨析的能力，包括分析、推理、判断、理性表达、用英语进行多元思维的能力。"趣"则是趣味和兴趣。如何让智慧充满趣味、让趣味融入智慧？唯有从学生的需求出发，从他们的兴趣入手，多角度、全方位地对文本加以深度解读，才能设计出能充满灵慧之气的教学活动，让课堂的趣味更浓，学生主动参与互动的意愿更强，实现"以趣激趣，以智激智"。

二、我的成长历程

1. 教学之路，模仿起步

1998年，我大学刚毕业，仅凭对英语的挚爱，非科班出身的我误打误撞地闯入了英语教育界。隔行如隔山，教学初始阶段，是我工作中的至暗时刻，面对教材、学生和课堂，只有"迷茫"二字。幸运的是，彼时我所在的温州市第二十中学是当时龙湾区最好的初中，这里汇聚了龙湾区优秀的英语教师，正是当年的这批教师给了我莫大的帮助，引领我走上了英语教学之路。当时的教研组组长季星莲老师（后任龙湾区初中英语教研员），不但不厌其烦地为我提供专业方面的指导，而且特别注重对我进行赏识，表扬我认真好学，对我在教学上的点滴进步更是不吝夸赞之词，让我在从教初期的黑暗中看到了光明。尤其要感谢的是曾经与我同段的刘彬老师（现任龙湾区小学英语教研员），当时她已是龙湾区初中英语教学界的标杆人物，她应允我进入她的课堂，我就像实习生一样，每天跟着她随堂听课。她那快节奏、高效率的课堂教学我至今记忆犹新，对刘老师佩服得五体投地的我巴不得将她的每一句话都记下来，听后回去的任务就是整理和模仿。渐渐地，我终于明白，原来初入教坛的我备课时需要将自己要说的甚至学生可能讲的每一句话都写出来；原来上课，需要让学生尽可能多地参与课堂，既有师问生答，又有生问师答，还有生生互动；原来，课堂并非一成不变，每天都可以玩点"新花样"……我终于渐入佳境，同事们评价我的课堂有了"小刘彬"的味道。随后，站稳了讲台的我开始在市、区级的教师教学比赛中崭露头角，多次获得现场教学设计比赛和论文与案例评比的奖项，甚至还赢得了区级优质课的一等奖和市案例评比二等奖。2004年，在龙湾区首届"课改之星"的评选中脱颖而出，荣获龙湾区首届"课改之星"。

2. 博采众长，幸福成长

2009年，我调入了温州市第三十九中学，这是当时唯一一所市直属只招收外来务工子弟的初中学校。尽管从城乡接合部调入了市区，但学生水准比之前差了一大截，说没有心理落差只能是自欺欺人，这里的学生大部分小学英语基础几近空白，而且对英语完全丧失了兴趣，还有个别学生甚至小学都没有学过英语，当然也有个别的孩子有一定的基础。这样的生源给我的教学带来了新的挑战，幸运的是，在温州市第三十九中学，我得到了更多参加学习和培训的机会，遇到了更多专家名师为我指点迷津。市教师教育院英语研训员金浪老师的参与式研修模式特别高效，每次学习结束，我都会反复地整理反思，结合自己学生的特点改进教学。金老师也为我提供了很多作讲座和开课的机会，在准备讲座和开课的过程中，我不断向他人请教，在不断调整、不断改进的过程中奋勇前行，这种任务驱动式的学习过程是艰辛的，但收获分外丰盛，我的课堂把控能力和教科研水平都有了长足进步！从2009年起，我有幸分别以编外学员和正式学员的身份参与"吴莎莎名师工作室"的多期学习，师父的引领让我大开眼界。我相当佩服吴莎莎老师，感觉她就像一个百宝箱，一聊起教学，便有无数特别有效的法宝。在各位名师的指点和身边领导及同事的支持下，我开启了快速成长模式，在温州市精品百课比赛、温州市教师学科素养比赛中都荣获了一等奖，并先后荣获温州市"园丁奖"、温州市教科研先进个人称号等。在担任英语教研组组长期间，还带领本教研组荣获"温州市先进教研组"。我个人于2012年被评为"温州市骨干教师"，于2014年被评为"温州市教坛中坚"。

3. 与生俱进，坚守初心

2017年，我有幸入选温州市"未来名师"培养对象。在这里，我不但结识了很多优秀的同学，还特别荣幸地得到了名师屈小武的指导。屈老师曾经对我说："其实你学生的特殊性使得你对教育教学的研究更有价值，因为它具有唯一性。"这坚定了我打造快乐课堂，与我的学生一起幸福成长的初心与决心！面对这样特殊的学生，我更需要更新观念，如果一味地用考试分数来鉴定这批孩子，那无疑是对师生的共同打击。但从新课程的理念出发、核心素养的角度入手，我的学生只是暂时在语言能力方面落后，能否在其他方面有所突破是我努力的方向。我努力从自身入手，尽量想办法找寻适合这些学生的教学方法。我采取了"隐性分层，小组合作"的教学方式，对于不同层次的学生提出不同的要求。有了明确的目标，在课堂上通过游戏、比赛、讨论等不同形式的活动让课堂变得有趣且充满快乐因子，坚持在激发学生兴趣的基础上开展提升学生语言能力和思维能力的互动活动，让学生能主动地投入课堂，积极互动。

三、教学片段

1. 教学片段一：趣味领航，真实语境，学以致用

文本：新标准英语七上（Module 1 Unit 1）

这是孩子们进入初中的第一节课，通过猜猜看的环节，孩子们已经对我有所了解，在猜测的过程中也已将目标句型"What's your name？""Where are you from？""Are you from…？"等用得烂熟于心，每个发言的孩子都有一份特殊的礼物——写有英语名的小卡片。几个回合下来，每个孩子都得到了自己的英文名。接着，他们就可以用自己的英语名进行真实的有"信息沟"的问答，用英语完成结识新朋友、了解新同学的任务。

设计意图：以"猜猜看"的游戏激发学生的学习兴趣，学生不知道彼此的英语名，来自五湖四海的他们也不知道彼此的家乡和确切的年龄，利用这些"信息沟"，通过真实的语境引领学生进行生生互动，"做中学"，学以致用。

七年级的孩子好奇心较强，他们特别喜欢"猜猜看"的游戏，这种有趣的游戏不但激发了学生参与互动的积极性，而且营造了愉悦的课堂氛围。给孩子取英文名是我接新班的常规，但对于孩子而言是意外之喜，这份特殊的礼物点燃了他们的英语学习兴趣。通过询问他人的英文名和家乡等信息用目标语言做事，情境真实，生生互动，学生参与度高，达到了学以致用的目的。

2. 教学片段二：即时生成，激情互动，价值引领

文本：新标准英语八下（Module 9 Unit 2）*A beautiful smile*

本文是一篇阅读篇章，讲的是一个刚转入新学校倍感孤独的女孩儿偶然间被她同学的一个美丽的微笑点亮的故事。在读后活动中，我设计了一个表演的环节，一个同学上台表演文中人物微笑的全过程，其余同学来当旁白。学生表演后，追问其他同学："What do you think of her smile?"引导学生对表演加以评价。

设计意图：让学生通过表演、朗读、观看等多种不同的活动参与课堂互动，准确理解课文主人公的行为，正确把握文章的情感基调。

本学期，我上完这节课后，在我的教后反思中有这么一段记录：学生对一位羞答答的女生的表演进行评价时，大部分的孩子都用了"lovely, beautiful, shy, kind…"之类的词，突然一个男孩脱口而出："Wei Suo（猥琐）！"面对这样的意外，我没有直接发火也没有正面批评，而是很平静地告诉他，课文中有句话是作者特意写给他的，接着让全班同学一起帮他寻找，很快，大家找到

了一致的答案:"I believe the world is what you think it is."接着我再次追问:Do you think so? why? 让大家讨论对文中主题句的理解,随后再次询问这个孩子:"What kind of world do you like?"

3. 教学片段三:深度解读,用心设问,启迪智慧

文本:新标准英语九上《Module 4 Unit 2》A "perfect" holiday

这是一篇阅读文章,讲的是一个厌倦了父母的唠叨的男孩终于有天美梦成真,有了独自生活的机会,没料到预想中的"完美假日"最终变得一地鸡毛的故事。在备课时,通过深度解读文本,我发现此故事根据时间顺序展开,但其中有两个留白,一是主人公发现离开父母的生活一地鸡毛后他的所思所为;二是对未来的展望,文中都只字未提。于是在读后活动时设计了如下几个问题:What did he do in the following days? How did he feel? What will he do in the future? Why do you think so?

设计意图:学生无法从文中直接找到答案,必须利用文中的一些信息,结合自己的生活经验和合理的想象加以分析推断,此活动旨在提升学生的逻辑推理能力和想象力,提升学生的思维品质。

这些问题的设置都立足文本,问题的答案不唯一,具有开放性和发散性的特点,能激发学生积极思考、预测、推理和判断,培养学生的思维能力和综合语言运用能力。

四、他人眼中的我

清亮的嗓音、爽朗的性格、灵活的思维、广博的见识,她就是将外语世界的一米阳光与一缕花香带进课堂的杜鸢老师。她的课堂,妙趣横生,智趣与共,学生美其名曰"快乐英语"!二十几年的初心不变,对英语教育的坚持与积累,慢慢沉淀出今日的特色教学风格。如果谈我对她的印象,我会用以下三个关键词来描述。

1. 心有星空

她是一位有自己的教育坚持的人。无论在龙湾区温州市第二十中学做普通的一线英语教师还是在温州市第三十九中学做英语教研组长,我总是能敏锐捕捉英语学科领域最前沿的信息。她广博的知识,对问题的深刻见解,在实践个人思考的时候总能让人看到将理想落地成现实,在课堂中呈现出来,做点亮学生心灯的那个人。

2. 智趣课堂

课堂教学,无疑是杜鸢老师的最爱。常挂在她嘴边的一句话就是:"上完今天的英语课,让我全身心好舒展!"毋庸置疑,英语教学给她带来了无限乐趣。尽管在温州市第三十九中学这样随迁子女学生英语基础如此薄弱的学校,每堂课她都会用心寻找真正适合学生的教学方法,通过游戏、小组比赛等不同形式的学习方式来激发学生的学习兴趣,让学生体验到英语学习带来的快乐。同时,通过分层教学的方式对不同层次学生提出不同的要求,努力营造人人参与、智趣与共的课堂氛围。

3. 引领共享

作为温州市骨干教师、温州市教坛中坚,杜鸢老师无疑是学校英语教研组里的领军人物。在日常的教学常态中,她会主动带领我们几位青年教师实行共同备课、磨课评课的反馈点评工作。在多次的教学探讨中,我们看到了杜鸢老师身上的扎实、认真、激情、睿智的品质,对我们的专业成长影响意义深远。

心怀教育情怀、勇于智趣实践、乐于引领共享。杜鸢老师就是我校前浪带动后浪的师者,于教师、于学生都是夜空中那颗最亮的星!

(温州市第三十九中学 宋泽惠)

生趣·本真

温州市瓯海区梧田第一中学　卓振宇

一、我的教学主张

选择做一个什么样的教师，这或许是个类似"一千个人眼中有一千个哈姆雷特"式的问题。李希贵老师说教育就是"帮助孩子发现他们'可以伟大'的地方，并让他们在通往伟大的道路上行动起来"。作为一个在 2003 年入职，现今即将迈入不惑之年的我，出于对教师这份职业的感悟，心中总存有一个愿望，希望自己能成为一名有品质的科学教师、上有品质的科学课堂、过有品质的教师生活。回顾我的教学生涯，反思自己课堂教学的得与失，结合初中科学学科特点，我的教学主张可以简单归纳为"生趣"和"本真"。

1. 生趣

首先，课堂是孩子走向社会之前的社会，确切地说课堂是学生将来要面对的虚拟和浓缩社会，因此，课堂教学要有真实的学习情境，并且根据这个年龄段学生心理的特点，真实而有趣的情境更能刺激学生的学习兴趣和求知欲。

其次，教学又是一门语言的艺术，可想而知，即便是有趣的情境，但教师没有用生动的语言引领，其结果很可能是让学生食不知味、味同嚼蜡。因此，生动而幽默的语言或许更能吸引学生的眼球。而且，科学作为一门综合理科，很多看似复杂的原理和理论，却往往是大道至简，如果教师用生动的语言向学生揭示其中的奥秘，则学生在潜移默化中更易理解本质而使得教学效果事半功倍。

2. 本真

倘若我们把好课的标准仅设定在活泼、有趣、热闹上，教学所要做的事只能是加法以至乘法，而教师面临的境况也只能是"明里摆阔、暗中哭穷"。为何诸多的公开课会演化为"作秀"课，盛宴之后何以会落得消化不良？其罪不在开课教师，而在于我们的课堂评价视角和教学审美取向。所以，我认为课堂教学更应该回归本真。

借用回到原点看问题的思维方式，课堂自然要回归科学本质。科学学科的本质有显著的学科特点，即让学生透过纷乱复杂的自然界，认识到自然界是有规律且可以被认知的，而科学是认识自然最有效的途径，同时，人类现有的科学知识的形成是一个不断修正、不断深入，以逐步逼近客观存在的过程，科学可以转化为技术，成为改变世界的物质力量等。

我个人理解的"本真"至少包括两层含义：一是关注这节课的学习目标是否达成，评判标准侧重于"学生会考了吗？"；二是核心素养是否得到发展，科学本质理解了多少，高阶思维和关键能力是否得到提升。

二、我的成长历程

1. 初出茅庐，意气风发

2003年9月正值初中新一轮课改的元年，刚从温州师范学院毕业的我被分配至瓯海区梧田一中，新教材对传统课堂的冲击已经初见端倪。开学正式上课的第一天，学校领导和多位教师突击听我上课，我的课题是《科学入门》，面对这么多教师初上讲台的我，不仅没有慌张，反而将"人来疯"发挥得淋漓尽致。既然教材内容比较少，我索性让学生参与课堂，读图提出科学问题，课前预备的几个简短而有趣的科学小实验——"魔棒点灯""传密信"等激活了课堂氛围，充满激情的语言又激发了学生的表现欲望，整堂课给很多位老教师耳目一新的感觉，给领导的第一印象良好而深刻。

慢慢地，我的公开课越来越多，从校级到区级，再到市级，我上课从不怯场而激情满满，语言幽默风趣，感染性强。2004年5月被评为瓯海区"教坛新苗"，2007年5月又被评为瓯海区教坛新秀，还获得了农村初中课堂教学评比市一等奖，也可以说，"生趣"就是那个时期我的标签。

2. 高原突兀，反思潜行

在沉浸在已有上课的"标签"一段时间后，虽说初生牛犊不怕虎，但毕竟教龄短、教学经验有限，教学交流圈子小，不久在一次教学调研之后，我就被当时的区教研员泼了一盆冷水："你的课堂语言表达是你的最大优势，但又是你前进的最大障碍，如果不突破，你将迎来高原期。"那段时间我很迷茫，教学效果的提升也并不显著，我不知道问题出在哪里，更不知道如何突破。于是我报名参加了区名师培养对象研修班，二年中辗转华东师范大学、南京师范大学和北京师范大学聆听知名专家讲座和进行实地调研，在杭州第十三中学跟岗汪建红特级教师挂职一个月，并且有幸加入了杨向群名师工作室，耳濡目染，名师的引领加速了自身的专业成长。同时，我越发感受到学生发展的高度取决于教师专业水平的高度，因此，教师要警惕自己成为学生成长的"天花板"，所以，我认识到教师要博览群书，研读包括哲学、心理学、教育学及学科理论在内的书籍，只有这样，对教育的理解和认同才会有根本性改变。

经过痛定思痛的反思，我猛然发现"教什么"比"怎么教"更为重要，课堂教学要将重心从"教师的教"转向"学生的学"。我也有意识地减少在课堂中的讲话，思考寻求更多学生活动的策略，如何提高课堂效率成为备课的重中之重。2015年，我们开展了《初中科学基于试卷分析的教学诊断实践研究》市级课题研究，进行了多次试卷分析课的实践和探索，归纳了基于试卷分析的教学诊断一般性原则，总结了初中科学试卷学生答题错因的内在原因，得出了基于试卷分析的教学诊断一般模式。

同时，我认为教学诊断与"最近发展区"理论也有着相关联的地方，而很多时候我们恰恰是没有充分认识学生的"最近发展区"，从而导致了很多无效教学的发生。由此可知，理想的课堂应该是教师基于教学诊断的前测来了解学生的学习起点、有价值的提问、核心知识的教学、典型案例的分析，开辟一个新的认知领域，使得一个仿佛原本不存在的领域全新地出现在学生面前。

3. 博采众长，有所感悟

与大部分教师一样，我的成长不可能是一帆风顺的，从来没有捷径可言，如今的我在课堂上不仅保留了最初的激情,而且更加理性,更加关注学生的思维和能力是否得到提升,回归课堂本真,并做了多次的历练和展示。

在2014年的"一师一优"课题评比中,我的课题是《食物的消化与吸收——酶》,利用科学史创设情境,让学生亲历收集唾液,利用唾液展开酶的活性实验探究,不但激发了学生兴趣,而且领悟了酶的科学本质,完成了从"生趣"到"本真"的过程,最终被评为省优。

在2018年的市课堂教学评比中,我抽到的课题是《电能》,通过创设一个社会争议情境——广告"一晚一度电"展开教学,并且将生活中的电器和电能表带入课堂,让学生当堂进行电能测定实验,在"一度电"和"一晚一度电"比较中理解电功和电功率,最终获得一等奖。

在2018年温州大学和瓯海区教育局举办的首届"罗山塘河缘"活动中,我展示的课题是《遗传与进化》,在教师和学生对比性状活动中"激趣生疑",运用科学史创设学习情境,引导学生多次推理和寻证,并在思辨中感悟学科本质,得到与会教师的好评。

在2019年市中考质量分析会上,我以公开课《物体的内能》为例,阐述了高阶思维的特征,以及新课教学中如何发展学生的高阶思维的策略和方法,获得了广泛的认可。

在2017年被评为温州市教坛中坚之后,我又参加了谢杰妹名师工作室和市"未来名师"培训班,同时成立了区名师工作室,带着一帮小伙伴负重前行。我深知教育本身就是一门发现自己价值的艺术,我愿做一个有着自己教学主张的教师,去帮助更多学生通过自己的思想和创造力,实现能够从容适应万变的社会,做有着幸福感的社会人。

三、教学片段

《物体的内能》(浙教版科学九年级上第三章第5节第一课时)教学流程设计如图1所示。

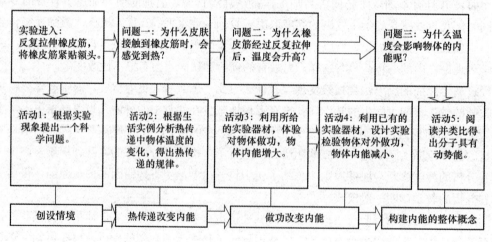

图1 教学流程

环节一:创设情境,提出科学问题。

活动1:根据实验现象提出一个科学问题。

实验:反复拉伸橡皮筋,将橡皮筋紧贴额头。说出你的感受,并提出一个你感兴趣的科学问题。

教师归纳学生的问题,聚焦形成以下两个问题:

（1）为什么皮肤接触到橡皮筋时，会感觉到热？

（2）为什么橡皮筋经过反复拉伸后，温度会升高？

设计意图：高阶思维的激发依赖一个较为复杂的情境，合理的情境不仅是为了导入新课，而且要设计作为问题解决型学习任务的真实情境，而这一真实情境最好能贯穿课堂的学习线索，借助这一实验现象，培养学生提出问题的能力，而本节课以下教学环节就围绕着以上问题而展开，真正做到教学"师出有名"，另外，学生通过这一环节经历了从发现值得探究的问题，到提炼、表述这个问题，这本身就是一个应用创造性思维的过程。

环节二：热传递改变内能。

活动2：根据生活实例分析热传递中物体温度的变化，得出热传递的规律。

问题一：为什么皮肤接触到橡皮筋时，会感觉到热？

学生回答：因为皮肤和橡皮筋之间发生了热传递。

结合图2、图3，思考并回答以下几个问题：

（1）水和勺子之间有没有热传递？证据呢？

（2）水和勺子为什么可以发生热传递？

（3）表示勺子温度变化的曲线是_____。

（4）本实验中还有哪些部位发生了热传递？

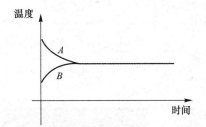

图2　热水和勺子　　　　　图3　温度变化曲线

教师归纳：热传递的过程实质上是内能从高温物体传递到低温物体，或者从同一物体的高温部分传递到低温部分。

设计意图：由于内能这一概念比较抽象，因此需要从学生最熟悉的热传递进行突破，但学生究竟对热传递知道多少？因此，需要借助这一具体的生活实例，将热传递的规律化整为零，唤起学生对热传递的理解，最终从感性回归到理性。

环节三：做功改变内能。

活动3：利用所给的实验器材体验对物体做功，物体内能增大。

问题二：为什么橡皮筋经过反复拉伸后，温度会升高？

假设并判断：

（1）空气和橡皮筋之间发生了热传递，橡皮筋吸收了空气的热量，温度升高；

（2）手和橡皮筋之间发生了热传递，橡皮筋吸收了手的热量，温度升高；

（3）手对橡皮筋做了功，橡皮筋温度升高。

学生思考并讨论，排除了前两种假设，并初步得出：对物体做功，物体内能会增大。为了说明这一结论具有普适性，需要大量实验验证，见表1。

表1 实验验证

实验操作	谁在做功	对谁做功	实验结果（物体温度变化）	物体内能变化	能量转化
反复弯折铁丝					
手握筷子使图钉在木块上来回摩擦					
用钢锯来回迅速锯木块					

设计意图：高阶思维的发生需要一个丰富的环境条件，因此教师配置了大量的实验器材，让学生动手动脑学科学，另外，学生在核心问题的引领下，运用了分析、评价等高阶思维进行科学地解释现象，又一次经历了科学关键能力的历练。

活动4：利用已有的实验器材，设计实验检验物体对外做功，内能减小。

推导：物体对外做功，内能会怎样？

设计思路：

（1）压缩气体是外界对气体做功，那气体对外界做功，塞子会怎样呢？

（2）如何能使瓶内气体对瓶塞做功？

（3）如何能感知气体做功后内能减小？

学生从图4所示的实验器材出发，思考并讨论，反复设计并改进方案最终形成图5所示的实验装置，为了进一步获取气体对外做功时的温度变化，教师将温度传感器插入了空瓶中，连接计算机，实验开始后计算机同屏实时显示了温度的变化曲线（图6），最后学生得出物体对外做功、内能减小的结论。

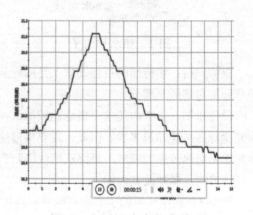

图4 实验器材　　图5 实验装置　　图6 实时温度变化曲线

设计意图：将教材实验逆向推理，在这一过程中，学生需要提出方案，再否定之否定，这充分发挥了学生的创造性思维，引发了师生、生生评价，并通过最后现场实验，真实地解决了一个问题，这种成功的体验有助于对科学认知的理解。另外，教师还充分挖掘了图5的教学资源，培养学生解释数据与证据的关键能力。

四、他人眼中的我

卓老师工作以来一心扑在教学一线，儒雅中不乏果断，沉稳中透着睿智，注重教学水平的提高。相信老师有一桶活水给学生，学生才有一碗好水。在谦逊的卓老师身上更多的是对教学事业孜孜不倦、精益求精的精神。只要他开课，同事们都非常喜欢去聆听，因为卓老师对自己严格要求，每节课都是他深厚底蕴的凝聚，里面有精心的教学设计和新颖的教学理念。卓老师的语言精练、声线优美，课堂问题设置指向性明确，非常有思维深度，步步设疑、层层深入，关注学生的前概念又常常结合科学史，用心地系统建构学生的学科知识，培养学生的科学核心素养。

（瓯海区梧田第一中学　李冬琴）

初见卓老师，他给我的外在形象是一脸的书生气质，一副俊秀才子的模样，但是他一开口又是另外一种味道，低沉而富有雄性魅力的嗓音，让我有些羡慕。

对于卓老师的专业能力，我也是在他对我的磨课，指导及一次次评课、讲座中慢慢感知到的。犹记得2019年的团队赛课，他总是能给到我非常理性的建议，例如，"一堂科学课要有它的学科特色，不要掺加任何娱乐的成分""上课中自己的话要少，关键问题的表达语言一定要简练"。在平时和他的交流中，他对于社会的一些教育事件、科学事件也总是能有自己非常犀利的看法，往往能一语中的，十分睿智。在卓老师的讲座中，我总是能感受到他的谦虚。即使他的讲座已经准备得很好，里面有很多亮点，他也总是会说："我只是在学习和探索的路上。"

（温大附属茶山实验中学　周苏东）

印象中，我总是能看到卓老师的笑脸，他给人一种温文尔雅、文质彬彬的感觉。在走廊上与老师们打招呼时，他都会报以发自内心的微笑。卓老师在课堂教学中，善教导，坚持以学生为主体，开展互动式教学，形成了一套扎实有效的教学方法，深受学生的喜爱。他善于学习、勤于钻研、勇于创新……在他身上，我学到了很多金子般的东西。他对工作的忠诚热忱，对同事无微不至的关心，对学生苦口婆心的教育，虽然和其他教师一样平凡，但就是透过这种平凡，从这平凡的细微处，见证了他为人师表的忠魂与精神。

卓老师热爱自己的工作，热爱自己的学生，当有同学前去请教问题时，无论多么累，他都会仔仔细细地分析、讲解。如果学生还是云里雾里，他又会继续重新分析、讲解。他专心备课，精心挑选每一个题目，更换学生"口味"。卓老师举一反三，并能引出规律性的总结，这对于只会埋头做题的学生来说，受益匪浅。

（温大附属茶山实验中学　胡然然）

构建简洁的深度学习型课堂

永嘉县实验中学　谢　雷

一、我的教学风格

我在实践中不断反思，逐渐厘清了自己所坚守的课堂特色。初中科学是在小学科学课程的基础上，引导学生进一步深化对自然和科学的认识，提高学生的科学素养的课程。因此，初中学生的头脑中已经有很多科学和自然的认识，从这些纷繁复杂的认识中，寻找出适合孩子知识生长的主线，将各个知识点整合成知识块，化繁为简，使课堂变得简洁。大道至简是课堂的魅力。同时，我的课堂以学生的学习为中心，让学生在浅层学习的基础上，进入深度学习状态。通过问题和任务驱动，促使学生自主参与解决真实复杂问题的过程，促进学生高阶思维能力的发展。

（一）简洁的课堂

简洁从字面上讲是简单清晰，不繁复杂乱。简洁不是一味地简化，不是简单的压缩。它是一种凝练，是一种丰富，是寓丰富于简单之中，在去繁就简中保留事物的本质。简洁的课堂以学生为主体，从纷繁复杂的各种自然现象中发现规律，追求科学本质的课堂。

教学目标简洁。教学目标是一切教学活动的出发点与落脚点，包括知识与技能、过程与方法、情感态度与价值观三个维度，但仅凭一节课显然不能使学生的科学素养得到全面提升，因为目标的达成不是一蹴而就的，而是潜移默化、日积月累的。因此，在确定教学目标时既要有单元的整体目标，又要有每一堂课的精准教学目标定位。

教学情境简洁。课堂教学中过于烦琐的情境会让教师手忙脚乱、学生眼花缭乱。因此，所有的情境创设必须服务教学目标、教学内容。对于价值不高的情境，要做删繁就简的"减法"处理。对有限的素材进行灵活变化与高效使用，同时，对课堂生成资源充分挖掘，让每一个教学素材在课堂上都发挥出最大的作用。

教学语言简洁。一堂课教师滔滔不绝地讲，学生并没有记住多少知识点。孔子曾说过："不愤不启，不悱不发。"只有学生努力想，但仍然想不明白的时候才去开导；只有到学生心里明白，但不能完善表达出来的时候才去启发，让课堂语言精练有效。课堂语言简短清晰、指向明确，更易于学生学习。

教学结构简洁。课堂的每个教学环节要有针对性，环节之间层层递进，没有旁枝末节，紧扣主题，结构严谨，脉络分明。教学环节不在于多，而在于精、在于简、在于实。

（二）深度学习型课堂

在信息爆炸的时代，我们获取信息一键可得，在大量信息面前，用了很多时间，学了很多知识，但我们大多处于浅层学习，这些知识不能内化，没有真正转化为自己理解的知识，也不会真正影响自己的思维和行为。因此，在课堂中不仅要使学习发生，而且要让学生进行深度学习。郭华教授说过："深度学习就是指在教师的引领下，学生围绕具有挑战性的学习主题，全身心积极参与、体验成功、获得发展的有意义的学习过程。"深度学习过程是一个自己教育自己的过程，学生能够根据自己已有的知识对新信息的意义加以分析、综合及评价，优化自身的知识结构、思维模式及经验体系，从而达到对知识的深度理解，提升知识灵活迁移的能力和创新解决实际问题的能力。深入学习与高阶思维之间的关系密不可分，如图1所示。

图1 布卢姆提出的教育目标分类框架与深度学习关系

我的课堂以学生为中心，以核心概念为中心开展教学。课堂基本结构是任务驱动→活动探究→构建概念→解释应用。课堂关注学生与学生之间的合作和交流，通过观察、操作、体验等方式引导学生与客观现实世界对话，让学生经历科学探究的过程，在构建核心概念的思维过程中，促进学生的思维方式从形象思维逐步提升到抽象思维，进而发展学生的高阶思维能力，让学生的学习走向深入。

二、我的成长历程

在教学风格的形成过程中，我经历了三个阶段的成长。

第一个阶段——把自己教成学生

1995年毕业后，我被分配到永嘉北部山区鹤盛中学，全校一共有6个班级。刚开始工作的时候，新一轮课程改革刚刚开始，把原来的物理、化学、生物、地理、生理卫生等学科整合成自然科学。全校有3个自然科学教师，2个是50岁左右的老教师，1个是我这个新教师，老教师们原来分别教物理和化学学科，自然科学知识非常缺乏。因为没有经验又缺乏教师的指导，所以我把自己当成学生来教，熟悉和理解教材，查阅资料，学懂教材；然后梳理知识脉络，花很多时间书写详细教案，教案书写详细到课堂中的每一句话。然后把自己放空，根据教案内容把自己教懂，在自己教自己的过程中，对自己感觉烦琐的环节进行重新设计。在这一阶段，我以传授知识为中心，备课时主要就是弄清楚教什么。费曼学习法告诉我们，用简单的语言将复杂的知识表述出来是深度学习的关键。

第二阶段——扎实积累，不断模仿

2004年，在鹤盛学区李建云主任的领导下，鹤盛乡中学开展了洋思中学"先学后教，当堂训练"模式的实践研究。

先学：教师简明扼要地提出自学要求，进行学前指导，提出思考题，规定自学内容，规定自学时间，学生完成自测题目。

后教：在自学的基础上，教师与学生、学生与学生之间互动地学习。教师对学生解决不了的疑难问题进行通俗有效的解释。

当堂训练：在先学后教之后，让学生通过一定时间和一定量的训练，应用所学过的知识，解决实际问题，加深理解课堂所学的重点和难点。

由于当时多媒体还没有普及，每一个课题组教师分到三个小黑板，每个小黑板有两面，一共有六面可以供教师课前书写。

小黑板1：一面用来出示自学要求，另一面用来出示思考题；

小黑板2：用来出示课堂自测题；

小黑板3：用来出示当堂训练题。

洋思模式的课堂活动形式主要有学生自学、学生独立思考、学生讨论、学生交流经验。在课题研究中，我积极地学习和探索，不放弃每一个校内外听课和学习的机会，在教学中模仿、借鉴和运用一些好的方法，努力让学生参与课堂学习，让学生感觉一节课的时间很短。在课题研究中，以学生为中心的理念在我的课堂中生根发芽。2002年，温州市启动《科学》新教材的改革。新课程带给我探究式教学、自主学习、"做中学"等新的教学理念，让我开始关注学生的亲身经历和体验，加强过程和方法的引导，将科学知识学习的过程转变为学生对科学知识体验的过程。2006年我在县优质课评比中获得一等奖，2007年我在温州市农村优质课评比中获得一等奖，2008年我评上了温州市教坛新秀。这些在我的专业成长道路上的一件件大事，使我的工作和能力得到了肯定。

第三阶段——反思实践，提炼风格

2008年，我调入永嘉县实验中学，科学组有非常适合年轻教师成长的"滚雪球"式校本教研，一课上多次，每一次大家都能认真听课，并且进行针尖对麦芒式的评课，在特级教师陈苍鹏老师和县教研员李国算老师的引领下，我对课堂的思考更加深入。为了让自己的课堂更加有深度，我努力提升自己的理论水平，在2010年参加了浙江师范大学教育硕士学习，在朱铁成、蔡铁权和宗丰德等导师的指导下，学习教学理论，内化专家观点，对课堂教学实践不断反思与改进。以教学理论指导教学实践，使我的课堂教学深度得到提升，形成了教学结构简洁、以学生为中心、促进深度学习的课堂教学风格。

三、教学片段

牛顿第一定律教学片段

牛顿第一定律是初中科学教学中的一个难点。大多学生对这一知识的学习处于浅层学习阶段：记住了内容，而无法真正地理解概念，也无法在新情境中迁移运用。深度学习的课堂让学生经历牛顿第一定律建立的思维活动过程，使学生由熟知的具体物体的运动，推理得出在理想的光滑面上的运动，再由具体的运动小车上升到一切物体。学生经历从一类事物中抽取出共同本质属性的复杂的高阶思维，经过高度的概括而得出牛顿第一定律。

1. 基于学生已有经验引入

问题1：运动的物体是否受到了力的作用？举例说明。

问题2：物体要是不受力的作用，会运动吗？举例说明。

设计意图：深度学习以学生原有的认知、经验为基础，在学生原有知识、经验的基础上提出新问题，实现学生认知层面的提升和思维能力的发展。学生通过对这两个问题的思考和小组讨论，唤醒头脑中的生活经验。通过举例说明，促进学生对已有经验进行深度加工，运动是物体自身存在的一种状态，而力是一个物体和另一个物体发生作用，通过对这两个问题的讨论，学生可以得出运动的物体可能受到力的作用，也可能不受力的作用的结论。物体不受力的作用时可能运动，也可能不运动。基于这样的认识，学生的思维自然而然地朝着一个方向发展，会产生运动和力之间存在何种联系的疑问。

2. 创设问题情境，深入思考

实验：用手推动原本静止的木块让它在水平面上运动一段距离后。用力猛推木块后迅速将手移开，木块运动一段距离后静止下来。

学生在观察中产生问题：木块为什么会运动？木块又为什么会静止下来？

设计意图：创设的真实情境，不仅是学生学习兴趣和求知欲望的萌发点，而且是学生调动潜能、积极思考、主动探究、探求意义的切入点。学生通过对这一问题的讨论，发现科学事实，激发高阶思维。在激起学生的求知欲和探究兴趣之后，通过对原有概念的深度理解，学生真正体会到力的作用效果是改变物体的运动状态，而不是维持物体运动，便于学生理解抽象的科学知识。

3. 通过实验研究，体验成功

教师追问：木块会静止是因为木块失去手的推力还是因为木块受到了阻力呢？请说出你的选择依据。

任务一：解读活动方案。

事实上，我们无法用实验显示物体不受阻力作用时的运动，因为自然界中并不存在完全不受阻力的物体。要验证阻力是不是物体减速并静止的原因，怎么设计这个实验呢？

请同学们阅读教材 105 页的活动，明白在实验中如何给小车提供一个初速度？变量与控制变量是什么？观察什么？比较什么？记录什么？

设计意图：深度学习是一个有意义的建构过程，让学生带着问题去阅读，引导学生不断深入思考，分析每一步的设计意图，做到动手和动脑统一。

任务二：分组实验活动实施。

观察从同一斜面同一高度处由静止开始滑下的小车在不同水平面（木板、毛巾、棉布）上的运动距离的长短，获取事实并做记录。

设计意图：让学生围绕具有挑战性的学习主题，全身心积极参与、体验成功、获得发展。

任务三：分析与论证如果阻力完全消失，小车会怎么样呢？

设计意图：给学生留充分的时间和空间，学生在互动、交流表达中不断地将学习推进，学生将产生的问题一步步细化。让学生分析实验结果，在小组讨论中逐渐完善自己的思维过程。学生应能真正完成逻辑推理：小车三次到达斜面底端的时候，速度是相等的，阻力越小，小车会停在越远的位置，越难停下来。如果阻力变得特别小的时候，小车会停在哪儿呢？小车应该停在特别远的地方。当阻力无限接近零的时候，小车会停在一个无限远的地方。如果阻力完全变成零，小车就停不下来了。没有阻力就停不下来，说明阻力是使运动物体减速并停下来的原因。如果没有阻力的作用，运动的物体会一直运动下去，也就是匀速运动。

4. 了解科学史实，构建概念

研究运动和力的关系就是构建物理学大厦最基础的第一块砖头。对它的研究过程在人类科学史上长达 1 800 年。研究运动和力的关系的先驱是开创了物理学科的古希腊大学者亚里士多德。牛顿总结了伽利略等人的研究成果，在大量实验事实的基础上，通过推理概括出牛顿第一定律。

任务四：请同学们阅读教材 106 页的科学史内容，分别说一说伽利略、笛卡尔和牛顿的结论有什么异同？

设计意图：牛顿第一定律是科学家基于大量的实验事实并加以合理的逻辑分析和推理而得到的，教学中光凭学生设计的实验模拟得到结论，这是很不科学的，与科学教学"要体现科学本质"的要求不符。因此，在学生自己通过实验进行研究之后，必须让学生进一步了解在科学发展史上这一内容的知识演变过程，让他们真正经历一次"像科学家一样思考"的过程，使他们的认知不断得以完善，让学生真正明白牛顿第一定律是物体在没有力作用时将静止或做匀速直线运动，也就是说没有力作用时，物体的运动状态不改变。力是改变物体运动状态的原因。

5. 运用已学知识，解释应用

任务五：力能改变物体运动状态，那么物体的运动状态改变一定需要力吗？请用所学的知识解释。

设计意图：费曼学习法就是当你学习了一个新知识后，想象自己是一个教师，用最简单的话，用自己的原话、浅显直白的话复述表达复杂深奥的知识，最好不要用行业术语，让非行业内的人也能听懂，为了达到这种效果，最好想象你是在给一个80多岁或8岁的小孩子讲，这样他们就都能听懂。费曼学习法是一种顶级的学习方法，它揭露了学习的本质是一个自己教育自己的过程。解释应用的过程就是一个自我教育的过程。它可以引导学生开展反思，内化新的知识内容，加深对学习内容的理解，促进学生知识结构体系的完善。由最初的"运动和力是否有关系"到"力的大小发生改变导致物体运动状态发生改变的快慢会怎样改变"，再到"力和物体的运动状态之间有一种怎样的内在联系"，最终得出力是改变物体运动状态的原因。整个学习过程是学生主动探究、积极建构概念的深入学习过程。

四、他人眼中的我

（一）同事眼中的我

谢雷老师关注学生已有的知识经验，能准确地找到学生知识的增长点，课堂结构简洁，课堂氛围活跃。活动开展层层推进，环环相扣，逻辑严谨。课堂中他始终关注学生在课堂中的主动参与情况，通过问题和任务驱动，使学生自主探究，主动建构科学知识。为学生提供适当的台阶，使学生在分析问题、解决问题的过程中训练自己的高阶思维。

（永嘉县实验中学 金小丹）

（二）学生眼中的我

常言道：千人眼中有千个哈姆雷特。在不同学生眼中的谢雷老师也各不同。在上进好学的学生眼中，他是绝对的良师益友，性情温和，教育方式灵活有趣。学习困难的学生在与他相伴的三年中大有进步。他总是那么耐心、那么祥和。想起在他办公室磕磕绊绊讲题的时光，慌神时，他那一如既往的微笑给予人安心与希望。作为一位名师，谢雷老师尽心尽力地教导每一位学生，不分优劣、一视同仁，同时也因材施教：什么学生点一点就能明白，什么学生要给他一段专心学习的时间自行摸索，什么学生要不断给予鼓励与警示。之前班中有一句"科学难，但学科学不难"也正是对谢雷老师最好的赞誉。他的课生动有趣，课上课下也是妙语连珠，尤其在初三那段精神紧张的时期，他的课能让人缓下来，而又不懈怠。也正因为如此，大家对于科学的热情三年来从未坠入低谷。有"点"老师人不敢欺，有"点"老师人不能欺。

（陈炯夫）

指向大概念的科学复习

永嘉实验中学　施建岳

一、教学主张的诠释

从科学的知识维度来看，科学是由大量概念、规律和原理构成的，但是科学的学习不能仅仅是大量概念、原理和规律的简单堆积。在实际教学中，我发现过于碎片化的知识不仅会使学生的科学学习兴趣降低，而且学生应用知识解决实际问题的能力会受到减弱。近年来，浙江省初中毕业生学业水平测试中的解答说理题的得分不高就能说明这个问题。在这类问题的解决中，面对非良构问题，学生无法有效地提取知识或无法辨别要解决的问题所属的知识领域，在一定程度上表明学生对自然现象的认识普遍比较单一和片面，缺乏能够用于解释和预测较大范围自然界现象的概念，国际科学教育领域把这种概念称为大概念。如果中学阶段的科学教育不能使学生形成学科知识领域或方法领域的大概念，那么当学生走上社会之后，科学学科对学生的意义几乎是没有的。只有指向大概念的科学教学才能使学生终身受益。

科学教学应该是一个帮助学生建构大概念及应用大概念解决问题的过程，这一过程就是学生关键能力的形成过程。所以，日常的新课教学应该是一个逐步逼近大概念的过程。但是课程设计中由于考虑到学生的认知水平和知识的逻辑顺序，往往一个概念的下级概念是通过不同的教学课时、章节、学期、学年来实现的；另外，一个学期的科学教学中又会涉及隶属不同大概念的下级概念，所以，复习课在学生大概念的形成中起着重要作用，通过复习，可以有效地统整概念，形成一定范围内的大概念。我认为只有指向大概念的科学复习才是有效的复习，对学生的未来才能形成更为深远的影响。

二、教学主张的形成过程

1. "背科学真的有用吗？"——我对科学学习方式的思考

刚走上讲台的那几年，在我的心里，我一直认为背诵是科学学习的一种方法。于是在期中和期末复习时，我往往会给学生印一些提纲，用各种方式组织学生记忆一些科学知识，周围很多的科学教师也用了相同的方法来帮助学生提高科学成绩。仔细反思这种复习行为，其中折射出的是一种急功近利的成绩观。同时，武断地将所有的科学知识都转变为事实性的知识，采用机械记忆的方式，也使得知识在头脑中大多以碎片的形式存在，这也使得考试结束后学生往往会将所有的内容都遗忘掉。随着考试方式导向的变化和命题技术的提升，这种以记忆为主要方式的科学复习效果越来越差，由于学生缺少对知识的理解应用，导致在新情境下表现出的问题解决能力也较低。显然，这种以记忆为主要方式和主要追求的科学复习肯定不能适应新时期的科学学业考试，同时，也不利于学生未来的发展。

2. "复习课要面面俱到吗？"——我对复习内容选择的思考

在之后的一段时间里，我认为对科学知识的遗忘和应用能力的缺乏可能需要复习课上更好地对知识进行梳理。认知心理学认为现有的知识必须和原有的知识结构实现同化或顺应，知识只有更加结构化地存在于头脑中，才更有利于知识的提取、迁移和应用。从那时开始，我接触了概念图和思维导图，也尝试过将概念图和思维导图应用于科学复习。在基于概念图的科学复习中，我将思考的主要方向放在选择哪些科学概念建构概念图和如何组织这些概念上。因为概念是有不同层次的，如果在概念图中将概念不断细分，则无法突出重点和核心，那么概念图的存在价值也是很低的。在一次课堂中当我呈现概念图时，学生发出了"太复杂了"的感叹让我感触很深，正是由于学生对知识的遗忘是难免的，故而我们必须选择那些学科核心的概念和对学生未来和生活可能产生重要影响的科学概念。这个过程实际上是对多和少辩证关系的思考。

这个阶段对复习课的思考其实更多关注的是知识逻辑结构和知识在学生头脑中的存在方式。而对概念的提取应用比较忽略，也没有太多关注学生关键能力的形成，或者说更多关注学生对知识整理能力的培养。现在很多学者发现，若干年后，如果学生不从事与科学相关的教学与科研工作，对科学知识的遗忘也是在所难免的，那么现在的科学教学要给学生未来留下什么、产生什么样的影响呢？同时学生未来面对的是真实世界中的非良构问题，甚至在问题解决过程中都很难确定解决该问题需要的学科领域，那么现在科学教学或者科学复习如何为学生的未来铺路？

3. "课堂上的疑惑都能解决吗？"——我对科学大概念的思考

2019年年末的一天，一位与我师徒结对的教师让我去听他的一节课，课题是《物理性质与化学性质》，在听课之前，我简单翻看了《义务教育初中科学课程标准（2011年版）》对该课的课程内容要求："区分物质的物理变化和化学变化。了解不同物质具有不用的物理性质和化学性质。"教材基本上是按照这个内容编写的，并根据从变化到性质的逻辑顺序阐述内容，符合学生的认知特点和认知水平。课开始后，教师在介绍物理变化和化学变化概念时展示了一幅灯泡点亮后的图片，并展示问题：灯泡点亮的过程灯丝发生了什么变化？

看似简单的问题却在教学中引起了不小的波澜，学生普遍认为这是化学变化，理由是因为发出了光，光是一种物质。从这个案例中看出，学生的头脑中存在一种迷思概念，即学生认为光和热也是一种物质。这种迷思概念的产生有很多原因，如学生没有学习过物质的概念，同时，与我们在表述过程中采用"发出光""产生热"这样的词语有关。另外，七年级的学生也无法区分变化和能量的概念，所以，学生的这种迷思在本节课中其实是无法解决的。在对资料的查阅和研读中发现英国科学教育专家温·哈伦等在其编著的《以大概念理念进行科学教育》一书中提出了14个科学大概念，其中提到关于物质变化的一个大概念是"当事物发生变化或被改变时，会发生能量的转化，但是在宇宙中能量的总量总是不变的"。从这一概念看，光和热其实是物质变化过程中伴随着的一种能量转变。像这种具有高度概括和总结的大概念在新课中显然是无法形成的，新课的教学应该是一个不断向大概念逼近的过程，教师的心中应该有逼近的方向。

4. "科学复习课的关键是什么？"——形成和转化大概念的尝试

科学大概念具有高度的概括性，甚至超越了我们原有分科的学科界限，正是由于这一特点，当学生掌握这种概念后更加有利于知识的迁移，未来应用的领域也将更加宽泛。从这个角度看，科学作为一门综合学科对形成大概念是有先天优势的。日常的科学学习应该是一个不断逼近大概念的过程。复习课知识内容往往横跨一个单元、一个章节、一个学期甚至一个学年，所以，对科学大概念的形成有着至关重要的作用。我认为基于大概念的科学复习应该有以下几个要点：

（1）要明确大概念的发展轨迹。在不同的学习阶段关于某一主题的概念发展要求应该是不同的。概念的发展过程实际上是一个学习进阶的过程。所以，不同阶段的复习课也是一个不断逼近大概念的过程。根据学生的认知水平和教学要求明确概念进阶的方式，例如，属于爬楼梯式上升还是螺旋渐进式上升，这样更有利于规划复习课。

（2）更加准确地研判学情。课堂教学成败的关键在于对学生学情的精准研判，知道学生目前的知识储备，明确学生对目前概念的理解、学生的思维方式等。这样有助于我们更好地选择学习的材料，更好地设计课堂学习任务、在课堂教学中采用哪些"支架"给学生提供支撑，是否采用先行组织者策略等。现阶段，教师对学情的研判往往根据自己的原有经验，但不同年龄阶段的学生获取知识的途径和方式更为多样与广泛，家长的素质越来越高，课堂学习前阅读和了解的相关资料也更加丰富，所以，学生的概念体系和教师以前接触的同年级学生是完全不同的。因此，教学中，教师可以通过课前和学生交流、课前现场提问、课前练习等了解学生原有的概念及对概念的理解水平，更好地设计教学，以实现大概念的转化。

（3）基于真实的问题情境。发生在真实世界中的问题更能激发学生的学习兴趣，维持学生的学习动力。因为学生一旦觉得任务情境脱离了他们的生活，首先会对理解带来困难，同时，也失去了知识本身的意义。真实世界的问题往往是非良构的，学生在解决的过程中往往也是对概念归纳和总结的过程，为学生自主提炼大概念提供了可能。真实问题情境可以是个人生活层面、社会层面、国家层面或是全球层面的。

三、教学片段

《运动和力的关系复习》这一内容涉及的大概念是"改变物体的运动状态必须有净力作用在物体上"，这个概念涉及初中科学七年级下册第三章和高中物理的牛顿三大定律的内容，主要任务是转变"力不是维持物体运动的原因"这一迷思概念。

任务一：判断图1所示情况中足球、演员、货物的运动状态是否改变。

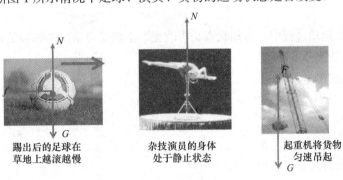

踢出后的足球在　　　　杂技演员的身体　　　　起重机将货物
草地上越滚越慢　　　　处于静止状态　　　　　匀速吊起

图1　运动状态

归纳：运动状态下不改变 ⟹ 平衡力（不受力）
　　　运动状态下改变 ⟹ 非平衡力

设计意图：运动和力的关系中的核心问题是运动状态是否改变的判断。

任务二：火箭从月球表面斜线匀速飞离月球表面，试画出火箭发动机对火箭的推力的方向（图2）。

问题：火箭匀速直线运动时，所受推力方向和运动方向必须一样吗？（图3）
推理：物体做匀速直线运动→受到平衡作用→有一个力与重力大小相等，方向相反。
学生实验：拉动钩码沿斜线做匀速直线运动，观察线的方向（图4）。

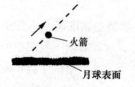 

图2 火箭匀速飞离月球表面　　图3 火箭受力　　图4 拉动钩码

思考：线的方向竖直说明了什么？你能说一说其中的推理过程是怎样的吗？

设计意图：学生对斜向上运动情况下的受力情况存在严重的迷思概念，学生认为物体斜向上方向运动势必受到斜向上方向的力的作用。该思维的根源其实还是学生认为力是维持物体运动的原因。教学中让学生充分表达，通过讨论、质疑、分析、实验实现概念的转变，引导学生通过思维模型来进行分析。

任务三：一个人向上垂直扔出一个小球，小球离开手之后，向上运动，然后升到最高点，再从最高点落下来（不计空气阻力）（图5）。

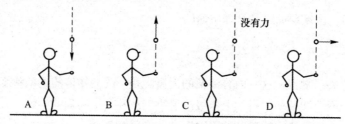

图5 向上垂直扔小球

问题：
（1）小球向上运动过程中，运动状态是否改变？小球受力情况是哪幅图？
（2）小球从最高点向下运动的过程中，小球的运动状态是否改变？小球受力情况是哪幅图？

思考、讨论、总结：非平衡力作用下运动状态的改变与力的方向和速度方向的关系（图6）。

通过任务三，破除迷思概念，发现学生思维上存在的问题。总结、归纳出非平衡力作用

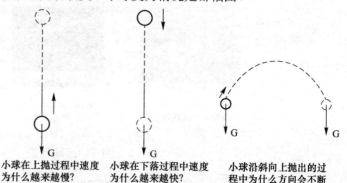

图6 运动状态的改变与力的方向和速度方向的关系

下的运动和力的关系，力的方向与速度方向的关系决定了物体加速、减速或曲线运动。从初中科学角度研究受到一个力的时候物体运动状态改变情况，总结运动和力的关系，归纳总结大概念。

任务四：高空掉落的物体受到的空气阻力与其运动速度有关，速度越大，受到的空气阻力也越大。某同学将一个纸杯在一定高度底部向下静止释放，让其自由下落，并用仪器记录下落过程中的速度（图7）。请对图像进行解释。

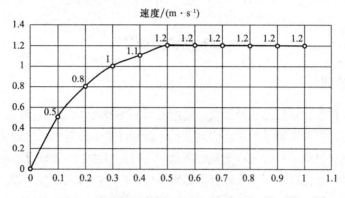

图7　纸杯自由下落过程

设计意图：高空掉落的物体受到两个力的作用，在难度上相比任务三有一个递进，同时渗透等效思想，同一直线上的二力合成，从合力的角度来思考运动状态变化，思维上做一个提升，为高中物理牛顿第二定律的学习做好铺垫。这种能力对于初三学生来说也处于最近发展区，是完全可以实现的。同时，也可以给学生提供变式，进一步为学生建立力是改变运动状态的原因这一大概念提供支撑。

任务五：一辆小轿车在一恒定阻力的笔直路面由静止开始运动，发动机提供的牵引力随时间的变化图像如图8中的甲所示，速度随时间的变化图像如图8中的乙所示。

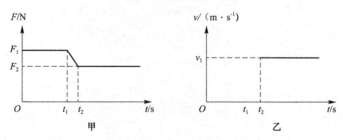

图8　小轿车牵引力和速度随时间变化

（1）小轿车运动时路面对小轿车的阻力大小等于_____。
（2）在图乙中将 $0 \sim t_2$ 时刻的小轿车速度随时间的变化曲线补充完整，并说明理由。
（3）当小轿车的牵引力以图9图甲中曲线乙变化时，在图乙中画出小轿车速度的变化曲线，并说明理由。

设计意图：任务五的三个问题设计中，第一问是对本节课建立平衡模型的应用；第二问是对任务四建立模型的应用和检测；第三问是重点，要求学生对模型进行进一步的抽象应用，转化为图像，同时，也让学生理解匀速直线运动之前的情况，从整体上理解运动，学生也更加容易理解为什么同一物体以不同的速度做匀速直线运动，但受力大小相同。

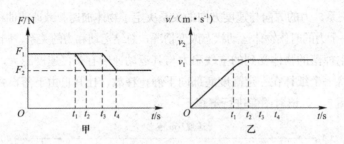

图9　牵引力改变

四、他人眼中的我

　　复习课是学科教学中常见的一种课型，通过复习要实现对知识织线成网、重难点突破、新情境应用。施老师的复习课对学生学情研判准确，特别注重学生迷思概念的转变。复习课学习活动设计对教师充满挑战，要关注科学核心概念的复习，关注学生大概念的形成，关注学生关键能力的培养。学生在完成学习任务过程中思维深度和广度都得到较好培养。一些综合性大的复习主题，更能够打破学科的界限，对学生解决非良构问题能力的提高有较大的帮助。

（永嘉县实验中学教科室主任　谢雷）

以任务导学促学生思维发展

苍南县外国语学校　林　茂

一、我的教学风格

初中科学课程是一门以对科学本质的认识为基础，以提高学生科学素养为宗旨的综合课程。初中科学课堂要让学生体验科学探究的过程，学会一定的科学思维方法，以解决自身学习、生活、工作和社会决策中遇到的问题。因此我一直尝试在初中科学教学中构建任务导学课堂。学习任务中包含学生必须掌握的核心知识；学习任务中蕴含着学科学习的方法，努力让学生学会学习；在学习任务中设计一些问题情境，以培养学生解决问题的能力，从而达到促进学生思维发展的目的。

1. 任务导学

任务导学是指教师充分利用教学资源设计真实的问题或任务情境，给教学注入研究的元素，让学生在知识的探究中产生自己的思想、体验和理解。教学是师生共同创造新知的过程。不少理论都主张将教学聚焦成系列化的根据真实情境设定的任务，将"是否面向而且落实完整任务开展教学"作为衡量教学成效的一条重要标准，学习任务的优化可以帮助学生更好地统整知识，实现学习迁移。

在平常的备课中，我会以课程标准为依据，将教学内容任务化。课堂以学习任务为主线，以教学目标为纲领，面向全体学生，设计不同层次的任务，由易到难，层层深入，教学过程层层递进。在平常的教学中，我会以学习任务为载体，将教学过程活动化。学生在教学目标的导引下，在学习任务的驱动下，积极参与学习活动，努力完成学习任务。

建构主义认为学习是引导学生从原有经验出发，生长或建构起新的经验。学生不是简单被动地接受信息，而是主动地建构知识的意义。在一节八年级上册第一章4～7节溶液的复习公开课中，我设计的学习主任务是"炼石为矾，学会制作结晶蛋"。其又分成以下几个子任务：请简要写出"炼石为矾"的主要过程；请简要写出制作"水晶彩蛋"的主要步骤；请写出配制溶质质量分数为28%的明矾溶液200 g的两种方案（包括计算过程）等。我将教学内容设计成为一个或多个具体任务，学生通过完成一系列的指定任务实施学习，达成目标。这种真实的情境为师生的共同研究提供了有力支撑，使教学内容问题化、任务化，这种任务由于具有真实性而使学生感到对自己有意义，进而产生学习和探究的欲望。我的课堂比较注重让学生在学习活动中体验，让学生在完成学习任务中主动建构知识体系。

2. 思维发展

科学思维和科学方法是我们认识世界的基本手段，科学思维是人们在研究和解决科学问题，以及学习科学知识过程中应具有的个性心理特征。初中科学课堂要为促进学生科学思维发展而教，要以培养学科思维能力为核心。我所追求的初中科学教学，教师应善于激发学生的思维，通过教学设计和教学实施，在课堂上创设教学情境，以学生为主体，采用开放式提问，使学生能够积极参与建构，进而提升学生的思维能力。

在平常的教学中，我会引导学生学会透过科学现象分析科学本质，养成善于质疑、勤于思考、深入钻研的好习惯，培养学生实证性、批判性、逻辑性和创造性等学科思维能力。参加市命题研究班学习的经历也使我的问题意识更加敏锐，在教学中，我会有意识地挖掘教材和生活中的科学问题，培养学生分析问题和解决问题的思维能力。例如，在《电荷与电流》第一课时的教学中，我让学生分析解释以下几个问题：①利用模型解释摩擦起电的原因，并解释丝绸摩擦过的玻璃棒带正电的原因；②利用模型解释雷电形成的原因；③运用实验结论解释小女孩的头发竖起来的原因；④运用已学知识解释静电除尘的工作原理。每个问题并不是孤立的，都属于学习任务中的一部分，要在学生建立模型和完成实验等的基础上进行分析和解释，学生在解释说理的过程中思维也得到发展。

二、我的成长历程

我于2004年大学毕业参加工作，在17年的教学生涯中，不断磨炼形成个人的教学风格，我的专业成长过程大致经历了以下三个阶段。

1. 不断摸索、经验积累

大学毕业后我来到苍南县灵溪镇第四中学任初中科学，教学的前几年我还比较迷茫，对自己的专业成长并没有过多的规划，也较少参加学科比赛。但缺少经验的我不断自我摸索，向学校有经验的教师学习，学校也为每位新教师安排了一位优秀的指导教师结对，让新教师尽快站稳讲台。学校的学科教研组的活动促使我不断思考，记得我第一节校内公开课的课题是《月球》，当时我在备课过程中更多考虑的是如何做出漂亮的课件，以及如何平稳地过渡等小细节，虽然教研组的同事观课后给我很多肯定的评价，但我知道还存在很多问题，如课堂缺少生成、学生缺少深度思考等。我也认识到自己专业知识的匮乏，于是经常阅读本学科的专业杂志、专业书籍，坚持做笔记，如摘录教育教学理论、教学设计、课堂实录等。通过不断摸索和积累，我逐渐认识到初中科学课堂教学中学习任务设计的可行性和学科思维发展的重要性。

2. 不断实践、快速提升

2010年在学校领导的引荐下，我有幸邀请苍南县初中科学教研员肖云宗老师走进我的课堂听课，我执教的一节《光学复习》随堂课也得到肖老师的好评，我知道当时肖老师评价更多的是对我的激励，很感激肖老师在这之后的一路引领和指导。2011年我执教第一节县级公开课，此后几年的每个学期都执教公开课或参加评比课，也做了多次专题分享和交流，正是这些教学磨炼，使我在实践中快速提升。尤其是参加较高水平的市优质课评比和"一师一优课"评比活动的经历让我对课堂教学有了更深刻的认识。2014年我最终在市课堂教学评比中获一等奖，2016年在"一师一优课"评比活动中获部级优课，2017年也顺利评上市教坛新秀。这段时间是我教学风格形成的第二阶段，在这一阶段的教学实践中，我不断学习，以任务导学促学生思维发展的课堂教学风格也渐渐呈现。

3. 不断反思、突破创新

在平时的教学中，我比较注重自我反思，如每次公开课后都会写一篇论文进行提炼和反思，我也尝试通过课题研究等方式不断回望和总结个人的教学。从 2017 年开始，我参加了各级各类学科研修培训班，有了与名师近距离接触和交流的机会，在研修学习的同时，我也发现了自身更多的不足。我参加了两年的市初中科学命题研究班的学习，在黄鹏飞老师和各位命题专家的指导下，体会到教师加强命题研究的重要性，更加关注学生学科思维的发展。我参加了两年谢杰妹名师工作室进行学习，谢杰妹老师"问题与任务"的研究成果引发我更深入的反思，触发我进一步改进和完善任务导学的课堂教学模式。我还参加了市"未来名师"培养对象研修班等活动，不断拓宽学习的广度和深度，促使我在不断反思中突破创新。

当然，在教学中，我还有很多的不足，现阶段自己的专业成长也进入一个瓶颈期，要想有所突破，就需要更加深入地学习教育教学理论，还要加强教学研究。我想现在是一个更具挑战性的全新起点，我会一直坚定努力前行。

三、教学片段

任务导学课题：炼石为矾，学会制作结晶蛋。

任务一：请简要写出"炼石为矾"的主要过程。

（1）出示明矾矿石和明矾晶体的图片后提问：从矿山中开采出来的明矾矿石怎么转变为明矾晶体？需要经过哪些步骤？请写出主要过程。

提示：首先要经过煅烧，简单介绍煅烧的过程。

（2）图片展示古法炼矾的主要流程。

（3）图片展示矾文化体验基地（温州市学生综合实践基地），介绍结晶池。

任务二：请简要写出制作"结晶彩蛋"的主要步骤。（可画图配文字说明）

（1）出示明矾晶体和"结晶彩蛋"的图片后提问：有了明矾晶体，我们怎么制作出如此漂亮的"结晶彩蛋"？

学生观察教师制作的"结晶彩蛋"，描述明矾晶体的外观形状和光泽度等。

（2）问 1："结晶彩蛋"是让明矾晶体在蛋壳内析出，应该用哪一种方法结晶？

问 2：是蒸发溶剂还是冷却热饱和溶液，选择的依据是什么？

出示明矾晶体的溶解度随温度变化的表格，学生回答应该选择哪一种方法。

温度 /℃	10	20	30	40	50	60	70	80	90	100
明矾 /g	4	5.9	8.6	11.7	17	25	40	71	109	154

问 3：70 ℃时，明矾的溶解度为 40 g，具体含义是什么？

（3）请简要写出制作"水晶彩蛋"的主要步骤。（可画图配文字说明）

小组汇报交流评价，图片介绍制作"结晶彩蛋"的主要过程（准备蛋壳→配制热的饱和明矾溶液→降温结晶→晾干）。

（4）问：一杯不饱和的明矾溶液通过哪些方法可以转化为饱和溶液？

任务三：写出配制溶质质量分数为 28% 的明矾溶液 200 g 的两种方案（包括计算过程）。

提供药品：明矾、水、40% 的明矾溶液。

（1）制作"结晶彩蛋"的关键步骤之一是配制一杯热的饱和明矾溶液，回忆配制溶液的主要步骤。

（2）小组展示交流方案一：在一定量溶剂中加入一定量的溶质，充分溶解。

（3）小组展示交流方案二：40%浓溶液加水稀释。

（4）学生代表上讲台动手演示溶液配制的过程，同学纠错。

思考：你认为导致配制的明矾溶液质量分数偏小的可能原因有哪些？

（5）教师归纳配制溶液的两种方法：稀溶液蒸发溶剂浓缩或稀溶液加入溶质。

画图：加热烧杯底部有剩余未溶解的明矾溶液，画出溶质质量分数的变化图像（图1）。

（6）思考：图像中A、B两处溶液的情况有何差异？

说明饱和溶液、不饱和溶液和浓溶液、稀溶液的关系。

任务四：请画出以下两种情况溶质的质量分数变化的大致图像。

（制作"结晶彩蛋"的两个主要步骤：配制饱和溶液和降温结晶）

（1）在一定量水中加入明矾逐渐溶解至饱和。

（2）冷却热饱和溶液（降温）至明矾晶体析出。

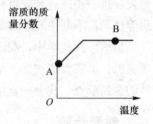

图1　溶质质量分数

小组展示并分析溶质质量分数变化的原因。

设计说明：整合性的学习任务"炼石为矾"和制作"结晶彩蛋"的过程分别与课本学习中的"粗盐提纯"和"硫酸铜晶体的制备"实验对应，可以进行比较分析，让知识串联和迁移，让学生应用学过的知识解决新的问题。

四、他人眼中的我

1. 同事眼中的我

林茂老师低调睿智，平易近人。他的课堂紧贴学生的生活和心理。他善于创设良好的情境，激发学生探究的兴趣。他会灵活地运用各种方法帮助学生打开思维空间，寻求问题的答案。他重视学生自主、合作及探究，总是会机智地设计好学习过程，使学生在建构知识的同时，得到科学思维方法的熏陶。我相信，林老师一贯坚持的对课堂教学的严谨态度，必然会对学生科学素养的提高产生积极的影响。

（蒋义垡）

林茂老师的课堂逻辑性较强，充满理性和严谨。他的教学设计总是由浅入深，带领学生一步步走进、深入他的科学课堂。教学中，他总是会设置一些整合性较强的任务，学生参与度也很高。他能在师生的对话中，逐步调动学生在课堂中的积极性，善于启迪学生的思维，让学生在不知不觉中掌握了知识、发展了能力。

（曾恩丽）

2. 学生眼中的我

林老师在学生眼中是一位知识渊博、和蔼可亲的好老师，同时又是一位暖心"大哥哥"。他会和学生"同甘共苦"，带领学生一同走入知识的世界、一同探索科学的奥秘。他既能做到让学生主动获取更多的知识，又能耐心地回答学生的问题。林老师在课堂上要求严格，但课堂上并不沉闷，因为他的教学语言风趣幽默，我们都很喜欢上他的课。他的教学方法好，能让同学听懂、学懂。课堂上，他会让我们参与很多活动或实验，会给我们充分的时间展开思考和讨论。

（曾文杰）

向真·向善·向美
——让每个学生成为更好的自己

乐清市第三中学　李云鹤

师者，传道授业解惑也。之于我，更是如此。作为一名心理健康教育教师，我的工作重心更多地在于"解惑"，解成长之惑，解人生之惑，解未来之惑……

一、我的教学主张

心理健康教育的目标是提高全体学生的心理素质，培养他们积极乐观、健康向上的心理品质，充分开发他们的心理潜能，促进学生身心健康可持续发展，为他们的美好未来和幸福生活奠定基础。心理课堂追求体验、感受、领悟、成长，让学生在活动中探究，在探究中体验，在体验中领悟和成长。我希望在我的心理课堂上，能够时时充满积极、阳光、向上的正能量，让学生在我的课堂上都能够有深刻的体验和感悟，对未来的幸福生活充满向往和憧憬，看到多彩生命中的真善美！我的教学主张是让每一个学生向真、向善、向美，让他们不断地觉察、领悟、成长、蜕变，成为一个更好的自己！

我校的育人目标是"让每一个生命都阳光！"心理健康教育工作也依照这样的育人理念开展。关于阳光心态，我的理解至少有以下三个方面。

阳光心态的第一个方面是要积极乐观。有人说："乐观是一种迷人的性格特征。"乐观能使人对生活中的许多困难产生免疫力。乐观能使人的身体更加健康。乐观的人更容易与周围的人保持融洽的关系，乐观的人更容易获得学习的幸福和成功。

所以我在心理课堂上，努力培养学生乐观的心态，使其知晓乐观的人善于从不同的角度看问题，遇到人生难解的问题，不急于抱怨，而是努力寻求解决之法。当他陷在一个角度觉得山重水复疑无路时，换个角度也许就会柳暗花明又一村。

阳光心态的第二个方面是自信。自信阳光能够焕发生命的潜能，是成功的秘诀。自信让学生看到自身的优势和潜能，并努力开发自己的潜能，这样就更容易走向成功。因此，我们要教会学生接纳自己、赏识自己、激励自己、善于发挥自己的长处。增强自信心的方法有很多，积极的心理暗示就是其中一个非常有效的方法。在学生体验到成功、喜悦的时候，他们对自己说："我能行！"带着这样的自信，学生就会不断地朝理想和成功前进！

阳光心态的第三个方面是要学会宽容。马克·吐温说，紫罗兰把它的香气留在那踩扁了它的脚踝上，这就是宽容。培养自己宽广的胸怀，那么在人与人的交往中，有些妒忌、猜忌、疑心等不良的心境就会得到及时纠正。在与别人比较的过程中，要承认自己跟别人的差异，正视他人的优势和自身的不足，努力进取。善待身边的每一个人，深切地理解他们，这就是良好的阳光心态。

因此，培养学生健康、积极、乐观、自信、宽容的心理素质，完善他们的个性，让他们充分感受到学习的快乐，就是我们教育最大的成功！

要培养出阳光个性的孩子，使孩子在灿烂的阳光下健康地成长，作为教育工作者的我们同样要保持积极、向上、乐观的心态，用自己的人格魅力潜移默化地影响学生。

二、我的成长之路

2004年，刚刚走出大学校门的我，带着对南方生活的向往、对未来工作的憧憬，从遥远的东北，来到了温州乐清——我的第二故乡。

乐清市第三中学的首任校长叶任杰老师高瞻远瞩，在当时浙江省高校还没有心理学专业毕业生的情况下，到东北引进了我们两位专职心理教师。从此，乐清市第三中学拥有两位专职心理教师成为乐清的独家，以致在后来很长一段时间里，大家提起乐清市第三中学的心理健康教育，会开玩笑地说，他们是开"夫妻店"的。在当时浙江省心理健康教育刚刚起步的阶段，多数学校都还没有配备心理教师，一下就引进两个，相信叶校长也需要承受很大的压力。为了这份信任，为了更好地发展，为了实现理想，我们在工作中努力学习、刻苦钻研、积极进取，誓不辜负叶校长的殷切希望，将乐清市第三中学的心理健康教育工作当作自己的毕生事业来做。

万事开头难！起步阶段，我们由于缺乏工作经验，也经历过彷徨、犹豫，后来认识到只有不断地学习与探索才能让自己更迅速地成长。为了备好一节心理辅导课，查询很多资料；为了帮助每一位来访的同学，参加很多培训；为了组织好一次宣传活动，从策划、准备到实施，绞尽脑汁……皇天不负有心人，在学校历任领导的重视与支持下，乐清市第三中学的心理健康教育工作越做越好，各项常规工作有序开展，建成了全省数一数二的、设施完备的、功能健全的心理辅导中心，心理健康教育工作得到了上级主管部门的认可。

张爱玲说："出名要趁早"。在工作的第三年，我取得了温州市心理辅导优质课第一名的成绩。从此，重任在肩，让我不得不"负重前行"。现在回想起来，我非常感谢那段经历，让我从初出茅庐的新手迅速蜕变成积极上进、努力拼搏的"老手"。我积极参加各类培训，不放过每一次可以学习的机会，认真钻研，勤奋创新，在心理拓展训练活动的基础上，又开发出一系列如生命教育、自信心的培养等具有特色的心理辅导活动课程。同时我积极开展课题研究工作，以科研带动教学，用理论武装实践不断挑战自我，突破自我，超越自我！终于，我在坚持不懈的努力工作中取得了可喜的成绩。2015年，我出版了专著《中学生团体心理辅导实用教程》。我先后被评为温州市学科骨干教师（2012年）、浙江省学校心理健康教育先进个人（2015年）、温州市教坛中坚（2017年）、乐清市优秀高技能人才（2017年）等。

17年风雨兼程，我们辛勤努力地工作，让学校的心理健康教育从无到有，从摸索前行到独具特色，从默默无闻到声名远播……如今我校的心理健康教育工作已然成为乐清市乃至温州市的典范。2016年我校被评为浙江省一级心理辅导站；2018年我校被列为全国心理健康教育特色示范校培育点，同年通过了省心理健康教育示范点的评估验收。这些成绩的取得无一不是对我们努力工作的肯定与激励。

建校20周年庆典时，学校拍摄了一部短片，其中有7位各具特色的优秀教师代表采访特写，很荣幸我是其中的一位：她，客从异乡来，扎根在这片土地……乐清已然成了我的第二故乡，乐清市第三中学就是我的家，同事就是我的家人。

17年岁月峥嵘，我们在这里生根、发芽、开花、结果，在克服重重困难、坚持不懈追求、努力拼搏奋斗之后，也品尝到收获的喜悦与甜蜜。我一直非常喜欢一句话：未来的你，一定会感谢今天努力奋斗的自己！

三、我的体验式课堂——我思故我在

我的心理课堂最注重的是学生的体验、感受、领悟和成长。有了体验，才会有真实的感受，进而引发深深的思考。

晴朗的5月，高三学子正面临着人生中最紧张的备考时刻。他们在为了实现心中的理想而努力冲刺着。

随着黑板上倒计时的数字越来越少，一些同学的压力变得越来越大，大部分同学都在争分夺秒地度过每一天，因此，在高考倒计时还有28天的时候，我设计了这节课——《一杯水的启示——压力与潜力》来帮助同学们正确认识压力，找到一些实用的减压方法，同时让他们看到希望，看到人与生俱来的巨大潜力，看到他们自身还有很多潜能可以发挥，在接下来的28天时间里，依然拥有很大的进步空间，坚信付出终有回报！

首先，在这节课的前半部分，我跟同学们一起探讨了压力相关的学习内容。观看了一个小小的视频后，我对同学们说："所谓命运，就像是沦落在鸡窝里的鹰，你是想像鸡一样生活呢还是想像鹰一样展翅高飞？"不追问，留下思考的空间。然后，通过图片，让同学们觉察一下，当看到倒计时还有28天的时候，你的压力指数是多少？0分代表是毫无压力，10分表示压力满负荷。很多同学都说我给自已打8分、9分、10分满负荷。这说明，在这个不足一个月的时间段，大多数同学的压力都很大。

在谈论分享了一些减压的方法后，我开始了这节课重要的实验。利用一杯水来呈现两个真理！

首先我在课桌上放了一杯水面已经接近杯口的水。接下来，同学们的任务是把这杯水加满，但是要求不能溢出，如果哪位同学在挑战的过程中水溢了出来，他就要表演一个节目。

活动开始，同学们迫于压力，都不敢主动参与。此时我给予他们充分的鼓励（煽动）：谁敢挑战自己？有想法把想法付诸行动，有行动力的人才能成功！在接下来的日子里，要敢想敢做，你就会成功……在励志金句的"连番轰炸"下，终于有个男生大胆举手，走上前来。他先是观察了一下，认为水还没有满，然后从容地在杯子里加了一滴水。

加完之后，我问他："压力大吗？"

"大！"

"难吗？"

"不难。"

"你认为这杯水满了吗，还能加水吗？"

"没满，应该还能！"

这句话给其他同学带来了强大的信心，马上就有第二名同学上台了。他很小心翼翼地将加水的纸杯杯口捏出了一个尖角，让水流下来时更容易控制，他成功地加进了一滴水。

见此情境，我及时地给予正面的回应："我看到了你善于思考，找到了成功解决问题的方法，很棒啊！"

这位同学满面笑容，充满自信地回到座位上。我相信，这一句鼓励在他今后的日子里，会推动他继续努力前行。

……

当同学们确认水已经满了时，"当当当当！见证奇迹的时刻马上就要开始了！"（心理教师有时候要变成魔术师，不仅要善于调动气氛，演技也要好！）

我拿出回形针，让大家来猜猜看：这杯已经满了的水里面还能加回形针吗？有个别学生说："能吧！"但不是很确定。

面对一双双充满探究的眼神，我继续追问："能加多少呢？你认为能加多少？你觉得能加多少个，你就喊出多少的数字，我们就加多少个。但是如果加到你说的那个数量时，水溢出来了，那么请你来表演一个节目！"同样，压力与挑战并存。

有的学生很快说"2个"，虽然有压力，但是有了前面加水的任务成功完成的经验，很多同学的胆量开始大了起来。加了2个很安全，我将数字写在黑板上。

"还能再加吗？"

"能！"

"多少个？"

"4个。"

又加了4个依然安全。此时有学生大胆说了10个。"哎，胆子大了哦！很好！"又加了10个，水依然没有溢出来。这时，同学们的胆量放开了，又有同学大胆地说再加10个。此时黑板上的数字已经是2+4+10+10，随着实验的推进，我及时地点拨："大家发现了吗？在这个过程中发生了什么？是不是发现你们的胆子越来越大了，越来越有勇气来挑战这杯水了？"

实验过程中，我不断地激励同学们："有一句话说：做你不敢做的事情叫突破，做你从未做过的事情叫超越！在刚才的过程中，也许你有想法，但是没有行动，那么现在就给你一个超越自己的机会！来，谁再来突破、超越一下自己？"同学们的热情再次被点燃，加10个、10个、15个……虽然越往后难度越大，但是同学们都开始突破自我了，胆子越发大了起来，最后加到了96个的时候，全班同学激动地说："老师再加4个，加到100个！"此时，前排有个女生说："水面已经高出杯壁2 mm了。"我问大家："还要再加吗？""加4个。"同学们异口同声地回答！全班同学的热情都被点燃了！我们一起大声地数"1、2、3、4"。仍然当四枚回形针加进去时，水面仍然安然无恙。全班同学响起了雷鸣般的掌声。我在黑板上郑重地写下了"100"这个象征着圆满的数字。

体验过后及时的点拨是心理课堂的精要部分，可以引发同学们思考。此时，有学生激动地站起来说："我看到了自己潜能无限！""我看到了人的潜力是无限的，我们可以做很多意想不到的事情，有时候我们不是做不到，而是不敢想。"很多同学都表达了自己激动的心情和对美好未来的信心。

是啊，一杯水的潜力尚且如此，更何况我们是一个人！大多数同学都看着这杯水两眼放光，在这个实践过程中，很多人看到了自己的变化，从刚开始的小心翼翼，到后面胆子越来越大，这就是现场体验到的潜力无限！生活中有时候我们会自我设限，遇到比较难的任务的时候，会退缩。不是因为我们做不好，而是首先会怀疑自己，觉得自己会做不好，这种不自信的想法会阻挡我们前进的脚步，并让我们望而却步，不会全力以赴。事实上，在遇到挑战时，你努力地去尝试，你可能会有新的发现，那些曾经不敢做的、害怕失败的事情，当你完成的那一刻，你就突破了自我、超越了自我！有一种发自内心的成就感，这就是心流体验。敢想敢做敢拼搏就是我们现在该有的模样！

"距离高考还有 28 天的时间，大家可以想想，在实现梦想的道路上，我们还能做些什么？这是一个无须回答的问题，相信这节课之后，每一位同学都会用行动证明自己的体悟。"

这是我的心理课堂的一个缩影，通过巧妙的环节设计，给学生提供体验感悟的机会，进而引发学生深深的思考，促进他们的自我成长。课堂上充满正能量，让学生能够积极、乐观地面对学习、生活。

这节课让我对自己的人生有了更多的思考！在未来的成长道路上，要走出舒适区，不断成长，砥砺前行，挑战自我，成为那个更好的自己！

四、他人眼中的我

李老师的课堂驾驭能力非常强，在课堂互动中总是能通过富有层次的活动环节安排、巧妙的提问设计和精准的引导达成辅导目标，善于及时捕捉和处理辅导活动中生成的信息与事件。李老师的课堂心理味和赋能感都比较强，学生在李老师的教学辅导中总能感受到他灿烂的笑容、悦耳的声音和满满的正能量。

（乐清市心理健康教育教研员　黄益远）

李云鹤老师是一位心怀教育梦想的心理老师，她乐于耕耘课堂，主题丰富，舒展自如；她勤于学习，开阔视野，提升功底；她忙于咨询，干预危机，排忧解难；她善于研究，探索创新，成果丰硕。她一直在教师专业成长的道路上砥砺前行，用行动践行着自己的教育梦想。

（乐清市第三中学教研处主任　卓高峰）

有温度的"三四五"体育课堂

温州市龙湾中学　张　伟

一、我的教学风格

2019年是我从教的第11个年头。说到教学风格，其实我一直觉得自己未形成，也不敢妄言。路漫漫其修远兮，体育课堂教学研究是一项长期而艰苦的大工程。从教至今，我主要根据体育的学科特点，意在培养学生的运动能力、健康行为、体育品德三个关键要素，以提升学生的体育与健康学科核心素养为目的，提出了有温度的"三四五"体育课堂，形成了自己的教学风格，其实也就是对高中体育课堂教学的理性思考，进而提出的一些体育教学的策略。

二、解读我的教学风格

有温度的体育教学应该避免浮躁，课堂是真正让学生学习的场所，教师要关注学生的学习过程。"教育的模样原本是守望成长，静待花开的执着与耐心"，有温度的体育课堂应该是育体、育心相融合，让体育课堂充满"汗"与"笑"，学生始终觉得温暖又有温度。经过多年的高中体育教学实践，我提出了"三环四步五会"的体育课堂教学策略。"三环"包括课前自学、课中互助、课后提升三个环节；"四步"为课堂中的四种教学方法：乐在其中、少等多动、组合突破、多元评价（图1）。通过循序渐进、潜移默化，且有针对性地、准确地把握教学环节，努力培养以"五会"（会说、会做、会用、会学、会做人）的学生为目标，促进学生运动能力、健康行为、体育品德三个方面的协调和全面发展，形成乐观进取的人生态度。

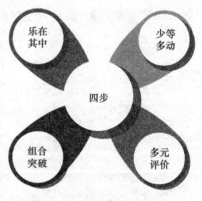

图1　体育课堂的"四步"

（一）三环：课前课中课后，三管齐下

1. 课前自学：找准自主学习的"点"

体育课的课前大多指学生到操场等待上课的一小部分时间，虽然短暂，却可以提前让学生了解本节课上课的内容和教学手段方法，以及需要达成的目标，让学生有一个初步的课堂概念。我主要采用的方法是课前利用体育课堂导学案。如肩肘倒立的第2课时，让学生提前了解动作要领、动作图示、练习方法、易犯错误等。再利用这张图纸作为辅助的器材，用于动作的规范和纠正。如篮球课，在体育馆的LED屏幕上，课前甚至课中反复不断地播放单个技术动作的视频，让学生拿球提前模仿动作要领。这些手段的运用都可以较好地让学生有自主学习的时间与空间，利用课前进行自主学习，不仅有利于体育课堂教学的开展，而且有利于进行课前的初步热身。

2. 课中互助：理顺师生关系的"线"

在体育课堂中，师生关系是课堂的重点，传统教学中的师生关系是一种不平等的关系。如教学过程的掌控、体育活动的组织、体育成绩的判定，在教学中有着绝对的权威。"学本课堂"实施以来，教师的角色从"教"转变为"导"，学生本体、学习本位，更加凸显学生的主体地位。师生关系在课堂中是平等的，形成一种互帮互助的关系。教师从学生身上找到教学中的易犯错误和解决方法，了解个体的需求，从而优化教学手段和方法。学生从教师身上学到"真本领"，包括运动技能及练习方法，各取所需，真正让体育课堂和谐高效。

3. 课后提升：把握课外锻炼的"面"

（1）确保课外阳光体育。2007年，全国启动亿万学生会阳光体育运动，号召学生走出教室、走向操场、走到阳光下、走进大自然，积极参加各类体育活动，逐步落实每天锻炼一小时的目标。我校开设了富有特色的阳光体育运动，每天课间操、晚跑、课外活动时间充裕，每天至少一小时。在全校范围内全员学习太极拳，每年的11月至次年4月进行课间跑，5月至10月进行太极拳练习。同时开设了各类富有特色的体育社团活动课程，这些方法、手段都确保了课外阳光体育运动的时间和练习内容。

（2）拓展课外自主锻炼。课外自主锻炼主要是除学生体育家庭作业外，学生自主进行的体育锻炼，主要时间是节假日或寒暑假。我建立了QQ群，每天让学生进行自主锻炼，可根据自己的兴趣爱好选择合适的锻炼内容，如篮球、足球、羽毛球、乒乓球、登山、健身跑等，锻炼后在QQ群里留言，也可以互相鼓励和表扬，不仅起到监督的作用，而且提供了交流体育锻炼的平台，让课外自主锻炼变得更加有温度。

（3）精细课后家庭作业。随着学生健康意识的增强，现在高考最后的决战阶段，拼的就是体力与耐力，学生越来越重视体育锻炼。因此，我根据学生的需求，设置了各种类型的家庭作业，以周为单位，通过统筹规划，设立小组长监督机制。周一至周五在校期间，由班级的小组长记录完成情况，周六、周日由班级家长接龙完成情况，教师记录。通过QQ群打卡统筹规划、师生合力、网络交流、家校联系、反馈总结等方式做好家庭作业，根据每学年评出班级"体育标兵"，跟学校的评先评优挂钩，让学生体验认真完成体育作业带来的成功感。

（二）四步：重点把握课堂教学效果

1. 乐在其中：让课堂教学有温度

乐在其中是指体育课上学生在学习体验上呈现快乐、享受的感觉。主要表现在学生的学习态度更加积极主动；学生的情绪流露更多愉悦感，发出爽朗的笑声和呐喊声；课堂气氛活跃，体会到成功感、团队合作的顺利。体育课的终极目标是让每一位学生体会体育课堂的乐趣，感受到体育运动的快乐。调节体育课堂气氛最好的教学手段是"课课赛"，如我在一节区级公开课《耐久跑》中就运用了"赛法一赛"，先通过练习赛、个人赛，再根据优劣头尾配对进行分组赛，通过打卡的方式，配合活泼快乐的音乐，让学生在整节课中始终在赛中完成，强度虽大，却在不知不觉中让学生保质保量地完成了。当然，在赛中教师要用优美的语言进行激励，在课后可以尝试用一些可爱的"小礼物"作为激励。女生心思细腻，特别渴望教师的关注和呵护，这样不仅能调动她们的学习积极性，而且能激发她们的学习热情，使她们真正"乐在其中"。

2. 少等多动，让课堂教学有效度

多动，顾名思义，是让学生能在课堂中"多动"。动又要理解为体育课堂的运动密度、每节课个人有效练习的时间，这就要求"精讲多练"。在组织练习中一定要优化体育的组织调动，精细化场地器材的设置，减少在课堂中因为准备不充分而引发的时间浪费。我在《耐久跑》课的设计中，运用了"地图"，让学生对于练习的过程一目了然；再如一节篮球课后的素质练习，给学生设置了"任务卡"，内容明确，学生分小组迅速集合完成动作，事半功倍。当然，不是多动就可以了，还要科学合理，随时监控学生的心率变化和练习密度，选择适合学生身心健康的运动强度和密度。

3. 组合突破，让课堂教学有实度

自浙江省体育教研室提出贯彻实施"技术体能运用"三维融合以来，我对组合教学有了新的理解。高中体育教学中教材繁多，其中田径、体操、武术等教材的功能主要是发展学生的基本身体活动能力，以及为学习更复杂的技术储备必要的体能。球类教材主要侧重"运用"这一维度，使教学回归到球类的本质——对抗性强的、有竞争性的游戏，以提高学生的技术运用水平。田径类教材一般采用"1：2：1"的比例分配单元课时，"体能"单元课时量最多，"技术"和"运用"单元的课时量相对较少。新授内容需侧重"技术"维度；复习内容则需根据教材内容设计为侧重"体能""运用""体能+运用""技术+体能""技术+运用""体能+运用"或者三个维度兼备。通过深入理解教材的侧重点，再合理协调三个维度之间的关系，厘清课堂教学的重点、难点，让课堂教学更有实效。

4. 多元评价，让课堂教学有亮度

课堂内的多元评价，主要是指评价方式的多样化，过程性和终结性、定量和定性相结合，采用自评、互评、小组评、教师评多种途径。教师评可以是在课堂上的即时评价，也可以是一个眼神、一抹微笑、一个手势、一句话。如"你的动作做得非常潇洒，甚至比老师做得还要漂亮！""给你点赞！""相信你肯定可以满分！"等。即使是高中生，也喜欢赞美和鼓励。当然，还可以是教师课后的总体评价，学生根据自己的出勤率、体能、运动技能、学习态度、合作精神、家庭作业等做出较为客观的评价，提高自我分析、自我调节、自我评价的能力。

（三）五会：知行合一，润物无声

通过"三环四步"课堂教学的落实，学生在运动能力上能运用所学的知识、技能和方法，显著提高个人体能与运动技能，能够基本懂得制订锻炼计划并学会客观评价；在健康行为上，能积极参与课内课外体育锻炼，形成良好的锻炼习惯；在体育品德上，学会勇敢顽强、自尊自强、公平竞争、正确对待比赛胜负，让体育课堂变得有温度，学生真正能有所学，有所得。

"五会"在体育运动中主要包括会说、会做、会用、会学、会做人。会说是指学生能用自己的语言说出运动技能的要领和练习方法；会做是指基本掌握所学技术动作；会用是指学生能在比赛或生活中运用所掌握的运动技能；会学是指学生在掌握了单个运动技能后，能帮助学生学会更多的技术动作；会做人与运动品格的塑造有一定关系，让学生在一系列"会"之后，形成吃苦耐劳、规则意识、互帮互助等意志品质。

通过课前、课中、课后有效的教学方法，结合课外和校外自主锻炼，学生形成了锻炼的自觉性和主动性。

三、我的成长历程

1. 初出茅庐，遇见贵人添生气

2009年我从宁波大学体育学院毕业，以浙江省高校优秀毕业生的身份被温州市龙湾中学提前批聘用，当时和我一起参加招聘的还有北京体育大学和北京师范大学的两位教师。从在学校所学来看，我觉得自己和他们的差距确实存在，而且不小。他们规范的课堂教学口令和扎实的基本功着实让我钦佩。结果，很幸运，那时候招聘的学校很缺体育教师，我们3个人都顺利通过并签订就业协议，从此我开始了我的体育教师生涯。进入龙湾中学之后，第一年的新教师培训，我遇到了我人生的贵人——区教研员曾荣，又通过学校青蓝工程的师徒结对，结拜了正教授高级教师胡益政为师父。正是他们的引领让我在体育教师的行当里不断前行。

2. 小试身手，系统思考凝精气

在两位贵人的帮助下，经过了第一年的迷茫期，我一步一个脚印，以自身的课堂教学基本功、教育科研为切入点，尽自己最大的能力去参加区级各种评比，荣获了2010年龙湾区教学新苗、2012年龙湾区课改之星。在最初的这几年教学生涯中，我引以为傲的就是我每学期工整认真的手写详案，每一年都被学校教学检查评为A等，也正是自己的兢兢业业、勤勤恳恳，让我在教学中有了更多的积累。与此同时，我积极参加市区级各种研训活动，提高自身素质。通过每一次带着问题学习、沟通、交流与反思，自身素质提升相当迅速。通过与专家的交流、同行的商讨与项目学习，通过转变、拓宽、更新、丰富，围绕课程改革与阳光体育的主线，构建学本课程，我的体育课堂教学变得扎实。

3. 不断蜕变，躬于实践炼灵气

在前期点滴的积累和认真的学习钻研之后，我进入脱离新教师标签的一个重要阶段。通过比赛，如优质课、基本功、说课、试课、论文案例等一系列竞赛，苦我心志，劳我筋骨。正如有位参加优质课评比的教师所言："上优质课就要逼着你钻研教材，熟悉教材，这样对教材的理解就更加深刻了；上优质课就要逼着你设计最佳教学方法，这个过程就是教学能力提高的过程。"又如参加基本功比赛，能规范教学口令、规整队伍调动，让课堂组织有序化，扎实教师的动作技能，提高语言表达能力。印象最深刻的就是2014年的10—12月，我从区级的教学活动能力评比到区级团队赛课，又经历了11月的市级教学活动能力评比和12月的市级优质课，在紧张的备战过程中，我对自己不断地推翻、重建，最后两项比赛都获得了市级一等奖的优异成绩。这对我的自信心的建立无疑起到了巨大的作用。

4. 继续前行，专业修炼厚底气

我总是觉得特别满足和幸运，在我人生的成长过程中，总有"贵人"相助。我先后参加了龙湾区体育奔跑龙体人协作组、温州市胡益政名师工作室和龙湾区曾荣名师工作室，在工作室的大家庭里结识了一批优秀的体育教师，他们在学术上、生活上带领着我进步。又得到曾荣、胡益政老师的指点迷津，他们提供了很多平台和机会让我磨砺、蜕变，使我有更大的勇气去挑战自我。2017年仅仅有8年教龄的我，怀着"试试看"的心态，积极申报了温州市教坛新秀的评比。2017年3—5月接近3个月的漫漫三坛之路，我认真准备，一路过关斩将，竟然意外地被推荐到市级，在最后我抱着"重在参与"的心态，凭借着自己的沉着冷静，又一次被幸运女神眷顾。2018年11月，我又和多位优秀的同伴一起成为瓯越人才计划"未来名师"培养对象,在钱勇老师的帮助下,获得了市级论文和新常规新设计一等奖。2019年,我加入了温州市蔡景台名师工作室,成果颇丰,连续获得市级论文、线上案例评比一等奖;拿下了优质课、基本功、论文、教学设计、教学案例等六个市级一等奖;在工作中也获得了2019年度市直属教育系统优秀党员、温州市优秀团干部等荣誉。即便如此,我希望自己不要停止前进的步伐,积累沉淀,努力不懈怠。

四、我的教学片段

片段一:球类——精细到人,保证每个练习的器材数量

球类是高中学生比较喜爱的运动项目,包括基本技术和战术。以排球为例,排球的教学内容包括准备姿势和移动、垫球、传球、扣球、发球等基本技术及基本战术。在各种技术、战术的教学中如何选择排球的数量是一门比较深的学问。如一人一球或者两人一球,在调整一人一球到两人一球后,多余的排球怎么处理?排球数量少了,学生的练习密度达不到要求;多了,又会导致场地里的杂乱无序,排球到处滚,容易出现安全事故。如何合理运用呢?排球学习中,不同的教学内容、练习手段,对排球数量的使用各有差异,但原则都是"多练习、强技能、增密度、保安全"。也就是将"球"贯穿于教学的各个环节,让学生在最短的时间内得到最大化的练习,这样才有利于提高学生的技能水平,有助于保证足够的运动负荷,提高教学的有效性。

片段二:跑类——精致设计,合理利用场地的价值

操场的跑道是每个学校必用的场地,有的学校拥有正规的400 m田径场,有6~8道跑道,可有的学校操场不尽如人意。但也不是所有的跑类课一定要在田径场上完成,例如,我设计的一节《接力跑》的课,在参加市级优质课评比时,按要求将课设计在一片篮球场上进行,通过循序渐进的办法,由原地练习到慢走到慢跑再到快跑最后进行接力比赛,将学生分为四组,篮球场半场为接力区(10 m),接力的同学站在队伍的右侧进行预跑接力,整堂课运动密度大,场地运用少,又能将接力的技术教学贯穿始终,最后这节课得到了评委专家的一致好评。

再如,在一次区级公开课上《耐久跑》的课,我利用了两块篮球场,1~9号是各个标志点,在每个标志点上放置不同颜色的笔,再给予学生任务卡,通过任务卡上的路线设置,学生通过集体跑、单独跑、合作跑三种方式完成各个环节,既激发学生的积极性,又能在两块篮球场内实现整节课极大的运动负荷。这些都是典型的充分利用场地器材的案例。如何根据教学内容、练习方法把场地运用得恰到好处,这就需要教师在课前准备时进行周密的筹划,始终坚持"既无浪费、又不短缺、体现实效"的原则。

片段三:跳跃类——精研教法,实现学生运动负荷的最大化

在高中跳跃类课程中,最典型的就是跳高和跳远课。正所谓"巧妇难为无米之炊",在学校的场地器材中,一般情况下会设置两个沙坑和一副跳高架。这就给教师出了一个难题,如何在有限的场地器材中,提高学生课堂的练习密度和运动负荷,完成教学目标呢?

例如,在跳远课程中,我利用学校的废旧体操垫进行叠加,做成若干个"沙坑"。学生可以在最后落地的时候直接做好动作跳入"沙坑"。但前提条件是预防垫子滑动,防止学生摔伤。如果学生一定要尝试跳入"沙坑",可以先让学生在操场上进行行进间的腾空步练习

后，再利用沙坑的横向分四组进行练习，同时，利用小垫子设置一定的难度（设置不同的高度和远度），进行分层教学。这种方法能极大提高练习密度，保证教学效果。

再如跨越式跳高，为了最大化利用学校的海绵垫和跳高架，全体学生用一副跳高架，一节课的运动密度如何满足学生的需求呢？这时，我采用的是在一副跳高架上拴4根皮筋，朝向不同的方向，设置不同的高度，分四组进行分层练习，让学生自由选择适合自己的练习高度，使每个学生都能体验到跳高的乐趣，体会到成功感。

我所在的高中，温州市龙湾中学的校训是"恪勤日新"，意味着恭谨勤恳，日日新，苟日新。教师是一个神圣的职业，体育教师更会影响学生一辈子的身体健康。希望在未来的日子里，我能继续创设有温度的"三四五"体育课堂进行提炼、努力反思与提高，引领我走向学科素养提升的阶梯，真正形成属于我的风格独特的有温度的体育课堂。

睿智厚实　沉稳大气

温州市第十四中学　沈益雪

不同的教师有着不同的教学风格，有的教师喜欢讲课深入浅出，条理清楚，层层剖析，环环相扣，论证严密，结构严谨，用思维的逻辑力量吸引学生的注意力，用理智控制课堂教学过程；有的教师讲课喜欢亲切自然，朴素无华，娓娓道来，细细诱导，师生在一种平等、协作、和谐的气氛下，进行默默的双向交流，将对知识的渴求和探索融于简朴、真实的情境之中，学生在静静的思考、默然的首肯中获得知识；有的教师讲课情绪饱满，将对文化的热爱和追求融于对学生的关爱与期望之中，充满着对人的高度尊重和依赖；有的教师是和风细雨，如同朋友般与孩子们融为一体；有的教师的课堂朴实无华，能将复杂的问题简单化；有的教师的课堂巧妙设计，引导学生对简单的问题进行深入的思考。平常我听其他教师的课，常常被他们的精彩之处打动，在教学中我总是想将他们的优点集于一身，最终却做不到。我想教学风格没有好坏之分，只有高低之妙，那么我的教学风格又是什么样的呢？我想应该是"睿智厚实　沉稳大气"。

一、解读我的教学风格

1. 睿智聚焦的是"课堂教学"

课堂教学既是一门科学，又是一门艺术。教学的艺术最终是通过教师的课堂教学来表现的，集中体现在教师的教学风格上。体育教师是教学队伍中的特殊群体，工作多样而繁重，一个体育教师不仅教授班级多，而且要组织全校的早操、课间操、课外活动等。因此，体育教师睿智的课堂和言传身教会对学生产生潜移默化的影响。

教育不能没有爱，犹如池塘里不能没有水，没有爱就没有教育。一名体育教师应该具有这种爱，而且这种爱应该是广博的、无私的。对学生的爱可以产生强烈的心理效应，使学生心情舒畅、积极主动、自觉自愿地接受教师的教育，课堂上听从命令，服从指挥，态度认真，练习时不怕苦和对教师充分信任与尊重，自觉地参加体育锻炼，从而形成最佳的教育情境。平时我非常关心学生的生活和学习，对于我来说，学生犹如自己的孩子，在困惑迷茫时更该伸出援手。在课堂教学中，我尊重每一个学生的意见，不呵斥、辱骂学生，遇到技术难关时，带着学生一遍一遍练习，细心教学，课堂气氛和谐而温暖。

在体育教学中，每一个示范动作都是体育教师的特殊语言，每个精湛的示范动作都说出了体育教师对学生全部的"爱"，都凝结着体育教师的汗水、辛劳和青春年华，所以，教师能够很好地启迪学生的心智，吸引学生的注意力和激发学生的学习兴趣，同时使学生对教师产生敬佩之情，自觉地接受教师的教诲，积极主动地配合教师上好每节体育课及课外活动。我坚持每个动作都示范到位,与学生一起训练、一起成长。在体育教学中,体育教师的教学风格对学生学习态度的形成、个性特征的培养、学习氛围的创建、团结合作精神的养成等方面,均有着十分积极的意义。

在体育教学中,技能的学习非常枯燥。与文化课相比,体育课更难调动学生的学习兴趣。于是,在教学中,我从学生的学出发,注意教学流程的"活";求异思辨,激发学生质疑问难;"启"中求"活",能根据教学难度的高低与学生的接受能力恰当地选择和使用教学方法,经常利用游戏来提高学生的课堂兴趣。如做反口号训练游戏,将全班学生的注意力集中到课堂上,使他们兴奋的情绪稳定下来;如教材的"跑",教师可以充分利用跑的特点,运用竞赛、追逐跑游戏等增加教材的趣味性。种种努力,就是为了让学生热爱体育、享受体育。

体育教师在培养学生,传授体育知识、技术、技能时,健康的思想有助于提高学生的学习情绪和对知识信息的感受力,使其反应敏捷、思维活跃,促进行为规范,练习刻苦性、主动,同时,还可以净化不良的社会风气,消除不健康的社会意识形态,使小群体处于和谐稳定状态;反之,则课堂气氛紧张、压抑,学生情绪不稳,理智活动能力下降,机械重复的练习多,混乱反应多,容易导致伤害事故的发生,学习任务难以完成。我常带着饱满的热情上课,用自己积极向上的情绪带动全体学生,激励学生克服身体和学习中的各种困难,热爱新教的内容,使学生学练更加认真。

2. 厚实追求的是"实践反思"

厚实就是要不断实践与反思自己的教学过程。我常常因为要达到一个小小的目标,寻求一个小小的策略而冥思苦想、费尽周折。但正是在这样的"逆境"中,我深刻认识到实践反思的重要。当我成功设计了一节课,我会及时将这个成功的过程进行记录,并反思自己缘何成功,便于今后能在这方面驾轻就熟,于继承中创新。当我在探索教学模式的过程中遭遇到失败时、当我的课堂教学达不到应有的效果时,导师和其他兄弟姐妹总是鼓励我,让我冷静地思考失败的原因是什么,用什么样的策略、怎样的方法加以改变。我始终觉得,当失败的原因找到了,问题又得以解决时,所谓的失败自然就会升级为宝贵的财富。而文字正是保留它的最好工具。就这样,我不停地书写着我的所思所感,在此基础上又不断地探索着、记录着。从一个方面可以说,是不断的探索与反思成就了我、提升了我。而且我渐渐发现文章不是写出来的,而是实践出来的。的确,当你实实在在去做每一件事、认认真真去研究每一个问题时,文章也就自然而然地写出来了。虽然我们获各级各类奖的文章很多,但能在《中国学校体育》《体育教学》《青年科学》上发表的文章都有一个最大的特点,就是很少去套用名家说过的话和高深的教育教学原理,写的都是做过的事,说的都是心里话,解决的都是教育教学实践中遇到的实际问题,"命中"也就顺理成章了。

以教研组和备课组为平台,实施体育校本教研交流。唯有教师集体状态下的教研交流,才能形成一种研究的氛围,一种研究的文化,一种共同的学习、工作方式。教师集体的互助合作和交流是"校本教研"的标志与灵魂。通过体育校本教研交流活动的开展,建设协作、学习、研究型体育教研组;通过体育校本教研交流活动的开展,促进体育教师专业知识技能更加扎实、实践能力更强、专业品质提升。只有教研组、备课组体育教研氛围浓厚,教研实效性、针对性才会强,整体体育教学质量才会高。每位教师对于体育教学有自己的观点和思想,通过学习和交流,形成具有乐于协作、善于学习、勤于探索专业品质的体育教师群体。特别是对于体育教学中遇到的问题，积极进行研讨、交流加以解决，并开展各类体育实验活动、成果展示、反思小结归类等各项工作。

因此，参加各种丰富多彩而又扎实有效的活动让我得到全方位的学习和实践。与名师大家的沟通交流启迪了我的思想，与同学的切磋研讨开阔了我的视野，与同行的协作互助提升了我的能力。它是我个人成长之路上非常重要的一站，希望能借着它给予我的思想力量走出更扎实的学习成长之路。例如，在钱勇工作室时，我们组员互相交流分析自身的实际情况，制订研修计划、生涯发展规划，剖析自身优势与不足，我发现自己对课堂的认识和教材的理解远远不够，对自身的规划和发展不够明确；在观摩讨论长三角地区中小学体育特级教师教学研讨会时，我明白了我与特级教师的差距；在参加国培时，这些来自教学一线并取得卓越成绩的教授的经验总结和专家的具体指导使我对课程教学与实践有了全新的认识，对体育健康课思想和观念有了更深层次的理解。

3. 沉稳大气，彰显个人素养

"人生是旅行，工作是修行；一辈子教书，一辈子学教书"，这是我的人生信条。因此，我不断地学习，向书本学，向同行学，向专家学，读书交流令我眼界开阔、心胸豁达、性情温润，在不断的积淀修炼中夯实了体育底蕴和学科素养，形成了自身特有的底气和勇气，课堂上的我散发出沉稳大气的气质和风格。

在专业教学中，课堂便是我展示知识能力、发挥专业影响力的基本场所。课堂是检验教师知识、能力水平的最好平台，也是见证教师专业发展历程的最佳视点。在工作室和培训班学习时，我们正是立足课堂实践，在实践的基础上不断反思总结，进而获得厚实的教学功底，打下可持续发展的基础，使独具特点的教育个性、教学风格在课堂上得以充分发挥。例如，2014年参加市级公开课《篮球双手胸前传接球》时，在钱勇导师和何晓敏老师的指导下，我结合教育心理学、教育哲学深入探讨优质高效生态课堂的营造，研究范围涉及动机激发、情境设置、师生关系、教学策略、内容选择与处理、学法指导、学生思维培养、教学生活化、情感态度价值观培养、知识迁移等诸多方面。另外，工作室的其他优秀教师还提供精准的课堂诊断，引导我从多角度、多侧面观察和思考问题，克服不良思维定式或思维从众的现象，从平凡中看出奇崛，从看似没有问题中发现和找出问题，使我逐步形成沉稳大气、结构严谨的教学风格。

沉稳大气的教学课堂，加上多年的教学实践沉淀出娴熟的课堂驾驭能力，体现了一定的教学机制。体育的课堂教学是一个富有变化的共时空群体活动，主体、客体、媒体之间的生态系统处在不断转换之中。这种不断转换的关系使体育课堂教学具有很大的灵活性和很强的现场性。我在带领学生完成教学基本目标和任务时，经常根据具体的学情，调整学习的途径、方法、过程、手段，这需要教师有渊博的知识、丰富的经验和很强的教学智慧，能在生成中抓住契机，创造不可预约的精彩。

我执教《鱼跃前滚翻》时，一个学生问："老师，我们学这个有什么用啊？"我急中生智，引导学生："当你走在一条巷子里时，对面有一辆车向你撞过来的时候，你怎么也躲不开该怎么办呢？"然后和学生进行集体研讨。在集体研讨中不知不觉就解决了疑问，学生的学习积极性和求异探索精神得到积极发挥，获得学习能力的提升。像这样从思想上真正顾及学生的健康成长，顾及课堂教学的多面性和师生生命活动共同创造的活力，才能真正发现并驾驭好课堂教学的生成性特点，使学生的主体作用、创造性才能在这些生活的情境中得到最佳发挥，使课堂教学取得骄人的成绩，使课堂真正充满生命活力。

在十几年的体育教学生涯中，我用厚实的专业底蕴、扎实的教学功底、温暖的人文关怀、远大的职业境界、永不服输的体育情怀，锻造出一个睿智厚实、沉稳大气的我。我用这样的形象告诉我的学生："站在操场上，我就是体育！"

二、我的成长历程

强大的前提是专业化、厚基础、精专业、强技能，这是合格体育教师的基础，也是体育教师教育教学能力的翅膀及非权力影响力提升的基础。有句话这样说："你连自己现在的工作都做不好，人家怎能相信你有其他方面的能力？"的确，"有才有位"，如果我能在课堂教学（评优课、基本功大赛）、教学科研（课题研究或撰写论文）、运动训练等方面不断获奖或出成绩，相信不仅学校领导和教师会对我"刮目相看"，就是我自己也会发现在进步，与昨天的自己不同了，而且这种大大小小的奖励和荣誉会变成"催化剂"，形成良性循环的动力，推动着我继续努力，让我披荆斩棘也不觉得辛苦，从而达到量的积聚，为质的飞跃奠定厚实的"家底"。

我从走上工作岗位到成为教坛中坚，大致可分为以下三个阶段：

第一阶段是我参加工作的最初2～5年，那时的发展立足点是：尽快完成理论与实践的初步结合，形成正确的教育教学思想和良好的心理素质，苦练基本功，初步掌握教育教学的基本规律，完成体育学科的循环教学，使自己"站住"讲台，实现由师范生向教师角色转变和教学知识向教学能力的转变。这个阶段是最主要、最关键的阶段。由于我勤奋、好学和主动，师父郑少华倾囊相授，她的宽容、大气和人格魅力深深地影响着我。渐渐地，我开始崭露头角，参加学校、市直、全市的各项比赛，均获得不错的名次和奖项。

第二阶段是工作后的5～10年，我的发展立足点是：初步形成自己的教学风格，熟练掌握教育教学基本功和运动训练的基本规律，对教育教学训练过程中遇到的问题进行科学的研究，能成为一名胜任学校的常规教学、教育管理工作的合格教师；这个时候我有幸认识了钱勇老师，并很幸运地成为他工作室里的一名成员。在这里的几年，是我飞快成长的时期，不但参与的活动层次高了，还结识了一批好学上进的同伴，他们都是我生命中的贵人，促使我不断学习，避免纠结、狭隘、肤浅、短视，我感觉我不是一个人在战斗，我背后是一个强大的团队，那是一棵棵强大的树，支撑推动着我。因此，我参加各级的教师基本功比赛、课堂教学比赛、市级公开课等十分顺利而成功，他们与我非亲非故却让我拥有亲人般的温暖，让我能够自信、从容地面对各种事情。

第三阶段是参加工作后的10～16年，我的发展立足点是：形成独特的教学个性和风格，完全掌握教育教学主动权，有很强的教科研能力，有部分或相当数量的科研及训练成果。苏霍姆林斯基说："如果你想让教师的劳动能够给教师带来乐趣，使天天上课不至于变成一种单调乏味的义务，那你就应当引导每一位教师走上从事研究这条幸福的道路上来。"教科研在这三个阶段中的地位和作用是不一样的，第一阶段是规范教育教学行为；第二阶段是形成教育教学理念、个性风格和管理思想；第三阶段是提升品位，打造品牌。在这些年中我多次参加了体育教师的各级各类的基本功比赛，也就是在参加比赛的准备中对教学内容形成了独特有效的教学方法；在带田径、女子篮球、定向、羽毛球、游泳、健美操等运动队参加比赛中不仅取得了诸多荣誉，而且掌握了各个项目科学的训练方法；在坚持理论学习和教学实践结合中，规范了教学行为，完善了教学艺术；在开展各类竞赛活动及担任多年教研组长过程中不仅培养了丰富的组织、管理能力、沟通能力，而且工作协调、配合能力得到发展；从"不愿"做体育教师逐渐成长为教研组长、优秀教师和教坛中坚。

三、他人眼中的我

沈老师既是我的良师又是我的益友，我们相识在温州市第十四中学，她是我实习期间的指导老师。在实习期间，我的每一节课沈老师都会来听，在开始前会和我们一起研究实习计划和布置上课内容，这些内容都是中学生比较常见的教学内容。上课时她仔细地记录下我课上的不足，课后耐心地指导我。如果这个内容我上得不够理想，沈老师会和我一起探讨、修改再重复上这个内容，直至我掌握。沈老师厚实的专业知识、严谨负责的态度让我进步很快，让我得到了很好的实践，让我学到了很多大学书本里学不到的知识，让我慢慢从学生转变为老师。

（温州市职业技术学校　蒋晨晨）

她是温州市教坛中坚、温州市优秀教师、温州市骨干教师。对待生活她积极乐观，对待工作她认真努力，对待学生她关爱有加。她是体育学科的领路人。每学期她都要在学校做示范引领课，为青年教师提供学习交流的平台。她利用自己厚实的专业和空余时间，带着一群温州大学的体育实习生，认真指点上课，自己认真备课，给这群新教师做示范，引导着他们快速地走上教学道路。

她重视学生的专业教育和个人发展，能睿智地利用自己的专业知识，在实践中提高学生的综合能力；她善于思考，拥有独特的教学管理方法，能用自己厚实的教育胸怀，在生活上关心爱护每一个孩子；她是学校学生发展处主任，她善于和家长沟通，得到了家长的认可和支持，是家长心目中可靠、踏实的老师。认真是她工作的原则，负责是她做事的准绳。她用自己的行动诠释了教师这个职业的神圣，她利用假期、课余时间在学校做好安全工作，积极加班、值班，以校为家。

她做事讲究高效率，当大家在为了评职称而拼命熬夜准备内容时，她早已将这些事情稳妥准备好；当我们想到某一件事情还未做的时候，她老早已经帮你把要准备的东西准备好了。她的做事速度永远比别人快好几倍！其实高效率源自她的好习惯，她是有规划的人，她会把所有的事情提前做好规划，保证有质有量地完成每一件事情。

（瓯海区职业中专集团学校　曾丽君）

认识她的人都知道，益雪绝对是一个工作达人，在工作上，她态度认真、负责；在教学方面，她勤勤恳恳、刻苦钻研，亲切对待每一位学生，即使在教学的同时兼任政教工作，她也一直能很好地兼顾，我每天都能在学校中看到她跑上跑下联系工作中的各项事宜。她任劳任怨、踏实苦干，这在同事的眼中是有目共睹的，虽然同事们常常都劝她悠着点，可她都是很随和地说声："没事。"

作为体育老师的她在专业基本功上非常扎实，可以说是一专多能，一直以来，她都担任学校训练队的带队工作，带队工作非常突出。在教学方面，她非常谦虚，经常会虚心向老教师求教，不断学习，自我充电，她所任教的班级体育成绩都是非常优异的。在教学上，她有自己的一套风格，她会根据教学对象的差异进行针有对性的方法设置，沉稳、大气，教学效果有目共睹。

（温州市第十四中学　黄慧慧）

以"境"导学 以"赛"促教

温州市绣山中学 张洪江

光阴飞逝，岁月无声！不知不觉中，作为一名基层体育教师，我已深耕教育行业十七载有余，从最初的迷茫到日益充实，从幡然顿悟到中期回眸，有跌宕起伏，有艰辛跋涉，也有沿途灿烂的美景和一路育人求真的快乐与幸福！

一、我的教学风格

体育教学与课余训练是绝大多数体育教师专业发展的两条基本途径，很多教师在专业发展的定位上因为种种原因或条件所限，很容易顾此失彼，甚至在兼顾中出现矛盾，这也是最初困扰我专业发展定位的主要原因。然而一路走来，回头梳理自己的成长经历与收获，教学与体训这两项主要工作一直在并行发展，相互促进。在践行"育人为先"的教育宗旨下，我立足自己的足球专项，努力尝试寻找教与训两者的共生点，逐步凝练了"以'境'导学 以'赛'促教"的教学风格。

二、诠释教学风格

在初中的体育课堂中，三大球（足球、篮球和排球）是最受学生欢迎的项目，因此，在教学中，我会更多地搭配以球类为主的集体项目，并大量设计情境教学片段，将其作为技术学练与比赛运用的实践环节，"以'境'导学"，通过不断调整情境的变量，使绝大多数的学生在技术与心理方面达到良好的适应，并逐步形成乐学、好学的状态；在学生初步具备运用能力的基础上，通过变通规则、分层设计、简化比赛等方式，逐步完善、调整教学手段，"以'赛'促教"，使学生在各种情境和比赛中通过自我调整、内心驱动、大胆实践，真正掌握项目技能，并能够学以致用，同时在规则意识的强化下，营造团队氛围，提升核心素养。

17年的足球带队训练工作为我的教学风格形成积累了珍贵的阅历，也大大完善了我的教学思想和主张，尤其是在2015年下半年的培训经历使我在意识与方向上发生彻底改变。非常幸运，同年9月，我作为校园足球教练的普通一员被选派到法国留学培训，开启了那段如饥似渴般的学习生活。其间，我不断吸收法国足球先进的教学与训练理念，发现他们对足球项目的定位更多是建立在实用性的基础之上，训练设计以比赛为核心，以"由球热身—比赛（发现问题）—技术练习—情境训练—比赛"为基本模式，一节90分钟的训练课，各种不同形式的比赛占到60%左右的时间，所提炼的技术、技能源于比赛，用于比赛，并以比赛来检验教学，通过反馈、情境和运用不同的比赛环节加强队员的实战能力。在培训的后期，我通过不断总结和对比，发现法国的这种训练理念与我们现行的《浙江省义务教育体育与健康课程指导纲要》

所倡导的以"技术、体能和运用"三维度进行单元建构的思想非常相似,两者殊途同归,由此我似乎找到了多年以来课堂教学与课外专项训练的有效结合点,也逐渐明晰了自己的理论框架,从此我的教学与体训这两块主体工作不再是两条毫无交叉的平行线,而是呈螺旋形的态势融为一体,共生共长。

三、我的成长历程

1. 第一阶段:迷茫

2003年夏,我完成了哈尔滨师范大学四年的学习,随即来到了对我来说几乎一无所知的温州,并就职于全市非常知名的一所初级中学——温州市实验中学,从此正式开启我的工作历程。初到这所学校我就听说年轻人的压力是很大的,三年要站稳脚跟,五年就应该小有成绩。而我在最初的一段时间似乎从没有找到工作的节奏,尤其是第一年,作为一名新教师,我一边任教八年级段的体育实践课,一边兼任另一个校区七年级的体育保健课,实践课几乎就是跟着老教师的教法,模仿或照搬,边上课边学习边求助,而室内保健课因为是第一年开设,几乎没有任何可参考的样板,每个班级每周一节课,一共10个班,也就是说,同样的内容要重复10次,上到后面几个班级的时候,那种感觉真是难以言表。可以说前面几年自己也曾不断努力,积极上进,但感觉自己几乎毫无规划,从2003年至2010年,回头想想自己在这七年间的确错过了很多,尤其是在教科研方面,能够沉淀下来的东西屈指可数。

2. 第二阶段:奋进

工作来到第八个年头时,也就是2011这个学年,我有幸代表学校参加温州市直属学校体育教师基本功大赛,经过前期的精心准备我获得了比赛的一等奖,并取得了代表市直学校参加全市比赛的资格。想起那段经历至今还记忆犹新,体育教师的基本比赛,对参赛教师的要求非常全面,从基本的队列、体操、田径、武术到各种球类测试,不但要具备良好的身体素质,还要熟练掌握各类项目的动作方法和技能,有些项目从大学毕业后就很少接触过,几乎要从零学起。但是在指导教师的帮助和整个团队的共同努力下,我再次获得全市比赛的一等奖。这一次的经历,我感悟非常深刻,别人能够做到的我一样可以,首先自己要有所期待,成功不可能一蹴而就,任何事情都要做好充分的准备,才能有的放矢;另外,团队的力量也成为我一路成长的坚强后盾。接下来的几年中,我又相继获得了温州市体育学科教师素养、温州市"一师一优课"、温州市优秀教育论文评比的各项比赛的一等奖。除这些教科研方面的业绩外,带队比赛方面更是取得了新的突破,在多次获得温州市中学生足球比赛的冠军后,绣山中学也成为活跃在省级足球赛场上的新生力量,并一直持续至今,第一次参赛就获得台丽温赛区的第一名,并两次获得浙江省总决赛的第四名,这个成绩也创造了学校省级体育竞赛的最佳战绩,足球项目成为学校的品牌,不断获得各界的认可。从2012年起,我所在的绣山校区从温州市实验中学独立出来,我也被学校任命为绣山中学综合学科的教研员,这对我来说是一次全新的挑战,从此我的目标更加清晰,对自己的要求也上了一个新的台阶。反思这几年的教学经历,给我最大的收获就是,不但要怀揣梦想、坚定信念,而且要专注细节、勤于反思,这样才能走稳每一步。

3. 第三阶段:沉淀

2015年9月,作为温州市唯一代表,我被教育部选派成为校园足球教练员首批赴法国留学培训的一员,这既是一份荣誉又是一份责任。作为一名基层教练,更是一名一线教师,我要打破原来的视野局限，不仅要带好一个球队、做好一个项目，更要从教科研的角度，使足球项目得到更广泛的辐射。三个月的留学生活很快过去了，法国留学给我带来的不单单是训练方法和足球理念的更新，更重要的是意识形态的改变。回国后，我结合法国足球以比赛为核心的训练理念，进一步完善教学与训练的理论，在各级层面的教研活动中进行实践展示，另外，多次参与基层教练的培训工作，同时，在学校层面开发足球拓展课程《踢球者青训营》，并在市级精品课程评比中获奖。教学方面，2016年6月，我有幸被评为"温州市骨干教师"，当年12月通过高级职称评审；2017年6月，我又再次参加温州市三坛评比，获得"温州市教坛中坚"的荣誉。带队比赛方面，再次实现历史性的突破：2017年，我指导学生获得浙江省校园足球联赛初中男子超级组的总冠军，并代表浙江省参加全国校园足球联赛，随后我们足球团队将历年的荣誉与足球文化进行整理，成立了"中绣足球俱乐部"。团队建设方面，2018年6月，经过前期几个月的积极申报，我们的体育组获得温州市首批"先进教研组"，并在2019年12月再次获得浙江省"先进教研组"的殊荣，这是对我们体育教研团队莫大的肯定和鼓励。回首一路上的点滴收获，把握机遇，科学规划，放眼未来，是我一路成长的关键，当然个人和团队的成长同样也离不开优质的平台，非常感谢学校及各级教育部门在此期间给予的支持和帮助。

四、教学片段

通过情境训练中的规则变化提高队员的内在动力

在参加法国留学培训的过程中我发现，很多不同年龄结构的球队在训练中非常注重对球员心理方面的引导，这不单单体现在语言的交流与激励方面，更多的是在训练手段方面的变化，教练在训练中通过对情境的不断改变和比赛规则的适度调整，使球员不断获得内生动力，并以高度的热情投入训练的各个环节，这一点非常值得我们借鉴。因此，我在自己的训练设计中经常采用以下方法。

1. 适当调整难度，保持训练的积极性

首先在训练的开始阶段，我会根据学生状态和技术水平安排一些难度适中的训练内容，并加入一些小的对抗，从中发现问题，为接下来的训练内容提供参考。在这一过程中，以每位学生为主体，适时调整难度，如在2对1的控球练习中，如发现控球一方做得不好，很难合理运用技术动作，无法实现连续性传控球，教练就可以将练习的区域扩大，或对防守采取限制等（如要把双手放在背后），以保证学生在每个实践环节的参与度和积极性。

2. 改变计分方法，增加比赛的不确定性

一场足球比赛，如果在开始阶段就能够判定出胜负，甚至可以预测结果，显然就已经失去了比赛的魅力，参与者自然也就失去了对比赛的兴趣。所以，在训练分组的时候，教练要考虑到两队实力是否均衡，球队当中总有一些个人能力比较突出的学生，这样的学生往往好胜心很强，不注重和别人的配合，总习惯通过个人能力解决战斗，这样就造成了大多数学生成为看客，参与度很低，很难实现预期的训练目标。因此，我会采用下面的计分方法来保证全员的参与：

$$进球数 \times 进球人数 = 最终分数$$

如甲队进球数是 3，但都是由 1 名球员打进，那么他的分数就是 3×1=3；

乙队进球数是 2，进球是由 2 名队员打进，那么他的最终分数就是 2×2=4；乙队获胜。

在强化几个不同的主题训练时，如头球进攻、提高远射能力等，为鼓励球员将以上技术充分运用到比赛中，可以实行这样的计分策略：

$$符合主题的进球数 × 主题数量 = 最终分数$$

如红、蓝两队，进球数是 2∶3，蓝队进球数领先，但三个进球都是用同样的方式打进（如都是远射），只体现了一个训练主题，得分就是 3×1=3；而红队进球数虽然是 2，但两个进球符合不同的主题（如有头球有远射），因此得分就是 2×2=4，判定红队获胜。

通过这样计分规则的适度调整既增加了比赛的不确定性，又调动了所有学生的积极性，保持了比赛的活力。

3．巧妙设计比赛，提高团队的活力

在安排人数较多的小比赛时，可以设计这样的情境，提升球员的竞争意识和动力持久性，如设计 2 对 2 的比赛，根据具体人数可分设 4～5 个场地进行。

每场比赛时间：5 分钟。

方法：胜一场向右移动一个区域，负一场向左移动一个区域，但 1 区的负队保持不动，4 区的胜队保持不动，比赛分四轮进行，直到决出最后的冠军。如果 5 分钟之后比分打平，可以预先规定以先进球的一方获胜，通过这种方式可以充分利用有限的小场地空间，并一直保持高强度的比赛状态，实现学生体能与技能双重增量。

综合以上方法，教练在各种情境训练和比赛中适度进行规则调整，以落实技术运用、提高实践能力为出发点，并在心理层面不断提升学生球员的内驱力，从而创设积极、和谐的训练氛围。

五、他人眼中的我

1．坚定初心　克己守正

刚毕业的我遇到已经工作十几年的张老师，沉稳、严肃是我对他的第一印象，不由心生敬意。

作为教研员，他对我们新教师在专业发展方面也是操碎了心，他每年都亲力亲为，组织各种有关教学设计、模拟上课、教学技能等方面的评比，日常工作中不断督促我们进行理论提升，多研究课例，多参与论文、课题的写作。在教学方面，学生都很喜欢他的体育课，在他的课堂中，始终充满着活力，挥洒着汗水，始终洋溢着学生运动的美好记忆，那种潜移默化、润物无声的教学方式令人印象深刻。作为男足教练，在每个训练日、每个周末甚至大半的假期时间，一直守候在绿茵场边的他早已成为校园一道独特的风景，即使是头顶烈日，又或是阴雨连绵，他也从未退缩，在自己足球的专项训练中，他始终坚持科学高效的原则，情境化的训练模式始终保证学生为主体，而且他善于激励学生，使学生在训练中保持高度的专注，不断激发学生潜能，使学生在比赛中达到忘我的状态，这一点在他平时的教学与训练中都得到了很好的印证。

（温州市绣山中学体育组　李昇）

2．执着于一线教学前沿的引路人

我的身边有这样一位同行者，他有很多身份：学校综合学科教研员、学校足球队主教练、留法"海归教练"、体育组"灵魂人物",但我更喜欢称他为"引路人",这便是我的同事张洪江老师。他与我朝夕相处,亦师亦友,胜似亲人,作为体育组的灵魂人物,教学和带队经验丰富的"绣中老人",他身上总有一种不满足于现状,不断充实完善自我的紧迫感,他干劲十足地在教育道路上追求着人生的诗与远方,他的光芒照耀着我,激励我奋进,更启发我深思。

每一次组内年轻教师参加区、市级比赛时,他都精心组织,发挥团队力量,搭建优质平台,一次次的"磨课"和研讨,一次次地提出修改建议,不断助力着青年教师的全方位成长。每个人的成长和蜕变总是痛苦而艰辛的,但张老师的无私与呵护,倾囊相授,让这样的历练痛并快乐着,他用自己的语言、行动、精神践行着一位"绣中老人"的使命,用自己的真诚打动着身边的每一个人,这样的他也带领我们体育组团队斩获多项荣誉,先后获得温州市"先进教研组"和浙江省"先进教研组"。

张老师的教学风格感染着我。在多年的课堂实践与足球训练中,他已经逐渐形成了自己的特色与烙印,这在很多的公开课中都有所体现,他从不拘于形式,往往更侧重学生的运动效果和实践能力,教学手段环环相扣、步步导入,课堂设计简洁高效,在训练中特别注重学生的分层与分组,而且善于及时调整自己的教学方式,始终保持学生的全员参与、高度融入。

(温州市绣山中学体育组　应金喜)

简约·自然·求真

乐清市育英寄宿学校 俞卫胜

一、我的教学主张

我的教学主张是简约、自然、求真。

二、诠释教学主张

简约、自然、求真的课堂是质与美的和谐统一。"简"出空间,将主体地位还给学生,变容量为质量,让学生更主动、自由;"约"出智慧,将挑战还给教师,变传授为对话,让教学更具思维性和开放性。

初中数学的新课、复习课、专题课等课型,都可以通过对一个材料或一道题的深入研究,挖掘其内在的学习线索与数学本质,基于学情,并科学、自然、有序地组织学生进行相关的数学探索活动,从而完成一节课的教学任务,以此达成多维目标,使课堂教学从传统的"繁杂"走向"简约"、从"狭隘"走向"广阔"、从"肤浅"走向"深邃"。

三、教学风格发展历程

1. 初涉教坛——懵懂阶段

2008年,通过教育局考试,我加入了乐清市最北部的一所初中(智仁乡中学)。从一名大学生蜕变成一名人民教师,需要一个过渡的阶段。从教三年,经过学校、学区的层层选拔,我有幸参加乐清市优质课上课比赛,经过一番努力,获得了乐清市二等奖,对于教龄不到三年的我来说,应该是一个好的开端。

2. 刻苦努力——萌芽之时

2011年之后,我开始参加各方面的比赛,如案例、论文、解题、课例等比赛,以赛代练,并承担一些公开课,积极参加各种教研活动,从中积累很多的经验。2014年5月,我评上了乐清市教坛新秀,当时评比的课题就是对课本习题中的一道习题先进行一节课的教学设计,然后进行课堂展示。也许从这个时候开始,"简约·自然·求真"的教学风格便开始萌芽。

3. 继续前行——走向成熟

评上乐清市教坛新秀后,我没有停止前进的脚步,继续提升自身专业的发展,积极参加乐清市促进有效学习青年研修班、温州市命题研修班、浙江省易良斌网络名师工作室等活动。通过自费订阅期刊、购买书籍等方式提升自己的理论水平,在阅读中我结识了很多志同道合的朋友,在交流中进行思维的碰撞,促进自身能力的提升。2016年11月,我的第一篇文章《由博返约,追求简洁——一堂"一题一课"复习课的思考》发表在《中学数学》;紧接着,2017

年4月,《追寻"动中折叠"的足迹——一次"一题一课"公开课的教学实录及点评》发表在《中学数学杂志》;2017年4月《"一题一课",追求简洁,贵在自然》及2017年5月《从试题、解题赏析走向"一题一课"教学——以2016年温州卷第23题为例》发表在《中学数学》。这些文章都围绕着"简约·自然·求真"的教学风格进行文字的显性化。时隔三年,我又踏上了三坛评比之路,经过激烈的角逐,最终评上温州市教坛新秀。

4. 砥砺前行——风格渐成

评上温州市教坛新秀后,我依然没有停止前进的脚步,继续在各大期刊发表文章。三年多来,我通过发表文章,主编、参编书籍,做各种讲座,开各种公开课,参加各种教研活动来提升自我,突破瓶颈,在每次成功中收获自信,在每次失败中吸取经验。至今为止,我在期刊上发表20多篇文章,参加各县市公开课及讲座50多场次,主编《奇思妙解几何题》。2019年暑假,我赴河南省登封做题为《中考模型及模型教学》的讲座。2020年疫情期间,在全国中考二轮备考活动中,做题为《中考数学二轮备考之"法"——小议中考数学的解题通法》的讲座。在乐清市空中课堂直播课中执教六节专题课,为更多学生提供线上学习。除此之外,我还组织温州市的初中数学教师进行期末试题、中考模拟题及中考真题的研究,借助微信群进行交流研讨,并组织优秀教师进行写稿,通过我创建的公众号"笔尖下的数学思考"进行推送,里面的文章受到了全国各地很多教师的青睐。近段时间,针对浙江各地中考题进行了研讨、交流,收获甚多。通过这样的方式,我不仅提升了自己的专业素养,还结识了很多优秀的教师。这些试题的研究指引教学的方向,对教学风格的形成有很大的促进作用。这三年,通过各种活动的参与,我的教学风格逐渐形成,当然,还需要进一步完善。

四、教学片段(案例)

【**案例1**】针对2016年温州中考第23题进行"一题一课"的教学片段。

23. 如图1所示,抛物线$y=x^2-mx-3$($m>0$)交y轴于点C,$CA \perp y$轴,交抛物线于点A,点B在抛物线上,且在第一象限内,$BE \perp y$轴,交y轴于点E,交AO的延长线于点D,$BE=2AC$。

(1)用含m的代数式表示BE的长。

(2)当$m=\sqrt{3}$时,判断点D是否落在抛物线上,并说明理由。

(3)若$AG \parallel y$轴,交OB于点F,交BD于点G。

①若△DOE与△BGF的面积相等,求m的值。

②连接AE,交OB于M,若△AMF与△BGF的面积相等,则m的值是_____。

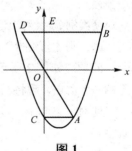

图1

师:若二次函数$y=x^2-2x-3$的图像如图1所示,你能获得什么信息?

生:开口向上,对称轴,与坐标轴的交点,顶点坐标。

师:很不错,解析式可从这几个方面进行思考。

追问:将$y=x^2-2x-3$数2变成m($m>0$),则$y=x^2-mx-3$对应的图像哪些不变?(哪些变?)

生:开口方向及大小不变,图像与y轴的交点不变。

追问:能谈谈你的想法吗?

生：a 不变，开口方向大小不变；c 不变，图像与 y 轴交点不变。

师（欣赏眼神）：这位同学抓住了问题的本质，那什么变了呢？

生：由 $y=\left(x-\dfrac{m}{2}\right)^2-\left(3+\dfrac{1}{4}m^2\right)$ 可知，对称轴及顶点都变了。

师：通过数来研究形的变化，当 m 变化时，图像将怎样变化？

（通过生生讨论交流，教师引导学生获知当 m 变化时，图像实质上做平移变换，最后，教师用几何画板演示图像的平移）

师：当 m 变化时，图像与 y 轴的交点不变，记为 C，然后过这个定点 C 作 $CA\perp y$ 轴，交抛物线于点 A，点 B 在抛物线上，且在第一象限内。$BE\perp y$ 轴，交 y 轴于点 E，且 $BE=2AC$。

追问：连接 AO 并延长交 BE 的延长线于点 D，当 m 变化时，有什么值得研究的问题？

（让学生展开动态思维的翅膀，若有困难，可借助几何画板演示，在 m 值的变化过程中，感受图形的变化。2分钟后）

生：点 D 在抛物线上时，m 的值是多少？

生：当线段 $OE=AC$ 时，求 m 的值。

生：$\triangle DOE$ 与 $\triangle AOC$ 全等时，求 m 的值。

师：同学们的问题意识很强，接下来分组解决这些问题吧。

【点评】创设恰当的情境，顺应学生的思维，激发他们的好奇心。从数字 2 到 m，感受对应图像的变化，训练学生的动态思维，贴近学生的最近发展区。紧接着，添加一些线条，引导学生感受 m 的变化引起图中点动、线变、形变。课堂中，学生提出的问题非常有探究的价值。这样灵动、生成的课堂要求教师用智慧启迪学生，用心去聆听学生、去触摸教学、去透视课堂，捕捉学生的问题，有效地利用生成性资源，重组教学思路，让学生有更多的探索空间，还学生一个本真的课堂，让"一题一课"教学在顺应学生的思维中流露出自然之美。

【案例2】针对矩形背景下的折叠问题引导学生提出问题的教学片段。

师：刚才折痕 BD 很特殊，现将其中一点动起来，出示题干。

问题：如图 2 所示，在矩形 $ABCD$ 中，$BC=4$，$CD=3$。点 Q 是 CD 上的一个动点，现将 $\triangle BCQ$ 沿直线 BQ 折叠，使得 C 落在点 C' 处。

此时，教师借助几何画板，将点 Q 在 DC 上动起来，然后请学生观察。

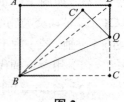

图 2

师：当点 Q 运动时，针对 $\triangle BCQ$ 和 $\triangle BC'Q$ 这两个三角形，哪些量变，哪些量不变？

（此刻，学生们全神贯注，都在观察变与不变的量）

生10：我发现 BC'、$C'Q$ 在变。

师（面对生10的回答，不慌不忙，而把话锋转向其他同学）：生10说 BC' 在变，你们有不同想法吗？

（正当其他同学想要回答时，此时生10突然意识到问题了）

生10（豁然开朗）：BC' 是不变的，由折叠可知 $BC'=BC$，而 BC 是不变的。

生11：我发现 BQ 在变，$\angle CBQ$、$\angle C'BQ$ 都在变。

生12：我发现 $\angle CBQ=\angle C'BQ$、$\triangle CBQ\cong\triangle C'BQ$ 一直成立。

师：同学们不仅发现了边、角中变与不变的量，也发现了角与角、三角形与三角形的关系的不变量。

师：当点 Q 运动时，请你提出几个可探究的问题。

（给予学生 2 分钟，让学生将问题写在纸上，教师巡视，不时与学生交流讨论，并借用爱因斯坦的话"提出问题比解决问题更重要"鼓励学生，增强学生的自信）

生 13：当 Q 在运动过程中，△$BC'Q$ 的面积取值范围是什么？

生 14：当 DQ 为多少时，点 C' 恰好落在 AD 上？

生 15：当 Q 在运动过程中，求点 C' 所经过的轨迹的长度。

生 16：当 DQ 为多少时，点 C' 落在 BD 上？

师：相信大家还有很多问题，这里不一一呈现了。能否对刚才这 4 位同学提的问题分分类呢？

生 17：我觉得生 13、生 15 的问题分为一类，都是求面积、长度。生 14 和生 16 的问题分为一类，都是涉及点 C' 的位置。

师（欣赏的眼神）：你的分类从数、形两个方面进行了提炼，给我们提出问题提供了方向。

（师及时板书）

师：现将我们班分 4 组，每组完成一个问题，第一组为生 11 提出的问题，第二组……

（教师巡视，不时与学生交流，同时生生之间也相互交流，产生思维的碰撞，过了 3 分钟后）

生 18（第一组代表）：由折叠可知，△$BC'D$ ≌ △BCD，而 $S_{\triangle BCD} = \frac{1}{2} \cdot BC \cdot CQ$，$BC=4$ 不变，CQ 为 $0 \sim 3$，所以 $S_{\triangle BCD}$ 在 $0 \sim 6$ 的范围内。

生 19（第二组代表）：如图 3 所示，方法 1：设 $DQ=x$，则 $C'Q=3-x$，而 $AC' = \sqrt{C'B^2 - AE^2} = \sqrt{4^2-3^2} = \sqrt{7}$，所以 $C'D=4-\sqrt{7}$，在 Rt△$C'DQ$ 中，由勾股定理得 $C'D^2+DQ^2=C'Q^2$，即 $(4-\sqrt{7})^2+x^2=(3-x)^2$ 得 $x=\frac{4\sqrt{7}-7}{3}$。

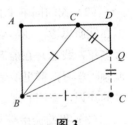

图 3

正当生 19 坐下时，突然有一生站了起来。

生 20：对于这个问题，我联想到图中隐藏的位置关系，可连接 CC' 得 $CC' \perp BQ$，则 Rt△BCQ ∼ Rt△$CC'D$，得 $\frac{CQ}{BC}=\frac{C'D}{CD}$，即 $\frac{3-x}{4}=\frac{4-\sqrt{7}}{3}$ 得 $x=\frac{4\sqrt{7}-7}{3}$。

师：××很善于思考，能挖掘题中有用的资源。

生 21（第三组代表）：我们组发现点 C' 的轨迹是以 B 为圆心、BC 为半径的一段圆弧，但要求出这段圆弧的长度，有点难，因为 ∠CBC' 不是一个特殊角，需要用计算器才能算出，只知思路，还没算好。

生 22（第四组代表）：如图 4 所示，由折叠可得 $BC'=BC=4$，而 $BD=5$，在 Rt△$DC'Q$ 中，$C'D^2+C'Q^2=DQ^2$，即 $1+(3-x)^2=x^2$，得 $x=\frac{5}{3}$。

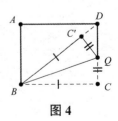

图 4

师追问：谁来说说解决此类问题都用到了哪些方法？

生23：勾股定理、方程、相似、三角函数等知识。

（师板书）

【点评】将点动起来，利用几何画板，给予学生充分时间观察动态问题中变与不变的量，特别是挖掘动中不变的量。在动的过程中，尝试让学生提出问题，培养学生提出问题的能力，让学生对提的问题进行分类，引导学生从数、形（外、上、内）两个方面进行提问，为以后更好地思考问题提供了方向。通过小组合作、师生交流、生生交流等方式，让不同的思维进行激烈的碰撞，一题多解得以绽放。此环节渗透了方程思想、数形结合思想、化动为静等数学思想方法。

初中数学复习课，教师要能够从一道题目（一般是课本练习题、中考试题）出发，开放性地设计问题，鼓励学生从多角度解决问题，并尝试让学生自主编题，提出问题，同时关注学情，动态生成，让课堂将更加自然、流畅。在这样一条复习主线下，提炼解题策略，挖掘数学本质，注重数学思想方法的渗透，真正让数学复习课成为学生的主阵地，走出"题海战术"的阴影，追求简约却不简单的课堂，还学生时空，体现"一题一课"的价值，真正凸显"以生为本"的教学理念。

五、他人眼中的我

（1）我的师傅黄瑞华：俞卫胜老师任教十载，求课堂教学之"方"；渐入佳境，明教学、教研之"术"；收获成果，悟为师治学之"道"。从教以来，俞老师始终注意在轻松和谐的学习氛围中激发学习动机，在简约深邃的学习活动中引导思考探索，在轻负高质的学习状态中达到启智无痕。行以践思，思以导行。行与思相互依存、相互促进，成为俞老师教育教学的两极。作为一名思考着的教育行者，他在教育的道路上且思且行，不断地在嬗变中攀登着新的高度。

（2）我的同事王金红：俞卫胜老师不仅自身专业能力水平强，而且热情上进，无时无刻不在钻研思考，经常会将自己的一些思考毫无保留地与大家一起分享研讨，令人十分敬佩！这么多年，我总是在俞老师所创建的"温州中考微信研讨群""笔尖下的数学思考"公众号默默地倾听学习，群里汇聚了来自温州各县市优秀的前辈老师，让我在平日里学到了很多从未接触过的知识，实用的理论知识和解题技巧令我叹为观止。

（3）我的徒弟林年双：听过俞卫胜老师很多节专题课，他的课设计得非常流畅，行云流水。以一个简单的问题出发，让更多学生参与课堂，真正体现以生为本的教学理念，低起点、多渠道，让不同层次的学生都能参与课堂。课堂注重启发学生受阻的思维，引导学生提炼方法，完善思维。各个环节层层深入，自然过渡，探究数学的本质，带领学生开启数学的求真之旅！

内外兼修　专业发展

温州华侨职业中等专业学校　周士浙

从第一次站上讲台的紧张到现在课堂中自如，在不同的成长阶段，不同的人和事在影响和改变着我，也促使我对中职数学教学有了更深的思考。这些思考促发了教学理念的变化，这些变化都改变了我的教学行为，然后——体现在每一堂课中。在思考中成长，在成长中继续反思，不断进步和突破。选择在不同阶段深刻影响我的四个观点与大家分享。

一、一堂课、一支粉笔、一块黑板

温州华侨职专数学组有个良好的传统，那就是非常关注教师的基本功，特别是板书。当时学校教学副校长蒋黎明是资深的数学高级教师，写得一手漂亮的粉笔字，他曾在组内教研活动时调侃，"我面试招聘进来的数学老师都有一手漂亮的板书"。确实，板书设计是教学设计中的点睛之笔，数学课堂教学中力求数学教师根据教学要求，以尽可能简约精当的文字、符号、线条和图表，尽可能丰富的内容，增强课堂教学的吸引力、启发性和感染作用；通过板书培养学生的分析能力、概括能力，帮助学生把握重点，厘清思路。

2004年刚从师范院校毕业参加工作的时候，我经常去数学组各位教师的课堂上学习，每次听课除教学上的收获外，更对每位教师各具风格的板书暗自惊叹。黑板上不仅有漂亮的文字、准确的数学符号，还有精美的数学图形。板书不仅把当堂课的重难点呈现在黑板上，关键是规范整齐的解题过程给缺少书写习惯的中职生起到了很好的示范作用，而且给人美的感受。

在众多数学教师中，当时临近退休的丁士俊老师的板书令我印象深刻，可以说影响了我后来对数学课堂板书的理解。我曾去听过几节丁老师的课，每次上课前丁老师都会在讲台上准备一支完整的白粉笔和若干支彩色粉笔。正式上课后，各个教学环节环环相扣，需要呈现的要点逐一出现在黑板上，一堂课下来，满满一黑板，中间几乎没有动过板擦对板书进行调整和修改。一次课后，我忍不住去向丁老师请教是如何做到整堂课不动板擦的，而我自己上课可是不断地写，不断地擦。丁老师笑着说："课堂上呈现的教学过程和板书是在精心备课的基础上，对每个环节熟记于心，经过多年的教学尝试和积累才能做到一堂课、一支粉笔、一块黑板。没有几年时间你是做不到的。"

在后来的教学中，我也逐渐开始对板书进行设计和练习，逐渐形成自己的板书风格。虽然不是每次都能做到一支粉笔、一块黑板，但在信息化技术不断普及和推广的现在，我仍然坚持每堂课将核心知识点和重点例题解题过程进行规范板书，用自己的行动影响学生的数学学习习惯。

二、只要有一个学生在听课，我就有责任把课上好

刚毕业到职业学校任教的时候，我担任2004级两个导游班的教学任务。导游专业在学校所有专业中入学分数相对较低，班级中学生的数学基础和学习习惯差异非常大。当时刚毕业的

我也是血气方刚，对即将开始的教学生涯充满了憧憬和希望。可刚开始上课没多久，教学的热情在学生一次次有意无意的课堂违规行为中消磨殆尽。每次精心准备的教学设计无法正常进行下去，除个别学生会认真听课外，其他的学生都游离在课堂之外。教学的信心越来越低沉，随之带来的是备课越来越流于形式，经常没有准备充分就走进教室。没有认真备课，课堂教学磕磕碰碰，教学效果无从谈起。我陷入了一个不良的循环。

一次组内教研活动中，我向组内老教师说出了自己的困惑。老教师听了疑惑，反问了我三个问题。你了解自己的学生吗？你的教学设计符合学情吗？你有没有因你自己的心情而没有认真进行备课上课？这三个问题直击我当时面临的困境。从毕业实习到走上工作岗位，我任教的学生从普通高中生变成了中职学生。而我没有认真地思考这种转变，去研究中职生的心理特征和学习特点，还是按照原来普通高中的模式进行备课，教学设计远离了学生的最近发展区。课堂上能认真进行听讲的学生都是那些非常乖巧的女生，她们认真听讲更多是出于自身的学习习惯，而不是教学吸引她们，更多的学生完全跟不上教学进度。课上的这种状态让我非常没有成就感，因此备课也变得随意，这样连最后的听众也流失了。组里一位老教师说，在不同专业都会遇到这样的问题，但我们不能因此放松了教学的要求，哪怕你的课堂上只有一名学生在听课，你也有责任把课上好。

我从迷茫中警醒，开始走进学生，了解学生，发现他们本身并不是对数学排斥，而是初中数学学习的不成功让他们失去数学学习的热情和兴趣，不断地暗示自己是不可能在数学学习上取得成功的。在逐渐了解中职生的数学学习特点和习惯后，我在备课上花时间，充分做好初高中知识的衔接，慢下来对相关初中知识进行适当的复习，对新授内容进行整合和降维，从模仿解一道题，到独立解一道题，让学生在参与中逐渐建立数学学习的信心。我的课上听课的学生比例越来越高，学生对我的教学也越来越认可。

后来，学校开展了选择性课程改革，我申报了一门数学选修课。数学选修课在中职的选修课清单里显得有点另类，有教师说这样的课会有学生选吗？选课那天的结果出人意料，我的选修课被秒杀，据后来上课的一位学生说："我们听说周老师的课是最接地气、最容易接受的。"

三、一个悖论："难懂的地方快快教，易懂的地方慢慢教"

在中职数学教学中，我曾经遇到这样一个困惑，依照自己对教材的理解和认识，在相对难以理解的章节中，花大力气和时间去分析知识产生的来龙去脉，但有时思维要求超出了学生的最近发展区。教师在讲台上讲得口干舌燥，学生在讲台下听得昏昏欲睡，而教师认为简单易懂的章节在授课过程中快速完成教学环节，匆匆而过。这样一种教材的处理方法在阶段性检测中就被发现存在问题。难度大的章节学生接受程度低，教学效果一般；难度小的章节落实不到位，教学效果也一般。在一次校内教研活动中，一位老教师就我的困惑谈了一句他的经验和做法，"难懂的地方快快教，易懂的地方慢慢教"。刚听到这句话，我一脸迷惑。这不是和我的做法完全相反吗？问题出在哪里？

中职数学课程标准指出，"中职数学是学生在完成义务教育的基础上，通过课程学习，获得继续学习、未来工作和发展所必需的数学基础知识、基本技能、基本思想和基本活动经验，具备一定的从数学角度发现和提出问题的能力、运用数学知识和思想方法分析和解决问题的能力。"依据课程标准编写的数学教材是从事教学活动的蓝本，其中包含了学生所要学习的知识和方法，更蕴含着学生数学学习活动的基本线索——包括活动的题材、素材、活动过程、活动方式，以及活动目标。中职学生在初中时期就不习惯于符号化、形式化的抽象数学，数学教材编写如果采取过度抽象手段,则会遮掩数学背后的情境信息而使学生数学学习产生困难。数学教师在处理教材的时候如果还是按照普高数学的思路去处理,就容易陷入这种困境。

在不断的摸索和尝试中,我从知识删选、情境还原、内容重构三个方面对教材的内容进行取舍、再造和创新,力求使数学课更加生动有趣、更加实用。中职数学教材有简易版普高教材的痕迹,教师在遵循课程标准的前提下,结合任教专业的学情和学习需求,对难度过大且相对无用的章节进行删减,选择与专业联系较多的章节进行授课。这样既可以降低学生学习难度,又能为专业学习提供必要的支撑,保证学生学以致用。具体到某一章节,教师应该在保留每个章节中最基本的内容的基础上进行教学,保证学生完整的高中数学知识体系,让学生接受基本的数学素养教育,掌握基本的数学知识、技能和思维方法。中职数学教学要从学生的认知特点和培养目标出发,通过引入或构建源于生活、还原专业实践或借助信息化手段辅助教学,让学生在熟悉的情境中将知识和技能融合在一起,形成运用的能力。教学中还应该结合企业对人才数学素养的需求和专业学习所需的数学必备知识与能力,重构特定的教学内容,提升学生的数学核心素养,服务学生终身发展。

四、中职数学,不能仅有趣味,还要有数学味

中职数学教学中不能忽视的一个重要的问题就是学情。中职生存在数学基础薄弱、缺少良好数学学习习惯,课堂纪律自我约束较弱等问题,因此,从我进入中职数学教师队伍以来,很多的老教师都基于这些现实的情况指导我从教学设计上下功夫,通过激趣把学生"吸引"到数学学习中。为了提高课堂教学的趣味性和有效性,我依据老教师的建议从以下几个方面进行了尝试:一是从师生的第一次见面开始,加强与学生的情感交流,所谓"亲其师,信其道",让学生对数学教师产生"好感",进而对数学产生好感,对中职数学学习充满期待;二是精心设计每堂课的引入环节,或者从学生切身生活中寻找素材,或者从数学史中挖掘学生感兴趣的数学故事,创设符合学生心理需求的教学情境,为数学课堂增添趣味性;三是从专业知识中寻找与数学知识的联结点,直观上增强学生对数学有用性的认识。在不断的尝试下,我的课堂学生的参与度和有效性得到了大幅度提升。但在一次教研活动中我开设了一堂公开课,评课环节教研员提出了一个质疑:"你的课趣味有了,那数学味哪里去了?"这句话让我陷入了反思。中职数学是不是就不需要数学味了?答案肯定是否定的。于是我在原有教学尝试的基础上,更加关注数学本质。

中职数学课程标准中课程目标明确指出"通过学习,提高学生学习数学的兴趣,增强学好数学的主动性和自信心,养成理性思维、敢于质疑、善于思考的科学精神和精益求精的工匠精神"。原来关注的趣味性只能实现提高兴趣和增强主动性的目标,而只有增加数学课堂的数学味,才能实现完整的目标。中职数学课堂不仅要有趣味、生活味和专业味,还需要有数学味。为了实现这个目标,我认真研究教材和课程标准,通过发现归纳教材中的具体知识背后潜在的数学本质,将零散的数学知识形成一个有机的整体。在教学环节设计上,更加关注思维和过程,尽可能地创设情境,让学生经历数学知识发现和探究的过程,提高数学思维能力,感受"数学味"的魅力。在探究过程中,渗透数学思想和方法,帮助学生领悟到"数学味"的精髓,更为以后应用中能够举一反三。经过多年的实践,面对不同的课型和不同的授课对象,我能灵活地在不同的"味道"之间切换,学生也开始喜欢上我的课了。

中职数学还有很广阔的空间可以去探索,希望未来我的课堂是有趣、有玩、有料、有用的课堂,能真正为学生的职业生涯发展奠基。

情智相润 理趣共生

瑞安塘下职业中等专业学校 邵秋收

教学主张是方向、是旗帜、是追求。我的教学追求"有情感、有智慧、有理性、有趣味"的课堂，演绎到我的教学主张中，即"情智相润 理趣共生"。

从教近20年，每阶段教学实践对我的教学主张都影响深远。第一个阶段：初出茅庐，无经验、无指导教师的我凭着热情和初心，默默耕耘、专研教材，开始形成"情味课堂"的雏形；成为一级教师、瑞安市德育优秀教师的我，有幸参加了市第二届学科骨干研修班，好学不倦、更新理念，多次普高数学课堂的学习，让我且行且思数学理性教学，为理性课堂的蓄养播下种子。第二个阶段：继续琢磨情、理融合课堂，专研教学技巧，踊跃参加各科、各地教研，开阔我的视野，勇挑各类竞赛重任，成为教学熟手的高级教师、市骨干教师，并在参与温州市地方创新教材编写后，体会到数学与生活、专业等联系的重要性，而且触类旁通，创设趣味情境的灵感泉涌，为我的趣味课堂理念注入了营养。第三个阶段：成为新秀、中坚、优秀班主任、市尊重教育尊重人才突出贡献个人后，继续博采众长、积累反思，专研情、智、理有机结合的课堂；后来，我对华东师范大学祝智庭教授的《智慧教育的科学力量》中提出的智慧教育兴趣盎然，且迸发了情、理、趣与智如何融合的思考；在未来名师培训的专家引领下，润泽我的思考，提出了"情智相润 理趣共生"的教学主张。

一、以情为基——情味让课堂充满"亲气"

情，即情感、情义、情味，是人们对外界事物与内在意识之间发生联系的切身体验。它是进行师生交流的情感基础和基本力量。面对知识基础、学习主动性较弱的中职生，情感是中职数学教学的第一要素，教师对学生的情感付出，影响着学生对教师的喜爱，而学生对教师的喜爱不仅可以激发学生学习的兴趣，还能激发学生的参与思维，确保学生参与课堂的深度和成效，让课堂充满"亲"气。

1. 播撒爱心，增加师生关系的厚度

爱因斯坦说过："热爱是最好的老师，根植于爱是处理好师生关系的奥妙所在。"我们要客观、全面、深入地了解学生，把握他们的性格特征、兴趣爱好等，要热爱、尊重、信任、宽容学生。基于爱的关心、理解和尊重，才能真正关注学生的感受，从心底贴近学生，了解中职生的家庭情况，做一个忠诚的倾听者、耐心的引导者、宽容的教育者——只有这样，我们才能从学生的眼睛里、表情里、状态里，观照出自己，打开学生心灵的钥匙，走进学生的心灵，真正地了解学生的学情。

2. 魅力感召,激发学生学习的力度

亲其师,信其道,爱其科。中职生能喜欢上数学课,最主要的原因是学生喜欢数学教师。我天生的大嗓门、后天的抑扬顿挫,适时的情感融入,微笑地进入课堂,使我的课堂激情四射,深得学生的喜爱,同时,学生强烈地感受到我的教学热情,潜移默化地影响了他们,激发了他们学习的热情。

当然给学生一杯水,我们要有一口知识泉。教师必须具有较高的文化素养,包括数学专业知识、其他课程部分知识、文学素养和数学审美修养等,这样才能八方联系,信手拈来,让学生如沐春风。

同时,为了让学生喜欢上我的课堂,我除平时关爱学生的点滴、发现学生的闪光点外,还会阶段性地了解学生喜欢怎样的教师,"对症下药""投其所好"!那怎么才能了解学生喜欢的教师类型,从而在课堂内做一位学生喜欢的教师呢?我们可以通过各种问卷进行调查,从而得知学生心目中的"魅力型"教师,从此切入点入手,在课堂上驾驭学科知识,更要将个人的品行和人格魅力融于学科之中,形成具有鲜明个性的教学风格,去影响学生,让我们的学生先"爱"上其师,再"爱"上其课,最后"爱"上其科,为数学课堂的有效性提供基础。

例如,在新接一个班级时,我会通过App调查学生喜欢什么风格的教师(图1),基于数据,教师在课堂教学时要做幽默风趣兼严格的教师,有了精确的"角色"定位后,在方式上可多使用幽默语言、网络流行语、热门电视剧中积极人物话题等,更易拉近师生距离,打破"无味"的课堂,开启学生"爱"上其师的学习之旅。

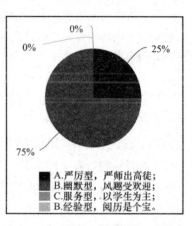

图1 学生喜欢什么风格的教师

二、以智为魂——智慧让课堂充满"智气"

智,即智慧、智力、智能,是人们所具有的基于生理和心理器官的一种高级创造思维能力。国家督学成尚荣教授指出:课堂教学改革就是超越知识教育,从知识走向智慧,从培养"知识人"转为培养"智慧者"。以智慧为灵魂的课堂是数学课堂不懈的追求。因此,我们要基于学生,遵循教育规律,以数学知识为载体,充分利用"互联网+"技术,智慧而从容地教,学生智慧而快乐地学,师生智慧地共生共长,让课堂充满"智气",不断焕发生命力。

1. 因材创材,调节学生学习的温度

教材为学生活动提供了基本线索,是实现课程目标、实施教学的重要资源,是教师和学生进行教学活动的主要媒介。教材的编排渗透着新课程的哪些理念?有何意图?教材的前后有何联系?对学生后续的学习和发展起什么作用?这些都是我们要上好一节有效、高效的数学课必备的前奏。所以,教师首先要充分解读教材,基于学情,考虑学生的最近发展区,创造性地使用教材,针对不同专业灵活对数学教材进行处理,科学地对教材进行增减、重组等,实现数学实用、适用地为专业课服务的宗旨,调节适合学生学习的温度,兑现课堂教学的有效性。

例如,对电工电子专业、机电专业,应增加"复数"等内容选学,将"三角函数"等内容适当提前讲授,特别是三角函数内容中,正弦函数的图像要重点讲解,这种函数在理学和工程技术方面有着广泛的应用。

2. 因材施教，开拓学生学习的广度

首先，教师必须摸清学情。美国教育心理学家奥苏贝尔说过："影响学习的最重要因素是学生已经知道了什么，我们应当根据学生原有的知识状况去教学。"这意味着有效的数学课课前，教师必须先关注学情，深入摸清：近期学生新知识所需的经验、知识、方法、策略学生是否拥有？拥有的程度和深度怎样？课堂教学的主体是学生，把握学生的学习情况和现状应是有效教学准备的基础。但是学习是内化的、外化的，也是不断变化的。如何把握学生的已有旧知、经验，让学生的一般发展、共同发展、特色发展、差异发展成为可能，我们必须通过及时的测评，让学生的学情均以数据的形式收集下来，"翻译"成有价值的信息，如学困生的识别、知识缺陷的发现、学科能力的诊断、教学目标的达成度等，进而为我们的教学决策与学生的学习决策提供更准确、更及时、更全面的支持，为学生确定各种"精准性"的方案，推进数据驱动的精准教学和精准学习。

其次，教师必须整创资源。要开展好因材施教，需要教师提供大量的各类学习资料平台，所以教师可利用各种资料进行整合或创作出适合各层次学生的资源。例如，个性辅导的微课制作，可充分利用"洋葱数学""自学神器""慕课"等现有资源进行整合创作。甚至可以利用一些移动App，进行海量题库、智能出题、移动批改、师生互动、学情分析，大大减少教师的工作量。

再次，教师创设平台。创设两类平台，智慧地开展因材施教，使每位学生在自己的学情基础上有所进步。

（1）创设合作学习的共进平台。针对班内学生能力、成绩、性格等分组，课前教师基于学情、智慧施教，发布助学案、学习手册、微课等资源到共进平台，学生自主探究后再小组合作。课前组内自主学习新知的进度与认知水平的差异，必将促成小组讨论的高效，从而实现小组共进的实效。课中组织学生分享学习方法、学习成果等，聚焦差异，形成共识。这些同时为教师的针对性分析创造了先行条件。

（2）创设自主学习的个性平台。由于中职生两极分化严重，学情不断变化，如何因材施教，那就必须开展个性化学习，让学生按照自己的步骤来学习，教师给予学生一对一个性化指导，提高学习绩效，并更精准、更智慧地开展学生的"个性化"学习，使每位学生在自己的学情基础上有所进步。

例如，在《数学因选而美——〈两角和差的正弦公式〉之个性化学习》教学中，我根据学生最近发展区及学情，基于互联网环境，充分利用微课等资源进行整合或创作，从公式猜想、证明、验证、正用、逆用、反思、巩固七个方面，让学生根据自己的学情进行选择性学习，从而达成本节课各层次学生的相应学习目标，实现人人皆学、处处可学、时时可学。

如在探究关系时，基于学生的不同基础，设置了以下5种形式，让学生根据自己的情况选择性学习两角和差正弦公式证明（图2）。

图2　基于不同基础采取多种形式

最后，教师多元评价。无论共性学习还是个性学习，学生的学情都发生了新的变化，所以，课中、课后的科学化评价为确定新的"精准性"的方案提供了新的依据。然而，对数学学习的评价要关注学生学习的结果，更要关注他们学习的过程；要关注学生数学学习的水平，更要关注他们在数学活动中所表现出来的情感与态度，帮助学生认识自我、建立信心。因此，在中职数学教学中，唯有通过多元结合，以学生的进步与发展为理念，做出科学性评价，师生才能共同学习、成长。

（1）在关注学生发展的基础上，要注意过程性评价与终结性评价相结合、定性评价与定量评价相结合、相对性评价与个体内差异评价相结合、内部评价与外部评价相结合，既考虑结果又注重过程，肯定他们的点滴进步，有利于学生树立学好数学的信心。

（2）介入信息技术，同时运用不同的尺度评价学生，注重延缓评价的运用，评价方式要多样化，采用在线测试、操作题、抢答题、创意设计、活动报告、课题报告、学生成长记录袋等灵活多样、开放的操作性评价手段与方法，来关注学生个性化全面发展的状况，具体直观地描述学生发展的独特性和差异性，减轻学生的压力，凸显评价的激励作用，加强对学生能力和素质的评价。

例如，在《角的概念推广》教学时，为了解课前角的概念掌握情况进行了学生定量评价，课中对学生参与课堂各项活动采取内部评价与外部评价相结合的过程性评价，并对课中的小组总表现做了终结性评价。

三、以理为主线——理性让课堂充满"灵气"

理，即条理、理推、明理，是概念、推理等思维形式或发展活动，指处理问题按照事物发展的规律和自然进化原则来考虑问题，不单任凭感觉做事情。数学作为塑造思维的必要学科，最大的特点是理性。"明月松间照，清泉石上流"，所以，数学教学这个"清泉"必须流淌于"理性之石"上方能清澈见底。而且感性的课堂，让课堂轻松、生动，师生互动氛围融洽；理性的课堂，让课堂深刻、高效，我们需要以理性为主线，来把握课堂的节奏、内容的逻辑和知识的深度，才能为学生系统掌握知识奠定基石，让课堂充满"灵气"。

1. 去繁化简，揭示数学知识的本质

万物之始，大道至简，是中华文化之精髓。数学具有抽象性，于是数学的表达在极大程度上决定着学生课堂上脑力劳动的效率。因此，数学的表达要以简洁而富于变化为特色，教学时去繁化简，用简洁准确的语言分析概念的内涵和外延，用深入浅出、由表及里的语言表达"难以言说"，用自然流畅的语言把思维过程中曲折、迂回甚至焦虑的心理感受与学生分享。

例如，引用"相离是背井离乡的思乡之情、相切是返乡之子归家之喜、相交是合家团圆的相聚之乐"来深入浅出地比喻直线与圆的位置关系，形象生动，诗情画意。

2. 问题探究，拨动学生思维的高度

著名数学教育家 G.波利亚认为："掌握数学意味着除掌握逻辑分析方法外，还必须掌握探索性思维能力。"因此，在中职数学教学中，精心预设富有启发性的"好问题"，使学生产生疑问，以疑获知，有效地激发起学生在获取知识过程中，强烈地探求问题奥秘的积极性，激发学生学习的动机，还能使学生在解决这些问题之后增强自信心，从而打开思维的闸门。

例如，在教《圆柱、圆锥的侧面积》这一课时，设置一个生活中的问题情境——小蚂蚁的难题（图3）（利用PPT路径动画播放蚂蚁爬行）：一瓶饮料的下方有一只蚂蚁，上方有一个面包屑，蚂蚁要想尽快吃到面包屑，应该走哪条路径？

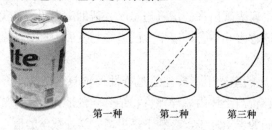

第一种　　第二种　　第三种

图3　小蚂蚁的难题

此时，学生各抒己见，提出不同的路线方案（学生画图），学习氛围变浓了。经过讨论得出一致结论——把立体图形展开成平面图形。那常见的一些立体图形（如圆柱、圆锥等）的展开图是什么呢？学生们兴趣盎然地开始了新课的探索，从而很自然地引出本节课所学的知识——圆柱、圆锥的侧面积。创设这样的情境，使学生的思维迅速地由抑制到兴奋，由无意到有意，积极主动参与教学活动，从而在活动中萌发创新欲望，激活了学生的思维。

四、以趣为境——愉悦让课堂充满"朝气"

趣，即兴趣、趣味，指教师以有趣味的方式表达并引导学生理解和内化知识。近代教育学家斯宾塞指出："教育要使人愉快，要让一切教育有乐趣。"诱之以趣是中职数学教学的前提。为了不让数学课成为单纯的理性十足的"理论课""说教课"，又由于中职生的学情，充分利用了视频、图片、游戏等信息化手段，智慧施教，创设趣味情境来辅助教学，以"趣"引"思"，吸引学生的注意力，降低数学问题的抽象性、乏味性、烦琐性，优化了教学过程，将学生引进"乐学"的大门，打开了一条"让学生主动走向知识"的康庄大道，让课堂充满"朝气"。

（一）回归生活，丰富数学应用的宽度

1. 创设实际情境——开启学生乐学的大门

美国华盛顿图书馆墙上贴有三句话："我听见了就忘记了，我看见了就记住了，我做了就理解了。"数学学习是一种活动，这种活动与游泳、骑自行车一样，不经过亲身体验，仅仅从看书本、听讲解、观察他人的演示是学不会的。在中职数学课堂教学中，根据教学要求，从学生的实际出发，将课本中的例题、讲解、结论等书面东西转化为某个实际问题，赋予数学生活气息，让学生亲自参加活生生的数学活动，学生的印象加深了，学习更有效了。

例如，立体几何模块，有些学生基础弱，我利用学生喜欢吃的零食，借助美食豆腐干串、九层糕创设情境，让学生理解面面平行的判定与性质，依托生活模型进行理解。

2. 创设岗位情境——提高学生职业的素养

在中职数学教学过程中，从岗位有关的实例恰当地创设岗位工作的情境，引出数学知识，再将知识应用于岗位实际问题，使学生在完成任务的过程中有效地学习了相关的数学和专业知识，既提高了学生的学习兴趣、解决实际问题的能力，又避免了学生为学数学而学数学、不知道学数学有什么用的误区,同时,也提高了学生的职业素养,为今后参加工作打下一定的基础。

例如,在电商专业班级进行《二元线性规划问题的图解法》教学时,在应用环节设计学生化身为资源调配师,小组合作,进行模拟训练,得出在两个时段安排两种快递车的趟数使运送费用最省的方案。这里根据企业岗位工作的实际情况,采用小组合作学习的形式,学生既有个人的独立思考,又有模拟电商岗位,从专业角度理解数学的应用,体会数学是源于生活而服务生活的,进一步理解用图解法解决实际问题的方法,在活动中让学生感受学习的乐趣和责任,使学生能学、会学、想学。同时,学生在学习交往中,学会参与、学会交流、学会尊重他人、学会分享,培养了团队合作的职业精神。

(二)文化润泽,增强数学神韵的深度

数学的本质是一种文化,不仅闪烁着理性、智慧的光芒,更有艺术审美的享受及厚重的文化意向。因此,在中职数学课堂上,不但要将教学内容进行挖掘和理解,还要将它的文化价值挖掘出来,将数学趣味、人文与之结合,恰当设置情境,关注知识铺垫,合理呈现知识(如寻找知识生长点,搭建认知脚手架),不断制造悬念,扩大思考的空间和时间,润物细无声地采用人文过程来展示数学本质,让学生置身于文化的情境中,感受数学的美、数学的乐趣、数学的魅力,让数学欣赏带来学习愉悦。

例如,在《基本不等式》教学时,引入第 24 届国际数学家大会会标(赵爽弦图),既传播我国古代数学文化,激发学生的民族自豪感;又能让学生体会和谐美、对称美、简洁美,培养学生从直观猜想到严格论证的数学理性精神。

以情为基、以智为魂、以理为线、以趣为境,让课堂充满情义、智慧、理性、趣味,它们是有机统一的。因此,教学中情、智、理、趣要臻于完美结合的混融境界,教师通过热情授课、温情育人、趣味情境、智慧施教,用情唤情,融情于智,以智激情,促进师生的智慧不断升华、情智相润共长、理趣共生,使数学课堂一直衍生到学生的人生之路上。

作为一名教师,我将继续专研教学、更新理念,不断地在教学的幸福路上成长和升华,追求我的"情智相润 理趣共生"教学主张,让数学课堂焕发出生命的活力!

"双线并进"的中职德育课教学

龙湾区职业技术学校　陈夏双

一、我的教学主张

每当别人问我教什么时，我总是纠结该怎么介绍我所教的学科。如果简单地说是教德育的，他人会以为是班会课，更有甚者会理解为洗脑课；如果说是思政课，可能又会被与普通高中的思想政治课混为一谈。在思考如何回答别人的这个问题时，其实我就是在追问中职德育课的存在到底有何意义，我要教授给学生的是什么，直到一位学生的一句话给了我很大的启示。他说："老师，我们为什么要学习德育（职高政治），我们就是来学习技术的，以后就靠技术吃饭，这些理论的知识有什么用……"这个学生的思想困惑，在中职生中很具代表性。为此，我在本校做了一次问卷调查，结果发现一半以上学生对德育课不够重视，认为听或不听都一个样，学了没用。造成这种状况的原因，主要有以下几个方面：

第一，大多数学生抱着学一技之长而读职高，往往重视专业课；他们综合素质较低，不能意识到文化底蕴的重要性，忽视文化课。

第二，受社会、家庭一些不良思想及丑恶现象影响，当前德育课教学面临的最大困难不在于学生"知不知"，而在于"信不信""行不行"。部分中职生优良品质缺乏，加上高中生的偏激和不成熟，使他们不信书本，将德育课贬为说教课。

第三，有些德育教师还没能从传统的教学模式中及时转变过来。教学中远离了学生的真实生活体验；缺乏主体间的交往和对话；教学内容局限于书本，忽视了丰富多彩、瞬息万变的学生生活世界；教法陈旧、千篇一律。课堂枯燥乏味，感染力、说服力差，不受学生欢迎。

第四，新教材针对性不强，只具有普适性，特别是针对不同专业、不同地区的实际还远远不够；且内容还是较抽象，富有时代气息、离学生近的为学生所熟悉的鲜活的案例少，对学生缺乏吸引力，造成学生在理解接受上有一定的难度。

第五，中职德育课作业主要是教师布置一些可在书本找到答案的选择题和抄抄写写之类的小问题，最典型的是让学生做教材的配套练习。作业的单一性不利于调动学生的学习积极性。

基于上述原因，我认为德育课教学必须走向学生的专业实际。既然学生是奔着学专业而来，那我们就从学生专业出发，充分调动学生的学习积极性，增强知识的可信度，使学生乐于学习，并能学懂学会，从"要我学"变为"我要学"。在几年的教学实践中，我总结出"双线并进"的教学设计，更能吸引学生，更能发挥中职德育课应该有的价值，这也成为我的教学主张。

所谓"双线并进"，就是在教学过程中辩证看待中职德育课理论知识的教学与学生专业发展的关系，始终坚持将课堂教学与学生专业相结合，以学生在专业学习和实践中的问题为明线，以德育课原理的教学为暗线，从学生中来到学生中去，真正打造"由外而内"的内驱力。

1. 巧用专业特色情境，增进德育课堂的吸引力

创设情境，就是教师要有目的、有计划、有层次地精心设计，提出与教学内容有直接联系的生活中的实际问题，激发学生的求知热情，将学生引入一种与问题有关的情境。情境材料必须是贴近学生生活经验、贴近实际、贴近学生专业的。

例如，在《细节决定成败》一课的教学中，我结合财会专业对学生的要求，创设专业情境，较好地完成了教学。首先是让学生选代表到黑板上书写0～9这一组数字，必须按照会计书写要求来完成。写完之后让其余学生评价书写是否正确，并思考：在会计书写要求中，为什么"6"要比一般数字向右上方长出1/4，"7"和"9"要向左下方（过底线）长出1/4，如果不这么做会带来什么影响，从而引出"细节决定成败"的教学。在接下来的教学中，我继续围绕财会专业，让学生探讨我们要成为一名合格的/优秀的会计师，还要注意哪些细节？不注意这些细节会有哪些影响？从而让学生归纳梳理出本节德育课主要知识点，并用这些理论知识去指导自己的专业实践。

类似这样结合专业的情境使德育课课堂教学成为活的生活，少了许多说教、多了不少真实，让学生主动思考，在对专业知识的思索和感悟中进入教材的学习环境。

2. 活用专业相关素材，提升德育课堂的说服力

德育课教师若想使自己所举的事例有亲近感，真实可信，就要积极挖掘贴近社会生活、贴近中职学生生活的素材，可以是学生自己的、身边的、本校的、本班的，使学生感受到理论在现实生活中的体现，从而提高说服力。

例如，在《创业我能行》这课教学中，为了提高学生的创业自信心，我挖掘了一些创业成功的案例，是对他们的专业学习具有启发性和指导性的案例。针对计算机专业学生，我结合了刚毕业的一名学生自己成功创业的例子，从他在校期间认真学习专业知识，开设自己的淘宝网站，到最后开设集计算机维修、销售、组装等为一体的实体店，让学生讨论他创业成功的原因，有哪些值得借鉴的地方。来自同专业学长的例子既鲜活又真实，用事实说话更能提高教学的可信度和说服力。

3. 借用专业特点施教，提高德育课堂的影响力

不同的专业对学生有不同的能力培养要求，我们结合专业特点创设不同的教学方式，有意识地培养学生的相关能力。

例如，幼师专业要求学生具有较强的口语表达能力和专业能力，在平常教学中我尽量让学生多说多练。如在"矛盾具有特殊性"这一内容的教学中，我让学生听音识乐器："为什么不同的乐器你能识别出来？""因为每一种乐器都有自己的特点，这就是矛盾的特殊性……"如此设计，既结合了学生的专业，锻炼了专业素养，又让学生明白了抽象的哲学道理。另外，在"因果联系"这一内容的教学中，组织学生进行竞赛，让学生一口气说出有连贯性和条理性的"因为……所以……"的句子，既锻炼了学生的口语表达能力，又充分调动了学生的积极性，在这一环节中学生也深深领悟了事物是普遍联系的道理。

装潢专业对学生的要求是有较高的想象力、创造力等，所以，我在教学中也会有意识地培养他们的想象力、创造力。如在《人生因设计而美丽》这节课中，让学生用漫画的形式设计10年之

后的自己，并思考10年之后自己是否愿意变成那样子，如果愿意，我们现在应该努力做些什么；如果不愿意，我们现在应该改变些什么。这样设计，既可提高学生积极性，又将单纯的理论说教变成有意义的实践活动。

另外，我们在作业设计上也可以结合学生的专业特点，不能只是单纯地照书本抄句子。如在设计创业方案时，不一定要每个同学都设计创业计划书，这并不现实，难度也高，我们可以转换方式：让机械专业学生设计几个零部件，让装潢专业学生做一份室内设计，让计算机专业学生完成动漫作品制作，让幼师专业学生完成刺绣作品，让财会专业学生做财务运算。德育课教学不仅仅是一种理念或价值观的教学，还要将这种理念运用于实际，必须让学生动起来，而动起来的基础就必须立足学生的专业实际。

二、我的成长历程

1. 初学乍练，被动适应

进入职高之前，我根本不了解什么是职高，职高的学生到底是怎样一批学生，主动选择来龙湾区职业技术学校仅仅是因为离家近？回想第一次走上讲台，学生的第一个问题是"几岁啦？有男朋友了吗？"我的脑袋是懵的……当我拿着辛苦准备好的课件准备开始上课时，听到学生说"又可以睡觉了"，我的内心是崩溃的……还好我遇到了一群友爱的同事，他们给我分析职高生的身心特点，分享教师的成长经历。在他们的鼓励和关怀下，我开始积极地学习和探索，不放弃每一个校内外听课和学习的机会，毕业10年来我参加过的大大小小的学习培训不计其数，同事们都叫我"培训小达人"，我会模仿、借鉴和运用一些学到的好方法到我的教学中。虽然职高的德育课一周只有两个课时，但专业不同，学生的情况也完全不一样，你不知道学生会给你出什么"难题"，所以，我每天上完课还要改一改原来的教学设计以应对不同专业的学生。为了让上课能够顺畅，我每次都老老实实地将上课教案写得非常详细，教师问什么，学生可能会回答什么，教师又要怎么接等。这一过程可以看作我"双线并进"教学主张的雏形，但这都是被动的、无意识的。

2. 勤学苦练，主动出击

2003年，我参加了温州市第三届中职德育研究班学习，彼时恰逢新一轮课改如火如荼地进行，许多教育理念如雨后春笋般冒出来。在研究班的培训中，我听了很多专家的讲座，也听了很多优秀教师的示范课，发现一堂好课要让人印象深刻，必须体现中职特色，而我们课改的方向就是要求"贴近学生、贴近生活、贴近专业"，如何做到这一点呢？平阳县第二职业学校陈振峰老师的一堂公开课让我印象深刻。他为了上好一堂公开课，提前到对方学校了解专业建设情况并走访专业实训基地，搜集相关素材。课堂上他分享的一张张照片顿时拉近了他与学生的距离，根本没有外校教师借班上课的尴尬。原来主动地走进学生，学生就会走向我们。后来的日子我改变了学习的策略，除了向同专业教师学习，我也会主动找专业课教师沟通，掌握一些专业知识，开始主动将专业素材融入我的教学过程，化"被动"为"主动"。

3. 厚积薄发，逐梦前行

因为学科的关系（我们的德育课包括心理、职高政治和创业课）及我们组内年轻教师比较少，我有很多机会参加各种类型和项目的比赛，也取得了一些成绩，所以自认为是比较轻松地评了职称，然后在2015年评上了温州市骨干班主任、2017年评上了温州市教坛新秀。

当我自认为自己还不错的时候，在一次校内的岗位晋升需要整理材料时，我发现我 10 年的教学生涯居然没有拿过一次温州市一等奖。我开始反思，发现原因在于每次我的比赛只能是还不错的阶段，没有脱颖而出的亮点。要实现突破，就必须有自己的特色，我开始将"双线并进"教学理念和主张挖深挖实，不断地打磨，不断地完善，终于在 2019 年 6 月拿到了省说课比赛一等奖及 2019 年 12 月全国信息化比赛一等奖。这一成绩是对我过去的肯定，也激励着我继续前行。

三、教学片段

片段 1：哲学课——《具体问题具体分析》（电商专业）

（此教学设计获全国中职学校信息化教学设计一等奖，是专门针对我校电商专业的学生设计的。该班是我校两创特色班，大部分学生有校内外创业实践检验，创业欲望比较强。）

在教学中，为帮助学生厘清矛盾特殊性和普遍性的关系，我组织各组代表分享课前搜集的资料：本专业创业成功人士或学长在创业道路上遇到过哪些矛盾？要求其余同学认真倾听并思考创业成功人士及我们的学长在创业过程中都遇到过创业难题，这体现了矛盾具有什么特征？每个人的创业难题各不一样，这体现了矛盾具有什么特征？每个人每个时期的创业难题也不一样，这体现了矛盾具有什么特征？创业难题本身具有自己的特点，这又体现了矛盾具有什么特征？问题的设置从学生准备的材料中来，到学生中去，通过搭问题台阶，引学生思维上路，在案例横向和纵向对比中巩固矛盾普遍性原理，又将矛盾特殊性三个方面的特征表现得淋漓尽致。

在"具体问题具体分析"方法论教学环节，我呈现学生对我校优秀创业项目"水衣坊"负责人的采访视频，要求学生思考：为什么"水衣坊"项目能在我校一期创业园开展得较好？学长采用了什么办法？体现了怎样的哲学智慧？学生对学长在该项目中采用的方法进行罗列和分析，如学长想到分类投币、女生专用洗衣机这些方法，这正好体现了在矛盾特殊性原理指导下进行具体问题具体分析，不仅能帮助我们正确认识矛盾，还能指导我们找到解决矛盾的关键方法。来自身边人的案例更真实、更有说服力，使抽象的哲学原理更具体、更形象化。从案例分析中学生自然能理解为什么要进行具体问题具体分析，在突出教学重点的同时再一次证明哲学对人生发展的指导作用。

在上一任务的基础上组织学生继续合作探究：如何在实践中做到具体问题具体分析？组织学生针对课前采访中遇到的创业难题想出相对应的解决策略。学生小组合作、头脑风暴，并通过番茄表单进行最佳方案的投票。通过这一环节检查学生能否在实践中运用具体问题具体分析这一方法。同时，用番茄表单能现场生成统计数据，学生能在表单上直接看到他人的评价，教师也能看到全班同学的参与度。利用信息手段促参与，整合多方评价见成果。学生结合专业想到"互联网 + 创业""电商扶贫"等点子应对项目不够新的难题，可见学生们能自觉运用具体问题具体分析的方法，在生生互助中，教学难点也迎刃而解。

在上面的教学设计中，我始终贯彻"双线并进"的教学理念，以学科知识为基础，以学生专业成长为归宿，使其获得与职业相适应的职业素养和发展根基；以学生在创业实践中遇到的难题为出发点，将哲学知识、专业学习和生活实际有机结合，充分体现"用哲学引领人生，用人生体验哲学"的课程特点。

片段2：职业生涯规划课——《做好就业准备》（计算机专业）

为让学生更好地了解自己作为学校人与未来的职业人之间还存在哪些差距，在本课中，我引导学生在网上查找本专业对应职业的应聘岗位要求，并思考以下几个问题：

（1）看一看：企业需要的是哪些人？

（2）说一说：如果你去应聘，你觉得这些企业中哪家企业会录用你？

（3）想一想：为顺利实现就业，现在的我们应该从哪方面开始准备？又该如何准备呢？

从上面的资料中可以看出，无论学生将来去哪个公司，从事哪一岗位，用人单位对求职者的要求虽然看着不尽相同，但归纳起来无外乎都要求有责任意识、团队合作意识、专业能力突出及品德表现良好等，而这些就是学生在校期间就要做好的准备。这样的设计，从专业出发，让现实说话，让学生自己发现问题并探讨解决方案，比我们纯理论的说教更有吸引力和说服力。

四、他人眼中的我

陈老师的教学风格属于自然理智型。她对中职思想政治课程和中职德育钻研至深，讲课亲切自然，朴实无华，娓娓道来，细细诱导。她善于研究校本、班本资源，她的课堂一直在一种平等、协作、和谐的气氛下，进行默默的双向交流，将对知识的渴求和探索融于简朴、真实的情境之中，用思维的逻辑力量吸引学生的注意力，用专业情境感化学生。学生自然互动，深受启发。陈老师的教学犹如春雨渗入学生心田，润物细无声，给人一种心旷神怡、恬静安宁的感受。

（浙江省中职德育课特级教师　周岚）

我很幸运与陈夏双老师一起进学校，一起做德育，一起成长，我们建立了深厚的教学和生活友谊。在陈老师的课堂中，我总能发现她善于挖掘学生的生活专业片段，针对不同专业的学生，总能默默发现学生的生活实际、专业学习特点。犹记得我们一起探讨《创业我能行》课，我们先是探讨了2015级计算机班学生的特点：创业意愿较高，但创业率和创业成功率偏低，创业团队的发展较为薄弱，持续性不强。然后根据这样的现状，我们一起商量尝试从构建创业团队的角度出发探索创业教育新模式，提高学生的创业率和创业成功率。陈老师善于为学生搭建台阶，创设有梯度、层层递进、逐步升华的课堂。学生在她的课堂中不知不觉被引领着解决问题，提升了思维能力。期待我们继续一起研讨、一起提升。

（温州市教坛新秀，龙湾区职业技术学校　陈嫦嫦）

我的语文教学"整理观"

温州市籀园小学　李　娜

一、语文教学"整理观"主张诠释

我的语文教学"整理观"最初来自温州市实验小学首任校长白莉莉女士,她在 2006 年提出一个朴素而伟大的教育理念——"整理课,像整理家务一样整理学业"。整理课是集语文、数学、英语三门学科,安排在一天课业学习最后,以学业复习为主的课型。随着课改的不断深入,变革教学方式是时代对教师提出的必然要求,其中教师的工作线索需要从如何教转变到如何学。这是一件十分困难的事,因为教的线索通常是单向的,主要体现在讲解、传递和评价等方面,而学的线索是相对复杂的语脉,需要立足学生的需求和个性,建构对话、讨论、合作、探究的课堂,教师需要在教学设计、教学资源利用、师生互动中颠覆原有的模式。这会对教师固有的自我身份造成极大挑战。因此,作为"整理课"萌芽、成长、壮大的经历者和见证者,我构想中的语文教学"整理观"正是要把"学会学习"的核心素养通过"整理"的理念实践运用于语文学科的教、学、评一体化过程。

语文教学"整理观"包含诸多要素:语文教学"整理观"的实施主体不仅包括参与教学活动的教师和学生,还包括学习伙伴和学生家长;语文教学"整理观"的操作时间除语文学习的课堂时间外,还涵盖了课前和课后时段;语文教学"整理观"的适用场域以校内的课堂为主,同时也延伸至校外的家庭及社会;语文教学"整理观"的涉及范围分别包括环境整理、情绪整理和学业整理;语文教学"整理观"的影响形式是自主的、他律的、支持的、激励的。

综上所述,我的语文教学"整理观"即指"整理"意识下的语文学科"教—学—评"一体化动态过程(图1),倡导学生自主学习的能力素养、融洽和谐的人际关系、身心健康的生命状态,打造可持续发展的语文学习绿色生态。

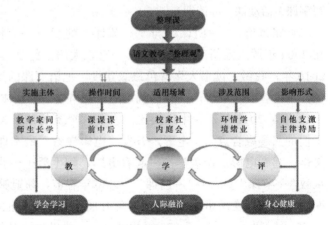

图 1　语文教学"整理观"各要素关系

二、语文教学"整理观"发展历程

1. 由"学"倒逼,一节"整理观"语文课型的萌芽

2006 年,在温州市实验小学创生的"整理课"作为一个新生课型在校内掀起了前所未有

的大讨论、大学习、大研究，在草根超强行动、理论学习及专家高频引领下，"整理课"逐渐变得清晰而具体。课前，环境整理；课始，心情整理；课中，学业整理。"整理课"各学科有导航，各年段有侧重，最终走向受教育者的自我教育。

随着"整理课"理念深入的学习熏陶、实践反思，我发觉"整理课"上与学生整理效果有直接关联的，除学生的整理能力外，同样甚至更重要的是教师的课堂教学。"整理课"上，学生的整理指导必然要求学科课内教师具有整理教学意识。语文教学的关键是让学生懂得语文学习的方法，所有方法始于整理，整理才能发现，整理才能发挥，整理才能发展。"整理"是语文学习的方法之母，整理的理念和方法应该在语文课内教学中就逐步得以渗透和落实。

有了这样的构想，我发现语文课堂中的整理教学无处不在，识字、用词、标点……只要用心，就能捕捉到细节，能起到四两拨千斤的功效。于是，带着"整理"意识聆听大家、名家、同事的课，采撷咀嚼、梳理学习。2010年，聆听特级教师薛法根老师执教《爱之链》一课的检查字词环节，撰写语文教学"整理观"课例《守住语文底线 关注生本课堂——薛法根老师"检查字词"教学环节赏析》，这篇在《小学语文教学》上发表的课例让我认定了自己的教学主张。带着"整理"意识设计、构思、酝酿自己的语文课，推敲斟酌、反思学习。2011年，撰写语文教学"整理观"论文《指导学生学会课业"整理"》，这篇发表在《教学月刊》上的经验分享讲清了自己的教学主张。随后，正式进入以"整理观"为教学主张的课例研究。2013年3月，一次市直语文名师"风格主张"专场分享活动中，通过回头观望、静心梳理，我确定了自己的教学主张——语文教学"整理观"。

2. 从"教"构想，一门"整理观"语文课程的形成

2016年，市语文教研员曹鸿飞老师在一次学习培训会上说，如果我再做语文教师，不会再纠缠于一篇篇课文的条分缕析，烦恼于如何体现这个理念、那个教法，揪心于这个环节、那个环节。怎么改革课文教学？要处理好"一门课"与"一节课"的关系。从一门课的角度和一节课联动起来。语文学习是一个整体，要贯穿每一节课，落实到每一节课（阅读课、写作课、写字课、活动课、导读课）。

听完讲座，"一门课"与"一节课"的观点一直回荡在我耳边。这让我回忆起自己在2004年调入温州市实验小学，一直在大语文的学习场中实践的"整理观"。2004年至2010年，我做"读书人"特色班级建设，把语文课的阅读从课内引向课外，从兴趣引向习惯，从内容引向策略，我想这就是把语文当成一个整体，从教"一节课"变成了"一门课"。2012年至2016年，我中途接班，发现这个班的孩子爱好文学、喜欢艺术，我找到了与孩子们的兴趣融合点——电影，开发"电影导看"班本课程。我与孩子们一起看电影，学课文；一起看电影，谈美学；一起看电影，聊生活……我想，这就是把语文当成一个整体，从教"一节课"变成了"一门课"。2020年春节，新冠肺炎疫情突如其来，在"停课不停学"期间，我和现在所带的2015级8班开展了"战疫日记"创意写作课程。全班42个孩子持续32天时间，一共写了672篇战疫日记。借助疫情和战"疫"这本最好的"无字之书"，我为学生提供语文的学习场和生活的实践场，让学生在写作中懂得了责任担当，感悟了家国情怀，这就是将语文当成一个整体，从教"一节课"变成了"一门课"。

雷夫《第56号教室的奇迹》封底有一句推荐理由：一间教室能给孩子们带来什么，取决于教室桌椅之外的空白处流动着什么。是什么东西在决定教室的尺度？教师，尤其是小学教

师，他的面貌决定了教室的内容；他的气度决定了教室的容量。一路走来，从"一节课"到"一门课"开设的"阅读课程""电影导看课程""疫情背景下的创意写作课程"，正是教师的教学"面貌"和"气度"的改变，从而改变了教室里孩子们学习的"内容"和"容量"。

  3. 以"评"完善，一个"整理观"语文体系的推进

  随着课程改革的深入，从教学与评价一体化的视域来探索重构课堂教学体系已经成为一个关注焦点。能否借助"教·学·评一体化"的持续性动态反馈机制，落实课标所提出的"评价主体多元化、方式多样化、内容全面化、时机全程化"要求，以改进与优化课堂教学的整体效益，实现学生学科素养的提升，是近三五年来我的思考。

  在一次课外阅读教学实践中，我发现"便利贴式评价"顺应了发展性评价的需求，且与我的语文教学"整理观"目标与落点一致。在教室里开辟阅读交流专栏，让学生用便利贴将当前看的书名、作者、摘要等用文字和插画设计成便利读书卡，贴到专栏里。教师也可要求学生在便利贴上记录阅读心得，用简短的话来概括所读书籍的内容，并用一两句话写上点滴心得。还可在便利贴上交流、分享思想。这样，学生们推陈出新、互相借鉴，就能从书籍中读出更多精髓。指导学生将便利贴重新分类、整合，达到深度阅读的目的。对于学习共同体来说，便利贴就是同伴之间分享资源、碰撞思想、交流感悟的最佳平台。利用便利贴便于书写记录、便于移动粘贴、便于重组整理的特点，指导学生深度阅读，可以收到意想不到的效果。

  "整理观"下的"便利贴式评价"还可用于哪些时间、哪些场域、哪些主体，对学生的学习力和其他能力会有哪些直接或间接的作用及影响呢？2018年，为促使"便利贴式评价"研究实践更持续深入，我申报了市级课题《"便签式评价"提升小学生学习力，促全面发展的实践研究》。通过研究，我们总结出："便签式评价"以简短的文字，短平快地给予学生指导、肯定、激励，构建了"全面而丰富"的评价体系或方案，促进了学生的全面发展。学生在"便签式评价"中获得的不仅是方法和策略，还包括人际交往、书面表达以及成长必备的内心充沛能量。由此，我的语文教学"整理观"便初步形成了"教·学·评一体化"的持续性动态学习体系。

三、语文教学"整理观"教学片段

  学习语文的最佳方法是自我整理，根据语文规律，掌握整理方法。识字、用词、造句、阅读、作文，都要在不断整理中学习。整理是举一反三，整理是推陈出新，整理是温故知新。学会了自我整理，就学会了发现规律、掌握规律、运用规律，从而从"学会"到"会学"。以下用两个教学小片段透析我的语文教学"整理观"。

  （一）一年级下《语文园地八》"识字加油站"

  1. 拼读词语

  （1）亮亮和丽丽都是一年级的小学生，学期快结束了，通过一学年的学习，他们做好上二年级的准备了吗？我们赶紧一起去看看吧！

  （2）早上七点，闹钟响了，亮亮起床走进了卫生间，他在干什么？请小朋友们借助拼音，读一读。

  2. 检查反馈

（1）（出示自制教具识字转盘）小组开火车读词语，读对一个词语，在识字转盘上贴一个词语。

（2）正音：刷、梳翘舌音；巾、盆前鼻音。

3．练习说话

（1）观察识字多彩转盘，将中间的词语"卫生间"替换成"厨房"可以吗？从而发现生活空间与这个特定空间中用品和用品作用的关联性。

（2）观察识字多彩转盘，转动第三圈的词语"刷牙""梳头"……你们觉得合适吗？发现转盘中第二圈的词语"牙刷""梳子"等与第三圈的词语"刷牙""梳头"等词语存在用品与用品作用的一一对应关系。

（3）借助识字多彩转盘上的对应词语，用自己喜欢的句式说话。

句式一：早上，亮亮在卫生间用_____。

句式二：早上，亮亮在卫生间用_____，用_____，还用_____。

句式三：早上，亮亮在卫生间用_____，用_____，还用_____。亮亮真是个_____！

（4）教师给倾听专注、表达有进步的孩子发"神耳朵"奖和"金话筒"奖。

（5）制作关于"厨房""客厅""书房"等场所的识字转盘，在小组内认一认、玩一玩。

设计意图：上述教学设计，以"亮亮和丽丽的一天"为情境串联了"认读词语""发现关系""用词说话"这三个板块的学习任务，贴近学生的现实生活，容易激发学生的学习兴趣。通过转盘的"识字整理"游戏，启发学生多角度思考、多层次表达，由此学生接受到的知识不是概念化的解剖，而是经历自主探究发现后的领悟，学习效果更好。

（二）一年级下《语文园地八》"我的发现"

1．创设情境

广播音乐响起的时候，晨间锻炼开始了，在路队长的带领下，亮亮和丽丽与全班同学排好整齐的队伍出操。你看，生字王国的生字宝宝们也排着队向我们走来了。

2．发现规律

我们的队伍是按班级顺序排队的，仔细观察生字宝宝们的队伍，它们是按什么顺序排队的呢？发现队长都是这排生字的偏旁，得出形声字形旁表意的规律。

给会观察、会思考的孩子奖励"亮眼睛"。

3．游戏巩固

（1）"我该站哪里"——有几个生字宝宝来迟了，不知道该站在哪一队，小朋友们来帮帮它们吧！出示生字：蚜、猪、鸥、狗、蚣、狼，学生将以上生字移动到相应的队伍后面。

（2）"谁是'路队长'"——又来了一支新队伍，可是它们的路队长不见了，我们赶紧找到路队长吧。出示已学生字：找、打、拍、擦、捧，学生添上"路队长"提手旁。

（3）"再来排一队"——翻开课文生字表（一）、（二），这些生字宝宝还能排出哪些队伍呢，可以在书上圈一圈。反馈时，先说偏旁，再说同偏旁的字。

设计意图"我的发现"是语文园地中经常出现的一栏，其作用在于以典型的言语现象为例，让学生发现言语规律，获得如何运用方法的程序性知识。教师要抓住规律，提供素材，延展空间，创造机会，让学生实践运用，促进知识的顺向迁移。上述片段中，正是通过排队游戏整理形声字规律，并举一反三拓展了更多的熟字，引导学生归类，从而让学生进一步发现偏旁与字义的联系，帮助学生在习得的知识中巩固方法、增进理解。

四、语文教学"整理观"的他人评价

1. 整理习惯伴成长

我的孩子在李娜老师的班级里。记得一年级的家长会上，李老师对我们说，培养孩子会整理的好习惯，也就是像整理家务一样整理学业。5年来，李老师精耕细作，对孩子在生活、学习、思维方面的整理习惯进行培养，让孩子受益匪浅。

首先，学具的整理提升了生活能力。我记得有这样一个细节，小朋友一年级时每天晚上回家做作业的时候，都会把语、数、英三门学科的作业和书本拿出来，整整齐齐地放在桌子的左边，然后开始写，写完了以后再将书本放在桌子的右边，这样最后所有的书本由桌子左侧移动到右侧的时候，说明作业都已经完成了。接着削铅笔、整理文具盒、整理书包。小朋友有条理地完成功课，受益于老师的指导。现在的小朋友在家里常常有大人帮忙，很少做家务。李老师带着小朋友学会学具整理、书包整理，也培养了孩子在家庭生活中整理自己的小书桌，整理自己的床铺，整理自己的房间，整理由课内延伸到了课外，并且渗透到孩子的生活中，作为家长，我觉得非常欣慰。

其次，小小的整理大大提升了学习能力。小朋友有自己的一个整理本，我看见孩子会将重点词句、文章主要内容的思维导图、文章写法等整理在本子上。李老师一一批改指导。每个单元学习完，李老师还会带着孩子小复习大整理。记得小朋友捧回基础知识整理过关团体优胜奖的时候，他非常开心。我很高兴地看到，小朋友会将这种学习方法用到其他学习中。例如，在课外学习桥牌上，他自己看书，并准备一个桥牌整理本，将出牌方案整理在本子上，经常翻看。整理习惯的培养，不仅是学习方法的指导，还是自主学习能力的培养。

再次，自我反思促进孩子的自我认识。整理，除学业整理外，还有心情整理。每天放学前，孩子将一天的心情作成曲线图，反思自己一天当中愉快和不愉快的事情，反观自己与同伴交往中的问题处理，提升自我认知，促进同伴之间的人际交往。

5年下来，孩子不仅在学习上能合理安排时间和内容，在生活上也养成了有条理的好习惯，尤其是思想上养成了自我反思的习惯，遇到事会追问"为什么"，做错事会反思"怎么办"，孩子渐渐成熟了，家长很欣慰。作为家长，我认为像整理家务一样整理学业，对孩子来说是受益一生的好习惯。

（2015级8班学生胡越桐家长）

2. 依托"整理"提升"学力"

温州市李娜名师工作室开班至今已两年有余，在李娜导师的指引下，我们每个学员都收获颇丰。特别是在课堂教学实践环节，李娜导师注重引导我们对提升学生"课堂整理"这一学力的关注。她指出，一个优秀的教师首先应当是一个正确的课堂引领者，引导学生由关注知识转到关注对自己学习行为的自省，从中感悟成功的经验和失败的教训，逐步形成符合自己个性的学习体系。学生这种内在的转变，让我领悟到所谓的"以学为主"，其深刻的内涵实质是通过课堂让学生形成符合自己个性的学习体系，简单来讲就是提升学生的学习力。

李娜老师要培养的学生的学业整理能力，更多的是一种"思维的整理"。在帮助我研磨区级公开课《小虾》时，我们讨论如何让学生借助关键语句归纳段意，在指导的过程中，我能深刻地体会到李娜老师的教学主张。她引导我，学生在课堂上的获得不是靠"教"而是靠"学"，我们要将语文教学的时空，从过度的讲解中解放出来，还给孩子，使他们在大量的课堂实践中进行自我整理、反思，习得方法和策略。于是，我先让学生试错，并让学生畅所欲言地说出自己归纳的段意，在错误自然呈现后再让学生对比其他同学说出的正确答案，然后根据自己的习得进行校对修正。这个"犯错—知错—纠错"的过程就是一种思维的整理，而课堂上不断地训练这种整理，就是在促进学生形成符合他们自己个性的学习体系，"学习力"就在无形中得到了提升。

　　由此可见，教师的作用不仅在于传承知识，还在于教会学生学习。简单地告知一个正确答案是一种教学；告知答案并让学生知道错在哪里也是一种教学；不告知答案，让学生深入分析对或错的原因，并从原因中获得学习的经验同样是一种教学。但这三个层次的教学，其目的和效果显然是不同的。通过正误对比及错误反思，学生习得的是触类旁通、举一反三的经验。错误反思有时还可以让学生在纵向分析的基础上，再进行同学间的横向对比，找出其他同学中值得学习和借鉴的方法与经验，更可以扬长避短、开拓思维。

　　这是李娜老师为我们指引的一条追求语文课堂高效的探索之路！

（洞头区城关小学　余娟娟）

追寻"情智兼容"的语文课堂

温州市籀园小学 鲍丹丹

一、我的教学风格

从教 23 年,"情智兼容"是我对语文课堂矢志不渝的追求。这里的"情"即情趣,"智"即智趣,我所追求的语文课堂是"情""智"交融、"情""智"共舞的课堂。

1. 追求充盈情趣的语文课堂

于永正先生说:"语文教学应当充满情趣,只有情趣盎然的课堂才能激发学生的学习兴趣,只有情趣盎然的氛围,才能引领学生进入语文的自由王国。"我的语文课堂追求是将情趣融入教学过程,打造有情有趣的语文课堂,让教学在尊重教育基本规律、尊重学生发展特点的前提下,发掘学生内在的求知动力,让学生乐学向上、幸福成长;让他们始终将探究、发现当作一件快乐的事,从学习过程中获得收获满满的快意。将学习当作一种需求,并转化为后续学习源源不断的动力,在"乐此不疲"中积极实践语文,提高语言文字学习和运用的能力,进而提升语文素养。

2005 年参加浙江省低段阅读教学观摩大会时,我执教的《识字 5》一课,以开小火车去春游的大情境串联整堂课,带着孩子们去郊外、去乡村、去海边、去公园旅游,边玩边识字。通过认一认、摆一摆、贴一贴、唱一唱等方式,让孩子的口、眼、手、脑全方位动起来。有趣的学习活动使孩子们完全沉浸在语文学习之中而忘记了自己在学习。2011 年参加浙江省第九届小学青年教师课堂教学评比,我设计的《我要的是葫芦》一课,将本课生字编写到一首自创儿歌中,既发挥了课中操的作用,又复习巩固了字词,深受孩子们的喜爱。整体感知文本环节,巧妙地将课文改编成连环画,与学生互动朗读;借助版画和板贴,引导学生体会文本语言的精妙;还原故事情境,再次以识字儿歌点破故事蕴含的道理,并启动写字教学……整堂课处处洋溢着情趣,又不失对语文关键能力的培养,这就是我对"情智兼容"的语文课堂之情趣追求。

2. 追求富有智趣的语文课堂

"智"在甲骨文中写作"![字形]",由三部分组成:"干"指木质武器,"矢"就是"弓箭","口"的意思是谈论,整个字的本意就是表示谈论作战谋略。随着语言的发展,"智"的引申义又有"经验、策略、思想"之意等,也做形容词使用,表示"有策略的,聪明的",也做副词使用,表示"聪明地、机灵地"之意,而《辞源》(商务印书馆 2004 年修订版)所注不仅有"聪明、才能""谋略、机智"之意,还有"知识、知道、认识"的意思。因此,"智趣"中的"智"具有广泛的综合之意。以"知"为基础,让学生学到有用的语文知识,累积形成语文学习的"经验、策略",以思维为核心,在言语实践中提升"转识成智"的能力。

它是智力、智能和智慧的多项融合，最终培养智慧型学生。

我的"智趣"语文重视语言文字的运用。语文课堂应该成为儿童学习语言表达的训练场，让儿童在学习语言表达的基础上，提高语言运用的能力，这是语文教学的出发点也是归宿。例如在丽水大洋山小学的送教活动中，我执教《一次有趣的观察》一课，从研读文本中作者的观察日记的写法出发，到迁移仿写自己的观察日记；在省教研室滕春友老师亲临指导的缙云紫薇小学教学展示活动中执教《画风》一课，一改过去教师们在课文内容上打转转的教法，借叶圣陶的诗歌《风》，将文本内容进行提取整合，仿照诗歌的语言进行再创作，学写诗歌；在瓯海、文成等地执教的《五花山》一课，聚焦文本最精彩的秋天语段，引导学生发现文中"颜色词＋联想法"的写作特点进行创作表达，实现了读写合一的教学目的。

我的"智趣"语文重视学习策略的习得。母语教学，学生是可以"读得懂"的，但还不会"懂得读"，懂得如何运用适宜的阅读方法；懂得如何在繁多庞杂的文本中提取、推论、解释、评价信息；懂得如何根据学习任务安排进程和自我监控，这就是"学会学习"，这也是基于核心素养背景的小学语文课堂的新追求和新要素。"怎样学习"是比"我们学习什么"更为重要的问题，如果阅读教学只传授知识而不传授阅读方法，那只能说完成了学习任务的一部分，而且不是最重要的那一部分。"怎样阅读？""怎样指导阅读？"才是语文教学重要的课题。因此，近年来我的语文课堂开始重视学生学习策略的习得。在2018年全国"慧师课堂"小学语文教学观摩活动中，我执教的二年级下册《青蛙卖泥塘》一课，借助词串教学，比对课文插图帮助学生了解课文大意；通过画找信息，对比语言，指导学生发现小动物们提建议时的表达奥秘；借助表格对比，推测其他小动物可能如何提意见；通过圈画关键词，统整信息，明白青蛙最后不卖泥塘的原因……整堂课紧紧围绕学习策略展开，孩子在真实的学习活动中习得阅读策略，并借助这些阅读策略收获阅读的快乐。2019年在平阳县教师培训活动上执教的《富饶的西沙群岛》一课上，我将《语文作业本》中的一道图表题融进学习的全过程，聚焦单元语文要素，适时点拨提取信息、统整概括的策略，为学生搭起辅助阶梯，使之成为学生学习的支架和推进器。这样的课堂是注重学习策略的课堂。

我的"智趣"语文重视思维品质的培养。"语言是思维的物质外壳。"人的思维发展总是与语言的发展密不可分。语言学家华生认为："思维的行为是内在的言语运动，思维是无声的说话，言语是出声的思维。"语文学科的听、说、读、写能力，其核心是运用语言文字进行思维的能力。简而言之，语文的听、说、读、写，思维是总开关。我的"智趣"语文不仅有情趣，而且注重对学生良好思维品质的培养，积极创设机会，引发学生的认知冲突，激活他们的思维，将他们的思维向纵深引领。

例如，2010年我参加全国语文素养大赛时执教的《我为你骄傲》一课，结合课文内容，我设计了一张留言条，故意将留言条中部分关键信息涂抹，让孩子在充满思维挑战的学习活动中，阅读文本，提取信息，统整推断，补充留言条信息，体会故事蕴含的道理，并指导汉字的书写。一张小小的留言条设计蕴含了多维度的思维训练，这样的课堂充满了理趣色彩。又如我执教的《我不能失信》一课，让学生在情节图的导引之下，梳理文章的脉络，从情节的"矛盾"处入手，启发学生思考宋庆龄"不去"的理由，借助"展开式"情节图，对图表进行横向、纵向对比，思考宋庆龄坚定态度背后的高尚品质，整堂课在有温度的思辨中直抵学生心灵。

"情智兼容"是我的语文教学风格，更是一种追求。它不是"带着知识走向学生"，而是

"带着学生走向知识"，追求的是能力比知识更重要，培养有温度、有思想的、独立的人才是教育的终极目标。

二、我成长历程

回顾自己 23 年的从教历程，我将其划分为"萌芽期""成长期""沉淀期"。再一细看，似乎刚好 7 年一个轮回。

萌芽期（1997—2004 年）：1997 年，我以"优秀毕业生"的身份分配到平阳县中心小学工作。这座百年老校厚重的文化底蕴给了我很好的教学滋养。在王德平、池昌松两任校长的关怀下，在教导主任黄邦用老师的指导下，我很快在平阳县的教坛上崭露头角，参加各类县、市级的教学比赛并频频获奖。同时，我还积极参加了多场演讲比赛，获得温州市教职工演讲比赛一等奖；参加了专业的普通话培训，获得浙江省普通话测试员资格；还参加了浙江省、全国普通话大赛，分别获一等奖和优秀奖。2003 年 1 月我获得了平阳县"教坛新秀"的称号；同年 8 月获得温州市"教坛新秀"的头衔，当时的我真可谓"春风得意马蹄疾"。

成长期（2004—2011 年）：工作的第 7 个年头，我因工作调动进入温州市实验小学。温州市实验小学是由温州市教育局重点扶持，著名特级教师白莉莉校长领航的一所新办学校，学校汇集了一批来自温州市各地的教学精英。大家齐心协力共划大船，教学理念和教学水平在全市遥遥领先，甚至闻名全省乃至全国。于我而言，这是一方更为广阔的语文天地，刚刚加盟的我犹如饥饿的婴儿扑到了母亲的怀抱，饥渴地吮吸着丰富的乳汁。2005 年，我在时任市教研员潘月娟老师的指导下，参加了浙江省低段教学观摩大会，执教展示课《识字 5》。生本的理念，巧妙的设计，灵动的教学，给与会教师和专家留下了深刻的印象。此后，我加入了温州市吴孔裕名师工作室，为期两年的学习为我的语文教学又注入了更多的能量。2010 年，幸运女神再一次眷顾了我，我代表浙江省参加了全国小学语文素养大赛，经过"作品朗读""板书书写""课堂展示""现场答辩""才艺展示"五关的比拼，一举拿下全场最高分，斩获特等奖第一名。教育部中小学教材审查委员会委员佟乐泉教授最后以"课上得得体精彩、题答得完美完备"14 个字作为对我的高度评价。为了这场比赛，学校领导为我组建了最顶尖的"专家辅导团"，其间，省、市教研员也多次莅临指导，历时半年的魔鬼训练，流过多少泪、洒过多少汗早已不记得，但那半年的锻炼带给我的成长有目共睹。至今，我对所有指导、帮助过我的同事和导师仍深怀感恩，没有他们就没有我的进步啊！2011 年，市教研员曹鸿飞老师推选我参加浙江省第九届小学青年教师课堂教学评比活动，我以一节《我要的是葫芦》一课拿下了省一等奖。同年，我参加浙江"教坛新秀"评比，顺利通过。这 7 年，可以说是我教学道路上的飞速成长期，我的教学技能得到了全方位锻炼，教学水平更上一层楼。

沉淀期（2012 年至今）：这个阶段，我称其为"沉淀期"，又或许可称为"理性思考期"。已走过课堂教学竞技高峰的我开始理性思考语文教学的本质内核。2013 年，论文《儿歌，低段识字教学的动感音符——谈儿歌在低段识字教学中的应用》发表在《教学与管理》上；2014 年，执笔的《小学语文发展性学业评价的实践与研究》获得温州市教科研规划课题评比二等奖；2015 年，主持的《小学中段"1+X 群文阅读教学"实践研究》获温州市教师小课题研究一等奖；2018 年，《作业进课堂，促语文关键能力发展》获温州市教师论文评比一等奖，同年获浙江省优秀论文评比三等奖。每一篇文章的撰写，每一个课题的研究，都表达了我对

"情智兼容"的语文课堂的思考和探索。

三、教学片段

部编教材三年级下《我不能失信》(教学片段)

（一）设计鱼骨图，梳理起因、经过、结果

根据事情的起因、经过、结果，你认为该怎样将这三张情节卡摆到下面的情节图里呢？默读课文，完成学习单第二题（1）。

（二）品读对话，感受庆龄守信品质

1．辨析情节，提出疑问

（1）从情节图来看，难道是宋庆龄不喜欢去伯伯家，所以没去吗？（不，她很想去）默读课文第一自然段，寻找"想去"的理由。

（2）交流分享，聚焦语句：二女儿宋庆龄特别高兴，她早就盼着到这位伯伯家去了。伯伯家养的鸽子，尖尖的嘴巴，红红的眼睛，漂亮极啦！伯伯还说准备送她一只呢！

（3）情境采访：如果是你，你想去吗？为什么？

2．默读对话，寻找理由

（1）当时的宋庆龄和你们差不多年纪，她也一定和你们一样很想去啊！可她为什么会选择不去呢？默读2～9自然段，寻找宋庆龄"不去"的理由，在文中圈画关键词句，尝试补充情节图，完成学习单第二题（2）。

（2）讨论交流，补充图表。

（3）横向、纵向对比图表，说说你的发现。

横向：父母几番劝说，宋庆龄坚持自己的立场信守诺言，可见她对诚信之看重。

纵向：父母前后态度的改变也可看出是宋庆龄的态度影响并说服了他们，更衬托出宋庆龄守信的可贵。

3．设身处地，对比感受

（1）如果是你，爸爸妈妈这样劝你，而你也一直盼着去伯伯家，你会怎么做？对比宋庆龄，你最佩服她什么？（挡得住诱惑，信守承诺，把守信用看得比什么都重。）

（2）可是当她牺牲了去伯伯家的机会，等了大半天换来的却是小珍的失约时，如果是你，你会怎么想？对比宋庆龄，她是怎么说的？（一个人在家是很没劲。可是，我并不后悔，因为我没有失信。）

4．借助名言，抒发感受

（1）孔子说："人而无信，不知其可也。"说的是一个人如果不守信用，就不知道他还有什么可取之处了。可是，在现实生活中，一个人要做到时时处处守信用，谈何容易啊！故事中的宋庆龄，却能抵挡得住鸽子的诱惑，坚持留下来等小珍，实在是难得！古往今来，诚信一直被视为最可贵的美德（出示一组组关于守信的名言），请同学们大声诵读。

轻诺必寡信。——《老子》

失信不立。——《左传》

小信成则大信立。——《韩非子》

人而无信，不知其可也。——《论语》

有所许诺，纤毫必偿。有所期约，时刻不易。——袁采

（2）你能借用这些名言，说说宋庆龄不后悔的原因吗？

（3）你还能联系自己的生活，谈谈你对宋庆龄"不后悔"的理解吗？可以试着写下来。（《语文作业本》第 3 * 题。）

（三）写法迁移，修改单元习作

1. 对比阅读，发现秘诀

（1）教师把课文改成了这样，和原文对比一下，你觉得如何？

我不能失信

一个星期天，宋耀如一家用过早餐，准备到一位朋友家去。二女儿宋庆龄也很想去，因为伯伯家养的鸽子漂亮极啦！伯伯还说准备送她一只呢！

她刚走到门口，忽然想起，小珍今天上午要来找她学叠花篮。

父亲见庆龄停住了脚步，就问她怎么不走了？庆龄说自己要教小珍叠花篮。爸爸劝她改天再教小珍，庆龄不同意。妈妈也劝她回来去小珍家解释一下，明天再教小珍叠花篮。庆龄还是不同意。最后妈妈就让庆龄留了下来。

送家里人出门后，庆龄一个人回到房间里，耐心地等候着。可是，直到全家人吃过午饭回来，小珍也没有来。妈妈很心疼，可是庆龄说自己不后悔，因为她没有失信。

（2）以 4 人为一组，交流对比阅读的感受。

（3）师生交流，形成共识。

作者通过细致的、生活化的语言描写，把小庆龄信守诺言的品质表现了出来。用生活化的语言，可以再现当时的情境，表现人物的品质（特点）。

2. 尝试修改，实践运用

（1）出示一位同学的习作初稿，仔细阅读，看看可以怎样修改？

"昆虫狂人"郑式谷

如果你要问，我们班最爱昆虫的人是谁？不用说，非郑式谷莫属。她是我们班有名的"昆虫狂人"，我们常常说她"不是在捉虫，就是在去捉虫的路上"。

记得有一次去上美术课，原本跟我一起走的谷谷一转眼不见了踪影。眼看快上课了，我急忙去找她。终于在刚经过的绣球花丛中找到了正趴在地上的谷谷。我问她在干什么？可是她就像没听到一样。我催她赶紧走，可她还是不理我。我小心地凑近她，发现她的两只手正按在地上，好像手掌下藏着一个价值连城的宝贝。我问她抓到了什么，她说自己抓到了一只独角仙，还要把它带回去，给它套上一辆小车，看它是不是真能拉着走。她还问我要不要玩一玩，我害怕得赶快逃开了。

丁零零……上课铃响了。可花丛中的谷谷仍然一动不动，此时此刻，她仿佛就是一只巨大的独角仙。哎，真是个"昆虫狂人"啊！

（2）交流修改意见：可以给这篇作文增加对话，通过对话表现同学热爱昆虫的特点。

（3）动手修改自己的习作，给人物增加对话。

设计理念：

（1）化教为学，聚焦能力发展。本课在"学为主"理念的指导下，摒弃琐碎的分析讲解，

以情节图为核心学习支架，贯穿整堂课。让学生在情节图的导引之下，梳理文章的脉络，厘清故事的起因、经过、结果；进而从情节的"矛盾"处入手，让学生寻找宋庆龄"想去"与"不去"的理由，自主提取信息，统整、分析，并做出判断，从而感受到故事主人公信守诺言的品质。聚焦人物对话，依然借助"展开式"的情节图，提取信息，对图表进行横向与纵向对比，感受宋庆龄态度的坚定以及爸爸妈妈态度的转变，从而加深对人物品质的认识。整个过程几乎没有碎片化的提问，而是借助学习支架，引导学生联系自身，多次对比，层层深入，很好地达成了本课的教学目标，发展了学生的阅读能力。

（2）单元整合，指向要素落实。本单元语文要素之一是"写一个身边有的人，尝试写出他的特点"，而这则小故事恰是本次习作指导最合适的范文：故事情节简单，以对话推进情节发展，以语言描写塑造人物性格，贴近三年级学生的写作水平，又略高于他们的写作水平。本课打破课时壁垒，将单元习作前置，在学生完成初稿的基础上，借助两篇文本的对比，引导学生发现作者写作的奥秘，感受语言描写对塑造人物的作用，从而悟出描写人物的基本方法，进而修改自己的习作。这样，文本教学和习作训练高度融合，既节省了课时，又让单元要素实实在在地落地。

四、他人眼中的我

1. "三识"丹丹，至美、至真、至善

初识丹丹源于全国语文素养大赛。那时她是浙江省备战选手，我是坐在台下鼓掌的观众。一手漂亮的粉笔字，一口标准的播音腔，一节灵动入情的课堂，一曲悠扬入心的笛子演奏……她是我心中语文老师的最好模样。

二识丹丹是慢慢走近成为朋友。如她微信名"淡"一般，人淡如菊，心至温暖。她对别人的好不张扬，总会默默地看到你的需要，给予你的帮助总是那么恰到好处。有同事要上公开课，她撇下家中二宝，与同事陪伴磨课，毫无保留地提供自己的经验与智慧；有同事黯然神伤，她陪伴左右，如大海一般包容、开解、转化……她的每一次"在"，让人特别舒服、安心。

三识丹丹是儿子成了她的学生。儿子每每谈起丹丹老师，总是眉飞色舞地说："我们班的丹丹老师不仅长得美，还特别温柔，一点都不凶。"她带领班级学生热爱阅读、喜爱表达，还带领班级家长不急不躁、智慧育儿。孩子出现行为问题，她引导家长从行为表象看到心理诉求；孩子出现成绩下滑，她引导家长不着眼分数而寻找知识盲区。

"三识"丹丹，从"走近"到"走进"，由外到内，我感受到她的至美、至真、至善。

（籀园小学九山校区　叶晓映）

2. 德艺双馨，温润智慧

2020年疫情期间学校要求录制网课，我也因此有缘与鲍老师同组，近距离接触后，发现她真的名不虚传——是一位德艺双馨、谦和智慧的高人。

鲍老师专业水平极高：面对《纸的发明》一课，我一筹莫展时鲍老师示范文本解读，堪比教参；她的教学设计目标精准，以生为本，策略精当。每一次沟通反馈，我都收获满满！

"后其身而身先"，提携年轻教师，她在把机会让给我们的同时，自己却付出最多：两娃熟睡后深夜一字一句改设计，见我不会录屏技术，她便亲自动手一帧一帧剪辑……精湛的专业水平、严谨的态度、谦和的品格令人钦佩。

（籀园小学国际部校区　卢红娟）

守正语文之道，精进研究之术

苍南县第三实验小学　李求宝

一、教学风格

叶圣陶先生说过：一个教育者首先应该是一个真诚的人道主义者。对于语文，我想我是真诚的。从教 20 年，我有过乡村教育守望，有过城镇教育履痕。但无论在哪里，对语文我总是报以最长情的"陪伴"，总是时刻保持对它的"念想"，或许这就是缘分吧。

我喜欢用自问自答的方式解决语文教学过程中遇到的问题。"语文是什么？我能做什么？"这样的终极发问常能帮助我在纷杂的教学乱象、主张、流派中沉淀下来，能帮助我在纷繁的思绪中抓住本质的问题，求根溯源，找到语文的本真。慢慢地，我领悟到语文的研究无外乎就是"道"与"术"的研究，"守正语文之道，精进研究之术"既是我对语文探索过程的真实写照，又逐渐内化为我所谓的教学思想和教学风格。

（一）守正语文之道，化语树人

《道德经》曰："道可道，非常道。"何为道？有人说"道，自然也"，有人说"道，是终极真理"，也有人说"道即是规律"。但我更认同后者。万物有道，万物都有自己的规律。存在即合理，存在即有道。语文教学也是如此。那么"语文之道"是什么？

1. 语文之道是"育人"之道

首先，坚持立德树人为根本任务。语文教育应以培育符合现代社会需要的人为出发点，以发展孩子语文学科素养、提高综合素质为己任。语文课程标准中明确提出：为形成良好个性和健全人格打下基础；为学生的全面发展和终身发展打下基础。换而言之，语文教育是帮助孩子成为一个大写的"人"，是培养人的教育。统编教材入学第一课："天地人，你我他"，虽只有短短六个字，但不只是简单的识字写字，更开启了孩子认识世界与自我的一扇窗：上有天，下有地，人在中，做人要顶天立地；人中有我，人中有你，人中有他，世界是立体的，世界是大家的。

其次，坚持用语文教材育人。语文教材有着丰富的育人资源，为学生形成正确的世界观、人生观和价值观带来积极的影响。统编教材是一套"守正创新"的学本，是会带给学生人生影响的语文书。学语文可以了解自然奥秘，可以感受祖国山河和田园之美，可以听到历久弥新的经典故事，可以读到一个个鲜活的榜样人物……学语文，用语文，化语树人，用语育人。

再次，坚持用老师魅力感染人。"亲其师，信其道""学高为师，身正为范"，老师的影响对学生成长具有重要意义。教师的学识、品格、魅力都是教育人的重要一环。语文教师应做性格阳光、蓬勃朝气的人，你的微笑可以像一缕阳光，你的话语可以像一股春风；语文教师应是一个知识广博的人，我们常说给"学生一杯水，教师要有一桶水"，教师的学识能引领学生做一个爱学习、向往博学的人；语文教师应做一个有深度的人，你对文本的深刻解读，你对教材的思考,会引领学生的思维更具纵深感,在内心深处蕴藉更强大的力量;语文教师还要是一个"真善美"之人,"千教万教、教人求真,千学万学、学做真人",教师的真,才会引领学生的真;教师向善,学生才会更善;教师好美,学生才会有可能是个心灵美之人。

当代教育家于漪老师说"教文育人,文道统一",用语文培智、启慧、树人,实现教养与教育的和谐统一。

2. 语文之道是"学习"之道

什么是学习?百度搜索这一关键词,广义上是指通过阅读、听讲、思考、研究、实践等途径获得知识和技能的过程。"语文学习"也是学习,必须遵循学习的基本规律。

(1)学为中心。语文教学应将"学"放在最中央,以聚焦和发展语文学科核心素养为中心,以落实和达成语文要素为重心。我曾经有幸接受市教研院副院长、特级教师曹鸿飞的耳提面命,感佩于他"学为主"的语文教学思想。一直以来,"学为主"思想也成为我开展语文教学坚持的观点之一。我在备课时,脑海里常浮现的就是"如何把教学内容转化为学生的'学习活动'?怎样让'学'的过程打开?"这样的思考,将"学"置于活动的圆心,让"教"服务学生的"学":学习活动为"学"而设计,以"学"的基础定"教"的起点,以"学"的规律定"教"的内容,以"学"的目的定"教"的活动,以"学"的需要定"教"的策略。

例如,我执教六年级《蒙娜丽莎之约》第1~4段体会课文从侧面描写名画魅力时,我摒弃以往逐段品读点拨关键词句的做法,设计"思维导图"式批注学习活动,给学生充足的课堂时间放手学生自读自悟,继而组织小组学习讨论,派代表汇报。整个学习活动始终把"学"摆在第一位,将"学"的过程从折叠到平展打开,让孩子亲历语言实践过程,培养阅读力、学习力。

(2)生为中心。课程标准指出:语文学习必须根据学生身心发展和语文学习的特点,爱护学生的好奇心、求知欲,鼓励自主阅读、自由表达,充分激发他们的问题意识和进取精神。学生是语文学习的主体。

开展语文教学时,首先要充分关注学生的学习起点,激发学生的学习兴趣,要基于学段特征、学生整体水平去解读文本,选择教学内容,确定教学方法,设计评价方式。

我在参加温州市优质评比执教《梦想的力量》一课时,创设"实话实说"活动现场的情境,调动学生表达的积极性,以"给主人公瑞恩提问题"为话题引导学生质疑课题,提出问题,梳理出有价值的问题:梦想是怎么产生的?梦想是如何实现的?梦想产生怎样的效应?然后通过阅读文本解决问题。站在儿童的立场去审视语文课堂,感知儿童的需求与兴趣,发挥学生学习主体的地位,顺势而导,顺学而教。

其次,"生为中心"的语文教学应关注个体差异,坚持"可能性教育"。如对语文基础薄弱的学生,要给予更多有针对性的学习指导,找出学生之间的差距,相信学生的发展可能,多一些等待,多一些倾听,多一些鼓励。"每个孩子都是一朵花,只是花期不同",后进孩子的语文就应该慢中教育,静待花开。

最后,要树立以生为本的大语文思想。在日常语文教学活动中开展朗诵、故事会、小讲坛、课本剧表演、作文周报等学习活动,调动学生学习的积极性,全面发展学生语文素养,为高学段的语文学习打下坚实的基础。

(二)精进研究之术,教学相长

教学既是技术,又是艺术。我的语文课堂研究致力于三个方面的"追求",努力在技术与艺术上齐头并进，达成教学相长。

1. 内容：要明确而聚焦

"教什么比怎么教更重要"，对于这句话我深以为然。在这里，"教什么"指的是教学内容和教学目标。课堂教学目标不明确，教学内容当然无从选择，教学过程和效果可想而知。

还记得上讲台的第一次公开课，虽然只是山区学校的校内教研活动，为了给教师们留下好印象，我准备了数日，还特地请教几位教师帮我设计了几个有亮点的环节，大家看我是年轻人，都愿意帮我，甲老师说这个环节要这么上，乙老师说要那么上，我想想他们都是老教师，说得又都有道理，于是全盘照收之后，上出一节尴尬的"四不像"语文课。现在想来，为什么会这样呢？就因为我不清楚自己到底要教什么，人云亦云，眉毛胡子一把抓。自此，我明白课堂要有自己的目标和内容。多年来，我在备课过程中逐渐养成一种习惯，在文本解读过程中逐渐梳理、明确、聚焦教学目标与内容。

首先，基于学科素养和课标精神选择教学内容。将语文知识、语文能力、学习策略和语文习惯纳入教学系统，以更高的站位解读文本，然后选择接近儿童视域的内容进行设计。这种"高开低走"的语文备课思维使我的语文课堂具有宏观与微观的双重视角，独具教学意义。

其次，基于目标需要做好内容的选择与取舍。我主张对文本进行重构性教学，为我所用。教学内容要为学生的"学习"服务，要为"核心目标"服务。就具体的文本而言，选择教学内容，我认为要注意以下几个着力点：一要抓牢文本人文线索，选择情感点。读出文本所要表达的思想感情，尊重作者的创作意图，在动情处着力。二要关注语言表达特色，选择语用点。纳入教材的选文都是名家名篇的经典作文，其语言范式和风格都独具特色，引领学生发现名家言语秘密，开展语言实践活动。三要立足学情需要，选择重难点。每篇文本教材都有不同层次的重难点，根据学生需求，以学定教，为学而教，相机找准突破口。四要聚焦认知冲突处，选择矛盾点。语文课堂是文本、学生、作者三者对话的过程，在对话中捕捉认知矛盾点。

2. 语用：要真实而充分

语文课程是一门学习语言文字运用的综合性、实践性课程。聚焦语言本身开展真实而充分的语言实践活动是学习语言的必需也是唯一路径。因此，用语文方式教语文，聚焦"语用"教学成为我落实语言实践的语文教学主张。

（1）"文本解读"是语用教学的前提。"教什么比怎么教更重要"，只有基于充分的文本解读，选择合适的教学内容，才能给予学生真实的"语用教学"。阅读课文的文本解读主要指向"读写结合"，具体的类型：一是指向"文言"的语言特色，例如，阅读课文中的用词准确、词语特色、标点符号、构句特点、句群结构、段落结构等；二是指向"文法"的表达方式，如修辞方法、正侧面描写、抓主要特点描写、心理描写、细节描写、举例子、说明方法、动态静态描写等；三是指向"文体"的构段构篇方式，如总分段式、概括具体、写作顺序、情节一波三折等。

（2）"学习支架"是真实语用的载体。"学习支架"是指维果斯基社会文化学说中的学习"脚手架"。维果斯基认为，教学应着眼于学生的最近发展区，利用学习"脚手架"能帮助学生接近发展区，调动学生的积极性，发挥其潜能，最终超越其最近发展区而达到其困难发展到的水平。在语用教学中运用支架式教学策略，不仅可以有效地帮助学生理解、建构所学知识，并可以借助支架转化为运用能力，有效地促进课堂教学的时效性。例如我执教《渔夫的故事》时借助图示导图支架帮助学生梳理故事主要情节；执教《除三害》

一课时，利用古代的"功过簿"引导学生自读课文，提取关键信息做出评价；执教《可爱的草塘》时，提取画面描写的构段支架进行迁移表达；执教《文成公主进藏》时，设计"故事剧场"支架，让学生在情境中运用课本语言讲故事……总之，在运用支架式的教学策略中，让学生亲历运用语言文字的过程，学习才可能真实发生，能力才可能真正提高。

（3）"有效时间"是充分语用的保证。所谓充分，就是"学"的每一个环节都不急于赶时间，有充足的思考咀嚼余地。而充分的对立面是急躁，常态的课堂就存在着种种急躁现象。例如，一些教师安排学生自主阅读时间本身就极为吝啬，还常常提前结束；学生发言，教师总是没有耐心，或打断学生思路，或干脆自己说了算。如此现象，不一而足。而且，越是公开教学，类似的现象越突出。

"语用教学"必须以保证充分的课堂有效时间为前提。聚焦话题放手学生自读自悟要时间，组织小组讨论要时间，开展语言实践表达要时间……语文课堂讲究慢的艺术，用语文方式学语文，扎扎实实开展听说读写训练，避免大容量教学，十分课三分学，游刃有余，方有所得。

3. 思维：要展开而纵深

语文学科核心素养将"思维的发展和提升"作为重要的发展素养指标。而在日常语文教学中，教师们往往只对字词训练、古诗词积累和语文考试紧密相连的语文基础性知识过于重视，对语文能力培养、思维发展关注不够，教学变得浅显化、浮于表面。诸多实践表现，思维的培养才是提升"情智"的重点所在。语文课堂如何展开思维教学，让思维走向深处呢？

首先要形成思维意识。在语文教学中，教师要有设计思维深度的问题或者引导学生去提出有思维深度问题的意识，并将它转化为能力。教师不能让教学设计过于肤浅，尤其是问题过于无效、简单。其次，思维设计要立足学生视角。学生对于有思维难度的题，往往拿不准答案，就不愿思考、不敢思考甚至不敢回答。他们在几次找不到方向后就放弃了。教师要以学生视角设计思维问题。再次，要营造思维环境。只有交流出来，才知道我们思维发现对不对，学生最怕说错，受到嘲笑。教师鼓励，同伴接纳与欣赏，营造出这样一个好的氛围非常重要。

以上思维训练过程，要借助学习活动、任务驱动、学习支架、学习评价等各种机制的配合。

二、成长历程

做一名语文朝圣者

从教20年，我对语文教学的热爱始终如一、初心不改。在我看来，自己所走的语文之路就是一条朝圣之路，其中有坎坷，有坦途，有困难，也有喜悦。梳理自己的专业发展历程，以一种独特的研修方式完成着各种角色的转变。

1. 课例观摩——做语文教学的"围观者"

2001年，我从中等师范学校毕业，分配到自己的母校——一所偏远山区小学任教。那年我才18岁，严格意义上说，还是个初出茅庐的"大孩子"。学校让我带一年级新生，第一堂课上《a，o，e》。踏上讲台的那一刻，我竟然是那样茫然，甚至不知道是怎样开始我职业生涯第一句、第一讲的……就这样，我和小学语文教学在迷茫中开始初恋般的相识了。

我的专业启蒙老师并非什么名师、大师，都是我那帮可爱且充满朝气的同事。家乡小学是一所袖珍山区学校，只有将近一百个学生和十个教师，但难得的是，这支袖珍教师队伍是十足年轻化，除了校长和总务主任年纪大些，剩下的全是和我年纪相仿的年轻人，平均年龄小于

30岁。也许是时代使然，那时候年轻人充满活力，虽身处条件艰苦的山区学校，但对教育的热情不减丝毫。以校为家，白天认真上课，晚上一起主动聚在办公室备课、改作业，那干劲不亚于劳模。教务主任肯干事、肯钻研，学校虽小，常规、教研、论文写作，样样不落。或许，正是浸润在这样一个全息的教育环境里，我开始逐步迈进语文教育之门，从最初的写教案、谈带班，到如何观摩一堂好课，再到关起门上只有自己的公开课……在这里我完成教育教学"初体验"，我的教育热情和兴趣被点燃，更重要的是，我寻觅到自己专业成长的最重要的方式——观摩课例。

有一段时日，我热衷于听课。一有空就搬张小椅子去听同事们的课，无论语文、数学，还是音乐、美术，我常常仔细记录下上课教师的每一句话，回家后琢磨思考。后来，我学会跑出去听课。那个时代的教研活动很频繁，学区、县里经常有活动，但要收费还得分配听课名额。我们是农村学校，往往没什么机会。我就自己前往，等到活动开场后，门口把守的孩子们都离开了，才偷偷溜进会场听课。似乎觉得这样的学习机会来之不易，听课也就特别认真了。印象中第一次让我震撼的课例，是在平阳剧院观摩王崧舟老师的《鱼游到纸上》一课。我第一次感受到语文课原来可以上得如此深入人心。回来后，我把录音听了很多遍，将课堂实录一字不错地写下来，然后又根据实录还原成教学设计，反复琢磨。

2003年，我花了3个月工资买了一台计算机，拉起拨号宽带。利用网络平台，在各大教学论坛、网站里畅游学习，很是开心，很有收获。为了设计好一节课，我常常找来多节名师课例观摩、比较、揣摩：为什么这样教？我还可以怎么教？最后，才设计出自己满意的课。第二天，就兴奋地在自己那只有20来个学生的班级上着属于自己的公开课。

就这样，我开启了自己专业发展的原始方式——观摩大量课例，以一个语文教学围观者的姿态注视着语文课堂。

2. 模拟照搬，做语文教学的"模仿者"

我的专业成长第二种方式是"模拟照搬"。

我先从照搬名师课开始。真得感谢网络时代的便利，我足不出户就能搜集到很多名师课例。一番研究，觉得自己可以理解之后，就会搬到自己的课堂，但结果往往是令人沮丧和痛苦的，我有一段时间常被这样的痛苦困扰：我的课堂为什么上不出名师的效果呢？

后来，我开始模仿名师的风格。起初，我喜欢王崧舟、窦桂梅、贾志敏、孙双金、薛法根等老师的课，我会研究他们上课的腔调、过渡语的设计甚至是教学举止；之后，我喜欢蒋军晶、张祖庆、周益民的课，我会研究他们的课堂节奏、他们的设计框架、他们的话题选择。当然，我会把它们全都搬到自己的课堂进行模拟一遍。就这样，我经常会干一种蠢事——一个人关起门来想象着自己在上一节公开课，一板一眼、一句一环地开始教学。或许，这种方式的确有点笨拙，但为我后来的课堂基本功，尤其是调控能力的发展奠定了很好的基础。逼着自己天天思考，研究课堂，无形中提高了我的课堂教学技艺。

我的模仿不只限于课堂，还拓宽到教育写作领域。我的教育写作始于苍南的"新教育"行动。一段时间里，"教育博客"文化盛行，我轻易地就被卷入了进去，每天在自己的"教育博客"上记录点什么成为一种教育习惯。教育叙事是主要文体，我常常在同行的博客里研究他们的叙事风格，无形之中也形成了自己的叙事风格。然后，就是研究教学论文的体例、选题、语言风格等。就这样，在那台现在已老得快不能动的台式计算机面前，我以模仿者的样子进行着自己的专业修炼。

3．随行团队，做语文研究的"参与者"

2009年，我选调到苍南县第三实验小学。如果我之前的专业发展走的是一条"单打独斗"的路子，自此我开始跟随团队学习，真正走上语文研究之路。

调到县城学校后，我有幸加入时任县小语教研员、特级教师何必钻的工作室。在他门下，我真正感受到团队教研的力量。团队赛课、专题论坛、做课题研究……工作室多样化的教研方式带给我一次又一次的思想冲击，使我慢慢意识到，对语文的研究不能只局限于一个人的思考。同时，我收获了言语型教学的思想，奠定了我的语文教学基本思想。另外，我开始沉醉于专业书籍的阅读与写作，从一个"课堂研究者"走向"课程研究者"，做起了"语文教学研究"的学问。

更让我庆幸的是，时隔一年，我就被推荐参加了特级教师市教研员曹鸿飞带领的研修班。这一次的学习经历又为我打开了语文教学的新窗。"学为主"教学、"发现－表现"思想、语用课堂等新教学、新理念如潮水般涌入我的大脑，在一次又一次的研修班活动中不断激荡、回响，我的教学理解与认知也越来越清晰。

我常暗自庆幸加入两位导师的团队，更感恩于他们为我的专业成长提供弥足珍贵的舞台。2011年，我有幸被推荐参加市优质课比赛，何老师领衔的教研团队为我打磨近2个月，通过这堂课几乎解剖似的全息式课堂观察与分析，无死角地暴露出我的所有教学短板，然后逐一指导矫正、精雕细琢，使我的课堂技艺突飞猛进，迈向一个新台阶。

2013年，我又有幸被曹老师推荐参加省赛，经过1个多月的充分准备，研磨透整套教材的所有课例，拿下了一等奖的好成绩。这一过程，使我收获了团队教研带来的巨大红利，那就是加深了对教材的理解和解读。

而后，我在专业成长道路上收获了县名师、市教坛新秀、省教坛新秀等荣誉。我以为，随行团队让我成为一名真正语文研究者。

4．实践行走，做语文研究的"思考者"

一路走来，我形成了自己"理性不失风趣，简约不失厚实"的课堂教学风格。我也逐渐感到自己的课堂陷入一种模式化。

一段时间里，我不上公开课，更倾心于阅读、吸纳。我喜欢叶圣陶的真语文教学思想，我喜欢学为中心的教学思想，我喜欢以生为本的课堂理念，我喜欢语用教学，我喜欢本色语文，我喜欢简约语文，我喜欢策略教学……我开始思考我的教学主张，开始寻求我的课堂转型。

我又一次关起门来上自己的课，回到起点，回到原点，从出发的地方找到原来的方向。我慢慢思索着，慢慢领悟到：孩子是学习的主人，用语文的方式教语文——守正语文之道，还学于生——才是真实的教语文。

20年如一日，坚守语文课堂，钻研教材，研究学生，砥砺教学思想，不忘初心，做一名虔诚的语文朝圣者！

三、教学片段——《蒙娜丽莎之约》

板块一："画像"的魅力

（一）作者眼中的"微笑"

（1）指导朗读语段，相机正音"悄""摸"。

（2）品读体会：作者眼中蒙娜丽莎的"微笑"是怎样的？（舒畅温柔、略含哀伤、十分亲切、几分矜持……）

（3）聚集句式：那微笑，有时让人觉得舒畅温柔，有时让人觉得略含哀伤，有时让人觉得十分亲切，有时又让人觉得有几分矜持。

①点拨，引导学生多形式朗读（个别读、合作引读等）。

②隐去画线词积累、背诵。

（二）"我"眼中的"微笑"

（1）蒙娜丽莎的"微笑"给作者留下了深刻的印象，带来这么多感受。我们不妨也来好好欣赏这"永恒的微笑"。盯着画像，好好地看上一会儿，你又有什么感觉呢？

（2）运用原文句式，引导学生说自己看画的感受：

那微笑，有时让人觉得_____，有时让人觉得_____，有时让人觉得_____，有时又让人觉得有_____。

（三）众人眼中的"微笑"

（1）作者有作者的感受，我们看又有我们的感受，还有很多人有不同的说法。我们来看一些资料（课件出示）。

（2）同一张画像，同一个微笑，不同的人，不同的时间，不同的角度，感受却是如此不一样。这样的微笑用文中的词来说就叫——"耐人寻味""难以捉摸"。

板块二：文字的魅力

（一）关注写法，发现言语秘密

（1）再看看这段文字，在写法上有什么发现？（可以从四个"觉得"入手，引导学生发现作者通过"看到结合感受"的方法来写"微笑"）

（2）小结点拨：是呀，作者用"看到＋感受"的方法写出蒙娜丽莎"微笑"的魅力，其实，这是作者语言文字的魅力。

（二）勾连前后，印证言语魅力

（1）进一步感受这一语言魅力：默读第5段和第7段，找一两处相似的写法，用横线画出"看到"的，用波浪线画出"感受到"的。（课件）

（2）分工合作学习：分成两组，各自研读一段。

（3）展台交流汇报，鼓励学生提出自己不同的看法，商讨、点拨、归纳。

（三）整理归纳，形成言语方法

"看到＋感受"写法可以像第5、6自然段一样，一句一句"分开表达"，也可以像第7自然段一样，"融合"在一起进行表达。（课件）

设计意图："蒙娜丽莎"的最大魅力莫过于那"永恒的微笑"，本课教学牢牢抓住这一教学内容进行重锤敲打，从引领学生深入玩味其特有"神秘魅力"，到发现作者富有特点的文字魅力，让教学从简单的"感受"走向深入的"感悟"，从表象"教内容"走向有价值"教言语"，体现了略读教学的本色——"弱水三千，只取一瓢"。只有一课一得，才能略有所得！

四、他人眼中的我

老话讲：相由心生。李老师是个什么样的人，你见过就能感受到。无论学生求教还是我们年轻老师请他指导，目光先触到的，总是他谦和温润的笑。要怎么形容这样一位老师和他的教学，我内心总体浮现的是这三个词，即"高山仰止""大道至简""润物无声"。

当我还是个新老师的时候，李老师就曾给过我们启发。闲聊时他问过我们两个问题：你认为什么是语文？你为什么要成为一名语文老师？每个人都有不同的答案，李老师认真聆听并肯定了所有人的观点，同时也大方分享了自己的看法。这种看似简单的问题，很明显他不是想要答案，而是想引发我们思考，进而形成对整个专业的认识。他似乎很愿意当一个引路人，对教学研究的热情很早就感染了我们。

听李老师的课，让人如沐春风。他亲切和蔼，生动有趣。小到一个生字的教学，大到概括文意，甚至纵深触至作者的情感脉络和精神内核，李老师都稳稳地掌着教学的舵，挥洒自如。他深入浅出、循循善诱，如果文字里有山河，在他的课上，我们一起跋山涉水，横看成岭侧成峰，多角度地领略了语文的奥妙。等到下课铃响，才惊觉一堂课已过。回首40分钟，已是收获颇丰。这种几乎没有痕迹的教学，如春雨，温润无声，滋养了无数棵求知的芽。

我曾经有幸借用李老师的班级上过课，他的学生们就像一堆自在生长的苗：写词造句时洋溢出蓬勃的想象力；发言讨论时自信而流利，俨然一个个课堂的小主人；对文章的理解有新奇的想法，不怕表达，喜欢探索……我惊讶于一个科任老师的影响力，在很长一段时间里，我也困惑于怎样把握语文对人的塑造，在李老师这儿，我仿佛看到了微光，渐明朗。

我想，李老师教学上的游刃有余，源自他深厚的教学功底。他长年累月地坚持写教学日志，把一线教学的点滴经验积累成育人的底蕴。即使自己已经站成一座里程碑，他仍然孜孜不倦地学习钻研，研究各种教学案例并分享他深刻的见解。

学高为范，在我心里，李老师是师者的典范。

（苍南县金乡镇第三小学　高冬姿）

初初相见，想起"和善"一词；交流之间，可用"真诚"二字；点拨引导，可担"倾囊相授"之名；修身潜学，唯"孜孜不倦"可表！这便是大家眼中的李求宝老师。

身为李老师的同事确实幸运，因为我们可以了解李老师对部分课例最初的文本解读和目标定位，聆听学习活动设计的雏形，探讨困惑。课后李老师总是引导大家从"学"的角度讨论教学策略的开展与效果，从而优化学习策略，让课堂简化、净化，让孩子学得丰盈！学生增质增量，同事受益匪浅，即便此中的思量、磋磨与豁然开朗的喜悦不成比例，李老师也仍沉醉其中，一如既往。

李老师的课堂以学为主，紧扣"梳理—积累—理解—运用"的旋律，引导学生用适合的、显性化的阅读策略善学、学实！其梳理之法令人惊叹，《丑石》制名片、《维也纳圆舞曲》填乐谱等，既取之于文又匠心独具，妙造自然。积累之行因文而异，《除三害》析词化手为龙，《小猴下山》诵读绘声绘色等，让积累质朴而真实地展开、推进。理解、运用中学习策略简约细腻、有序纵深，以《蒙娜丽莎之约》为例，从表达的角度剖析"微笑"，以"看到＋想到"为主干，循循善诱至"分开表达"与"融合表达"两类，浸润其中，再回溯原文之初，择法写"队伍"里人们的感受，让学生的思想、能力在实践活动中蜕变、丰厚。

初心不改，语文本色，与李老师相遇，得见语文行者之风采。

（苍南县第三实验小学　杨晓清）

细细数来，和他的缘分竟十分奇妙，从学区优质课、县优质课、市优质课，再到备战省优质课，我都有幸作为旁听生学习、参与其中。他常会这样问我们："我的课堂哪里需要改变？总觉得哪里不对劲？"因为十分熟稔，便十二分毒舌："太讲究，反而变得不讲究！眼神、语调、手势，乃至每一句问答回应都设了框，行云流水背后，缺失了什么呢？"他呢，倒也一点儿不介怀。每每发问，回回如此，我想，类似这样的发问应该是刻进他骨血里的一种自我审视吧。

渐渐地，我惊叹于他的一次次课堂蝶变——不再是精雕细刻各种细节，而是饶有兴味地倾听来自学生的声音，会通过各种让人意想不到的策略技巧一次次启动学生思维，让他们在跌跌撞撞、磕磕绊绊中形成自己的思考并适时给予提升。听他的课，你会发现，从一堂课里便可窥一位优秀老师小学六年会带给一个学生怎么样的语文素养滋养；你会感叹，如果我的孩子给这样的老师教六年，该是多么幸运的一件事！

近期，我又感到他在自我迭代，更精深，也更沉静了。这课吧，正如他常说自己是农村长大的孩子一般，朴素、自然，课如其人，便也不假。

（北京外国语大学温州附属学校　兰陈敏）

坚持以生为本　创建高效课堂

温州市水心小学　张　勤

一、我的教学主张

自新课程改革以来,"以生为本"已日渐深入人心。2001年颁布的数学课程标准（实验版）及2011年的修订版都明确指出：数学教学活动必须建立在学生的认知发展水平和已有的知识经验基础之上。教师应激发学生的学习积极性，向学生提供充分从事数学活动的机会，帮助他们在自主探索和合作交流的过程中，真正理解和掌握基本的数学知识与技能、数学思想和方法，获得广泛的数学活动经验。学生是数学学习的主人，教师是数学学习的组织者、引导者和合作者。

我们的教学应尊重学生的生命个体，为学生会学、乐学、善学而设计，并以促进学生的幸福成长和终身可持续和谐发展为归宿。

"以生为本"的教育理念是时代发展的产物，新课程改革初期，我非常认同"知识不是东西，教学也不是传递东西，知识要靠学生通过获取信息后自己独立完成建构起来"，但真正把"以生为本"的理念落实为自觉的教学行为，并不是一蹴而就的。

二、转为自觉行为源于一节课

真正让我摆正师生位置，转变"重教轻学"的观念是源于六年级的一节课。

第一轮课程改革时，我是这样上的：

环节一：数学小游戏。任意选8个点，再将每两点连成一条线，数一数可以连成多少条线。活动看似简单，却很容易出错。这样不仅让学生经历困难，更能激发学生学习欲望。

环节二：探究规律。同学们，用8个点来连线，我们觉得很困难，怎么办呢？引领学生通过课件直观演示发现：每增加一个点，就会增加 $n-1$ 条线段。

环节三：拓展提升，还原生活，解决生活中的实际问题。

整个过程都在逐步地让学生体会化难为易的数学思想，懂得运用一定的规律去解决较复杂的数学问题。

第二轮课程改革中，还是这一内容，"以生为本"的理念告诉我，不能走老路，要将学习的主动权还给学生，变教为学。

我是这样设计的，在环节二中抛出五个学习任务，让学生带着这五个任务展开自主学习。

任务一：面对复杂的问题，除了化难为易，还可以温故知新。有些孩子想到了以前学习的"数角"的方法，12个点，就相当于12条边，12条边所组成的角就相当于12个点连成的线段。也有孩子想到"数线段"，一条有12个点的线段和12个随意排列的点连起来的线段是一样的。有了自主学习的机会，有了自主表达的机会，孩子们表现出了无穷的智慧。

任务二：一组学生上台展示化难为易的研究过程时，小组同学合作，一人描点，一人画线段，一人做解说。不同颜色的点，不同颜色的线，都是学生有序思考的证明。这些比我的课件要鲜活得多。

任务三：大多数学生的解法和教科书上的解法都是一样的：6个点时有1+2+3+4+5=15（条）。12个点时⋯⋯"老师，我还有不一样的想法，12×（12-1）÷2=66（条）。"台下的学生纷纷露出不解的神态，等待进一步解释。讲台此时就是这位学生展示自己的舞台：12个点，每个点都能向其余11个点画一条线段，但每两个点之间只能画一条，如 a 到 b 画了，b 到 a 就重复了，每两个点之间都重复了一次，所以除以2。学生的解释得到了大家发自内心的掌声。学生的方法比教材的方法更巧、更实用。

⋯⋯

用任务带动学生自己学习之后，学生学得更充分、学得更主动，成果姹紫嫣红。相同的教学内容，不同的学习方式：前者，是以教师的"教"为中心，学生的学习是被动的，看似有探究、有合作，那也是被探究、被合作。后者，以学生的"学"为中心，重视学生在学习活动中的主体地位和作用，让他们能够主动参与、勇于质疑、掌握方法、学会学习，使他们成为课堂的主人。

学生学得开心，我也教得轻松，适时的启发、精当的讲授，最重要的是促进了学生基本技能的形成和数学基本活动经验的积累，这才是有效教学的最终目标。

这节课之后，我知道了"学生的强大能量""给学生一个舞台，学生就会还你一份精彩"，所以，我以更饱满的热情投入"以生为本"的研究中。以生为本，让学生在"行云流水"式的自然境界中自由质疑、自主探索、自我完善，在潜移默化中师生共同提高。

三、理念下的教学实践

1. 探明学生已有，转为以学定教——自然，凸显个体的真实性

美国著名教育学家奥苏贝尔有一句至理名言："假如让我把全部教育心理学，仅仅归结为一句话，那么我将一言以蔽之，影响学习的唯一最重要的因素，就是学习者已经知道了什么，要探明这一点，并应据此进行教学。"学生已有的知识基础和经验背景是其开展学习的基础，是其学习发生的前提条件。以生为本，就是将学生的已有知识、经验基础和经验背景当作教学的根本。

《义务教育数学课程标准（2011年版）》指出：了解学生的认知基础，正确把握学生的探究起点，教学才能真实有效。

要构建"以生为本"的数学课堂，每节课之前，我都会认真思考两个问题：

第一个问题：学生有什么？

第二个问题：学生要什么？学习这一内容，他们的真实需求是什么？

了解学生的认知起点，有两种常用的方式：

（1）解读学生方式一：经验分析。

片段1：一年级下《分类与整理》。

新教材将原来实验教材一年级上册的"分类"和一年级下册的"统计"结合编排，突出了分类与统计的密切关系。这也是本套教材第一次出现统计的内容。

① 学生有什么？

第一次出现"分类"与"统计"，学生有基础吗？当然有。心理学和教育学的研究成果认

为，儿童数概念的形成起始于对物体集合的感知，他们对物体数目的理解是建立在对物体的分类、排序和比较多少的基础上的。也就是说，在学习数和计算之前，学生就有分类、排序和比多少的知识准备。另外，教学实践也证明了这一点。虽说这是本套教材第一次出现分类统计的内容，但早在一年级上册"认识图形"要求学生把形状相同的立体图形放在一起，有时还会让学生数一数，每一类图形分别有多少个，这就是引导学生运用分类的方法，将"形状"作为分类的标准，把不同形状的物体划归为不同的类别。还有"从不同角度寻找信息解决问题"也可以看出，学生已经明白一个问题可以从不同的角度寻找信息，如这一例题，学生就能自选标准分类计数。综上所述，学生在学习这部分内容之前，已经有分类的知识储备了，但对于象形统计图、统计表的表现形式则是有些陌生的。

②学生要什么？

这样两个例题有层次地编排是否符合学生真正的学习需求呢？经验告诉我：不是这样子的。

a. 分类标准无须从单一到多样。因为孩子在学此内容之前就有分类的储备，他们看到颜色不一、形状各异的气球，就能想到"可以按颜色分，也可以按形状分"。也就是说，自选标准分类计数不需要像教材所想要一个从扶到放的过程。

b. 象形统计图不是画出来的，而是摆出来的。我们再来看教材中所呈现的完整的象形统计图，"我边数边画"，你们觉得孩子会不会将分好的气球这样工整地画下来呢？不会。这种记录分类结果的方式比统计图更简单、更清楚，也是学生马上能想到的。所以，象形统计图不是画出来的，而是摆出来的。

c. 例2中统计表的生成更适合在例1中经历。学生这种记录方式其实就是统计表的雏形，只要在这一基础上加上表格，再将单位统一写在前面，就变成了例2所编排的简单的统计表。因此，例2统计表更适合在例1中生成。而象形统计图，其实，学生自主分类操作的时候，就会有这样的两种呈现方式：一种是一堆堆分类摆放；另一种是用一一对应的方式分类摆放。

不难发现，用一一对应的方式摆放后再加上类别名称就是象形统计图。

有了充分的学情分析，才会有底气让学生自主学习，在动手操作、自主体验、合作交流的过程中，学习分类方法和对分类结果的表达，经历分类、整理、分析的全过程；站在学生的角度思考，才有象形统计图的浑然天成，也才有了统计表的顺应得出，也为后面的统计教学积累基本的数学活动经验。

（2）解读学生方式二：前测分析。

有经验的、善于观察的教师会揣摩学生的想法，要想更科学地了解学生基础，前测分析是好办法，它是帮助教师找准教学起点和把握学情的有效手段。

片段2：二年级下《1 000以内数的认识》

在一年级时学生已经学习了100以内的数，认识了个位、十位、百位及它们的计数单位，会读、写100以内的数，对100以内的数能准确地计算，具备了后续学习"数"的知识基础。但不确定学生是否能很好地进行知识迁移，为此特别设计了一份学前单，对任教的两个班76位孩子进行了课前学习起点的调查了解。

一份学前单准确反映了学生的认知真实起点：有接近半数的学生会数出所给方块的数量（316），并能较清晰地表述数的过程和方法。在回答"你还能用其他的方式表示这个数"这个问题时有13位孩子能画计数器表示316，7位孩子用画小棒来表示316。"你知道

'一千'这个数吗？"有 26 位孩子知道 10 个一百是一千，还有的能用加法算式表示 1 000，如 999+1=1 000、100+900=1 000 等；有的学生会读、写万以内的数。这些均是学生学习本节课的资源，但对于"为什么千位在百位的左边，为什么千位的计数单位是千，为什么'百'与'千'的进率是 10，为什么'万'与'千'的进率也是 10"这些数学本质的东西学生没有真正的认识，这是教学的重难点，也是教师在教学中要重点关注的。

基于以上对教材和学情的分析，我在设计这节课的过程中有了以下思考：

第一，认识知识的本质，学生对 1 000 以内数的认知并非从"0"起步，怎样利用好这个资源，使学生在学习中由枯燥变为有趣，由简单认识到深入理解呢？

第二，认识数位和计数单位是教学的重点，怎样唤起学生再研究"我已经知道"的知识的需求，让教学成为研究问题的过程，真正帮助学生解惑呢？

第三，100 以内数的认识可以借助生活中的事物帮学生建立数感，一旦数域扩大，便没有更多、更合适和更直观的事物帮助学生建立数感，怎样培养学生的数感呢？

第四，如何选取学生熟悉、感到有趣的生活素材与教材例题进行整合，发挥各自的功能作用，使教学内容充实而富有挑战性呢？

带着以上的思考我设计了本节课，力求在以上四个方面有一些突破。在教学中选取学生在前测中的作品作为教学素材，充分发挥其作用，由学生自己向大家介绍有关 1 000 及 1 000 以内数的认识，这样既调动了这部分学生的积极性，又能使学习材料多样化，让另一部分学生在同学和教师的共同引领下，进一步完善对新知识的理解和掌握。

前测中见学情，前测中更含有学生最真实的思维，这些都是他们思维深处的表达。

片段 3：三年级下《两位数乘两位数笔算乘法》

《两位数乘两位数笔算乘法》是全册教材的一个重点，在小学阶段"数与代数"的学习中有着举足轻重的作用。它是在学生学习了口算两位数乘一位数、两位数乘整十整百数和笔算多位数乘一位数的基础上进行教学的。这是教材的编排。学生有口算的基础，在计算 14×12 时，学生会想到哪些方法？他们可以很快利用刚学习的口算 14×10=140，14×2=28，140+28=168 进行计算吗？学生也有乘法笔算的经验，那么有多少学生在学习两位数乘两位数之前，已学会了计算方法，能正确用竖式计算出得数？除此之外，直观的点子图可以帮助孩子思考吗？带着这些疑问，我设计了学情前测单，试图通过对学生的学前调查，找准教学的起点和重难点，以期达到事半功倍的教学效果。

此设计是基于对教材的分析而来的，前测题就是教材例题，要求学生能用自己熟悉的方法和多种方法进行计算，还提供相应的点子图作为帮助思考。

可以看出，有 60.5% 的学生至少能用一种方法计算出正确的得数；同时从解决的方式可以看出，学生的思维水平有一定的差异，得出正确得数的学生中更多的是借助自己原有的知识储备和点子图的直观表征找到解决的方法，真正会用竖式计算的孩子很少，也看出了本节课教学的必要性和重要性。

（2）计算方法有效性的分类与分析。

①用竖式解决"14×12"（共 76 人）。两位数乘两位数，学生找不到方法。近一半的学生直接放弃用竖式计算，选择笔算的孩子也只停留在乘法笔算形式的模仿上。新知识所要求的乘法顺序以及第二部分乘积的书写位置都是非常考验学生的。

②选择用口算解决"14×12"（共 28 人）。运用口算正确解决的一共有 26 人，有用分配律计算，有用连加计算，可以发现，学生面对两位数乘两位数笔算（不进位）乘法时，是有知识基础的。因此，教学时重点要有效沟通口算与竖式计算之间的联系，让学生感知到知识的整体性，这样有助于帮助学生理解竖式计算的算理，学会竖式计算的方法。

③选择借助点子图解决"14×12"（共 18 人）。直观点子图的提供，是学生解决问题的桥梁，让学生在思维受阻时得到了帮助，一共有 18 人借用点子图正确解决。

学情前测的启示：

（1）知识"新"。两位数乘两位数笔算对 95% 的学生来说是全新的挑战，而对能准确写出笔算过程的那 5% 的孩子来说，他们中更多的只是学会了所谓的计算方法，对方法背后的道理是不甚理解的。

（2）转化"行"。面对新的知识，60% 的学生有将新知识转化为旧知识并解决新问题的能力。1/3 的孩子能想到将两位数拆分成整十数和一位数，1/5 的孩子借助点子图，把两位数拆分成几部分来解决问题。点子图的使用让学生经历了用图示表征解释算法的过程，同时，也为后面理解竖式计算的算理和算法做好铺垫。

（3）算法"多"。学生在解决"14×12=?"这一问题时，比教材呈现的两种解决思路更多样。这就提醒我们在交流多种算法时，应注意让学生通过比较、归纳和分类，体验方法的异同，理解这些不同方法的共同特点，从而掌握解决问题的策略。

鉴于以上分析，我对本堂课的教学要重点做到：一是注重直观，经历探索计算方法的过程，理解笔算算理；二是注重比较，引导沟通不同算法的联系，体会"先分后合"的共同特点。

从上述教学实践中，笔者体会到，学情前测不仅可以帮助我们了解学生基础，让我们的教学设计更贴近学生实际，避免闭门造车的现象；而且，前测过程中学生呈现的不同做法和暴露出来的重点问题可以作为课堂上研究的素材，让我们的课堂教学更有针对性，这样才能有效促进学生的探索、思考与理解，数学课堂才会由被动走向主动，由低效走向高效。

2. 捕捉错误资源，成就有效课堂——自由，凸显个体的思辨性

出错是学生在学习过程中的必然经历，在一定意义上也是教学的宝贵资源。学生的错误可能成为教学的着眼点、自主探究的生长点、思维发展的支撑点和解决问题的转折点。因此，重视学生的错误，将其化为教学进一步展开的契机，引领学生进行纠错，利用纠错促进学生的认知发展，提升学生思维能力。

片段 4：三年级下《面积复习》

学生从学习长度到学习面积，是从一维空间向二维空间转化的开始，是空间形式"由线到面"的一次飞跃，是学生进一步认识平面图形或物体的面所必备的基础知识。从学生的作业练习中我们常常发现，学生计算长方形和正方形的面积没有难度，正确率高，但放入相似的复杂问题情境，学生往往将抽象的"周长"和"面积"两个概念混淆，在解决实际问题的过程中陷入困境，错误百出。

为了提高复习效率，我设计了课前练习纸，一方面了解学生的掌握情况；另一方面是搜集、整理学生在练习中暴露出来的错误，便于一节课的复习中能更好引导学生剖析发现产生错误的原因，寻求改正错误的方法。这将有利于学生完善认知结构、优化思维品质、提升学习能力。

四道题中前两道题的正确率高，不讲解，后两道题着重讲解分析。实际上，错例分析也是

复习课的一种重要的教学手段，帮助学生分析错例，找出错误原因，从而更好地学习，优化学生的学习方法，提升学生的数学素养。

（1）交流第 3 题：有一个正方形苗圃，一面靠墙，其他三面围竹篱笆。已知竹篱笆长 18 m，苗圃的面积是多少？

出示两种错误算式：

① 18×18；② $18\div3\times4$。

同桌讨论错在哪里，集体交流。

正确的算式应该先求什么？再求什么？

（2）交流第 4 题：

①出示错误围法：算一算这三个长方形的周长是不是 20 cm。

②出示正确的 5 种围法。

思考 1：这 5 种围法都画对了吗？为什么这位孩子能准确地、不遗漏地把所有的情况都画出来呢？有什么秘诀呢？

思考 2：那长和宽可以是多少呢？

思考 3：你觉得李大爷会选择几号作为菜地？为什么？

计算验证：在周长不变的情况下，长宽越接近，面积越大。

整堂复习课基于学情，及时捕捉，以独特视角去发现错误的价值，引导学生查错、思错、纠错，发挥复习巩固的真正作用。

学生在学习中的出错过程应该看成是学生通向成功的阶梯。教学时选择恰当时机制造或放大学生认知上的差错，激起学生的思维，以此来提高课堂教学效率。

3. 关注自主过程，创设分享空间——自主，凸显个体的能动性

在教学过程中，教师不仅要关注学生学习发生的条件，还应关注"学生学习的过程"。新课程改革的目的之一，就是"改变课程实施过于强调接受学习、死记硬背、机械训练的现状，倡导学生主动参与、乐于探究、勤于动手，培养学生收集信息、处理信息的能力，获取新知识的能力，分析和解决问题的能力，以及交流与合作的能力"。就教学过程而言，"以生为本"还可解读为"把学生学习方式方法和策略的转变当作根本"，通过教学方式方法的转变，促进学生学习方式方法的转变。

片段 5：一年级上《数数策略》

本教学内容的例题是以"学生排队"为情境，意在让学生学会解决求两数之间数字个数的问题。

经过 3 个月的学习，孩子们对于看图收集信息、明确解决问题等都有了一定的基础，也多次体验了解决问题的一般过程，积累了解决问题的经验。但他们的经验是列式解决问题，用画图解决问题这方面的能力还比较薄弱，同时，表述算理的能力也比较差，因此，本节新授课的教学中要给学生充分的空间，让他们自己寻找解决问题的方法，让每个孩子都能寻找到适合自己的方法。

用后面的序号减去前面的序号，这种解法是学生最常用的一种方法。

有层次地出示不同方法，在师生讲评中逐渐明晰正确的方法及最优的方法，体会用画图方法解决问题的可行性。

以生为本的课堂，除关注知识的学习外，还应当关注学生作为人的发展。因此，在课堂

上，减少师生交流，增加生生互动，学生之间分享想法，让每一位学生都能够积极主动地参与学习过程。

4. 重视学生体验，及时调整预案——自悟，凸显个体的体验性

片段6：三年级上《用估算解决问题》

《义务教育数学课程标准（2011年版）》明确提出"在解决问题的过程中，能选择合适的方法进行估算"的要求，本教学内容就是把估算教学融入解决问题的过程，引导学生在解决问题的过程中，理解估算的价值，掌握用估算解决问题的基本策略（往大估、往小估），并能根据具体情境灵活应用。

在充分研读学生的逻辑认知起点和现实起点（课前前测）的基础上，我对这节"用乘法解决问题"的教学充满了信心。

例题教学环节则让我措手不及：

静静地想一想：他们想的这两个问题一样吗？你们会怎么解决呢？

请试着解决这两个问题，写在1号本上。

巡视了一圈，绝大部分孩子 $29 \times 8 = 232$（元）。

原来这样参照教材的练习设计是为了突出对比：同样都是买门票，解决的方法可以不一样：第一问要确认250元钱够不够，只需要估算出大概的结果就可以了，突出了估算的简便性。第二问则需要精确计算。

孩子们很聪明，他们之所以选择精确计算，其实比用两种方式解决更简便。一道精确计算的算式，既能解决第一问，又能解决第二问。

这是失败的设计，只有实践之后我才知道会这样：学生不买账，无法产生估算的需求，为什么？第一，两个问题同时出现，势必会削弱估算的必要性；第二，过早要求学生拿起笔表达思考的步骤和方法，会阻碍学生自发运用估算解决问题，因为估算的优势是便捷，但是估算的书面表达比准确计算要烦琐得多，学生不愿意估算。

第二节课，我马上改变教学设计，一变问题呈现的方式；二变回答问题的方式，用手势比画出"够"还是"不够"，促使他们用估算解决问题，真正感受到估算的价值，有了结果的确定之后，再鼓励学生拿起笔，将刚才自己想到的方法记录下来，这样就不会让书面表达的烦琐干扰学生的思维，有利于学生真正感受估算的价值，回答了学生内心"为什么要学估算"的问题。课中善于观察、善于分析反思，及时做出教学调整，因为学生的感受、需求是至高无上的。

归纳以上可以得出：

诊学——诊断学生学习；

助学——依据诊学结果实施有针对性的帮助；

促学——鼓励学生投入探究、表达想法；

研学——研究学习者在课堂上的表现，及时做出调整。

原来关注更多的是"教什么，怎样教"，现在更要关注学生"学什么，怎样学"。我们必须做到，任何时候，我们的教学活动都要以学生的起点为起点，以学生的进度为进度，以学生的状态为状态，以学生的发展为发展。依据学生的学习规律与成长规律来办事，允许学生在学习的过程中出错，只有这样，我们才能创建有效课堂。这就是我的教学追求、我的教学主张——坚持以生为本，创建高效课堂。

数学养育
——让孩子在数学学习中得到终身成长

温州市临江小学　夏明燕

我是一名小学数学骨干教师，"数学养育"是我经历18年的一线教学实践后提出的教学主张。

一、"数学养育"教学主张诠释

将"数学"和"养育"放在一起，其意图何在？"数学"与"养育"又是怎样的关系？数学养育到底是一种怎样的教学主张？

1."数学养育"——重启"数学"与"学生"的关系

提及"养育"，一定是将视角放在孩子最终的成长上。作为养育实施者的父母，比起关注某种教育方法、理念的践行水平，一定是更加关心自己的孩子究竟长成什么样子。但是，长期学科本位的思想，往往让数学教学的实施者将核心放在了数学本身上，重视数学传递的程度常不自觉地超过重视学生真正成长的程度。

该怎样看待小学阶段数学教学与学生成长的关系？我认为作为基础教育中的一门学科教学，其首要宗旨还是应该要为学生的终身成长服务，紧接着才是传递数学学科的魅力。数学教学的落脚点应该是学生本身，应该将小学阶段的数学教学看成促进学生终身成长的一种教育途径。

"数学养育"传递的就是这样的理念：将数学教学作为养育的手段，奠基学生的终身成长才是小学阶段数学教学的终极目标。

2."数学养育"——强调数学教学对学生成长的严肃性与实效性

提及"养育"，一定要承认其对一个家庭未来走向的重要性。作为养育实施者，审视自己的养育效果一定是看孩子最终是怎样表现的。如果孩子有了正面的反馈或变化，就说明父母教养方式得当。但是，作为数学教学的实施者，很多时候就未必认为自己的教学行为给学生带去的是严肃的影响。随意试教、对教学工作的敷衍，都反映出我们的这一心态。同时，作为数学教学的实施者，也常常会满足于学生在课堂上浅层理解的表现，很少执着于学生真正理解与改善。

该如何看待小学阶段数学教学对学生成长的影响呢？我认为应当重视小学数学教学对学生成长所带来影响的严肃性，重视数学教学实施过程的实效性。

"数学养育"传递的就是这样的观点：将每个课时的数学教学过程串联就是一段长期养育过程，要用严谨的教学态度应对数学教学对学生生命影响的严肃性，要关注数学教学实施的真实有效性。

3."数学养育"——看重数学教学对学生影响的长远性与全面性

提及"养育"，一定会关心孩子身体、心理、能力的全面成长。作为养育实施者的父母，自然要关心孩子将来在知识技能、情感交际、三观态度等方方面面是否能适应社会的需求与发展，帮助孩子最终实现在生活中的独立。但是，作为数学教学的实施者，往往缺少这份"培养完整儿童"的教育观，常常会把视角局限在某一堂课之中，也常常会先注重数学知识技能的达成，不自觉地忽视学生在数学学习过程中学科素养的积淀、情感的体验与态度的养成。

"数学养育"传递的就是这样的认识：在数学教学中要有教学的整体观、学生长远发展的视角和培养完整儿童的教育价值观。

总而言之，"数学养育"就是将贯穿6年儿童期的数学教学过程看成对儿童内在生命成长的养育过程。儿童的内在生命成长是教学的主旨；数学是教学的载体；素养能力、情感态度、知识技能共同构成教学的完整目标；用对生命负责的严肃态度和严谨作风对待教学过程中的师生互动。

二、"数学养育"教学主张的孕育形成

1. 在数学语言培养中看到"养"的意识

教学中常常都能感受到学生具备了数学问题的解决能力后，遇到编写数学问题，却未必所有的孩子都能流畅表达。我总是试图希望通过自身某一个课堂教学行为的改变就能获得学生数学语言的发展。但课堂上，遇到数学语言规范表达的教学，即使教师想方设法让学生理解所要表达的意思，学生却总是喜欢用自己的语言去表达，导致教师只得采用"谁也能像他这样说一说""谁也会说"这样的机械训练方式，然而效果依旧不尽如人意。

为什么将要求降低到这样机械的模仿，很多孩子的语言表达还依然不尽如人意呢？因为儿童数学语言的习得需要经历语言的输入、理解、积累、输出的全过程。而这个过程一定需要时间维度的积淀与催化，并非某一堂课、某个教学环节就能一蹴而就的事情。所以，作为数学教师更应该做的是尊重儿童自然发展的规律，要在一个更宽泛的时间与空间维度考虑和实施学生数学语言的培养。学生的数学语言不是某几节课练出来的，而是长时间"养"出来的。

2. 在育人问题解决中看到课堂改进的"儿童"意识

在当校长之前，我都不自觉地陷在"重教学轻教育"的工作意识中。如果遇到学生上课不认真听讲一类的问题，我都会将它归为德育工作范畴，自然会采取借助外力的处理方式。通常就是告知班主任或反馈给家长，希望他们对学生加强教育。另外，就是用教师的威信进行说教、批评、惩罚等。而这种"压"的教育方式随着学生心智的成熟和年龄的增长越发显得无效。作为一名教学工作者，这种教育方法的枯竭感和对效果的无奈感让我内心毫无底气。

在一本养育类书籍《学习的格局》中，我找到了如何提升学生课堂专注力的答案。在书中我了解到认知领域的学习"三区理论"，即舒适区、学习区、恐慌区。课堂学习的难度只有保持在"学习区"，孩子的注意力才能有效集中。我也了解到神经语言科学领域中的三种学习类型，即视觉型、听觉型和触觉型。当教师的授课方式更加适合学生的学习模式时，学生对内容的接受度会提高。这些研究成果都启示我们应该用更符合儿童心理规律的、更科学的教学设计提升学生在课堂中的专注力，让数学学习更加有效。

3. 名师工作室的催化

"数学养育"教学主张的最终提出源于自己准备成立名师工作室的需要。作为温州市名教师，成立名师工作室是市级考核要求之一。为了让自己即将建立的名师工作室能真正"有所为"，我对自身18年数学教学的经验、体会进行梳理，对现有数学教学中的困惑进行思考，不断酝酿、总结、提炼，最终确定"数学养育"这一教学主张。我也希望自己的工作室

能以"数学养育"为核心理念进一步丰富数学教学实践的探索,扭转当下数学教师群体"只教学不教育"的片面认识,让教学和教育更紧密地结合起来,让数学教师从数学视角拓展到儿童视角,让小学阶段的数学教学更好地为学生的成长服务。

三、"数学养育"教学主张的实践架构

基于上述"数学养育"教学主张的内涵的诠释,我尝试从以下四个维度对其进行实践架构的深化。

(一)重视师生沟通,提质教学语言

研究表明,教育者的语言质量直接影响受教育者的大脑发育。儿童听到与数学有关的词汇数量与儿童的数学能力正相关。同样,大量的空间词汇则可以提升儿童的空间能力。一项研究表明,经常受到基于过程称赞的三岁前的孩子,更容易在七八岁时具备成长型思维模式。而成长型思维模式直接影响儿童二至四年级的数学和阅读能力。

将数学教学看成"数学养育"的过程,你就能意识到教学语言对学生发展的持久而深远的影响作用。然而长久以来,我们一直忽略数学教学语言对学生数学概念理解的教育功能,忽视数学教师教学语言的修炼。我认为情感引导式教育中的"认同"原则和芝加哥大学达娜·萨斯金德教授在"3 000万词汇倡议"项目中提出的"3T"原则法对提质数学教学语言具有很好的借鉴。"3T"即共情关注(Tune in)、充分交流(Talk more)、轮流谈话(Take turns)。

第一个T:共情关注。学习的内容只有引发学生真正关注,学习才有可能真正发生。同样,教师也要有意识地观察和倾听学生真正关注的是什么。这也再次向我们印证为什么要倾听学生的声音。这其中的意义并不止是尊重的情感需求,而是学习发生与有效性的保障。

第二个T:充分交流。在与学生交流时教师要注意生成更多的描述性词语。这样学生才能在丰富的语言中听到更多和数学有关的语言,从而获得对数学概念更全面的理解。

第三个T:轮流谈话。在这个环节,教师要注意让自己的话语能够激发学生也参与交流。谈话只有在"你来我往"中展开,才能对学生的大脑开发发挥决定性的作用。那么教师就应该擅长提开放式的问题,这样才能完美实现"轮流谈话"的目的。

下面以人教版二年级下册《练习十二》第7题的教学过程说明"3T"原则的具体运用。

对于"5个及以上是什么意思"这种逐个询问的方式,教师采用直接询问学生"哪些地方是你读不懂的",从而尽快引起学生对题意理解的关注,达成共情关注。同时开放式的问题也有助于学生参与谈话,形成轮流谈话。

生1:"优惠"是什么意思?

教师点头肯定,并示意谁可以回答他的疑问。(这种示意也是促进轮流谈话的一种方式。)

生2:"优惠"就是"便宜"的意思。

师:也就是说"现在皮球的价格比原来皮球的价格低",是这个意思吗?

(充分交流不能只是零星的话语。教师借机用更完整的语言表达,并向学生寻求认同,从而让学生在收到表达肯定的同时接触到完整的数学语言表达。)

生3:"购买5个及以上,每个优惠1元"是怎么买?

师:你也很仔细地发现了另一个令人有些难懂的信息。欣赏你的细致。(在这里与其称赞学生"聪明",不如称赞学生"细致"。这会引导学生在日后的学习中努力更加细致。)

生4：也就是如果买5个或5个以上，每个皮球的价格就是4元。

师：你说得很完整，也很清楚。谁能解释这个"4元"是怎么得到的？

生5：也就是5－1＝4（元）。

师："5个及以上"到底是多少个？

生6：就是可以是5个，也可以是6个、7个、8个、9个……

生7：就是至少要买5个，只要买5个起，每个皮球就只用4元。

（教师对"'5个及以上'到底是多少个"的追问旨在引发学生用更加丰富的语言表述信息的意思，从而达成充分交流，在学生轮流对话和丰富的数学语言中达成对概念的到位理解。学生有了对题意的到位理解，那么正确解决问题自然水到渠成。）

无论在教案的预设中还是在课堂的动态生成中，甚至在课后的个别辅导中，"3T"原则下的教学语言都应该成为数学教师与学生对话的一种沟通习惯。这种模式的教学语言看起来只是微妙的变化，但是如果教师能够长期坚持这种模式的教学语言与学生展开沟通，那么对学生的数学理解和学业水平就会起到关键性的作用。正如《父母的语言》一书中所说的："这种对话原则会对儿童在数学概念、读写能力、自我管理、执行力、批判性思维、情商、创造力和毅力等方面产生令人震惊的积极影响。"

（二）注重本质挖掘，培育数学素养

机械性的数学知识随着时间的流逝是很容易被大脑遗忘的。所以，数学养育主张下的数学教学，一定是重视数学知识这一冰山下数学本质的挖掘。因为只有充分地挖掘出数学本质，学生才能获得透彻的数学理解，才能逐步提升数学素养，从而在数学养育中获得持久的发展。

例如，二年级下册《万以内数的认识》单元的整合教学。我对这节课的核心定位就是理解计数法则，培养数感。

关键问题一：在数与想象中感知进率"10"和数量的多少。

（1）一起来数一数这里有多少个小方块？（逐个出示小方块带领学生数数，在显示到8个小方块时强调："现在有几个一，是几？"；在显示到9个小方块时强调："9个一再多1个一是多少？"）

板书记录：10个一是十。

（2）这里有几个十，是几？（逐列出示小方块带领学生数数，一直到10个十是100。请学生想象：10列小方块拼在一起会是怎样的图形？你能比画出来吗？）

（3）一边一百一百地比画，一边数，你会数吗？（带领学生一排一排地比画100个小方块，一个一百100、2个一百200……9个一百900。适时停顿强调：9个一百，再加1个一百是多少？）

（4）拼成的图形是怎样的？

学生通过对图形形状、大小的描述感知1 000的特点，动态启发问题：

1）1 000个小方块和1个小方块比一比，你有什么感受？

2）观察1 000个小方块图，从图中你能看到几个几？（再次从形的角度感知进率"10"）

（5）向你的同桌每次比画1 000个小方块的样子，一边比画，一边数数，你能数到多少个1 000？

1）学生展示：一边比画一边数数。因为数量的增加，引发学生在比画过程中需要不断移动位置，以此体验 10 000 数量的庞大。

2）不封顶的教学要求，可以在学生展示过程中捕捉其学习的困难点。如适时强调：9 个 1 000 是 9 000，再多 1 个 1 000 是多少？

"数学养育"教学主张强调从儿童成长视角确立教学目标。从学生发展来说，对数的认识并非限于会认、会读，更关键的是要能感受到数在量上的多少。这样学生日后遇到生活与工作中的数时，才更有可能做出正确的判断。如何让学生获得这种数感？教学中的策略是想象与比画，将抽象的数转化为具象的形。并在手部比画动作幅度的不断增加及身体移动的感知中体会数量的积累。"数学养育"主张摒弃直白的结论输入，强调的是自然体验的培育过程。

关键问题二：在计数器中梳理归纳，理解计数法则。

刚才我们从 1 数到 100，又数到 1 000，最后数到 10 000。整个数数的过程你能在计数器上拨一拨、数一数吗？

学生通过在计数器上计数时，当一个数位上满 10 个珠子时，用前一位的 1 个珠子来替代，这样在拨的过程中不断感知"满十进一"的过程。

在拨的过程中，你有哪些发现？（总结"满十进一"及对位置值的感知等。）

把 1 000 以内数的认识和 10 000 以内数的认识整合起来教学，那么计数法则就是教学的核心。只有紧紧抓住计算法则的体验和理解进行教学，学生才能将零散的数的认识连接成线，也才有可能继续按照计数法则拓展到亿以内数的认识，甚至逆向拓展到对小数的认识。这种"数学养育"下的学生才是鲜活的、灵动的生命个体。

（三）改变问题解决方式，启动系统方案

解决问题一直是学生数学学习的一大难点。对这一教学难点的解决，很多数学教师在上到解决问题的课例时才会着手去解决。总是希望能通过某一个教学环节的改变，就能大幅度提升学生解决问题的能力。但实践证明，这样的教学改善往往收效甚微。

"数学养育"启示我们应从儿童视角先去观察、判断学生在解决问题中到底遇到了什么样的困难。同时，一种能力的提升必定需要一个持续、系统的培养过程，随机、应急性的教学处理一定无法有效突破学生的能力瓶颈。

我当前施教的二年级农村学生就遇到了解决问题能力薄弱的情况。在学习这部分内容时，孩子们就表现为学习参与滞缓的状态。我仔细观察学生的答题情况，发现部分孩子在读题环节就出现困难。不认识的字、不熟悉的字让学生读出的数学题就如同撕碎的破布。试想一道题如果连读通顺都困难，那对题意的理解程度就可想而知了。在了解到学生的困难起点后，我开始有意识地在数学教学中实施持续性的系列提升措施。

第一是提升阅读能力。通过布置数学阅读，提升学生的识字与阅读能力。我为学生选择和教材内容同步的课外数学读物《数学在哪里？》。通过微信群告知家长实施数学课外阅读的初衷，明确课外阅读的要求是训练学生能够读出、读通、读懂数学故事。教师每日布置阅读作业，并开展"阅读行进军排行榜"评价。

第二是注重题意理解。在解决问题例题与练习教学中注重通过简单示意图或线段图的画图方式或演一演等方式帮助学生读通题意。我将题意的理解作为提升问题解决能力的首要关键环节。在学生遇到问题解决的困难时，也鼓励和指导学生将读懂题目作为首要环节。

第三是关注数量关系提炼。这种关系的提炼不仅是针对某道题进行数量关系提炼，在练习或复习课也要关注一类题内部数量关系的总结和不同类型题目之间数量关系的对比。

第四是留意生活结合。经常性以在作业收缴、班级事件等生活中的实际问题引导学生进行语言组织，编成数学问题。在列式解答后进一步思考：这与哪一类数学问题类似？类似在哪里？通过分类思考的策略联结知识，提升问题解决的灵活性。

"数学养育"追求的是学生的真实改变。面对一种数学能力的提升，一定需要持续、系统的训练。只有认识到这一点，我们的教学行为就会少几分急功近利，多几分扎扎实实的持续积累、悉心培养。

（四）尊重心理规律，改进教学实施

"数学养育"强调数学教学对学生成长所起影响的严肃性和实效性。所以，"数学养育"主张下的数学教学也强调学生学习心理和身心发展规律的遵循，强调用尽可能严谨、科学的方法改进教学实施。

1. 基于"学习金字塔"理论提升课堂学习效率

为什么感觉学生上课都认真听了，却还是记不住，学不好？美国著名视听学习专家埃德加·戴尔提出的"学习金字塔"理论告诉我们：单纯地听讲和阅读所带来的"知识留存率"分别只有5%和10%。也就是说，学生即使上课时听教师讲解、下课后认真复习，大脑所能记住的知识仍然不超过所学内容的10%。"学习金字塔"理论显示，知识留存率最高的三种学习方式分别是教授给他人（90%）、实践（75%）和讨论（50%）；知识留存率最低的三种学习方式则分别是听讲（5%）、阅读（10%）和视听（20%）。也就是说学习者通过"做"和"行动"这一类主动模式所习得并加以内化的知识，要比通过"听""读""观察"这一类被动模式要有效得多。

所以，数学课堂教学应该为学生提供"主动式多维学习"，除必要的视、听外，更应该充分结合动手实践、验证操作等课堂学习环节，重视小组之间的观点碰撞交流。同时，要积极为学生创设"向外输出学习法"的运用场景：表达自己的想法、介绍解题思路、小组合作互助等。

总之，"数学养育"主张下的数学课堂的学习模式应该是多维的。

2. 利用间隔式烧脑法改进作业实施

对于艾宾浩斯遗忘曲线，很多数学教师都不陌生，但真正将其运用到数学教学中的为数不多。这条抛物线画出了一个人初次学习新知识后的遗忘速度：每个学习者会以极快的速度（大约在48小时内）遗忘掉70%左右刚读过的或听过的东西；而剩下30%的内容会以稍慢的速度逐渐缓慢地被遗忘。

这就启示我们在学习完新知识后的同步练习布置的时间应控制在2天内。在一线教学中，很多教师采用两份配套练习。通常是新知识学习当天同时布置。借鉴艾宾浩斯遗忘曲线的成果，我们就可以改善以往的作业实施。完全可以将两份同步练习前后布置的时间间隔拉长为一周。也就是变集中练习为间隔式烧脑。正如在《认知天性》一书中，专家们还为测试效应给出了一个实实在在的量化数据：我们只需为自己做一次小测验，一周后的回忆率就能够从28%上升为39%。

3. 运用"正面管教"增进师生关系

师生关系会影响学生在数学学习中的情感体验。以往数学教学中常忽视对学生的情感培育，但"数学养育"则强调这一点。因为儿童的情商与良好的情绪，以及情绪控制能力短期来讲和学生的数学学业成绩会呈正相关，长远来讲则给学生的终身成长带来关键影响。

在数学教学中，遇到学生不良情绪的情况是很多的。数学教师也越发感受到学生们一届比一届有个性。学生们也越来越不像以往很容易就屈服于教师的威严。如我的一个二年级学生，是一个情绪管理能力不佳的孩子。上课时常常会看到他生气地坐着，丝毫不准备因为教学的开始而控制自己的情绪，投入数学的学习。任凭教师提醒，他都丝毫不予以理会。这样的孩子如何对待？狠狠批评一顿？除教师自己泄一顿气外，孩子又能得到怎样的改善呢？

"正面管教"给我们的方法原则是"温柔而坚定"，你需要通过"赢得合作"的四个步骤尽可能"赢得"孩子，让他迈出情绪管理的第一步，尽快地参与数学课堂学习。

第一步是询问缘由，确认事实，并表达出对孩子感受的理解。我调整自己的情绪，平和地询问："你刚才上课为什么生气？""是因为你上课之前一个高年级同学冲你说了不文明的话，是吗？"

第二步是表达出对孩子的同情，而不是宽恕。也就是虽然不认同孩子不参与课堂的行为，但是对孩子生气的感受要表示同情。例如："如果无缘无故听到一个人用不文明的话说自己，确实挺让人生气的。"这是让孩子愿意听你话的关键一步，也是建立师生信任的关键一步。

第三步是告诉孩子你的感受。例如："可是我看到你一直因为生气而没有上数学课，老师的心里特别着急。你这一整节课的时间浪费了，多可惜呀！你课后不能完成数学作业怎么办呀？所以我心里有些着急。"

第四步就是让孩子关注解决问题。"你看，那个说脏话的同学人影早已不见，你自己一整堂课也没有学习。你觉得如果下一次再遇到这样的情况，怎么处理比较好呢？"教师就可以商量着和孩子讨论更好的处理方式。当然这个孩子没有顺利地想出办法。那么教师就可以继续给孩子几个选择。不是直接告诉他应该怎么办，而是容许他做出选择。"你觉得需要给自己5分钟时间缓解一下情绪呢？还是觉得自己可以马上投入学习？"

值得注意的是，这种"赢得"的话术技巧并非期待最终要控制孩子，而是用尊重的态度去引导孩子。能赢得孩子的数学教师，他的学生也一定更容易"赢得"数学。

四、他人眼中的我

作为一名数学教师，我将数学教学的过程看成对孩子们的"数学养育"过程。也很欣慰家长们对我的肯定。以下是目前所带的临江小学江南校区二年级学生家长在微信中给我的部分留言。

家长1：夏老师，俊吉这段时间得到了老师的表扬与鼓励，说他数学越来越有进步了……他很是欣喜、开心，老师的每一次肯定都会提升孩子的自信，感恩老师的付出和用心，谢谢！

家长2：最感谢老师们，辛苦了，肯定是换了很多种讲解，让他们每一个人听懂。

家长3：老师每一次的作业评论孩子脸上都带着满意的笑容，老师的用心，作为家长的我们都深深地感受到了。有您这样爱孩子的老师一直陪伴孩子的成长……孩子们感受到了，幸福指数得到了很大的提升，带着这样的快乐心情去学习，孩子们将不会恐惧学习了。真的很感激您能陪着孩子们渡过小学的数学阶段，孩子一直对我说喜欢数学，喜欢数学老师。

家长4：我也在向您学习哦，用欣赏的眼光看孩子，用平和的语气对孩子说话，作为家长，我们还有很多要学习的地方，希望自己每天进步一点点。

家长5：孩子们能遇到您这么有心的老师，真是太幸运了，感恩遇见，懂点心理学，教育起孩子来会轻松很多。

自然·简约·深刻

乐清市大荆镇第一小学　翁健君

一、我的教学风格

　　风格是一个艺术概念，是指艺术作品在整体上呈现的有代表性的面貌。加上定语教学之后，范围缩小，指向更明确，教学风格是指教学活动的特色，是教师的教育思想、个性特点、教育技巧在教育过程中独特的、和谐的结合和经常性的表现。教学风格的形成是一个教师在教学艺术上趋于成熟的标志。从教18年来，偶尔回望，发现自己只留下浅浅的印迹：没有骄人的工作业绩，没有丰硕的教育成果；有的只是普通教师的日常工作，繁忙平淡的一天又一天。我常常半夜深思：这么多年来我给了孩子怎样的教育？我以怎样的方式在影响着他们？我是否将数学的思维有效渗透给他们，陪伴他们光彩的一生……在长期的教学经验积累和对自我专业素养的提升中，我也逐步凝练出"自然·简约·深刻"的教学风格。力求从学情出发，以自然的状态，用简约的素材，帮助学生深刻理解数学内涵，让数学课堂更加扎实有效。

二、解读我的教学风格

　　所谓自然，是一个哲学名词，广义上指的是自然界，也指道家术语，主张"道法自然"。东汉至六朝的佛教深受道教自然影响，至南北朝时期左右本土化佛教逐渐完成，由佛教所挑起了关于自然、因缘的争论。《楞严经》："本非因缘，非自然性。"《道德真经广圣义》："以无为体，以无为用，自然为体，因缘为用。此皆无也。"秉持这种理念的教师，往往能够亲近儿童的本真，师生关系先于教学，能够建立师生彼此信任的关系，能营造良好的学习文化；秉持这种理念的教师，往往尊重儿童一切的自然状态，善于向学生借智慧，能够深入学生学习的真实世界，发现可能的精彩。

　　所谓简约，是指简略、不详细、简省。在文学作品中，简约是力求语词简洁扼要的文体风格。其特点是简洁洗练，单纯明快，辞少意多。简约不是简单摹写，也不是简陋肤浅，而是经过提炼形成的精约、简省，富有言外之意。其弊在容易流于郁而不明的晦涩。教学中的简约力求在课堂中环节清晰，结构简单，这就需要教师抓核心问题，围绕核心问题设计关键活动，让学习真正发生。

　　所谓深刻，是指透彻、深入、苛刻、严峻。《汉书·食货志上》："刑罚深刻，它政悖乱。"现在一般指道理讲得很深刻。从学习过程来说，具有深刻特征的学习是一种主动的、探究式的、有意义的学习过程；从学习结果来说，学生能够深刻理解、把握学习内容的核心与联系，能够将学到的知识进行迁移与应用，实现知识的深层加工、深刻理解及长久保持。

　　"自然·简约·深刻"的教学风格既是高效自主的课堂，又符合我个人性格的思维特点，更与我的成长经历有关。

三、我的成长历程

2002年的秋天，我从温州师范学院毕业后正式踏上三尺讲台，开始了平凡而又不平常的教学之路，回顾18年来的教学生涯，经历过三个重要的阶段：迷茫期、沉淀期、成长期。

1. 迷茫期——8年韶华弹指过

我清晰记得刚毕业寻找工作的场景，充满着彷徨、忐忑、青涩，又对未来有着憧憬，在复杂心情交织的状态下，我来到了离家不远的乐清市大荆镇第四小学任教，在这里我遇到了一个好校长，遇到了一批好同事，到现在为止大家都有联系，是真正的好友。但是良师呢？我清楚地记得当时不知道怎么上课，数学教些什么？怎么教？学生的真实状况怎么样？我一头雾水，当时的乐清整体氛围和体制没有现在这么健全，信息也不发达，外面学没有门路，只能向学校内优秀教师取经。记得一次去听校内王宏伟老师的课，感觉体态亲切，思路清晰，落实非常到位，但是自己回去模仿又完全不对，只能再次向她取经。可惜每次自己都感觉好像摸不着门，完全不是一回事，现在回想起来本质是路径问题，所以，现在面对新教师，我特地强调进步的路径和方法，给他们提供支架。整体来看，农村生活是节奏慢并清闲的，教研方面也是落后不积极的，就这样我浑浑噩噩荒废了将近8年光阴。转折发生在2009年的一次学时培训，那是温州组织的第一次90学时培训，在那个培训班上，我聆听了温州很多优秀教师的案例，如洪细苗、陈欢、金丽芳、南欲晓等，这次培训为我打开了一扇全新的大门，原来数学可以教，原来真的有这么多聪明的人研究数学的方方面面，从此我开始走出自己的迷茫期，开始教研之路。

2. 积淀期——暗下决心人憔悴

从2012年起，学校让我担任教导主任一职，我欣然接受，在忙于学校工作的时候，我的教研之路也开始踏上征程。在学区里我报名参加名师工作室学习，在这个工作室里，我认识了人生最重要的导师符玲利，当时她市秀还没评，教研之路也刚刚起步，接下来8年里，我们共同激励，共同成长，直到今日她都是我学习和敬仰的榜样。我清晰记得参加乐清市优质课连续4年在学区都是一等奖，但是到了市里都是铩羽而归。符老师精心指导，帮我分析薄弱之处，带着我一起磨课、备课，终于在2014年我获得乐清市优质课一等奖，这个奖励对我有莫大的鼓励，更加坚定我走下去的决心，也让我摸到门路。2016年，我也顺利加入陈加仓名师工作室学习，从此我白天认真教学，完成学校工作；晚上积极读书，学习优秀教案和视频，细细揣摩关键的点、核心内容的本质。

3. 成长期——厚积薄发终收获

在一次又一次磨课中、在一点一点深入思考中，我逐渐成长，教学风格也逐步清晰起来，教学关注点也从个人、教材、知识慢慢走向学生，更加关注学生逻辑和现实起点，注重学生真正的想法和困惑处。我发现教师只有"蹲下去"，以学生的视角去观察、思考，用学生最自然的状态才能开启高效的沟通；在课堂中，我尽量用最简约的素材引领学生思考讨论，只有简约的素材才能在有效的时间内去除繁枝，让学生思维不受其他干扰，静下心聚焦一点；只有在精简中才能研究问题的共性，揭示数学的本质，提高思维的深刻性。正是有了长久的积淀和努力，我先后被评为乐清市骨干教师、温州市教坛中坚、小学高级教师、乐清市名师。

一个人可以走得更快，但是一群人可以走得更远。成绩是对我个人努力的阶段性肯定，但是成长永远在路上，与高人一起，与团队一起，我相信会走得更远、更好。

四、教学片段

长方形和正方形的面积

环节1：交流辨析，度量面积。

谈话导入：

师：什么是面积，你能说一说吗？

师：如果 ■ 是1平方厘米，那么你觉得3平方厘米是什么样子？

生1：横着摆。

生2：竖着摆。

生3：斜着摆。

出示：右面最后一个这样摆可以吗？（图1）

师：为什么这些都能表示3平方厘米？

生：只要摆3个1平方厘米就可以了。

设计意图：作为一种量，面积是能够度量的，是用相应的面积单位去度量，从而得到度量结果，从3平方厘米的不规则摆法中让学生体会到要知道一个图形的面积只要看它的里面包含几个面积单位就可以了，为长方形面积的本质学习打下基础。

环节2：操作探析，领悟本质。

1. 自主探究

学生自主探究用1平方厘米的小正方形摆出一个12平方厘米的图形。

预设学生摆出一个不规则图形，追问：这个图形是12平方厘米吗？你是怎么知道的？

生：因为他摆了12个1平方厘米。

2. 反馈交流

师逐一出示如图2所示三个图形。

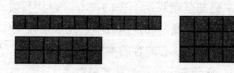

图1　3平方厘米　　　　　图2　12平方厘米

师：请这三位作品的小朋友来说一说你们的想法。

生1：我摆了一行，每行12个，一共12个。

生2：我摆了两行，每行6个，一共12个。

生3：我摆了三行，每行4个，一共12个。

师板书：每行摆12个，摆1行，面积是12平方厘米。

每行摆6个，摆2行，面积是12平方厘米。

每行摆4个，摆3行，面积是12平方厘米。

师：他们摆的为什么都是12平方厘米？

生：都用了12个1平方厘米的小正方形。

3. 想象提升（图3）

师：这两个图形不是用12个1平方厘米摆的，能表示出面积是12平方厘米的图形吗？

生：可以的，因为外面围起来是个长方形，它的面积是12平方厘米。

图3　想象提升

师：你是怎么知道的呢？

生：我们虽然没有摆出来，但是可以想象它是有的。

师：想象是有的是什么意思？你能来数一数吗？

（一生数，全班数）

师：原来这两个图形也是每行摆了4个，摆了3行，只是没有全部摆出来。

4. 再次抽象

师：现在你还能看出它有几个1平方厘米吗？谁来带着全班同学数一数？

5. 沟通比较

师：比较图中5个图形，你能发现有什么相同的地方吗？（图略）

生：都是每行摆4个，摆了3行，面积是12平方厘米。

6. 提炼小结

师：原来，我们要知道一个图形的面积，只要数出它有几个1平方厘米就可以了，区别就是有些全部铺满，有些空了一些，需要我们想象。

设计意图：在12平方厘米的操作探究讨论中让学生经历用1平方厘米的小正方形实际铺满测量，先从不铺满再到铺边最后空白的一个完整过程。学生的思维从直观形象层面上升到空间想象与合情推理的阶段。通过课件演示，学生数数，孩子们的思路逐渐清晰：长是多少厘米，那么可以想象出沿长可以摆几个，宽是多少厘米，可以想象得出沿宽能摆的行数，因此长方形的面积＝长×宽。这样，通过观察、想象、抽象、概括、归纳等认知活动，顺利沟通了一维空间与二维空间之间的内在联系，从而突破了本节课的难点，即让学生真正理解了为什么"长方形的面积＝长×宽"的道理。

环节3：拓展延析，渗透思想。

1. 从离散到连续

师：这是一个点，想象一下如果这个点往右移动，它走过的轨迹是什么图形？

生：是一条线段。

师：如果这条线段平移往上，它走过的轨迹是什么图形呢？

生：长方形。

师：如果宽缩小，然后长缩小，图形又会怎么变呢？

生：又变成点了。

师：如果点同时向两边一起变长，可能会形成什么图形呢？

生：长方形。

2. 从数到形

师：7×1可能表示哪个图形的面积？

生：第3个。

（出示图形）

师：那6×3呢？

生：没有，因为第2个跟第3个图形的长一样，所以长也是7，不可能是6×3。

师：那你心中6×3的图形是什么样子呢？

（出示图形）

师：现在你能准确判断第二个的面积是多少吗？

生：21平方厘米。

师：说出道理。

设计意图：练习阶段通过分层进一步巩固学生对于长方形和正方形的面积计算公式的理解和应用。通过几何画板的动态演示，让学生经历点动成线，线动成面，然后又回到点的一个连续、完整的过程。静态与动态的演示，离散与连续的衔接，尽可能地实现了学生的空间想象从有限走向无限的结构化生长。本节课，学生合情推理的过程大多是由形到数，最后一个练习中让学生逆向思考，由数去想形，无疑大大丰富了学生的认知结构。

五、他人眼中的我

守纯静之心，行简约之路

我与翁健君老师相识已经8年，每每和他相处，总感到这是个"纯静"的人，既有出发时的"纯真"，又有行进中的"安静"。我希望老师们内心是安静的，这并不关乎性格的内向还是外向，安静下来才能倾听他人的言语和全面深入思考。内心安静的翁老师在课堂上总是能安静地倾听学生，安静地捕捉学生的精彩，安静地面对学生必须经历的曲折，安静地守护着他们的成长，在安静中获得幸福。

遥想当年，学区领导在学区成立名师工作室，安排我和另外两位老师当指导师，分别带3位老师，因临时有事，第一次我们几个并没有见面。当第二次见面的时候，学区里已经开始准备一次教研活动，课题是《直线、射线和角》，这样的一个课题对新老师来说是相当难上的，翁老师虽然教龄已经很长，但是接触教研，怎么上好课还是"新手"，没想到的是当我们小组一起讨论课时，他提出很多有见解性的想法，对这样的一节经典课敢于创新，上出富有自己特色的内容。后来得知，他为了准备这节课，翻阅大量资料，网上学习名家视频，每个环节都深入思考背后的道理。由此可见，他是一个勤于思考的老师，喜欢看书，懂得学习他人特长，但又不故步自封，勇于创新求变。

2015年，他调入乐清市大荆镇第一小学，我们成为同事。"早成者未必有成，晚达者未必不达"，此话对于他最贴切。近几年来，他深入研究课堂，在课堂教学中注入自己的思考，显现出自己的风格和追求。他尤为注重数学思想方法的渗透，引导学生把握数学学科本质，在数学知识本源处、内核处、关键处探寻、体验、感受、触及数学知识的核心。以简约的素材为载体，让学生有机会通过自己的"再发现"获得新的知识、技能、方法和思想感悟，在探究的过程中领悟数学的真谛，从而成长为一个用数学的眼光看世界、用数学的思维思考世界、用数学的语言表达世界的人。

虽然翁老师是我工作室的学员，但"学贵得师，亦贵得友"，我时时从他身上品味出一个教师的真诚、温暖和智慧，受益不少，我与他互为师友，可谓一大幸事。

（乐清市城南第一小学　符玲利）

简约课堂
——小学科学"长时探究"教学模式

龙湾第三小学　周　耀

一、我的教学理念

根据美国心理学家罗杰斯（Rogers C. R.）以"学习者为中心"教学理论要点，学生是学习活动的主体，他们具有内在的潜能，也能够自动地发展自己的潜能；学生在学习过程中需要社会和个人的关心，假如他没有感受到别人的关心以及在一种真实基础上对学习行为进行评价，他是不能很好地发展创新能力的。达·芬奇指出"科学如果不是从实验中产生，并以一种清晰的实验结束，便是毫无用处的、充满荒谬的，因为实验乃是确实性之母"。实验是科学课堂最基本、最重要的研究方法。因此，学生在科学自主学习中必须以实验探究为中心，以发现问题、解决问题为重点，这样学生自主探究就显得更为重要了。

现在的课堂，为了给学生探究，一节课的时间塞了很多的活动和实验，就是为了让我们看到学生动了、学生参与了、学生实验了，真算得上是为了实验而实验。甚至有的公开课为了体现学生的探究性，设计了五六个实验、五六次小活动，停停动动，表面上学生探究得很充分，下了课还感叹一节课的时间不够用，究其原因是活动过多、环节过多。一节课短短40分钟，时间有限，能够做的事情也是有限的。在有限的时间里，将主要活动做好做到位，就能够让学生学得深刻、学得扎实。因此，简约课堂的两个策略是集中探究主题和整合教学环节。

集中探究主题，就是突出重点，切口小，研究深。对于小学生而言，一节课很难研究比较宽泛的探究活动。一节课中有几个探究活动，一定要确定本节课的核心探究活动，在教学时给予充足的时间，保证核心探究活动的深入开展。准备的材料一定要呈现结构性，尽量让学生进行一个较长时间的探究活动。在教学中，教师要适合、合理、巧妙地指导，不随意打断学生的探究。用语言指导、温馨提示、材料呈现与回收、记录表指导、活动指示卡等方式，将一个个小的探究活动串联起来，整合成为一个完整的长时间的探究活动。

整合教学环节，就是要合并缩减过多的教学环节。为了走向简约型课堂，就要大胆缩减课堂教学环节，整合细小环节，力争将一节课的教学环节缩减到三或四个。

本课堂教学模式体现以生为本的思想，关注学生如何学习和思考。我们的课堂往往过多地考虑教师怎么教，而忽略学生怎么学，因此，我们应该充分考虑学生的学习时间和活动空间，力求让学生有充裕的自主学习机会进行探索活动。

二、我的操作流程

本课堂教学模式包括新课导入—学生活动—研讨交流—总结运用四个方面，虽看上去简单明朗，但每个环节都需要教师的考量和斟酌。

第一个环节是新课导入。导入阶段最重要的任务是聚焦问题。要让学生明确本节课的主要任务或者需要解决的主要问题，以便学生集中精力思考问题，为下一个教学环节做好准备。本环节要注意激发学生的提问意识，对学生的前概念进行一定的挖掘，当然对于时间一定要把握，不宜将过多的时间放在这个环节，时间尽量以 2～3 分钟为宜。

第二个环节是学生活动。主题活动阶段是学生自主探索的阶段，时间当然也是最具分量的，一般为 20～25 分钟。

需要注意以下问题：

（1）教师一定要大胆放手让学生进行尝试，很多教师都忍不住一定要把活动讲透彻，从而降低了学生的兴趣，对于探究的神秘面纱被教师捅破，导致学生形式地摆弄了一下，这也是学生越学科学越没有兴趣的原因之一。

（2）教师对教学活动的安排一定要少、精、准。安排活动要少，一般探究活动课中活动安排 2～3 个为宜，不宜过多，否则学生的探究就显得走马观花；当然也不能一定要把重要的也去掉，一定要学会梳理重要的活动。这样就要求教师一定要通读每堂课在整个单元的整体框架，设计的活动就要取其精华，一定要以一个精髓活动贯穿本节课；这就需要教师长时间的积累了，当然对于取舍是否恰当需要把握的是本活动是否对学生来说能激发探究的欲望和兴趣，对学生来说能从这个活动中更清楚、明白地得出结论，同时发展学生的思维和能力；对教师来说材料的准备符合实际，不盲目追求花哨的器材。

第三个环节是研讨交流。研讨交流阶段要注意交流汇报的互动性，突出交流的有效性。在交流中一定要激发学生之间的交流，教师不要迫不及待地把科学概念给学生，应该让学生自己或者小组之间交流得出自己的观点和概念，教师不需要按部就班讲解教科书上的概念，而应该关注学生思维的参与和发展。因此，在研讨中教师起到的作用是组织安排学生的交流，促进学生思维的碰撞，抓住交流中的冲突进行更深层的交流。本环节所需要的时间为 5～10 分钟。

第四个环节是总结运用。总结运用阶段要灵活处理，可以设计一些作业检验学生探究后的成果。对于作业设计一定要紧密联系生活，提升科学知识的运用，将探究延伸到课外，不要仅限于课内。本环节所需要的时间为 7～8 分钟。

三、具体课例和评议反思

本教学模式可以适用的课型有观察类、实验探究类，如"蜗牛""蚂蚁""各种各样的岩石"等这类的观察课，"空气占据空间吗""空气有重量吗""浮力"等这类的实验探究课。不太适合用在总结性的课，如"植物的共同点""生物多样性的意义"等。

对于本课堂教学模式，我在使用过程中有如下一些看法：

（1）适用的课型范围还不是很全面。对于起始课和总结性这类课型还不是很适用，还需要改进和修改。

（2）对于教师的要求比较高。本课堂教学模式看似简单，但是对教师备课、器材的准备、课堂调控要求是很高的。

（3）对于学生的要求更高。本模式以学生自主探究为重点，对学生思维、动手能力、研讨能力都起到了不可估计的提高作用。但对学困生来说做起来就比较困难，肯定需要教师对个别小组和个别学生进行个别指导。或者设计不同的指示卡和提示卡,才能进行更好的分层次教学,对学生帮助会更大。

四、教学过程

1. 导入新课(创设情境,激发兴趣)

(1)出示气球,展示把气球吹大。

(2)气球仅仅是鼓起来了。为什么气球鼓起了呢?引出占据空间。

(反思:气球的引入使学生很有兴趣,上课注意力十分集中,为学生后面学习做好铺垫。这样的情境引入是有价值的。)

2. 学生活动(发现并提出问题)

(1)这样吹气球太简单了,今天老师想出个难题考考你们。(出示一个瓶子)我把一个气球放入一个瓶子里,用气球口封住瓶子,想一想,气球能够吹大吗?到底能不能吹大,我们试一下好不好?

(2)学生实验操作。

(3)学生汇报。出现一个瓶子底下没有洞,一个有洞。有洞的可以吹大,没有洞的没有吹大。

(4)疑问:为什么会这样呢?

(反思:这个环节就是本模式的第二个环节——学生活动,从学生喜欢的活动入手,利用结构性的材料,培养学生善于发现问题并提出问题的能力。)

3. 研讨交流(初步认识空气占据空间)

(1)今天为了解决这个问题,老师为你们准备了一个图表(教师出示瓶子和气球的示意图)。这个有孔的瓶子里的气球吹大了,这个没有孔的瓶子里的气球没有吹大。为什么呢?我想每个组围绕这个问题讨论讨论。然后将你们的观点在这个图表上画一画、写一写。记住没有?每个组派一个人来领一个图表和一支彩笔。

(反思:引领学生分组讨论画图研究。这里没有直接给学生举手发言的机会,原因是这时的发言没有得到深入的思考,没有达成小组的共同想法,不利于思维大面积的展开。也就是说这时的发言会剥夺部分思考慢一点学生的思考机会,实际上是不民主的。这时教师的引导是非常恰到好处的,非常有效地用材料进行思维引导,让孩子们有事可做、可说可画,满足了不同孩子交流的欲望和要求。)

(2)你们画好了就把它贴在黑板上。

(3)研讨:下面的同学可以看一看,黑板上每个小组对这个问题的解释。并和自己的观点比较,别人的解释和你的想法相同吗?

(4)引出空间,也就是说这些空间被什么占据了?

(5)什么叫空间呢?比如说(教师拿起一个瓶子)这个瓶子放在空气当中,它占据了多大的位置呢?我们看到这么大的位置。它占了这么大的位置我们就说它占据了这么大的空间。这个瓶子里面的空间指的是哪一部分?谁来指一指。(一生上来指瓶子里面)

(反思:这个环节是本课堂教学模式的第三个环节——学生研讨,给学生充足的时间进行思考研讨。)

4. 第二次学生活动（进一步认识空气占据空间）

（1）刚才通过和同学们分析这个吹气球的活动，大家认为：气球不能吹大是因为空气占据了瓶子里面的空间。那么空气是不是要占据空间呢？我们能不能进一步地通过一些现象来证实我们的想法呢？

（2）今天老师带来一些材料（教师依次出示材料）。

（3）小组合作。

出示指示卡：让学生完成一个个活动。

实验一需要的材料：注射器（2个）和水，让学生自主进行实验，记录你的体会和发现；实验二需要的材料：瓶子、水、橡皮泥、吸管（2根），实验过程也可以注明一下或者温馨提示一下，帮助学生完成感受一下空气占据空间；实验三需要的材料：水、水槽、乒乓球、一次性杯子；实验四需要的材料：水、水槽、纸张、一次性杯子。

（4）小组同学汇报，未完成或者出现问题的，可以按照活动指示卡进行后续研究和实验。

（反思：这个环节是本模式中的第二和第三两个环节的整合，而且给学生充分的时间证明空气占据空间；这样可以让学生有更多的时间进行自主探究和实验操作，进行思维辩证。）

5. 总结运用（课外延伸）

在我们生活中有哪些空气占据空间的例子吗？

（反思：这个环节是教学模式中的第四个环节，根据学生自主探究延伸到生活中的实例，开拓学生的视野。）

问题·跨界·重构：走向项目化学习的小学科学课堂教学

温州市瓯海区实验小学　林彩仑

我之所以提倡项目化学习的学科教学，是因为我能看到项目化学习对于学生来说，是一种真正有内涵的学习，这种内涵表现在问题情境的社会指向性、学习过程的挑战性、学习成果的产品化。同时，我还能从深入了解项目化学习中发现自己对教育教学原理的新认识。

真正实践以项目化学习深度内涵为出发点，力求对项目化学习关键原理的最大限度的理解，形成实践路径和内涵原理相辅相成的研究成果。

（一）打造目标层级化的提炼策略

我们常问："你这节课的目标是什么？"反映出的是现代教研与传统教研的天然之别，是教师对基础课程文本或拓展课程文本的表面解读走向深度解读的考量，因此，可以看出同一节课的大概念层次五花八门，层次也七上八下。

（1）基于单课的目标层级化设计策略。一节课的目标定位"唯教材"主义是教师备课的普遍表现，目标设计往往被放弃或孤立起来，没有自上而下或自下而上的规划与设计。这种设计还是有层级的，根据不同高度的视角，我们把目标定位分为低阶、中阶和高阶（图1）。

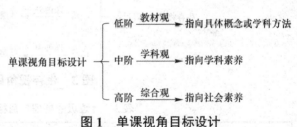

图1　单课视角目标设计

以《用显微镜观察身边的生命世界（一）》和《声音是怎样产生的》为例，目标设计见表1。

表1　目标描述与指向解读

课例	层级	目标描述（提问来表现）	指向解读
《用显微镜观察身边的生命世界（一）》	低阶	你想知道显微镜怎么使用吗？	显微镜的具体操作
	中阶	可是我们不会使用显微镜，怎么办？	遇到具体问题该如何
	高阶	当你初次面对陌生、复杂、精密仪器的时候，你会怎么做？	遇到这一类问题该如何
《声音是怎样产生的》	低阶	发声的物体就一定在振动吗？	振动概念的解释
	中阶	你能证明固体、液体、气体振动是会发出声音的吗？	证明问题的方法多样性
	高阶	如何利用身边的一些物品证明我们的猜想？	学会解决遇到的问题

(2) 基于单元的目标层级化设计策略。从一课到单元，知识体系、方法体系和价值观体系都在成倍增加，如何以单元为单位做单课目标或单元目标的提炼呢（图2）？这里也涉及一些可操作性的策略（表2）。

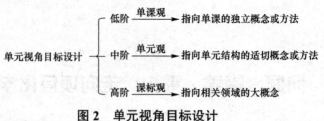

图 2　单元视角目标设计

表 2　《认识其他动物的卵》目标描述和指向解读

课例	层级	目标描述（提问来表现）	指向解读
"动物的一生"单元《认识其他动物的卵》	低阶	教参上的6条具体概念	卵相关的具体概念
	中阶	鸡卵是一个复杂且有结构的生命体	具体生命结构与功能的适应性
	高阶	生命是一个有结构且细微的生命体	生命领域的结构与功能的适应性

(3) 链接生活的目标层级化设计策略。因为教材始终是2003年版的，很多内容难以紧跟时代发展的节奏，例如，以环境保护为主题的垃圾分类标准、垃圾处理标准，我们不能以旧课标来设计当前的教学目标，这种内容的课应该真实链接生活，目标更加要定位为发展学生的生存能力和服务社会等能力（图3和表3）。

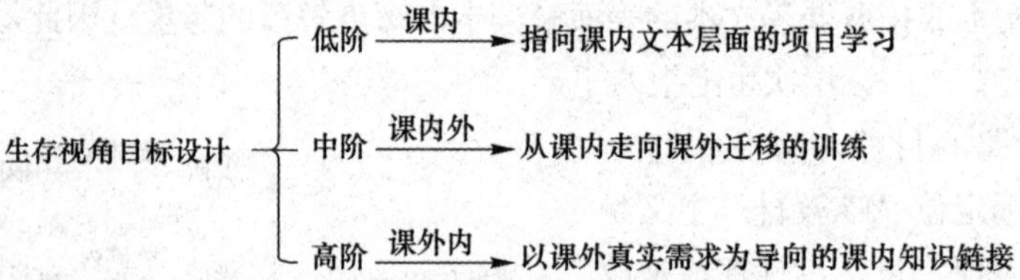

图 3　生存视角目标设计

表 3　《垃圾的处理》目标描述和指向解读

课例	层级	目标描述（提问来表现）	指向解读
"环境"单元《垃圾的处理》	低阶	工地垃圾的分类（回收站回收、垃圾桶回收和其他垃圾的处理）	不同垃圾的具体处理办法
	中阶	建筑垃圾是可以进行资源再利用的	高科技创新与畅想
	高阶	资源是可以再生和利用并变废为宝的	废物重生是可以通过大胆尝试得以实现的

（二）打造基于不同情境到共同问题的设计路径

项目化学习特别强调问题的驱动力，而且特别强调问题的真实性和驱动力，同一个内容面对不同的认知水平和学习意愿，情境设计对学习主体产生的共同驱动力成为学科教学体现项目化学习的关键要素。

(1) 真实情境如何成为共同问题。并不是指向生活的真实问题就是项目化学习中的"真问题"，真问题的判断标准应该有两个：一是学习意愿的发生；二是问题具有一定的挑战性。这就决定了真问题是有一定的设计过程和实施路径（图4）。

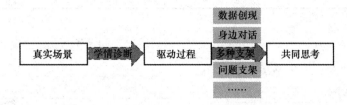

图 4　真问题设计过程和实施路径

2019 年 5 月 7 日，L 老师温州大学举办的"罗山·塘河缘"教育高峰论坛小学科学专场上执教《废物重生——建筑垃圾》一课中，面向一所私立学校，"如何让孩子对陌生的建筑垃圾产生共鸣性的思考"成为构建真问题的隐性大问题，为此执教教师课前到班级做了学情诊断，用航拍飞机拍摄了处在"大拆大整，大建大美"环境中的瓯海鸟瞰录像，让学生说说身边的拆迁现象，提供瓯海区 2017—2019 年拆迁数据，还设计了指向拆迁跟进的问题支架——"2 年、5 年、10 年下来，我们会遇到什么问题？"……真问题就倒逼学生亲口说出来了——"垃圾围城，这些建筑垃圾怎么处理呢？"

（2）虚拟情境如何成为共同问题。这里所谓的虚拟情境，指的是利用一些生活之外的内容（动画片、绘本等）设计的情境，这种情境是承载着要学习的真实问题，虚拟情境如何驱动真实情境而成为真问题呢？所以，比起真实情境作为基础的真问题转换，虚拟情境需要多一个过程设计，就是从虚拟情境到真实情境的联结设计（图 5）。

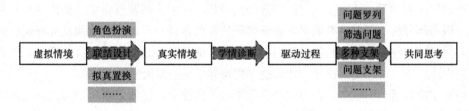

图 5　虚拟情境到真实情境的联结设计

以下这个案例是来自 C 老师的一次线上讲课，特借来说明观点。《动物栖息地》一课要让学生研究"如何营造适宜的校园环境让动物生活"，但是对于学生来说，无论各种动物相应的生活环境特点还是校园环境的具体特点，都是学生没有去深入了解的内容，这个问题就很难成为具备驱动力和挑战性的真问题。所以，教师巧妙地用了一个绘本《人鸦》，绘本中的小男孩和乌鸦进行了角色互换，换角色体验了各自的生活习性和生活环境，然后所有学生也相应地认领一种动物进行角色互换，去认识动物的习性和生活环境特点，由此铺垫了自己所扮演动物的真实习性和环境特点，根据自己校园环境就提出了每个人的相应问题，通过"问题罗列→问题筛选→产生问题"，共同形成了"如何改变校园环境，成为××动物的栖息地"。

（三）形成"学习层次＋适应性支架"的主体活动设计

为了破解教师活动设计盲目性和教条性的问题，根据布卢姆高效学习六层次的理论，联系课题研究过程中的典型课例作为活动类型参考，形成了指向不同意义的学习设计（图 6）。

（1）指向"记忆·理解·应用"的真学情暴露阶段。基于项目化学习问题的挑战性和驱动性，适应性问题应该是指向应用层次的，可以聚焦学生记忆类知识与经验，介入已有概念与方法的系统化理解，形成一种具有相对逻辑的迁移学习。

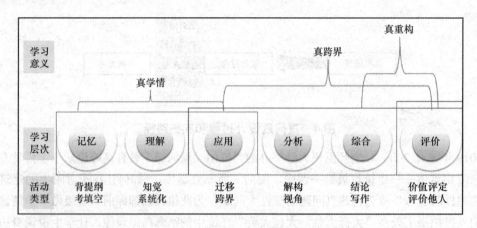

图6 "学习层次+适应性支架"的主体活动设计

以《废物重生——建筑垃圾》为例,提供给学生的是真实的拆迁场景和建筑垃圾处理办法的前置性问题,面对指向生活应用的问题,跨界学习也即将发生,一些学生会局限在学科知识和方法中,另一些学生会走出学科界限而选择用综合性的视角来回答问题,面向27个孩子,19个孩子是利用学科内的知识理解和生活记忆来回答问题,8个孩子则从应用的角度来回答,不管怎么回答,学生还是对已知进行了系统的理解,也就意味着跨界学习即将发生。

(2)指向"应用·分析·综合·评价"的真跨界项目实践阶段。跨界学习是指超越学科记忆与理解层次的学习,从真实问题的跨界应用开始,在解决问题过程中(具体项目)不断切换视角去做局部分析,根据已有成果不断发表阶段性的定性观点,还可能涉及各种观点的综合与评价。但是这里并不是聚焦跨界的学习层次越多,活动就一定适合。所以,根据学情适度调整学习层次或者适当增加支架设计,才可能实现跨界学习的最大发生。

①综合层次的活动不宜多。在走向项目化学习的道路上,坚持以高阶学习带动低阶学习的理念是正确的,但是代表高阶学习的综合性活动不能太多,会让学生产生很大的压力和滞后感。如《废物重生——建筑垃圾》一课的第二次课例实践,课堂上从真实问题"工地垃圾如何处理"出发,安排了三个活动,构成了本节课的框架。

我们会发现一节课一个综合层次的活动能够做下来已经很不错了,因为综合层次的学习发生,必定要带动分析、理解、记忆等学习层次,在10分钟内完成一个综合层次的跨界学习是不合理的,一般一个综合活动即可。

②学习内容要有弹性。在课例研究过程中,高阶任务的产生容易,否定也快,活动的适切性是由课堂上学生的真实反应来决定的,包括活动时间、思维盲点和经验聚焦性问题,往往活动设计并不是一开始就适合,所以活动内容的弹性要有前置性思考。

如《废物重生——建筑垃圾》一课,从第一次试教到第五次展示,工地垃圾数量从22种到8种再到6种,学生从"排斥"到"硬啃"再到"挑战"。

③各层次区间的支架要适度提供。跨界学习过程中并不只是提供材料、活动任务表单和开展论证活动,往往支架的提供是打通学科教学与项目化学习的显性特征,以学科的典型路径为学科要素,以支架设计多样性来体现跨界学习的层次性,真正让高阶学习有量化指标(图7)。

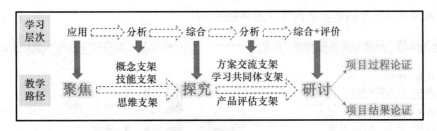

图7 各层次区间的支架设计

如《废物重生——建筑垃圾》一课，为了实现综合学习活动能够满足和适应学生的学习需求与难度，也是为了实现项目化学习和学科教学路径双重推进，各类支架的设计成为帮助学生进行深入探究和研讨的关键要素，包括概念铺垫、方法铺垫、方案交流、小组合作学习、大共同体交流和项目成果评估等具体支架。

（3）指向"综合·评价"的真重构设计路径。主要是基于前概念到后概念的转变发生，也就是从低阶认识到高阶认识的一种改变，包括对班级已有研讨成果的论证（借助真实产品）、产品检验、产品应用和观念再论证等，概念水平往往以学生的表达力（学习层次）来体现重构的程度，实现目标高阶化的标志。

（四）指向持续学习的单元项目化学习设计

夏雪梅博士说："项目化学习是通过真实有挑战性的问题，进行持续实践，达到对核心知识的深度理解和思维的迁移。"通过单课开展项目化学习实践中，我们对项目化学习的核心理论有了实践性的认识，还有一点认识有待通过做更大概念、更大任务来破解，就是学生进行持续实践，所以，尝试着用单元项目化学习实践来进行理论实践（图8）。

图8 项目化学习设计

下面以疫情期 PBL 案例"设计与制作'家里蹲'菜谱"来介绍具体成果。

（1）基于大数据分析，提炼真问题。从学生对于教学主题已经知道什么、具有哪些相关的先前知识、学习动机是什么、是否感兴趣、学生的价值观和文化背景、学生的日常技能情况等方面进行调查。在提炼真问题的过程中，首先是取课程名称"小鬼当家"，尽量满足学生的兴趣度，再通过对153名教学对象进行问卷调查，确定了"设计与制作'家里蹲'菜谱"为挑战性问题。

（2）围绕"学习+应用"，设计真跨界。从大概念出发，聚焦学生新知学习、生活经验和知识走向应用、分析与综合，来分解综合层次的学习任务（真问题），形成一系列指向记忆、理解、应用、分析等层面的子任务。"设计与制作'家里蹲'菜谱"单元项目化学习中，以大概念建构"营养金字塔"概念，有效处理营养需求量与食物量之间的关系，根据处理后的信息科学搭配菜品，初步建立"健康饮食"的观念为顶层引领，设计具体任务，设计具体任务的学习层次，厘清具体任务的素养指向等（图9和图10）。

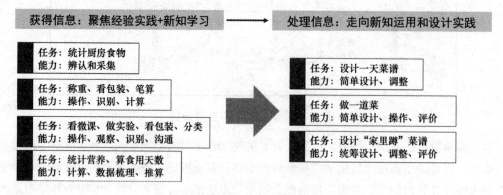

图9　具体任务与具体能力解构图

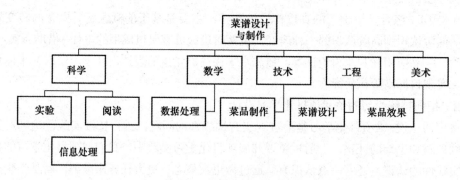

图10　项目设计原理图

（3）搭建学习支架，打造适应性学习。为了让项目化学习真正落地，支架设计是关键显性指标，体现了项目的可操作性，无论是线上学习还是线下学习。"设计与制作'家里蹲'菜谱"单元项目化学习中，分别设计了学习用表、相关指导微课、网络运作策略、评价量规等。

（4）指向关键能力发展，实现真重构。学生经历了一系列低层次、中层次和高层次的学习过程后，能力和素养的落地还是需要最终的综合型任务设计与评价设计，也是回应项目做顶层设计时对学生素养指向的规划，也论证学生的前概念、过程学习质量。

通过一年多的教学研究，在建构小学科学项目化教学的真问题、真跨界和真重构等内涵原理过程中，看到了项目化学习理论和学科教学的整合，对于发展学生学科素养和综合能力、学科教学设计内涵、教师科研能力等方面都有一些成效。通过"高阶带动低阶"式的学科项目化教学过程，学生的学科思维、综合思维、单项技能、表达能力、评价能力等方面都有了进步。在一年多的时间里，项目化学习和学科教学的融合研究，对我校教研组的教师各方面都有了提升。在观念上，从形式走向内涵的变化可以从内容的关键词看出来，如"高阶思维""以真促真""知识层构""真问题的解决策略"等，敢用关键词，就能说明学员的思维已经走向或达到这个层次，也证明了背后阅读或学习理论的信心提升。

从"玩"入手,无声"润物"

平阳县鳌江镇第一小学　吴淑娟

我是一名从事 26 年小学班主任工作的教师,面对的是一群群天真可爱的孩子,但是近年来,由于电子产品的泛滥,很多孩子还没上学就先有"电子瘾",他们明辨是非的能力很有限,过早、过多接触了不属于他们范畴的事物导致的亲子问题、师生问题屡见不鲜,我们的教育该如何顺应这一代的孩子呢?怎样让学生学得下去,学得持久,学有所获;如何培养孩子规矩意识、严谨的品质、吃苦耐劳的精神等这些问题一直促使着我要寻找一条适合今天孩子的教育途径。近代教育理论的奠基者夸美纽斯说过:"教学必须符合人的天性及发展的规律,这是任何教学的首要的最高的规律。"因此,在近 12 年来我对两个自己所带班级的实践和反思中,逐步形成了自己的教学主张——从"玩"入手,无声"润物",逐步完善三大系列的"玩"来吸引学生注意,即"'玩'航模科技、'玩'传统游戏、'玩'多项才艺"并举的三玩模式,通过"玩"来培养学生良好品质,帮助学生"玩"出名堂,"玩"出自信。与实践同步的论文《科技特色——创建优秀班级的金钥匙》《传统民间游戏进校园 引领学生"玩"出素质》《做一个简单的班主任》等均获平阳县一等奖。

一、"玩"航模科技,培养学生态度,发展学生思维

2008 年,我作为辅导员第一次参加温州市组织的航模培训,虽然在实战训练中我和很多教师都遇到了很大的困难,但是大家都玩得不亦乐乎。这一现象让我产生了"如果让学生也玩玩航模的话,说不定会有意想不到的收获"这一念头。于是,我马上委托对这个项目比较熟悉的教师帮忙订购了车辆模型的材料,就这样在自己还不怎么懂的情况下就带着学生先玩起了车模。可喜的是与我的预测一样,第一批参与的学生不仅喜欢玩,而且似乎都玩得不错。于是我又萌发了带学生参加比赛的念头:一是想带学生见见世面;二是想通过比赛促进学生更深入地去"玩"。至于具体参加什么项目,当时我的心里也没底,于是就着学生手头的材料去选参赛项目,比赛的规则也是和学生一起恶补。2008 年 11 月,我第一次带着学生踏上了航模比赛的征程,林可为同学一举拿下了小学组 F-1 空气动力直线车比赛女子个人第一名的好成绩。完成所有项目的比赛就组队回家等消息了,事后才知道,航模比赛有个惯例,那就是现场会对每个项目第一、二、三名的运动员进行颁奖,林可为同学就这么遗憾地错过了一次颁奖仪式。

学生从玩车模开始,慢慢地玩起了海模、空模、建模,到后来越来越多的学生玩起了航模,随着学生越玩越深入,课后操场上狂跑的身影少了,教室里吵闹声也少了,家里电子产品也开始"闲置"了,很多学生讨论的话题也集中在怎样改进材料,如何让"飞机"在空中持续得更长,如何让"轮船"在水里开得更直,如何让"汽车"在赛道上跑得更快,学生之间互相

学习、互相交流的和谐氛围让我觉得欣慰。在短短两年多的时间里，发展到一个班级一届航模比赛23个学生获得参加资格，并有21人次获奖。不知什么时候开始，其他班级的一些学生也开始带着航模器材在校园里摆弄起来，他们时不时还会相互切磋一下。有时操场上玩航模的孩子多了，俨然成为一个科技训练场。

有了玩航模的基础，2010年10位较优秀的"玩家"组成了校创意大赛团队，一路过关斩将，最终在江苏泰州中学进行的第四届中国青少年创意大赛决赛中获得了团体金奖的好成绩，同时，还为学校争得了"全国创新型学校"的荣誉。"走'科技活动'之路，创建特色班集体"这一想法在我的脑海中逐渐成形。

带着2008届学生玩航模获得了一些经验，当迎来2014届学生的时候，我们的玩就更系统了，六年时间里学生们不仅玩得更高级，同时玩出了不少名堂。

通过玩航模，学生们渐渐养成了认真观察、发现问题、解决问题的习惯，自信心也增强了不少。最没有想到的是有些家长在玩航模这件事上甚至比孩子更痴迷，他们经常参与孩子和我之间的"专业"交流，有了这样的近距离接触，家校沟通也变得顺畅无比。在玩航模这件事上虽然表面看起来花费了我很多时间，实际上平时会出现的一些学生问题，需要处理的一些琐事却少了很多，这也证明了从学生的天性和发展规律来进行教育是没错的。

二、"玩"传统游戏，培养学生意志，锻炼学生体质

在尝到玩航模的甜头后，当我看到很多孩子在中考临近时还要挤出时间进行体育集训，我就思考是否可以利用小学阶段相对比较宽松的时间将提高学生身体素质这件事通过玩的形式提早做起来。我开始关注学生的校园活动，并查阅了一些资料，不久之后我终于找到了突破口，那就是将传统游戏有机地整合在学生的课间活动中。2014届的学生就是这一想法的最先实践者，根据学生的年龄特点，我精心选择了滚铁环、丢沙包、跳皮筋、踢毽子、花样跳绳、踩高跷六项涵盖跑、跳、投等多方面训练的传统游戏，引导学生选择不同游戏在不同年段有序地玩起来，在每项游戏的推广初期都先教给学生一定的规则，待学生会玩之后，鼓励学生设计多种玩法，以保持玩的兴趣。当一年级小孩拿着铁环一圈一圈地绕操场边跑边乐时，我也笑了，提高学生身体素质这一想法就在学生们满心欢喜地玩铁环时渐渐达成了。我的2014届学生从二年级开始在校运动会上保持了五连冠的好成绩，五、六年级还连续两年包揽了校运动会上所有跑步项目的金牌。

值得一提的是，学生们在玩沙包、踢毽子的时候还能自行设计制作，看着他们玩出这么多的花样，我觉得做再多的事也值得。这些传统游戏将学生拉回到操场上、阳光下、大自然中，让他们在玩的同时还能和同伴一起感受童年的快乐和幸福，它因极符合孩子们爱玩的天性，在育人过程中也有精妙之处。

三、"玩"多项才艺，培养学生特长，陶冶学生情操

学生玩得开心，玩有所获，家长也越来越支持，鉴于现在的孩子过于"孤独"，屡有心理问题出现的现象，我鼓励每位孩子学习一点艺术作为特长，因为有特长的孩子相对自信，生活也会更加丰富多彩。为了引导学生持续地学习，不半途而废，我提出在每年的1月1日前后举行一场学生才艺展示的想法并得到了家长的支持。2014届的学生从一年级开始到五年级共举

办了 5 场演出，六年级的演出因为新冠肺炎疫情最终没有举办。为了让更多的学生有锻炼的机会，每场演出安排 6 位主持人，坚持轮流不重复原则，5 场一共有 30 位学生做了主持人。

从上面的汇总情况可以看出，5 年来参加节目的人数（除全班大合唱外）在逐步增加，其中四、五年级的两场才艺展示全体参与，没有一个学生缺席；节目形式多样，更新越来越快；还实现了从单人上台向多人合作转变；从规规矩矩模仿教师教到自编自导自演；从纯学生参与到亲子上台。学生、家长把每年的才艺展示都当作一次盛会，这也从侧面反映出学生及学生家长对这一活动的支持，把它当作一种班级文化。这种班级文化是一种无形的教育力量，它就像春雨一样"润物细无声"，启迪学生的智慧，陶冶学生的性情，温暖学生的心灵。

经过 12 年的实践，我的教学主张"从'玩'入手，无声'润物'"慢慢完善。也许有人会问，同时展开三大系列的"玩"会不会太忙，我的回答是不会，这三大系列各有各的特点，它们互相之间并不冲突。传统游戏基本利用学生的课间活动开展；航模科技主要在周末、放学后等课余时间练习，以学生的主动参与为主，时间弹性大，学生对该活动兴趣浓厚，很多时候都是主动放弃看电视、打游戏的时间来参与；才艺展示则是一年一次，平时只需要学生做个有心人，提早收集、创作表演需要的素材。因此，开展这三大系列的"玩"不仅不会增加学生的负担，还可以让学生在学习之余通过"玩"来调节自己、提高自己，同时，为以后的学习、生活储备更大的能量。

经过 2008 和 2014 两届学生的实践，"从'玩'入手，无声'润物'"这一教学主张已初显成效。今后，我还将继续探索"玩"系列，以帮助学生更好地玩出名堂。

四、他人眼中的我

家长的话：孩子的一步一步成长都离不开她的栽培，是她为孩子创造表现的机会，是她带着孩子玩耍，激励孩子前进，她不仅是我们崇敬的老师，更是孩子心中最美的神话。

真活动　真指导

乐清市蒲岐镇第二小学　黄灵颖

一、我的教学风格

综合实践活动课程是基于学生生活的一门课程，面向学生完整的生活世界，引导学生从日常学习生活、社会生活或与大自然的接触中提出具有教育意义的活动主题，使学生获得关于自我、社会、自然的真实体验，建立学习与生活的有机联系。在活动中，教师要关注学生的学习是不是真正发生了，要比较精准地抓住学生的思维难点来促进学生的发展，最终为了学生更好地认识自我，走进生活。因为学科没有固定的教材，所以在开发课程和教案的过程中，我喜欢实事求是地从学生实际出发，开展一些有趣的活动。当出现问题时，我也喜欢让学生实事求是地从身边找原因，解决问题。汉斯说过：实事求是的思维方式，应该就像健康饮食和持续锻炼一样，成为你日常生活的一部分；接受这种思维方式，你将改掉原来过度情绪化的世界观，取而代之的是一种实事求是的世界观；你将会拥有一颗开放的心灵。我尊重这种原则，决定用"真活动　真指导"教学风格，引领自己和学生一起拥有更开放的心灵。我的"真活动　真指导"教学风格的含义如下。

1．让真事引出话题

本课程鼓励学生从自身成长需要出发，选择活动主题，主动参与并亲身经历实践过程，体验并践行价值信念，避免仅从学科知识体系出发进行活动设计。所以，在选择主题时，我都从学生实际生活出发，做学生需要的、想做的、能做到的事情。

新冠肺炎疫情学期，学校的重点工作围绕疫情开展。学生在学校里要做很多防疫事情。为了让疫情期间的常规活动不浮于表面，不让学生产生厌烦，我和孩子们开展"疫情飞行棋"活动。孩子们将每天要做的事和不应该做的事写成标语，在飞行棋数字格体现奖励和惩罚。奖励的如今天上学路上你戴了口罩，进2格；进入校门，你记得洗手，进1格。处罚的如课间你和同学拥抱在一起，后退2格；你上完厕所不洗手，回到原点……在玩的过程中，有了这些奖励和惩罚标语，孩子们非常感兴趣，也玩得特别刺激，最重要的是在玩的过程中，孩子们将疫情期间的行为常规牢记在心。

我和孩子们从喜欢的传统节日中开发了主题"走进中秋""咱们一起过端午""过年啦"等；根据学生成长过程中出现的问题和需要开发了主题"我是值日生""我是整理小能手""十岁成长礼"等；根据家乡的资源开发了主题"走进蒲岐古城""家乡的古建筑"等，这是开展好综合实践活动的首要条件。

2．让活动真正开展

本课程强调学生综合运用各学科知识，认识、分析和解决现实问题，提升综合素质，着力发展核心素养，特别是社会责任感、创新精神和实践能力，以适应快速变化的社会生活、职业世界和个人自主发展的需要，迎接信息时代和知识社会的挑战。

只有真正地开展活动，每一位学生在活动中才会真正动起来，学生的能力才会真实提高。如果教师时刻跟踪指导，那么你会发现学生解决问题的能力非常有趣，也非常强。孩子们表现出来的这些信息更是我们学科非常宝贵的资源。在"让图书漂起来"活动中，根据活动的需要和班级实际情况，成立了书籍组、公约组、漂流卡组、分享组、整理组和美化组6个小组。每个小组在组长的带领下，开展为期一个星期的读书漂流，然后进行总结、评价。整理组在给书架上的书整理时，孩子们首先想到排列书本要有序，要从小到大整齐排列，然后给书贴上序号。贴序号看似很简单的事，但是对于三年级的学生来说，并不简单。要求每本书的序号要同一高度才整齐漂亮。孩子们遇到如下问题：①贴在作者下面，发现作者名字长短不一，贴起来不整齐；②贴在出版社上面，出版社字数不一样，也是高低不齐。怎么办呢？最后他们总结了方法：从书底开始贴，就能做到整齐划一。第二天，孩子们还将经验分享给了其他班的同学。虽然教师可以给予贴标签的方法，但是孩子们通过自己实践得出方法，更有成就感。在这个过程中，孩子的思维是活跃和灵动的，最重要的是体会到了实践出真知的成就感。真活动，让学生真正成长起来。

3. 让评价真实公正

综合实践活动课程要求突出评价对学生的发展价值，充分肯定学生活动方式和问题解决策略的多样性，鼓励学生自我评价与同伴间的合作交流和经验分享。我们评价的目的不是淘汰学生，而是发展学生。我的"真活动 真指导"教学风格，提出"目标先行"评价的四步骤：①根据活动目标，制定评价标准；②依据评价标准，进行活动指导；③跟进活动过程，开展活动评价；④围绕核心素养，巩固活动评价。多元智能理论表明，不同的人的智能发展特点及各种智能水平的高低有很大的差异，加之学生的生活环境和社会经验又各不相同，他们在综合实践活动课程中学习和发展的表现也会各不相同。在制定评价标准时，要能充分体现学生不同的能力层次，当面对学习比较困难的学生时，评价标准可适当降低，多给予学生正面的评价，肯定和鼓励他们的点滴进步；面对学习能力较强的学生时，评价标准可适当提高，激励他们自觉地寻找活动表现中的不足，及时总结经验。评价的方式就应该是多样化的，不仅有自评，还应该有小组评、家长评等方式。这样的评价全面、公正、真实，不仅能考察学生的表现，更能促进和提升学生的表现。

二、我的成长历程

1. 第一阶段：真活动，让我成功入门

2009年，校长带上第一年上任教导主任的我参加了温州市的综合实践活动现场会。那一天，我才知道有一门叫"综合实践活动"的学科，是国家课程，每所学校必须开设。出于对课程的敬畏和工作职责使然，我对这门学科非常重视。2009年，我参加了乐清市综合实践活动首届研修班，想通过研修班的学习，让自己较快入门。我们10位新手，在乐清市教研员谢老师的带领下，意气风发，开垦着乐清市"综合实践活动"这块荒地。由于没有教材，我们都是自己开发主题。两年的研修中，我开发了很多主题的课，由于这些主题新颖，学生喜欢，因此我有了更多的外出开课机会。2010年6月3日，作为教导主任的我，毅然接受了承办乐清市综合实践活动现场会的任务。活动需要开发6节新课，我的原则就是挖掘家乡和学校资源开发课题。我们开发的"鲨鱼的秘密""欢乐运动会""走进洋快餐"3个主题的6节课受到了与会教师的好评。鲁迅先生说："孩子初学步的第一步，在成人看来，的确是幼稚、危险、不成样子，或者简直是可笑的。"在综合实践活动学科的道路上，我们迈出的这一步虽然也显得有点幼稚，甚至是令人不放心的。然而正是这可贵的第一步，给我们带来了开发课程的信心："从生活中来，到生活中去"的主题是孩子们需要和喜欢的。在探索中，我们这群孤鸟欣然入境，变成了一群适应环境的留鸟！

2. 第二阶段：真指导，让我快速成长

"自信人生二百年，会当水击三千里。"在以后的成长路上，我如饥似渴地走在课程改革的路上。我有机会参加省综合实践活动年会和国家培训，在聆听专家们的讲座、荡涤思想的同时，也尽可能地创设各种条件与专家对话。在与他们接触的过程中，我不仅及时获取课程改革的最新信息，了解课程发展的动态，而且他们的课程理念也给了我极其深刻的影响，对于唤醒我的课程意识起到了事半功倍的作用。思想，就这样在一次次的聆听和学习中荡涤着。2011年，成为副校长后，我毅然带领学校的骨干教师走上综合实践活动学科道路。学校6位骨干教师跟随我一起学习和成长，他们的团队赛课、个人优质课都能取得一等奖的好成绩。人家说我是一等奖专业户。其实我没做什么，只是带领我的徒弟勤勤恳恳地开发着学校的综合实践活动这片沃土。学校黄乒乒老师和王芳芳老师开发了"图书角的管理""我会大扫除"两个主题，将班主任的班务管理和综合实践活动进行整合。两位教师先带领自己班级学生开展活动，然后分享给全市的教师。这个过程，既能提高教师的业务水平能力，又能提高班主任的管理能力，一举两得。这种做法得到教研员谢老师的肯定。如今，在谢老师的带领下，乐清市"将班务管理整合为综合实践活动"项目在全市推广，并在省里课题立项。这个过程更加坚定了我的教学风格：教师和学生只有在真正的活动中才能真实地成长。

3. 第三阶段：真评价，让教学风格更成熟

2016年6月，我被评为乐清市名师。教师们开玩笑地说："黄老师，你不教语文，收入减少不少。如今你是综合实践活动名师了，又能怎样？没有几个学校知道这门学科，没有学校请你举办讲座，你这个名师也就无人问津了。"我说："教师要耐得住寂寞、清贫，名师更要守得住这块净土。"习近平总书记说："有信念，有梦想，有奋斗，有奉献的人生，才是有意义的人生。"我只想告诉自己：那就是，我来人间一趟，我曾见过太阳，我在那万丈光芒里，曾无畏无惧。接下来的几年，我有了自己的名师工作室。如何让自己的工作室活动更有特色，我便围绕着"评价"做了一系列的活动。我紧跟乐清市教研室的教研步伐，带领工作室的学员们开展省课题"目标先行，综合实践活动主题的评价研究"。2020年6月12日下午3点，温州市"综合实践活动研讨活动"中我的专场讲座"目标先行，综合实践活动主题下的学生评价"得到了温州市教研员黄老师的肯定，并得到线上温州骨干教师的好评。活动结束后，临近端午节，我抓住时机，马上带领工作室成员开展"目标先行下的端午主题评价"的专题研讨活动。从评价入手，开发端午节主题，给与会教师带来了全新的视角，拓宽了开发主题的视野。目标先行下的评价，让课堂更扎实，学生更真实，从而让我的"用事实说话"的教学风格臻于成熟。

经过10个春秋的打磨，岁月的洗涤，自己已经从当初那个初生牛犊不怕虎的新手走向了

名师！我的教学风格也一路风尘，和我一起成长。一路上，摸着石头过河，在尝尽了辛酸的同时，也逐渐清晰了自己未来的方向。感谢综合实践活动课程，让我的教育生活如此精彩曼妙。我愿在综合实践活动的时光里继续漫步成长，让我的教学风格破茧成蝶！

三、教学片段：《十岁成长礼》

（一）第一阶段：活动准备阶段

1. 确定活动内容

在成长礼上，我们要展示什么，现在又要准备什么呢？通过全班同学讨论、交流，确定了以下几个活动内容：

活动一：收集10年来最有意义的礼物，在成长礼仪式上呈现给大家并诉说故事。

活动二：每个学生精心制作感恩卡，在成长礼上送给家长。

活动三：在成长礼中表演节目。

活动四：集体过生日，吃蛋糕。

2. 组建小组，制定评价标准

学生们根据小组任务，制定活动评价标准。在活动实施过程中，可以适时调整。

（二）第二阶段：活动实施阶段

活动一：收集我们最珍贵的礼物。

10年来，孩子们有太多的礼物，心爱的玩具、精美的饰品、珍贵的照片……每个礼物里都充满了回忆，真是难以取舍，经过一个星期的深思熟虑，他们挑选出了自己最中意的礼物。

每个礼物看似平淡无奇，里面包含着同学们丰富的情感。有父母送的手表、玩具象等，有小时候的照片，收藏的纸币和各种荣誉证书。

活动二：小组做贺卡准备胸花。

孩子们制作自己有特色的贺卡，并写上心里话给家长，挑选出最心仪的胸花。

活动三：成长礼的准备。

这是一次孩子们自己策划的综合实践活动，任何事情必须自己来，相信自己能行。节目组在排练节目；主持组在写稿子，练习主持；美化组购买材料，布置教室；蛋糕组购买蛋糕……虽然爸爸妈妈们跃跃欲试，都想帮忙，但是被孩子们好意谢绝了。

（三）第三阶段：活动总结阶段

（1）活动展示。

（2）活动评价。写感受，说体会：活动结束后，孩子们和家长们感触很深，每个人用笔记录着当时的想法，第二天贴教室里。同时也根据评价标准，开展评价。

四、他人眼中的我

1. 专家眼里的我

教育教学管理有招：灵颖是学校的副校长，能积极配合和协助校长，扎扎实实地开展学校工作。她以综合实践活动课程实施为抓手，全面开发学校课程，为学校的特色化发展做出应有的贡献。

教育教学成绩有效：灵颖是综合实践活动专职教师，善于从学生的学习生活、成长经历、校园活动中挖掘主题，开发成系列综合实践活动。她开发的"蒲蒲岐岐逛古城"研学活动非常有特色。

教育科研成果有料：在教学实践中勇于探索，勤于思考，善于积累，笔耕不辍。在各类省级刊物上发表和获奖的教育教学论文10多篇；近3年，主持、执笔和参与2项市级课题的研究并分别获得温州市三等奖、乐清市一等奖。每年指导多名学生参加市县学生活动成果评比，都能获得一等奖。

（乐清市综合实践活动教研员　谢乐冬）

2. 同事眼中的我

"脚踏实地，行稳致远。"这是黄灵颖老师的日常写照，也是我从她身上学到的行动指南。与她相处，我最能感受到一个"真"字。她对工作真实。真实地投身千头万绪的学校管理和学科教学，真实地直面各种纷繁复杂、头绪繁多的各种细节，真实地被困扰，真实地去行动，真实地去成功。她对学生真挚。每个学生都见过黄老师的笑脸，都听过黄老师亲切的问候，都喜欢在路上和黄老师甜甜地打个招呼。黄灵颖老师既亲切又诚挚，贴近孩子们柔软的心，俘获孩子们可贵的信任。"纸上得来终觉浅，绝知此事要躬行"，黄灵颖老师的"不断躬行"也一直激励着我们年轻老师向着明亮那方笃定前行。

（乐清市蒲岐镇第二小学综合组教师　黄乒乒）

黄老师带领学生走进综合实践活动之旅，正如其名：灵动新颖；但最让人感动的是：在追求创新中却能坚持初心——求真务实。十岁成长礼活动中，没有了高大上的场地，没有了绚丽的灯光舞美，没有了丰富精致的食品，保留了学生原汁原味的参与，真实感受到学生对成长的感悟和对师长真诚的感恩。在"蒲蒲岐岐逛古城"研学活动中，黄老师带领学生策划了家乡旅游的路线，带着研学问题走遍家乡，感知古镇每一座城门的惊心动魄，了解每一件文物的前尘往事……在求真与务实中，黄老师带领孩子一次次敲开实践之门，提升孩子的能力，与孩子共成长！

（乐清市蒲岐镇第二小学综合组教师　王芳芳）

真而不拙　循而不古

平阳县麻步镇中心小学　黄斌斌

一、我的教学风格

　　教学风格是指教学活动的特色,是教师的教育思想、个性特点、教育技巧在教学过程中独特的、和谐的结合和经常性的表现。教学风格的形成是一个教师在教学艺术上趋于成熟的标志,它是多年累积而形成的。我一直追求活·真·思·新的教学,即活泼、真实、有思考、有创新。我的教育理念是"以生为本",课堂中关注学生的生成,再根据生成的信息,灵活变化自己的教学,一切从学生出发。用美丽的音符,串联起学生的音乐世界,让音乐的灵感,点亮学生的音乐人生,让音乐属于每一个孩子。通过多年的教学实践和经验积累,以及专家的指导,我最后提炼出"真而不拙　循而不古"的教学风格。

　　所谓"真而不拙"是追求活泼灵动、幽默风趣的课堂,但是又能呈现自己本真的个性,在真实中透露出一种机智、灵动。课堂中注重孩子的情感体验,更多呈现师生毫无痕迹的互动,互动中关注学生的生成。时时刻刻用发现的目光欣赏孩子,用多元的评价激励孩子。不断地带领学生感受、体验、思考、表现、创编,围绕音乐素养,构建生本课堂。"循而不古"则是循序渐进,不古板,没有被一些套路束缚,但又能遵循一些规律。在追求真理的道路上,不太拘泥一些东西,在循序渐进的道路上,又不束缚自己。在循序渐进的历程中去追求创新。

二、我的成长历程

　　"坚持·勤劳·创新",在成长过程中这几个字一直伴随着我。我是一个从农村走出来的音乐教师,曾经对音乐教学充满热情和憧憬。刚入职前三年,我没有任何学习、听课的机会,但我一直相信机会是留给有准备的人,笨鸟先飞,所以,在机会没来临之前我先准备好,上网络平台找各种各样的教学视频进行学习,记录每一堂课的精华之处,形成一本属于自己的课堂教学记录本。至今我还一直坚持记录。

　　同时,我也默默地建立起自己的一片天地,没有被现实打败,反而书写了一个农村教师的新篇章。从2011年开始,我培养学生的音乐技能,2016年带着不起眼的农村小学的小合唱团通过学区、县层层选拔,参加市里比赛,获得一等奖,并代表温州市参加省里比赛,获得省二等奖;同时,舞蹈和歌舞剧都获得县一等奖,当时被称为"牛人"。所以我一直相信只要坚持,只要努力,只要心里有希望,属于你的阳光一定会来临。

　　10年的教学生涯中,我经历过4次脱皮式成长与变化,也是教学风格形成的四次重要阶段。成长历程中有成功也有失败,每一个阶段的成长都有新目标、新方向、新篇章。

第一次成长（2010—2013年）：教学风格萌芽阶段。可以从2013年我第一次参加县优质课评比开始说起。那是第一次有上公开课的机会，那一年的我是一张白纸，教学上非常稚嫩，更不用说教学风格，应该还是在课的模仿阶段。这次的比赛我单打独斗，没有团队，没有指导师，有的只是热情与初心。县里比赛，有那么一点体现"生本课堂"，以作曲家创作思路为主线，有感受、有体验、有思考、有创编，可以说是"循而不古"的课堂。接着代表平阳参加温州比赛，第一次就有这么大的展示平台，当时我很兴奋。但最后只拿了二等奖，可以说是灰溜溜地下台，与城里人相比确实有距离。就在我灰心绝望的时候，我们教研员郑老师鼓励我："斌斌，你今天表现很棒，已经在进步的路上，你还年轻，多多学习，继续努力，接下来想想自己的教学风格，让你的课堂更有辨识度。"一句鼓励，我的热血又上来了，心想：我的优点是什么，如何有自己的教学风格，让大家能记住我的课。同时，也是因为有这一次比赛的经历，打开了音乐教学这扇大门，从此我就爱上了课堂教学，非常喜欢课堂中和学生的各种碰撞，看到孩子的成长，我很开心。希望有一天我的课能让学生喜欢，能让同行大大地鼓掌。从那时候开始，我便有了很多学习的机会，得到了很多名师的指点，白纸慢慢变成彩色。我在这个阶段评上"一级教师"。

第二次成长（2014—2016年）：教学风格形成阶段。2016年我卷土再来，带着未完成的梦想第二次参加市优质课评比，正所谓"十年磨一剑"，终于不辜负3年的努力，一堂《我是少年阿凡提》获得了市一等奖第二名的好成绩。这次的课就慢慢呈现出我的教学风格了，我一直非常追求真实的课堂，活泼灵动、幽默风趣的课堂。音乐活动要在体验中、师生互动中完成，音乐技能的提升和音乐知识的学习也是没有教学痕迹的。课堂教学评价多元化，我用唱的方式来表扬学生，及时关注学生的生成，再根据生成情况调整教学，呈现更多的可能性。教学实施非常灵活，而不是死板地跟着自己的教学设计走。这不就是我一直想追求的灵动的课堂吗？最后我的课得到音乐教师们的认可、学生们的喜爱，大家看到我就叫我"阿凡提"。这就是课的辨识度，我终于明白当时郑老师的话。这次的比赛，教研员、师父、同事、同学一起陪着我磨课，给了我很多宝贵的意见和指导，我不再单打独斗，我是有团队的。有句话说得好——你是谁不重要，重要的是和谁在一起。与智者一起，你会不同凡响，与高人为伍，你会登上巅峰。我明白要成长，必须学习，唯有学习才是永恒的课题。于是我又开始我的学习之旅，2015年我参加了"邓婉雁名师工作室"学习，与伙伴们一起抱团成长；还参加了第七届全国中小学音乐课现场评选活动观摩、第十二届中国国际合唱节大师班培训、中央音乐学院"新体系音乐教学法"国培、温州市骨干教师培训、第六届中国童声合唱节，多次参加上海陈蓉老师的"声势律动"教学法培训等。在这个阶段我评上了平阳县"教坛新秀"。

第三次成长（2016—2018年）：教育科研发展阶段。教学风格形成之后我开始学会研究、学会思考，学会撰写论文、案例、反思等，也是教学实践与思考的提炼。课题《"声势律动"在小学低段歌唱教学中的运用研究》获市二等奖，《基于"行、心、新、形"的小学低段歌唱教学音乐学习能力提升的实践研究》获县一等奖。还编写了一本《小学低段"声势律动"歌唱教学谱例集》。2017年我成为温州市"新体系音乐"研究平阳实践基地的负责人兼实践导师，带领着团队一起实践、一起研究、一起成长，并多次代表市、县进行公开课展示、经验交流和讲座。这个阶段我拿下了温州市"教坛新秀"和高级教师荣誉，同时，我也明白一个道理：仅凭自学，容易走弯路，有专家的引领，可以少走一些弯路。于是我又参加了温州市小学音乐教研组长学科领航班研修、浙江省小学音乐教学"疑难问题解决"专题研训活动、浙江省优质课观摩等。

第四次成长（2018年至今）：教学风格提炼阶段。我永远记住钱老师说过的一句话："学习，任何时间都不会晚"，所以我非常珍惜每一次学习的机会。曾经我错过了参加暖暖班学习的机会，当时非常失望。但2018年一次偶然的机会降临在我身上——"未来名师班"培养对象，我特别兴奋，因为终于有机会能做钱老师暖暖班的一员了。于是我进入了第四次脱皮式成长，这个阶段在说课、课题、论文撰写和研究上有了飞跃的提升，而且能与一群优秀的同伴抱团成长，是满满的幸福学习旅程。同时在教学风格上也有了明确的标签，最后在导师的帮助下提炼出"真而不拙 循而不古"的教学风格。

荣誉背后都有感人的故事，课堂教学上我刻苦钻研，专业技能上我虚心好学，学生辅导上我创新大胆，成长道路上我翻越了一座又一座"高山"。虽取得了优秀的成绩，但我从不骄傲，一次次突破自己。工作中总是充满阳光与朝气，对待事情总是不气馁，一直坚持、勤劳、创新。继续努力，一路前行，让自己永远走在专业发展的道路上。

三、教学课例展示

我是少年阿凡提

2017年11月在温州市"新常规·新设计"课例展示课中，《我是少年阿凡提》能够较完整地体现"真而不拙 循而不古"的教学风格，是一堂灵动活泼、幽默风趣的音乐课堂。

本课通过四种色彩—四个味儿—四种情绪—四个形象这一主线，设计了动一动、跳一跳、拍一拍、哼一哼、演一演、乐一乐、夸一夸等音乐活动，让学生走进新疆，寻找新疆味儿，歌唱阿凡提，表演阿凡提，学习阿凡提。以寻找新疆味儿为契机，表现四种情绪、四个形象，"声"和"情"贯穿整堂课。采用先体验再分析的教学方法，注重课堂的音乐活动、音乐评价及学生生成。用歌声和节奏进行评价，取材源于歌曲本身。在互动中，关注学生的生成，再根据课堂生成信息而进行教学，最终形成"生本课堂"。

（一）动一动、跳一跳、拍一拍

1. 活动目标

通过体态律动和声势律动，感受2/4恒拍及前奏强拍，并为歌曲难点做铺垫。

2. 活动步骤

播放《我是少年阿凡提》伴奏音乐，带领学生进行律动。

第一遍：带领学生骑驴左右摇摆，脚左右踏步进教室。前奏时带领学生拍强拍（师用铃鼓拍，第二遍交给学生）。

第二遍：走成半圆后，原地走动，带领学生第一乐句和自豪乐句的动作体验。

3. 设计理念

本环节的设计主要根据体态律动和声势律动的理念而设计。通过动一动、跳一跳、拍一拍的律动，学生能更直观地感受恒拍、强拍，以及歌曲中的难点，通过律动进行感受与体验。

（二）走进新疆，引入阿凡提

1. 活动目标

（1）通过阿凡提形象的装扮、语言、表情、动作、舞蹈，在互动交流中让学生感受新疆的音乐风格。

（2）通过手鼓和驴蹄声稳定恒拍，增添第二层音响的效果。

2．活动步骤

（1）自我介绍，引入阿凡提。

装扮成阿凡提，用新疆语言问好。

打着手鼓进入学生当中，师唱：嘿嘿，（啦啦啦啦，啦啦啦啦……开心自豪的乐句）

师用6唱："我是谁""我是谁"嘿嘿，我是谁？

师唱：我是少年的（阿凡提），我是少年的（阿凡提）。瞬间取掉胡须，秒变少年阿凡提。

（2）模仿驴蹄声。

师：听……我的好伙伴小毛驴儿正向我们走来！（师用双响筒模仿毛驴儿）

3．设计理念

这一环节利用阿凡提的形象装扮、语言与表演，让学生更直观地感受四种新疆味儿（旋律、语言、节奏、表演），为下一个环节做铺垫。同时，利用声势律动打响舌表现"驴蹄声"，为歌曲增添第二层音响。引导语、交流与表扬语都在音乐和节奏中进行，激发孩子的学习兴趣。

（三）骑驴出行，寻找新疆味儿

1．活动目标

（1）通过哼一哼、演一演、乐一乐、夸一夸四个音乐活动的体验，让学生能表现四种新疆味儿以及阿凡提的四种情绪。

（2）准确掌握下滑音、升记号的演唱。

2．活动步骤

（1）骑驴出行——哼一哼（旋律中的新疆味儿）。

①师反复唱第一、二乐句的曲谱，让生跟着唱。

②带领着学生不停地用动作进行体验（下滑音3时手向下滑，升记号1时手往上指，第一乐句结尾3时戴帽子，55 46 提起你的小帽子把5唱准）。

所有动作设计主要解决下滑音、升记号和歌曲最高音的音准。

③体验过程中唱几遍曲谱，带领学生唱，加进歌词唱，最后加快速度演唱。

④体验后分析。

（2）阻止破坏——演一演（说唱和表演中的新疆味儿）。

师："驴"来到新疆，一定要认识这个幽默风趣的阿凡提。

①聆听歌曲《我是少年阿凡提》。

师：听，阿凡提最不喜欢别人做什么事？他的心情发生了什么变化？

生：阿凡提不喜欢别人打鸟儿、捉青蛙、折断花和树。

师：是的，因为他是一个爱护花草树木、保护动物的环保小卫士。

②用问答的方式体验三、四乐句的情绪变化并熟悉旋律。

师弹尤克里里唱三、四两个乐句。

（3）自得其乐——乐一乐（节奏中的新疆味儿）。

①师唱第二乐段，第五、六乐句。

师：诶，当阿凡提做了好事时，你们猜他的心情会发生怎样的变化？

生：开心自豪。

师：是的，咱们也用开心自豪感来赞扬赞扬自己。

②画图谱感受旋律。

③强弱处理。

（4）众人夸奖——夸一夸（表演中的新疆味儿）。

"我是少年的阿凡提"乐句的对比。

①思考：我们唱了几次"我是少年的阿凡提"？（3次）

②师：它们的旋律、节奏、长短都一样吗？

③出示三个乐句"我是少年的阿凡提"的曲谱，逐句聆听、辨别。

④加上动作进行体验。动作的动机源于学生的表演。

⑤强弱处理。

3．设计理念

这一环节主要运用新体系、体态律动、柯达伊教学法，利用问答式歌唱教学、体验后分析教学、图谱感受法及对比教学等方法。以生为本，关注学生的表现，关注学生的生成情况，面向全体、注重个性发展。以"声""情"为主，设计不同的音乐活动，提高孩子的学习兴趣、歌曲表现、情感表达、演唱技能以及音乐知识技能。

（四）粘贴表情，歌唱阿凡提

1．活动目标

通过四个表情，表现阿凡提的四种情绪、四个形象。

2．活动步骤

（1）师：这么多新疆味儿被我们挖掘出来，主要为了表现什么？（阿凡提的形象）

师：那么阿凡提的心情都发生了哪些变化呢？我们一起完整地唱一唱。

（2）老师手上有四个表情，你能来贴一贴吗？他们都藏在哪几个乐句里呢？（边唱边请一个同学来贴）

（3）完整演唱。

师：让我们也带着四个表情、四种心情、四种新疆味儿来唱一唱"风趣幽默"的阿凡提、"有正义感"的阿凡提、"开心自豪"的阿凡提。

3．设计理念

这一音乐活动的设计主要检验本课情感表达上学习的成果。通过孩子自主粘贴表情，进行小测试，更为直观，更能吸引孩子们的兴趣，更能体现自主学习的成果。主要运用音乐教学理念"以兴趣爱好为动力"。

（五）成果展示，表演阿凡提

1．活动目标

让学生利用本课学习的音乐知识与技能，自主编排与表现歌曲。

2．活动步骤

（1）全新编排歌曲，表现阿凡提。

（演唱形式、力度表现、音色表现、情感情绪的抒发、乐器色彩）

师：这节课我们都体验了哪些演唱形式呢？体验了（师打响舌）驴蹄声，再加上体验的四种情绪的变化。我们一起讨论讨论，如何去编排才能把歌曲表现得更加淋漓尽致呢？

（2）分组。

（3）整合作表演。

3. 设计理念

这一音乐活动的设计主要是课堂成果和成效的呈现，通过分组合作、自主编排，体现小组合作式的音乐课堂，更能展现出本节音乐课堂孩子的学习能力、学习成果与成效。运用了音乐新课程理念中"自主、合作"的学习方法。

（六）环保少年，学习阿凡提

1. 活动目标

通过"我是怎样的好少年"歌词的创编，最后形成学生品德的升华，达到德育的教育。

2. 活动步骤

（1）改编歌词演唱。

师：歌曲中的阿凡提是一位环保卫士，"你们是怎样的好少年？"（师唱生唱答）

（2）总结。

师：《我是少年阿凡提》是一首叙事性的歌曲，每个地方都有它的音乐风格，维吾尔族是一个节奏感、表演力非常强的民族。歌曲通过四个新疆味儿、四种心情的变化把阿凡提风趣幽默、愤怒、开心、自豪的环保小卫士的形象，表现得淋漓尽致，这就是音乐的魅力。最后让我们高唱：哎……我是（   ）的好少年，哎……我是（   ）的好少年。

（3）边唱边骑驴离开教室。

3. 设计理念

这个环节的音乐活动，我利用"我是怎样的好少年"的创编作为课堂的总结，让整堂课的最后达到一个德育教育的效果。采用"学科综合"的音乐教育理念与品德课德育教育相结合。

四、他人眼中的我

我的教学风格得到了同行的认可。县教研员郑晓杭说："这是一个课堂上比较聪明的老师，不走寻常路，鬼灵精怪，但一切又从学生出发，特别会捕捉孩子的精彩时刻。她的课非常真——真在整堂课就是在享受音乐，体验各种音乐活动、用音乐来说话，用音乐来表现；活——活在教师课堂上的活泼与灵动；新——新在教学中都能找到她的创新点。"

音乐老师们说："黄老师的课，别具一格，幽默、风趣、活泼、灵动，她能及时关注学生的变化，能用欣赏的眼光去看待学生，在她的课堂里总能看到学生特别的表现。她的教学风格，就是实实在在地和学生在一起玩音乐，与学生的互动形式多样，她能非常自如地表扬学生、鼓励学生表现和创造。她有她的上课魅力，是别人无法去模仿的。"

有学生说："上黄老师的课非常享受，每节课都很期待黄老师带给我们的惊喜。老师时常会和我们坐在一起歌唱、一起做音乐游戏、一起创作。在黄老师的课上我们都很活跃。"

这些评价让我对自己的教书事业充满信心，也更加愿意去追求这样一种学生喜爱的风格，这是音乐学科赋予的课堂魅力，也是我职业素养的追求。

带上简单、童真；追寻健康、快乐

龙湾第一小学　缪蕾蕾

一、我的教学风格

一个拥有童心的人，他对生活始终能保持一种积极向上的状态，具有一股奋进的力量。有研究表明：有童心的人会是更加幸福的人，童心未泯的人活得会更加开心与简单，也会给身边的人带来快乐。名人巴金先生也说过这样的话："童心生活的回复，正是新时代的萌芽。"从事小学教育，看着身边的"小大人"们不合时宜的"老气横秋"，内心总是有一股莫名的失落——要是大人们能不用惯性思维去框住孩子，尊重他们内在的成长规律，那该是多么美妙的事情！每一朵花都应该有它绽放的季节。作为教师，我觉得自己应该去守护这份美好，至少让孩子在我的课堂中能够无拘无束地释放儿童该有的特质，让体育课真的做到能促进孩子身心发展。于是，我开始主张"带上简单、童真；追寻健康、快乐"的体育教学风格。

二、解读我的教学风格

（一）教学风格的探索期

1．"放羊式"教学

2003年9月，刚去小学任教时，看到人高马大的六年级学生我会心虚，感觉一点底气和威力都没有，我孩子气般的性格如何驾驭这些学生呢？放羊吧，我的老师以前都是这样做的，师生关系多和谐啊，老师轻松，学生又开心、自由！在周课时为21节的时候，器材一丢，放放羊的日子过得挺逍遥。但两个月后我的思想发生了突变。那是参加了新课改活动，看着体育课堂琳琅满目的教学器材和标准的课堂教学模式，我的内心触动很大，我的课堂教学该何去何从？

2．"爱心式"教学

从尊重孩子开始吧！做个有爱心的教师。于是，开始风风火火地在学生中开展民意调查——学生喜欢上什么样的体育课，结果显示"玩"！每节课去玩，陪着学生玩，一天下来，整个人体力透支，两个星期下来，我困顿、迷茫——我想要的课堂教学在哪里？为什么会这样？于是，开始研读尊重学生课堂的文章，原来我只从简单的字面理解，而不知其含义。尊重学生的课堂，就是要以学生主动发展为本，充分尊重学生的个性发展，让学生充分认识个体价值，树立自信心。我在尊重个性发展的时候，偏离了教育本质的航道，没有发挥一个教育者真正的引领功效。

3．"严厉式"教学

兜兜转转，一个学期过去了。在新的学期伊始，我改变了教学策略，也意识到课堂规律很重要，开始整顿——实施"新学期、新风貌、新体育"计划，无规矩不成方圆。在我严格的控制下，课堂上运动量大了、学生乖巧了，但是没有了笑声，多了怨言，我自己也是一直紧绷在课堂上，不苟一笑。学生失去欢乐的同时，我也觉得失去了"自我"。

4. "童真式"教学

教育以提高学生的素质为根本任务，体育教育的任务是身体练习和卫生保健，促进学生身心健康发展。我开始着手从学生的心理和生理特点，进行教学设计及教学。小学生还在童年期，与一群儿童在一起，作为师者也应该拥有一颗孩子般的童心，才能懂得孩子——"子非鱼，安知鱼之乐！"从儿童中来到儿童中去，我开始着手"童真"课堂的探索之旅。

（二）教学风格的形成期

启程之时，找了许多的案例来武装自己，解决自己的行为定式和思维定式。陶行知说："教育是心心相印的活动。"苏霍姆林斯基也说："我希望尽可能充分地满足孩子们多种多样的兴趣和企望。换句话说，我希望孩子们生活和学习得有意思。"于是，我给自己的课堂教学定位是站在儿童的视角，尊重他们的个性，满足他们的内在需求，用爱心、耐心、用心去建立属于自己简单又富有童趣的课堂，让学生感受到学校的生活也是幸福、有趣的。

1. 保持一颗童心

李镇西在《做最好的老师》里写道："教育者是否拥有一颗童心，对教育至关重要。"在教学中，我也觉得教师保持一颗童心才能延伸出对教育的爱；才能真正做到蹲下来看孩子，站在儿童的视角想问题；才能拥有融洽的师生关系，贴近学生，走近学生；才能拥有和谐融洽的课堂氛围，有效激发学生参与体育课堂活动，快乐的学习。

2. 遵循生本理念

教师作为课堂的引领者，适时把探索的空间和时间交给学生，让他们成为课堂的主人，积极体验，才能将知识内化成自身的能量。在执教《直跑屈腿跳高的动作方法》时，我先让学生自己去体会原地单脚起跳后，然后问："你们刚刚在跳跃时，用了哪只脚起跳的？"这时的学生赶紧去思考及回忆自己刚刚的动作，原来在跳的时候有起跳腿的啊！那么再去讲摆动腿时就会浅显易懂。把课堂交给学生，让他们做课堂的主人，长此以往，学生的探索能力得到提高，那么以后解决问题的能力提高，遇到问题主动去思考。

3. 创设情境教学

根据学生的身心特点，运用各种教学手段，创设情境教学，能有效提高课堂质量，引导学生积极参与，使得课堂生动趣味。我在执教《武术：多种方式"手型+步法"的练习方法2》时运用"厉害的孙大圣"（图1），《体操：爬行的练习方法2》时，创设学生感兴趣的《爬行王国的星际旅行》故事情境来引导学生的思维碰撞及激发学生的参与兴趣（图2）。

4. 运用童趣语言

在低段的课堂上讲技术动作，往往学生一脸懵地看着你，只能通过模仿去理解这个动作原来是这样的啊，有时候对他们越解释越糊涂，连带自己也被卷进去了。这个时候发挥教学"机智"，使用童趣、形象的语言，可事半功倍。在教授《希望风帆》扩胸运动时，我是这样教的："开船，准备出发，转个圈，跳个舞"；踢腿运动，我与孩子们说的是"敲鼓，准备，出剑"，通过童谣的方式，很形象地把动作描述清楚，而且把难点解决掉了，例如，"出剑"的词语让学生体会到"绷脚尖"的动作像把剑。测试肺活量时，一年级的学生总是找不到方法，不少漏气就是力气不够，我在示范时突然想到"燃烧吧，小宇宙！"这句话，于是顺口说出来，学生哄堂大笑，然后一下子找到吹气的感觉，动作到位了，成绩"刷刷"地往上升，玩得又很开心。

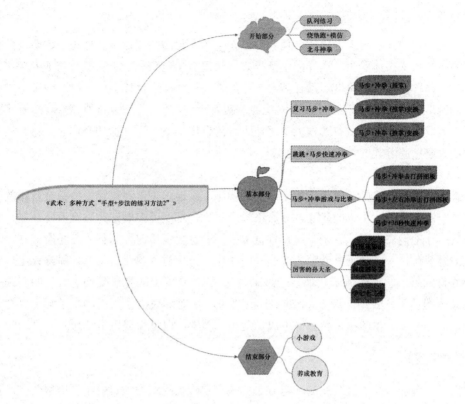

图1 武术：多种方式"手型+步法"的练习方法2

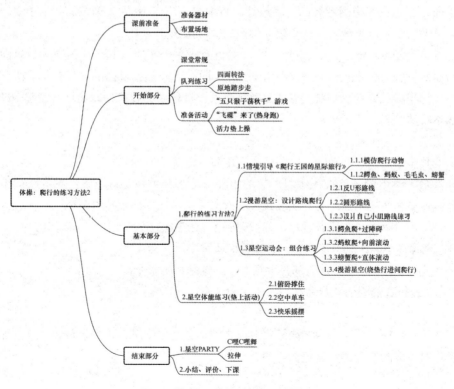

图2 体操：爬行的练习方法2

5. 注重团队协作

一个人走得快，一群人走得远，现在的孩子生活在封闭的"盒子"楼里，课余的课程多，家长宠溺，与人交往体验少，这样的生活模式导致很多学生自私，不太擅长与他人合作，缺乏团队意识，而体育教学中很多活动是需要合作的。上跳绳课设计体能练习时，我采用"马车与马夫"的游戏，完成运动量的过程中体验到了两人合作，"野马与驯马师"游戏，潜移默化地完成了三人及以上的合作。有时候大道理地去宣传合作学习，还不如切身体验来得真实，使得学生明白大家一起游戏的时光是快乐的。

6. 善待课堂生成

体育课堂是开放式的，课堂上的生成问题源源不断地出现。在操场上一只金丝雀的飞来，影响了整个课堂教学，小小的鸟儿，五彩缤纷，学生全都不受控制地跑去观看，于是，我采用共情心理，让他们去观察，后来学生在日记中描写的这段情境时，写得十分精彩。在"马车与马夫"的游戏时，一个孩子拿着草去喂当马的学生，情境进入得十分逼真。跳绳课上，一个学生不小心打到另一学生的鼻子，那孩子过来告状说："我英俊的鼻子受伤了。"明明是一个又大又扁又塌的鼻子，我用同理心，感同身受："来，让老师摸摸你英俊的鼻子吧！"然后他开心地跑走了。课堂上教师用智慧善待生成，运用心理学，课堂生成也是精彩的、灵动的。

三、课堂实例

《田径：多种形式连续跳跃的练习方法》是小学阶段跳跃类项目的重要内容之一。传统灌输式的教学方法比较注重教师的教，极易导致疏忽学生的情感体验与品德的教育，在执教这个教材内容时，我采用《弹钢琴》的情境设计。将学生分成以10人为单位的4个小组，分别用自己团队喜爱的音乐家来命名，初步建立学生的团队意识。

师：各位音乐家，are you ready？今天跟着音乐每个小组一起合作演奏一首歌曲，看看哪组配合得最默契。游戏的规则是团队里的10个同学前方都有自己的代表音符，听到是自己的音符时，用单脚跳或者双脚跳的方式进行弹奏，没有轮到的音符在原地练习蹲起做准备。老师这样表达得清楚吗？

生：清楚！

师：老师带来的是《哆来咪》，请各小组准备一分钟，开始！

音乐播放，学生们开始投入练习。有的组在手忙脚乱地往琴键上跳；有的队员跟不上节奏，其他队员拼命叫还不知；有的队员跳了一次又一次，还在那笑嘻嘻……

师：在练习过程中，各位音乐家，你们遇到了什么困难？

生1：老师，小陈注意力不集中，导致我们队弹奏时一片混乱。

生2：我们不想要小苟，他真的是太烦人了，老是不听指令。

生3：我觉得我们组的队员在练习时不注意节奏，所以跟不上音乐。

……

师：各位音乐家，请听我说，刚才很多人在控诉自己的队友，你们换位思考下，如果别人这样指责你时，你的心理感受是怎么样的？

生1：生气！

生2：伤心！

生 3：愤怒！
……

师：音乐家心境平和才能演奏出最美的音符和曲调，对吧？

学生们点头表示同意观点。

师：那我们该怎么做才好呢？谁来想想办法。

生 1：我认为我们应该先找到节奏，然后一起去练习。

生 2：必须有一个人去指挥，才能弹好歌曲。

生 3：我觉得这个弹钢琴游戏，对我们队来说太难了，轮到我的时候，我还是不知所措的。

师：那老师再给你们一分钟的练习时间，挑战下怎么样？

生：好！

由于时间的紧迫，学生们纷纷投入练习。只见小苟在蹲起的时候一直问旁边的小六："快轮到我了没有？"生怕自己再次拖了后腿。小陈这次的节奏都能跟上了，还提醒队员们："咪准备好，快你了！"贝多芬队的小张平时是学唱歌的，这次被大家推选为指挥家，只见她有条不紊地叫："小金单脚跳，小叶双脚跳，小葱该你了，轮到西西单脚跳啦……"大家有序地往琴键上跳，很顺利地完成了任务。

四、我的教学追求

童年是性格、习惯、情趣形成的时期，它对人的一生都影响重大，保留童真，让此空间停留。在体育课堂教学中，我的"带上简单、童真；追寻健康、快乐"教学主张还需要时间的打磨及实践，慢慢走向发展，从而才能走向卓越，真正引领学生体验到快乐的童年。虽然岁月在我们的脸上划上一道又一道的痕迹，但是我们要努力使自己与学生的思想保持一致，从儿童中来到儿童中去，像大教育家裴斯泰洛一样做教育："我决心使我的孩子们在一天中没有一分钟不从我的面部和我的嘴唇知道我的心是他们的，他们的幸福就是我的幸福，他们的欢乐就是我的欢乐。我们一同哭泣，一同欢笑。"路漫漫其修远兮，吾将上下而求索。

以评促学　让生出彩

温州市龙湾区永中第一小学　王素娜

一、我的教学风格

有的风，初起时呼啸，随后钻入巷道，最后萎靡为一声呜咽、一声叹息。

有的风，初起时悄无声息，一路积攒能量，最终奔向上空，翻云覆雨。

有的风，掀起漫天黄沙。迷人眼的轰烈之后，黄沙依旧。

教育风，看似平凡无奇，风过，绿了一片片原野。

本人在多年的教育实践中，坚持以生为本的教学理念，遵循少年儿童的身心发展特点，认识规律和动作技能形成规律。教学中设计中等强度、较高密度的练习内容促进学生的体能，优化教学组织与方法，打造内容、方法皆体能的有效课堂，努力追寻"以评促学、让生出彩"的教学风格。

二、解读我的教学风格

体育课堂上运动技能学习效率主要通过教师的有效引导，使学生积极参与，从而有效养成"要学""会做"的学习习惯。于是我的"以评促学、让生出彩"教学风格采取"务实课堂""运动妙招"的方式，满足学生学习和发展体能的需求。站在学生学的角度，注重观察学的行为，掌握学的方法，调整学的形式，达成学生在三维度单元构建下"技术、体能、运用"都得到提升的效果。

（一）以评促学——务实课堂

身为体育教师，我们选择的是一份神圣的职业，是"促进青少年乃至国民健康素质提升的伟大事业"，不能因为难以躲避的烈日和扑面的寒风，而忘了身上肩负的使命。"培养学生兴趣、养成锻炼习惯、掌握运动技能、增强学生体质"，这些口号的提出，都需要体育教师去付诸行动。我们在教育学生时，总会说："跳一跳，摘桃子。"所以，务实的体育课堂是课堂活跃、学生出彩的基础。

1. 参与课堂——人人运动

在体育课堂上，运动技能的学习效率主要通过教师的有效引导来实现，使学生积极参与，"没有学生的主动参与，就没有成功的课堂教学"。而不让一个孩子掉队，有效养成"会说、会做、会评"的学习习惯，是落实课堂的关键。让所有学生都能说出和掌握该运动项目的动作名称及动作要领，通过不断的练习展示学习成果。收获满满的快乐就是课堂落实的有效途径。

2. 高效课堂——以赛促学

课堂上学生体育运动技能的掌握情况是衡量教师教学水平和提高学生体质的重要标识之一。而"赛"恰恰是培养学生兴趣，提高有效教学的重要手段。它具有鲜明的"以生为本"的特点，符合小学生争强好胜的心理特征，也符合体育课以身体练习为主要手段的课程性质。如以"闯关"形式设计的《50米跑》：水平高的以50米起点线向后退4米为起跑线；水平中等的站在50米起跑线上；水平低的以50米起点线向前进4米为起跑线；三人同时开跑，以到达终点的名次判定学生的胜利。

3. 尝试课堂——深度运动

让每个孩子不会因为场地而失去对运动项目的认知。有些学校场地、器材的差异，使学生错失了一些技术动作的学习机会。教师可以精心设计练习方法和创设合理的场地、器材，吸引学生主动参与运动技能学练，真正做到运动技能学练无处不在。如：六年级《跨越式跳高练习方法》学习，我设计了多种组合练习的形式，以增进学生运动技能的掌握。组合一：连续起跳练习，四人一组连续过低海绵的起跳练习。组合二：进行1~3步、3~5步、6~8步的过折叠海绵垫起跳脚练习。组合三：连续有一定的高度左、右脚（海绵垫立放）起跳练习。组合四：一定高度的左、右脚过杆练习+原地过杆练习。组合五：过关练习（设置三关，学生必须连续用左、右、左起跳脚进行过杆练习），练习内容层层递进，组合设置循序渐进，为学生运动技能掌握和体能发展做好层层铺垫。

4. 巩固课堂——巧用评价

巩固课堂教学内容除了巧妙的设计好"赛"的方式，其实更需要有效教学评价来点缀，在新课标、新理念下，教师更需要让学生学会自我评价与相互评价。通过自我评价，满足了学生为主体的客观需要。将要素纳入自己学习活动，从而逐步形成自我分析、自我调节、自我评价的能力。有道是："授之以鱼，不如授之以渔"，让学生掌握学习的方法，学会以自己的观点评价自己，评价别人，大胆说出评价的理由，与他人交流探讨评价意见，使之真正地掌握体育运动技能。体育课堂上主要从积极学习、运动技能、创新意识、安全教育、团结协作等方面让学生进行自评和互评。

（二）让生出彩——运动妙招

1. 耐力训练

针对六年级学生50米×8学练气氛不高，偷懒学生比较多，耐力素质差等情况，设计了"冬季大长跑闯关赛"。学生分成3 000米、2 000米、1 500米三个水平，第一关：1 500米为金牌章；第二关：2 000米为冠军章；第三关：3 000米为勇士章。"冬季大长跑闯关赛"采用：不计时间，不分名次，只要闯关的过程中不出现走路且顺利跑完全程即闯关成功。冬季长跑是"持久力、意志力"的比拼，在长跑中极大地挑战了学生的耐力。这也是我多年以来一直坚持的技能考评，我相信通过一次次尝试孩子们都能突破极限发现自己的潜能。

2. 运动处方

在众多课外作业让学生苦不堪言的情况下，将"运动处方"引入小学生家庭作业，其法既能减轻学生的文化课作业负担，又能让学生有更多的时间和动力进行体育锻炼，提高了学生的身体素质；同时，培养了学生愿锻炼、乐锻炼、勤锻炼的良好习惯，为学生的终身体育思想打基础。于是我设计了运动处方单，每个月一张运动处方单，每个月要及时地练习项目，并且根据课堂教学的需要及时布置体育家庭作业。

由于小学生自我管理能力不强，意志力水平不高，在一定程度上会影响体育家庭作业的完成。所以，为了保证运动处方完成的质量，制定了家长微信签到和家长评价表，把监控权交于家长，要求家长配合监督执行，由家长发视频、签到接龙和上交评价记录表。

3．沟通反馈

"反馈"是体育教学的有效辅助手段，应用得当能让课堂教学产生良性互动，有效促进教学效果。学生意识到自己的不足和缺点，在课堂教学中就能自觉地进行所学基本技术的练习，同时，及时与家长沟通孩子的课堂表现及运动项目掌握情况，并在微信群与家长讨论孩子今天学习、身体情况，查漏补缺和调整课的练习密度和练习强度，根据个体差异让每个孩子都体验到跳跳都能摘到桃子的成就感。

合理有效地采用"以评促学、让生出彩"教学风格能够提高学生参与体育运动积极性，促进学生运动技能水平的提高，增强学生的体育保健意识，培养学生的体育兴趣和爱好，发展学生的个性，培养学生竞争意识、创新、合作和应变能力，以及自强自立、坚毅顽强拼搏和开拓进取的精神，也给课堂带来许多的正能量，提升课堂教学的宽度和厚度。

三、我的成长经历

辩证法告诉我们，外因是变化的条件，内因是变化的根据，外因是通过内因而起作用的。一个教师要成长，关键在于自己自身的内在需求。

力争上游

从教 14 年，从一无所知的毛头丫头，成长为现在的"老前辈"（是年龄上的前辈）。我一直用一则故事《鲨鱼的大小》来激励自己不断地前行：有一次和朋友去海洋馆。有一个旅客问管理员说："这只鲨鱼会长多大？"管理员指着水族箱说："要看你的水族箱多大。"旅客又问："会跟水族箱一样大吗？"管理员仔细地说："如果在水族箱，鲨鱼只能局限在几米的大小，如果在海洋，就会大到一口吞下一只狮子。"同样道理，我们体育老师本身就是海洋里的大鲨鱼，千万不要因各方面的因素把自己变成水族箱的小鲨鱼，我们要做的是遨游在体育教学的海洋里。

记得 2008 年，我第一次参加区优质课，因课堂上组织混乱，无法把握学生练习的节奏，使得课堂杂乱无章。事后我在评委面前哭泣的事情，到现在还历历在目。谁没有失败过，失败是年轻人的本钱。

在龙湾区黄山小学（农村薄弱）任教 8 年，除英语学习外，小学课程所有的课程我都任教过，还担任班主任及大队辅导员。8 年里我就像关在水箱里的鲨鱼，学校的设施条件限制了我的成长，既然无法改变现状，那就只能提升个人修养努力前进。2007 年 1 月我创建了个人博客，博客刚开始是用来抒写心情、杂谈，然后过渡到工作随笔，接着延续备课、反思，最后演变成教育博客，并从中收获了四次荣誉，即使再忙我都坚持一周两篇随笔，不在乎字数多少，只在乎生命中的它能继续成长。为了让自己能有更多底气站在学生面前，我选择了走教研型教师路线，采取的方法：只要区级发布任何评比活动我都积极参加，"战果"从刚开始的淘汰慢慢过渡到收获。14 年来我收获了 154 份荣誉，每份荣誉背后都有它的辛苦付出。正是有了自己的不懈努力和同事们的关心与鼓励，才有我今天追求教学风格的故事与历程。

铁杵成针

参加龙湾区课改之星评比，我可以说是越挫越勇的"小强"，我总共参加了4次，第一次是2008年，教科室让我这初出茅庐的牛犊参加了评比，记得第一关是计算机，而当时的自己计算机水平太低，坐在考场里1小时就只完成了两道题，结果不言而喻。事后我下定决心学好计算机，只为不再出现傻坐1小时。第二次是2009年，我带着满满的沾沾自喜参加了比赛。闯入了第二关论文答辩，在高手如云的比赛中我的语无伦次和思路不清使我又"光荣"地铩羽而归了。这次我收获了胆量和临场变通的能力。第三次是2010年，我带着充分的准备参加了比赛，进入了第三关上课，因为自己课堂驾驭能力不足，太关注后进生，所以再次"光荣"退伍。我收获了不一样的课堂调控能力。有了前面三次的失败经验，总结得出：每次的比赛都是一次很好的历练，每一次的失败都是一次次的成长与收获。2012年第四次参赛，带着十足把握，一路过关斩将，终于囊括了这来之不易的收获。失败并不可怕，可怕的是失败了，却再也不起来。这告诉我：铁杵成针，阳光总在风雨后。

戒骄戒躁

2012年对我来说是意义非凡的一年，我评上了小学高级（一级教师）。看似喜庆的事，却给了我狠狠的一巴掌。因为我差点与职称失之交臂。因为自己业务分74分，在当时整个龙湾区职称评审的人群中排名前十内，体育教师参评4人，参加区里组织的体育教师模拟上课比赛排名第二，所以我很淡定，没有去看参考书，也没有进入备战阶段，就这样"自信满满"地参加评审。机会是留给有准备的人，考评结果C档。多么无措的结果，各种担心接踵而来，后悔药已经来不及吃。虽然最后因为前面分数的居高才让我顺利通过小高职称评选，但这个教训是血淋淋的。这告诉我：戒骄戒躁，乃成长之路所必需。

虚心求教

2013年获得温州市体育优质课一等奖。为了它，我动用了龙湾区很多的骨干力量。参加市优质课比赛的时候正好赶上区教研员派我去杭州参加省小学体育骨干带头人培训，两者都是百年难得一遇的机会，在综合考量后，我两者兼得，前往杭州培训。人在杭州，心在温，培训期间每天晚上都在宾馆里备课，经常去窜省培同学的房门，让他们为我指导教学设计，然后吸纳精华后火速回温，召集了龙湾区的骨干老师来聆听我的课，给予及时的指导。当时我的团队人员达到15个，7个单元的教材让人无法集中注意力、精力，每磨一个单元教材，我的心就发慌，那一刻我觉得自己好无助。教了7年书，居然在处理教材上都这样的毛毛躁躁，当时的区教研员没有给过我压力，总是不停地与我探讨教材的处理方法。有了这些人的帮助才使我幸福地囊括了这份荣誉。这告诉我：虚心求教，条条大道通罗马。

风格渐成

因为努力，所以得到很多次学习、成长机会，也多次开出省、市级、区级公开课和讲座。获得温州市第五届教坛中坚、龙湾区第五届名师、龙湾区第四届教坛新秀、龙湾区课改之星、龙湾区优秀教师、龙湾区优秀班主任、龙湾区优秀辅导员、龙湾区学校体育先进工作者等。

虽然取得了不少成绩，但我没有丝毫的松懈，除自己对教学的思考外，为开阔眼界，更新教育教学的观念，不断给自己充电：2016—2018年参加了温州市温州石峻体育名师工作室；

2018年至今,参加了瓯越教育人研修班学员,到苏州大学、浙江大学等名校学习,聆听了多位资深教授课程,对自己教育教学理念有了较大提升。特别是钱勇特级老师、吴恢銮特级教师教学风格的凝练,给我极大启发,思考怎么提炼自己的教学风格,做一个有思想、有主张的体育教师。在钉钉直播听姚安娣等专家的授课,让我反思提炼自己的"教学风格"。通过同伴的点拨,看到自己不足的方面。且行且思,我提出较为符合我性格特征的教学风格是:"以评促学、让生出彩"。

四、教学片段

《各种方式的起跑》

师:沙包当作起跑线,注意不能超过起跑线,第一种用你喜欢的方式站立式起跑,超过标志桶横线,从两侧走回来。

1. 站立式起跑

师:同学们从刚才的各种姿势起跑中,你们发现哪个姿势的起跑速度最快?对站立起跑姿势:标准的站立式起跑,两脚开立前后站、有力脚在前、异侧手在前、身体前倾眼望前、脚跟稍抬起。听到哨声快速启动。我们来试一次好吗?(念口诀)请同伴互相纠正。(纠正、一条线)(眼看标志桶)

师:每人对准标志桶,把沙包全部放在红和绿线上,做起跑线,后排同学念口诀,前排同学做动作,各就位—哨声,从两侧走回来,2~3次。

师:用沙包解决脚后跟抬起问题,第一个沙包当起跑线、拿第二个沙包放在后脚跟当起跑器,各就位—哨声,身体前倾,从两侧走回来,2~3次。

师:我们不用沙包的完成练习,各就位-哨声,从两侧走回来,1~2次。

2. 计时跑

师:现在我们学会了站立式起跑,接下来就要进行第四关运动会的你掷我追,你们有信心吗?鸣哨,第二排同学(上)掷沙包,第一排同学迅速地追沙包,加速跑绕过标志物,回来捡起沙包,直线返回到队伍后面站好(捡最近的,统一右边进去左边出来)。比比是沙包掷得快,还是我们跑得快。1~2次。

师:接下来我们来场比赛,老师计时最后一个学生。用时间来说话。(1. 同时扔;2. 让时扔)(沙包掷得高一点,掷得高才扔得远。)

3. 素质练习

师:两人一组俯撑地,一人拿沙包滑行进攻,一人防守。2个沙包为一组,守擂失败几次就做几次俯卧撑。再互相交换。

师:仰卧换物赛。

五、他人眼中的我

我的同事——王老师

初次见面,还是10年前的夏天,刚毕业的我看到了同样才工作第二年的王老师,青春、热情是我对她的第一印象。青春是最好的资本,在相处下来的十几年时间里,王老师对体育教学的热情留在我的脑海。无论是初入教师行业时的早出晚归,还是已经有十几年教龄的兢兢业业，这些都是她职业生涯的写照。她的学生喜欢她的课堂，因为她的课堂充斥着运动，充满着汗水，因为她的课堂里洋溢着学生们的回忆——同伴之间的角逐，是那么的悄无声息，又是那么让他们难忘。记得我在批改周记时，看到最多的是孩子们记录王老师课堂上比赛的精彩，比赛的乐趣，比赛带来的收获。每周都能遇到不同的比赛内容，不一样的比赛情况。有时我站在操场旁边也很想跟孩子们一起玩一玩。

在王老师身上，我还看到了一种韧劲——将她的体育教学一直坚持下去，无论是上课，还是带着学生比赛。她带着她的热情、执着，一直走在体育这条线上，我也发现她在这条路上越走越起劲，越走道路越宽，越走她的成长越快。这是她十几年坚持下来的收获。这份韧劲是很难能可贵的。

龙湾区第一小学　夏佳佳

我的师父——王老师

去年的夏天我成为一名光荣的体育教师，作为一名新教师，我很幸运有一位经验而且优秀的师父，成为我的第一年的引航员！

第一次见面是一次区里的公开课，我跟我的师父初次见面，就给我留下深刻的印象。 次次的指导和帮助让我深受启发。虽然是跨校的师徒结对，但是师父一有学习的机会就会联系我这个小徒弟，强烈的责任心让我感同身受，作为一名老师就应该具备强烈的责任感，不仅对自己负责，还要对学生负责。有时候她心直口快，在教学上不断鞭策我要以务实课堂为基础，开展一系列的以赛促学教学模式。身为班主任还要这边心系着我。例如，最后一次考核课，我心里还是很紧张的，一次次磨课下来问题暴露了很多，反而我师父不急不躁，一次次细心耐心地给我机会去改过并且努力上好这次考核课。

一年下来时间不短不长，但是感触颇深。我心中的王老师，拖拉的我让她次次督促，不抓细节的我让她头疼，课堂教学方面的空白跟她慢慢填满。她对我说的话句句谨记，最深刻的一句话：只要你想变好，想进步，师父一定会不遗余力！这就是我心中王老师，一个心直口快，但是内含细心耐心而且经验丰富的人生导师！

龙湾区外国语小学　肖俊男

教育即影响
——我的认知与行为

瑞安市隆山实验小学　厉纪成

一、教育认知

观念是行动的指南，决定着行为。教师持什么样的教育观念认知便会付诸与之匹配的教学行为，同样行为折射观念。作为一名19年教龄的青年教师，执教生涯中经历过无心邂逅带来的适时觉悟，让我深信上述这一观点，并在实践中积极构建自己由教育理念到教育主张再到教学风格最后到教学方法这一教育认知与行为架构（图1）。这一过程非一蹴而就，是认知指导行为，行为修正认知，循环往复，不断被影响、唤醒；是践行、验证、质疑、自我渐进修正的过程。

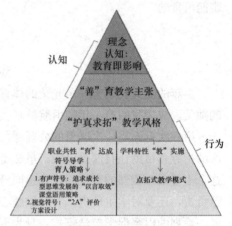

图1　教育认识与行为架构图

1. 无心邂逅

一次，五年级一班级一名特别调皮的学生林某某眼操时间跟人打架，被我制止。当我在教育该生时，事件另一当事人同多位其他学生起哄指出他过往种种不当行为。当时我说了一句：他表现不好我有资格教育他，你们没有资格，请管好自己，保持安静！这次事件之后，该生发生了一些变化：①上课虽然依旧不带美术工具，但会故意看着我然后"粗鲁"地去和同桌借。②我眼神提醒的作用在他身上开始显现，其上课离开座位次数明显减少。③校园遇到问候的频率增加。④一天值日，他带着自己妈妈来到我面前，向妈妈介绍我。此后该家长每次在学校见到我都会特意停下来问好。这次的经历，这些变化刚开始让我有点莫名其妙，但出于职业敏感，细思这种改变似乎契合马斯洛需要层次论中人对尊重需求的特征描述。一个很少获得认可，又被同学排斥的人，其内心应该非常渴望被关注和肯定，或许我那句不经意的"他不好我有资格教育他，你们没有资格"让他感受到被维护。

苏霍姆林斯基说："教育是人和人心灵上最微妙的相互接触。"上述经历让我体会到这种微妙，并意识到产生这种微妙变化的是语言。由此我开始关注起自己教师角色和课堂语用行为给学生带去的影响，开始觉悟作为学科教师，我们要避开重"教"轻"育"弊圈。

2. 刻意之举

之后，在三年级一班级上《折剪喜字》，前15分钟让学生自己探究。课堂行进七八分钟左右，学生彭某某拿着一张满是折痕的正方形纸张重重地拍在讲台桌上，高喊自己不会。我本欲发火，但因上一事件的经历，顿时灵光一闪，让全班学生停下，高举这张纸，问大家看到了什么？学生们一脸茫然。于是我刻意高声告诉大家：我看到了努力的痕迹，彭同学虽没成功，但这些折痕正是他努力的证明。话后，该学生马上有了反应，嚷嚷着重新拿纸去尝试。往后的课上这位班级的"活宝"经常用眼睛盯着我看，有意无意增加与我的互动，看得出来是期望再次获取认可。由此在不断被我肯定的互动中他的行为发生了很大的改变，班级的纪律也因为他的改变得到了很大改善。

两事件的发生，两事件主角即传统标准下后进生的改变让我感受到语言的曼妙，自身价值，育对教的极大促成作用，促动我重新审视自己从事的这一职业，逐步形成对教育的新认知——本质认知：教育即影响。

受许慎《说文解字》中"教，上所施，下所效也"；"育，养子使作善也"启发，教·育【jiāo·yù】一念开始在我心中产生，并明确自己两项行为：①教——教学科知识、技能，培养学科关键能力，即"显学"；②育——育态度、习惯、自信、创造力、抗挫力、好奇心等非智力人格品质，养成人必备品质，即"隐育"。教和育好比"人"字一撇一捺，一隐一显，两者兼而施之，方可让学生站立为人。由此形成我对教育本质的认知，教育即影响（教育认知架构，如图2所示），教师借自身教学行为影响学生成人过程。

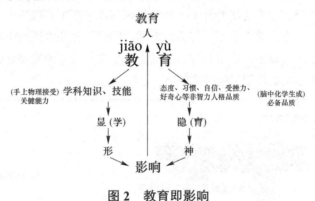

图 2　教育即影响

二、教学主张："善"育，正影响

教育即影响认知的形成，引导我在工作中给予自身美术教育者定位。时常回忆自己由孩童而来这个过程，有多少人、多少事、多少话语影响着我成长转变。时常审视反思自己身为教师，身处孩童中，一言一行又会给孩童带去怎样的影响。今为家长，自己的孩童要送去他人教，她又将受到怎样的影响。豁然开朗，教育本身就是一个场，身在其中的每个人都是影响因子，逃不了，避不开，影响人，受人影响。故我主张为人师者要善，待生以"善（待生态度）"，循循善育；业精于勤，"善（职业能力）"于育人，给学生带去积极正影响，助力其身心成长。

三、教学风格："护真求拓"课堂

经历是促成认知不断丰富的过程，同时唤醒着实践层面的行为发生改变。我开始关注课堂，关注问题，开始探索践行落实教育理想、教学主张的路径和具体方法，提升课堂执行力。这过程中逐步提炼形成课堂教学"护真求拓，助力成长"风格。

（一）"护真"

"护真"即尊重教学规律，尊重学生身心特征，从真学生、真问题、真需求出发，积极实践"2A"评价方案、"以言取效"课堂语用策略来保护激励处在不同年龄层次，不同学力水平的学生发生真发展。让教育公平，助力成长不仅停留在苦口婆心的嘴上，更在制度技术层面，通过科学合理、符合学科特性的符号导学制度制定，方案设计，来保障教育公平，学生成长目的达成。

1. 有声符号：基于成长型思维发展的"以言取效"课堂语用策略

苏霍姆林斯基说："教师的语言修养在极大程度上决定着学生课堂上脑力劳动的效率。"由此可见，教学是一门语言的艺术。作为课堂知识技能情绪的传递路径，好的课堂语言能积极发挥教师端课程同学生端素养间的耦合剂作用，既稀释学科知识技能，又催化好的学习状态情绪。只有语言掷地有声，教学设计方能落地开花。关于语用因为有切身感受，所以深信只有言有所指，语方显效。基于此，此后的教学中我积极积累语用案例，实践实验性语用行为，开始探索"以言取效"课堂语用策略（图3）。借教学语言落点专业术语，指向学科内容，言之有物，能达成学科知识技能的一般物理传递之效。教学语言落点学生肢体、感官，对应象征学科能力，言之有趣，能泛起学生情绪的涟漪。教学语言落点于学生心理需求，指向学生心理，声入人心，言之有育，能带来学生态度、行为的反转。同时，在课堂语用中我始终坚持"良言延长十秒，怒语放慢十步"原则，语用的背后是助力学生成长型思维发展目的的支撑，助力学生学科学业成长，助力学生成长型思维的成长。

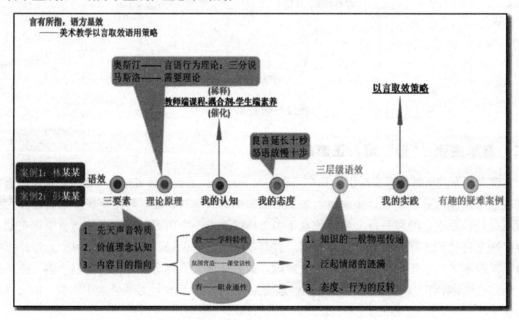

图3 我的课堂语用框架

2. 视觉符号："2A"符号导学评价方案设计

评价是课程的重要组成部分。评价诊断、反馈作用为课堂的教与学提供导向功能。国家层面课程改革给予一线教师更多的是评价实施建议，缺少操作便利、实施有效方案的提供。当前美术课堂教学评价停留在理念先、方法旧层面。唯作业呈现为评价标准的传统评价方式存在忽视学生个体参与意愿、态度因素弊端，不利于调动全面学生的发展：即先天能力强学生可以凭此标准轻松拿优，得到教师肯定，即便态度不认真；而先天学科能力弱的学生限于技能后天难以一下补足与优评一直无缘，尽管态度认真。长而久之使用会形成班级评价固定式，能力弱的学生把自己默认为差，固定式思维形成。注意到这点，我开始实践"2A"符号导学评价方案设计，2A 即态度（attitude）+能力（ability）。

该评价方案特色分析如下：

（1）学习态度评价优先。小学阶段是学生学习习惯养成的重要起始阶段。采取态度优先评价有助于引导学生养成良好的学习习惯，同时，态度优先评价能够让每个学生期末都有获取优评的可能性。淡化学生个体在美术学科先天能力上的差异，避免传统评价以技能作为唯一评价标准形成班级评价固定式。同时，采取学生学习态度表现卡通表情直观视觉化，并依颜色对应相应的等级区间来让学生直观感受自己行为和结果间的因果关系，培养其责任意识。其实质为"优评托管"！

（2）学科能力社会角色符号化象征。采取社会角色对应相应能力，依据学生课堂表现及时给予相应章进行评价能够非常好地激起低年级学生的热情。基于高年级学生的理性，在实施过程中则要特别强调其符号性，每一个称号代表一项能力，帮助其积极赋意，能调动其争取的主动性。同时这样设计还有两个好处，就是学生能够非常清晰地从角色章认知自己被教师肯定的能力项，通过学期末能力章种类和个数的汇总清晰认知自己的能力强项和弱项，为下一步的发展找到方向。同时，教师在实践评价过程中也能更方便，只有方便才能持久，持久才更有效。

　　小画家——对应平面造型能力
　　小设计师——对应设计制作能力
　　小雕塑家——对应立体造型能力（泥塑、纸塑）
　　课堂发言人——对应倾听（接纳）、表达（分享）、思辨欣赏能力
　　最佳合作者——对应合作协同能力
　　独特章——对应创新创造能力

（3）助力学生成长型思维形成。学习态度评价优先、学科能力社会角色符号化象征评价实施助力学生体悟评价结果与态度过程的因果。让学生均能够找到自己学科能力强弱项，建立学科自信又发现自身不足。助力学生用发展的眼光看待自己，遇挫折找问题，而非找借口，即成长型思维形成。

（4）直观形象的家校沟通借力功能。美术学科的现实地位并不受家长重视，改变这种状况只有靠教师自己先一步付出努力。让家长看到你的认真负责，并引导其认知美术学科学习的重要性至关重要。借助学校家长开放日机会，让家长认识到美术学科在创新精神、实践能力及学习习惯、态度方面的重要作用，并通过告知家长如何解读这张表格，让其通过阅读表格信息就能知晓自家孩子在美术课上的表现来促进家校的沟通，起到借助家长关注，催生学生美术学习外压力的作用。见证小小的积累可能会改变孩子的一生，更加密切家校联动的力量。

（二）"求拓"

"求拓"即美术课堂教学实施"点拓式"教学模式。追求教材处理化繁为简，课堂教学少即多效果。抓课堂教学重点、难点为切入口，力求通过精巧的设计追求课堂参与面拓，情绪面拓，知识技能面拓，让教学入情入理，由浅入深出。借教学过程拓学生兴趣、认知、视野、能

力、成长思维、学科素养。

片段一：《西湖十景》听名赏景——臆心境环节

（1）出示文字"平湖秋月"谈画面联想。

师：依据字面你联想到了怎样的画面？

（2）对比"五一黄金周"图片与静谧的摄影作品，谈感受。

师：这两张你看到了什么，有什么不同的感受？

（3）分析导致这种景象的原因。

师：同一景点，平湖秋月因哪张得名？哪些因素导致你在同一景点看到景象不同？

师小结：刚才对比发现目的是要让同学们明白赏景贵在懂得。懂得恰当时间，去到对的地点，方能欣赏到它最美的一面。我们不做它身上万千盲从过客。这节课我们就来懂赏西湖，板书：西湖十景。

（4）听名赏景。

师：西湖自然物境之美，吸引了古今文人墨客。他们的过往和遗留为西湖增添了一层厚厚的历史文化底蕴。单就西湖十景四字名称，便能让我们深感其中曼妙！

①柳浪闻莺。这四字让你联想到什么样的景象？同时这四字中隐含了哪些赏景的信息？

逸（画面）—柳、风、黄莺（物）—春（时间）

②苏堤春晓。

醒（画面）—堤、水、绿树红花、影（物）—春

③断桥残雪。

寂（画面）—水、桥、雪（物）—冬季雪后

④平湖秋月。

净（画面）—水、月、影（物）—圆月夜（秋）

⑤双峰插云。

隐（画面）—山、云（物）—雨前雨后

⑥雷峰夕照。

艳（画面）—塔、霞光（物）—夕阳西下

⑦花港观鱼。

活（画面）—花，水，鱼（物）—春

⑧曲院风荷。

闹（画面）—亭、廊、荷花（物）—夏

⑨三潭印月。

静（画面）—水、月、灯塔（物）—月夜

⑩南屏晚钟。

悠（画面）—山、庙、天空（物）—昏钟之时

案例解析：国画重意，而意最难以言说，这也是本课教学重难点。通过平湖秋月景点图片对比欣赏，听名想景环节设计，可以唤醒学生视知觉，启迪学生赏景要懂得像古往今来的文人墨客学习恰当时间、选对天气、找准视角，备好心情，而非盲从，要欣赏更要心赏，养艺术生活之态度。助学生脑中展开臆想，依据文字形成画面意境。体验文字概括之曼妙，文学生活之

情趣，同时更为后续识图辨景和理解画家艺术处理画面，为国画意境表现做好铺垫。

片段二：《叶子上的线》玩纸察线——叶子结构认知环节（多角度观察纸张，快速捕捉、表现轮廓线）

师：同学们的眼睛是雪亮的，教室里的线均无处藏身，现在请拿出笔和纸，看看你们的手是否足够快，看谁能快速捕捉表现我手中这张纸上主要的线。

活动1：呈现正面纸张（四条边缘直线）。

师：这张纸上你看到了什么线？请快速画下来。

活动2：倾斜纸张（线条方向变，面积不变）。

师：现在看到线有什么变化？请快速画下来。

师：面积较之前有没有变化？

师：什么改变了线随之改变？

活动3：侧倾纸张（角度变、长短变、面积变）。

师：线有什么变化？

师：面积有没有变化？

活动4：弯曲纸张（线形态变、有遮挡、有新轮廓线产生，面积大小变化）。

师：线有什么变化？

师：纸张有什么变化？

活动5：折叠纸张（重点观察不同角度正反面关系和前后轮廓线的遮挡关系）。

师：线有什么变化？

师：纸张发生了什么变化？

师：通过寻线，我们可以看到物体上的线不是一成不变的，在外力作用和视角的调整下，线条的长短、方向、前后空间关系都会发生变化，有些线会消失，新的线会产生，如图上所画线条。线条的变化使物体形态发生变化。

案例解析：自然交错生长的植物对于学生来讲直接写生是个难题，容易产生畏难情绪。及时有效地化解这种情绪至关重要。用一长方形纸张在视角调整和外力作用下轮廓线的方向、前后、长短变化，直观理解线与形、体积、空间之间的关系，高度概括了多样复杂变化植物叶茎的变化形态，有效助力学生理解植物叶茎的变化规律。

四、导师眼中的我

厉纪成老师是一位有思想、有追求又有实际行动力的青年老师，无论是工作还是学习，在许多的方面，都显示出了他善于思考、善于学习的特征，在与他的交往过程中，对此我有深刻的体会。如在一段时间，我们一群美术老师共同开始练习风景速写基本功，厉纪成老师在这个领域一开始并不专长，但是他非常善于学习，虚心求教、博采众长，反复实践、反复训练，经过一段时间的学习，他就能够崭露头角，成为群体中的佼佼者。当然，他的速写能力迅速地提升，除他良好的悟性外，勤奋也是一个非常重要的基础。另外，他善于将个人的学习中领悟，学以致用，能够合理有效地运用到他的教学当中。速写，重要的是对生活的观察，绘画一定意义上记录的是人们观察的方式。因此，他专门开过一堂有关植物写生的课，引导学生学会观察，学会用眼睛真实地观察，观察叶片在不同的角度的翻转，寻找植物的生长规律。看形象、讲原理、去实践，深入浅出，真正做到了"入情入理"，美术虽然是一门强调情感表达的学科，但是学生在美术表现时，不仅要入情，更需要入"理"，只有把绘画的"理"讲清楚了，才能够更加准确地表达学生自己的思想与意图。厉纪成老师身体力行，将自己在绘画学习过程当中的深刻感悟以浅显的方式传递给学生，这也成就了他的一种朴实而有效的课堂教学风格。

在平时的教学过程中，他也非常善于思考与总结，疫情期间他利用网络辅导学生进行主题绘画创作，他能够边教学边反思，进而更有效地开展线上辅导，成功申报立项了省级的课题。他能把自己的科研和教学贯穿在一起。作为学科带头人，他也能够带领身边的老师共同学习，美美与共、群策群力、共同成长，起到了良好的骨干辐射作用。

（浙江省美术特级教师　邹黎明）

善育之　卓越之

新时代美术教师的责任与使命是"以美育人"。知育人之要，并行有招法的师者，定然卓越。然而当前真正"善育"的美术教师尚不多见。

厉纪成老师于 2019 年 5 月参加我的工作室，其作为工作室学科带头人，我与之相见于当年 6 月之海宁。当时，他以幽默而善于"育人"的几个美育故事，迅速打动了我，并震撼了在场的所有参加培训的中小学美术教师。

作为省级网络工作室的导师，我和厉老师通过网络、电话等方式联系比较多，线下相聚不过匆匆三四次，但其"教育即影响"的思考，以及"善育"的不倦追求，给我留下了深刻的印象。

厉老师的善育源于"善"。

"善"方可孵化"善"。从厉老师教育人生起始的几个美育故事看，正是他善于对问题学生的人格尊严的及时维护、对学习困难学生的悉心理解，使之较好赢得了学生的心，从而让教师的教育力量在学生身上发挥了作用，起到了"善育"之功效。而这样的"善育"，厉老师不仅仅停留于个别特殊学生的教育之间，而是将其推广到日常课堂的角角落落，《西湖十景》之育心、育审美，《叶子上的线》之育思维、育素养，使之走向了"大美大善"的美育新境界。

厉老师的善育妙在"研"。

以一颗善心去育人，并达到"善"之层面，需要足够的智慧才行。而这个善于育人的智慧，不可能凭空而来，这需要教师在课外下 10 年功。厉老师的功下在了科研之上，所以使之特别见效。你看，《"2A"符号导学评价方案设计》，一个小小的改变，助力了学生成长型思维的形成，让不同层次的学生均能在态度、能力上实现均衡可持续发展。再看，2020 年新冠肺炎疫情期间，厉老师作为一名科研型教师，其目光是敏锐的，行动是果断的，思考是深入的，其主持申报的课题《画说疫情：基于公共卫生教育的疫期美术赏创课程开发与实践研究》，成功立项为浙江省教育科研规划课题。本次全省收到的课题申报书有 13 000 余份，真正立项的才 600 多项，大学的就占了 300 多项，留给幼儿园、小学、初中、高中、高职的才 300 来项，美术学科更是稀少，厉老师之所以能脱颖而出，和他长期注重"以美育人"的科研实践绝对分不开。

善育之，必卓越之。作为导师，愿厉老师在未来之美育路上，不断有新开拓，不断实现卓越之新超越。

（浙江省曹建林名师工作室导师　曹建林）

在孩子的世界撒点野

永嘉实验幼儿园　张　洁

> 所谓遥远，只是未曾展翅
> 不去撒野，怎知世界咫尺

一、我的教学风格

1. 野思——开阔

"思维"这个词我们经常听到，简单地说，它就是大脑对外部世界进行认识、加工的过程。我希望孩子的思想是五花八门，精彩纷呈：上知天文、下知地理，熟知古今中外的人文、科学、自然、社会等。我的课堂上，希望孩子学会观察、思考、感受，增长知识经验。通过开放的思维引领，开阔孩子的视野，体验形形色色的人生经历，洞悉丰富幽默的心灵世界，获得应对种种心理困境的智慧之道。

2. 野行——打破

野行中的"行"字是指行为、行动。读万卷书，不如行万里路。著名教育家陈鹤琴先生明确主张将大自然、大社会作为出发点，使儿童在与自然、社会的直接接触中，在亲身实践中获取经验和知识。他特别强调在教学过程中获取经验和知识。由此可知，大自然、大社会应当成为幼儿学习的第二课堂。为此，我勇于打破常态的课堂，重视在生活中、实践中学习，带孩子走向真实的自然或社会，为孩子提供学习途径，满足幼儿好奇、好想、好问、好动的特点。

3. 野长——独特

我们经常用"好学生""坏学生"来定义孩子，但是事实上，教育的目的不是培养千篇一律的好孩子，而是尊重每一个孩子的个体差异，给予每一个孩子的成长以认可和肯定，使每个孩子成为"独特"的自己。

二、我的成长历程

回顾我的 14 年教学生涯，用一句很简单的话来概括，就是"顺风顺水"，2007 年毕业然后顺利考编成为新教师，既而评选教学新苗、县教坛新秀、幼儿高级职称、市教坛新秀。细想其原因，归结为以下几点。

1. 把握每一个机会和平台

从读书开始，我的每一位老师对我的评价，都伴有一个词：个性。读书时期的我，逃课、和老师翻桌子、带领学弟学妹们罢课，真正是个性满满的人，和每一个有个性的人一样，我们都喜欢挑战。刚工作时候的我特别期待的，就是幼儿园、县里举行比赛，那能让我展露自己。那种感觉，真是很好。所以那时候，但凡有比赛，我必参加，但凡参与，必然用心对待，结果也是硕果累累。所以，年轻人要有个性，张扬的个性可以驱使我们爆发出很多连我们自己都意想不到的潜力。

从新教师的教学新苗到县教坛新秀再到市教坛新秀，乃至现在的未来名师培养，一次比赛就是一次磨炼，一个台阶，在成长的过程中，没有一步到位这件事，每一个大的荣誉，都是靠平时一点点小挑战积累而来。所以，时刻让自己保持正能量，把握每一个机会就显得格外重要。

2. 感念每一个师长和同伴

孟母三迁的故事，众所周知，环境对于教师的成长，同样至关重要。我很感恩，我的背后，有亲切友爱的实幼姐妹们，有积极上进、充满正能量的县学前教育导师团。我很幸运，我之所以能成为同伴们眼中的千里马，是因为我遇到了两个伯乐：那是带我走进幼教的导师潘静慧老师和带我走向全县甚至全市的单琼赟老师。评选教学新苗的时候，潘静慧老师为了我的课，晚上10点还在幼儿园挑灯研讨。参加温州市团队赛课的时候，单琼赟老师一次一次下园给我们出谋划策才得来全市一等奖。一个人的成长绝非偶然，那是一个团队的推动所致。

3. 做好每一个身份和角色

2016年，我担任了幼儿园保教主任一职。角色身份上的变化，让我有了不一样的感受和体验。

很多教师眼里，中层很轻松，每天坐在办公室，看看计算机，给教师布置安排各种任务。确实，在我自己还不是一个中层的时候，我也偶尔会有这样的抱怨，看待我那时候的领导。但是真正只有自己接手以后，我才知道，其实中层干部，比教师要操心的事情要多很多。就拿策划一个活动来说：教师眼里，我们只要做个方案就好了，而事实上，我们需要做的远远不止这些。我记得我们这个学期新生入园的活动，虽然请了广告公司设计布置场地，但是我自己前一天晚上，真真实实和他们一起布置到了11点多才回家；当教师的时候，暑假可以安心休息，而做了中层以后，我们管理的对象，从班级变成了幼儿园，班级可以放假，而幼儿园不行。我发现，自己已经没有轻松的暑假了。是的，只有经历过，才知道每个岗位其实都不容易，作为一个管理者，在身份转变以后，要转变的还有对待工作的态度。只有十二分的热情对待这份工作，才会不计回报地付出，我比以前更辛苦了，却也更有干劲了。

很多人会说：当了中层就要放弃教学，我却不那么认为。只要我们心中有课堂，我们自己愿意去上课，我们完全可以业务和管理两手抓。做一个懂业务的管理者，不仅是为了让教师们对我更加信服，更是为了幼儿园得到更加长远的发展，因为很多时候，我们的决策，我们的眼光，就是幼儿园以后的发展方向。

4. 幸福，源于初心

我的工作是平凡的，我的经历是简单的，每天每天，重复着，重复着，"张老师，做我的妈妈好吗？""张老师，我长大了要和你结婚""张老师，你休息一下我给你捶背"……当我静静地品味这些生活小细节、小插曲的时候，真心感觉倍感幸福！都说教师职业会有倦怠期，可工作14年以来，我却从来没有这样感觉过。每一份家长们的信任，孩子们的喜爱，同事们的认可，都是对我极大地鼓励，让我对自己的职业更添一份热爱。幸福啦啦歌里说，"幸福就是猫吃鱼，狗吃肉"，可是你要问我，幸福是什么，我会大声告诉你，幸福就是能在幼教的天空里，做自由自在飞舞的云！

三、教学片段

《上月球》，是以登上月球作为情境主线而展开的认识10的组成的一个大班数学活动。我们都知道，最好的教育就是源于生活，又能回归于生活的教育。而数的组成和我们的生活是密切相关的，如它能应用在买卖东西、物品管理、统计核算等方面，为我们的生活带来便利。

活动过程：

1. 给星星打电话（巩固复习数的组成）

（1）你们看到了什么？（月亮）猜猜看，月亮上有什么？

（2）出示4颗星星。

教师：每个星星都有自己的号码，我们看看，星星的号码是多少呢？

（3）教师根据幼儿喜爱分别点出星星身上的数字。

教师：星星身上的这个数字是由两个数字合起来得到的。

（4）将每颗星星身上的数字破解出来，再将破解后的数字合在一起组成8位数的电话号码。

（5）幼儿根据已有知识复习6~9的组成相关知识。

（6）拨通号码后根据星星的提示进行接下来的游戏。

2. 乘车到宇宙中心（重点环节，理解10的组成）

（1）现在让我们坐火车去宇宙中心吧。可是我们的火车车厢还是空的，要请小朋友先帮忙把椅子安装好才能出发。

（2）教师在PPT上示范操作两次。

（3）幼儿操作，每个车厢都要左右分开贴10张椅子，并将每次贴的数量记录到表格上。

（4）教师检查幼儿操作情况，给予个别幼儿适当的帮助。

（5）出示大图表，快速校对幼儿操作内容，并集体总结10的组成。

3. 解密上月球

（1）宇宙中心到了，我们只要拿到正确的车票就能坐上宇宙飞船了。

（2）幼儿找出座位下方的车票，找到能与自己组成10的小朋友一起上火车。

（3）找对的幼儿两两坐在呼啦圈内。

（4）观看登月视频，激励幼儿好好学习数学本领。

（5）宇航员叔叔们采集了标本回到了地球，我们也开上自己的飞船回教室吧。

（6）幼儿两两在呼啦圈内开车出活动室。

延伸活动：

区域活动：月球超市。

玩法：给幼儿10元，让幼儿进超市自由购买自己喜欢的登月用具。要求，购买的物品，最少两样，一名幼儿当超市管理员，负责收费监督。

意图：幼儿在自由买卖游戏中，巩固10的组成。同时游戏中，个别幼儿买了3样、4样物品，又能让她们在实际中知道，一个数，可以是两个比它小的数和在一起组成，也可以是多个比它小的数和在一起组成，数的组成形式可以是多种多样的。

四、他人眼中的我

　　张洁是一位聪慧、有灵气的幼儿老师,善思考、勤钻研、敢创新、乐互助、讲效率是她一贯的工作风格,爱心、平等、友善、支持、赏识是她与孩子相处的基本原则。能紧跟幼教课改步伐,不断吸收先进教育理念,擅长钻研教材,解读文本,抓住核心价值,在基于儿童立场的基础上,不断实践课程园本化。同时擅长挖掘本土资源,带领教师不断尝试开发项目化活动课程,活动源于幼儿的兴趣与需求,生成出系列主题化活动,引发孩子在深度学习与自主游戏之中获得和谐发展。她曾多次参加省、市、县级公开课和讲座,是一位优秀的青年骨干教师。

(永嘉县教师发展中心:单琼赟)

　　在我的眼中,她是块温润的玉,又是一簇明亮的火焰,小小的身体蕴藏着大大的能量!我们相识于第一届永嘉县骨干研修班,犹记得那时青葱的岁月中,我们一起努力一起拼搏的日子。转眼10多年过去了,她从一个活泼的小姑娘升格到了两个孩子的母亲,多才多艺的她变得更加成熟与稳重,而唯一不变的是她的工作风格——做事干练、雷厉风行。例如,在一次培训活动中,临时通知她明天试课上课,第二天早上,所有的教案、构思、活动、音乐、教具统统搞定,绝对不拖泥带水。游戏、教学、课题、研究,今日事今日毕。

　　我眼中的她充满智慧,常常一言惊醒梦中人;我眼中的她充满热情,处处帮扶提携他人;我眼中的她充满干劲,时时参与渴求新知……我眼中的她,总是这样的充满精神,潇潇洒洒地笑着去完成每一件事,像个超人一样。

　　她有很多的标签,或许不能一言道尽,也或许在今后我会有更多的发现,写这篇短文,只是想要叙述下我身边有这么一位优秀的好老师、好朋友——张洁,仅此而已。

(永嘉县太阳花幼儿园园长:周建晓)

先做后导，边做边导

温州市乐清虹桥镇实验中学 赵晓阳

一、我的教学风格

综合实践活动的"课"与学科课程的"课"是不一样的，课堂教学常随着活动的开展而跟进，是基于"做"的指导，增强学生的"体验""体悟""体认"。这正如《中小学综合实践活动指导纲要》指出的，"在综合实践活动实施过程中，要处理好学生自主实践与教师有效指导的关系。教师既不能'教'综合实践活动，也不能推卸指导的责任，而应当成为学生活动的组织者、参与者和促进者。教师的指导应贯穿综合实践活动实施的全过程。"于是，多年来我构建了"先做后导，边做边导"的综合实践活动课堂教学行动模式。

1．"先做后导，边做边导"教学模式的本质

"先做后导，边做边导"的教学模式是以生为本，以培养学生探究精神和创新能力为目标的一项综合性教学模式。它是在"问题教学模式的探究和实践"基础上的反传统的教学模式，实行"先做后导"，在教学伊始就将学生推向学习的前沿阵地，即教师未指导之前，就让学生根据教师布置的任务去自主探索、自学先练，或在教师教学时先有意识地让学生"先做（尝试）"，然后教师根据学生反馈的信息，有的放矢地指导和教学，达到"做、导、学、练"的有机结合，提高课堂教学效率。"边做边导"则是教师根据学生学的情况适时给予必要的指导。

"先做后导，边做边导"的教学过程是一个从"做"（自主学习）到"导"（有效指导）再到"做"（自主创新）的螺旋上升过程，以"做"为中心，先"做"后"导"，以"做"定"导"，体现"做中有导、导中有做"。

2．"先做后导，边做边导"的构建

活动前：教师可布置前置性任务，以唤醒学生的经验，让每个学生都带着有准备的头脑进入课堂，进行活动。这前置性的任务可以是思考的问题，也可以是尝试完成一些任务。有了学生事先尝试的经历，课堂的研究活动就不再是没有目的的了，教师适时的指导也就更有针对性了。

活动中：在对前期活动进行讨论，问题修正及实践指导的基础上，教师可针对学生的实际情况，提出更高的要求或期望，让学生进行更多的自主实践，并对实践进行进一步的指导，让学生在课堂中能主动参与，有提升。活动中的"先做后导"对于学生的发展提出了更高的要求，使学生在原有的经验之上得以提升。

活动后：根据学生获得的新知识或新体验，拓宽学生的思维，提出新的要求或目标，让学生在课后进行新的尝试与探索，以便于在下一轮活动之前进行新的交流与指导。这样的"做"

把课内引向了课外，使新知识、新体验得到了拓展与延伸，为以后的"导"积累了经验。

如在上《如何设计采访问题》一课，我在学生先行探究的基础上进行点拨指导后，让学生进行二次操作，即改进后的实践。

（1）在第一组同学交流后，老师引导同学们发现，他们设计的问题很好，但对象不适合，比较适合采访老师，马上修改采访对象。

（2）第二组展示，猜：他们的问题是对谁提的？

（3）其他组同学根据前两组，微调自己组设计的问题。

（4）第三组展示：展示修改痕迹：为什么你们组划掉一个问题？（因为这个问题重复了）这样，层次就非常清楚，做—导—做，"导"是为了更好地"做"，这就是"导"的真正价值意义所在。

"先做后导，边做边导"可以很好地避免学生被动接受，有利于学生积极主动参与。它的本质是将学习的主动权还给学生，以学生为主体，以学生的发展为中心，让学生充分实践，激发创新意识。

二、我的成长历程

1. 初识，缘于偶然的相遇

1998年9月，我从温州大学中文教育专业毕业，踏上了那神圣的三尺讲台，开始了语文教学生涯。初次接触综合实践活动课程是在2008年，那时我校正在申报浙江省农村示范性初中，学校执行新课程计划，调整了课程设置，课程表上出现了"综合实践活动"这门课程。由于没有教材，也没有实施经验可参考，老教师不愿意上这门新课程。由于年轻，我便成为学校首批综合实践活动兼职教师。真可谓是"新娘子上花轿——头一遭"。

刚开始，由于对综合实践活动几乎一无所知，于是，我以为"学校不过是应付罢了，既没教材，也不考核，只要课堂上不离人就行了。"然而评上省示范性初中后，学校领导更加重视综合实践活动课程的建设与实施，并要求我以极大的热情和创造精神积极投身其中，面对着这位与我偶然相遇的"新朋友"，我不想退却，我想将这次人生的偶遇当作自己教育人生的一次机遇，于是我在心中暗下决心：这个朋友，我交定了！

2. 喜欢，缘于尝试的成功

当时没有现成的教材和教参，只能是"摸着石头过河"，我也不知道这河到底有多深，到底有多宽。于是我尝试着去生活中寻找教学的资源。

记得第一个课题是这样产生的：我们乐清人外出经商的人特别多，很多孩子在外地出生，在外地读小学，到了初中为了升学纷纷回乡读书，因此成了不会说方言的"本地人"。记得有一个班45人，有28个同学不会乐清方言，然而孩子为了更好地融入学校生活，他们也迫切希望学会乐清方言。正寻思怎么定主题开展研究的我心中窃喜：这不是一个很好的主题吗？让学生在研究活动中了解、学会方言，这不是两全其美的事吗？于是接下来的一个月，我指导学生设计活动方案，分组调查，并要求他们将调查采用多种形式展示出来。周日，我带着学生一起去我们虹桥的一位民俗专家了解一些地道的虹桥俗语、俚语等；课间，学生追着我诉说调查的快乐，探讨采访的艺术……我突然发现自己的心变年轻了，学生不知不觉中将我当成了班中的一员。而我自己也在学生开展研究的过程中学到了很多自己不知道的方言知识。撩开了综合实践活动的神秘面纱，我发现它原来是那么吸引人，不知不觉中，我喜欢上了这门课。

3. 进步，缘于专家的引领

有了初次活动的成功，我更加钟情这一门课程。因为喜欢，所以就有了不断学习、探索、创新的欲望。我开始学习综合实践活动的相关理论知识。我常常光顾书店，将相关的书淘回家，《综合实践活动课程实施中的问题与策略》《综合实践活动课程的实施》《综合实践活动课程常态化实施与研究》等书籍都是我实施该课程的重要资料。

我们乐清在综合实践活动这门课程的实施方面，启动得比较早，在我们的专职教研员谢乐冬老师的带领下，教研活动开展得有声有色。记得2009教研室要举行首届综合实践活动的优质课评比，我想：机会来了。由于当时第一轮要先写教案，于是我也尝试着写了一课，送到教研室后，没过几天我便收到了教研员谢乐冬老师的信息。到现在，这条短信的内容还让我记忆尤深："你好，你的教案不符合我们这次比赛的要求，明天我们入选的老师要抽签并召开赛前会议，你有兴趣可以来，我们一起探讨。"收到这信息，心中不免有些伤感，因为我写得很认真，但我更多的是受宠若惊，我竟然可以和市教研员面对面交流。于是第二天，我早早赶到教研室，谢老师给我详细地讲解了这次比赛的要求，告知落选原因，但同时也对我给予肯定。第二年，乐清市教研室又要举行综合实践活动优质课评比，有了上次的经验，我精心地做了准备，最后如愿以偿地获得了第一名，并代表乐清参加温州市综合实践活动说课评比并获得第一名。有了这次成功，更加坚定了我要在综合实践活动的道路上一直走下去的决心。

2014年参加了浙江省中小学综合实践活动高端研修班，在刘力教授、陈晓萍教授、省教研员伊红老师引领下，对课程有了更深入的认识和理解。

2017年，乐清市教育局选拔骨干教师成立了领航名师高端研修班，为每个学员配备了一对一的导师，有缘碰上了综合实践活动特级教师、教授级高级教师潘春波老师，在潘老师的引领下我不断成长、不断提炼，教学风格得到了进一步凝练，构建了"先做后导，边做边导"的课堂行动模式。

4. 收获，缘于不断的实践

近年来，我一直致力于校园活动与综合实践活动整合实施的尝试和探索，并取得了丰硕的成果。指导学生开展的《感恩父母心》《献爱心图书义卖》《走进敬老院慰问演出》等一系列的综合实践活动，入选浙江省优秀学生成果，还被收编入浙江省综合实践活动教材。学校综合实践活动教研组荣获温州市先进教研组。学校基于综合实践活动的德育受到了社会的认可。当然，在实践中我也收获了很多：2011年被评为温州市教坛新秀（综合实践活动），2012年荣获浙江省综合实践活动课堂教学评比一等奖（第二名）。2012年9月还获得温州市新闻奖教金优秀农村教师称号，同年还评上综合实践活动中学高级教师，我的事迹还在《乐清日报》教师风采栏目中专题报道，2017年被评为温州市551人才，2018年获得了浙江省农村教师突出贡献奖称号，2019年被评为温州名教师……

三、教学片段

《乐清文化名人一日游路线设计》教学设计

第一环节：创设情境，唤醒经验。

课前播放乐清民歌《对鸟》。

师：我们乐清不但有好听的民歌，乐清还是个美丽的地方，有很多值得一去的地方，你们都去过哪些地方？

师：一个城市，除了这些还不够，更重要的还要看文化底蕴。我们乐清人杰地灵，自古以来、名人辈出。今年，乐清正在创建国家历史文化名城。还评出了20位最具影响力的文化名人。我们来看下，有你熟悉的吗？（出示校园名人雕像照片）看来我们学校也是一个有文化的学校。作为乐清人你有什么感觉？

师：我们能否为他们设计一条有关乐清文化名人一日游的路线，我想这不但可以为创建国家历史文化名城做点贡献，更让远道而来的老师们在会后去游一游乐清。大家原意吗？

好，那这节课我们一起来学习"乐清文化名人一日游路线设计"。（出示课题）

第二环节：讨论要素，明确步骤。

（一）讨论要素

师：首先我们来看下这次活动的主题。你能读出什么信息？

生：是一日游路线，有关名人的，在乐清范围。

师：那主要的任务是什么呢？

生：一日游路线的设计。

选择景点，但我们这次一日游的主题是乐清文化名人，那就是要先了解有哪些名人？那可以用什么方式去了解呢？（网络搜索、文献查询、人物访谈、实地考察）这些方法就是我们综合实践活动常用的几种方法。

师：那文化名人一日游，应该是属于实地考察，那我们可以去看什么呢？（明确：故居、纪念馆、墓地、文化公园等）

出示《乐清文化名人分布图》，像王十朋故里周边就有很多的景点。

（4）师：那知道了去哪，我们马上就去可以吗？以前都是家长和老师在考虑，今天我们换位思考，那请大家结合自己的生活经验，大家讨论下，要想设计好一日游路线还需要考虑哪些要素？

小组讨论——头脑风暴，时间3分钟，看哪个小组想得多、想的细。计时员注意把握时间，记录员最好笔记。

小组汇报，其他小组补充。思维导图出示。

预设：路线、顺序、费用、中餐、时间、出行方式、注意事项。

（二）明确步骤

师：通过刚才的讨论，我们对设计一日游路线的要素渐渐清晰，我们再来罗列下设计的步骤。大家仔细观察下，这么多的要素里面，有哪几个要素是最重要的？

生：去哪？名人、景点，时间，路线。

师：你能不能给它们排排序？（学生回答）

教师小结，边板书，边说。

第一步我们首先要明确去哪，也就是选择一个名人作为本次活动的主题。

第二步立足名人，寻找周边的自然风光、人文景观，选择我们要去的景点。这么多都要去吗？

第三步考虑：时间，特别要注意出发返回、游览、路途这几个时间点。

第四步根据以上的要素，合理安排，形成一日游的路线。

板书：确定名人—选择景点—考虑时间—制定路线。

第三环节：小组合作，尝试设计。

师：说到这，我们明确了方法，讨论出了要素，也梳理了设计路线的步骤。大家对设计一日游路线有点感觉了，想不想试试？好，下面我们来一个实战演练。

我们就以大家最熟悉的南宋状元王十朋为例，根据我们刚才大家提出来的注意要素，提炼出来的步骤，以"淡溪文化名人一日游"为例设计一条一日游的旅游路线。

（1）来看第一张图，别小看这张图，你们知道老师这些资料都哪里来的吗？我也是通过我们的方法利用了网络、文献、访谈和实地考察，国庆期间我还开车去这几个地方走了一圈。为了这张图，我可是使出了"洪荒之力"了。

（2）大家可以仔细看下，一共有哪种类型的景点？

（3）小组合作，完成任务单（10～15分钟），大家可要认真哦，等下，我们将在这里，面对这么多的老师，来个路线发布会。看哪个团队的路线能够得到大家的青睐。请计时员对好时间，现在是××，预备，开始。

（三）路线发布会

（1）小组汇报：多媒体展示，也可以叫学生站在地图前讲解（1～2组）。

教师对照任务单，边讲解，边用笔画出，边评价：选择了哪几个景点？时间标明白了吗？路线设计合理吗？

要求：学会倾听、夸夸优点、提提建议。

（2）学生评价（根据本节课学到的知识）。

先说说优点，再说说缺点。

第四环节：教师小结，布置任务。

通过这节课的学习，我们明白了综合实践活动常用的方法，也知道了一日游要考虑的要素，也知道了设计的步骤，课后，利用中午，进一步完善自己的路线。制定一条专属线路！给大家一点建议，你可以用手绘的方式。这两天我都在，你可以发我邮箱，我帮你打印！我们的老师可等着你哦。

四、他人眼中的"我"

（一）教研员眼中的我

晓阳，是个用心做事的人。近年来，一直坚持带领学生开展综合实践活动。在指导过程中也逐步形成自己的风格，"先做后导，边做边导"的课堂行动模式提出，足以看出他对课程的理解。

晓阳，是个创意无限的人。默默地做事，做成的事总让你刮目相看。走进敬老院，是学校的一项常规活动，但经晓阳的指导，这个活动让学生充分地参与其中，经历了活动的发动、慰问活动的设计、活动人员的选拔、慰问物品的调查及购买，充分发挥了学生的自主性和能动性，让活动真正体现了培养学生"价值体认、责任担当、问题解决、创意物化"意识和能力的目标。

晓阳，更是一个积极无私的人。晓阳的努力，大家有目共睹，在这几年，在很多省、市会议上做交流并在各项比赛中取得了很多成绩。可是，晓阳不骄不躁，不停滞学习，除加强自己的理论学习外，还虚心向他人请教。同时，晓阳对同伴更是无私地帮助，真正发挥着名师的引领和辐射效应。

（乐清市教育研究培训院综合实践活动教研员　谢乐冬）

（二）学员眼中的我

　　听赵晓阳老师的课，犹如在欣赏一首歌。一堂课听下来，具有音乐般的节奏感，重点突出，条厘清晰，衔接丝丝入扣，难点在不知不觉中就被解决了。最令人佩服的是一堂课的设计浑然天成，没有一句多余的话，乍听之下，看不出丝毫的雕琢痕迹，仔细分析，才发现课堂中的每个环节、每个句子，甚至到每个字，赵老师都是经过认真思考、仔细推敲的。在整堂课上，孩子们学得主动、说得高兴，充满了欢声笑语。我耳畔回响的不是老师富有激情、高亢的声音，而是孩子们欢乐、稚敕的话语，他让学生真正成了课堂的主人，也很好凸显了他"先做后导，边做边导"的教学风格。

（乐清市虹桥镇实验中学　工作室学员　颜爱微）

　　综合实践活动课程是一门实践性的课程，具有研究性、开放性、自主性等特点，它给我们教育领域注入了新的活力，教师不再是单纯传授书本知识，而是学生活动的指导者和帮助者；这对我们综合实践教师提出了更高的要求。这看起来容易，做起来难，而赵老师恰恰是在课堂教学中，真正地去实践这一理念。听了他的课犹如一次欢快的旅行，特别是他构建的"先做后导，边做边导"的课堂教学行动模式，赵老师的这种一切为了学生发展的教育理念，深深地影响着我、指引着我、引导着我前行，并让综合实践活动之花在学校里绚丽绽放。

（乐清市四都学生实践基地　工作室学员　万永海）

ZHUANYE CHENGZHANG

模块三 专业成长

教师专业成长应遵循教育发展的本质：教育不仅要改变和发展学生，也要改变和发展教师。教师不发展，教育就不能发展，学生就不能发展。如果一个教师的专业性随年龄而退化，那是没有成长的表现。改革创新是教师教学走向成熟的关键，是教师专业持续发展的推动力。教师要不断整合教学内容、创新教学方法，促进个人专业和教学实践的发展。同时，教师成长仅靠个人自觉，往往会有始无终，难以持续。必须建立教师群体成长的组织，并制定相应的机制，让教师在相互支持下抱团发展。

每一个教师都是一座高山，都有自己的亮点。促进教师专业成长就是要发现和点亮教师的亮点，让教师走特色发展之路，做自己最擅长的，从而实现个性张扬和自我超越，做最好的自己。

心存美好　　脚踏实地

永嘉县上塘中学　　肖飞燕

第一章　一步一个脚印踏实往前走

一、翻山越岭来求学

我出生在永嘉下寮的一个小山村——芬益村大雷夆自然村，全村只有六户人家，现在在百度地图上也搜不到。小学要步行半个小时到芬益小学上学，芬益小学五个年级只有三个教室，一、三年级一个教室，二、四年级一个教室，这个年级上课另一个年级做作业。小学我数学比较好，参加过下寮乡级比赛和沙头区级比赛。1983年小学毕业，因成绩优异经亲戚引荐，父母把我送到县城上塘中学就读。我家离县城有16千米，那时还没通公路，要翻山越岭步行三个多小时。每周日下午带着一周的口粮从家出发，周六早上放学没吃中饭就匆匆赶路回家，无论刮风下雨，每周如此。初次离家很不习惯，一到上塘就数着日子想回家，每周过半就很开心，意味着再过两天就可以回家。每次来回路上大踏步地往前走，路程过半就越发开心，意味着离目的地越来越近了。一个人行走在弯弯曲曲的山路上，有时会遇到蛇，有时不小心一屁股滑倒在地上，但有个目的地吸引着我，就什么也不怕，一心想着往前走就会到。1986年初中毕业考上永嘉中学，到高中后每个月回家一次，每次挑着担子带足一个月的口粮翻山越岭到学校。1989年考上温州师范学院物理教育专业，我爸到乡政府迁户口时，工作人员说我是第一个女大学本科生，很是自豪。

小时候的经历，培养了我吃苦耐劳的品质，对工作更加珍惜，对生活更加热爱，更懂得感恩、知足。"走着走着就会到"的踏实精神一直影响着我，在以后的工作生活中也一直秉承"做着做着就会成"的实干精神。

二、课堂教学我渴望自信

1993年大学毕业遇上好政策、好机遇——本科生可以到高中教学，上塘中学高中部刚好需要一位物理教师，于是我就很荣幸地分配到上塘中学工作。一个山坳里成长的我，对自己的语言表达和文字功底很不自信，生怕自己教不好，所以工作特别认真，不敢有一丝马虎，整天不在教室上课、答疑，就在房间备课、改作。学校领导的一句鼓励、家长的一声肯定，对我来说是莫大的鼓励。"飞燕，施老师说你备课很认真，作业批改很仔细。""肖老师，我女儿很喜欢你，很喜欢你的课。"同事、家长、学生一致认为我是一位工作很认真、很负责任的老师。是啊，年轻教师经验不足，但干劲十足，勤能补拙，虚心学习，多听同伴的课。有些课让我豁然开朗，受益匪浅。第一次让我触动很深的课是1998年郑老师的高级教师示范课，在上塘中学高二普通文科班开课，我们担心这个班级基础差很难上，可郑老师却上得很活跃，学生在课堂上很积极。第一次让我感到课堂原来可以这样轻松、自然、舒服。每年一次的县物理教研活动,都让我大开眼界,很佩服这些侃侃而谈的物理名师,也向往有一天自己能登台。工作5年第一次有机会开县级公开课,这次机会来之不易。那年永嘉县高中物理教研会在上塘中学举行,一般一次活动只安排两位教师开课,轮不到我,后来学校领导向教研员申请开三节课,才有我开课的机会。这次机会我很珍惜,在同事的帮助与指导下,课堂教学得到大家的肯定,这大大鼓舞了我。1999年参加永嘉县优质课评比获一等奖,2000年评上永嘉县第六届教坛新秀,这对怕自己教不好的我是莫大的鼓舞。课堂教学我自信了,在课堂上尽情享受!

三、高三教学我很期待

1995年夏天,高二结束就要升高三了,对于带高三我是很向往、很期待的。因部分教师要求及结合学生反馈,学校对高三教师做以调整。平时一向受学生喜欢、家长好评、领导肯定的我万万没想到被通知不带高三。我到了自己的房间就忍不住放声大哭了一顿,心里很酸、很不舍。首届学生我多么投入,多么想带他们!哭过以后鼓起勇气向学校领导再申请"能不能让我物理带上来,班主任卸下"。好几个星期一直幻想着,会不会学生对新的教师不适应,再让我教高三。时间一天一天过去,我的梦也渐渐破灭。我觉得作为高中教师没担任高三毕业班那是不完整的。到了9月几位学生要参加全国中学生物理竞赛,要到温州中学考试,我就主动带他们去。在考试期间,永嘉中学带队老师章老师带我去蒋老师那里坐坐。蒋老师与我谈起:"飞燕,施老师与我聊过,你要求带高三,可他没让你带,这届学生生源不是很好,怕你压力大。年轻教师不急于第一届高三直接带上来,还是要把基础打好,看长远一些。你基本功好,施老师很看好你。"听了蒋老师的话我热泪盈眶,很感动。原来学校领导考虑这么周全,我下定决心要更加努力。2000年第一届高三毕业,7年带一届好珍惜呀,感觉自己终于是一位完整的高中理科教师了。我也没辜负领导的期望,1997—2012年从高一到高三带了5届学生,2014—2018年连续带了5届高三毕业班,2012—2020年6次成为温州市高考研究指导专家组成员。

四、竞赛拓展我要经历

作为高中理科教师,没接触过竞赛总觉得站得不高、看得不远。2003年9月我向学校申请组建学校物理竞赛团队。第一次兼任物理竞赛辅导,我虽经验不足但很认真。买资料钻研试题,研究近五年市级竞赛试题和全国初赛试题,整理出适合自己学生的资料。通过选拔和学生自愿相结合,组建课外物理兴趣班。经过师生共同努力,在2004年5月温州市物理竞赛中上塘中学获得普通中学组7个一等奖(共10个一等奖,另外3个一等奖是浙鳌中学),这大大鼓舞了我们。我梳理与总结了高一竞赛辅导的做法,撰写了论文《以人为本 关注学生特长发展》获温州市一等奖。2006年我调到永嘉中学,担任高一实验班物理教学和竞赛辅导。在永嘉中学竞赛辅导要面向全国中学生物理竞赛,我坚持每个周末组织学生进行竞赛辅导,周六认真备课与组编练习,周日上课与批改作业,节假日都没休息,暑假期间还带领同学去浙江大学参加物理夏令营。第一次带全国中学生物理竞赛,与其说我带领学生还不如说我与学生一起学习、一起成长。经过两年多的努力,在2008年全国中学生物理竞赛中获全国二等奖1人、省一等奖4人、省二等奖8人、省三等奖6人,还有多位同学获市级奖。在邵老师带领下参与编写《奥林匹克 竞赛教程》和《自主招生 竞赛教程》,由浙江教育科技出版社出版。

从教 26 年，精心耕耘，追求卓越，踏踏实实一步一个脚印，在课堂教学、高考复习、竞赛拓展三方面逐个突破，在优秀生培养、学困生帮扶、偏科生转化方面卓有成效。对教学认识经历"我教你学、你学我导、教学相长"三个阶段，努力做到"心中有学生·脑中有结构·手中有方法"。

第二章 走着走着沿途风景很美好

一、试题研究我喜欢

我喜欢做题，学生年代如此，当教师时更是如此。但我不提倡题海战术，我提倡精练精做，自己做了一堆试题后就精选试题给学生练习。从教开始 10 来年我只是选题组卷，对学校布置的试卷命制，我会很投入，反复琢磨，但基本上属于现成题组卷。有一次邵老师组织温州骨干班研修活动，彭老师带领我们审核温州市期末统考试卷。我开始以为审题就是将试题逐题做一遍，看看有没有错误。而彭老师对试卷剖析很到位，作为重点中学考试的 A 卷和普通中学考试的 B 卷难度应该怎样把握，基础题、中等题、较难题如何分布，同一个试题如何加一点成为较难题，又如何减一点成为基础题，每个试题都要改编或原创，尽量不能用现成题。彭老师的引领使我豁然开朗，我试着改编试题，同一个试题新课用时怎么拆分，复习课时怎么组合，根据学生的错答情况如何改编试题给学生针对性再练，发现这样可以大大提高教学效果，事半功倍。2010 年起，我参加温州市命题比赛，四次获一等奖。2013 年成为温州市高考研究指导专家组成员，并参加温州市高考模拟考试命题。我对高考模拟考命题是很佩服很向往的，自己第一次参加命题，心理既惶恐又惊喜。一份试题的命制历经一个多月，考后还要答题分析和试卷分析，对新手的我是很好的学习和锻炼机会，经过这次历练我对新编试题、原创试题又有新的认识。2014 年、2015 年继续参加市高考模拟考试理综试卷命题，2018—2020 年参加市模拟考试学考选考试卷命题。多篇试题研究的论文发表在核心期刊《物理教师》上。试题研究我喜欢，越来越有感觉！

二、团队共研共成长

一个人可能走得很快，而与一群志同道合的人可以走得更远、走得更快乐。2004 年评上高级教师以后我坚持每年参加一个团队研修，与一群志同道合的物理人一起潜心研究，乐在其中，享受物理。2003—2006 年温州市第二届骨干班研修，第一次参加市级团队研修。2006 年新教材实施给我很大的机会，成为温州市新教材实施指导专家组成员、温州市学科基地专家组成员，第一次成为专家组成员，在这里与温州市物理名师接触，吸收营养使我更茁壮成长。2010—2012 年成为温州市邵晓明名师工作室成员，工作室里 8 位成员在邵老师引领下都发展很好，现在有 3 人次特级、3 人次正高、5 人次市名师。我与名师工作室的结缘从这里开始，一直延续到今天，甚至一直延续下去。2013 年起先后成为温州市彭志杰、夏向荣、邵晓明、金加团名师工作室助理或导师，2015 年起成为浙江省夏向荣网络名师工作室学科带头人，2018 年起主持永嘉县肖飞燕名师工作室活动。导师引领我，我引领学员，一代一代传承。在行动中实践，在实践中反思，在反思中提升。专家引领，同伴交流，互助·互长·共享，体验到"越投入，越有感觉，越有灵感，越 happy"。

三、高级研修产共鸣

我一直很珍惜各种各类的学习培训，每次培训都舍不得落下，同伴都夸我好学。是啊，我好像有学不完的东西，也许是基础肤浅需要学习补充，也许是我有认知基础更容易引起共鸣。近几年参加培训的级别也越来越高——省第14届党代会和市第12届党代会、温州市领军教师研修、温州市名师团赴澳大利亚考察研修、温州市"教育名家"培养对象研修。参加省、市党代表大会，学习报告精神，激发工作热情，有坐不住的责任感。立足本职工作，用教师的语言和行动把报告精神宣传好、贯彻好，从人才战略的角度教书育人，为实现"两个一百年"奋斗目标培养优秀人才，多次在有关场合提议从人才强省、人才储备角度完善新高考方案。参加组织部牵头的"楠溪情"市党代表帮帮团活动，"听民情、传党声、优服务、促发展"，我们一直在行动。参加温州市名师团到澳大利亚研修考察，实地感知澳大利亚的职业教育和中小学教学，拓展了教育视野、丰富了教育见闻，在自己的工作中践行 Be happy will learn better、Be successful Be learner 的思想。参加温州市"教育名家"培养对象研修，这些综合性培训淡化学科内容，重在课程建设、教育管理、教育艺术、党政意识等方面，从文化、艺术、未来角度看待教育，拓宽了我们的视野，激起了我们的思想共鸣。最令我感动的是大专家们处处流露出的真情实感，真做教育，发自内心的拳拳爱国情怀。我也在多种场合向大学生和高中生介绍郭永怀、钱学森等科学家，学习他们"学成必归，报效祖国""家穷国贫，只能说咱们当儿子的无能"的爱国热情和责任担当，激发同学们"为中华富强而读书"，奋发学习，服务社会，报效祖国。在激励同学的同时，也深深鼓舞着自己。

四、薄弱交流更自信

在上塘中学工作13年，我站稳了讲台，成为学科骨干，上塘中学高中部也发展到辉煌期，2006年还出了永嘉县理科状元。为了接触更大的平台，2006年，我通过竞岗调到永嘉中学，希望自己在物理教学上更自信、更霸气。在永嘉中学工作11年间，我接触了全国中学生物理竞赛，带了7届重点班高三物理教学，获得温州市名教师荣誉称号。2017年由于上级要求，我交流到薄弱学校，我又调回到了上塘中学（市二类B级学校）。这次回到上塘中学很多朋友担心：上塘中学现在生源不好，你会适应吗？由于永嘉中学扩招，翔宇中学引进，上塘中学生源确实不如以前。我对学生生源问题倒不担心，也许是对教育教学更自信了吧，反而想挑战一下带领同事一起"如何把生源一般般的学生带好"、在新高考环境下"如何使普通中学学生在较少的时间把物理核心内容掌握好，体验物理学习的乐趣"。我们基于学生的认知基础和认知规律开展教学，遵循循序渐进的原则，精简物理作业，关注学生学习成就感。三年实践下来效果很好，学困生在学考中一次性顺利通过，学考A、B率逐渐提升，高三模拟考物理选考平均分与一类B级、二类A级学校齐头并进，在薄弱学校师生更能体验到物理学习的成就感，我对教育教学也更自信、更有灵气。这三年上塘中学也在不断进步，面对生源和教学硬件双薄弱的情况下，大家齐心协力，迎难而上，连续获得温州市教育教学质量优秀奖。我也努力在有关场合提议提高薄弱高中的办学硬件。同时，积极到温州市多所薄弱学校送教，发挥辐射作用。

荣誉是对我们工作的肯定，激励我们做得更好。业绩属于过去，带了一届学生又迎来新一届学生，培养一批学员又迎来一批学员。踏踏实实，一年接着一年干，一件事情接着一件事情做，体验过程，师生同伴互长共享，享受课堂，享受教育，享受生活！

如乐之和　无所不谐
——名师工作室促进教师专业成长的研究

瑞安职专　叶海鹤

叶海鹤名师工作室以导师和主持人的专长为基础，以提高会计教师的教育教学素养为核心，集教育、科研、培训、服务于一体，充分发挥专业上应有的辐射、引领和示范作用，探索建立一套科学合理、有利于提升教师队伍会计理论与实践能力、有利于优秀教师脱颖而出的培养培训体系，培养一批致力于中职会计教学和教科研工作、推进中职会计教育教学改革发展的高水平的创新团队。

一、建设过程

我们名师工作室围绕"和"字，从"高""真""实""活""新"五个方面进行建设，全方位促进工作室会计教师的专业成长。工作室立足于真实的问题，力求每位教师都在原有的基础上迈上一个新台阶，通过"SWOT分析法"，分析自己的长处和缺点、机会和危险，扬长避短，最终形成"一师一品"。

（一）教师思想建设，体现"高"字

"思想是行动的先导"，为了使工作室建设高效，工作室首要工作就是思想品德建设。让工作室教师们思想有高度，有责任担当，并成为具有高尚道德品质的新时代教师。

1. 学习十九大精神

作为新时期的中国教师，应该关心国家，了解国家的职业教育发展方向，因此，工作室积极组织教师一起学习十九大，领会十九大中职业教育的思想，并鼓励教师们用新思想武装自己的头脑，在课堂上、管理上、科研上用新思想指导研究。

2. 学习《新时代中小学教师职业行为十项准则》

名师工作室的教师首要在德上服人，做教师队伍的标杆，牢记使命、不忘初心、爱岗敬业、教书育人，改革创新、服务社会，赢得学生、家长和社会普遍尊重。由此，工作室组织教师学习教育部教师〔2018〕16号文件——《新时代中小学教师职业行为十项准则》。

3. 名优教师的标杆作用

工作室共聘请了十几位名优教师来工作室现身说法，讲他们的成长经历，讲他们的教育故事，使工作室学员真切地感受名师的魅力，并形成榜样的力量。

（二）教研内容设计，追求"真"字

工作室建设立足学校实际，并与学校名校建设工程融为一体，紧跟时代的步伐，从教师最迫切需要解决的真实问题出发，带领工作室教师从站在一个更高处思考教学。

1. 专业建设方向的谨慎调整

名师工作室建设的出发点和落脚点都是育人。大浪淘沙的会计时代已经开启，初中级会计

核算人员大量减少已成为事实,那么我们中职会计专业的出路何在呢?我们的人才培养目标定位还准确吗?该往哪个方向调整,是摆在我们学校面前最需要解决的问题。

作为有远见的学校和教师,应该未雨绸缪,应该有预见性地调整人才培养方向,把学生培养成高素质的管理型会计人才。我们名师工作室进行大量的调查,走访了高校、中职名校、行业、企业,足迹遍及广州、江苏、上海、浙江、湖南等地,了解专业的转型升级问题。除了走出去,还请进来,听专家们的建议和论证,再结合当地经济实际和学校实际,终于调整了专业方向:一是定位为"财务管理(家族财富管理方向)";二是定位为"会计(智能财税方向)"。

2. 人才培养方案的科学制定

工作室教师积极投身于中职教学改革,为中职学校人才培养的质量提升献计献策。以浙江省"选择性"中等职业教育改革方案为指导,坚持以生为本、质量为重、特色技能、多元发展的思路,深入推进办学方向由就业导向向职业发展导向转变,课程体系由供给模式向需求模式转变,教学过程由教师中心向学生中心转变。在大量调查的基础上,会计专业调整了建设方向,重新制定人才培养方案。依据温商特色,对中职阶段的会计专业从原来的核算型会计人才的培养,转向"三高型"(高素养、高财商、高技能)会计人才培养,并根据"三高"人才培养目标制定了两个专业方向的人才培养方案。根据人才培养目标的改变,课程体系也发生了相应变化,构建"三贴近""三对接"的"三级"课程体系。

3. 教学模式的重新构建

工作室认为每个学生都有潜在的财富管理思维,但学生的这些财富思维是需要在教师引导帮助下才能发挥出来的,通过学生喜欢的游戏形式,让学生在做中学、做中悟,树立创造财富所应该有的观念和心态。我们工作室教师探索提炼了G.P.S财商教学模式(Guide:引导,Play:游戏,Share:分享),通过"ERP沙盘"和"富爸爸穷爸爸(现金流)"游戏学习,让学生树立一个经济管理思维的全局观,对企业的生产、营销、财务、信息系统、人力资源等管理都有一个较深入的认识。

4. 教学方法的多样变化

随着专业方向的调整、人才目标的重新定位和教学模式的变化,教学方法也发生了很大的变化。工作室带领教师开展了多样化的教学,如"微课""微视频""翻转课堂"的教学,并结合"角色扮演法""职业情境教学""项目教学""任务驱动教学"等任务导向的教学法,要求教师们以"先学后教,以学定教,教为学服务"的理念指导具体的课堂教学。以学生为中心,在"导"字上下功夫,使课堂教学"理实一体化",在教学中将课程内容以能力为标准进行融合,再将内容整合为整体任务,将任务项目化,将项目实践化,强化学生自主学习,加强实践教学环节,着眼于学生应用能力的培养,注重知识的贯通与迁移。学生的学习效果非常显著,取得了可喜的成绩。

(三)教学研究形式,把握"活"字

教师工作面对的是人的教育,基于每位学生的个体差异,教师工作不可能一个模子,再说每位教师自身也有差异,所以工作室对教师的培养,不是千人一面,而是根据每位教师不同的特质,一人一品。由此,工作室在活动安排上就凸显了一个"活"字,在计划制定时,既考虑共性,又考虑特性。

1. 三阶读书会推进，打造书香教师

"读书是教师最好的修行"，在这样一个信息化时代，一个不读书的教师很难担任起教书育人的责任。叶海鹤名师工作室致力于打造"书香工作室"，通过三步完成。一是制定了"书香教师年度读书计划"，推荐读书清单；二是邀请多位作家和优秀教师讲读书与专业成长的关系，给教师们发放读书存折和书籍；三是做读书分享会，讲自己的"读书故事"。

工作室网站开辟读书专栏、好书推荐、读书心得、话题研讨，让教师爱上阅读，自觉养成读书习惯，成为"书香教师"。

2. 多渠道的学习和交流，提高教师的专业水平

（1）基于自主学习的交流。工作室尊重每位教师的阅读兴趣与习惯，除了共读，还有自读，并在自读之后形成自己的心得进行交流。

（2）聆听专家讲座后的交流。无论是教育专家还是行业专家，他们往往有独到的视野，通过不同的角度来诠释教育教学和会计工作理念，很多方面值得教师们学习。但听讲座往往是单方面的接受，对教师影响不会很长久，所以为了提高实效性，工作室在教师听了讲座后，采取交流的方式，趁热打铁，培养教师善于总结与反思的能力。

（3）走入行业、企业的学习交流。基于职业教育特殊性，工作室学员走向社会，深入企业学习，提高自己的专业技能水平，更好地为教学服务。工作室多次走进上市公司——瑞立集团，走进市会计学会、会计师事务所等，听财税专家给我们做《税收与会计实务知识》的讲座，了解当前会计实务中的一些难题和解决对策。会后，还与税务专家面零距离面对面的交流，使工作室教师增强了会计专业实务知识，在了解了用人单位对人才的素质要求后，对我们开展教学，进行课程设置，都有很好的借鉴作用。

3. 创新教研方式，提高教师的科研能力

（1）研修磨课，共享智慧。每位教师的成长都离不开专业引领、同伴互助、实践反思，通过磨课，共享集体智慧，共同攻克难关，可以达到"一人开课，全体受益"的功效。工作室每学期都有两次磨课活动，安排每位教师在一个培养周期内最少都有一次的磨课机会，磨课意在磨人！

（2）同课异构，各表一枝。由于教师们的教学理念有差距、教学经验有深浅、教学个性有差异、教学对象也不同，必然会导致异构。如果让不同的教师用同样的方法上同样的内容，这种千人一面的课不但缺少个性，实效性也会较差。所以，同课异构是本工作室常用的方式，这种方式是提高教师的教学水平和教学能力，总结教学经验的一条有效途径。

（3）主题研讨，深入透彻。工作室的教师来自不同的学校，平时工作也比较忙，基本上每位教师都超工作量工作，研究精力有限，为了使大家集中有限的精力开展更高效的研讨，本工作室每学期确定研讨主题，开展主题式研讨活动。工作室总的主题是"实效性"，包括"实效性教学"和"实效性研讨"。每次活动又有具体的主题，一次解决一人问题，可以使问题更聚焦，这样的研讨也更有实效。如上学期就举行了四个专题研讨："信息化说课专题""信息化试课专题""小准则解读专题""命题指导专题"。每次研讨都聘请了相应的导师指导。

（4）轮流分工，兼顾全体。一位好教师需要有好的综合能力，工作室从多方面提升教师的核心素养，每次活动分工合作，各司其职。由不同的教师组织，由不同的教师主持，由不

同的教师写通信稿等。营造人人都参与，人人有事做的沉浸式活动方式。工作室2018学年开展的20次活动中，大部分是学员们组织的，工作室活动通信稿共9次被省、市教育网站录取报道，更加激励了学员们写的热情。

4. 以"课题"为载体，推进教学改革

工作室的研究应以"研"为中心，以"课题"为载体，使问题更聚焦，也更能深入地推进教学改革。本工作室层面共有两项课题省级立项，即《名师工作室建设促进中职会计教师专业成长的研究》和《指向职业素养的中职会计专业情境教学的研究》。每位学员还申报不同级别的课题研究，主要为教师小课题。课题研究的过程是一个螺旋上升循环发展的动态过程，对于提高教师理论水平和科研水平具有特别重要的推进作用。

5. 多维度联合活动，增强示范引领作用

名师工作室的工作，除引领好工作室成员向更高层次发展外，还要充分整合优质资源，发挥名师工作室成员的示范、引领作用，促进本地会计师资格水平的提升，使工作室的辐射更深远。工作室从四方面进行联合活动：一是与其他中职名师工作室联合活动；二是与县、市教研部门联合活动；三是与政府、行业协会等联合活动；四是送教下乡，与其他学校甚至外地学校联合活动。工作室善于借力、善于使用合力，使工作室辐射到社会、企业、其他学校，甚至普高等单位，将工作室效益最大化。

（四）教研过程实施，注重"实"字

1. 每学员制定合理的专业发展规划

根据每位学员的意愿，结合每位学员的优势和劣势，再考虑到工作室总体研究方向，指导每位学员制定切实可行的专业发展规划书，规则有三年总规则和分年具体计划，并让每位学员将个人的专业发展规划上传名师网。还让每位教师在成长手册的第一部分进行书写，以此来鞭策自己。

2. 培养措施有针对性和实效性

工作室根据每位教师自我分析及专业发展规划，再结合主持人及导师的特长，制定切实可行的培养措施，包括培养目标、培训课程、培训形式、研究专题、培训考核等。具体措施有读书会、磨课议课、参加各类培训、论坛、专家讲座、课例研讨会、社会实践、课题研究、论文撰写等。这些措施非常符合我们中职会计教师的实际，取得了非常不错的效果。

3. 工作室有完善的运作、考核、管理制度

为保证工作室的建设顺利进行，根据浙江省教育厅有关文件精神，把名师工作室制度的制定和实施，纳入学校发展规划项目，制定了《名师工作室建设管理制度》《学习制度》《会议制度》《考核制度》《档案管理制度》等。为保证项目的开展与实施，名师工作室主持人与工作室每一个成员签订《名师工作室成员周期发展目标责任书》；在完成工作室研究项目和个人专业化成长方面制定周期发展目标，规定双方职责、权利及评价方法。

4. 活动过程记录翔实，有头有尾

工作室每次活动均有主题、有记录、有考勤、有反思、有拍照、有报道，每次活动前上名师网上传公告，每次活动写出报道并上传名师网活动资讯。

（五）教师学习形式，彰显"新"字

1. 及时更新知识，提升专业视野

在知识日新月异的今天，每天都有大量的知识出现，作为会计教师，特别需要关注两方面

的知识——财经税收知识和教育教学知识，所以，工作室特别关注教师的知识更新学习。

2．线上线下活动，促进学习交流

互联网＋微平台，使我们教研方式发生了很多变化，工作室及时转变观念，利用微平台开展全新的考研方式，并采用网上签到，及时跟踪教师的学习情况，使教研跨越了时空的限制。

3．名师工作网站，开展沟通交流

借助"之江汇平台"，建设好名师工作室网站，名师工作室网站栏目多，内容丰富，并做好及时更新，使工作室教师在网上发表自己的观点和思想，促使教师更好地与信息化结合，让网站成了教师的一个平台。

四、建设成果

（一）形成了"螺旋式"的教研模式，教师成长迅速

工作室在教学研究上进行了多次探讨和实践，渐渐地摸索出"螺旋式"的教研模式。围绕某一研究主题，开展"备课—说课—上课—评课—反思"活动，活动不是单向进行的，这五个环节在互动中反复，"螺旋式上升"，以求达到效益最大化，使活动在不断的改进中提高科学性与有效性，真正起到促进教师专业化发展的目的。

（1）2018年、2019年两年工作室建设成果位居浙江省中职名师工作室前20%，得到了专家们的一致肯定。

（2）工作室教师成长的研究成果5次获奖。

（3）近两年三梯队教师共12人，职称升级5人和综合荣誉升级14项，有省市名师。

（二）建立了"企中站"，最终形成了"三元"（教学、科研、实践）并重的"三层次"名师团队

（1）建立两个企业教师工作站，解决教师实践难的问题。10位教师考上了管理会计师资格。

（2）反思教学的问题，选择有价值的问题进行课题化研究。课题7项结题并获奖，论文发表或获奖25篇。

（3）教师的成长促使教学质量的提升。参加各级各类比赛共获奖18项，指导学生技能参加省市级大赛获奖21多项。

（三）形成了"三爱"（爱学习、爱交流、爱反思）的教师团队，教师读书习惯已养成

教师不仅会读，还会写，共形成读书笔记、读书心得200多篇，共计30多万字，全部上传"浙江省叶海鹤名师工作室"之江汇平台。

（四）完善"三贴近""三对接"的"三级课程"，编写校本教材3本

课程设置以"贴近社会、贴近行业、贴近岗位"为原则，在课程设置上，以"课程对接高职考、课程对接职业证书、课程对接职业岗位"的"三对接"来设置专业课程。除必选课、限选课外，还根据当地实际会计工作需要开设自由选修课程，体现了当地特色和学校特色。工作室精心设置课程，编写相关教材，目前已完成编写的教材有3门，即《投资理财入门》《分岗会计实务》《会计单据填写》。

（五）建立丰富的资源库，并搭建平台提升工作室教师的辐射引领能力

（1）全方位课程资源开发，网站资源非常丰富。"浙江省叶海鹤名师网"和"温州市叶

海鹤名师网"两级网站建设日渐完善。省工作室名师网资料共有 1 000 多篇，有论文、案例、教学设计、说课稿、读书心得、教育随笔、微视频、录像课等。温州市网站点击量由原来的 23 万次上升为 46 万多次，排在温州市中职专业课名师之首。

（2）利用工作室搭建各种平台，教师们展现自己的教学特色。开出县市级公开课 22 节，28 次县市级以上会议讲座，增强了影响力，扩大了辐射面。

（3）工作室的师资队伍建设 9 次在省级以上网站上报道，提升了知名度。

参考文献

［1］徐国庆．职业能力现实化视野中的我国职教课程改革基本命题［J］．职教论坛，2010（12）：4-9．

［2］蔡伟．你也能成为特级教师［M］．上海：华东师范大学出版社，2011．

始终追寻一个"真"字

温州市瓯海职业中专集团学校　帅学华

我的工作经历分为两个时期：第一个时期是1987年8月至1995年8月的秘书工作阶段，担任了中央直属企业办公室秘书、党委办公室副主任；第二个时期是1995年8月至今，从事文秘专业教学阶段。回顾总结32年的工作历程，我始终觉得自己在追寻一个"真"字。

"真"教材——基于工作实际

1987年，我从师范大学毕业，被分配到当时核工业部下属的一家企业——七二四矿工作。我原本是到该企业的一所子弟学校当教师的，结果恰逢办公室缺少一名文秘人员，当时的矿领导看到我文字功底扎实又是大学生，就决定让我当了办公室秘书。我在办公室文秘工作岗位上一干就是8年，从一名普通的秘书逐渐成长为党委办公室副主任。当时的我作为矿里最年轻的副科级干部之一，既有学历又有丰富的基层工作经验，事业前途一片大好。

就在大家都看好我的时候，我却做出了一个让大家都不理解的决定。1995年，正值国家号召军工企业人员到地方工作之际，凭着一股对教育事业的崇敬之情，我申请转行到地方学校当教师。

当时很多人都不理解我为什么放弃这么好的前途去学校教书，矿领导也挽留我，希望我留下来。但我坚定不移，只有一句不假思索又不加雕饰的话：我大学读的就是师范专业，当教师是我一直以来的梦想。后来，矿里的老书记被我的这句话感动了，支持了我的决定。

转行到地方学校当教师后，我又面临两个选择：是当一名语文教师，还是当一名文秘专业的教师？我大学读的是中文专业，当语文教师可谓是驾轻就熟，但是我又舍不得8年多的文秘工作经历。经过反复考虑，我选择到中职学校当一名文秘专业的教师，为国家培养文秘人才。

20世纪90年代，我国的中等职业学校文秘专业才刚开设不久，我转行当教师后面临的第一个问题就是没有规范化的专业性教材。当时大部分的中职学校都沿用大学体系的文秘教材。但是大学的教材理论性太强，对文化基础差、没有任何社会经验的中职学生来说简直是"天书"，根本理解不了。因此，课堂枯燥乏味，学生昏昏欲睡，教师、学生痛苦不堪。当时我想，难道我一辈子就这样"教"下去吗？这是我选择的理想之路吗？我的回答是：不，绝对不能这样做。

于是，一年之后，我又做出一个大胆的决定，自己动手编写校本教材。我把我的困扰和想法向校长做了汇报，很快得到了校方的支持。当时的我，没有编写教材的理论基础，而且是在乡村职校教书，信息闭塞，我就按自己的经验和理解，以文秘专业学生必须掌握的核心技能为线索，以真实工作情境为背景，按教学项目进行编排写作。例如，我把一个大型活动或会议当作一个项目，项目又分会前、会中、会后三个阶段，每个阶段又包含几个小任务。这样，学生就能清楚明白地知道一个大型活动或会议在每个阶段需要做哪些具体的工作，而不仅仅只是枯燥的理论知识。学生在"做中学""玩中学",学习兴趣大大提高,教学效果非常明显,我也找到了自己的专业发展方向和人生目标。

后来,我利用参加全国性专业教学会议的机会,主动把自己编写的校本教材呈送给与会的出版社的编辑。没想到,编辑非常欣赏,夸奖我改变了当时普遍存在的以学科为主线的课程模式,构建了以专业技能为核心的新的课程体系,并赞叹这才是真正的职业学校学生所需要的教材。从此,我一系列的教材陆续出版了。我主编的《公文写作方法与技巧(第二版)》《现代礼仪修养教程》《办公室事务管理》《信息、文书与档案管理》等教材作为中等职业教育国家规划教材配套教学用书,被高等教育出版社、浙江大学出版社、电子工业出版社出版发行,并被复旦大学图书馆收藏;主编的3本温州中职地方教材已在全市使用;编著的课堂练习《应用文写作基础学习指导》被多所学校采用,影响广泛。

"真"教学——先练后导、目标导学

教材改革的成功并不止于出版与发行,更在于课堂的实施与学生的收获。因此,怎样让学生真正学起来,怎样更好地实施有效教学,成了我更关注的问题和努力的方向。

中等职业学校的主要任务是培养高素质劳动者和中初级技术技能人才,而专业课教学的主要任务是让学生掌握必需的专业基础理论知识和专业技能。基于这个教学目标,我开始每天阅读大量专业书籍,研究国内外专业教学方法,特别是德国的行动导向教学法,认真听老教师的课,注重吸收其他学科的养分,借鉴别人成功的教学经验,运用到自己的教学中,经过实践探索,逐渐总结了"先练后导,目标导学"的教学特色。

以布置会议现场为例,我会让学生先自学教材上的内容,然后把学生分成两组带到学校的会议室,让学生自己动手操作布置会场。一组学生布置好会议室后,让另外一组学生对第一组学生布置的会场做出点评——哪些地方做得对,哪些地方做错了,错在什么地方。学生先自己探讨,探讨不出结果时,我再把学生没有解决的问题一一指出来,让学生印象更加深刻。

又如在讲述常用公文"通知"的写作时,一般情况下是先讲"通知"的概念、特点和写作结构,再让学生仿照例文写作。但我另辟蹊径,先提供学生比较熟悉的会议情境材料,材料中的会议时间、会议地点、参加对象都是大概的,然后让学生自己搜集通知样本,模仿写作。之所以提供学生比较熟悉的会议材料,是为了尽可能缩小学生的写作距离感;之所以不告知明确具体的时间、地点、内容,是想让学生在写作时可以带着问题思考。写完后,同学之间相互评价。评价时,我要求同学们站在收文单位的角度思考:假如我是一位单位领导,我拿到这个通知后,是否明确会议的具体时间及会议要开多长时间、会议的具体地点、会议的具体内容,需要哪些人参加,需要准备什么材料等。通过分析评价,学生的写作思路会慢慢清晰起来,懂得自己哪些地方写得不好有问题,哪些问题思考得不仔细,然后重新写作。这样的写作,学生是带着问题思考写作的,印象会特别深刻,真正达到了在理解的基础上掌握写作技巧的目的。

"真"关心——一视同仁地对待每位学生

中职学生大多已进入青年时期,人格上与教师是平等的,而且部分学生初中时因成绩不好或表现差往往受到教师的歧视,更渴望教师的理解与尊重。在与学生交谈中,学生如是说:"初中时老师为了追求升学率,恨不得把成绩差的学生都赶走,在老师眼里我们是低能儿,是不可救药的孩子。"一位教育家说过:"学生没有好生差生之分,只是有些学生懂事早,有些学生懂事晚而已。"

我对每位学生都一视同仁,与每一个人进行感情沟通与交流。如我班有位学生的父亲是跑销售的,长年在外,母亲摆水果摊,早出晚归,学生一个人形单影只,在外流浪,因而,结识了社会上一些不三不四的朋友。他到处游逛,根本不把读书当回事,初中时还曾受到留校察看的严重处分。了解到这些情况后,我在班上成立了一个互助组,挑选素质较好的同学与他交朋友,使他逐步断绝与社会上一些"朋友"的交往,同时积极与他父母联系,让他们帮助督促。他有一个特长,绘画水平比较高,我推选他负责班报、黑板报的美术编辑。他工作热情非常高,一期比一期办得好,在学校的评比中名列前茅。每逢休息日,我主动邀请他到我家做客或一同到野外活动。经过一个学期的努力,这位学生完全变了样,学习刻苦努力,思想上成熟起来。春天开学,他父亲带着礼物来感谢我。我没有收礼物,但心里的收获是巨大的。我始终认为,作为一名职业学校教师,最大的成功在于学生的发展与进步。

中职学校招生范围广,学生来自全市各地甚至全省,节假日不能与亲人团聚,难免会有一种孤独感、寂寞感,易产生因想家而弃学的念头。我经常组织学生开展郊游、爬山、野餐等集体活动,增强同学之间的友情。如端午节正好是周末连续放假,家近的同学都高高兴兴地回家过节,我把家远回不了家的同学叫到我家包粽子吃,同学们都说过了一个很有意义的端午节。又如我班一位同学生病动手术,我组织全班同学去探望,这位学生感动得热泪盈眶。有时,遇到学生有生活上的困难,我会主动帮助解决。如我班一位学生因感冒卧床不起,我亲自为他抓药喂药,组织学生轮流照顾,使他感觉到在班级里与在家一样温暖。

"真"影响——催促我成长

我是误打误撞从事中等文秘专业教育的。在此之前,我没有接触过中等职业教育,因此,对中等职业教育一无所知。当初我在应聘文秘专业教师时,我问校长是否需要试课。校长说,你没有上过讲台,怎么上课呀?

24年来,我对"真"的追寻,让我对中等职业教育从陌生、相知、相识到相通、相融、相长,并形成了自己独特的教学风格和教学特色,为当地经济发展培养了一批又一批有一技之长的实用性技能人才,我自己也成长为省特级教师,而且是全省唯一的文秘专业正高级教师、第二批省"万人计划"教学名师。作为浙江省帅学华名师工作室、温州市帅学华名师工作室的领衔人,我影响和惠及了很多年轻教师,已培养出省特级教师1名,省、市级教坛新秀4名,以及文秘骨干教师若干名,为温州市乃至浙江省中职文秘专业的发展奉献了自己的全部心血。

习近平总书记指出,当今世界,正在经历一场更大范围、更深层次的科技革命和产业变革。互联网、大数据、人工智能等现代信息技术不断取得突破,数字经济蓬勃发展,各国利益更加紧密相连。作为领导参谋与助手的文秘专业人员,必须学会运用互联网、大数据等信息化手段处理日常繁杂的工作。因此,中等职业学校文秘专业转型升级已迫在眉睫。2017—2018年,我利用自己担任教育部职业院校教育类教学指导委员会委员的机会,组织文秘专业教师在全国各地广泛开展调查研究。在此基础上,我撰写了《中等职业学校新媒体运营专业可行性研究报告》并呈送给教指委,受到专家的高度称赞。在教育部新开设专业评审论证会上,一次性获得通过。目前,"新媒体运营专业"已正式列入教育部新颁发的《中等职业学校专业目录》。我也发挥了在全国范围内引领中等文秘专业发展的作用。

校本研修中"前行·后续"式观课模式初探

苍南县第三实验小学 许小燕

一、"前行·后续"观课模式

经过近几年的实践探索,我们梳理总结出"前行·后续"式观课模式操作步骤,主要分"前行"与"后续"两个板块,具体实施过程如下。

(一)关注"前移"板块研究,唱好观课课前三部曲

1. 第一部曲:钻研教材

"观摩"体现的是一种对话文化,因此,我们要拥有自己的话语权就必须充分熟悉和个性化理解教材、钻研教材。假若在观课之前,对教材非常陌生,那么,很大程度上,我们可能已经失去了自己的话语权,失去了与他人平等对话的机会。在观课过程中,你会因为不了解而被动,因为忙乱而盲目。课中也许你表现得耳聪目明、走笔如飞,俨然就是一个观课好手。然而,这些都是体能操作与外部感官的运动,其结果,观察所得到的不过是一些零乱芜杂的课堂表象。而那些深蕴着教育意味的细节与环节会因为你的思维缺席、泛散,而与你失之交臂。因此,在观课研究过程中我们主张从"教学内容"入手,结合课标明确具体的课时教学目标,强调教师在不看任何教参的情况下,边"犁读"边圈画,写下批注,全面把握教学内容、知识点、重难点。强调教师写文本解读稿,意在发掘文本的言语魅力,聚焦文本的言语现象,发现言语的核心内容,放大言语的"增值"价值。总之,钻研教材,是观课前一项最基础、最重要的一项工作,它是有效观课的前提。

2. 第二部曲:学习理论

库恩曾说过:"理论始于观课,观课渗透理论。"我们要求教师们在文本细读的基础上,多方查阅参考书、搜集有关名师理论及经典案例评析资料,上传互相查阅,知其长处,学其思想精髓。将一系列优秀设计互为对照、比较和思考,从而初步形成自己对各种优秀设计的深度阐释,较辩证地、较有针对性地吸收。这过程将有助于我们在观课过程中解构其"精彩"的课堂表象,揣摩其课堂操作技术背后的思想丛林,从另一个层面接近优秀教师聪颖的灵魂、馨香的人格,观望、思索蜷缩在课例本身的学科思想,体验他们的智慧人生。

3. 第三部曲:问题导航

孟子曰:"困于心,恒于虑,而后作。"讲的是人对解除思维障碍的迫切心理。有了一种迫切解决问题的心理,人们在做事的过程中就会变被动为主动,做事效率无疑也会提高。同样,教师以"问题"做前奏,就有了观摩的目的性,会有意识地主动从观课过程中寻求自己所要问题的答案。因此我们建议,教师在观摩前可通过钻研教材,学习名师理论,生成并确定具有典型意义的几个问题,在参与观摩活动中加以关注(附调查表,见表1)。

表 1　当前课堂教学中存在问题与矫正策略的调查

学　科	语文	教师	李求宝
您认为自己或周围教师课堂教学中有哪些值得推广的成功之处，还存在哪些突出问题： 成功之处：重视语文学科本位，具有言语意识，把语文学习的思维指向言语深处。 存在问题：就具体的语文教例，将言语意识落实到课堂中、课例中、语境中存在一定的困难。			
您对上述问题改进的措施和建议： 1. 加强学科基础及言语形式意识的理论学习。 进一步加强专家学者关于语文学科及言语形式的理论学习，尤其是李海林《言语教学论》、王尚文老师的《语感论》。 2. 重视文本细读的研究。 基于现行教材，开展文本课例研究，发现文本言语教学点，提炼言语型教学核心内容。 3. 组建教研团队，加强课堂教学实践与研讨。 形成教研俱乐部，进行上课、评课，开展有针对性的言语型课例观察，搜集第一手研讨资料。			

（二）关注"课中"板块研究，强调且听且思

课堂师生行为复杂多变，我们强调教师"多一双眼睛"看课堂，除关注教师外，更要关注学生的学习活动和状态。观课者要多把关注焦点集中在预先设定的主题上，多记要点，腾出更多时间围绕主题对一些课堂现象进行省思与剖析，关注课堂教学中的种种生成，关注教师的实践性智慧，即时捕捉思维火花，围绕相关主题尽可能全面收集课堂信息，记录观课随感，引导教师在观课中提升自我反思力。

（三）关注"后续"板块研究，四层"剥竹"研讨显成果

英国大文豪萧伯纳提出的"交流思想大于交换苹果"观点对我们富有启发：观课的后续议课交流是有效观课的重要方式，真正的思想往往是在交流中产生，交流的本身就是思想的探讨与成长过程。

"后续"板块可以做以下四个层面的操作。

1. 第一层后续："碰撞式"研讨

一些教师在观摩记录时带有一定的盲目性，埋头苦记，只观不思。这种录音机式的观摩，谈不上真正的观摩。真正意义上的观摩，教师应能够站在自身课堂之外观看他人课堂内里，且听且思，于细微处见真性，才能透视教育的智性，稀释教育的困惑。"碰撞式"研讨，鼓励教师在观课活动中记要点，对课堂不断地进行省思与剖析，及时记下思维的火花，把现象的感知上升到理性认识，即兴整理与发表自己的听课感受，使现场教师的思想、观点进行充分的交流与碰撞，提高教师思维的灵敏度，提升自我反思力。例如，上学期我校举行的"百人百课，百人百思"教研活动，我们采取的就是"现场观摩＋现场感悟＋短信互动＋讲授启迪"这一"碰撞式"研讨方式。专题研讨活动中，与会教师借助手机教师短信平台，发短信参与互动，对观摩课进行了即时的点评，103条短信真实地为我们再现了教师们的真实想法和体会。专家做专题讲评，从教学理论、教学规律高度做分析，固然有导向作用；但群体参与，互动讲评，更具有针对性、实际性。这种现场短信参与、群体互动、集思广益的研讨形式是有效观课的一种有益的尝试。

2. 第二层后续："随笔式"研讨

让所有参与观摩活动的教师，把观摩活动后的所感写成随笔札记，以文字的形式记录思维

的过程。与"碰撞式"后续研讨模式相比，如果前者所呈现的是灵光闪现的思维火花的话，那么后者所呈现出的则是思维火花点亮后的那片亮丽的天空。

课上，由于时间的限制，我们可能思考得并不透彻，也并不够深入，教师们仅仅记录只言片语的思维火花，然而它们是最有研究价值的。因此，我们要求趁热打铁，结合课前教材研读，主题理论学习，对问题进行再度深度思考，及时整理理性碎片，捕捉体悟中最深的一点，还原感性，并深入下去，进行深度思考，阐明论点，反思归纳，提升认识，并串缀一段文字拥抱心动。观后书写随笔札记是教师专业成长的有效途径。可以说，没有静心去回味、记录，没有经过智慧之光重新照耀的观摩活动，无以在生命深处留下印痕。

3. 第三层后续："主题对话式"观点报告

"主题对话"观点报告会是撰写观课札记的深入延伸。上述观课札记撰写是建立在教师们各自教学经验和知识背景的基础上，再加上每位教师自身思维方式、思维角度的不同，因此，他们的所思所悟必定是独特而富有个性的，更是"百花齐放"的。当然，教师们相互间的差异是一种非常宝贵的资源，将教师的思维引向深入，突破思维局限性，我们可组织"主题对话式"观点报告会。

前不久，我们学校组织的"用学习金字塔构建'悦读·悦写'绘本创意读写"观点报告会，就是一个很好的观课模式。事先组织教师课前学习金字塔理论及相关案例，再聚焦课堂观课，围绕主题撰写观课札记，汇报互动交流，共享智慧。这种反思性的研讨与重建，可以使每位教师有丰富的机会进行自我思维的锻炼，同时可以充分领略同伴的教育思想与理念，进而逐步提高自己的思维品质。它体现的是一种合作、探究、共享的教研文化。

4. 第四层后续："实践式"研讨

当前的观课活动为什么对广大教师实效不大，关键原因之一是缺乏教师自身的实践反思、行为跟进。"实践式"研讨，要求教师关注教学各要素，从学生的实际情况出发，创造性使用教材，开设研究课。通过课堂教学，结合课堂评析，将观课获得的理论及经验成果在全体教师中展示推广，同时，也使教师在新层面的交流研讨中得到新的启迪和提升。

"实践式"研讨很好地将教师内化的新理念新策略与课堂实践、行为跟进相结合，引导教师在实践中研究，以研究促行动，从而有效引领教师在研究问题、实践探索过程中提高理论水平，不断更新教学观念，转变教学方式，发展教学能力。

在广泛讨论、形成共识的基础上，用行动跟进，实现观念与行为之间不断转换。这层后续，有利于将新的教育理念与我们的教学实践相结合，并物化为优秀的教育行为，对教学具有促进意义。我们说，唯有以先进的理论为指导，才能正确把握课程改革、教学创新的方向与路径。反过来，只有实践中思考和革新，才能将这些先进理论内化为自己的理念，指导实际的行动。

以上描述的是"前行·后续"式观课模式基本程式，在具体的观摩活动中可以有多种变式。可以根据实际情况简化某个环节，或进一步拓展延伸、深化研究某一个环节。

二、"前行·后续"观课模式实践的成效

（一）解决观课"观什么"和"怎么观"的问题，形成有效观课模式

我们在成都大学陈大伟教师提出的有效观课问题基础上，帮助广大一线教师明晰了观课的

隐性功能，提供了有效观课的具体操作步骤，解决了观课"观什么"和"怎么观"的具体问题。本模式是对观课文化价值本质的探寻，对当前观课存在的"课前目标模糊，课中思维缺席，课后疏于反思"起到了纠偏的作用。其基本特征：指向于学习；着眼于反思；相融于对话提升，聚焦于实践跟进。

（二）搭建"学、思、研"的实践桥梁，成为教师专业成长的"助推器"

"发现问题就是发现发展空间"，把问题转化为自己真实的发展，这就是观摩课对于促进教师专业成长的价值所在。因此，观摩名师名课不是简单的听课、评课，而是一个理论学习、问题研究、行为跟进相结合的活动过程，它搭建了"学、思、研"的实践桥梁，促进教师教育观念转变，教育技能提高。一次观摩，数月甚至数年受益。通过观摩，不断调整自己的知识结构和实践方式，以获得持续的终身发展，达到成长的质的飞跃。

两年的研究表明，"前行·后续"式观课模式实施，使他们变得善于学习、反思，教师的文本细读能力、理论水平、教学能力、撰写论文做学术报告等科研能力等方面得到全方位提高，形成了可持续发展的科研能力。

（三）观课方式由"粗放型"向"精细化"的转变，形成"深、巧、快"的教研文化

"前行·后续"式观课模式实现"教、学、研"三者的有机统一，关注民主交流、切磋探讨，更强调不断地自我完善，团队的合作，这样的观课研修模式对教师的群体专业发展，学生学习发生作用，有利于进取、合作、民主、创新的学校教研文化的建设与形成，高效观课已成为校本教研中的一种常态持续研究。长时坚持"前行·后续"观课教研，学校研前预习重"深"，研中合作重"巧"，研后消化重"快"的教研文化快速形成。

参考文献

[1] 陈大伟. 走向有效的观课议课 [J]. 人民教育, 2007（23）：35-40.

[2] 崔允漷, 沈毅, 吴江林, 等. 课堂观察Ⅱ——走向专业的听评课 [M]. 上海：华东师范大学出版社, 2013.

[3] 徐杰. 听徐杰老师评课 [M]. 上海：华东师范大学出版社, 2013.

[4] 付黎黎. 走向专业的听评课：有"质"有"量"的课堂观察 [J]. 当代教育科学, 2009（10）：29-31.

[5] 李杰. 课堂观察的一般程序 [J]. 广西教育B（中教版）, 2010（11）：39-43.

[6] 李美华. 学会观察自己的课堂 [J]. 教学与管理：小学版, 2009（06）：17-18.

[7] 林存华. 课堂观察：从课前准备到课后分析 [J]. 基础教育, 2008（04）：18-21+60.

[8] 钱金明. 方法与工具：教师观察课堂的必要准备 [J]. 江苏教育研究, 2011（07A）：24-27.

以文化人：名师工作室理念文化构建及实践策略

温州市教师教育院　钱　勇

教师学习共同体是指教师间通过合作、沟通、交流、倾听等方式相互学习、共同成长，进而促进共同体成员的专业发展。在教师学习共同体中，教师间以合作、共享、包容、互敬的精神相互交流和学习借鉴，以平等对话的方式实现教师个体与群体的共同成长。教师学习共同体强调的是教师专业发展的途径，即通过学习获得发展。"名师工作室"是指在教育行政部门组织、管理和指导下，以名师姓名或专业特色命名的教师教育平台，由同一专业领域或相近专业领域骨干教师组成的集教学、研究、培训等职能于一体的专业学习共同体。其目的是发挥名师的示范带头和指导作用，组建形成优秀教师的群体，减少单兵作战的劣势，发挥团队作战的优势，提高全区高层次教师的整体水平和数量。理念文化是指名师工作室为了自身发展而确立的价值导向和基本观念，它是由工作室的价值观、教育理想、行为信念、特殊符号、工作方式等组成的文化形象。理念文化是工作室文化最深层次的文化，是工作室文化的"纲"，纲举则目张，它统领着其他方面的文化，影响着工作室的发展方向与工作效率；理念文化是工作室文化的"魂"，魂归则神聚，是工作室凝聚力、内驱力、自信力和影响力的源泉。因此，理念文化的建设和提炼，能有效促进工作室学员综合素养的发展和教育资源的辐射，是工作室建设的重要任务，也是工作室文化建设的首要任务。本文阐述工作室理念文化构建的意义、内容及实践探索。

一、名师工作室理念文化构建的重要意义

1. 提升凝聚力

工作室凝聚力的提升是指在共同理念的引领下，学员的心理发生积极的变化，其进取心聚合在一起抱团成长的蜕变过程。工作室由一群拥有共同愿景、共同理想的热爱教育事业的优秀教师组成，他们经由工作室的平台获得认同、汲取力量、凝聚共识、实现愿景。理念文化的确立，使工作室学员产生心理归属感，在共同的、积极的价值观导向下，团队的主人翁意识、责任意识、担当意识得以强化。

2. 激发内驱力

成长是学员的共同需求。理念文化熏陶下的心理归属感和主人翁意识使工作室充满活力，指引学员从"舒适区""焦虑区"走进"学习区"。对广大教师而言，能成为名师工作室的一员，是一种职业认可和荣誉肯定。创建高层次的交流学习平台是激发教师专业自我发展内驱力的有效方法。工作室平台将学员的潜能激活，使其形成由内而外的驱动力，随着工作室任务的驱动，自主研修机制得以真正运行。

3. 增强自信力

自信力是发自内心的自我肯定与相信的能力。对于已经成为骨干教师的学员来说，专业成

长会遭遇"高原现象","再次成长"可能会面临诸多瓶颈、阻力和挫折。工作室理念文化可以增强其自信力,助力学员在"金字塔"型教师的道路上继续前行。主要体现在三个层面:其一,在意识层面,理念文化可以加固学员的自我肯定意识;其二,在认知层面,先进理念可以拓宽学员的认知思维和视野;其三,在行动层面,借助工作室各类各层的研修平台,学员通过自我反思、同伴互助、专家引领等研修方式,其专业水平快速发展,提升了学员在教师群体中的声誉,从而增强其自信力。

4. 扩大影响力

名师工作室承担着通过优质教育资源辐射而引领学科良性发展的任务。本着"培养一个、带动一组、引领一校、辐射一片、影响一科"的工作室骨干教师辐射理念,通过开展各种对外研修活动,借助名师网、微信公众号等平台,形成一个强大的辐射源,把工作室的价值观念、教育思想、课改理念、经典课例等传递、传播出去,将自身能量和教育智慧,以合适的方式,向教师群体辐射,引领或者带动周围教师共同成长。可见,理念文化在名师工作室扩大影响力方面发挥着重要的作用。

二、名师工作室理念文化的主要内容

名师工作室理念文化建设的主要目的是提升工作室工作效果和凸显人文情怀。工作室非常重视理念文化的建设,初步构建了理念文化内容体系,包括内涵文化和视觉文化两个部分(图1)。

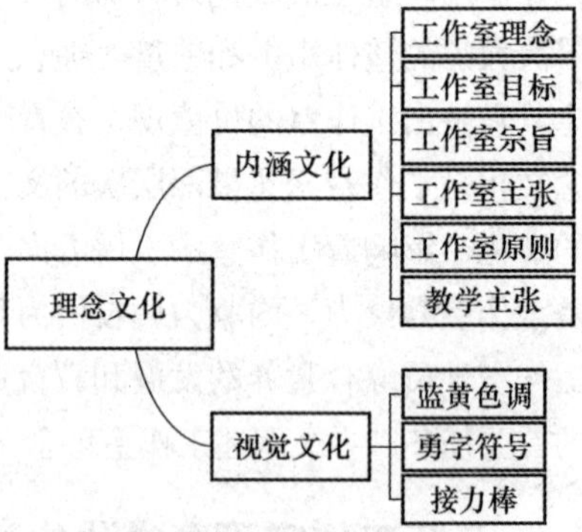

(一)内涵文化

内涵文化是指把价值观、理想信念、教育思想等共同愿景高度概括,以简洁、明确的文字呈现出来。内涵文化的主要内容包括工作室理念、目标、宗旨、主张、原则和教学主张等。

图1 理念文化的内容

1. 工作室理念

工作室理念是"纳百川、勇逐梦"。一是,纳百川,不忘初心。海纳百川,胸怀博大,低调谦逊。"初心"是指本心、信条。作为教师,一切都是为了学生,在汲取知识营养提升自我的同时,回归教育本真,抵达"海纳百川,有容乃大"的彼岸。二是,勇逐梦,无畏则刚。无畏则刚化用了"无欲则刚",寓意毫不畏惧困难和坎坷,"立己达人",为教育事业,追逐梦想,守望学生。

2. 工作室目标

工作室目标是"超越,成为更好的自己"。学员们虽然都已经获得了一定级别的荣誉,但不同学段、不同年龄、不同经历的学员,其思维方式和能力起点也存在着差异。工作室教师的教育目的就是使每位学员在原有的基础上得到更好的发展,从而形成"成长自觉"。骨干教师成长的内部核心因素是"关键动力",外部核心因素是"关键事件"和"关键人物"。这些"关键事件"和"关键人物"激发内在的"关键动力",促使"成长自觉"成为贯穿其一生的绵绵不绝的生命动力。因此,工作室学员们以孜孜不倦的求索姿态在成长道路上,不断超越,成为更好的自己。

3. 工作室宗旨

工作室宗旨是"践行课堂变革、传播课改成果、促进教师发展"，以发展和传承实现宗旨。传承是继承、传接和认同，延续着体育情怀，彰显着体育精神，隐含着体育素养。"践行课堂变革"是指依据课标实践体育教育教学改革，全面提高教育教学质量；"传播课改成果"是指将课改实践中提炼的有效教学方法和手段，辐射和传递出去，使更多师生受益；"促进教师发展"指在践行课堂变革、传播课改成果过程中，促进教师专业成长，同时反哺课堂提高教学质量，形成螺旋式上升的良性循环。

4. 工作室主张

工作室主张是"做人如'潜泳'，默默前行，现君子之风；做事似'起跑'，勇往直前，显侠气豪情"。倡导做人要低调谦逊，做事要积极奋进。"知是行之始，行是知之成"。以"奔跑"作为行动方式，是体育学科所特有和必须具有的。它呈现的是一种人生态度，是一种积极向上、奋力前行的行动姿态；更是一种追逐梦想、实现自我超越的决心和勇气。

5. 工作室原则

工作室原则是"共建、共创、共享、共进、共赢"。倡导将工作室经营成为一个有理想信念的学习共同体，一个有共同追求的大家庭。学员之间如同"家人"，根据每位"家人"的不同特长，合理配置资源，齐心协力建设、营造理想中的工作室，共同创造"真善美"的学习和成长环境；在这个大家庭里，学员们一起消化、内化、物化教育教学成果，共同分享教育教学智慧、共同进步、达到共赢，从而实现团队效益最大化。学习共同体将有助教师在面对不断变化的教育工作情境中能够持续学习，从而在学习型组织中获得更多的归属感和自主权；教师在学习共同体中能够互相观摩、集体备课、共同研讨和协同教学等，开展系列合作与分享活动，使教师生成共同愿景和目标。

6. 工作室教学主张

工作室追求的教学主张是"技体融合、'情德'无痕"。"技"是指"技术"，是动作技术的学练方法、动作技能综合运用的练习方法；"体"是指"体能"，一是指借助技术动作发展体能的练习方法；二是指巩固、提高技术动作所需体能的练习方法。"技体融合"是指将借助技术动作发展体能的练习方法或者提高技术动作所需体能的练习方法，有机地融入动作技术的学练方法及动作技能综合运用的练习方法之中，产生 1+1＞2 的效果，从而提高课堂效率和效益。"情"是指出于教师肺腑、用于学生的师之大爱；"德"是指体育品德，是学生的体育学科核心素养，也是立德树人之德。"'情德'无痕"是指通过师之"情"和"德"影响生之情和德，把健康行为方式、态度和价值观、体育精神和体育品格等无痕、无形、又无处不在地渗透于教育教学中，以培育学生的"运动能力、健康行为和体育品德"，达成"健体育人"的体育教育目的，"以情育人""以情立德"，乃至"立德树人"。

（二）视觉文化

视觉文化是指以图像符号为构成元素、以视觉可感知的样式（如视频、动画、图形、图画等形象）为外在表现形式的文化。视觉文化可以把理念文化中的内涵文化简洁化、可视化，使之更加容易辨识、传播，以期有效、快速、准确地传递工作室理念。本文的视觉文化主要通过工作室的 Logo 传递（图2），其图案元素丰富、学科特征明显。各种元素意蕴诠释如下：

Logo设计在整体上凸显了"纳百川·勇逐梦"的工作室理念。广阔天空和无垠大海，寓意"纳百川"，守望教育的胸怀；"勇"字符号及接力棒，寓意"勇逐梦"，勇往直前、勇于创新。Logo设计的细节寓意，我将从三个方面进行阐述。第一，从色调上看，蓝色代表沉稳、理智，表示静心学习、思考，遨游在知识的海洋；黄色代表希望、活力，表示满怀着期待和信心去学习、分享和成长。第二，外圈用接力棒的元素，寓意传与接，用学科术语形象地传递工作室对体育教育传承与发展的理念。内含两层意义：其一，导师的引领寓意"传"，学员的内化寓意"接"；其二，学员作为骨干教师对外辐射、影响寓意"传"，外围教师吸收、产生变化寓意"接"。如此循环，

图2　工作室Logo

犹如一直奔跑在没有终点的圆形跑道上，为"超越，成为更好的自己"生生不息、永不停歇；也寓意坚持"共建、共创、共享、共进、共赢"的工作室原则。第三，"勇"字采用篆体设计，凸显文化涵养和理念内涵。其中间部分是一本翻开的书，代表阅读与思考；上半部分为一支笔，代表交流与表达，即寓意阅读能力、思考能力和表达能力是工作室学员学习和成长的基本能力、核心能力；下半部分为一人在"潜泳"，其姿势形同"起跑"，寓意工作室主张"做人如'潜泳'，默默前行，现君子之风；做事似'起跑'，勇往直前"，显侠气豪情。

三、名师工作室理念文化的实践策略

理念是行为的先声，工作室秉持的理念文化主导着教师教育行为，文化赋予一切行为以生命与意义；反之，也只有通过行为实践，才能发挥工作室理念文化的引领作用，才能真正培育具有"成长自觉"的教师。近年来，工作室一直十分注重建立科学合理的教师学习结构，在"教师阅读""课堂教学""专题研讨""写作练笔"等方面开展各项活动，引导学员立足教育教学实际，不断点燃自己、修炼自己、完善自己、超越自己，赋予工作室理念文化的内涵发展以清晰的实践解读。

1. 多元阅读，激活精神原动力

朱永新说，一个人的精神发育史，就是他的阅读史。阅读的作用和力量可见一斑。阅读学习是开阔视野的重要方式。本着"读以致知、读以致用、读以修为"的阅读理念文化，工作室选取适切的期刊和书籍建立工作室阅读学习资源库，以自主阅读和分享阅读等形式，促使学员关联实践、感悟内化，提升阅读能力，激活精神原动力。从本质上说，阅读是人的个性化行为，因此，工作室主要给予学员三种阅读导向：一是日常式的"月读"，即学员日常的阅读行为。工作室以每月精读一本书的要求，促使学员将阅读当成自己的一种生活方式，进行阅读积累，实现"读以致知"。二是聚焦式的"约读"，是指以解决某个问题而开展的带有目的性约读一本书的阅读，即专题式阅读。例如，为了上好一节展示课、做好一个课题、完成一个项目等，进行相关书籍、期刊、网络文章的阅读，工作室以"拆读"和"共读"的形式达成学员"读以致用"之效。三是滋养式的"悦读"，即经典阅读。例如，我国传统文化方面的《诗经》《论语》和《道德经》等，工作室基于学员的喜好以"选读"的形式引导学员以经典读本滋养生命，逐步走向"读以修为"。

2. 课堂研磨，夯实教学基础力

课堂，是教师教学的"战场"，也是践行工作室教学主张的阵地。借助工作室合作搭建的平台，以试课、上课、说课的活动形式能够促进学员迅速成长。课堂上的成长，既是智慧生成的结果，也是智慧碰撞的过程。所谓"剑出磨砺，课成于磨"，在工作室，磨课，是团队的事。无论是上一节公开课、优质课，还是说课和试课，都凝聚了团队的心血、汗水和力量，在思维的相互碰撞、交流和分享的过程中，进一步夯实学员的教学基本能力。在工作室理念文化的引领下，学员的课堂研磨主要经历五个环节，即导师解读讲授→团队感受理解→学员实战演练→团队交流研讨→学员内化提升。由此形成一个学习闭环，以工作室团队之力助学员转变思维模式和行为模式，从而达成"理解获取"直至"内化提升"。

3. 专题研讨，提升专业学习力

工作室理念文化倡导"人人参与、民主和谐、平等对话，共享教研智慧"。除搭建平台让学员积累课堂实战经验外，工作室还十分关注学员的专业思维显性表达。专题研讨就是历练学员思维表达能力的一种有效形式，也是开拓学员视野的方式，学员可以在相互交流研讨的过程中从多方面、多角度获取需要的信息。具体而言，"专题研讨"即聚焦专题，开展对课堂教学现象或问题的研究及寻求对策的发言讨论。如工作室联盟专题研讨活动，其形式先着眼于学员个人思考的"点"，再汇聚到集体思考的"线"，最后形成辐射展示活动的"面"。这种"点—线—面"的研讨过程催生了良性循环的学习现场，促使学员之间彼此分享专业知识、交换观点见解，从而不断学习与更新教育教学理念，由此提升了学员的专业学习能力。如主题为"优化体能教学"的专题研讨联盟活动。该专题在主持人的引领下被分解为5个小专题：体能与运动能力的关系、优化体能教学及理论依据、优化体能教学的方法和手段、优化体能教学的注意事项；继而根据专业能力和意向确定主讲者和反思者；接着，主讲者专题发言、反思者跟进反思、助理点评交流、主持人总评引领，确定联盟活动专题发言者；最后，在联盟活动专题研讨中，学员汲取他人之长，反思自身之短，撰写"学习体会"，共享共进。

4. 笔耕不辍，强化思考表达力

阅读与写作是实现教师专业成长的有效途径。坚持"读写结合"是工作室理念文化的行为准则之一，也是培养学员专业思维显性表达能力的主要方式。犹如工作室 Logo 里的书和笔，一是寓意"以读促写"，通过阅读促进写作；二是寓意"以写促读"，即通过写作推动阅读。"读写结合"最大的作用在于促进学员深度思考。会思考，是优秀教师必备的品质之一。在教育教学过程中，教师要学会"三思"：思自己之短，思他人之长，思周遭之境。将所见所思所悟，付诸笔端，走笔着墨间，才可强化思维的显性表达能力，才可促成教学理论的深度思考。如工作室安排学员轮流执笔撰写活动通讯稿，并要求工作室理念在行文中得到充分体现。由于文稿会在温州市名师网上公开署名发布，每个学员都非常重视练笔写作的机会，深度参与活动的每一个环节，努力完成每一篇稿子。又如，工作室规定"一活动一反思""一年一论文"。长此以往，不仅发展了学员们理论结合实践的能力，也促发了学员积极阅读学习的动力。以此助推学员笔耕不辍，强化其思考和表达能力。

教育的本质即文化的传承。促进教师学习的因素不仅包括教师个人因素，如增强信念、明确认知与计划，也包括为教师提供相互支持与情感共融的共同体文化，以及共同体内相关的活动于反思等。在工作室这个特殊的学习环境里，衍生出多条"文化传承"链条，即导师—学员—学生—

导师—学员—其他教师、学员—其他教师—学生。为了树立共同的精神信念，形成共同的教育信仰，共筑理想的教育生态，一群怀揣教育之梦的优秀教育者，聚集在名师工作室这个专业成长的舞台，勤于修习、勤于反思、勤于实践，将共同的价值追求和教育愿景，融入工作室理念文化，以"学习、反思、实践、生成"的文化方式不断循环、不断传承。只有用文化才可塑造有文化的人，只有用文化才可培养有文化的教师，只有用文化才可建设有文化的团队。心理学家荣格说，一切文化都会沉淀为人格。因此，工作室理念文化的建设对集体人格的塑造具有深远的意义。

参考文献

[1] 蔡其勇，刘筱，胡春芳. 新时代乡村教师学习共同体建构策略 [J]. 中国教育学刊，2020（2）：83-86.

[2] 王天晓，孟繁华. 治理视野下的教师共同体建设 [J]. 中国教育学刊，2009（8）：84-86，92.

[3] 全力. 名师工作室环境中的教师专业成长——一种专业共同体的视角 [J]. 当代教育科学，2009（13）：31-34.

[4] 吴增生. 用指向实践的教学研究引领数学教师的专业成长——名师工作室工作实践与思考 [J]. 中国数学教育·高中版，2019（11）：20-25.

[5] 杨刚，曾群芳. 教师学习何以可能 [J]. 教育理论与实践，2015（29）：28-30.

[6] 余立峰. 浙江省中小学体育与健康课程指导纲要 [M]. 浙江：浙江教育出版社，2019.

[7] 李宝敏，宫玲玲. 基于工作坊的混合式研修中教师学习现状及支持对策研究 [J]. 教师教育研究，2018，30（2）：49-58.

发展自己　成就学生

温州市鹿城区教育研究院　蔡　永

前段时间看到一篇时评说"教师的最大师德是把课上好",我深以为然。思考个人的发展之路源于浙江教育报记者黄莉萍老师的一次约访,这次约访后来成为一篇报道《一个"非主流"学科教师的"特级"之路》,文章不长可见成长之路比较平淡,除了一些简单的工作简历就是说一些关于课堂和教学的事情。

我的工作经历比较简单:1988年在泰顺城关中学任教;2002年调温州市实验中学任教;2014年评为省特级教师;2019年调到鹿城区教育研究院工作。

一个人的探索:自我培训

刚参加工作时既没有师父的引领也没有同伴的互助,学校甚至没有教学参考书和教学大纲,更不像现在学校中的备课组有老教师引领,因为一个年级八个班都由我一个人教,每周16节课。非师范院校毕业的我并不知道如何做好教学设计、如何上好第一课、如何确定教学目标、如何提高学生成绩,更没有想过所学的内容对学生今后的发展有什么用。以记忆中依稀存在的初中地理课堂和初中地理教师的教学为本,我想要做好几件事:第一要吸引学生注意,让学生喜欢上课;第二要用地图和版图提高教学的直观性。为上好第一节课我做了充分的准备,搜索自己的记忆与藏书,寻找能吸引学生注意与书本知识相关又能说明学习地理重要性的内容,学校没有挂图就自己手绘世界地图,终于第一课比较好地上了下来。

第一节课受到欢迎根本没有让我的教学生涯面临的困难减少,由于缺少基本的教育学、心理学知识,加上初中地理学科是"副科",学校、学生都不重视,课堂教学举步维艰,教学成绩差强人意。学习成为我唯一的选择,没有老教师引领就自己摸索,没有相应的知识就自己学,课堂效果不好就多与学生交流,没有挂图就每天放学后在黑板上练习画图。在一个学期的时间里,我阅读了学校图书馆里的所有教育学、心理学、教学设计的书籍和教学杂志,摘抄了大量的读书笔记,课堂教学也开始变得得心应手起来。对教材了然于心使得课堂教学可以根据学生的特点和学习进程及时做出调整,无论是出现什么区域地图都能随手画出,以至于20多年后的今天遇到当年的学生,他们已经不记得当年学过什么、怎么学的,但是都记得我上课不带书只带两支粉笔进教室,书上内容在第几页什么位置能脱口而出的场景。

初步站稳讲台后又面临一个新的问题,由于需要上八个班级的课,每个教学设计需要讲八次觉得非常乏味,由于课堂上没有拿着教学设计,有时上课会突然忘记这个内容在这个班级有没有讲过,教学再次陷入困境。这时我有两个选择,要么带着教案进课堂,要么每节课用不同教学设计,我选择了后者。于是我开始了每课时准备4~5个教学设计的教学生活,开始真的很难,教学设计的差异只能使导入的方法、呈现的材料差异等简单的变化,慢慢地开始考虑学生的差异,教学思路的差异,最后可以就一个内容做出截然不同的几个教学设计,一个学期下来备课本写了10多本,对教学的认识自然也就有很大的不同。

仅有自己探索是不够的，限于各种条件能够参与的各种培训和研讨活动十分有限，为了能提升自己、了解到最新的教育教学思想和实践成果，除大量阅读外，向周围的人要培训、学习的材料自己学习是我培训自己的一个重要方法。由于教授的《历史与社会》《道德与法治》课程内容具有很强的综合性，学科知识跨度也非常大，远远超过了原有的知识体系，只有大量阅读才能让课堂教学围绕学科关键能力、让教学活动能吸引学生并引起他们的思考。网络成为我最好的学习平台，众多的慕课资源成为丰富知识的大课堂。

参与各类评比：历练自己

每一次的评比都是教师专业发展的试金石，每次教学比赛都是对教师专业发展水平的一次检验，同时，也是一次提升专业素养的学习。我一直努力抓住各种机会参与各种比赛、展示活动以校验自己的思考和实践，找到自己的差距和不足，为下一阶段的个人成长提供方向。

1999年的一天，县教研员打电话说一个星期后的市优质课评比原来准备参赛的教师因为准备了一个月还是不会做课件，问我有没有兴趣参加。课件是什么？当时，我还从来没有听说过，但是我不假思索地就答应了。事情答应了就要开始行动，我一边思考教学设计一边开始学习课件的制作。当时学校就校长室一台计算机，于是我和校长商量每天下班后允许我用这台计算机学习，得到同意后每天晚上我就待在校长室开始自学课件制作。当时对课件的了解实在太少，听人介绍选择了Authorware从零开始学习，整整一个星期没沾过枕头愣是"现学现卖"地在出发前做好了比赛要用的课件，由于当时使用的3.5英寸软盘根本存不下一个文件，只能将文件分割存在多个软盘里。凌晨5点，走出校长办公室，坐上了前往温州的汽车，到温州已经是傍晚。第二天上课，内容是"地球上的水"，走进教室前我一直在想怎么才能引起学生的兴趣？怎样才能引起学生的思考？看到校园里的落叶于是我就捡了两片，让学生通过对绿色和枯黄的树叶的对比，引出水是生命之源，作为课堂的导入，学生的学习热情被激发出来，整节课学生都积极地参与到课堂中，这个导入很大程度上弥补了我初次制作的粗糙课件的不足，让我"意外"地获得了一等奖。现在想来那一周让我对教学、对课堂的认识加深了许多，这次比赛也为日后开始更多地参加市教研活动，开阔自己的视野提供了基础。

参加各种评比成绩好自然可喜，成绩不好也是寻找自己不足的机会，成为发展自己的新起点，只要认识到这一点就会看淡评比的结果而更注重参与的过程和成长的收获。2006年我第一次符合申报特级教师的条件就参加了市里的申报，通过申报后市教育局为我们组织了学习小组，委派了专家做细致的指导，小组成员在专家的引领下对课堂教学、论文答辩都做了深入的研讨，和各个学科的专家们在一起收获是平时教研活动无法达到的。虽然最后参加省评审没有通过，但是让我清晰地认识到自己的长处和不足。针对自己教科研水平不高、成果层次较低的问题，接下来的几年沉下心来深入研究学科教学，几年时间教研成果的收获颇丰。这样一次次地完善自己，2014年终于实现了这个目标。

一次次评比让我更加深刻地认识到参与就是成长，在后来的教学生涯中只要有机会我就会积极争取去参加。一次次的评比不仅让我的专业素养得到提升也为我积累了一些荣誉，为登上一个个更高的平台创造了条件，接下来成为温州市教坛新秀、温州市教坛中坚、温州市名师、浙江省特级教师就是在这样一次次的历练中一步步前行。

及时总结反思：提升自己

忘了出处的一句话对我影响很大：有人当了10年教师有10年的教学经验，有人却只有10个一年的教学经验。要丰富自己就必须要不断总结和反思自己的工作，而写作是总结和反思自我的最好方式。从1989年第一次写的教学心得在《温州教育》发表起，写自己的课堂、写自己的思考，就成为一种习惯。写的过程不仅是一个记录的过程，更是一个思考和总结的过程；写的目的不仅是发表、评比，更多的是指导新的教学；写的内容不仅是自己的教学实践，还有学习的所得；写作的结果不仅是在各类刊物发表了几十篇文章，更是提升了自己的专业素养。

写作是一种习惯，需要坚持不懈。从1990年每天记录自己的教育实践开始，从每天两三百字到每天1 000字左右，从简单地记录实践做法到点滴思考再到反思总结，从记录困惑到改进措施，这个习惯已经坚持了近30年。几十本的笔记本和计算机里的1 000多篇反思当中，有些最后整理成文发表了，更多的都只是停留在笔记本和计算机里。它们的价值不在于发表而在于对工作的思考，每年关注的问题有相同也会有不同，都会从上一年的随笔中获得启发，这样的结果不是写一天两天能获得的。

写作是一种研究，需要理论支撑。要让写作有价值，不仅要有好的习惯，更要有一定的理论指导。长期的坚持让我逐渐意识到反思需要有理、有据、有物，这个感悟最后形成一篇论文发表。为了让反思有理，就需要对教育教学理论的深入阅读，教育学、教育心理学的经典著作是我案头的必备，遇到问题从书中去寻找答案就成为日常。现在的教育理论书籍很多，什么都读显然是不现实的，以经典著作当工具书，结合日常阅读的摘录做补充就能很好地满足需要。

写作要以改进工作为主要目的，反思围绕工作的改进才能"思之有物"。从第一篇思考如何改进备课让知识更清晰到作业的设计，到后来的如何依据学情开展教学设计、如何有效地运用现代教育技术、如何撰写反思，都围绕不同阶段工作中遇到的问题。如新课程实施后面临着学习方式的改变，如何开展合作学习、探究学习一直是一种困扰。为此我将自己的实践和思考撰写成一系列的文章发表在《地理教学》《基础教育课程》《上海教育研究》等刊物上，也使自己的教学素养得到提升。

不断拓宽视野：迎来蜕变

拓宽视野是提升专业素养改进教学工作的重要途径，由于缺少名师的引领，个人视野不宽，教学和研究的层次总是不高，能力提升也很慢。不断寻找学习平台和途径是工作10年左右最重要的想法。1999年一个偶然的机会看到浙江教育学院有个培训，联系教育学院教师旁听了一天的课，虽然只有一天但有幸听了杭州二中和学军中学两位特级教师的课和他们对教学设计的解读。这一天的听课打开了我的眼界，改变了我对教学的认识，课堂教学发生了第一次的蜕变。

2000年有机会参加温州市的骨干教师研修班，但是没有任教的社会学科只有心理健康教育班级。虽然没有系统学过心理学，也不是一个专门从事心理健康教育的教师，我还是全力以赴地参与其中，在徐慧珠老师的指导下阅读、实践、研究。两年的研修让我系统地学习了心理健康教育的理论、第一次上了全市公开课、评上了市教坛新秀、做了第一个教学课题、第一次聆听了专家对心理学理论与应用的解读、开设了心理健康课程，更重要的是将心理学的知识用于对教学的改进，让学生对课堂的兴趣极大增加，教学效果也有极大提升。

上述的经历让我真正感受到"眼界决定高度"，在之后的教育生涯中不断寻找机会去学习、去参观、与同行交流、观看慕课、听其他学科的课程等，让自己的视野从学科教学走向学生教育，从教育走向人的发展。

"发展自己，成就学生"：只有不断地发展自己、提升自己的素养，才能为学生提供更好的学习体验、提升学习的效果，是我对自己教育生涯的最大体会，也是我的教育实践。

定向·研教·从师

温州市第二十一中学 林甲景

我2005年8月参加工作，定睛一看，15年过去了。无论我们每个人的专业发展以怎样的速度和方式前进，时间，一直用它行色匆匆的脚步告诉我们：不必追，不必迎。然而，岁月可叹的同时，当我们从各自的人生和视角去盘点专业成长之路时，我们所欣慰的，正是看见多少困难和事情，都如船后的波纹，蓦然回首，美不胜收。

每个人专业成长路上的"天""地""人"三个因素都不同，于我而言，"定向""研教""从师"，是对我专业成长影响最大的3个关键词。

一、定向——教师要建立自己的专业根据地

长江学者、江苏省社科院副院长樊和平教授有一句话对我影响很大，他说："一定要设定一个方向使自己的学术研究聚焦，要有一种'学术割据'的理念，在中国学术这个大版图中努力占有一块'根据地'，建立只属于自己的特色和优势。"方向，在所有教师专业发展过程中，都具有首位度意义，方向对，几乎成了一半。但难的是，发现这个方向。很多人，需要经历漫长的等待，甚至饱尝挫败的打击。

2007年6月教完高二时，我被校长通知"下放"到高一，虽然这是很多学校锻炼年轻人的通行做法，但我还是备受打击，说得直白点，无非还是学校觉得我的水平不够上高三，这种被否定的感觉和经历，一定不痛快，但竟然歪打正着，成了我专业成长路上痛定思痛、触底反弹的良机！那个暑假，我"自尊感"大爆发，我认真、严肃、深刻、反复地鼓舞自己：一定要干出点名堂来！我也认真、严肃、深刻、反复地追问自己：林甲景，你究竟要拿什么去证明自己？

我就通身打量自己，上上下下里里外外搜了个遍，我发现我也不是那么一无是处，让自己窃喜的是，我一直擅长写作。我灵机一动：我怎么就不能在写作教学上杀出一条血路来呢？而且，写作教学不正是语文教学一直以来的痛点吗？接着我就细想，我要做两件事来突围：一是用我的写作来系统指导学生的写作；二是我要大量、系统指导学生发表文章。

就是这两个想法，让我的教师生涯换了个活法。因为我坚持写作，经常在文学刊物上发表诗歌散文，还在市直高中语文教师一小时写作比赛中获得一等奖，又坚持与学生同写考场作文，没有"站着说话不腰疼"，还开出了《文章是"写"出来的》《文章是"改"出来的》《论述文写作的几个核心问题》《记叙文写作的几个核心问题》等一系列系统写作指导课，孩子们充分感受到我的写作教学的"专业性""权威性"和"亲民性"。上学生习作分享课时，经常有学生问："老师，直接读你的文章好吗？"我深刻地感受到，语文教师的写作示范比千万个写作理论都要顶用。

(一）我开始有了专业的认可度

重新回到高一，我发现孩子们的总体成绩虽然只在全市中等，但他们的笔下熠熠生辉，佳作频现，我就用我的写作经验去指导孩子们精打细磨，1年内，指导学生在市级刊物上发表了18篇文章。积小流成江海，从2007年下半年到2016年上半年（2016学年至2018学年因外派支教、单位调动，3年未任教），9年时间，指导孩子们在国、省、市级刊物上发表了228篇文章。孩子们的写作热情高涨，写作自信倍增，他们享受自己的手稿变成铅字的喜悦，而我也真正感受到李开复的话的含义："帮助他人实现他们的梦想，是唯一比实现自己的梦想更有意义的事情。"

（二）我开始有了职业的成就感

2009年，我写成了专业论文《写范文一篇，润习作一下，享精华一堂，推学生一把——关于写作兴趣教学的几点探索》，完全出乎我意料的是，我竟然拿了市一等奖，并被选送省里参评又拿了省二等奖。这是我第一次触摸到市一等奖和省二等奖的"袖子"，坦白说，那也是我15年教学生涯里第一次感受到专业自信，但就这样一次，就足够支撑我勇敢地走下去。这篇文章也成了市教研员关注到我的开始，后来，他陆续给了我一些全市平台，始终也都是围绕着写作教学，如2010年的公开课《写作，是一种再现》、2012年的讲座《带上写作去阅读，指向写作而阅读》、2013年的讲座《下水是终极指导，随笔是真正作文》等。

（三）我开始有了方向的坚定感

其实，从下放那一年开始，直到现在，写作教学一直是我坚持实践与研究的教学特色，最初锚定的写作示范与指导发表更是一以贯之。2019年年底，我在全省中学语文教学研讨会上作的讲座《写作指导的系统与伦理》，有幸被省教研员、特级教师黄华伟老师和全省多位语文名师听讲，受到他们的一致肯定，颇感欣慰。2019年5月，在市政协送教下乡活动上开出的市级公开课《辩证分析法在论述文中的运用》和2020年疫情期间录制的市级名师网课《思辨性写作的"边路思维"》，仍然围绕着写作教学。

在这个过程中，自然而然又陆陆续续做了很多写作教学的科研工作，写了一些比较满意的作品。如2019年在核心期刊《教学月刊》上发表《思辨型题目，思辨性写作——浙江近五年高考作文题分析》，2016年在核心期刊《语文学习》上发表《写作助推阅读，阅读升华写作——对提高写作教学效率的几点认识》，2014年在国家级刊物《语文世界》上发表《一个在阅读与写作中行走的孩子》，2012年在省级刊物《教师》上发表《写作，是一种再现——写人叙事类文章写作指导研究》。

这样回头看，可见"方向"是"定乾坤"的事情，"方向"对了，教师才能建立起独属于自己的专业根据地，形成自己的专业特色和专业权威。而定向当然要量身定做、量体裁衣，要对自己的长短处、优劣势有清醒的认识。选定的方向，是你喜欢的，你就有主观能动性；是你擅长的，你做起来就有可持续性；是你这个领域的痛点的，那就有供给侧结构性改革的意义。我后来又成功地做了电影德育课程和新诗朗诵课程，也都是抓住这三个点的结果。我将"定向"放在文章的第一部分，想表达的也无非就是这样一层意思。

二、研教——科研是专业发展的最后一公里

在艺术学领域，有人说："艺术源于生活，高于生活。"史铁生发展了他的观点："艺术源

于现实,实现现实。"今天,我在教育学领域套用上述观点,想说一句:科研源于实践,实现实践。任何在做系统科研或发生过科研行为(整理即科研)的教师,一定都有一个共识:不科研(或不发生科研行为),我们的经验就是零散的,换而言之,科研是"零存整取"的行为。

"零存整取"是新建构主义学习理论的提炼,它倡导通过积件式写作、个性化改写达到创造性重构。我们做"零存整取"的科研,根本目的就是通过"生产知识"来改进实践,以此实现更加理想的实践途径、实践技能、实践方式、实践模式、实践系统,这是中小学科研的根本特征,即"为了教育的研究",它不同于高校和学术机构的专业学术研究,他们的研究更多的是"关于教育的研究"。我们不可能只消费不生产,否则大家都在原地踏步、不进则退,这就是我们呼吁广大教师积极投身科研的科研伦理依据。

实际上,科研就是让教师更加"专业",科研让一个教师拥有自己的"品牌"和"名片",科研让一个教师成为某一个学问的"符号"和"代言人",可以说,一个教师的科研史就是他的专业发展史。

如我的文本阅读教学,我觉得自己在2015年以前,一直是没有找到自己的"任督二脉",也就是没有自己的阅读教学备课上课的"纲",没有一个一以贯之的理念和风格,坦白说,也一直不满意。怎么办?科研!

我就静下心来聚焦文本,立足文本,钻研文本,真正开始转变备课模式,彻底以文本为"本",独立地思考、深度地钻研、反复地琢磨、不厌其烦地推敲,在这样的基础上备课、教学、整理,经过两年左右的时间,我幸运地找到了自己的教学风格:结构教学。因为我深刻地感受到,一堂课首要的就是结构,结构清这堂课就清;结构就是逻辑,就是宏观的顶层设计,顶层有设计课就差不了……"结构"这个词当然很通俗,关键是我要真正在"结构"上有所突破,并且形成自己独特的"结构"风格和体系,在"结构"上进行系统建构。而关于课堂结构的系统建构,也正是高中语文阅读教学的痛点。

两年的实践,让我得以创作出《结构:让语文课立起来,深下去——高中语文结构教学法的实践与探究》,获得2017年全市论文比赛一等奖第一名,2018年、2019年又先后在核心期刊《语文教学通讯》《教学月刊》上发表了《高中语文教学中的文本"补白"意识和方法》和《细说中学语文教学的文本之"本"》。3篇文章下来,我基本上把自己的教学风格进行了提炼,把大部分文本进行了独立的解读重构和特色的教学设计,一下子就觉得自己的整个语文教学"豁然开朗"起来,忽然间就觉得自己的专业发展最后一公里打通了。这5年下来,我的所有备课工作和教学设计都具有一以贯之的"结构"特点,而且我发现,围绕"结构"的备课,很轻松,效率和质量都很高,每一次备课都像一场探险,每每妙趣横生。这就是科研的魅力、魔力。

而我关于"结构教学"的研究,不仅在自己的语文学科教学,还贯通了自己的电影课教学,两者一直是交叉互补,彼此启发。特别是我在长期电影课教学中提炼的7种结构(情节推进式结构、首尾呼应式结构、详略反向式结构、聚焦人物式结构、人物关系式结构、层层追问式结构、比较阅读式结构),对我的语文教学影响巨大,这些提炼都高度集中在一篇科研文章里:《电影课:请把结构设计放在首位》(《中国教师报》2019年1月9日第6版《课改研究》)。这都得益于科研。

后来,我又陆续在文言文教学上进行了科研攻关,梳理了《话说高中文言文的"文化"之"文"》,自己的文言文教学一下子柳暗花明;我把多年写作教学的实践经验系统梳理成《写作指导的系统与伦理》，写作教学也有了自己的一定之规；2019 年在核心期刊《教学月刊》上发表了《思辨型题目，思辨性写作——浙江近五年高考作文题分析》，我后来在写作时也是这么"思辨性写作"的。

不仅教学上有了"结构"法宝，而且科研本身也有了"结构"主义，这两者之间又是互通互鉴的关系，这几年创作科研作品，我就十分注重文章的"结构"，而这样的创作不仅更加轻松有趣，而且也更加优质高效。这些都是科研反哺实践、科研打通专业发展"最后一公里"的深刻经历。

当然，科研还有一个巨大的"诱惑"，那就是自带"蝴蝶效应"。也就是说，它会产生"连锁反应"，会"滚雪球"，会"自生长"。科研的"蝴蝶效应"是科研推动教师专业发展不断深化的不竭动力。这也是我们今天大力呼吁、倡导科研的重要原因。

三、从师——成长需要同僚性的教师共同体

佐藤学教授在《教师花传书》中说道："对教师成长大有裨益的是同时兼备'匠人性'（craftsmanship）与'专家文化'（professional culture）的教师共同体，这种共同体的性格可以用'同僚性'（collegiality）来形容。"我们在成长道路上，太需要有名师引领的具有同僚性的教师共同体了。韩愈在《师说》中所谓"惑而不从师，其为惑也，终不解矣"，说的就是要"从师"的道理。

我的第一个教学师父章胜亮老师，对我影响很大，他是教学灵性非常突出的骨干教师，更是对栽培徒弟用心无私的好师父。2011 年 9 月，市教研院下达市直高中语文优质课比赛文件，师父叫我去参加，我推脱说自己忙，不去。过了一个星期，师父又来动员我，我再一次以忙碌为由亮明自己的态度，不去。没想到，又过了一个星期，师父第三次来找我，我的坚决没有吓退他坚持动员的脚步，我实在不好意思辜负师父这样一番诚意，硬着头皮，参加了。出乎意料的是，我竟然拿了市直一等奖，同时获得了代表市直参加全市优质课比赛的资格，更出乎意料的是，又拿了全市一等奖第二名，那堂课连同我在课上给学生分享的在北大创作的《生的意义》一诗，给市教研员留下了深刻的印象，此后获得了市教研员的多次提携，开了不少课和讲座。这个一等奖，也是一直支撑我评职称、评骨干、评名师的重要奖项。

但那个参赛的过程，是漫长的，是一个共同体十几名同事一起打磨奋战下来的，是集体智慧的结晶。曹文轩的《前方》、高建群的《西地平线上》、梭罗的《神的一滴》、奥尔多·利奥波德的《像山那样思考》……多少篇散文，我读了又读，备了又备，和同僚们磨了又磨，试了又试，他们为我搜集了 100 多篇高精尖的备课材料，我在师父和同僚们的帮助下，甚至一度提炼出了散文教学三部曲："品一品，读一读"→"悟一悟，议一议"→"想一想，写一写"。如今回头看去，竟然还很有些沿用价值。特别是那种短期应急机制下的快速备课、优质备课，对今后的教学风格凝练、教学水平提升，产生了重大的影响。这要感谢那一年师父"不离不弃"的动员和同僚们"从一而终"的陪伴。

2015 年 5 月至 2017 年 5 月，我在陈素平名师工作室当学员，陈素平老师是市教研院副院长、教授级高级教师，是温州科研的领军人物，在她的工作室里，我自然学到很多很深，而且所有的学员都是各有自己的研究领域，相互启发，彼此借鉴，一起成长。印象最深刻、影响最深远的，就是陈老师和我们全体学员"共读一本书"，她根据我们 10 个学员不同的研究领域，给每一个学员推荐购赠不同的书，然后她一对一地和每一个学员"共读一本书"，并要求每个

学员将专业书籍阅读和自身研究领域充分相结合,谈体会,说变化,炼提升。

她和我共读的书是北京师范大学檀传宝教授的《美学是未来的教育学》,他在这本书中提出了"欣赏型德育模式":"让德育的内容和形式具有美感,让德育对象在欣赏中接受德育。"我在此基础上,提炼出"美学化德育"的新型德育,通过学生喜闻乐见、具有自我启蒙的经典电影欣赏,有系统设计、思想交互、表达启蒙的电影德育课,在德育素材、德育阵地、德育方式上都进行持续的、系统的创新实践,对"美学化德育"进行了系统的四化阐释和自主的理论建构(德育载体美学化、本质力量对象化、教学选择自由化、主体阵地启蒙化),获得了市教育教学成果奖一等奖、市德育校本课程一等奖、市推广课题一等奖、全国十大课改教师、省级重点课题立项、开课讲座180多场等丰硕成果。这些成果都源自我在工作室这两年,追随导师、伴随同学,动态共享的共同体研究、每月1场的头脑风暴、持续不断的成果修缮。

2017年,我加入语文特级教师庄平悌老师的省级名师工作室,和全省多个市县的语文骨干成了学伴,泰顺、青田、宁波……每一站活动都全员发言,或开课或说课或讲座,每个同学都把自己近年近期的核心研究成果进行分享与展示,每一次活动还都有特级教师的按需点评,你可以想象学习容量之大、专业启发之深。特别是文言文教学,从青田到宁波,全员参与,一以贯之,多点开花,逐步深入,我因此全面研究整理了《话说高中文言文的"文化"之"文"》,使自己的文言文教学柳暗花明。另外,永嘉中学郑建周老师研究整理了《文言文文化内涵的"问"掘》,云和中学姚培灵老师研究整理了《于炼字炼句中寻觅文言津梁》,宁波象山中学田桂娟老师研究整理了《文言文虚词表情达意之美》,临海回浦中学郑超老师研究整理了《文言文简洁之美》,苍南矾山高中舒文静老师研究整理了《文言文教学中"文化本位"探究》等,这样的共同体专题系统学习简直是一场盛宴。

2018年,我参加名师班学习,市教师院为我们组配了导师,就是市高中语文教研员周康平老师,他的共同体学习理念又是别具一格,他一贯主张把我们学员带到比赛现场、带到教学现场,在现场、说现场、研现场,讲究真实研究、现场对话、情境交流,使我们学会限时思考、应急处置、临场发挥。特别是2019年3月的市直高中语文优质课说课比赛,他让我们当观众评委,听完每一个选手的说课后点评、打分,倒逼我们用评委视角宏观观察、横向比较与深度思考,然后他又讲他的思考与判断,再将我们学员的判断与他的判断进行比较,这些都是非常有突破性意义的学习和锻炼。

皮尔斯在《待垦之路》中写道:"它始于你真心去做,它始于别人说了'不成'而你继续坚持,它始于你说'我们'。"教师专业成长多么需要这样的一个"我们":名师引领+同伴共学。教师共同体的意义,远不仅仅在于所谓的"一群人可以走得远",更重要的是,在共同体学习模式中,师徒间、学员间,有一个智慧碰撞、思想交互的"学习交响圈"。

提升科研水平，形成个性的教学主张

乐清乐成实验中学　徐青锋

回顾自己的职业生涯，虽然在途中也取得一些教学成绩和综合荣誉，如温州市骨干和温州市教坛中坚等，但在学习过程中经历了从飘飘然到诚惶诚恐的心路历程。原因在于加入潘建中名师工作室后，而后又担任吴锡理名师工作室助理，发现了自己和教学名家的差距，尤其在聆听名师和名家的讲座后，开始意识到"教学无涯、学无止境"确非虚言。加上一段时间里自己的论文和课题在市级评比中都不能拿到好名次，由此不断责问自己两个问题："我的教学短板在哪里？造成教学短板的原因是什么？"经过梳理发现自己对教科研存在以下一些误区：

（1）认为教科研多此一举，它只是教师为评职称不得已而为之的事情。

（2）认为搞科研是专家、教授、学者们的事，教育科研高深莫测，可望而不可即，自己没有必要在这个领域付出不必要的努力。

（3）认为教科研和教学没有直接联系，两者是相脱离关系。

（4）认为只要教好书、上好课、取得好成绩就是好老师，不需要搞教育科研。

该如何解决自身对教科研的困惑？我随着名师工作室的学习和未来名师班的学习而逐步找到了解决的方案，并形成了自己的教学主张即"思维问题引领课堂、探究落实课堂思维"，并开始辐射年轻教师。整个未来名师班的学习和认识及教学主张的学习过程概括如图1所示。

图1　学习、认识及教学主张

一、寻找问题症结、明确学习目标

加入未来名师工作室的第一次活动，吴加澍老师做讲座《做一个有教学主张的老师》，吴老师明确指出："教学主张是教师自身对教学的独特理解与感悟，它是教师成熟的重要标志，也是教师从优秀走向卓越的关键所在。"它是教书匠到教师再到名师的华丽转身的必经之路。在讲座过程中我也展开思考：我的教学主张是什么？为什么我不能形成教学主张？应该怎样才能形成教学主张？问题症结在于自己没有很好地开展教科研和实践。

二、颠覆科研元认知、提升科研意识

在未来名师班经过一段时间的学习,我发现教科研不是拦路虎,而是有规可循的,随着自己对教科研的认识和深入,从了解到理解,心理也逐渐从畏惧到热爱教科研的转变,有如俞晓东教授在《名师成长道路—教科研的意义》中所讲:"科研能使教师更有积淀与灵气,科研能使教师更'聪明'(专业),科研能使教师更有境界,科研能使教师很快上层次。"虽然我未尝深刻认识教科研是教师快速成长的必由之路,但至少让我意识到教科研和教学并不是一对矛盾体,而是相辅相成的,教科研源于教学又高于教学,最终为教学服务,是提升教学质量最好的抓手。学生的成绩提高只是学生学习的一部分,只有遵循教育规律,教师才能高屋建瓴,在变化无穷的教育、教学情境中培养学生的创新能力,落实对学生的核心素养培养。

三、学习教学理论、加深科研水平

要形成有个性的教学主张,不是一蹴而就的,而是需要长期的磨砺始能形成。由于自身教学理论的缺乏,所以我特别关注对于导师对教学理论的指导,在2019年初春温州未来名师班去杭州学习,有幸聆听了盛群力教授的讲座《有效学习和教学导论》,他对学习和心理的关系、学习的设计深入浅出的讲解,让我对当前的国际视野下的教学设计有了初步的了解。"要为促进学习者的意义学习而设计教学。学习是建构知识,教学是有目的地促进建构。"

第二天又聆听了曹宝龙教授的《核心素养的课堂目标体系的构建、实施与评价》讲座,他针对教师对核心素养存在的5个问题进行了阐释。①什么是素养?②人的素养是如何形成的?③如何进行核心素养的教学?④素养目标与课堂目标如何关联?⑤学校如何做评价?他明确指出核心素养=品格+关键能力,并对关键能力和品格的培养做了指导,即教育的目标是学生的素养发展,是品格与能力的发展。

通过上述理论的学习,让我对"核心素养""高阶思维""智慧课堂""关键能力"等教学新名词有了初步了解,为我开展教学研究打下了坚实的基础。

四、导师理论指导、掌握科研策略

导师们的理论指导,让我开始对教科研的作用有了全新认识。但对如何开展教科研又产生了新的困惑。科学未来名师班的指导教师黄鹏飞老师适时为我们做了指导。他在讲座《问题 主题 课题——教科研一体化的途径与策略》中指出"教师做课题时既要基于教研做科研又要科研引领做教研"。他以自己的省级课题为例,指出做课题要从日常教学问题开始,通过归因分析产生问题的本质原因,可通过文献、调查、教学实践来寻找解决问题的方法。总体课题的思路如图2所示。

图2 总体课题思路

由于有了黄老师的引领,我对课题有茅塞顿开之感。

黄老师的指导给了我做课题的方向和框架,但我对该如何进行选题、写申报书,好课题的标准及如何落实课题尚有一定困惑，朱跃跃老师又给了我一个细化的指导。她在讲座《做真实的有品质的研究——漫谈"课题论文课例"》中指出，课题要具备的基本要素有真问题、真实践、真表达、前沿性、创新性，并且对上述要素做出了阐述，如问题提出要清晰、明确，研究目标要显性，研究内容要具化，并注意可操作性等。

张丰老师在讲座《伴随着学习全过程的作业与评价》中还帮我解决了课题《科学探究证据策略》的一个难题——如何设置课题效果的评价指标。他明确指出可以采取教师和学生一起参加头脑风暴，对于落实《科学探究证据策略》是否有效果，是可以从学生成绩、学生学习兴趣、学生的作业完成程度和质量及学生的学习总结来进行考量。

五、组建课题团队、锤炼科研能力

在未来名师工作室学习中，专家都鼓励教师积极去申报课题和撰写论文，并进行指导。在专家们的引领和鼓励下，我于2018年开始申报自己的课题《初中科学探究中证据意识应用的实践与研究》，并于2019年结题，自采用了专家对课题如何开展和撰写课题报告的方法后，我带领课题组员在一年半的时间里按照课题规划，有条不紊地开展课题，并成功地撰写出课题结题报告，当年参评获得乐清市一等奖。2020年3月份带领课题组成员继续对该课题进行研究发现可以从教学策略进行研究，于是我们从2020年初春开始对科学教师关于"科学证据教学"进行了调查，在调查报告的基础上撰写了课题申报书，以《初中科学探究证据意识应用策略》申报温州市课题，并成功立项。

六、激发学习动力、形成教学主张

由于自身科研水平的短板限制了教学水平的发展，在未来名师学习班中，我采取了专家学习指导、自身阅读教学名著、进入教学名家课堂，三管齐下来促进科研水平和教学水平的双发展。

（1）阅读教学名著、克服教学理论短板。教师如果没有扎实的教学理论做基石，要上升到较高的台阶是非常困难的。在未来名师班学习中，导师会推荐一些教学名著，让大家进行阅读，也可以根据教授们的讲座的一些索引来购买相关教学书籍，来课后学习。我先后阅读了如《可见的学习》《学习的本质》《学习、教学和评估的分类学》《深度思考不断逼近问题的本质》《以学习为中心的课堂观察》……每月读一本教学名著，写一篇读后感，写一篇教学心得，迅速从外化到内化进行转变，弥补自己教学理论水平的短板。

（2）质疑课堂教学、形成教学主张。我还阅读了胡卫平教授《如何落实六大基本要素、推动教学走向深度》和《要培养孩子的各项核心素养、先决条件是培养孩子的思维》，以及林崇德教授的《思维品质的训练对学生有多重要》等一系列文章。由于对教科研认识的提高，我对课堂教学的模式从开始质疑到转变，并开始探寻课堂的教学本质，发现课堂应该是师生共同发现问题、提出问题、解决问题以及评价问题解决的思维过程。可以采用探究式教学来学习科学，用科学思维方式获取和运用知识的过程。在随后的课堂实践中逐步得到印证，学生的学习兴趣和学习成绩都大幅度得到提高。也许这就是自己苦苦寻觅的教学主张——"思维问题引领课堂、探究落实课堂思维"。当然它还需要自己和课题组成员不断去研究、实践、体会、探索、创新。

七、引领课题组成员、辐射学习影响

自己进步不如大家一起进步,我的成长过程实际上也是老师引领的过程,从学校的一位老教师做我的师父开始,我断断续续拜了6位老师作为自己的师父,在老师的言传身教下,自己每年都能取得一定数量的荣誉,如温州市骨干教师、温州教坛中坚,当然成为一名优秀的教师也是我的追求。在这个过程中自己必须不断学习,然后带领自己的团队,自己先后在自己学校进行师徒结对,在陈峻名师工作室里担任指导师,在吴锡理名师工作室担任助理导师,通过自己和年轻教师的交流和指导过程,也反哺育自己的教学水平得到提高。特别在未来名师班学习后,我和自己的课题组成员和学校的教研组成员进行了一定程度的反哺,为学校的教科研做出了自己应有的贡献。

总之,参加未来名师班的学习只是一个起点,教师的发展是螺旋式的上升过程,它需要教师对教学理念的坚持和鼓励,也是一种不断提升的过程,教学是无止境的,只有我们不断地坚持,发挥教师的内在潜能,才能更好地发展创造力,达到教师的职业制高点,最后达成自己教学风格的凝练, 最终为中国当前的教学贡献一份自己的力量。

不忘教育初心　牢记心育使命
——我的"心育"专业成长之路

龙湾职业教育集团学校　陈嫦嫦

一、坚守不放弃——心育初心

我是一位特殊的心理教师，也是一位"不自信"的心理教师。因为我的故事一开始好像就偏离了那条心理教师的跑道。

2009年，我作为一名应用心理学（师范）专业的毕业生进入了龙湾区职业技术学校，招聘我的岗位是职高心理教师，按说我也算是心理学专业出生的"科班"心理教师。进校之后，我的心理健康事业热火朝天地展开了。我在叶冬青老师的师徒结对带领下选址、布置心理咨询室，每天中午开展学生心理咨询，每周一次开展心理委员培训。那个时候的自己仿佛不知疲倦也不计报酬，因为这是我的第一份正式工作，而且让我的心理专业知识有用武之地。我会热心且不知天高地厚地给校长提建议，让全体教职工参加团队素质拓展，促进学校百余位同事相互认识，建立团队友谊。我留意到在咨询室的特殊学生曾悄悄告诉我他有糖尿病，那一年注射疫苗的时候我又提醒他的班主任，避免了糖尿病患者注射疫苗的可怕后果。那个时候我是忙碌且快乐的。

这样工作的日子好景不长，副校长找我谈话，由于教师不足让我兼任3个班级的思政课，再一个月后又跟我说学校课程课时调整，让我放弃心理课，担任职高思政课的教学工作。作为新教师，我没有拒绝的勇气，也仿佛找不到拒绝的理由。我就这样开始了不自信的心理教师生涯，却不曾"动过念头"推辞心理健康教育工作。从教11年来，我一直走在这条曲折的心理教师成长之路上。

二、坚守的理由——我的专业发展目标

《中小学心理健康教育指导纲要》指出：学校应将心理健康教育始终贯穿教育教学全过程。全体教师都应自觉地在各学科教学中遵循心理健康教育的规律，将适合学生特点的心理健康教育内容有机渗透到日常教育教学活动中。要注重发挥教师人格魅力和为人师表的作用，建立起民主、平等、相互尊重的师生关系。要将心理健康教育与班主任工作、班团队活动、校园文体活动、社会实践活动等有机结合，充分利用网络等现代信息技术手段，多种途径开展心理健康教育。无疑，学生的成长和学校的发展都离不开心理健康教育。作为人民教师，我的任务就是教书育人。我思故我在，我教故我在，我干故我在。无须拘泥于任教哪门学科，无论是思政课、班主任工作还是心理健康教育课，只要我立志于心理健康教育工作，我就是"专业"的心理教师。我给自己制定了如下专业发展目标：

（1）上好心理健康课，设计和实施心理健康课程，不离开心理健康教师成长的主阵地。

（2）不断学习更新心理知识，提升学校心理健康教育专业技能。如学习进行心理调查、心理测评与建立心理档案的应用技能，对学生进行心理诊断、辅导、咨询的应用技能。

（3）在学科教育、班主任、班团队、学生辅导工作中渗透性地运用心理健康教育，让心理健康教育贯穿教育教学全过程，提升教育教学效能。

（4）提升自己的教科研水平，对学校心理健康工作经验进行总结反思和提升，为班主任、教师、家长、学校服务，通过改变教师和家长，优化学生学校和家庭的心理环境。

（5）坚持阅读和学习，自我完善。丰富自身的知识和人文素养，和善、坚定，有较好的自我认识，勇于面对压力，承担责任。

三、坚守中突围——我的专业发展实践

（一）心理课堂，专业成长的主阵地

作为职高思政课教师，我是没有底气的，总感觉上课少了点什么，尤其是公开课、优质课评比的时候。学校停了心理健康教育必修课，可没有停止我钻研学科。而且职高的思政课程要求相对轻松，不需要参加学考，其中一个学期还是和心理课相关的职业生涯规划课，我可以穿插部分心理健康课，这也是学校德育工作对我们教研组上课的要求。我立足设计和实践心理健康课，参加心理课堂评比。于是在新教师成长的每一堂展示课、汇报课、研讨课里，我一直坚持上心理健康教育课，在摸索实践中成长。

1. 立足学生心理成长需求精选主题，设计心理课

我的心理课不是每周都有，学生手头也没有心理课教材。所以，我的心理课主题来源主要有三个：一是以问卷及个体访谈等形式收集学生最受困扰的话题及希望在课堂上共同探讨的话题，据此确定部分主题；二是根据学校整体育人目标确定部分常规生命教育主题；三是结合社会热点与学生心理实际随机确定心理教育主题。但无论源于何种主题，我一定遵循心理课的课题要源于学生心理发展实际。

例如，通过工作接触我发现职高生的大多数是基础教育中经常被忽视的弱势群体，在初中阶段经历了太多失败，受尽了父母、教师、同学的冷落，使他们对自己的了解和认识出现偏差，他们情绪低落、自信心普遍不足，不利于潜能的发挥，甚至形成性格上的弱点，导致对人生学业的颓废情绪。高一入学新生正处于自我意识的关键期，面临学习环境（进入职高）的改变，能否帮学生提高自信心将直接影响到学生高一阶段的适应。我设计了一堂《"我"有，"我"可以》自信心辅导课。首先通过抓住"我"的游戏活动，让学生在不知不觉中跟着教师进入"我"的乐园；再通过毕业生的来信启发学生思考自信心的重要性；然后通过分享故事《赞美的阳光》引导学生感悟发现自己的优点和长处是自信的基础，再通过环环相扣的"自我轰炸""相互轰炸""优点大轰炸"活动，让学生通过自我探索和同伴的分享中一步步挖掘提高自信心。借由这堂区级公开课，我打造了自己作为心理教师在师生中的口碑，立住心理教师的专业角色。

2. 借力心理课堂评比活动，提升心理课专业性

叶澜教授说："加强教师在日常实践中的研究反思，不断重建自己的教育生活，每个人的成长都要靠自己，靠外部是没有用的。外部只是一个影响，促进他，但是最终的变化，真正成长是个体的事情不是群体的事情。群体会成为一种力量，可以相互切磋，相互启发。"作为学

校里的心理教师，我是唯一的"独苗"。这也意味着每一次区、市级的课堂评比我都有机会主动走出去试试。

例如，在一次职高市级优质课评比中，我报名了《挫折，职场成功的前奏》一课。首先，我结合平时对学生的经验了解学情，绝大多数职高毕业生在初入职场时普遍经历了挫折，但缺少相应的应对管理办法。这对他们进入职场的发展影响较大，需要教师提早让学生认识到职场挫折的普遍性及掌握应对挫折的方式。我在第一次备课上课的课堂主线是团体热身阶段向着阳光走，转化阶段职场处处有挫折，工作阶段面对职场挫折，结束阶段总结升华。磨课中，首先向教研组成员借力，他们给我提供了课堂进入不够自然，职场挫折情境不够聚焦班级和专业等相关意见；其次向各毕业班班主任借力，联系毕业生，对其遭遇挫折情况进行访谈了解，寻找计算机专业优秀毕业生，整合计算机专业实习生有可能普遍遭遇的挫折情境，也对任教班级11计算机班级打工实习准备情况展开调查；再次我还向计算机专业教师借力请教计算机专业的技能升级路线和可从事的相关职业；最后我将整合好的相关意见形成磨课视频和设计，向其他学校的心理专业教师请教借力。通过向各方请教整合借力，让我能进一步聚焦学生学情，设计既符合学生需求又符合其专业特质的课，实施专业的心理课。这次磨课评比借力中，这堂心理课先后获温州市中职德育优质课二等奖，温州市中小学心理健康教学设计一等奖，浙江省心理健康"三优"成果，并被推荐市级展示交流。

（二）"心模式""心方法"，在学校教育教学工作中突围

1. 班主任工作中开启"心模式"

从工作第二年起，由于职高班主任人员缺乏，我先后担任了3届班主任。作为一名新人心理教师，缺乏经验，在学校里说话没有分量，同时，也缺乏学生工作、班主任工作经验，有的教育观点建议会因稍显稚嫩或缺乏工作岗位角度不被人接受。经常受到的质疑便是"你说的都对，但是实际操作起来有困难，很难实施"。班主任是学校管理中的"基层主任"，可这"基层主任"管的事却是琐碎而重要的。既要贯彻实施好学校各项管理制度，又要管理好班级里每位学生的琐碎小事，还要与家长进行一线交流。在兼任学校的心理辅导室工作的前提下，担任班主任工作是辛苦而繁重的，但是积累经验运用心理健康知识技能的好时机。于是我先后挑战担任10财会1班、14正泰机械班、17电商广厦班三个不同专业的班主任，同时，也熟悉学校里各专业情况，在此期间我尝试开启班主任工作的"心模式"。

首先，我把心理游戏活动运用到班级团队的拓展训练活动中，心有千千结、同心圆、人椅、你挽我行、你写我猜等，这些活动让学生边玩边成长，让班内同学快乐、班外同学嫉妒。其次，我将心理咨询技巧运用于学生谈话交流中，真诚、接纳、同理心等，让我跟学生的关系能够轻松建立，交流引导能够顺利进行，同时，我收获了"班班""嫦姐"等亲切的荣誉称号。最后，我经常将心理课的理念、技巧设计运用到每周一节的主题班会课。心理辅导课需要源于学生心理需求实际，而班会课需符合班级学生生情实际，两者无疑是非常好的结合点，如暖身游戏活动、情境演练、小组合作、分享讨论等方式，都非常适合班会课操作。例如，《责任在我心》的主题班会课，拓展到班级实际将班训定为"我的班级，我的责任"；《花开应有时》的主题班会课，创造性地讨论解决学生的异性交往问题；《搭起梦想的方舟》则是聚焦于班级当时的创业项目涌现，但缺少相应的动力，人、财、物的运作和相应的管理机制不顺畅，团队合作意识稍薄弱等，旨在提高班级创业团队的成功率。这些课先后作为校、区级公开课展示,并获区主题班会设计一等奖。"心模式"班主任经验的积累,也让我评一级职称前就收获了市骨干班主任的荣誉称号。

2. 学生辅导工作中提炼"心方法"

职高生由于学业压力相对较小,业余时间是非常丰富的。但如果疏于管理,无法在各项活动中"消耗精力",职高生是容易出现各种问题的。所以要巧设活动把学生的精力集中在各种有意义的活动中淬炼升华,以提升学生的学习生活工作能力。

(1)如家"心"社团。从事职业教育的工作加上心理教师的职业敏感让我发现,职高每个班都存在着一些弱势群体,往往缺少关爱关心,在人际交往过程中受忽视冷落,甚至于受到同伴的排挤。据了解,他们中有一部分人来自离异家庭,或者父母不在身边,长期缺少关爱。为了让这些学生感受到老师、同学对他们的关心,我和叶冬青老师决定成立一个以"关爱学生、提高自信"为目的的"如家社团",意为让学生在社团中体验到如家一般的温暖。该社团成立后,开展过一系列提高自信的游戏活动、心理辅导,大大改善了一部分学生的心理健康状况,提高了学生对学习、对生活的信心。被评为龙湾区星级社团。

(2)创业"心"辅导。2013学年,我校确定了"升学,就业,创业"三驾马车并驾齐驱的办学思路,目的是让学生找到今后自己的路,让每个人都有人生出彩的机会。心理辅导活动可以充分利用创业成员间的资源,个体从创业成员那里得到更多的反馈信息与创业信息,同伴的支持也强化了个体的自尊与自信。我为创业孵化团队提供《点亮生涯》《团队自信心辅导》等心理辅导类课程,同时,也辅导学生的创业计划,水衣坊、木艺社等创业项目先后成立,并在区市级获奖。

(3)生涯"心"规划。职业生涯规划是根据就业环境和本人实际情况,制定未来职业生涯发展的规划,是对个人职业前途的瞻望。让学生尽早制定一个方向正确、目标实在、符合实际、措施具体的职业生涯规划,可以引导学生树立正确的职业理想,明确努力方向,珍惜在校学习时间,提高学习的自觉性和积极性。我先后借助心理测量、辅导等技巧辅导学生,作品《躬身学机械,圆我职业梦》《我,未来的会计师》《"逐梦",凭一技电商》等均获温州市一等奖,省级二、三等奖。

(三)"心"拓展,自我与团队共成长

心理教师在学校里往往单打独斗,尤其是面临工作任务繁重繁杂、压力大、沟通伙伴少、专业资源有限,所受关注少等工作现实,何以保持自己教育生命的鲜活和成长呢?

(1)"心"研修活动,幸福且成长。例如,我有幸参加了市第四届心理健康教师的研修班,结识了许多共同成长的同学,还认识了温暖的领队"徐慧珠妈妈",在学习中真正有属于自己的成长。在研修班,我更新了自身的"心理学大辞典"。意象对话、催眠、萨提亚、NLP——每一次的培训都继续刷新着对心理学的知识及运用。每一次理论学习之后还会有学员之间亲密无间的体验演示环节。在研修团队我收获知识与技能,丰富社会支持系统,也受同伴和导师的督导。

(2)"心"阅读,遇见更好的自己。说实话,从心理教师的身份,到"被营业"任教各种学科,以及兼任多年班主任工作,其中有很多的纠结不甘。而阅读伴我走过了无数纠结的时刻,阅读时能有与自己对话的时间,觉察独立思考的"自己"。遇见《向前一步》时,我这样

问我自己：如果没有恐惧，你会怎么做；遇见《皮囊》时，我感慨"肉体不就是拿来用的，又不是拿来伺候的"，做不了那样的皮囊，且让我慢慢修炼有趣的灵魂；而《非暴力沟通》提醒我用平衡的非暴力沟通方式获得爱、和谐与幸福。多读读历史，多看看故事，多钻研专业书，烦恼自然变少，解决问题的思路却开阔变多。

（3）"心"工作室，结伴团队共成长。2018年，我参加了市周岚老师的德育工作室活动学习，深感在名师的引领下会有更多的成长机会。我校是区内唯一一所公办职高，缺少同行的引领和支持。于是在校领导的建议下我主持成立了自己的区级工作室，助力学校里新教师一起学习和成长。我举办读书活动、班主任培训交流活动、带领学员申请一起参加市级学习。工作室学员张咪、王乐笑先后在区级主题班会优质课获奖，参与情境演练指导新班主任基本功比赛助力获奖。

四、我的育人"心"细节

记得那是一个平常的下午，早上从市里上好一堂观摩课匆匆赶回学校继续上下午的课。心里是松了一口气，然而还没迈进课堂，意外却发生了，我发现自己声音嘶哑，竟然一下发不出声音了，这可怎么办呢？这么临时，又找不到老师来换课，打开课件，看了下自己即将要讲的上课内容，课倒是早备好了，只是一下出不了声，可怎么办呢？

进入教室，班级闹哄哄的，在使出"洪荒之力"喊完一声上课后，声音太小没"镇住"学生，学生明显没能进入上课状态。还好我在自己班级上课，对学生的状况还是比较了解，我迅速意识到并接纳了学生刚上完体育课难免状态难以调整，没有生气。我就试着在之前的PPT中穿插了几张。第一张：请同学们给自己的上课状态打分，1~10分，并说为什么。连续三位学生回答后，自我意识中的自我调整能力迅速回归了，有学生干部马上示意"老师，我们不吵了，我们的状态可以了，开始上课吧"；第二张：向学生们表示，老师可能近几节课出不了声音了，需要同学们"安静"地配合，遵照PPT指示来上课。希望同学们能够帮助和支持"生病"的老师，学生们非常配合。接着我出示了第三张关键PPT：由同学来主持提问；提问完毕请三位同学做点评。——眼看第一堂"无声课"快应付过去了，惊喜却出现了。诗洁同学对我说：老师如果你信得过我们的话，明天班会课交给我们来上吧，你这样太辛苦了。我心中大喜过望，一是学生能从心体谅老师的痛苦；二是学生能站出来当课堂的主人，这份勇气值得肯定；三是学生也能从中锻炼自己的能力。果不其然，神奇的"翻转课堂"出现了……

在坚持中成长，在团队中绽放

乐清北白象镇第一小学　黄海欧

时光匆匆不可追，转眼间，我已经在"温州未来名师班"学习了两年。在我的教学生涯中，两年真的微不足道，但就是这短暂的两年，对我的教学成长来说，实在是太重要了。回顾自己走过的研修之路，欢乐和认真同行，收获与用心同在。

一、背景介绍

2001年我自乐清师范毕业，毕业后分配到自己家乡的一所小学。当我还带着稚气踏上工作岗位的时候，秉持着对数学的热爱，我成了一名数学教师。

我爱孩子们，我们一起摆小棒、拨计数器、画图形、搭立体图形……一个个抽象的数学问题在我们的指尖解决；我们一起做游戏，小小邮递员、钟表大师、24点大王、扫雷专家……在玩耍中我们学到了很多数学知识；我们一起读书，《汉声数学》《数学童话》《数学大冒险》……我们徜徉在数学的海洋中。和孩子们在一起，我渐渐地感受到他们的好奇、喜悦、渴望、疑惑、悲伤、茫然，我在孩子的眼中找到了自己，明晰了要"认真学习，教好学生"的想法。有了这样的想法，我像一块海绵一样，不断地吸取，不断地积淀，不断地加以实践。

十几年教学生涯下来，对于数学教学我是有了一些沉淀，同样，十几年的时间，也让我对数学教学有了一些倦怠。非常幸运，正好在我滋生疲倦的时候，我参加了"温州未来名师班"的学习，让我一下子又想起了"认真学习，教好学生"的这个初心，好像忽然有人给我开了一扇窗，我一下子顿悟，原来在教学的路上我缺少了对理想的追求，缺少了对初心的坚持，才会停下前进的脚步。

二、过程与成果

（一）困惑，释然了，豁然了

就这样，我开始了"名师班"的研修。开班时，我们和导师雷子东老师进行个人交流，我向导师、向同学们交流我的困惑。我一直是一线教师，绝大部分时间处于一种操作性实践的状态中，处在解决教育教学具体问题的情境中。我也坚持个人学习，当我把各种观念、理念模式，移植、照搬进课堂的时候，却往往适得其反，我的课堂呈现出有知识却没智慧，有理论却没思想的局面，于是我非常迷惑，我该怎样改进我的教学呢？

1. 研读课标和教材

导师说，这个世界本来就是变化的、不确定的，我们就处在一个迷惑的世界中，我的这些迷惑很好，不要紧张，我们先来细细阅读一读课程标准和教材。研读课程标准时，导师给我们提了几个问题，现在的课程标准与实验版的课程标准相比，有哪些地方做了调整？强化了什么？

带着问题我们去读课标，再带着感悟去读教材，我们对教材的处理能力、对教学的组织调控能力有了极大的提高。例如，我在研读中发现，《义务教育数学课程标准（2011年版）》把原有的"两能"转化成"四能"，在原来分析问题能力和解决问题能力的基础上，进一步提出培养学生"发现问题的能力"和"提出问题的能力"，为什么要增加这两种能力呢？这两种能力在教材中又是如何体现的呢？我就又带着新问题去细读教材、对比教材，努力在课堂教学中去培养这两种能力。上"小数的加减法"时，我通过展示整数加减法和小数加减法的题组，学生对比后，提出问题：小数加减法的计算为什么不像整数加减法一样末尾对齐，而是小数点对齐？这个问题是多么宝贵啊，直接指向了小数加减法的算理，并且展现了从整数加减到小数加减法计算的一个发展历程。如果没有课前对课程标准和教材的解读，我只能再一次硬搬计算法则，又是一堂无趣机械的课。

2. 研读学生

导师说，我们还要读一读学生。轻轻的一句话，点醒了我。平时我更多的是基于已有的教学经验来认识学生的学习，对教材和教法研究得比较多，对学生的研究有吗？我开始试着站在学生的立场上来观察问题，学习知识，从教学的指导者变为学生参与教学活动的合作者，成为学生中间平等的一员，关注学生的需要，倾听学生的心声，从讲台上的讲授者变成课堂里探索知识的组织者，及时鼓励、赞赏、支持和帮助学生……

"走近"了学生之后，我又试着"走进"学生的思维。我尝试着通过前测，掌握学生的学情。上"平均数"这一课，我通过前测，得出有95%的学生都听说过平均数，只有5%的学生没有听说过平均数。91%的学生会用已有的知识解决求平均数的问题，在这其中，87%的学生会用"总数÷份数＝平均数"表示平均数，13%的学生已初步会用"移多补少"的方法。只有12%的学生能比较含糊地说出平均数的含义，44%的学生认为平均数就是平均分，其余学生不知道怎么表达。根据这样的学情诊断，在本课教学中，我淡化了平均数的计算方法，更注重让学生理解平均数在统计学上的意义。原来，我们关注学生，也就调动学生主动性的"广度"，激活学生思维的"深度"！

当时导师说，有迷惑很好，不要紧，如果我们以确定开始，就会以迷惑结束，如果以迷惑开始，并且耐心地解决迷惑，就会以确定结束。就这样，我原来的迷惑与不解慢慢减少，但又会产生新的问题与想法，我已经很坦然了，在与团队的前进中，我已经学会保持冷静的头脑，客观理性地反思，逐渐对自己的教学进行提炼，开出自己的花：两年间我开展省级公开课讲座5次，省级刊物发表文章6篇。

（二）视野，开阔了，敞亮了

在"名师班"，我聆听到了学科领域专家的讲座，有著名教授：浙江省义乌中学吴加澍教授、苏州大学教育学院吴铁钧教授、苏州大学朱仲羽教授、苏州大学刘电芝教授、温州大学章勤琼教授、温州大学廖传景教授；有著名专家：台湾"师铎奖"获得者洪雪芬老师、台湾名师王圣昌老师、苏州市名校长陶六一校长、全国模范教师于洁老师、特级教师陈加仓老师等，都给我们做了专业的引领。

1. 思：课程改革

雷子东导师给我们学员亲自示范说课，并逐一指出我们每个人在说课时存在的不足，并给我们解读新课标，我们进一步深入学习"基本思想""四能""核心概念"以及各领域的修改变化。我们收获了在关注变化的同时，更要关注对于数学教育价值的深刻认识和对于学生发展的真正关怀。

章勤琼教授的《指向核心素养的小学数学教学》讲座，给我们指出核心素养是指人完成社会实践活动所必备的、关键的知识、能力和重要品格的综合表现，数学核心素养该怎样寻找途径。结合美国课堂向我们阐述了分数的教学、乘法概念的教学、加减法的运算、估算、方程的意义等，我们不断反省自己的数学课堂，应该要帮助学生学会思维，并能逐步使思维更清晰、更深入、更全面、更合理。

2. 行：教学研究

刘电芝教授指导我们总结归纳学习策略的教学模式、教学内容、教学阶段、教学方法、教学条件等，为学习策略的有效教学提供路径指导。

于洁老师轻声细语，讲述了自己教学生涯的点点滴滴，她会在两年里一直给一位学生准备早餐，会带着班级里的学生远足，会一直记录自己在教育中的故事……

雷子东老师指导我们设计一节课要指向数学实质，指向核心素养，指向自主建构，指向关键活动，要求我们的教学设计应该做到一种指向，要把落脚点放在引导学生参与学习过程上，设计具有启发的、有探究性的关键问题。

3. 结：论文写作

陈永华主编的讲座，以课例为载体，指导我们思考"什么样的文章是好文章，应采用什么样的选题策略、写作技巧"，指出，文章是"做"出来的，想得深才能写得深。通过陈永华主编具体案例的分析，让我明白了：要想写好一篇文章，就要做到精、新、实、深，要让人有一种惊喜，让人读后有所收获，发人深思。

从思想到行动最后到凝结成果，这一路，都有专家在前面引领。与专家的接触，与专家的对话，他们新颖的理念、先进的思想、生动的案例，深深地印在我的心中，我的教育理论水平得到飞跃发展，我有了更加科学、理性的思考，我的视野更加开阔了，更加敞亮了。我试着用研究者的眼光看教育问题，以研究者的心态投身于课堂教学，逐渐，我也在研究的路上有了收获：2019年7月被评为温州市名师。

（三）实践，扎实了，有效了

知识是一种沉淀，而智慧是一种升华，实践是两者之间的桥梁，作为教师，我们的实践就是上课。为了磨一节课，我们从四面八方相聚在一起；为了一个教学环节、一个课堂提问，我们争得面红耳赤……我们以课堂为基地，以案例为依据，以教学目标的确定与落实为核心，在一次次的学习、观摩、分析、研讨中掌握理论与实践相结合的方式，探索、实践有效学习的课堂。

三、总结反思

经常会有教师对我说，你成功了，评上了名师。我总会对他们说，不是我成功了，是我成长了！我认为，任何一个人，他的成长是大于成功的，通过自己的努力最后是否成功并不重要，重要的是在这个过程中自己能得到不断地成长。

我专业的成长和坚持是分不开的，这份坚持更是离不开团队的一路鼓励。试问，谁会喜欢在酣睡中被闹钟叫醒；谁会愿意在寒冷的冬夜还头昏眼花地制作课件；谁会愿意在一天人困马乏的工作后还在灯下读书……之所以能克服种种困难，坚持学习，是因为我在"名师班"这个团队里，团队给我坚持的力量，团队带着我前进，团队带着我绽放！

金风逢雨露，硕果累心田

瑞安实验小学　蔡　展

从教至今，已是第11个年头，回眸这条教学道路上的点点滴滴，不禁让人感慨时光飞逝，10年岁月所留下的是些许的教学经验与成果。10年间，只行走在教育教学的道路上，始终如一，从未放弃，期间荣获浙江省优秀教研组长、浙江省教改之星、温州市教坛新秀、温州市骨干教师等荣誉称号；取得了温州市小学数学课堂教学评比二等奖、瑞安市小学数学课堂教学评比一等奖、温州市学科素养大赛一等奖；先后撰写的教育教学论文、案例、教学设计、课题荣获温州市、瑞安市奖次共计20多篇；开设课堂教学展示课、专题讲座、观点报告共计30余次，并多次被聘任为瑞安市新教师指导师。辛勤与汗水的付出，收获教育道路上的点点滴滴，各项荣誉的取得是对我工作的肯定，更起着督促的作用，使我倍感珍惜现有的一切，于是特将自己在专业成长中的些许体会和经验总结如下。

一、十年磨剑两刃霜——我的成长

我担任着瑞安市实验小学数学组教研组长，同时是一名一线小学数学教师，还是学校年轻教师的指导师，我的学校工作主要围绕课堂教学展开，不仅要在课堂评比中脱颖而出，还要挑战一堂堂精彩纷呈的公开课，更要让每一节随堂课落到实处，所以，真正的研究就是对每一天的每一堂课的教学实践研究，即在课堂教学中对教材、对学生、对教学研究，从而提高教育教学效果和能力。

1. 对比凸本质——我与教材

教师需要通读教材，厘清脉络，对教材的前世今生如数家珍。通过横向对比各版本教材，虽然它们在编排的体系、呈现的方式、借助的情境等方面有所不同，但是小学阶段数学知识点基本上是相同的，通过对相同知识的不同教学方式的研究，可以了解关于该知识点的本质属性，便于抓住核心知识展开教学；通过纵向对整套人教版小学数学教材的研究，可以了解教材的编排体系、各个板块知识出现的阶段、各个部分知识之间的关系；通过对单元内容的研究，可以了解同一知识在各个单元之间的逻辑关系、单元内部知识之间的联系；通过对单一课时的研究，了解教材的设计意图，挖掘蕴藏的可用资源，明确教学的任务、学生的学习目标，以及教学中的难点和重点，为预设尽可能科学、合理、符合学生实际的教学过程奠定基础。

在研究解读教材时，我通常还会结合小学数学新课程标准、教学参考用书一起对某一个知识进行解读，以求获得更多的发现和收效。同时，针对某一知识点，对比人教版、苏教版、北师大版、沪教版、浙教版等不同版本教材进行研究，通过琢磨教材编写的意图，融合自己的想法，力求设计出凸显核心素养的教学设计，按此操作步骤设计过10余节课，均获得了不同程度的成效，现以其中一节《真分数和假分数》为例说明：

记得那是一次校内公开课，我在教五年级下册《真分数和假分数》（图1）这一课时，通过课前调查并对数据进行统计发现学生对假分数意义的理解存在以下难点：教材的编排有负迁移；学生原有认知的负迁移；单位"1"的概念描述模糊。

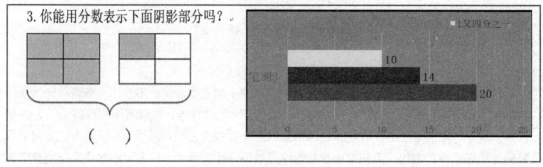

图1　真分数和假分数

基于课前调查，为了帮助学生真正理解真分数和假分数的意义，接着我开始搜索各版本的教材，如图2所示。

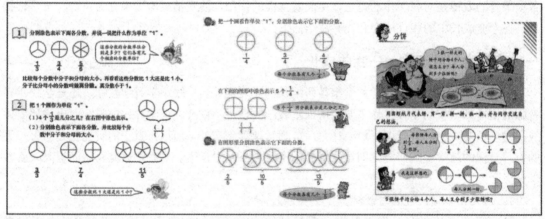

图2　各版本教材

通过同一知识点在不同版本教材中的类似呈现，再对比不同版本的教材关于该知识的异同点，在设计本节课时着重思考以下两个问题：

（1）学生怎样才算真正理解真分数和假分数的意义？分子比分母大的假分数是较为陌生的，有同学甚至认为这不是一个分数。首先，我结合具体的情境，让学生经历假分数的形成过程，感受并认同假分数产生和存在的合理性。其次，当学生面对一个分数时，已经能从多个不同的角度去理解，既可以从部分与整体（一个物体或一个群体）的层面进行解读，也可以理解为两个量之间的一种关系，即一个量相当于另一个量的几分之几。

（2）如何帮助学生自主建构真分数和假分数的概念？为了让学生能自主地建构起对真分数和假分数意义的准确理解，在教学策略上不拘泥于形式上的分类，而是回到分数意义的原点，以学生对真分数的学习经验和意义理解为迁移，采用数形结合的方式，从不同层面入手，重点帮助学生突破对大于1的分数的认识，让学生认识到假分数在形式上与真分数是不一样的，但其实质都是分数单位累加的结果。因此，我便着手思考以该题为载体，结合新课程标准的要求来设计教学思路，充分利用好上述图中的素材，以求以创新的设计与教学，帮助学生积累数学基本活动经验与数学思想方法。所提炼出来的教学设计荣获瑞安市一等奖，以同样思路所录制的教学视频《百分数的认识》参赛"一师一优课，一课一名师"评比，获温州市一等奖，并获得省级优课。

2．交流显真情——我与学生

教学工作每天面对的是学生，如果不了解学生，那么我们的工作成效将事倍功半。固然是同一学区、同一年龄段、同一班级的学生，由于他们先天条件不同、家庭环境各异、思维方式千差万别，每个学生都是独特的。所以，我认为教学不可能有完美的模板，因此，我们要研究自己面对的所有学生。为使得教学成效事半功倍，这些年我也就是这么做的：

首先，仔细观察。每当进入教室，我都会时刻观察学生们的一言一行，特别是课堂上学生外在的言行举止和神态表现，通过外在表现揣摩学生的内心世界，进而不断地适时调整教学方法和教育机制。例如，有的学生在专注时会呈现出凝固的状态，有的则会出现一些无意识的动作；有的学生在不理解时会用一些刻意的动作进行遮掩，有的同学则会一脸迷茫；有的同学看似积极思考，其实已经游离主题，但是有的看似注意力不集中，其实在积极思考。通过不断地观察研究，透过学生的外在现象看透本质，可以了解学生学习的真实状态和进程。这不仅有助于课堂教学的有效生成，更能提高我们的研究水平，促进教学水平的增长。

其次，积极沟通。良好的沟通是建立在观察之上的，脱离观察，沟通显得苍白无力。我在观察每位同学的同时，主动与学生建立尊重、平等、安全的友好关系，形成比较良好的沟通。通过与学生交流可以发现学生更广阔的内心世界，获得学生更多的信息，验证从观察中获得的推测，建立更良好的师生关系，取得最佳的教学成效。

对学生的研究，不仅促进了我的教学，更体现在班级管理和育人工作上，正是因为日复一日地反复观察和沟通，我的班主任工作也是成效卓著，我所带的班级荣获瑞安市优秀班级和全国动感中队等荣誉称号。

3．专研提素养——我与教学

无论是研究教材还是研究学生，最终的目的是师生共同进步，取得更好的教学效益。工作至今，上过超过20节大型展示课，但是我非常明白一节成功的展示课不等于我就是一位好老师，因为一堂成功的公开课往往是集体研究的成果，凝聚着集体的智慧，代表的是集体的水平，并非全是个人能力。当然，无可厚非的是我在每次的公开课中收获都非常大，有来自指导师们的指点、同伴们的互助、同行们的建议等，但是公开课毕竟不是天天上，真正的教学研究应该放在每天的随堂课上，只有将研究落实到每一天的每一堂课，才能有更大的收获，才能提升自己的教学水平和教学能力。

对于每一堂课，我大部分时候从课前、课上、课后三个角度着手。课前，通过审读教材、教参、教辅、各版本教材等文本资料，有时候对于一些困难的课例，观看录像、音频等名师的成功课例，综合来对课的思路、练习、课件、操作活动、汇报环节等进行设计；课上，一边根据自己的设计来验证是否符合学生的实际情况，一边又根据学生的实际情况进行及时的调整，在顺应与调整中尽量实现最佳效果；课后，除对课上生成的过程进行思考外，及时对课的内容进行调整,标注需要注意和加强的环节,并且最后对学生的课后作业进行及时的批改和辅导,以面批的形式开展,实现学习效率最大化。

二、百年名校聚贤良——我的团队

2019年在瑞安市先进教研组评比中我们数学组大放异彩,在温州市教研员会议中作为优秀教研组代表做展示汇报,最终脱颖而出评为浙江省先进教研组,一次次的上台评比我都非常自信,因为我的背后是一支强大的数学组团队!我们的团队有1个省坛,省教改之星、市中坚、市坛分别4人,新苗2人,身处这样一支年龄结构合理、业务能力强大、温暖兼具实力的组,作为组长的我感到非常幸福!在我这几年作为组长的路上,都按以下几条形式开展:

1. 建学研团队——我们的引领

在实验小学的这些年,我亲身经历了三次大赛,作为比赛者我参加了市优质课评比,在我迷茫无助时,是团队给我指点迷津;作为指导者我指导蔡玉盈老师参加市优质课评比,在她灰心丧气时,是团队让她重拾信心;同时,我还参与了金文钦老师省优质课评比,个人的精彩需要团队的辛勤付出;由于疫情的原因,我们组承担了责任重大、任务艰巨的六年级数学的录课任务,为了呈现"金牌主播"的完美效果,单书记、秦老师在拍摄之前到学校反复演练,金校长穿上了许久未穿的帅气西服,同时,由于面向的是全市学生,虽然对六年级的教材已经非常熟悉,但是我们仍然就一些教学细节和问题在群里讨论得热火朝天,最终为毕业班的学生们呈现了一堂堂扎实有效又精彩绝伦的数学课。

2. 创教研机制——我们的主张

拟订课题、打磨课堂、校本教研、观点报告、评课议课、心兰阅读分享会,一条龙式的教研活动是我组最大的特色,首先突出问题解决,教研主题系统化。近三年我们做了3个课题:效果回授、高阶思维、3+3探练,分别获得瑞安市一等、温州二等等荣誉,在3+3探练的实践中,我们聚焦探练的热点问题,进行提问题、找答案、共分享的三循课堂实验,取得了一定的成效。

我们数学组的教研氛围民主化,评课环节先由两个组主评,然后大组互评,我们的讨论不分层级、不论教龄,由年轻教师率先发言,其他教师各亮观点,整个会议室都回荡着我们激烈的辩课声响,最后由专家引领答疑解惑,我们的教研活动引得各校数学组争相慕名,陶山镇小与我们开展联谊活动,莘塍三小邀请我们送教下乡,我们还开展了实锦红教研联盟,开设了瑞安市首批名师工作站,我们的教研模式辐射全市。

在瑞安市先进教研组展示报告中,我发出了这样感慨:开课教师的出场秀,付出艰辛努力,试教过程次次有不足,次次有改进,次次有收获;骨干教师任重道远,亲身示范、句句相传、携手学习、共同成长!

3. 亮教学常规——我们的实践

我们的备课采用个性化的方式,手写和电子结合,电子备课每节做到个性化修改和课后反思;作业批改本记录着后进生辅导计划、单元试卷分析、易错题的成因和教学策略,是我们教学智慧的体现;期末杜绝拿来主义,由教师自主出卷,并进行命题评比;低年级进行阳光测评,消除孩子们面对考试紧张的心理。通过我们实小教师的努力,2016年和2018年我们获得了市教育教学质量奖，2018年获得了市新常规示范校和教改样板校称号，而我们数学组本着轻负高效的理念，毕业班成绩稳居全市前茅，前年更是以96.25分的超高平均分独占鳌头！

三、千人与共道辉煌——我的推广

在付出与收获的同时，我将以上自己的行与动进行了总结。近几年通过上展示课、专题讲座、汇报等形式予以推广，希望能将自己的一点收获和经验给刚入职的和青年教师带来些许启发和帮助，授人以鱼不如授人以渔，每次讲座都以一个个具体案例进行分享，从如何开始思考到如何设计实施，以及为何如此设计的意图都一一进行分享，最重要的每次都会将如何看问题和思考问题的方法进行分享，望在自己获得恩惠的同时能惠及他人。

凡心所向，素履所往

温州市第三幼儿园　樊晶晶

季羡林在《凡心所向，素履所往》中曾说："人这辈子，不管你想要得到什么，你心中所想是什么，你的志向在何方，必须要以一颗艰苦朴素之心去对待，坦坦荡荡。"

我时常会问：优秀的教师是一个怎样的群体？他们有着怎样的思维和行动特征？优秀教师如何处理"躁动"和"安静"之间的博弈，如何处理"有为"与"留白"的教育张力，如何处理"自我成长"和"引领他人"的彼此成全，又如何处理"教书育人"与"享受生活"的相互映照？

一位教师在不同的职业阶段都有着不同的专业发展目标，这些目标无形中引领教师成为更优秀、更出色的自己，当我从一线教师走向教育教学管理岗位之时，便尝试将教育哲学观、团队建设，以及成为一名"有教育情趣与品位"的教师作为成长的彼岸。在我看来，一名优秀教师的专业成长之路，已不是简单的学科领域上知识与技能的磨炼与进阶，更是在教育的哲学省思里逐渐通透，在职业价值的多方赋能里步步沉淀，也在对世界的好奇目光里影射出师者的意义。

一、专而有致，心向往之——我的专业发展目标

1. 为专业进阶一段"教育哲学"，乘风破浪

"那些不应用哲学去思考问题的教育工作者必然是肤浅的，一个肤浅的教育工作者，可能是好的教育工作者，也可能是坏的教育工作者——但是好也好得有限，而坏则每况愈下。"这是美国学者乔治·F.奈勒在《教育哲学导论》一书中关于教育哲学对于教师成长的价值最触动人心的言说。2013年，我从一线教师走上了教育教学管理岗位。时至今日，7年的教育教学管理工作仿佛为我的专业成长按了一次快进键，我在此不断反思过往的一线教师工作，不断用理论引领未来实践，并努力形成属于我的教育哲学观。

我期望在"上善若水"中学会柔中有刚、刚柔一体的境界；在"躬身入局者，皆为我辈"中学会直面挑战困难；在"一花一世界"中明白每个孩子都是独特的生命个体，在"执大象，天下往"中与家长成为志同道合的伙伴；在"水满则溢，月满则亏"中学会归零……因为我深知，在教育的浪潮中，唯有形成个人的教育信念和自主、独立的人格，才能追溯各种问题的哲学根源，从而以广阔的眼界迎难攻坚，乘风破浪。

2. 为团队熔炼一群"护根教师"，承前启后

一棵树根系越发达越坚韧，就越能更好地迎接未来的挑战与磨炼。对于幼儿教师而言，从事的就是为一个民族"护根"的事业，所以我称他们为"护根的使者"一点儿不为过。

高素质的幼儿教师团队是实现高质量学前教育的保证，特别是在课改浪潮下，"护根"教师团队建设更需要我们关注其仁爱的底色、优质的教学、实践的智慧、创新的思维及反思的能力，以最终实现团队的青黄相接，承前启后，后浪推前浪。多年来，从事教育教学管理与教师专业培训工作的我，"打造一支优质的护根团队"既是我的本职，也已然成为我个人专业发展上不可省略的内容。

3. 为儿童催生一个"有趣的灵魂"，生机勃勃

哲学家雅思贝尔斯在他的《什么是教育》中写道："教育的本质意味着，一棵树摇动一棵树，一朵云推动一朵云，一个灵魂唤醒一个灵魂。"一位拥有"有趣的灵魂"的好老师一定有着广泛的兴趣爱好，以及对世界充满无限好奇，因为只有打破专业束缚的教师才能引领幼儿走向未来的多元教育。

有的教师喜欢在阅读中感应心灵，有的教师喜欢在旅行中丈量世界的宽度，有的教师喜欢在写作中用文字实现人与人的沟通，有的教师喜欢在音乐中陶冶性情……这些本专业以外的兴趣爱好正在为教师的职业增添无数鲜活的力量，让教师与活泼的教育对象链接，富含灵动的生机，毕竟，世界是多面的，未来是多样的，拥有"有趣的灵魂"，做一个有趣的人，不仅是这个社交时代的刚需，也是对教育工作者的新要求。

二、素履所往，行必将至——我的专业发展实践

（一）着"家园"之履，践行"教育的哲学"

我非常喜欢《道德经》里的一句话："执大象，天下往。"就是说，当你掌握了"道"的时候，就应该坚定地走下去，天下的人都会渐渐归顺。在这一教育哲学观的引领下，幼儿园与家庭便能充分感受双方互为因果关系的和谐状态。

1. 家长会该怎么开？——"专业"带来的教育向心力

多年前，华东师范大学华爱华教授的一句话深深烙印在我心里："幼儿园教师要想解决社会认可度的问题，首先要开好家长会。"没错，家长会是最容易开，也是最难开的。说容易，是因为只要准备好讲稿照本宣科，说一些流水账式的注意事项也就完成了；说不容易，是因为要想在短短两个小时里，让家长感受幼儿园的专心和教师的专业，并心悦诚服地参与孩子的教育，是不容易的。

于是，办好每一年的家长会成为我想最先做好的小事。在三幼，家长会年年有，却年年不同，小班重点分享"分离焦虑与自理能力培养"，中班重点交流"游戏中儿童的学习与发展"，大班则是"顺利度过幼小衔接这一关"。

如在中班段的家长会中，我鼓励教师遵循三项原则：摒弃一言堂的交流方式、游戏中话儿童、让家长发挥主体作用。以互动式数学小游戏为前菜，以数学游戏中的幼儿的观察与评价为主菜，以小组沙龙家长献计为甜品。由此，家长会的主角从教师转向儿童与家长，家长不是为了教师的"说教"和"注意事项"而来的，是为了真正发现儿童的力量，并全身心地参与教育。

我想，"执大象，天下往"里蕴含的"道"，就体现在幼儿教师的专业度所缔造的磁场上，凝聚教育向心力，让每一位家长共鸣幼儿园的教育理念，参与孩子的游戏，发现儿童的力量，成就"品牌与品质兼备"的家长会。

2. "嘉宾"为何有约？——大教育观下的创生与和谐

"嘉宾有约"活动一直是直接有效的家园共育活动，许多幼儿园都愿意邀请家长来园分享与家长职业、爱好或特长相关内容。但随着课程改革步伐的推进，我不禁问：这些"嘉宾"真的是幼儿需要的吗？"嘉宾"来园的意义难道只是为了完成家园共育的任务吗？"嘉宾有约"活动如何最大限度地促进儿童的发展？

褪去华丽的形式，把"儿童"真正放在幼儿园、家庭与社会的中央，让家长资源和社区资源的利用建立在幼儿需要与课程需要的基础上，才是"大教育观"下的学前教育应该呈现的模样。所以我主张，在园区的班本课程实践中，考量班本课程的可行性首先考虑有没有适宜的课程资源；已有的家长资源要在幼儿需要（有困惑）的时候有的放矢；除把资源"请进来"外，还要让幼儿"走出去"。

于是，当班本课程《折纸这件小事》中幼儿对纸飞机的飞行产生疑惑，爸爸来解答；当班本课程《桥》中幼儿开始关注"无锡桥梁坍塌事故"时，桥梁建筑师来实验；当幼儿对美国疫情现状产生兴趣时，"美国舅舅"云端来见面……这些，都是在幼儿兴趣与问题驱动下应运而生的家长活动。不仅如此，我所主张的大教育观还应该有社会教育来参与，幼儿在班本课程《牛奶工坊》中，先后三次随家长走向社会，去到牛奶工厂、牧场及超市牛奶区进行课程实践，以实现幼儿园、家庭与社会的有机结合。

"执大象"，是去形式化、回归儿童、回归教育本质，由此，教师明白家园共育的真正意义，家长发现自己在与幼儿园同频共振中的作用，并感受大教育观下的学前教育带来的课程创生与资源和谐。这其中的"道"犹如美妙的音乐和美食，能够使过路的人为之止步，但它尝不出味道，看也看不见，听也听不见，而它的作用是无穷无尽的！

（二）着"匠心"之履，孕育"护根的教师"

罗振宇在2020年的跨年演讲里曾说过这样一句话："教育不见得是我们教给别人什么，而是我们有机会点亮他"。对于我而言，成为一位"点亮他人"的研训者与引领者，为幼儿园培养一群"护根的教师"，不仅是自身专业成长道路上的"彼岸"，更是责无旁贷的事。

1. 参训形式有匠心——实践一种做中学

杜威认为，"所有的学习都是行动的副产品，所以教师要通过'做'，促使学生思考，从而学得知识。"我时常思考：为什么教师专业成长道路上的"做中学"直接呈现在教研中？于是我试着把儿童也邀请到教研中，让"做中学"就发生在教研中。

在教研活动《来自前期网络图的头脑风暴》中，我让"儿童"也参与进来，针对"生成课程之前与幼儿共建前期网络图"的问题，教师现场与儿童进行实践与对话，非常直观地呈现了策略与教育实践的对接。

又如集团园层面的研训活动《走出去与请进来》，那一次培训活动中，其中一个环节的现场实操，我们请教师带儿童参访延生堂药店，并利用手机视频功能，进行现场投屏，将儿童在药店的参访现场与培训现场进行实时连线，教师们在当下就能体验到"走出去"这种课程资源拓展方式实践时的理念、方法与成效。

"儿童与教师共研"的参训形式，是一种创新，不仅全面体现了生成课程"以儿童为本"的核心价值，也大大提高了教师的主动学习与现场反思总结能力。

2. 梯度建设有匠心——获得一份认同感

2019年的"新苗工作室"开班仪式开始前，我如以往一样早早地就将开班仪式的嘉宾和内容安排妥当，我邀请了我园园长助理来分享园本课程相关内容，以便让新教师在教育教学实践中有更好的理论支撑。

但后来我有了一点改变：

一天，我和一位骨干教师一起聊天，她和我聊起她的搭档，一位教龄刚满一年的新教师，她对这位新教师赞不绝口，和我列数了许多发生在这位新教师身上的小故事。那一刻，我突然意识到我要找的专家就在眼前！我欣喜地表示，要让这位新教师来成为新苗工作室开班的嘉宾，用亲身经历说一说工作第一年里如何做一个徒弟，如何不遗憾地度过第一年。

邀请新教师最贴近的对象来点燃他们对新岗位的热情，让一朵云推动另一朵云，这样的嘉宾不比10个专家来讲座来更有用吗？因为台上的不是别人，那就是当下的自己和365天后的自己！

我重新调整了新教师开班仪式，将"自我认同"与"职业认同"作为本届新教师培训的第一目标：精心地为新教师们挑选了一份书单，赠送了一本最适合的新手上路的书，为新教师邀请了一位专家一位榜样，为新教师梳理了16个新教师守则，给了了每位新教师介绍自己、表达自己的机会，共读新教师宣言，并以"风吹枯叶落，落叶生肥土，肥土丰果香"的赠言来激励新教师。

很多人说，那一次的新苗工作室开班很有仪式感，充满了职业的浪漫与憧憬。没错，我期望新教师能够认同幼儿园教师的职业，认同同伴的付出与努力，认同幼儿园这个大家庭，以及认同自己，认同自己定是未来可期……当然，这些，不仅体现在一次开班仪式，也应该体现在新苗工作室的每一次培训活动中。

"教育，尤其是幼儿教育终究是需要情怀的"。教育需要情怀，教师需要情怀，做教师培训工作一样需要情怀，这种情怀，掺杂了一些"使命感"，是为幼儿园师资队伍发展保驾护航的使命感，这份情怀，就是研训工作上的初心所在！

（三）着"镜头"之履，催生"有趣的灵魂"

"相机用每一个咔嚓声与过去告别，但摄影用极短的时间凝固了情境的极大值，它是凶猛的。毕竟，有画面凝固你的心，它便是你爱这个世界的证据……"有的教师爱读书，有的教师爱写作，而我，爱摄影。可以说，我身体里催生出的"有趣的灵魂"，有很大一部分，是被"摄影"填满的，它填满的不仅是我的生活，更是我眼里的儿童，我心里的学前教育。

1. 用"光影"撬动成长的杠杆

2019年9月，是我为小班幼儿拍摄"入园第一天"专辑的第六年。从第一年的小试牛刀，到第六年的驾轻就熟，拍摄时长从一小时延长为一天，拍摄对象从幼儿到教师再到家长。有人问我是怎么做到的？或者说坚持拍摄的意图是什么？我说："由身为幼儿教师的我来拍摄，能记录下其他专业摄影师看不见和看不懂的儿童世界。"

某一年小班开学第一天我抓拍的照片：宝宝第一次离开家迈向幼儿园这个小小社会，妈妈耐心的嘱咐宝宝"这是班级晨检牌摆放的位置"，爸爸提着香喷喷的被褥，奶奶不放心地叮嘱"要乖，下午一定早点来接你"……那一刻，我明白，何止是孩子，对于这一家四口而言，这皆是特别的一天，让这承载着整个家庭期待的3年不负所望，是我们幼教工作者的使命。

渐渐地我发现，当我用光影代替文字，用镜头搅动记忆，用底片抚摸细节，幼儿的成长也就在张张相片里清晰与丰满。

2．用"镜头"彰显儿童的力量

在不知不觉中，我发现自己的镜头更多地在记录幼儿的游戏，这也证明，越来越多的学前教育工作者发现了"游戏在儿童学习与发展中的力量"。

然而，幼儿的游戏不是随随便便就能拍好的，如果说，幼儿游戏的随机、无法复制，转瞬即逝给记录带来了难度，那么游戏背后儿童的想法，则更是在考验记录者有没有走进儿童的世界、读懂儿童故事的能力。对儿童游戏行为的预判，对游戏中"最近发展区"的捕捉，对游戏精神的敬畏，以及对小小生命的好奇与尊重，都是摄影师高效与精准记录的关键。

6年里，我用业余时间学习摄影技巧，提升后期修图能力，升级设备，将"记录儿童"变成信手拈来的事，我的朋友圈里有无数可爱纯真的笑脸，我也因此拥有了许多爱看我拍照，爱欣赏我镜头下儿童的粉丝们。我的专业促成了镜头的敏锐度，反之，我对影像的热爱也同时促成了生活品位与教育品位的提高。我的摄影作品《爸爸也温情》《用游戏点亮童年》《少年强则国强》等纷纷在市区级摄影比赛中获奖。

摄影是不确定的，镜头也是开放的，我的"灵魂"因为有了摄影而多了许多广度，也必将滋生许多温度。如果心里没有儿童，如何能"看见"镜头之下的儿童，如果心里没有对教育的热爱，如何能挖掘事件背后的感动与美，换言之，是摄影催生出我成为这样的师者……

回看季羡林老人在开篇给我们的启示，"凡心所向，素履所往"，朴素且动人。下一个五年、七年或是十年，我又会在我的专业成长道路上触及到什么，收获了什么，感悟了什么……不得而知，但不会变化的，一定是一颗朴素的初心，以及对学前教育的炙热情怀……

教学专业成长路上之"三省"

永嘉巽宅镇中心小学　应建文

经常听同事问我,在乡村学校工作18年,孩子正就读于城区小学一年级,已获得高级教师职称、市教坛中坚、县名教师等荣誉还不调往城区学校呀,我总是呵呵一笑,乡村学校更需要我吧。走在这布满荆棘与鲜花盛开的教育路上有些许的收获。回顾18年的经历,把我专业成长分为"468"三个阶段:4年的职高代课经历,让我意识到只有努力才会让自己的专业成长走得更远;6年的一线教师经历,做到精准规划才能让自己的专业成长走深层;8年的中层与校级领导经历,让我懂得了要引领他人成长,抱团发展才能让自己站得更高。

一、多一些主动和努力,少一些慵懒懈怠

简书签约作者凤红邪说过:"主动努力,不只是一种态度,更是一种认知。只有对自己有准确认知的人,才能学会努力的正确姿势。"然而教师的专业成长路上更需要拥有努力、主动、自醒的态度,从被动努力转为自主成长。

2002年7月,我毕业于江西师范大学当时相当热门的计算机(非师范类)专业,成为一名四川职业高中计算机老师。入职两星期后,我发现教研组内的一位前辈不但课上得好、各类计算机故障都能迎刃而解。最让我佩服是他能通过不懈的努力,自主学习,学会了相当有技术含量的无盘组网技术。经过一段时间的交流我了解到他超强的实践操作能力是从机房的维护实践中锻炼出来的。

除羡慕他高超技能外,年轻冲动的我有了要维护机房的想法,也想折腾一下,从实践中提升一点技能。当时学校机房里都是一些破旧不堪的计算机,经常不能正常运行。为了保证学生在实践操作课上人手一台计算机,经常需要从不能运行的计算机拆卸有用的部件重新组装成一台能运行的计算机。一来二去我既会组装计算机,也会排除计算机常见的故障了。随后的两年里,由于扩班又没有新的计算机老师加入,我每周除了20节课外,还要无偿去维护两个机房,两年里运用休息时间通过不断摸索与实践操作我掌握了组网技术与排除网络故障能力,成为有一技之长的计算机教师了。2007年恰逢界坑乡中心小学学校搬迁,国庆假期我运用自己的特长组建了计算机机房。

4年的代课时间,我放弃休息的时间,遇到困难时,一次次不断去努力,直到问题解决为止,让自己在不知不觉中形成了自主主动的意识。当然,"她"会牺牲个人休息时间和失去一些东西。但我却得到这一身最"宝贵的财富"——在超强度的工作中成就了我的吃苦精神、耐得住寂寞的信心、面对失败的勇气,不然就不会出现考编两次以微小的成绩落败后第三次再考的勇气。

这种努力、自主主动的意识形成后，一直影响、指导着我现在、将来的专业成长、工作表现，对于智商不高的我尤其适用，现在的我特别感谢曾经努力主动的自己，我想将来的你也会感谢现在努力的自己。我认为我的专业成长多了一些主动和努力，少了一些慵懒懈怠。有了自主主动意识，何愁专业素养不成长，"她"是我专业成长之"基石"。

二、多一些精准规划，少一些盲目蛮干

众所周知，拥有精湛专业素养是教师的立业之本，我觉得我的专业成长离不开精准规划。专业发展规划要做到逐层细化，第一层次要有中长期专业发展规划；第二层次是将规划细化到每年和每学期，再形成阶段性计划；第三层次是按照具体的目标和计划锲而不舍，克服前进路上一个又一个困难，以自主、主动的意识用咬定青山不放松的顽强品格在成长路上自我否定、不断突破。实现自我超越、终身超越的目标。

2004年、2005年两次考编失败后，2006年第三次终于成功了，我到了原界坑乡中心小学教两个班的数学。走进小学课堂后，我面临着两大挑战，一是教学对象变了，从思想成熟的高中生变成了思想幼稚的小学生；二是教学的内容变了，从烧脑的编程知识到了我认为这些太简单、根本不用教的知识。在课堂上我用教高中生的那套教学模式去教小学生，一堂课下来，学生基本上没有什么收获，而我最大的问题是不知如何与小学生沟通。

在代课的4年里，任何事都想去做且都想把每件事做好。2006学年的第一个学期，课堂教学、班级管理、其他琐事、参加各类比赛让我手忙脚乱。记得第一次参加学区基本比赛，去参加的5位教师只有我没获奖，此后我的教育信心也产生了动摇，怀疑自己是否适合教小学。

直到2006学年第二个学期，一次与同事聊天中，他问了我这样一个问题："看你像蜜蜂一样整天忙碌不停，什么事情干，但收效甚微。一个人的精力是有限的，先给自己确立目标，要找准关键问题，逐个突破，定会有更大的收获。"听了他的话后，我反思了上个学期的经历，虽然有一技之长，但小学数学教学专业素养都非常欠缺。找准问题后，我就给自己设定了这一学期的专业成长目标并朝设定的方向不断努力，并获得了我教学生涯中第一个课堂教学比赛学区三等奖。

有了这次的收获，在界坑小学的5年里，我每个学期初先分析自己的现状，然后给自己设定一个目标，并朝这个目标不懈努力，积极参加科研论文的撰写、教学技能赛课、指导学生等有助于专业成长的各类比赛。有了各种奖项的积累，各方面的荣誉也随之而来。2009年所担任的班级获得了县优秀班集体，2011年成了学校评上县教坛新秀业务荣誉第一人，还被评为温州农村优秀教师。荣誉的积累又可以为评上高一级职称奠定基础。

随着我对教师专业发展的理解，我认为在界坑小学每学期制定专业成长的规划，是短期、片面、静态、间断的，专业素养有一定的增量，但我觉得不是真正意义上的专业发展，我认为教师专业发展是一个动态的、持续的、螺旋上升的过程，因此教师在专业成长路上带着初心做好精准、系统的规划，少一些盲目性、阶段性规划，切不可盲目蛮干，"她"是教师专业成长之"动力"。正是有了这样的理解，不管现在的岗位怎么忙，都要求自己至少写一篇教科研论文，在数学学科已经连续六年获县一等。我每次评选某一个荣誉时，都会提前一年甚至两年做好规划准备，对照评选标准、条件，进行查漏补缺，这样评选这一荣誉就会更顺一些。

三、多一些抱团成长，少一些单独前行

大家都有这样的经历，在长期稳定的教师岗位上逐渐对工作失去了热情和积极性而产生了职业倦怠。要想别让一时的职业倦怠感拖垮自己实现二次专业发展，我认为最好的途径就是抱团发展。人们都说："一个人走不远，一群人可以走得很远。"只有抱团发展，群策群力、群策群智，专业成长才能日臻完善，行动才会更加高效，让自己实现二次专业发展。

2012年下半年，我调到巽宅镇中心小学下嵊校区当校长，由于校区杂事繁多，两年多时间，专业素养不但没有提升反而降低了。究其原因是达成自己设定目标后，职业倦怠期已经到来。2014年下半年，我到巽宅镇中心小学任副校长后发现：学校有70%都是年轻教师，有部分年轻的教师不愿意参加任何教学比赛，甚至连职称晋升都不愿意参加，每天重复着一件事——完成教学任务，从来没有关注过自己的课堂效益；有部分年轻教师有意愿参加各类比赛，但不知道怎么做，他们弦外之音是希望有人能带着他们一起做。我觉得让这群年轻教师荒废下去是对人才的浪费，是学校的重大损失。那时，刚好年度教学论文评选开始了，我决定带领他们去撰写教科研论文，我从论文的选材、框架，内容的填充，细节的处理等方面进行了指导，要求大家进行互相修改，最终那一年教研科获得了大丰收——14篇论文全部获奖，8篇一等奖，5篇二等奖，1篇三等奖，2017年来，据不完全统计我们学校每年的教师论文、案例、课例参评数在30篇左右或略有增减，获奖率在85%左右，都有部分教师的科研成果被推荐市、省级参评并获奖。引领教师们在科研方面取得一定的成绩后，还要在课堂教学、基本功提升、班主任管理等全面开花，促进教师素养的全面提升。

当他们满载而归的时候，我觉得比他们收获更多，首先是身份上转变，让自己从写作者转换成指导者，那么在此过程中需大量阅读理论知识，让自己的教科研理论更丰满、更充实；我对自己的专业成长做出新一轮的规划，经过不断突破我走出了职业高原期实现了二次成长，评上市骨干教师，市坛、高级教师，县名师。在我专业成长的路上又影响了一批年轻教师：一位年轻的教师取得了市骨干班主任，两位获县级学科骨干教师称号，一位教师取得了高级教师职称。为了引领片区的教师，开设首批片区个人名师工作室。

众所周知，引领他人成长的过程中虽然要付出额外的时间与精力，但辛苦过后看着年轻教师满载而归、专业素养不断成长时，又是一件非常幸福的事情。然而在引领他人成长的路上，自己将收获更多，丰富了内涵、积淀了人生、拥有了情怀，我深信在助他人专业成长时自己的专业必定会成长。在专业成长的路上需要多一些抱团成长，多从同伴吸取正能量；少一些单独前行，单独前行是看不见嵩山深处的风景的，"她"是教师专业成长之"灵魂"。

作为新时代青年教师要时刻保持清醒头脑，不要为了眼前的安逸、苟且而放松提升教师素养的这根弦，要保持不被教育浪潮掩埋的忧患意识。我认为教师专业成长这条路上，"她"是一个动态的、持续的、没有终点的过程，在这个过程中要拥有"积极努力的意识""系统精准的规划"，要通过"引领他人抱团成长"来不断丰富自己、超越自我，形成自己的教学风格，最终实现人生价值。

阅读·培训·写作
——我的教师专业成长三部曲

龙湾第二外国语小学　陈晓霞

走上教师岗位整整20个年头,没有好好回顾自己曾经走过的路,更没有时间去细细思考和关注自己的教师专业成长。2020年暑期卢真金教授的《教师专业发展》培训触发了我,于是我开始反省与思考自己的专业成长之路。

我觉得我的专业成长之路可以分三个阶段：第一个阶段是1999—2008年：(语文教学主力)梦想开始,播撒教育种子；第二个阶段是2009—2016年：(科学教学主力)自我沉淀,踏踏实实育人；第三个阶段是2017年至今：(成长瓶颈区)教育理想,专家型教师修炼。通过思考与回顾,我想无论是曾经的专业成长,还是现在要突破瓶颈区、高原现象,都要从阅读、培训、写作三个方面入手。

一、阅读理论书籍,使教学得心应手

学生时代,我就怀揣着一个梦想：长大以后当一名教师。但是当我被分配到一所农村完小时,我受到了很大的打击。全校只有5个班级,12个教师,年轻教师几乎没有。不用说师徒结对,就连听几节课的机会也没有,只有不断地被老教师排挤、嘲讽,我一个人默默摸索教学之路。走上工作的第一年,被教学的事忙得焦头烂额,没有心思也没有时间去学习。书中自有黄金屋,这句话的深意直到工作后我才深刻理解,原来解决问题的答案都在书本里,怪自己醒悟得太迟。

1. 从教育学书籍中,发现教育规律

周弘的《教你如何赏识孩子》让我找到了教育孩子的方法,魏书生的《班主任工作漫谈》,让我学会了班级管理。于永正的《于永正语文教学精品录》开启了我的教学之路,使我有勇气参加区级教学评比。蒋蔚芳的"读写链"研探,让我走上了课题研究之路,我一步一步学习,模仿操作过程及课题报告的撰写。《有效教学的基本功》让我的试卷命题在区级、市级获奖。张丰老师的《校本研修的活动策划与制度建设》使我的教科室工作策划更加周到,也更加珍惜每一次培训机会,看到了策划方背后的努力。读完雷夫·艾斯奎斯的《第56号教室的奇迹》深受影响,写出了读书征文,在省里获奖。

2009年读了《李吉林与情境教育》一书,我也努力在自己的教学中创设情境。那一年,我带一年级。在情境教育的引导下,我精心设计了《an en in un ün》一课。第一个环节,设置情境,以"yuan yuan"和"quan quan"的梦,把"an en in un ün yin yun"全部引进去。我设置了这样一个情境：yuan yuan和quan quan是好朋友。有一天,他们在一起说自己的梦。

yuan yuan 说自己梦见了北京天安门（引出 an 并练读），天安门前有一根旗杆，我摁了一下旗杆开关，国旗徐徐上升（引出 en 并练读）。quan quan 说："我梦见自己变成了一只小兔，一直跑，跑得满头大汗，看见一棵树，连忙跑到树荫下凉快（引出 in 和 yin 并练读）。一阵风吹来，正舒服着，一只蚊子咬了我一下（引出 un 并练读。）我赶紧追蚊子，追啊追，就飞到了天上。我看见天上有许多白云（引出 ün 和 yun 并练读）。" yuan yuan 和 quan quan 的梦真有意思。那时，才刚任教科学一年，在教学中我遇到了很多难题。我很困惑：怎样让孩子们把科学学好呢？李老师的情境教育，不正为我指明了道路吗？创设科学探究情境，激起儿童的好奇心，培养科学精神和对科学的热爱。在模拟的情境中让儿童动手操作，感受科学的奇妙，培养科学的实践应用能力。

最近几年教学压力越来越大，阅读理论专著的时间渐渐变少，陈素平老师工作室的 PBL 思享会带动我，重新走进专业阅读之路。现在手头正在读的有《为未知而教，为未来而学》《PBL 项目化学习设计》《PBL 跨学科的项目化学习》。在钉钉学习圈展示自己的阅读笔记，阅读心得，查看其他教师的阅读感悟和思维导图，收获很大。这些大师的作品，都是我人生路上的幸福引领，它们是迷茫时的导航。徜徉于优秀教学思想的海洋里，我的教学更得心应手。

2. 从文学书籍中，丰厚文化底蕴

在阅读中尝到甜头，才更珍惜阅读。在阅读理论书籍的同时，我最常做的事情就是陪伴阅读，陪伴自己的学生共同阅读，陪伴自己的孩子亲子阅读。随着孩子们不断长大，我看的书也渐渐成熟一些。虽然低段的童书看起来有些幼稚，但是站在教师的立场上去看，有一些新的发现。我总会从作家写作的角度、写作意图以及如果是我创作又会怎样去写，这样思考着低段的童书也给我带来很大的收获。高段的书籍，如杨红樱系列小说、沈石溪动物小说、曹文轩系列小说、路遥的小说、鲁迅的小说以及《格列佛游记》《老人与海》《假如给我三天光明》《钢铁是怎样炼成的》等世界名著更是让我浸润在文学中，促使我不断思考人生、增添我的文化底蕴。读文学类书籍，常常让我废寝忘食，让我思考人生。当我手捧路遥的长篇小说时，就像回到了学生时代，读着他的小说心情澎湃。评一级职称说课成绩不如意时，我捧起了《人生》这本书。高加林的形象一下子跃进了我心坎上。多么不幸的遭遇啊！辛苦代课 3 年，一下子被赶出了学校，回家种田。梦想是美好的！他想代课转正，想从事语文教学，练自己的文笔。然而现实是残酷的！他的职位被村里富贵人家的儿子取代了。回家种田，在集市中卖白馍。与高加林相比，我的人生境遇要比他好很多，心里慢慢舒坦了很多。当我读完《窗边的小豆豆》后，又读了《丢三落四的小豆豆》《我与小豆豆》，常常读至深夜，黑柳彻子和黑柳朝的小说是那么幽默有趣又引人深思。

3. 从心理学书籍中，消除教育焦虑

当我的儿子到了五六年级的时候，面对儿子的学业成绩，我达到了空前的焦虑。因此，我阅读了一些心理学书籍，来缓解自己的焦虑。如：《爱的管教——放下教育的焦虑》《九型人格的智慧》《16 型人格的自我修炼》《母亲减压孩子棒》《青春的契机》等。后来，这些书籍中的一些想法和观念也成了我安慰家长的有力依据，有时我还找出有针对性的内容拍照发给家长。当今社会对教育越来越重视，当我们的孩子达不到家长的期望时，过度焦虑对家长、孩子的身心及发育都会带来很大影响，因此教师和家长适当阅读心理学书籍，显得十分重要。

二、参加教师培训，使困难迎刃而解

2008年9月学校安排我执教四年级科学，我一下子愣住了。早就听本校前任科学教师说，科学这门课很难教。第一，我们不是科学专业，课堂内的有些知识教师自己不大懂，每次上课前都要查找相关资料阅读。第二，科学课要做科学实验。不要说学校里没有配齐科学实验器材，就算有了器材，自己也不会做实验。又教语文，又教科学，任务不是很重吗？况且我从来没有教过科学课！会后，我马上向学校反映，表示不接受这门功课，结果当然是无济于事。于是，我踏上了艰难的科学历程。我的科学课，学生纪律很差。可能是科学不是主科，学生不够重视。但最大的原因可能在于我。因为我课前准备不够充分，自己课堂调控又欠缺。不做实验的时候，学生不听话，做小动作或者窃窃私语。实验课，教室里天翻地覆，乱成一团，个别学生甚至不在座位，交流反馈时无人倾听。面对这样的科学课堂现状，我心里很不是滋味！在2014年我却评上了温州市科学学科的教坛新秀。面对这一荣誉，我感觉非常惊喜，也许这得益于各级别的学科培训。自2008年进入小学科学教学以来，以下的培训班对我的专业成长起着非常重要的作用：2009年开始的龙湾区"领雁工程"培训班、2013年开始的温州市第二期小学科学新课程教学研究项目组、2015年开始的浙江省喻伯军网络名师工作室、2018年开始的温州市未来名师对象项目高级研修班、2018年开始的龙湾区周耀名师工作室。

1. 专家引领，提升水平

专家、名师往往理论水平高、教学业务精、创新能力强，他们看问题的高度和角度与一般的教师有差别。专家、名师的指导和引领可以使我们少走许多弯路，同样一节课的内容，他们看到的深度和广度，他们对教材的处理方式往往与我们很不同。向他们学习可以加速我的专业化成长，使我更好地认识、设计课堂教学内容，对我的实际教学具有很大的现实指导意义。

在培训期间，有很多专家、名师引领我的教学。他们包括国家级特级教师章鼎儿老师，省级优质课获得者王小梅老师，温州市教坛新秀、全国首届小学科学优质课获得者施昌魏老师，全国著名特级教师、省科学教研员喻伯军老师，龙湾区科学教研员林孝亮老师、龙湾区名师周耀老师。在这些名师的引领下我迅速成长。

非常荣幸的是，刚刚执教科学一年，就在龙湾区"领雁工程"骨干班里遇见了章鼎儿老师。章老师听了我的课还进行了点评。在他那里我渐渐找到了科学新手遇到的解决对策。省级教研员喻伯军网络名师工作室活动，基本上是在网络上进行。一直以来，都没有近距离和喻老师接触。第一次见面时，喻老师居然能够喊出我的名字，这让我十分意外，那一年我还获得了2015年名师工作室优秀学员。喻老师和蔼可亲的形象深深地留在了脑海中。

温州市科学教研员施昌魏老师在我心目中是一位严师。我自知资历不深，课堂教学没有创意，所以在项目组时，我一直默默无闻不敢挑战课堂，申请了两次话题交流。印象最深的是一次活动时，他表扬了我积极申报市教坛新秀。未来名师工作室我们又有幸邀请到他作为我们的导师。他严格要求我们，让我们每个人都要努力申报市级名师。施老师的严格要求，让我渐渐敢于挑战自己的短板，最近2年我开始向课堂教学进军，获得了区级小班化优质课二等奖，上了一节区级公开课，校级送教下乡的课得到苍南教研员的好评。

何伟强老师线上一对一指导我们的论文，也给我留下了深刻印象。他工作严谨，在指导论文之前对每一篇论文精心阅读、指出不足，进行批注，并且在知网上给我们查阅了相关文献。

一对一交流时，还用"您"来称呼我们这些学员。指导中，何老师肯定了我上交给他的论文选题方向，并且告诉我如果上报省级课题，肯定可以通过。指导之后，何老师把加了批注的论文和他搜索的文献一一发给我们。何老师对我们普通教师的肯定与指导，让我看到了他对学术的认真与严谨。无形之中，做了我们的榜样。

对我成长影响最大的还是我们区的科学教研员。每次活动他都精心策划，尽心尽力，努力让我们每个成员在活动中有收获，有成长。最感激的是对我科学专业的指导。每次听课结束，他不是评价我的课怎么样，而是抛给我一个问题：你认为这节课学生的哪些能力发展了？你关注学生了吗？学生在本堂课有发展吗？哪些知识建构了，哪些能力提升了？刚开始我不能明白他的用意，愣了一下，这样指点不等于没有指点吗？现在却觉得受益匪浅，因为他教会了我如何进行有效自我反思。还有一次，他指导我写科学案例。他的舌头刚刚做了手术，不能说话，亲自跑到我校，用文字与我交流。是他对我的关心，是他对我心灵的呵护，让我认真进取，不断努力，让我一步步走向成功，享受成功的喜悦。参加市坛评比前，是他在不断指导我，引领我，如何关注课堂，如何寻找团队一起备课。

2. 同伴互助，共同提高

同伴的互助、交流也能促进我们自身的成长。我们龙湾区"领雁工程"研修班30多个学员，热情、大方、活泼、开朗、认真、刻苦、严谨、求实，在这个集体中我感受到了浓厚的研讨氛围，每个人都很有自己的想法，独特的见解，表现出对科学的热爱和追求。每次学习，中午都不休息，总是在交流、讨论、思考。

温州市研究项目组和温州市未来名师工作室的同伴有更多地方值得我学习。每一个同学都是那么的优秀，敢于挑战自己。看着他们一次次参加优质课评比，一次次送教下乡，创意的教材解读，教具制作，精彩的课堂演绎，我感到十分钦佩。在他们的鼓舞下，我一次次告诫自己：努力一点点。终于敢主持活动，敢于向课堂挑战。

周耀老师既是我的导师，又是未来名师研究班的同学，我们经常在同一个研修班，因此我常常把他看作我的同伴，让我无比敬佩的同学。周老师会经常提醒我们什么时候该参加哪个评比，并且主动把参考资料发给我们，还对我的参评作品进行修改。周老师还带着我一起参加省名师陈彤工作室、陈素平工作室活动，还指导我上公开课。

3. 勤于研修，勤于反思

以前只要一有空，我就会光临一些科学网站，我把这些网站的网址链接在自己的博客，有空就点击网站学习。现在总是积极关注科学公众号，收藏优秀文章。施昌魏网络名师工作室有很多资料、课件、steam专题、课题、文章，我有空就上去学习并点评，每个月定期上传自己的教学设计、课件及其他文章。

每一次研修班活动结束，我都会自觉地写好学习体会，每一堂科学实验课后都能做细致地成败分析。校级公开课后，反思更是深刻细致。我把自己的反思，每一次培训体会，公开课教学设计都放到自己的博客上，鼓励自己成长。

三、撰写教学随笔，积累教育经验

许多中外教育大家都对"教育随笔"作过论述，无论是苏霍姆林斯基记了30多年的教育日记，还是李镇西追随教育先贤而写的教育手记，抑或是魏书生写下的上百本日记本，都用鲜活的教育实践展示教育大师们在这一领域的卓越成就，甚至可以说，正是"教育随笔"成就了教育大师。卢教授说，写着写着原先模糊的思想变清晰了。写作是一种自我救赎、自我解放。我喜欢写教学随笔，开始在 qq 空间写，接着在新浪博客，现在在做公众号和美篇，我希望自己的教育能留下一丝痕迹。

1. 关注学生，记录教学琐事

关注学生，叙述发生在学生身上的故事，是写教育博客时，受身边博友的影响。看着他们记录学生，觉得非常有意思，于是我也开始写。我的博客专门开辟了"童书共读""学生习作""吾爱吾生"板块，记录了我和学生之间的生活。

当我现在去回读当时记录的这些文章时，我触动很大。回读我新浪博客上的博文《孩子，问题到底在哪里》，我看到了故事背后宝贵的教育资源！在每一个故事的背后，都有很多教育问题值得我去思考和研究。现在我的身边也常常有这样的教育故事，但是我却没有停下来，把它记录成一篇一篇连续的文章。我想如果我一直关注，一直思考，加上专业阅读，我的教育理念一定会上升一个台阶。

2. 关注课堂，记录教育得失

我会记录自己课堂上教学时遇到的问题，课后查找资料解决问题，寻求答案；有时记录自己的公开课教学设计、教学反思；还有时记录科学课堂上学生的科学笔记。我们的科学教研员会让我们把科学教学日记一周上交一篇，发到他的邮箱。打开我的邮箱会看到很多以年月日命名的文件，这些就是我的科学教学日记，它是撰写案例、论文、课题的宝贵材料。

3. 关注生活，放飞自我心情

我常常会把自己在瞬间产生的想法及时记录下来。有一次，我看见蒙蒙细雨中火焰般的映山红，心中一股涌动，就写了一篇小作《映山红》。一次乘中巴车，在车站等候，见中巴车久久不来，于是左右瞻望，发现路边的一棵榕树垂着长长的气生根。一边等车，一边发挥想象，结果又有了一篇小作《路边的榕树》。科学课常常要做持续观察，我常常自己先写，然后把自己写的科学观察日记给学生看，如观察天气、养蚕、种植物等。和学生一起探究这个奇妙的世界，引领孩子们做科学观察日志，我感到很有成就感。孩子们读着我的文章，不仅增长了知识，同时也知道了该如何去观察，如何去记录。

我觉得平时做生活的有心人，写点随笔，对教学、教育的思考会更深入，平时培训学习会更加认真。撰写论文、案例、课题时，事例添加也更加充足。只有坚守写作，我才能重新找回我的教育真爱，我的研究热情。

在众多未来名师研修班成员之中，我的成长速度较为缓慢。我觉得自己这几年正处于成长瓶颈区。借助培训之力，坚持专业阅读、名师引领、专业写作，也许能突破瓶颈，到达高原期，实现教育理想——成为一名专家型的教师。